新闻学系列教材
普通高等教育新闻传播学类"十一五"

中国新闻传播史新编

THE NEW HISTORY OF MASS COMMUNICATION IN CHINA

主编　白润生

郑州大学出版社
郑州

图书在版编目(CIP)数据

中国新闻传播史新编/白润生主编. —郑州:郑州大学
出版社,2008.9(2019.8重印)
(普通高等教育新闻传播学类"十一五"规划教材)
ISBN 978-7-81106-755-2

Ⅰ.①中… Ⅱ.①白… Ⅲ.①新闻事业史–中国–高等
学校–教材 Ⅳ.①G219.29

中国版本图书馆 CIP 数据核字(2008)第 133595 号

郑州大学出版社出版发行

郑州市大学路 40 号   邮政编码:450052
出版人:张功员   发行部电话:0371-66966070
全国新华书店经销
河南龙华印务有限公司印制
开本:710 mm×1 010 mm 1/16
印张:28.75
字数:581 千字
版次:2008 年 9 月第 1 版   印次:2019 年 8 月第 4 次印刷

书号:ISBN 978-7-81106-755-2   定价:49.50 元
本书如有印装质量问题,由本社负责调换

作 者 名 单

● **主　编**　白润生　中央民族大学文学与新闻传播学院

● **副主编**　韩爱平　河南大学新闻与传播学院
　　　　　　王晓英　中央民族大学文学与新闻传播学院

● **编　委**（以姓氏笔画为序）
　　　　　　关　淼　天津师范大学新闻传播学院
　　　　　　李仁生　广西大学新闻传播学院
　　　　　　李秀云　广西大学新闻传播学院
　　　　　　陈　娜　天津师范大学新闻传播学院
　　　　　　陈春丽　中央民族大学文学与新闻传播学院
　　　　　　荣　嵘　中央电视台
　　　　　　胡小平　天津师范大学新闻传播学院
　　　　　　顾媛婷　中央民族大学文学与新闻传播学院
　　　　　　高冬可　中原工学院人文与社会科学学院
　　　　　　黄俊平　河南工业大学、新闻与传播学院
　　　　　　常瑞华　河南大学新闻与传播学院

内·容·提·要·

　　《中国新闻传播史新编》(以下简称《新编》)系普通高等教育新闻传播学类"十一五"规划教材。《新编》在白润生编著的《中国新闻通史纲要》(修订本)基础上,由来自全国高等院校和中央电视台等8个单位的14位作者集体编撰的。全书以全新的视角,即以新闻和新闻传播活动自身发展规律为脉络,阐述了中国新闻与传播事业的发展,归纳和总结了此前为数众多的最新科研成果,并补充和订正了一些历史事实,纠正了某些论证的不实之处,同时也填补了学术研究领域的某些空白。

　　《新编》除绪论外,分上、中、下三篇,共18章70节,约计50多万字,为了便于教学,每章前有导言(含学习目标和难点),后有小结,思考题和延伸阅读,并配有90多幅图片,图文并茂,形象直观。全书观点客观平实,史料珍贵翔实,视野开阔,可作为高等院校新闻学、广告学、广播电视新闻学、编辑出版学专业的教材,也适用于新闻传播学者、媒体从业人员以及新闻传播学爱好者参考阅读。

前 言

　　《中国新闻传播史新编》系普通高等教育新闻传播学类"十一五"规划教材。2006 年 12 月在郑州召开了普通高等教育新闻传播类"十一五"规划教材编写会。会议由郑州大学出版社和郑州大学新闻与传播学院共同主持,与会的有来自全国 17 所高校的 60 多位专家学者。会议一致赞同在白润生编著的《中国新闻通史纲要》(修订本)的基础上,编著出版《中国新闻传播史新编》,由中央民族大学文学与新闻传播学院白润生教授任主编、河南大学新闻与传播学院韩爱平教授、中央民族大学文学与新闻传播学院王晓英副教授任副主编。

　　由白润生编著的《中国新闻通史纲要》(简称《纲要》),1998 年由新华出版社出版。这部教材涵盖了中国新闻与传播发展的全过程,并真实简要地叙述了中国少数民族新闻与新闻传播发展历程,虽然是"通史",但无"庞杂"的欠缺,其优点是"重点突出"。在使用过程中,学生认为,这部书以新闻与新闻传播自身发展的客观规律为线索,脉络清晰,符合人们的认识规律。受到了广大读者的热烈欢迎。出版后不久便销售一空。那时,网上一本旧书的价格已卖到了 40 元(原书定价 28 元)。为了满足读者的需要,2004 年中央民族大学出版社出版了《中国新闻通史纲要》(修订本)。

　　《纲要》(修订本),内容更加完善、科学。在保留原书特点的基础上,纠正了个别的错误,吸收了最新的科研成果,并将《纲要》的下限延长,使其面貌更加完整,更符合当时的教学实际。《纲要》最大贡献就是第一次把中国少数民族新闻传播史全面而系统地纳入高等院校教材,主要适用对象是民族地区、少数民族院校。

　　中国历史新闻传播学是高等学校新闻传播学类各专业的核心课程之一,而《中国新闻传播史新编》(以下称《新编》)则是这门课程的教材。它的适用范围绝不限于民族地区和民族院校,而是面向全国各级各类高等院校新闻传播类各专业的学子。换句话说,它是高等院校新闻传播学类学生必备的教科书。

虽然《新编》以《纲要》(修订本)为基础,但是由于适用范围、对象,参编人员的变化,以及写作时间恰逢改革开放30周年之际,其结构、内容等多方面都有了很大发展,也就是说,它是一部全新的中国历史新闻传播学教材。

《新编》除绪论外,分上中下三篇共18章约计50多万字。全书前16章按历史顺序编排,后两章即港澳台和少数民族新闻传播,均为特定内容,特点突出,列为专章。上限始于古代新闻传播,下限止于21世纪的最初10年。《新编》的编写原则是在历史唯物主义的指导下,科学系统地阐述中国历史新闻传播学的基本理论和基本知识,揭示这一学科的本质特征和基本规律,力求准确、全面、适宜本科教学。在此次编写过程中,注重借鉴吸收最新研究成果,追逐前沿力求创新。并且适当插图,力求图文并茂,便于教学。

参加本书编写工作的大多都是从事高等院校中国历史新闻传播学教学工作的教师。各章撰稿人分别是:

绪论,白润生教授、王晓英副教授;

第1~3章,韩爱平教授、荣嵘编导、黄俊华助教、常瑞华(2006年新闻学硕士研究生);

第4章,陈娜讲师、关淼(2006级新闻学研究生);

第5~6章,李秀云副教授、关淼(2006级新闻学硕士研究生);

第7~9章,高冬可讲师;

第10章,顾媛婷(2006级新闻学硕士研究生);

第11~12章,王晓英副教授;

第13~15章,胡小平副教授;

第16~17章,李仕生讲师;

第18章,白润生教授、陈春丽(2006级新闻学硕士研究生)。

本书由白润生负责编写全书的写作提纲,结构安排,并统稿。韩爱平负责图片的编辑工作。中央民族大学文学与新闻传播学院2006级新闻学研究生陈春丽、顾媛婷、李海若为本书的成稿做了资料整理工作。

在本书编撰过程中,除了全体编撰人员的共同努力之外,还得到了郑州大学出版社王锋总编辑、杨秦予副总编辑以及本书的责任编辑白金玉先生的大力支持、帮助和指导,在此一并对他们表示衷心谢意。

由于我们水平有限,这部教材还有不少缺点和错误,欢迎读者,尤其是从事本学科研究和教学的专家学者提出宝贵意见。

主编

2008.4.15 于京城昆玉河畔

目 录

绪论

新闻事业指采集、发布（传播）新闻的各种媒介的总称，具体包括报社、通讯社、广播电台、电视台、新闻网站等各种新闻机构及出版物，诸如报纸、新闻期刊、新闻图片、新闻广播和电视新闻节目及网络新闻。高等院校有关中国历史新闻传播学课程均以中国新闻传播事业的产生、发展的历史及其规律为基本教学内容，把帮助学生正确理解新闻传播事业的性质、作用、特点和有关基本原理作为教学目的。

新闻传播活动古已有之。在文字产生以前，人们用体姿、鼓语、烽烟、图画、结绳、刻石等方式进行原始的信息传播活动（其中包括新闻信息的传播）。随着社会生产力的不断发展，社会化生产的不断扩大以及在此基础上语言和文字的产生和发展，这种简单的传播方式已不能满足人们的需要了。此时，人类呼唤新闻事业的产生。

理论新闻学告诉我们：新闻传播事业是社会和新闻传播活动发展到一定阶段的产物。它的产生和发展是社会经济、技术、政治等因素综合作用的结果，其中，社会经济生活的变革是决定的因素，物质技术手段（包括文化的发展）是必要条件。世界上最早发展起来的是报刊（报纸和期刊），我国也不例外。当我国的报业发展到一定阶段，形成较大规模时，概括和研究我国报业发展历史的学术著作，乃是《中国报学史》。报学史、报刊史的提法虽然至今的学术著作也还在用，但是从某种意义上说，它只是一定历史时期内对中国历史新闻传播学著作的概括。广播电视和新闻电影是新兴的现代新闻传播事业。通讯社是向报刊、电台和电视台提供文字新闻、新闻图片（包括录音、录像）以及新闻资料的机构，其任务是搜集和发布新闻，也发表述评和言论。到了20世纪80年代，诸多的新闻传播媒介像朵朵鲜花一样，竞相开放，争奇斗艳，各展其秀。历史新闻传播学的研究领域里，也相应的出现了中国广播史、中国电视史、新华社史，还有中国新闻教育史。它们也被称之为中国新闻事业史。

在新的形势下，学术界对如何概括中国历史新闻学的研究成果又出现了不同意见。有人提出仅仅研究中国新闻传播事业的产生和发展的一般规律是不够的，还应研究新闻业务的发生、发展及其规律性的历史，也就是研究和总结采访业务、编辑业务、评论、通讯、标题、版面、印刷、发行等方面业务以及这些业务在各个时期、各级各类媒体，反映社会舆论和引导社会舆论发生、发展的过程中所形成的新闻思想、新闻原则和新闻传统等方面的历史。因此，这部分人认为应以"中国新闻业史"概括之，于是梁家禄等人的《中国新闻业史》出版了。称之为"中国报学（刊）史"、"中国新闻事业史"、"中国新闻业史"都有一定的道理，现在也可根据各自研究的侧重点不同，继续运用。但它们毕竟是一个历史的概念,今天我们应用全新的角度来对待它,确立中国历史新闻传播学的新体系,新特点,总结新成果。我们认为以上几种对中国历史新闻传播学的概括,有以下几点尚不能包含进去:

(1)首先以上几种"概括",都是以汉语文作为新闻媒介传播工具的,并不包括以中国少数民族语言文字作为媒介的新闻载体,因而这种"概括"就不可能是完整的、全面的和科学的。我们认为,中国历史新闻传播学是中华民族共同创造的,没有55个少数民族新闻传播事业的历史新闻传播学不可能是一部完整的、科学的、系统而全面的史学著作。总结和归纳中国少数民族新闻传播的历史发展及新闻工作者对中国历史新闻传播学的贡献,是我们义不容辞的职责和使命。

(2)如前所述,"新闻传播事业是社会和新闻传播活动发展到一定阶段的产物",而"新闻传播活动古已有之"。报业产生前的新闻传播活动也不能忽视,也应当加以总结和研究,否则我们认为也不能称之为是一部完整的、科学的历史新闻传播学著作。这必须从传播学的视角加以审视和研究,正确和科学地引进传播学的知识就成为必要与可能了。而这在当前形势下,又是十分迫切的。

(3)20世纪八九十年代,随着改革开放的不断深入,新兴媒体不断出现,互联网逐渐成为新闻的载体之一,进入21世纪后,在网络新闻大行其道的同时,手机报纸也崭露头角。这些新兴媒体都应当成为中国历史新闻传播学的研究对象,而过去的教材少有涉猎。

(4)既见物又见人。人民是历史的创造者。报业、广播电视业、通讯事业、互联网以及少数民族语言文字的传播事业,都是由从事这些事业的新闻工作者创造的,他们的历史贡献不可磨灭,一定要让他们占主角,占主要地位,要以他们为主线。

因而,我们认为以"中国新闻传播史"才能涵盖以上内容,这也就是我们为什么把这部教材称之为《中国新闻传播史新编》的缘故。

中国新闻传播史是研究我国新闻传播的发生、发展及其规律性的科学,它是我国新闻传播学的重要组成部分,在新闻传播学课程体系中占有重要地位。

日本新闻传播学的开山鼻祖、著名的新闻史和新闻理论家小野秀雄说过:任何科目在新闻学传播学的学科设置中都可以增加或删减,但有三个科目却是不可或缺的,那就是新闻传播史、新闻传播理论和新闻传播伦理教育。这三个科目是新闻传播学系或学院健康发展的根,是其生命力的源泉。在这里小野秀雄明确指出了新闻传播史、新闻传播理论等课程在新闻传播学学科建设中的重要地位,在新闻传播院系(专业)课程设置中其基础课、主干课的地位是不能动摇的。新闻传播学的兴起与发展历程也完全证明了这一点。世界各国的新闻学的研究都是以史学为发端的,最早出版的著作,几乎都是历史新闻传播学著作。正是在历史新闻传播学研究取得丰硕成果的基础上，理论新闻传播学和应用新闻传播学的发展才有了前提和基础，新闻传播学科才得以确立和完善。就我国新闻传播教育的发展来看，中国历史新闻传播学的设置，与高等院校报学科、新闻系、传播系的创立是同步的。1920年，上海圣约翰大学报学系一创办，就设有新闻学历史与原理课程。随后各新闻传播院系（专业），都无一例外地设有中国历史新闻传播学课程，只不过名称各异罢了。

在中国历史新闻传播学发展史上具有里程碑意义的名著《中国报学史》，就是戈公振先生为教学之需而撰写的，这个中国历史新闻传播学的理论框架和基本内容，80多年来，特别是中华人民共和国成立50多年来，虽然随着教学和科研成果的不断丰富，有了巨大的变化，但是中国历史新闻传播学的专业基础课的历史地位始终没有改变。20世纪八九十年代以来，我国新闻学、传播学的研究空前繁荣，硕果累累。作为中国新闻传播学发展史上的又一里程碑——由方汉奇、宁树藩、陈业劭主编的263万字的三卷本《中国新闻事业通史》的问世，再次为中国历史新闻传播学的教学提供了丰富的内容和参考资料，使这一课程从深度和广度上都具备了坚实基础。

我们认为，通过中国历史新闻传播学的教学应该达到两个目的：

第一，提高学生的新闻专业素养。专业素养包括许多方面的内容，提高专业素养也需要多种途径。中国新闻传播史课程通过讲述中国新闻传播的发生、发展的历史及规律，使学生首先具备一定的感性知识，这是培养学生新闻专业素养的基础。众所周知，不了解历史就不能正确理解现实和未来。很难想象不知道黄远生、邵飘萍、张季鸾、邹韬奋、范长江、邓拓、穆青等优秀新闻工作者的经历，在新闻专业的学生心中如何构建新闻工作者的职业形象？不了解报刊、通讯社、广播电视、网络等新闻媒体是怎样产生和发展的，在新闻专业的学生心中如何规划未来职业的方向？因而，我们认为，系统学习、研究中国新闻传播的发生发展及其规律性，掌握历史知识，增强本专业的文化修养，是学生最基本的任务。

第二，培养学生的新闻职业精神。学习中国历史新闻传播学，绝不仅仅是为了了解过去，更重要的是在掌握历史知识的基础上，通过大量的活灵活现的史实，感悟新闻工作的神圣和伟大，自觉继承和发扬先辈们的优良传统和作风，激发对新闻工作的认同感和职业归属感。很难想象，不了解在中国新闻传媒的产生、发展历程中经过的曲折和磨难，不了解为了中国新闻传播事业的发展和繁荣，成千上万的新闻人为其呕心沥血、流血牺牲，怎么能够产生那种发自内心地对自己即将从事的事业的热爱与崇敬！没有对新闻事业的热爱，何谈职业精神；没有新闻职业精神，又怎能为之奋斗，成为时代的瞭望者！而这门课程的教学目的，就是在提高学生新闻专业知识的基础上，促进学生新闻职业精神的高度提升。

什么是新闻职业精神呢？新闻职业精神，是新闻工作者的社会职业角色特征的体现。在现代社会，人们对新闻工作者的社会职业角色给予很高的期望。在西方，新闻记者被称为"社会活动家"、"真理的永不疲倦的探索者"、"时代的晴雨表"、"国家和社会的思想库"等。美国著名报人普利策形象地概括为时代的"瞭望者"。他说："倘若一个国家是一条航行在大海上的船，新闻记者就是船头的瞭望者。他要在一望无际的海面上观察一切，审视海上的不测风云和浅滩暗礁，及时发出警告。"在我国，新闻媒体是党、政府和人民的耳目喉舌，担负着传播信息、引导舆论、教育民众、服务社会的光荣职责，其职业角色和社会地位更加重要。新闻职业的这种性质和特征决定了新闻职业精神最核心的内容，就是对新闻职业责任和使命的认识、理解、认同和执行。"中国历史新闻传播学"的主要任务就是帮助学生树立全心全意为人民服务、为社会主义服务的职业理想，从而形成健全的新闻职业精神。

如何学习和研究中国新闻传播史呢？

中国新闻传播史是一门较为年轻的学科，到如今还没有一套完整的学习和研究方法。这里只谈几点粗浅的意见。掌握辩证唯物主义和历史唯物主义是学习和研究中国新闻传播史的根本方法。

第一，要掌握史实。一切以客观事实为认识的出发点，坚持实事求是的原则，搜集翔实可靠的资料，是坚持实事求是的基础。史料的搜集与发掘是一项艰苦的工作。最大限度地挖掘和搜集第一手资料就意味着为后人真实再现历史发展的轨迹，让后人最大限度地认识真实的历史原貌。目前已有不少珍贵的资料丧失于八年抗战和十年动乱之中。抢救和挖掘第一手资料是一项十分紧迫和紧要的工作。有志于中国新闻传播史研究的人们应当抓紧第一、第二手资料的搜集和整理工作。只有掌握了大量的历史史实，才能较为正确地总结和归纳各个历史阶段的新闻传播和发展规律。

第二，学习中国新闻传播史必须客观评价史实。搜集和整理材料并不是最终目的，而是分析它、研究它，以求客观地评价它。新闻传播和新闻事业的发展，都要受到时间和空间条件的限制。我们一定要历史地、全面地、客观地看待过去那个时代和历史上产生的新闻传播方式、传播媒介和历史人物及其作品。对于报史、报事、报人的评价，都必须坚持马克思主义的活的灵魂——具体问题具体分析。人无完人，金无足赤。那些好则全好、坏则全坏的一刀切的观念，不是实事求是的态度。司马迁尚且"不虚美，不隐恶"，敢于秉笔直书，作为跨世纪的年轻学子，难道还不如当年的司马迁吗？总之，我们绝不能用当今的眼光去苛求历史上的报刊和报人，要根据当时的环境，当时的历史条件以及当时的时代趋势去分析和评价，切不可主观片面，想当然。

19世纪德意志著名的历史学家兰克（Leopold Von RanRe，1795—1886）认为，写历史必须"如其实在所发生的情形一样"，应当经常保持一种超然物外的，不偏不倚的"客观态度"，决不可由于政治上或宗教上的原因而党同伐异。古人云：灭其国者，先灭其史。列宁则强调，忘记历史，就意味着背叛。"文革"的历史已经向人们昭示：尊重历史的真实是历史发展的一种必然，这也是一种历史。历史需要的永远都是真实。

第三，把握好阶段性与连续性的统一。不同时代有不同的新闻传播现象，同时形成不同历史阶段的各自特点。学习和研究中国新闻传播史，既不能脱离当时的时代，也不能脱离新闻传播媒介的政治立场、言论态度。因为每个时期、每个历史阶段的新闻传播、新闻传播事业、新闻历史人物甚至一部比较著名的史学著作，都是时代的产物，敏锐地反映着时代和各自不同的业务观点、业务方法，因而又会产生各自不同的社会效果。我们要研究这些不同的社会效果在不同的历史时期所起的作用，并掌握其历史阶段的特点，这自然是十分必要的。

然而，我们并不是学习和研究断代史，更不是地区史、报刊史、广告史，而是学习和研究中国新闻传播通史，掌握整个新闻传播事业的发展规律。所以仅仅研究一种新闻现象，一种新闻传播媒介，一两个新闻工作者，一个阶段的历史，虽然这种研究和考察是完全必要的，但是，如果不从全局考察，进行深入研究，不把每个历史阶段的新闻现象、新闻传播综合起来做全面的考察是很难掌握其内部规律的。所以，必须在把握历史发展阶段性的同时，深入研究完整的发展过程、前因后果紧密联系，不了解它的内容和各个阶段发展的连续性，就无法把握全局，就会割裂历史，就会犯片面性的错误。

第四，把握好与其他课程的区别与联系。中国新闻传播史的研究，在我国虽然只有80多年的历史，但是这门学科已成为新闻传播院系的专业课。中国新闻传播史向人们提供的中国新闻传播发生、发展、变化的基础知识，包括对著名报刊、通讯社、广播、电视、互联网和新闻界的重大事件以及著名的新闻工作者及其作品的介绍等，都是为了探讨我国新闻传播和新闻传播事业的发展、传播的规律，探讨新闻工作者成长道路和采写经验，也是为现实的新闻传播实践服务。

历史新闻传播学（包括中外新闻传播史、新闻学术发展史、报史、广播史、电视史、网络媒体发展史、著名新闻人物史、新闻传播思想史、新闻文体发展史等）只是新闻传播学中的一个门类。其他还有理论新闻学、实用新闻学、经营管理新闻学等。中国新闻传播史所承担的使命规定了它的学习和研究是绝不能关起门来的，还要考察它与其他新闻传播学科的密切联系。

首先，谈谈与理论新闻传播学的关系。"史"与"论"应当是相互依存、相互补充的关系。"史"是第一性的，它是事实；"论"是第二性的，它要以一定的思想作指导，但它也必须以史实作依据、为基础，"论从史出"说明了它们的关系。"论从史出"中的"论"，指的是基础性、原则性的理论。这是从史实中总结、概括出来的带有规律性的东西。而这是以史实为依据的。诚如恩格斯所说的，不论在自然科学或历史科学领域中，都必须从既有事实出发，不以史实为依据，这种理论就是无源之水，无本之木了。但是"史实"有旧时代或者过去的那个时期的"史实"，也有当前正在发展或新近发现的"史实"。而我们的理论必须从这两个"史实"出发，才能总结其规律，这种理论才具有普遍意义。因此，我们讲"论从史出"，不可忽视这两个方面。另外，理论新闻传播学也为历史新闻传播学的研究提供了一种新的视角和方法。

"以史为鉴"并非什么史都可以为鉴的，只有"以事实为基础，以史料为依据"的历史才能成为后人"资政"、"育人"的一面镜子，才显得弥足珍贵，读史也才能使人明智，同时也才能正确地指导实践。

其次，谈谈与实用新闻学的关系。实用新闻学包括新闻采访学、新闻编辑学、新闻写作学、新闻摄影学等。实用新闻学是研究和探讨新闻采访、新闻写作、编辑业务以及摄影艺术的方法和规律的科学，在新闻传播学领域中更偏重于应用方面的学科。实用新闻学较之历史新闻传播学更使人感到学过之后有立竿见影的效果。但是，历史新闻传播学所提供的许多重要的

新闻历史人物及其作品和他们从事媒体工作的经验、教训，对今天的实用新闻学甚至经营管理新闻学有直接的借鉴作用。不言而喻，学了实用新闻学，就会更加自觉地运用比较的方法，把前人的经验变为自己业务实践。而现实的实践活动，无疑又将会促进对历史新闻传播学的研究和发展。

中国新闻传播史作为新闻传播学的一个门类，它是一门重要的专业课，学习和研究历史新闻传播学的性质、任务，掌握史实，探讨规律，对于发展中国的新闻传播学科及新闻传播事业有着重要的意义。马克思早已说过，历史研究一旦与现实结合，便永远是一门常新的学科。在中国新闻传播研究事业蓬勃发展的新时期，中国新闻传播史的研究，已经呈现出繁花似锦的新局面，充满生机。

上 篇

1　中国古代的新闻传播

导言

本章学习目标　通过本章的学习,要求能够全面了解中国新闻史上、同时也是世界新闻史上第一张报纸的具体情况以及唐代的新闻传播对后世的影响;了解最早的民间报纸——宋代小报产生的时代背景以及屡禁不止的原因;了解明清的民间报房以及《京报》。要充分认识中国的造纸术及印刷术对世界新闻传播事业的伟大贡献,同时还要充分认识历代封建王朝对新闻传播活动的严密控制……总之,要了解中国报纸的起源、发展及其性质,了解中国新闻传播活动的起源及其发展演变过程,正确认识早期的报纸。

本章难点　唐代的报纸　宋代小报诞生背景　《京报》的没落

"中国古代",指的是公元1815年中国第一份近代报刊《察世俗每月统记传》创刊之前的全部历史时期,也就是从中国土地上出现人类活动到最古老的文字——甲骨文的出现,到唐代的报状,到宋代的小报,到明清的印刷新闻和《京报》的出版。总之,公元1815年之前新闻传播,都属于本章探讨的"中国古代的新闻传播"。

1.1 报状产生前的新闻传播活动

1.1.1 人类早期的信息传播活动

传播一词,最早见于《北史·突厥传》:"传播中外,咸使知闻。"但是,人类早期的简单信息传播活动,从远古时代起就已经开始了。一万多年前,山顶洞人使用的经过加工(穿孔、磨光、上色)的海蚶壳(饰物)就是这方面的物证——山顶洞人与百里之外的沿海居民有交往。因此可以说,传播活动是随着地球上人类的出现而产生和发展的。在远古时代,人类为了生存,就要结成大小不等的人群,就要在不同的时间、不同的地方进行各种不同的生产活动。他们在生产活动中会碰到各种不同的情况,会出现各种各样的信息,他们聚在一起的时候,就会自然地进行信息交流,这就有了信息传

播活动。当然,那时的传播手段是十分原始的。最初是通过手势、声音、符号、图画、雕刻、结绳、旗鼓、烽烟报警等进行的,属以物代意之类;语言产生后,这种传播活动就有了新的载体,即口头语言传播。口头传播是一种近距离、同时空传播,不受媒介限制,随时随地都可以发布,但信息不易保存。而且在传播过程中,容易发生信息膨胀或损耗(误传)。这种以语言为载体的口头传播一直持续到文字产生之后,甚至到秦汉时期,还是以口头传播为主。

中国古代的传播活动中,有一种特殊的媒介——木铎。这是其他国家传播史上所没有的。据《左传·襄公十四年》师旷引《尚书·夏书》记载:"每岁孟春,遒人以木铎徇于路。"杜预注:"遒人,行令之官也。木铎,木舌金铃。徇于路,求路谣之言也。"据说早在夏商周时期,曾经有一些被称为遒人的政府官员,摇动木铎,巡行于各地,既宣达政令,又进行必要的采风,这些都与新闻的发布和采集活动相近。因此,近代以后的新闻工作者一度把木铎当做新闻事业的象征,有些报纸创刊号上印上木铎图案,还有个别报纸曾经以"木铎"作为自己的注册商标。

1.1.2 先秦时期的传播活动

我国有文字记载的历史是从商朝开始的,最早的文字是19世纪末在殷墟发现的甲骨文。甲骨文是殷商时期人们为了求神问卜在龟甲和兽骨上刻下的文字,涂上红色标示吉利,黑色标示凶险。多是由卜辞、验辞两部分构

成。除去迷信成分，它记载和交流了当时军事、政治和生产劳动信息，可以从中看到一些新闻现象。甲骨文里反映了商王的活动和当时的社会情况，有些内容可以和《史记》相印证。除了在龟甲、兽骨上刻字之外，稍后的人们又开始在金器和岩石上刻字。

所谓金器，主要是青铜器。商周是青铜器时代，青铜器的礼器以鼎为代表，乐器以钟为代表，"钟鼎"是青铜器的代名词。刻铸在青铜器上的铭文，统称金文或钟鼎文。金文刻铸之风盛行于周，传世的带有金文的铜器铸件，多为周代的产物，著名的毛公鼎（图1–1）、虢季子白盘，就是其中的代表，上面都有不少金文。主要记录帝王诏书及法令，给后世留下了宝贵的研究资料。

在岩石上刻字，始于周朝，盛行于秦，多用于颂德纪功。甲骨、金器、岩石可以说是最早的文字传播载体，但它们所传播的内容，主要考虑是传于后世、垂之久远，很少考虑现实的传播作用和传播时效性。

图1–1　金文重宝——毛公鼎　毛公鼎铭文拓片
（原载百度图片）

语言、文字的产生使人类的信息传播活动产生了大的飞跃，使传播活动更加方便，传递的内容表达更加清楚完整。

随着社会的发展，殷周时期，还出现了类似新闻的采集活动。《汉书·艺文志》上说："古有采诗之官，王者所以观风俗，知得失，自考正也。孔子纯取周诗，上采殷，下取鲁，凡三百篇。"古代的采诗官员，把各地的风俗和对王政好坏的反映采集过来，提供给帝王，也就是向他传递了社会新闻。由此，梁启超就把先秦诗歌看成是古代的"民报"："报馆于古有征乎？古者太师陈诗以观民风：饥者歌其食，劳者歌其事，使乘轺轩以采访之，乡移于邑，邑移于国，国移于天子，犹民报也。"[①]这里就直接把"采风"看成是采访。这种"采访"活动，虽不能与现今的"采访"同日而语，但是《诗经》等经典著作中，毕竟有意无意地记载和传播了当时社会的某些有价值的信息，相当于保存了当时许多重要的社会新闻。

春秋战国时期的历史文献，记载了当时的重大新闻，先秦的史官为记载和传播新闻作出了重大贡献。《汉书·艺文志》中所谓"左史记言，右史记事"，说明和记载了史官的职能和作用。晋国史官董狐敢于直书"赵盾弑其君"并与赵盾展开面对面的辩论，

---

① 梁启超：《论报馆有益于国事》，载1896年8月9日《时务报》创刊号。

"以示于朝"①。齐国史官齐太史和他的两个弟弟,不怕杀头,一次又一次地把"崔杼弑其君"一事如实地记于史书②,表现了他们实事求是、不怕牺牲的精神。史官们不仅记录宫廷事件,还参与国家的重大外事活动。《史记·廉颇蔺相如列传》中秦王和赵王的渑池会,就是两国史官都参加的一次外事活动。从某种意义上讲,古代史官有时就是当时国家重大新闻的记录者,也是某些新闻的发布者。

正是史官们客观、真实的记录,给后世留下了珍贵的历史文献。特别是对一些重大事件,记载更为详尽,新闻事实比较明晰,现代新闻写作的诸种因素大都具备。比如《春秋》、《左传》中的一些文章,就很接近今天的新闻。

《春秋》是我国最早的一本编年史。书中有些篇章,文字简短,叙述清楚,事实一目了然,观点明确,酷似今天的新闻标题或者是导语。如"夏五月,郑伯克段于鄢","十有六年,春,戊申朔,陨石于宋五"。

《左传》相传是战国初期左丘明根据各国史料编成的一部史书。内容多是用事实解释《春秋》。有详有略,略者,只是一句话的注释;详者,就变成了一篇有声有色的叙述性文章。比如《郑伯克段于鄢》③,《春秋》里只是一句话,《左传》中则详细叙述了郑庄公和他母亲姜氏之间矛盾的产生、发展、事件经过和矛盾的终结,时间、地点、人物、事件、原因、结果,即今天新闻写作的五个 W 和一个 H 均已齐备。尽管还不能说这就是新闻报道,但是不

难看出新闻文体已在历史散文中孕育。

1.1.3 秦汉至南北朝的新闻传播活动

以书面形式在大范围内传播官方新闻始于汉代的诏书,其传播范围可以遍及全国。例如西汉元狩年间(前 128 年—前 123 年)汉武帝刘彻曾为萧庆(萧何曾孙)晋封鄡侯向全国发布公告。这是目前我们所知道的皇帝向民众发布官方新闻的最早记录。《汉书·萧何曹参传》中这样记载:"武帝元狩中,复下诏御史以鄡户二千四百封何曾孙庆为鄡侯,布告天下,令明知朕报萧相国德也。"④这段文字告诉我们,汉代由中央向地方发布的官方"新闻",是经过史官、用颁布诏书的形式对外发布的。

两汉时代已进入以文字传播为主的时代。文字传播的载体,早期以竹、木制造的简和绢帛为主。2001 年《新闻与传播研究》刊载张涛教授的论文《论西汉木简报》,作者从甘肃敦煌、内蒙古居延出土的汉简中,考证汉代已有木简报。造纸术发明以后,纸张逐步代替简和绢帛成了主要的文字传播载体。早在公元前 2 世纪,我国已发明了造纸

① 《左传·宣公二年》(晋灵公不君),载《春秋左传注》(第二册),第 662 页,中华书局 1981 年版。

② 《左传·襄公二十五年》,载《春秋左传注》(第三册),第 1099 页,中华书局 1981 年版。

③ 杨伯峻:《春秋左传注》(第一册),第 10 页,中华书局 1981 年 3 月版。

④ 《汉书》(第七册),第 2012 页,中华书局 1962 年第 1 版,1983 年第 4 次印刷。

术。但纸质太差,不便书写。东汉蔡伦(?—121)总结了前人的经验,发明了性能优良的"蔡侯纸"。造纸术的发明,是中国对世界文明的一大贡献,也是人类传播史上的一件大事。

我国是世界上最早建立传递信息网络的国家之一。汉代以后,邮驿制度有了进一步的发展,每30里设驿,驿分布在各地的交通枢纽或通衢大道,负责官文书和信息的传递工作。

三国魏晋时代,军阀割据,战乱频仍,时局纷争。政治家们都具有比较强烈的信息需求,非常注意搜集敌友我三方的信息和情报。先秦时代就已经出现的"消息"一词,在这一时期被广泛使用。

这一时期的主要传播媒介是布告和露布。布告就是《三国志》和《三国会要》中经常提到的用以"布告天下"的政府文告,内容主要是皇帝的诏书和各级政府制颁的行政法令,以在固定地点悬挂或张贴为主。露布起始于汉朝,主要用帛,也有用木板的,因此也被称为露板。主要用于军事方面,特别是用来传播战争胜利的消息,宣传战绩和发布捷报,有巨大的宣传作用。露布像一面大旗,由专人传递。因此,它的公开性、时效性比较强,传播面比较广。这种新闻传播形式一直延用到明末清初。

露布除了报捷之外,有时候也被用来发布政治性的檄文。檄文这种文体,春秋战国时期已经出现,通常用来张扬和炫耀自己、打击和声讨对方。三国时代,政治家们经常用檄文配合

军事行动,力图先声夺人、不战而屈人之兵。以后的魏晋到南北朝仍沿用。南朝·宋·刘义庆《世说新语》记载:"桓宣武北征,袁虎时从,被责免官,会须露布文,唤袁倚马前令作,手不辍笔,俄得七纸,殊可观。"[①]袁虎即袁宏,他倚在即将出发的战马前起草文件,成语"倚马可待",即由此而来,用以比喻文思敏捷、文章写得快。

1.2 报状产生后的新闻传播

原始形态的新闻信息传播活动非常零散、简单、落后,缺乏一定的目标、规模和系统性,许多信息传播活动常常与情报、经验、史实等交织在一起,与现代新闻传播活动有着很大的区别。只有当报纸这一传播媒介产生之后,人类的新闻传播才称得上是完全意义上的新闻传播。中国是世界上最先有报纸的国家,也是世界上最先有新闻事业的国家。我国原始状态的报纸,学术界多数认为始于唐代。

1.2.1 唐代的"报状"与唐代的新闻传播

1.2.1.1 开元杂报

开元杂报是我国最早的封建官报。唐代开元年间首都长安皇宫门外,朝廷每日都分条发布有关皇帝与百官动态的朝政简报,当时有人还将这种简明的

---

① 徐震堮:《世说新语校笺》(上册),第147页,中华书局1984年版。

朝政公报抄寄外地，扩大了传播范围（图1-2）。这种报纸是手写的，被称作“报状”。报，古义是发布公告的意思；状，古义为官方发布的文书。最早的有关唐代官报的文字记载，见于孙樵《经纬集》卷三所收《读开元杂报》一文。文中说：

樵曩于襄汉间，得数十幅书，系日条事，不立首末。其略曰：某日皇帝亲耕籍田，行九推礼；某日百僚行大射礼于安福楼南；某日安北奏诸藩君长请扈从封禅；某日皇帝自东封还，赏赐有差；某日宣政门宰相与百僚廷争一刻罢……如此，凡数十百条。樵当时未知何等书，徒以为朝廷近所行事。有自长安来者，出其书示之，则曰：“吾居长安中，新天子嗣国及穷虏自溃，则见行南郊礼，安有籍田事乎？况九推非天子礼耶？又尝入太学，见丛甓负土而起若堂皇者，就视得石刻，乃射堂旧址，则射礼废已久矣。国家安能行大射礼耶？自关以东，水不败田，则旱败苗，百姓入常赋不足，至有卖子为豪家役者。吾尝背华走洛，遇西戍还兵千人，县给一食，力屈不支。国家安能东封？……”语未及终，有知书者自外来，曰：“此皆开元政事，盖当时条报于外者。”樵后得《开元录》验之，条条可复。然尚以为前朝所行，不当尽为坠典。及来长安，日见条报朝廷事者，徒曰今日除某官，明日授某官，今日幸于某，明日畋于某，诚不类数十幅书。樵恨不生为太平男子，及睹开元中事，如奋臂出其间。因取其书帛而漫志其末。凡补缺文者十三，改讹文者十一。是岁大中五年也。①

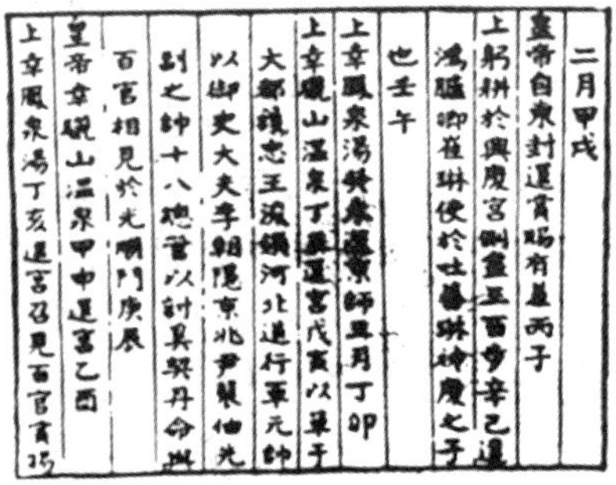
二月甲戌
皇帝自東封還賞賜有差丙子
上躬耕於興慶宮側盡五百步辛巳還
湯驅御蓰耕使於吐蕃琳使慶之子
也壬午
上幸鳳泉湯癸巳幸京師五月丁卯
上幸驪山溫泉丁巳還宮戊寅以華子
大都護忠王浚領河北道行軍元帥
以御史大夫李朝隱京兆尹裴伷先
副之帥十八總管以討奚契丹命拙
百官相見於光順門庚辰
皇帝幸驪山溫泉甲申還宮乙酉
上幸鳳泉湯丁亥還宮召見百官賞巧

图1-2　据史料仿制的《开元杂报》

（原载《中华印刷通史》电子稿）

孙樵，字可之，又字隐之。关东人，中过进士。他是著名古文学家韩愈的再传弟子、晚唐时期著名的散文家。在唐宣宗、僖宗年间曾做过中书舍人、职方郎中等官。他在《读开元杂报》中，前后叙述了两种“报”：一种是他在襄汉间居留期间看到的“数十幅书”；一种是在唐宣宗大中九年（公元855年），他中进士后，“及来长安，日见条报朝廷事者”；前者出现在开元年间，后者出现在大中年间；再就是叙事详略各异，但又都是由朝廷“条布于外”的新闻报道。孙樵对“开元杂报”的外观和内容都做了详细的描述。关于它的外观，文中有两处记载，即“数十幅书”和“系日条事，不立首末”。关于它的内容，文中列举了五项，即“某日皇帝亲耕籍田，行九推礼”；“某日百僚行大射礼于安福楼南”；“某日安北奏诸藩

① 《全唐文》（第9册），第8337页，中华书局1982年影印。

君长请扈从封禅";"某日皇帝自东封还,赏赐有差";"某日宣政门宰相与百僚廷争一刻罢"。而这些都是开元十二年到开元二十三年(公元724至735年)在首都长安曾经发生过的事件。相关的记载,在记录这一时期史事的《资治通鉴》上都可以查到。《读开元杂报》是唐代人详细记述唐代报纸情况的唯一的一篇文献。根据它的记载,中国历史新闻学界认为:中国开始有报纸的时间不会晚于唐玄宗开元年间(公元713至735年)。

研究孙樵的文章和其他一些史料,对于我国原始状态的报纸可以做如下几点概括:

(1)唐玄宗开元年间,首都长安已经出现了朝廷公布于外的原始状态的报纸;而孙樵生活的僖宗时代的长安,依然能见到这种报纸。

(2)这种报纸的内容是宫廷动态,包括皇帝、宰相、大臣的政治、外交活动。开元盛世,报的是皇帝行九推礼、东封、百僚行大射礼、宰相与百僚廷争等。到了唐朝末年,就只限于"今日除某官,明日授某官,今日幸于某,明日畋于某"了。

(3)这种报纸由朝廷直接发布,具有政府公报性质,"报状"是对它的统称。"开元杂报"只是孙樵在记述时为了行文的方便而随意使用的称呼,意为有关开元时期政事消息的杂乱报道。

(4)这种报纸的传播范围原先只限于京师,甚至只有京官才能看到它。

(5)这种报纸的形式是"系日条事,不立首末"。这就是说,这种报纸每天都有,分条报道事情,没有先后次序;这种报纸没有报头,没有评论,没有记者,没有插图,没有来稿,它只是向京城官吏广为传播的一种"官文书"。

(6)这种报纸的新闻文体是消息。这种消息极为简短,有许多都类似今天的新闻标题。

(7)这种报纸是手写的。

1.2.1.2 进奏院状报

进奏院状报是唐代进奏院职能强化的产物。唐代进奏院是在周朝的邑、汉朝的邸的基础上发展起来的。周邑是各诸侯朝见国君时的招待所;汉邸,兼有诸侯各国驻京办事处的职能。唐代中叶以后,开始在一些边远地区建立藩镇,设置节度使。随着藩镇势力的发展,各节度使纷纷在首都长安设立办事机构,并沿用汉代称呼叫邸,后改称上都留后院、上都邸务留后院、上都知进奏院,简称进奏院。

进奏院的负责人最初叫上都邸务留后使,后改称上都知进奏官,简称进奏官。进奏官是由地方派遣的,只对派遣他们的藩镇长官负责,不受朝廷管辖。这些进奏官们可以向中央政府查询一些行政事务,参与朝廷的盛典活动,既为所代表的地方藩镇呈递章奏,接受并代转朝廷下达的文书,也及时向地方通报他们所搜集的来自朝廷的各种消息。这便出现了进奏官根据报状抄写的"进奏院状报"。

经由进奏官传发给藩镇长官、用来介绍朝廷政事动态和有关信息的书面报告,就叫进奏院状报,简称状报、报状、报等,其性质接近于后来的"邸报"。

进奏院状报的主要内容是皇帝的起居、皇帝的诏旨、官僚们的奏章、宫廷动态，包括改元、任命、册封一类的谕旨和镇压农民起义的战报以及中央政府与各个民族地区的交往、军事政治方面的重要信息等。这些状报有明显的特点：

1. 它是不定期地由派驻首都的进奏官向地方传发的，其读者主要是地方的藩镇长官。

2. 它没有报头。在行文上还保留某种官文书痕迹，但不同于一般的官文书。它所提供的官方信息，往往早于正式的官文书。

3. 它所提供的各类信息，有一些是进奏官们自行采集的，有一些则是从他们获得的朝廷动态消息中筛选出来的，绝大多数属于朝廷的政事活动。进奏官们所着重传报的，往往是他们的主官们相对关注的那一部分内容。进奏院状报带有情报性质，类似于16世纪欧洲的"新闻信"。但比作为西方报纸远祖的欧洲的"新闻信"早诞生约八百年。

现存最早的两份进奏院状报，是1900年在敦煌莫高窟出土的两张"进奏院状报"的残页。这两份"进奏院状报"都是唐僖宗时期由驻地在沙洲的归义军节度使张淮深派驻朝廷的进奏官发回沙洲的。因为沙洲在今敦煌地区，两份"进奏院状报"均属敦煌文物，所以被历史新闻学者称为"敦煌进奏院状"。

这两份"进奏院状报"，1907年前后，先后被英籍匈牙利考古学家斯坦因和法国汉学家伯希和从敦煌"买走"，分别收藏于英国伦敦大英图书馆和法国巴黎国立图书馆。收藏于英国伦敦大英图书馆的"敦煌进奏院状"，经由中国人民大学教授方汉奇考订，已被新闻史学界认为是中国最古老的报纸，也是世界上现存的年份最早的原始状态的报纸(图1-3)。

图1-3　现藏伦敦不列颠图书馆的敦煌进奏院状

(原载互动百科网)

这份进奏院状报详细记述了唐僖宗光启三年（公元887年），敦煌附近的沙州归义军节度使张淮深派节度使前往凤翔要求旌节的情况。当时，唐僖宗受到李克用的沙陀兵和河中节度使王重荣的威胁，被迫流亡到兴元（今陕西汉中），这份进奏院状报，实际上是那位进奏官在随唐僖宗从兴元返回长安途中，从凤翔一带发回沙洲的。其主要内容是归义军节度使派往凤翔的专使们在兴元、凤翔两地的活动的情况：诸如他们什么时候到达兴元，什么时候见的皇帝，什么时候就张淮深要求旌节的问题与朝廷大臣进行的交涉，交涉的结果如何，他们内部在求旌节问题上有过什么分歧，哪些人比较乐观，哪人比较消极等。

1.2.1.3 唐代的其他传播活动

唐代官方的新闻传播活动，除了上述"报状"、"进奏院状报"之类的官报外，还有烽燧、露布、檄文、榜文和告示等。这些传播手段，唐以前就已经被广泛应用，唐时仍然被继续使用。其中，烽燧、露布和檄文主要用于军事方面，用以传递军事信息和声讨敌人。告示和榜文主要用于行政和科举方面，用以宣传政令和公布中举人选。这在当时都是人们政治社会生活中关注的焦点。

唐代非官方的传播活动主要有士人之间的传播活动和民间的传播活动。

（1）士人传播活动　主要靠书信、著述、赋诗等。而以诗的传播范围最广、受众最多、影响最大。唐诗的内容十分丰富，既有作者对时事、对重大政治事件的记述、评论和咏叹，也有他们对各种社会现象、社会问题的观察与思考。其中蕴含着大量的军事、政治、经济、文化等方面的信息。唐代的士人们非常擅长于用寄赠、抄传、唱和等方式来交换诗作，沟通和传播信息。

（2）民间的传播活动　主要是流传于贩夫走卒野老牧童之间、口耳相接的歌谣谚语、街谈巷议，以及俗讲、变文等民间说唱文学作品。在官报只局限于士大夫阶层和官僚机构内部、面向公众的民间报纸还没有出现的情况下，上述这些，也就是平头百姓们交流信息的主要方式了。

从贞观到开元这一历史时期，国势强盛，政治清明，经济发展，外交活动频繁。交通邮运更是盛况空前。全国形成以长安为中心的交通网络，驿站总数量最高时曾达1643所，这就为我国原始状态报纸的出现和传递奠定了物质基础。

综上所述，唐代的新闻传播活动和带有官报性质的新闻传发活动，揭开了中国新闻传播事业的序幕，在中国新闻传播发展史上具有重要意义。

1.2.2 宋代的"邸报"和"小报"

1.2.2.1 "邸报"及其发行制度

源于唐代的"报状"，到了宋代有了较大的发展。宋代由进奏官自发地向地方藩镇传发"报状"和"进奏院状"的体制有了重大的改变，开始出现了在政府中枢部门统一管理下统一发布的正式官报：邸报。负责"邸报"发行工作的机构是都进奏院。"邸报"这一名称一出现，就为朝野人士所接受，成为社会上对封建官报的一种习惯性的称呼。现存的宋人文集和被记录下来的宋人书信中，都有关于"邸报"的记载，有时也叫邸状、邸吏状、邸吏状报、朝报等。其中南宋时期使用频率最高的是朝报。但宋以后用得最多的还是"邸报"，"邸报"成了封建官报的统称，一直沿用到清末。

和唐代的进奏院状比较起来，宋代的"邸报"具有更多的报纸的特征和封建政府官报的色彩：

第一，"邸报"已经不像唐代的进奏院状那样，只是一种由派驻首都的进奏官们向自己的藩镇长官们报告朝廷信息的新闻信，而是一种在封建朝廷的中枢部门统一管理下、按一定制度统一编发的、向地方官员们传报朝廷信息的中央一级官报。中央政府直接控制进奏院和官方新闻的发布权。

第二，"邸报"已经成为当时社会上传播朝廷政事信息的重要载体。它的读者不像唐代的进奏院状报那样，仅限于少数藩镇长官，而是逐渐扩展到京城官员、地方各级行政官员和士大夫阶层。信息量也逐渐加大，新闻的时效性有所加强。

第三，"邸报"已经完全从官文书中分离了出来，成为一种官方新闻的传播工具，

第四，"邸报"已经由进奏院状报的不定期发行转为定期连续发行。每五日、十日或一月发行一次，直接下达到路、州地方行政单位，州以下再由州传抄下达。

宋朝是一个高度集权于中央的封建王朝，所以，邸报能够在宋王朝开国不久就成为封建中枢部门掌握下的政府官报。这是中国新闻史上最先出现的有较大权威的封建官报。而这种官报从它问世的第一天起，所传播的信息都是由朝廷主管部门核定，为巩固封建统治秩序和维护封建统治阶级的利益服务的。因此，"邸报"的内容主要有皇帝的诏旨、皇帝的起居、官吏的任免、臣僚的奏章、军事情报、刑罚等。此外，还有新近制颁的法令条例，三省枢密、六曹、寺、监、司的宣札符牒，以及根据皇帝或宰辅的意见要求条布报行的有关材料。

"邸报"的稿件，大部分是进奏官从隶属于门下省的政府部门抄录来的。抄录的过程也是选择和采集的过程。就这一部分工作来说，进奏官带有官报记者的性质。除进奏官外，宋代宫内的女官内夫人和门下省的起居郎及中书省的起居舍人，也负有采集、记录和向有关方面提供皇帝起居言行等动态信息的责任。他们有点类似于官报的御用记者。

"邸报"的编辑审定工作，自太宗时期成立都进奏院起，即由中书省、门下省的检正、检详官负责，后来又增加了由门下省的给事中负责"判报"这一环节。

"邸报"编定后，经由驿递"传之四方"。宋代的驿递分步递、马递、急脚递、水运步递等几种。南渡以后，为适应军事上的需要，又创设了摆铺制度，有金字牌、急速文字牌等名目，这些都

属于快递,用于传递紧急文书。"邸报"发出后,允许传抄和复制,并允许这些复制件以朝报或邸报的名义在社会上公开发售。

为了巩固皇权和维护封建统治秩序,让邸报更好地为朝廷服务,宋代开始出现了我国最早的新闻检查制度。《宋会要辑稿·刑法二上》说:"尚书省言,进奏院许传报常程申奏及经尚书省已出文字,其实封文字或事干机密者,不得传报,如违并以违制论。"[1]这就是说,没经中央批准的内容,包括军机、边机、兵变、灾异等均不准见报。

宋真宗咸平二年(999年),宋王朝对传报的内容开始实行"定本"制度,这是不得随意传报意图的具体实施。当时的规定是:"进奏院所提供报状每五日一写,上枢密院定本供报。"[2]而所谓的"定本",指的是根据进奏官采集来的各种发报材料,经本院监官编好,送请枢密院或当权的宰相审查通过后产生的"邸报"样本,进奏官们必须根据这一样本进行发报。不得擅自增减。宋神宗熙宁三年(1070年)王安石变法,定本制度取消,改为枢密院派专人对邸报进行抽检的制度。此后又曾恢复"定本"制度,一直沿用到宋末。

定本制度的制定和执行,加强了当局对"邸报"的控制,迫使进奏官们只能按照当局允许发布的内容进行传报活动,使"邸报"能够更好地贯彻皇帝和当权派宰辅们的意图,为巩固他们的统治秩序服务。

1.2.2.2 宋代的"小报"

宋代的新闻检查制度并未控制住"定本"之外的新闻和新闻形式的出现。也许正是"定本"制度"催生"了"小报"。"小报"是中国历史上最早出现的非官方报纸。

"小报"起始的确切时间已经难以查考。从宋人习惯于把"小报"和"邸报"对举,以"邸报"为常,以"小报"为非常;以"邸报"为合法,以"小报"为非法这一点来看,它可能在北宋初年都进奏院成立以后不久就已经出现了,是以和政府有关部门编发的封建官报相对的民间报纸的面目出现的。

据《宋会要辑稿》载:"仁宗天圣九年(1031)闰十月十五日诏:如闻诸路进奏官报状之外,别录单状,三司开封府在京诸司亦有探报,妄传除改,至感中外。"[3]这是目前发现的关于小报情况的最早的文献记载。这里所说到进奏官除正常出版"报状"之外,还编撰非法出版物"单状",并且连权位极重、掌管国家财经大权的盐铁、户部、度支三大机关和开封府也有人为此探访消息。

南宋以后,"小报"有了较大的发展,"小报"这一称呼也开始流行。南宋各朝的公私文献中,都有不少关于"小报"的记载。其中介绍得比较详尽的有以下几段文字:

① 《宋会要辑稿》165册,第6516页,中华书局1957年影印本。

② 《宋会要辑稿》59册,第2394页,中华书局1957年影印本。

③ 《宋会要辑稿》165册,第6504页,中华书局1957年影印本。

方陛下颁诏旨,布命令,雷厉风行之时,不无小人诪张之说,眩惑众听。无所不至。如前日所谓旧臣之召用者,浮言胥动,莫知从来。臣尝究其然,此皆私得之小报。小报出于进奏院,盖邸吏辈为之也。比年事之有疑似者,中外未知,邸吏必竟以小纸书之,飞报远近,谓之小报。如今日某人被召,某人罢去,某人迁除,往往以虚为实,以无为有。朝士闻之,则曰:已有小报矣!州郡间得之,则曰:小报到矣!他日验之,其说或然或不然,使其然焉,则事涉不密;其不然焉,则何以取信?此于害治,虽若甚微,其实不可不察。

这是宋高宗吏部尚书周麟之①《海陵集》卷三《论禁小报》里的一段文字,比较详尽地论述了小报的产生、内容、消息来源、发报方式以及它的影响和朝廷对小报所持的态度。因此,《论禁小报》应是我国新闻史上最早研究新闻学的一篇专论。

一则是属于光宗时期的。《宋会要辑稿·刑法二》②记载:

近年有所谓小报者,或是朝报未报之事,或是官员陈乞未曾施行之事,先传于外,固已不可。至有撰造命令,妄传事端,朝廷之差除,台谏百官之章奏,以无为有,传播于外。访闻有一使臣及阁门院子,专以探报此等事为生。或得之于省院之漏泄,或得于街市之剽闻,又或意见之撰造,日书一纸。以出局之后,省、部、寺、监、知杂司及进奏官悉皆传授,坐获不赀之利。以先得者为一功,一以传十,十以传百,以至遍达于州郡监司。人性喜新而好奇,皆以小报为先,而以朝报为常,真伪亦不复辨也。

此外,南宋理宗时期赵升著《朝野类要》卷四载:"其有所谓内探、省探、衙探之类,皆私衷小报,率有泄漏之禁,故隐而号之曰新闻。"其中提到小报被隐称为"新闻",这是我国新闻史上将新闻一词与报业联系起来的最早记载。

根据以上材料,我们可以将小报情况作如下概括:

(1)"小报"是一种以刊载新闻和时事性政治材料为主的不定期的非官方报纸。没有固定的报头和固定的名称。"小报"和"新闻"多是当时读者对它的习惯性称呼,用以区别于正式官报。

(2)"小报"肇始于北宋,兴盛于南宋。北宋以前的"小报"只是偶尔以"别录单状"、"妄作朝报"之类的形式出现,还没有专业化。徽宗以后,才逐渐形成为一种职业,社会上开始有了一些"专以探报此事为生"的人。

(3)"小报"制造者为进奏官、政府中下级官吏和书肆主人,即"所谓内探、省探、衙探之类"。传发人以谋利为目的,甚至以此为生。

---

① 周麟之,南宋初期人,除任宋高宗吏部尚书外,还任过中书舍人。
② 《宋会要辑稿》166册,第6558页,中华书局1957年影印本。

（4）"小报"内容虽然是"朝廷之差除，台谏百官之章奏"，但它是"朝报未报之事，或是官员陈乞未曾施行之事"，即官报未曾报道的新闻，因此具有新闻性。不过其内容有真有假。

（5）"小报"形式灵活，每日传发，时效性强。

（6）"小报"社会影响大。所谓"已有小报矣"，"小报到矣"颇受读者欢迎。

（7）"小报"的读者范围很广。有京官，也有地方官和一般的士大夫知识分子。皇室成员和社会上关心朝廷政事的人，也有不少是"小报"的热心读者。它的传播范围较广，不仅京都开封可见，且"遍达于州郡"。

（8）"小报"有手写的，也有印刷的。宋代文献中既有"小纸书之"、"日书一纸"的叙述；同时又有"印卖都市"、"京城印行，绕街叫卖"的记载。北宋以后，社会上对"小报"的需求越来越大，"小报"的发行量不断增加，"小报"的专业化和商品化的程度不断提高，在此情况下，部分"小报"采取印刷手段进行复制，乃是其发展的必然趋势。

（9）"小报"为非法出版物，封建王朝颁布许多诏旨与法令严厉查禁。但屡禁不止。

从以上归纳的情况可以看出，"小报"是一种从 11 世纪初叶起就风行社会的非官方的报纸。这种报纸为读者提供了不少官报所不载的和官方禁止发表的文件及新闻，突破了官方对新闻传播的垄断和封锁，打破了官方"邸报"的一统天下，满足了一部分士大夫知识分子对朝廷人事变动和政事活动消息的需求。在传报一般消息的同时，"小报"也经常被政府官员中的在野的一派所利用，刊载一些对当权者不利的消息和时事性政治材料。在民族矛盾尖锐的时候，"小报"还常常被主战派官员和各阶层爱国人士利用来刊载一些呼吁抵御外侮、要求惩治汉奸的奏疏和有关前方克敌制胜的消息。

"小报"的出版，触犯了封建统治者的议论朝政之禁和新闻泄漏之禁。"小报"对封建统治集团内外政策及其当权人物所进行的指责和攻讦，更使他们难以容忍。因此，"小报"自一诞生就受到朝廷的查禁。但终宋之世，"小报"始终没有被完全禁绝。这说明"小报"满足了一定的社会需求，因而有一定的生命力。其实其中还有深刻的社会根源：

首先，北宋建立之初，尽管消除了唐后期藩镇割据、宦官专权、朋党之争的弊端，结束了五代十国纷争局面，但宋朝一直奉行"守内虚外"政策，到了北宋末年，政局动荡，战乱连年，民不聊生，中央集权名存实亡。"小报"产生于统治集团内部，且屡禁不止，与宋朝中央集权的削弱有直接关系。

其次，战乱不断，内忧外患，加之封建王朝对官报舆论严厉控制，人们很难通过官方传媒了解时局变化的真实情况，于是"小报"应时而生且屡禁不止。而"小报"的一些内容力求冲破当局的限制，一定程度上反映了民意。如宋高宗绍兴七年（公元 1137 年），御史胡铨写了一份奏疏,请求"斩秦桧以谢天下"。这自然是重大新闻。被秦桧控制的官报当然不会刊登,而小报全文照发。当金人入侵时,小报还详细报道过北方军民急切要求奋起抗战、共御外侮的情况,而官报则不予理会。小报内容的新闻色彩远比邸报浓厚,这也是其广受欢迎、屡禁屡出的重要原因。

综上所述,小报的出现,是我国古代报纸发展过程中的一种重要现象,它标志着我国古代报纸由封建官报一统天下局面的终结,揭开了中国民间办报历史的第一页。

1.2.2.3 宋代的其他新闻传播活动

两宋时期其他传播活动,由于交通便利,印刷术的普及和发达,也十分活跃。主要有榜文、檄文、诏书、大臣章疏、边报、传单、名人诗文、科举范文,出自名家的书信、制词、行状、碑传、铭志等,出自书肆的各种版本的书籍等。其中所传播的,既有政治和军事方面的信息,也有大量的文化方面的信息。

在上述的各项传播活动中,最值得注意的、影响最大的是"榜"。"榜"是一种由政府部门发布的以张贴的方式公布信息的新闻传播手段,其形式类似汉唐的布告。但宋代的"榜",其提供信息之及时、使用频率和受百姓关注程度之高,都远超汉唐。和汉唐时代的布告一样,宋代的"榜"通常是用来公布法令的,但也经常用来发布希望公众尽快知道的诏旨、章奏和赏功罚罪等方面的信息。非常时期,也

用来及时向公众公布战讯和群众关心的朝廷政事消息。"榜"的张贴地点视读者的对象而异,大多在居住密集、过往人等较多的内外城门口和市镇的商业繁华地区。比如在北宋的首都开封,"榜"多数张贴在皇城的东西垛楼和宣德门外。当时,上自皇帝及省寺监司等中央部门,下至开封府属下的四厢都巡检衙门,都经常有"榜"在那一带张贴。

北宋末年,金军兵临城下,首都开封危在旦夕。"榜"曾经被当局用来作为一种紧急公布战况、传播和沟通信息的重要媒体。据台湾新闻史学者朱传誉的统计,从钦宗靖康元年(1126年)一月一日到靖康二年(1127年)四月二十四日,在金兵两次围攻开封一年多的时间内,中枢和开封府等部门,共在开封城内出榜130余次,平均每两天出榜一次。情况紧急的时候,还有过一天连续出榜数次的纪录①。"榜"新闻信息量比较大,时效性也比较强。其中有不少涉及金兵犯境和各地抵御金兵情况的消息,也有不少金兵包围开封、以钦宗为人质和宋进行谈判、迫使宋接受城下之盟等方面的消息。这些,都曾在当时的士民中引起强烈的关注和反响。"榜"成为"邸报"和"小报"的重要补充。

1.2.3 元代的新闻传播活动

1.2.3.1 元代官方的信息传播

由古代北方游牧民族——蒙古族

---

① 朱传誉:《宋代新闻史》,台湾商务印书馆1967版。

建立的元朝,是当时世界上疆域最大的帝国,具有丰富的多元语言与多元文化,尽管立国时间不长(97年,其中掌握全国政权的时间不到90年),还没有来得及建立全国性的官报发行体制,但是传播活动却一直都在进行,某些方面还有一定程度的发展。

元朝皇帝的诏令和重要公文都采用蒙古新字(此前,杂用维吾尔文与汉文传达政令)。为了使之传播全国,专门设置翻译吏员,为的是沟通政府官员中的蒙古人、色目人、汉人(元代的汉人并非"汉族",而是宋代北方各族,如契丹、女真、高丽;宋代的遗民被称为"南人"),以使上情得以下达。在政府官员中,还设有宣使、参差,其主要工作都是在重要衙门和重要官员中活动,上下沟通,传递信息。

元代的政权得之于马上,加之疆域十分辽阔,因此驿传制度非常发达。元代的新闻传播活动主要靠邮驿进行。元朝建立后,全国遍设站赤(即驿站)。分陆站、水站和狗站,陆站有马、牛或驴,并备车、轿;水站有船;狗站有橇。驿站置驿令、提领等官管理。被派允役的民户称站户。

1.2.3.2 元代的"小本"

流行于元代民间的新闻传播媒体主要是"小本"。这种"小本"由民间私自雕印发卖,内容主要是来自朝廷方面的政事消息。《元史》刑法四所载的禁止"但降诏旨条画民间辄刻小本卖于市"①的条例,所限禁的就是这一类"小本"。"从内容、形式和发行的方式来看,这种'小本'很可能就是宋代小报的延续。"②

和宋代比较起来,元代的言禁更严。据《元史·世祖本纪》《元史·英宗本纪》及《元史·刑法志》记载:"讹言惑众"有禁,"妄言时政"有禁,"诽谤朝政"有禁,"诸人臣口传圣旨行事者"有禁。太宗时期还曾经有过"诸公事非当言而言者,拳其口,再犯答,三犯杖,四犯论死"的禁令③。说明类似宋代"小报"的这种以传报朝廷政事信息为主的"小本",其编印和发行都是私下进行的,是不会太顺利的。

1.2.3.3 元代其他的传播活动

印刷术发展到元代,已经达到了相当高的水平。元代利用印刷和其他手段来传播信息的活动十分普遍。比如,书籍的印刷,有雕版印刷的,也有活字印刷的,十分精美;还有印刷发卖新科进士名录和登门报录之类的活动,及时传递科举信息。特别是经济活动方面,则有大量印刷散发的商品广告。如1985年在沅陵县城郊双桥村一号元墓中发掘出来的由生产匙筋和油漆的作坊印发的广告,介绍了作坊的地址和产品的质量。广告中提到的作坊在潭州(今长沙),广告的出土地在沅陵,两地相距250公里以上。可见这一类印刷广告作为一种传播媒介,确实起到了跨地域传播的作用。

① 《元史》卷一百五,第2680页,中华书局1976年版。
② 方汉奇主编:《中国新闻事业通史》第1卷,第118页,中国人民大学出版社2000年版。
③ 《元史·太宗本纪》,第33页,中华书局1976年版。

以上的情况说明,元代虽然没有发行官报的体制,但类似宋代"小报"的出版物仍然得到延续,民间的传播活动还是大量存在的。

1.2.4 明代的新闻传播活动

1.2.4.1 明代的邸报

1368 年明王朝建立。明统治者通过废除丞相、设立厂卫特务机构、以八股取士和在地方设立三司等措施强化中央集权。明代恢复宋代邸报抄传制度,但不设进奏院,主要由中央政府统一安排封建官报的传发,负责官报的传发的机构主要是通政司。此外,还有六科和提塘参与其间。

通政司为明王朝要害部门,其主管通政使往往由皇帝直接任命,或由宰相与宦官委派心腹担任。明王朝对掌管朝廷政事信息传发部门的重视,从一个侧面说明了其对于舆论的高度重视以及严格控制。

明代官报有多种称谓,如"朝报"、"邸报"、"钞报"、"阁钞"、"除目"、"京报"等,但"邸报"仍为习惯称谓。其内容有以下几个方面:

(1)皇帝的谕旨。既有皇帝为某人某事直接发布的谕旨,也有皇帝以批答章奏的方式发布的谕旨。

(2)皇帝的起居言行和有关皇家的各类消息。

(3)官吏的任免。这方面的消息在"邸报"中占有一定的篇幅,而且最受朝野人士的重视。除任免消息外,"邸报"上还经常刊有官员们应皇帝之诏入宫觐见的消息。

(4)臣僚们的奏章。这是"邸报"中所占篇幅最多、信息量最大的一部分内容。

(5)军事信息。有关明末李自成等起义部队攻城略地和土木之变英宗被俘的各种报道,屡见于邸报。

(6)社会新闻。据明人文集所载,当时人曾经从"邸报"上看到不少诸如"女子生髭","(妇女)化为男子","(某地民妇)生二女,一女一眼一耳四齿","(某农家圈养的牛生下的牛犊)一身两颈两头四眼四耳两口"等之类的社会新闻。

此外,"邸报"中还附有"鼎甲单",及时报道有关科举方面的最新消息。

明代的"邸报"基本上是每日发行。明代中叶以前的"邸报",大多是由各级抄报人用手写的方式辗转抄传的。中叶以后,部分"邸报"开始使用印刷;崇祯末年,开始使用活字版。邸报的活字印刷,是我国新闻传播技术的重大发展。

明代"邸报"的读者主要是政府官员和士大夫知识分子,"邸报"是他们获知朝政和了解国家大事的重要手段。不少士大夫知识分子还注意收藏报纸,作为修史和从事文学创作的参考资料。

1.2.4.2 明代民间新闻事业的萌芽

明代中叶以后,首都北京等地的民间新闻传播活动日趋活跃,开始出现了民间报房和从事抄报工作的专门行业。据明代的一些文献记载,当时报房已经很时兴,而且目的很明确,那就是盈利,因此当时已经有了一批收费的报房和付费订阅"邸报"的读者。送报人也应运而生,中国新闻史上第一个有姓名可考的、以"送邸报为业"的人叫何光烨。还因为抄报行是利薄的行业,在税收上曾得到过一定的减免待遇。这些信息说明了明代已有了民间经营的新闻事业。

明代早期的民办报房很可能是从官方的提塘报房分离出来的。民办报房问世后,它的官方消息仍然得自六科,或间接得自提塘报房。因此两类报房所抄发的官方消息内容大致相同。它们所发行的报纸,都被称为"邸报"。民间报房所发行的"邸报"和报帖,最初都是手抄的,所以才有"抄报人"、"抄报行"和"邸报抄传"等说法。但不排除个别发行量比较大的时事性政治材料使用印刷手段。

除抄传和发行"邸报"外,民间报房还从事报录、印卖缙绅录、鼎甲单,出版临时编印的时事小本等活动,为受众提供信息服务,增加收入。

1.2.4.3 《万历邸钞》、《天变邸钞》和《急选报》

明代"邸报"的原件已无存。被保存下来的,只有当时人的摘抄本《万历邸钞》和被某些明人书籍当做附录保存下来的"邸报"的翻印件《天变邸钞》。

(1)《万历邸钞》 是将万历一朝的"邸报"按照时间的先后顺序摘录而成的。抄录者在摘录的过程中做了一些编辑整理的工作,包括删节,增加了一些"摘由",增加了一些注释性的说明,并适当地作了一些综合。这部抄本在很大程度上保存了当年"邸报"的

面貌。(图1-4)

(2)《天变邸钞》 是一份专门报道发生在北京的一次特大灾异事件的报纸。

图1-4 抄本《万历邸钞》

(原载方汉奇主编:《中国新闻事业通史》1卷,第160页,中国人民大学出版社1996年版)

所谓"天变",指的是发生在北京内城西南隅、以王恭厂火药库附近一带为中心、波及周围近百里地区的特大灾异事件。时间是明熹宗天启六年五月初六日(1626年5月30日)。《明史》、《明实录》等书均有记载,但十分简略。"天变"这一提法,始见于明熹宗就此事件发的一则"上谕",后来被广泛沿用,并把报道这一事件的"邸报"称为《天变邸钞》。"天变"这两个字,很可能是传抄时根据这份报纸的内容加上去的。(图1-5)

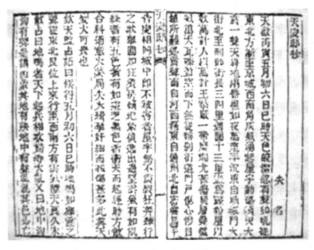

图 1-5 《天变邸钞》

（原载方汉奇主编:《中国新闻事业通史》第 1 卷,第 165 页,
中国人民大学出版社 1996 年版）

报道这次事件的"邸报",当时曾在社会上广泛流传。不少京内外人士都是通过阅读这份报纸才了解这次事件的详细情况的。

《天变邸钞》全文约两千字。开头部分是这样写的:

天启丙寅五月初六日巳时,天色皎洁,忽有声如吼,从东北方渐至京城西南角,灰气涌起,屋室动荡,须臾大震一声,天崩地塌,昏黑如夜,万室平沉。东自顺城门大街,北至刑部街,长三四里,周围十三里,尽为斋粉,屋以数万计,人以万计。王恭厂一带糜烂尤甚,僵尸重叠,秽气熏天。瓦砾盈空而下,无从辨别,街道门户伤心惨目笔所难述。震声面自河西务,东自通州,北自密云昌平,告变相同。城中即不

被害者,屋宇无不震烈。狂奔肆行之状,举国如狂……此真天变,大可畏也。

这一段文字对这次所谓"天变"的面上的情况作了概括性的描述,有点像一般新闻中的导语。以下的文字,依次为"天变"发生那一刹那各方面情况的介绍,"天变"当天各方面情况的介绍,以及"天变"前十天内发生的有关"天变"各种征兆的介绍等。时间和地区由近及远,很有点类似今天常用的"倒金字塔"的写法。

《天变邸钞》关于北京这次灾异事件的报道,并非官方发布的,而是抄报人自己编写的。它很可能出自民间报房。它属于临时发刊、大量复印出售、广为传播的那一类民间报房出版的报纸。

以上两种"报纸",都不是原件。保存至今的唯一一份明代报纸的原件是《急选报》。

(3)《急选报》 这份《急选报》出版于万历八年四月二十二日(即1580年5月5日),距今422年。现存北京国家图书馆。这份《急选报》是用雕版印刷的,长宽为24.6×14.4厘米,作"小本"状,共六页,以黄纸为封面,左上端印有加黑框的报头,内有"急选报"三个大字和"四月份"三个小字。正文部分逐个刊出被选中的162名官员的名单,包括姓名、籍贯和被任命的官职等。纸张和印刷的质量都不高,说明是为了抢时间草草印出来的。

这份《急选报》没有注明出版单位和编辑发行人的姓名,估计很可能是民间报房的产物。有可能单独发行,也有可能作为附件随"邸报"一并发行。它的被发现,说明中国至晚在万历八年就已经有了民办的雕版印刷的报纸了。

被保存下来的以上三份"邸报"抄件和民办报纸的原件,虽然还不能反映明代新闻出版事业的全貌,但已经可以帮助我们窥见报纸之一斑。特别是那份《急选报》,由于是全世界现存的最早自称为"报"的印刷品,并且为我们提供了一份实实在在的明代"报儿"的实物,因此弥足珍贵。

1.2.4.4 明代其他新闻传播活动

除了朝廷的"邸报"和报房出版的各种抄印件外,明代其他新闻传播活动也很活跃。其中,属于官方的有塘报和告示;其他则有竹筹、揭帖、旗报和牌报等。

(1)塘报 是一种由下到上、由地方向中央逐级汇报军情的文报,是有关军事信息的重要传播工具。塘报发自塘。塘是负责军事侦察和军文书传送工作的基层军事组织。塘之间的距离约为十里。明末塘站遍布全国,塘兵们除向上级呈送塘报外,还负责一般官文书和"邸报"的传送工作。

(2)告示 是一种由上而下、由中央到地方、逐级向公众公布信息的官方的新闻传播载体。告示的发布单位是中枢部门以下的各级政府机关。皇帝和各级政府长官有时也以个人的名义发布告示。发布的目的,在于维护朝廷的利益和稳定民心。从某种意义上说,它是"邸报"的一个补充。告示的内容十分庞杂,包括皇帝及皇室的动态,新制定的各项政策法令,大臣受惩治的情况和重大刑事案件的判决,有关科举考试方面的信息等。告示用纸的颜色、纸张的大小、公布的地点,都有一定的规定,不可逾越。其中有一些告示是印刷的。

竹筹、揭帖、旗报和牌报是农民起义队伍重要的新闻传播手段。

(3)竹筹 大约是一种写有各种紧急信息的竹签。万历年间白莲教在畿辅和山东、山西、河南、陕西、四川等地发动起义时曾经使用过。

(4)揭帖 形制近似于近代的小字报或传单。有手写的,也有印刷的。李自成、张献忠发布的谴责明王朝的政治檄文,就有一些是以揭帖的方式传播于社会的。张献忠部每到一处,都用揭帖公布政策，并在揭帖上公布赃官和土豪劣绅的名单，鼓励老百姓对他们提出控诉。张献忠派往敌后进行侦察活动的人员，也经常利用揭帖进行瓦解敌人军心的宣传。例如崇祯十三年（1640年）十一月，明兵部尚书杨嗣昌率兵进驻重庆后，曾散发和张贴大量"招抚谕帖"缉拿张献忠，宣布"有能擒斩者，赏万金，爵通侯"。第二天一早，他就发现自己住所的大堂、厨房、厕所等地，到处贴满了起义军的揭帖："有斩阁部（指杨嗣昌）来者，赏银三钱。"杨嗣昌经因此被吓得精神失常，绝食而死。

（5）旗报　渊源于古代的露布。旗报通常由专人扛着，骑在马上，在敌前敌后奔驰传送，供沿途的军民阅览。上面除了一般的鼓动口号外，还写有起义军的捷报和文告。在鼓舞士气动摇敌军等方面都起过很大作用。

（6）牌报　是把新闻写在木牌上的新闻传播形式。它的形状大小和书写形式没有统一规定。质轻、方便，内容和宣传形式与旗报相同。如崇祯十七年三月十六日（1644年4月22日）李自成从昌平发往北京及其附近各县的牌报内容有："知会乡村人民，不必惊惶，如我兵到，俱公平交易，断不淫污掠抢。"

李自成攻入北京后，牌报仍被用作宣传政策、发布政令的工具。比如进京第一天发布了农民起义军占领全城的消息，并悬赏寻访崇祯皇帝的下落。

旗报和牌报是与封建官报性质完全不同的一种新型的传播媒介。它们的内容十分庞杂，包括起义军的战报、政策法令和声讨明王朝的政治檄文。既为读者提供新闻信息，又在他们当中进行宣传鼓动。目的在于通报情况，壮大声势，安定民心，瓦解敌人。在传播有利于自己的信息和对敌斗争方面都曾发挥过很大的作用。旗报和牌报读者对象是广大人民群众。

此外，流行于明代社会借以传播信息的载体，还有具有揭发、诋毁、煽情性质的匿名揭帖，以报帖、招子、招牌、榜文、报条形式出现的各种各样的民间广告，民间的政治歌谣，公开和私自刊印的大量书籍等。这些载体于散布政治和商业信息之余，也往往表达了一定的民意，起了一定的社会舆情宣泄的作用。

1.2.5　清代早期和中期的新闻传播活动

1.2.5.1　清代的官报和官方的新闻传播活动

清朝因袭明朝的邸报抄发制度，其抄发所经渠道和环节与明代十分相似，即经由通政使司、六科、提塘三个环节。由通政司收受臣僚题奏，将应抄发部分交由六科传抄，然后由各省驻京的提塘官将允许向下传报的皇帝谕旨、臣僚章奏抄录后传报至各地。抄发内容受王朝的严厉控制，往往由皇帝亲自过问。其谕旨和章奏的发抄活动是逐日进行的。官报的发行活动也是逐日进行的。经由提塘传发到各省的官报，有手抄的，也有印刷的。随着发行数量的不断增加,印刷部分的比重也逐渐加大。

清代官报的内容,基本上由宫门抄、上谕、臣僚章奏三部分组成。其中宫门抄部分主要报道皇帝起居、大臣的活动等朝廷动态消息。臣僚章奏部分只选刊少量折件原文,大部分折件只刊出目录。

清代的官报仍被称为"邸报",有时也被称为邸抄(抄或作钞)、阁抄、科抄、京抄、朝报和京报。

清代官报的读者主要是各级政府官员。上自中枢大员,下至知府、县令乃至各级衙门中的小吏,都依靠官报获知朝政、了解京城内外各方面的信息。一般的平头百姓则与官报无缘。即使能够看到,也往往受到干涉。清初就有禁止"胥役市贩"阅读官报的记载。可见清朝的官报主要在官僚机构内部流通,是为官员们明晰朝政、维护治体服务的。

1.2.5.2 清代的提塘报房和提塘小报

清代的提塘分京塘、省塘两种。京塘指各省设在北京的提塘。省塘是指驻在各省省会的提塘。担任省塘的都是高级武官,专门负责京省之间官文书和官报的传递工作。

在京提塘一般都在自己的寓所设立办事机构,处理日常塘务工作。京塘的任务主要是:①收受和转呈地方上报中央的各类公文;②收受和下达中央各部院发给本省的一般公文,皇帝发给本省官员的一般谕旨和赏赐品;③发行邸报。这是京塘的一项重要任务。

为了及时处理"邸报"的誊录发行工作,从清代初年起,就出现了提塘自设的报房。这些报房具有半官方的性质,属于半官方机构。提塘通过报房发行到各省的"邸报",清初有一大部分还是抄写,乾隆以后,大部分都是印刷的了。

除发行"邸报",京塘的提塘官们还曾发行过一种小报,或者叫小抄,主要刊载一些提塘官们和提塘报房的工作人员自行采录的消息,目的在于为省里的官员们提供更多的朝廷消息。这样的小报,在清初是公开存在的。它被视为邸报的补充。

提塘小报受到当局的注意和限制,起始于康熙末年。当时曾经以上谕的方式禁止小报的发行,但没有效果。直到雍正乾隆两朝一再查处以后,才被完全禁止。其原因有以下三点:①先于部文到达地方,泄露了司法机密,影响了对获罪官员的惩处;②刊发了严重不实的消息;③刊发了未经六科发抄的奏章。

属于第一种情况的典型事件,是雍正五年(1727年)发生的四川按察使程如丝畏罪自杀事件。程如丝因事被参,奉旨著即处斩。而刊有程如丝著即处斩上谕的小抄先于部文5天到达,结果还没等部文送到,程就先期自缢而死了。这引起了当局对提塘小报的注意。

属于第二种情况的典型事件,是雍正四年(1726年)发生的报道雍正游园活动失实事件。这一年的五月初五日(6月4日),雍正曾召住在圆明园内的王大臣十余人,在园内勤政殿侧的四宜堂会面,并请他们吃了过节的粽子,

"逾时而散"。对这次活动,提塘小报作了如下的报道:"初五日,王大臣等赴圆明园叩节毕,皇上出宫登龙舟,命王大臣等登舟,共数十只,俱作乐,上赐蒲酒,由东海至西海,驾于申时回宫。"[1]其中的登舟、作乐、赐酒、游园等细节全属虚构,时间也说得完全不对头,属于严重失实。当时雍正正在和政敌进行权力斗争,对提塘小报的这一失实报道十分敏感,认为与政敌们的流言构陷有关,即批交兵刑二部查办,最后以"捏造小钞,刊刻散播,以无为有"[2]的罪名,将发行这一小抄的何遇恩、邵南山两人判处斩刑。这是中国新闻史上因办报获罪被杀的有姓名可考的最早的两个人。

清代的康雍乾三朝,是文字狱十分严酷的时代,对提塘报房小报的限禁是在这一历史背景下进行的。这其实也是文字狱的一种。经过康雍乾三朝的严厉查处,提塘报房发行小报的活动基本上被禁绝。这以后,直到清末,已很少看到有关提塘报房小报的记载了。

1.2.5.3 清代的京报房和《京报》

清代的民间报房主要集中在北京,以公慎堂为最早。另外还有聚兴、聚升、合成、杜记、集文、同顺、连升等,不下十余家。这些报房所出的报纸,通称《京报》。这些报房因而也被称为京报房。《京报》在部分读者中有时也被混称为邸抄或邸报。(图1-6)

早期《京报》,一般没有报头,没有封面,每天一期,每期一册。每册的第一页和最后一页都印有报房的堂名。

同治以后的《京报》,在形式上有了明显变化。其一,是普遍加上了封面,大部分封面使用黄色连史纸,因而被成为"黄皮京报"。其二,是普遍有了报头。报头通常为"京报"两个字。自乾隆以后,《京报》基本上都是印刷的。其中一部分用活版,一部分用泥版。

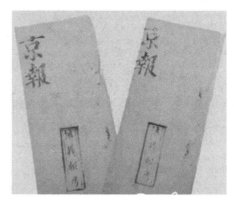

图1-6　2007 年在河南发现的 1892 的《京报》
(原载大公网河南频道)

《京报》的内容基本上是宫门抄、皇帝谕旨和臣僚奏章三大部分。偶尔也刊登文选单、武选单、鼎甲单和朝审犯人勾到单之类的稿件,为读者提供铨叙、科举和司法等方面的信息。在近代报纸产生以前,民间报房出版的这种《京报》,是臣民们获知朝政和国家大事的主要信息来源。

《京报》公开发行,且发行范围广,遍及全国。北京的报房面向北京发行,

---

① 《清世宗实录》卷四十四;《东华录》,雍正四年五月庚子条。
② 《清世宗实录》卷四十四,雍正四年五月庚子日谕旨。

外地的报房代售北京《京报》。报房以盈利为目的，读者可以长期订阅，报房雇有送报人直接将《京报》送达订户。订户以官绅和士大夫为多，也有目不识丁者。如当时北京流行一首竹枝词："惟恐人疑不识丁，日来送报壮门庭。月间只费钱三百，时情亲朋念我听。"可见《京报》在当时的影响。

清代言禁极严，尽管朝廷允许民间报房存在，但对其抄发内容限制诸多，尤其对伪造题奏与御批的"不实报道"查办非常严厉。也正如此，《京报》的内容与形式几百年间无甚变化。鸦片战争前后，外人开始在华办报，随后国人自办的新式报刊也竞相问世。这些以西方大众化报纸为模式的近代化报刊给上千年僵化不变的中国古代报纸以极大的冲击。在强大的竞争对手面前，曾经颇具影响力的《京报》相形见绌，终于在辛亥革命后不久消失。这是历史发展的必然结果。

1.2.5.4 清代地方新闻传播活动和辕门抄

清代的地方新闻传播活动，各省的省塘起了十分重要的作用。除此之外，有些省的一些大的州府也都设有府一级的提塘。这两部分提塘，接受兵部和地方的双重领导，负责管辖内的塘务工作，是官报在当地发行工作的主要承担者。

各省的提塘，除按规定向各衙门发送官文书和官报外，也在省会内就地设立报房，翻印《京报》向当地的官绅出售。这带有一定的营业性质，已不同于政府机构内部发行的官报。

另外，从清朝初年起，一些省会城市就有一些人以个人名义从事新闻传播活动。他们有的是把"抄报"作为一项副业；有的则可能以此为主要的谋生手段，他们有的已经拥有自己的报房。在这些报房和"抄日报"人所办的各类报纸中，最受官绅们注意的是辕门抄。辕门抄是一种以报道地方官场消息为主的非官方的报纸，出版于各省省会和一些重要的府城，由熟悉当地官场情况的抄报人和报房采写编印发行。它们和在当地的京报相配合，一个提供中央信息，一个提供地方信息，成为当地官绅了解政情的两个重要渠道。

除翻印《京报》和出版辕门抄外，清代中叶以后，在一些城市还曾经出现过一些随时出版的单页小报，这类小报没有报名，没有标题，没有固定的刊期，内容往往是政治、军事方面的突发性新闻和有关地震、水旱等自然灾害方面的消息。一事一报，印成单页后公开发售，其中一些还配有插图，这类小报为读者提供了不少信息，有较强的新闻性，虽然还没有定期出版，还不完全具备报纸的条件，但已突破了旧式官报的模式和《京报》、辕门抄一类报纸垄断当时报业的格局，很受读者欢迎。

1.2.5.5 清代早期和中期的其他传播活动

除利用官报外，清朝的封建统治者还广泛地使用过榜、帖示、告示等传播媒介来发布官方消息。

这一时期的民间报房，除出版发行《京报》外，也附带出版和发售一些其他的出版物。其中，有的是以传播新闻信息为主的,如《谕折汇存》、《阁钞汇编》、《上谕奏折》、《邸报全览》、《时事采新汇编》等,内容大多取材于《京报》,是报房《京报》的汇总和延伸。有的则是以传播文学艺术信息为主的,如以单册的形式出版的唱本和小说等。

此外,由于传统的雕版和活版印刷技术的发展,清初到清中叶这一段时期的书籍、年画、历书、商业传单、商品包装纸等印刷品,作为文化和经济信息的载体,也大量问世,为清代中叶以后商品广告的发展作了铺垫。

【本章小结】

中国是一个历史悠久的文明古国。造纸术和印刷术的发明为世界新闻传播事业的发展提供了物质条件。中国有世界新闻传播史上最早的报纸,特别是最早写在纸上的报纸和印刷在纸上的报纸都诞生在中国。但同时,中国古代的报纸受到封建统治者的严密控制,其历史基本是一部封建统治阶级掌握传播媒介、控制舆论工具、限制言论出版自由的历史。中国古代的报纸发展缓慢,在一千多年的时间里,形式和内容都没有太大变化。但社会在发展,旧式的邸报①和《京报》从形式到内容都已完全僵化,根本无法适应发展的社会,因此它们的命运只能是被新型报纸所取代。这就是中国古代报纸的最后结局。

【思考题】

1.中国的新闻传播事业起始于何时?中国的古代报纸是怎么诞生的?

2.“开元杂报”和“敦煌进奏院状”的性质如何,二者有什么区别?

3.宋代“邸报”的发行制度有哪些特点?

4.宋代“小报”具有哪些特点,为什么屡禁不绝?

5.《急选报》和《天变邸钞》是一种什么性质的新闻传播媒体?

6.清代的提塘、提塘报房和民间报房之间的关系如何?

【延伸阅读】

1.朱传誉.宋代新闻史.台北:台湾商务印书馆,1967

2.黄卓明.中国古代报纸探源.北京:人民日报出版社,1983

3.尹韵公.中国明代新闻传播史.重庆:重庆出版社,1990

4.方汉奇.中国新闻事业通史:第1卷.北京:中国人民大学出版社,1996

5.赵振祥.唐前新闻传播史论.北京:中国文联出版社,2002

---

① 2006年一位姓范的集报爱好者在北京潘家园旧货市场以6000元人民币购买了四册印有“邸报”字样的清嘉庆十一年(1806年)的邸报。这四册邸报以“春、夏、秋、冬”分类编辑而成,是研究我国古代报纸的珍贵史料。

2 中国近代报业的兴起

导言

本章学习目标 通过本章的学习,要求能够深入了解中国近代报刊产生和发展的时代背景,正确认识中国新闻史上的这一特殊时期——在华外报的发展和垄断期,正确评价在华外报的历史功过,吸取历史的经验教训;同时还要注意学习和借鉴外国人办报的一些成功经验。

本章难点 中国第一批近代汉文报刊 上海近代报业的兴起与发展

中国近代化报刊是伴随着西方列强入侵中国的活动而产生的。第一批近代化报刊都是外国人创办的,最早来华从事办报活动的是一批基督教传教士。从1815年到19世纪末,外国人在中国共创办了近200种汉文、外文报刊,占我国当时报刊总数的80%以上,基本上垄断了我国的报刊业。

2.1　第一份汉文近代报刊

《察世俗每月统记传》是近代第一份汉文报刊,英国传教士马礼逊和米怜1815年8月5日在马六甲创办。

马礼逊是基督教新教派遣到中国传教的第一人。罗伯特·马礼逊(Robert Morrison 1782~1834),英国诺森伯兰人。19岁入神道学校读书,读书期间,主动要求到"困难最多"的中国传教。为此,他做了充分准备,突击学习了一些汉语和自然科学知识。1807年初,他首先到达美国,得到美国政府的帮助,9月到达广州。当时,清政府实行严厉的闭关禁教政策,马礼逊假扮成美国商人隐居在美国商馆。他继续潜心学习汉语,翻译《圣经》和编纂《华英辞典》。1809年,他与英国在中国东印度公司一位高级职员的女儿结婚并成为这家公司的翻译,得以公开活动。

1813年,伦敦布道会又派出另一位传教士米怜(William Milne 1789~1822)来华协助马礼逊。1814年,嘉庆皇帝下令:"禁止西人传教,查出论死,入教者发极边。"这样,马礼逊在广州传教活动遇到困难。他接受米怜的建议,由米怜携带两千本《圣经》中译本前往南洋群岛的爪哇、马六甲(荷兰殖民地)等华人聚居地去试探散发,获得成功,于是米怜向马礼逊建议把对华传教活动的中心设在马六甲。马六甲是今天马来西亚南部的重要港口,交通方便,华侨众多,当地官员对他们的传教活动没有更多的限制。马礼逊接受了米怜的建议。米怜同刻字工梁发[1]等人,于1815年5月来到了马六甲,在那里开办学校和印刷所,并创办了我国第一份汉文近代报刊《察世俗每月统记传》(简称《察世俗》)。(图2-1)

出版《察世俗》,是马礼逊主持下的对华传教活动一项重要内容。主编米怜在创刊号《察世俗·序》中写道:"既然万处万人皆由神而原被造化,自然学者不可只察一所地方之各物,单问一种人之风俗,乃需勤问及万世万处万人,方可比较明辨是非真假矣。……所以学者要勤功察世俗人道,致可能分清是非善恶也。"这些话,说明了"察世俗"名称的由来。

---

[1]　梁发(1789-1855),又名梁亚发,广东高明(今高鹤县)人,出身于贫苦农民家庭。15岁到广州谋生,初学制笔,继学雕版,承印马礼逊编译的一些汉文宗教书籍,并开始和教会发生联系。1815年与米怜抵马六甲从事印刷工作,并在《察世俗》上发表过不少宣传教义的文章。该刊停刊后,仍往来于马六甲、新加坡、广州、澳门等地从事传教活动。编撰过《救世撮要略解》、《劝世良言》等多种宗教小册子。

《察世俗》为纯宗教性报刊,以传教为宗旨。首先侧重对基督教教义基本原理的介绍,讲解《圣经》中的警句,并大量刊载《圣经》故事,以多种形式通俗地宣传基督教教义。其次是介绍天文学等科学知识。自第2卷起,陆续发表了《论行星》、《论慧星》、《论日食》、《论地周日每年运转一轮》等文章,并附有插图,通俗、科学地解释了许多天文现象。但是最后往往又说所有这一切都是神赋予的,这样就又给科学的道理披上了神的外衣。后期增辟专栏《各地各国纪略》,介绍世界各国概况,并涉及中国时政。

图 2-1 《察世俗每月统记传》创刊号

(原载方汉奇主编:《中国新闻事业通史》第 1 卷,第 256 页,中国人民大学出版社 2000 年 10 月第 2 次印刷)

此外,《察世俗》还刊有许多"砥砺道德"、进行伦理说教的内容,但这些内容仍具极浓厚的宗教色彩,没有超出"阐发基督教义"的办刊主旨。从报刊业务来看,《察世俗》明显不同于中国古代报刊,其主要特征如下:

第一,该刊非常注意研究和迎合读者。巧妙地运用中国传统儒学的观点来阐述基督教义,以示二者思想和精神的一致。其中的传教文章大量引用中国儒家语录,以增加亲近感和说服力。并广泛运用《四书》、《五经》中的材料为宣传宗教服务。每期封面均印有孔子语录:"子曰:多闻,择其善者而从之。"

该刊的文章简短、通俗、生动,并尽量采用通俗的白话体,语言精炼;长篇文章往往采用章回体小说形式连载,篇末用"欲知后事如何,且听下回分解"以迎合中国读者心理;说教性很强的文字则用对话、讲故事、打比方等方式,以求生动易懂。尽管办报人都是外国人,但是行文中常有"我们中国人"如何如何,从而拉近和读者的距离,以取得最好的宣传效果。

第二,该刊文章体裁丰富多样。除论说性文章外,还有小故事、笔记小品、七言诗、对话体和警言集纳等样式。

值得一提的是,该刊曾刊载了被称为汉文近代报刊的第一条消息,题目为《月食》(载第 1 卷第 2 期)。全文如下:

照查天文,推算今年十一月十六日晚上,该有月食。始蚀于酉时约六刻,复原于亥时约初刻之间。若此晚天色晴朗,呷地(即马六甲)诸人俱可见之。

此文五十多个字,短小精炼,可算得上是一条预告性新闻。另外还有一篇记述清道光元年四月初九日(1821年5月10日)出现在马六甲东街蚋地区祭祀痘娘娘活动的报道,并以西方宗教的观点对这一东方巫术进行了批评。特别是为这篇文章还配发了一幅插图《事痘娘娘悬人环运图》,把当时祭祀痘神时银钩吊人回旋转动的场面形象地记录下来。这幅插图是我国报刊史上最早发表的新闻图画。《察世俗》后期还辟有《儿童页》,其中一部分文字为英华书院的中国学生所写。

第三,印刷发行考虑中国人习惯。《察世俗》为月刊,雕版印刷。因读者对象是华人,所以该刊仿照中国人习惯的线装书模样,每期一册,每册5至7页,还有封面。而且封面更是煞费苦心:右上为"子曰:多闻,择其善者而从之",中间为刊名,左下为编者署名——"博爱者纂",最上面由右至左横刻"嘉庆乙亥年",采用中国纪年,迎合中国读者。

该刊最初印500册,后增至2000册,由米怜编辑并撰稿,大部分在东南亚华人中免费散发,少部分运往广州等地分送。

另外,《察世俗》还为自己做广告,当时叫《告帖》。这是我国近代新闻史上最早的非营利性广告。《告帖》的制作尽管较为原始,但是,它清楚地告诉读者《察世俗》的出版时间以及怎样得到《察世俗》,因此,这个《告帖》已具有大众传播的性质。

《察世俗》出版到1821年底因米怜生病而停刊,历时7年。尽管具有宗教性质,但它与我国封建报刊大不相同。它有消息、有言论,面向广大民众。它的创办,揭开了近代中国新闻发展史的第一页,标志着中国新闻史由古代进入了近代的发展阶段。

《察世俗》停刊之后,外国传教士又在南洋、澳门等地出版了一批汉文近代报刊:

《特选撮要每月统记传》,月刊,1823年7月创刊于巴达维亚(今印度尼西亚的雅加达)。创办人、主编是英国伦敦布道会传教士、曾参与编辑《察世俗》的麦都思。因此该刊从内容到形式均仿照《察世俗》。1826年停刊,前后共出4卷。

1827至1828年间,还有一份汉英文对照的报刊《依泾杂说》,在当时为葡萄牙所占据的澳门出版。木版刻印,由葡萄牙人主办。因揭载官府陋规,为清政府所严禁。

《天下新闻》,月刊,1828年创刊于马六甲,创办人为伦敦布道会又一位来华的传教士纪德。该刊散张活字印刷,仍为宗教性刊物。这是我国最早用活版印刷、散页形式(打破了传统的书本形式)的报纸。它虽然仍属宗教性质,但其内容包括中外新闻、科学、历史和宗教等许多方面,并以欧洲和中国的新闻报道居多。1929年停刊。

2.2 中国境内第一批近代汉文报刊

1833 年 8 月，普鲁士传教士郭士立在广州创办了《东西洋考每月统记传》（简称《东西洋考》），这是我国境内出版的第一份汉文近代报刊。它的创办，标志着外国传教士创办的汉文近代报刊闯进了中国的国门，将外国传教士在中国的办报活动推向了一个新的阶段。

郭士立（1803—1851），1821 年受荷兰布道会的派遣来东南亚一带传教，活动于爪哇、暹罗等地。他曾多次深入到中国内地探取政治、军事、经济情报，协助英美鸦片商人推销鸦片。

1834 年在广州与英国鸦片商人和美国传教士等人创立"在华实用知识传播会"，他任汉文秘书。他不仅精通汉文、能讲普通话及闽粤方言，而且还十分了解中国传统文化与习俗。他认为打开中国大门的主要障碍是中国人的愚昧无知，夜郎自大，敌视外夷。他创办《东西洋考》，旨在宣扬西方文化的优越，征服中国人骄傲自大的排外心理，为西方殖民主义者的在华利益服务。该刊曾两次停刊又复刊，大约出版发行到 1838 年。值得深思的是，在清政府三令五申严禁洋人秘密印刷书籍的情况下，该刊居然能在广州公开出版那么长时间，由此不难看出清政府官员的腐败和郭士立的奸猾。（图2-2）

图 2-2　《东西洋考每月统记传》

（原载方汉奇主编：《中国新闻事业通史》第 1 卷，第 269 页）

《东西洋考》为楷书木刻，连史纸印刷，线装书册式。在编辑业务上，《东西洋考》文字通俗、文章简短，长文分期连载，每期还刊有目录以便于阅读，栏目也比较固定。在宣传策略上，《东西洋考》也注意附会儒学，尽可能与中国传统文化相吻合。封面上也印有中国传统格言，多录自"四书"，如创刊号上印的是"人无远虑，必有近忧"，印在刊名的左边。左下角署"爱汉者纂"四字。该刊虽是一份宗教性报刊，但其所刊载的内容已包括宗教、政治、经济、科学文化知识、新闻和杂俎等各个方面，并以时事政治为主，宗教已退居次要地位，不再刊载解释教义的专文，言论主要用来宣传中外人士之间的行为准则，如中国人不要称外国人为"蛮夷"，中国人和外国人做生意要公平、诚实，中国应学习各国的长处等。在科学文化知识的引进上，除了介绍西方的情况之外，还大量介绍东南亚各国和印度的情况，旨在打破中国人闭关自守的观念，美化英国殖民统治。此外，刊物的后期开始摘录《京报》和刊载行情物价表，这是最早采用《京报》材料的汉文近代报刊。

该刊在内容、形式、策略等方面都与此前传教士所办报刊有很大区别，主要表现在以下几点：

第一，首设新闻栏。绝大部分是国际新闻，这些新闻稿并不是客观地公开真实报道已经发生的和变动的事实，而是带有明显的目的性。有些新闻稿，一看便知是假新闻，是货真价实的殖民主义宣传。为了表示对中国政府友好，该刊有时也报道中国的情况，其消息来源有两个方面：一是经过实地采访，或由广州、澳门等地的外国人提供的地方新闻；二是转载《京报》的重要新闻。有时还刊载一些社会新闻和商业消息，这在中国新闻史上都属首次。

第二，首设言论专栏。该报重视言论，每期都有自己的言论，且置于首页。主要内容是在侵华活动中出现的各种问题，如关于贸易与国家富强的关系，中外贸易要诚实无欺等，而不再局限于宗教教义的阐发。1834年1月该刊发表《新闻纸略论》一文，全文331字，简述了报纸的起源、新闻自由和当时西方一些国家报纸的出版情形。这是我国汉文报刊上刊载的第一篇新闻学专论，在中国新闻史上具有重要意义。

第三，重视文学作品的刊发。除圣经故事外，最常见的有诗歌，如五言、七言、古风等，还刊登赋和散文等文学作品。

第四，明显的侵略性。积极宣传殖民主义，直接为帝国主义的侵华政策服务。

总之，《东西洋考》在性质上开始脱离宗教报刊范畴，成为替外国人打开中国大门摇旗呐喊的舆论工具。报刊业务方面，在先前传教士所办报刊的基础上有重大改进；在新闻报道、言论撰述以及编排技巧等方面，在相当程度上具有近代报刊的基本特征。

《东西洋考》之后，《各国消息》于1838年10月在广州创刊。该刊也是一份汉文月刊，连史纸石印，创办人和主编为麦都思，该刊的办报方针和内容同《东西洋考》基本相似，只是宗教色彩大大减弱，主要刊登各国和广州新闻，以及航运消息、物价行情等。但是，该刊刊载的各国新闻实为各国的历史、地理知识的介绍，其本意是改变中国人思想闭塞状况和宣扬英国统治殖民地的威力与德政。该刊对于中国的报道只限于广州中外贸易的情况，此外还报道商船失事与台风的消息，帮助人们及时掌握商业信息，以便从中谋利。1839年5月，中英关系紧张，《各国消息》也随之停刊。

麦都思（1796—1856），英国传教士。19世纪初叶，在东南亚华侨聚集的地区传教，进行报刊活动。1817年，在巴达维亚（今雅加达）建立印刷所。曾经协编和创办的报刊有《察世俗每月统记传》、《特选撮要每月统记传》、《东西洋考每月统记传》。1838年10月在广州创办《各国消息》。1843年11月，上海一开埠，即到上海定居，将巴达维亚印刷所迁至上海，在中国开办了第一个现代化的印刷出版机构——墨海书馆。1853年他创办并主编的《遐迩贯珍》，是鸦片战争后在香港创办的第一家汉文报刊。1854年当选上海工部局第一届董事会董事。主持墨海书馆期间，聘用伟烈亚力、王韬、李善兰等人为编辑。自1852年起，除出版宣传宗教的小册子、创办《六合丛谈》外，用木版印行西方科学书籍20多种，对中国知识界影响很大。先后撰有汉、英、马来文宗教小册子90余种。

值得注意的是，鸦片战争前，随着外国侵华势力扩展，来华的传教士、商人、政客日益增多。这些人一方面急切需要了解中国政治、经济、军事、历史等情况；另一方面，对自己本国的发展现状也需及时把握，以便为尽快打开中国大门制订方针策略。为此，这一时期出现了一批外国人创办的以外国人为读者对象的外文报刊。

这些外文报刊，在规模、数量、出版时间、新闻出版业务等方面均超过同期的汉文报刊。截至1839年，外国人在中国境内出版的外文报刊有17种左右，出版时间有的长达十几二十年之久，但出版地点则局限于澳门与广州两地。

外文报刊首先在葡萄牙控制的势力范围澳门出现。1822年9月12日，葡萄牙文周刊《蜜蜂华报》（A Abelha da China）创刊，这是澳门出版的、也是中国境内出版的第一家外文报纸①。该报是当时的葡萄牙执政党在澳门创办的政府机关报，1823年12月26日，由于葡萄牙执政党被推翻而被查封。1824年1月3日，第二份葡萄牙文报纸《澳门报》（Gazeta de Macao，一译

---

① 《蜜蜂华报》曾享有"三个第一"："中国境内出版的第一份近代报纸"、"外国人在中国领土创办的第一份外报"和"澳门有史以来的第一份报纸"。这一"定论"，为澳门学者林玉凤在其博士论文《鸦片战争前澳门新闻出版事业（1557～1840）》中提出质疑。她认为1807年6月4日，由若阿金、若译、赖特（JOaquim Jose Leite）在圣若瑟修院出版的《消息日报》（Diario Noticioso）才是我国最早的近代化报刊，只是没有找到原件。而《蜜蜂华报》是目前可找到原件的澳门出版的第一份"报章"。

《澳门钞报》)问世,以宣传葡萄牙国内保守派的主张为主要内容,1826年12月因财政问题而停刊。19世纪30年代后,葡文报刊在澳门成批出现。如《澳门钞报》、《帝国澳门人》等,共有8种。这些葡文报刊,由于澳门当局的专制政治和葡国内部党争激烈,再加上经济上的困难,因而出版时间大多很短。它们所报道的内容,也大多是葡萄牙本国和澳门问题,对中国事务很少有兴趣,因而对中国社会的影响不大。鸦片战争爆发后,这些葡文报刊一般都持中立态度,但也有少数持亲华立场。

这一时期,对中国社会产生重大影响的外文报刊,则是英、美等国人士在广州出版的英文报刊。

19世纪20年代后期,英文报刊首先在广州问世。1827年11月8日,第一份英文报纸《广州纪录报》(Canton Kegister)创刊,双周刊,第2期起改名为"The Canton Register"汉文译名不变,1834年后改为周刊,逢星期四出版。这是一张商业性报纸,货价行情、航运消息占主要篇幅,但也广泛刊登政治时事新闻和评论,有强烈的政治色彩。由于对中国问题十分关心,因而该报上关于中国的新闻和材料占相当多的篇幅。曾竭力为鸦片贸易辩护,攻击中国官员对外国人傲慢无礼、无视外商利益,主张英国政府对中国持强硬政策。该报在当时影响很大,读者远及南洋、印度及英美一些主要商埠,自1835年起开始接受华人订户。

进入19世纪30年代后,英文报刊在广州大批创刊,除英国人外,美国人也加入了办报的行列。其中英国人创办的报刊主要有《广州杂志》、《广州周报》等。美国人在广州创办的报刊,主要有《中国差报与广州钞报》、《中国丛报》等。

《中国差报与广州钞报》是美国人在华创办的第一份报纸,于1831年7月28日创刊,美国商人伍德创办并任编辑。1832年4月14日改用简称《中国差报》出版,1833年10月停刊。《中国丛报》创刊于1835年5月,英文月刊,由美国第一个来华的传教士裨治文(Elijah Colemiln Bridlpnan. 1801 ~ 1861)创办并担任第一任主编。该刊大量地、详尽地报道与评述中国的政治、经济、军事、文化、外交、地理、历史、风俗等各方面的情况,甚至连中国官员贪赃枉法的手法、道光皇帝懦弱的性格也都在其报道与评述之列,有关宗教的文章很少。由于该刊所刊载的资料十分丰富,因而至今仍为中外学术界所高度重视。该刊曾迁至澳门、香港等地,1851年12月在广州停刊。

除广州外,英文报刊还在澳门纷纷创刊。1833年,澳门的第一份英文报刊《澳门杂文篇》①由马礼逊创刊，宗教性周刊，这是继《广州纪录报》后的第二份英文报刊。该刊每期还刊有一篇汉英文对照的短稿，以外籍基督教新教传教士为读者对象。该刊仅出4期即因含有反对天主教(葡萄牙国教)的成分而被葡萄牙当局查封。

作为外国侵略者的舆论工具，这些在中国出版的外文报刊，一般都以提供情报和新闻信息为主。但是，就其新闻业务而言，采、写、编、评各方面的水平都较高。

综上所述，鸦片战争前，外国人在南洋和华南一带总共创办了23种汉外文报刊，其创办者大多是传教士。这些报刊虽为宗教报刊，但是随着时间的推移，宗教色彩逐渐减少，新闻成分特别是商业新闻、政治新闻逐渐增加。但是这些新闻也都披着宗教外衣或者蒙有文学的面纱。

2.3 近代报刊的初期发展和国人自办的汉文近代报刊

1840年鸦片战争后，清朝政府同帝国主义列强签订了《南京条约》等一系列不平等条约，香港被割让，广州、福州、宁波、厦门、上海被辟为通商口岸。西方国家利用侵略战争获得的特权，不断扩张其在政治、经济、文化等方面的垄断，中国逐步沦为半殖民地半封建社会。随着西方列强的侵略扩张，外国人办报活动不再像鸦片战争以前那样受到种种限制，办报规模与地域迅速扩展，逐渐形成以香港和上海为中心、从东南沿海向内地发展的

办报格局。从1842年到19世纪末，他们先后在我国办了170多种报刊，相当于鸦片战争前的7倍多。这时国人虽然也尝试办报，但为数很少，而且出版时间都很短。外国人办的报刊约占同期全国报刊总数的95%，垄断了中国的报刊业。

这一时期，传教士的办报活动仍然非常活跃，其所办报刊主要是汉文的，但宗教内容已普遍退居其次；而商业性报刊的迅猛发展，取代了传教士报刊的主导地位，成为这一时期报业发展的重要特点。商业性报刊首先是外文的，19世纪60年代后，汉文商业性报刊迅速崛起，打破了传教士垄断汉文报刊的局面，出现了《申报》、《新闻报》等具有很大影响的商业性报刊。

2.3.1 外文报纸的扩展

鸦片战争后，中国门户洞开，一批批西方传教士、商人、政客纷纷涌入中国，外国人在华数量增多。为了满足这些人了解中国时政信息和商业信息的急切需要，外文报刊大量出现，突出表现为三个方面：一是数量急剧增加，先后开办120种以上。二是语种增多，有

---

① 澳门学者林玉凤在其博士学位论文《鸦片战争前澳门新闻出版事业(1557～1840)》中指出：《澳门杂文篇》是中国境内出版的第一份近代化中文期刊、第一份用铅活字排印的期刊、澳门历史上第一份中文期刊。她同时认为：1833年创办的《传教者与中国杂报》则是中国历史上出版的首份汉英文合刊的期刊。经她考证后，指出：这一期刊也就是中国历史上曾经记载的《依泾杂说》和《澳门杂文篇》，并认为《传教者与中国杂报》与《依泾杂说》和《澳门杂文篇》实为同一份刊物。

英文、日文、德文、法文、葡文、俄文，数量最多的是日文报刊，但英文报刊的规模与影响最大；且刊期不一，有月刊、周刊、三日刊、双日刊、日刊等。三是区域扩大，香港、上海、广州、青岛、天津、北京等地均有。比如，香港有《香港公报》（1841年）、德臣报（1845年）、《孖剌报》（1857年）；上海有《字林西报》（1850年）、《大美晚报》（1867年）等；天津有《中国时报》（1886年）、《京津泰晤士报》（1894年）等。

在这些外文报刊中，《字林西报》最具代表性。《字林西报》是英国人在中国出版的历史最久的英文报纸。它的前身是《北华捷报》，英国商人奚安门1850年8月3日在上海创办，是一份商业周报。1856年增出日刊《每日航运新闻》，后又改名《每日航运和商业新闻》，1864年又改名《字林西报》，成为独立出版的日报。此后《北华捷报》变成《字林西报》星期附刊继续出版。该报曾先后出版汉文报纸《上海新报》（1861～1872）和《字林沪报》（1882～1900）。《字林西报》发行对象是外国在中国的外交官、传教士和商人，也有中国人订户，行销中外，20世纪30年代初最高发行数达1万份左右。

该报重视新闻，以消息快捷、材料丰富著称，受到中外人士注意。它在中国许多边远地区都聘有通讯员，曾一度获得独享路透社电讯的特权，在新闻报道方面远远超出其他报刊。

该报重视言论。言论版的上端印有"公正而不中立"的社训。常常就中外关系、中国政局和其他时政问题发表见解，在一定程度上反映了英国政府的立场，被视为英国驻沪领事馆和租界当局的喉舌，有"英国官报"之称。该报仇视中国人民的革命运动，对太平天国、义和团、辛亥革命运动持反对态度，曾发表大量干预中国内政的言论，鼓吹英国政府应帮助清廷进行干涉，该报当时扮演了极不光彩的角色。

1951年因对朝鲜战争的报道失之偏颇，引起上海市民不满，工人罢工，3月31日自行停刊。它是旧中国出版时间最长（101年）、发行量最大、最有影响的外文报纸，现完整保存在上海。

2.3.2　传教士办报活动的变化

鸦片战争后，传教士传教活动的种种限制被逐步解除。《南京条约》、《天津条约》、《北京条约》等均有条款，保证传教士在中国各地自由从事传教活动，中国政府"不得苛待禁阻"，承认传教士有"传教权"。传教士活动从此进入了一个稳步发展时期。来华传教士和中国教徒数量迅速增加。这些传教士十分注重书报的出版工作，他们所办汉文报刊的数量也急剧增加。据统计，1840年前，传教士在华出版的报刊只有10多家，1860年发展到32家，1890年则增至76家。其中主要有：

《遐迩贯珍》、《六合丛谈》、《万国公报》等，另有《中外新报》半月刊，1858年创办于宁波；《中外杂志》月刊，1862年创办于上海；《中西闻见录》月刊，1872年创办于北京。

这些报刊，虽为传教士所办，但已

不像鸦片战争前那样热衷于以"阐发基督教义"为主。这些报刊中,有的还保留有"宗教"栏目,刊载一些宗教方面的内容;有的则完全以商务信息和新闻言论为主,极少有宗教材料;有的始创阶段以宗教为主,逐渐过渡为综合性时政刊物。这里主要介绍以下几种。

2.3.2.1 《遐迩贯珍》

1853 年 8 月 1 日在香港创刊,月刊,16 开本,线装书册式,铅印,因而它不仅是香港最早出版的汉文报刊,也是最早使用铅印的汉文报刊。该刊由鸦片战争后迁至香港的英国伦敦布道会下属的对华文化教育机关马礼逊教育会出版、英华书院印刷,英国传教士麦都思为创办人和首任主编。该刊除在香港发行外,还发行到广州、厦门、宁波、上海、福州等地。1856 年 5 月停刊。(图 2-3)

《遐迩贯珍》虽为传教士所办,但实际上是以新闻为主的报刊,在内容上以时事新闻为重点,既有报道中国和中外关系的新闻,也有反映欧美、日本和东南亚的新闻。《遐迩贯珍》在政治上无疑是站在英国殖民主义者的立场上的,但在报道中国内部消息时,因其不必顾忌清政府的干涉而能比较客观、公正地反映事情的真实面貌。例如,1854 年的 12 月号第一次刊出《时论》,评论清军攻打上海小刀会事件,对清军将领的谎报军情和夸大战功作了揭露。该刊还注重对文化知识的介绍,曾广泛介绍西方政治、历史、地理和科学知识,尽管明显地有炫耀西方

文明、为英国殖民政策辩护的用意,但对中国人开阔视野、了解中国与世界具有一定的积极意义。在新闻报道业务方面,《遐迩贯珍》也有长足的进步,消息、短讯、通讯、评论等近代新闻体裁都已初具雏形,还出现了连续报道等新的形式。1855 年,《遐迩贯珍》增出附刊《布告篇》,随报发行,专载商情及船期。尤其是《布告篇》率先在我国汉文报刊上推出广告收费举措:凡刊登各类广告,初次每 50 字收费银半元,50 字以上每字加 1 先令。如果再次刊登同一广告,收费减半。此外,该刊还刊有中英对照目录。

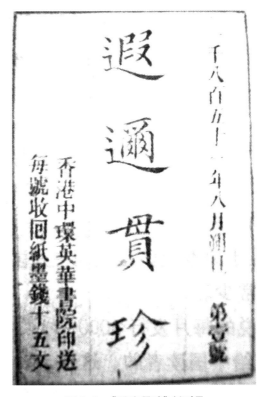

图 2-3 《遐迩贯珍》创刊号

(原载卓南生:《中国近代报业发展史》,第 73 页,中国社会科学出版社 2002 年版)

2.3.2.2 《六合丛谈》

1857 年 1 月 26 日创刊,月刊,上海第一份汉文报刊,对中国社会发展的影响因上海地理位置之重要而比《遐迩贯珍》更大。该刊由英国伦敦布道会传教士伟烈亚力主编,墨海书馆印行。中国早期杰出报人王韬曾参加过该刊的编辑工作,为他以后从事报刊活动奠定了良好的基础。

与同期其他传教士办的宗教性报刊一样,《六合丛谈》已不再纯粹宣传基督教义,它的内容涉及宗教、科学、文学、新闻等,是一份综合性的新闻性期刊。《六合丛谈》虽在上海出版,但主编伟烈亚力的目标是发行到五个通商口岸乃至全中国所有地区,使所有的中国人都成为自己的读者对象。但事与愿违,实际发行量非常有限,仅出版一年多即告停刊。

2.3.2.3 《万国公报》

《万国公报》原名《中国教会新报》,1868 年 9 月 5 日创刊于上海,周刊。创办人是美籍传教士林乐知,而且他自筹资金、自己编辑、自己发行。

林乐知(Young Joho Allen 1836～1907),别号章荣。他从美国埃默里大学毕业后,立志当传教士。1860 年偕夫人、女儿到中国,先后在上海、苏州等地传教,曾在上海广方言馆中教授过自然科学和外国语文。1861 年曾赴天京(今南京)访问太平天国干王洪仁玕。1868 年任《上海新报》编辑,并在此期间创办《中国教会新报》,同时还主编《中西教会报》,从未间断过编辑

工作。他一生勤奋写作,著译甚多,还从事过教育工作,结识了许多中国的上层官吏和文人学士,清政府曾授予"钦赐五品"、"钦赐四品"头衔。1906 年 5月,他受到美国总统罗斯福的接见。他在中国的办报活动得到美国舆论的高度评价,被称赞为在中国"传播种子的人"。

《中国教会新报》自第 201 期起改名为《教会新报》,并更改体例,设立政事、教务、中外、杂事、格致五栏,分别刊载有关稿件。洋务运动兴起后,清王朝一些实力派主张"师事夷人",学习西方"长技"。同时,中国许多地方爆发了反洋教运动,教案频频发生。林乐知认准这一形势,开始增加非宗教内容,扩大教外报道。1874 年 9 月,彻底抛掉"教会"牌子,改称《万国公报》,仍为周刊,篇幅略有增加。在内容方面,以时政评论、科学知识为主,并选录一周的《京报》,刊载商贸行情,而宗教内容退居其次。可以说,此时的《万国公报》已经演变为以时事政治报道和评述为主的综合性刊物。1876 年,《万国公报》每期发行数达到 1800 份,增出期刊《益智新录》,作为其专言科学的姊妹刊物。(图 2-4)

1883 年 7 月 28 日,《万国公报》出至第 750 期,因经费困难及林乐知忙于创建中西书院、无力兼顾报务而停刊。停刊 6 年之后,1889 年 2 月《万国公报》作为广学会的机关报复刊,另起编号,刊期也由周刊改为月刊。主编仍为林乐知。复刊后,该报增设社说、评议、政治和中外时事等;其次是光绪政要,

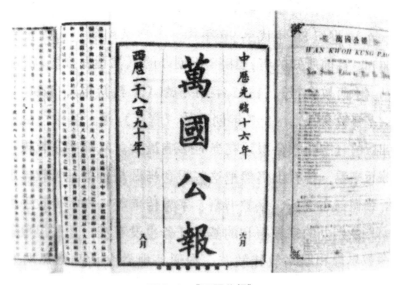

图 2-4 《万国公报》

（原载方汉奇主编：《中国新闻事业通史》第 1 卷，第 350 页）

包括谕旨和奏折；然后是各国新闻和电报辑要，涉及面很广。一方面着力介绍西方文明，另一方面更注重评论中国时政，大谈变法改良，以此实现广学会图谋开放中国人思想、干预中国时政的办会宗旨。在甲午战争和维新变法期间，该报异常活跃，发表大量涉及当时中国政治、经济、军事问题的新闻与评论，仅林乐知所写评论就有 30 多篇，不遗余力鼓吹变法，对资产阶级维新派产生了很大影响，发行量由 3 000 来份猛增至近 4 万份，最高达 5 万多份。读者极为广泛，连光绪皇帝也订阅了全套《万国公报》，日本天皇与其内阁官员也是热心读者，由上海的日本领事馆长期订购转寄。

《万国公报》极力鼓吹变法自强，林乐知、李提摩太等人写了大量文章，涉及政治、外交、经济、法律等各个方面，并且还提出了一系列具体主张，包括修铁路、开矿藏、办学校、设报馆等，从表面看来，这些变法主张似乎与维新派的观点无甚区别，但是实质上二者之间存在着根本的分歧。维新派的目的是通过学习西方，革新政治，发展经济，使中国独立富强，走上资本主义的发展道路。而《万国公报》虽是积极提出各种革新变法的具体措施和建议，但其目的和基本思想是要求中国投降日本、亲近英美、参加拒俄，最终是将中国纳入受制于西方的殖民地轨道。这些观点在林乐知、李提摩太的许多文章中袒露无遗。如《万国公报》第 93、94 册（1896 年 10～11 月）连载了林乐知《印度隶英十二益说》。在这篇文章中，林乐知列举了印度成为英国殖民地有

"息纷争"、"禁盗贼"、"正律法"、"拯疾苦"、"筑铁路"、"广文学"、"增进益"等12项"益处"。该文还公然要求中国"借镜于印度之陈迹","先于东南方遴选二省地，租归英治，凡有利弊，听其变置"。希望中国步印度后尘，成为英国殖民地。李提摩太在《万国公报》发表的《新政策》一文，提出了加强武备、筑路开矿、开办银行、沟通中西关系、设报馆、办学校等一系列变法改良主张，但其实施必须聘请洋人当顾问、作指导，或者是"半用华官，半用西人"；连创办国家日报，也要由洋人当总编辑。

此外，《万国公报》还先后刊登过李佳白的《政改急便条议》、《新命论》，甘霖的《中国变新策》，李提摩太的《醒华博议》、《新政策》、《泰西新史揽要译本》的本序、后序等策划在中国实行变法维新的文章。其中《新政策》一文还作为条陈送给光绪参考。20世纪初，随着中国资产阶级革命运动的高涨，《万国公报》反对中国革命的倾向越来越明显。1896年12月，林乐知发表攻击孙中山的文章《拘禁逸犯》①。文章指责在伦敦蒙难的孙中山"在粤中鼓煽狂言，目光如豆"，主张把孙中山"械送回华，以伸国法"。总之，该报极力为帝国主义的侵略辩护，称道帝国主义对中国的"帮助"，吹嘘教会慈善机关是给对中国人民"造福"，威胁中国人民必须老老实实、心悦诚服地接受殖民主义统治。

在宣传基督教和鼓吹变法的同时，《万国公报》还曾译介西方社会政治理论学说和自然科学知识，传播西方思想界、科技界的新闻。如1898年9月，发表的科技新闻《铁路神速》，在《各国要闻》和《智能丛话》等栏目中对哥伦布、培根、哥白尼、布鲁诺、伽利略、牛顿、道尔顿、法拉第等科学家进行介绍。1905年还刊登了发现镭的消息②，这是中国最早对镭的报道。这些具有新闻价值的报道，为西学东渐起到了一定的促进作用。

特别值得一提的是，自1875年起，该刊刊载中国人的文章数量日益增多。例如，1876年9月30日，该刊刊载的杨鉴堂所作《总论新闻纸有十益说》，鼓吹办报之益；1894年10月第69期、第70期连载孙中山撰写的上李鸿章书，发表时标题为《上李傅相书》，下署"广东香山来稿"。孙中山在这篇长达八千余字的文章中，向当时掌握清廷军政外交大权的直隶总督提出了一系列富国强民的主张，反映了这位中国民主革命先行者的早期政治改革思想。还有就是马克思和他的科学巨著《资本论》在中国也是由《万国公报》最早介绍的。在1899年2月、3月、4月号译介的文章中，称马克思为"百工领袖"，赞誉《资本论》以及马克思主义学说为"安民新学"。且评价马克思的巨著为"语言翔实，至今终无以难之"。关于译介马克思和马克思主义学说的文章，具有一定新闻价值。

---

① 见《万国公报》第95册。
② 见林乐知《智能丛话》，《万国公报》第202册。

该刊还最早报道了巴黎公社起义和第一国际日内瓦大会的简短消息，同时介绍了欧美工人为争取8小时工作日和"五一"国际劳动节以及德国矿工要求增加工资的罢工事件。这无疑是属于国际工人运动方面的重要新闻。

1907年5月20日，林乐知突然病逝，《万国公报》遂于7月出版了第222册后终刊。先后出版将近40年，累计近1000期，是外国传教士所办的汉文报刊中历史最长、发行最广、影响最大的一家。林乐知也因此而著名。它的作者，除一大批传教士外，还有包括王韬、郑观应、孙中山等在内的500多名中国人。研究《万国公报》可以帮助人们认清许多问题。

2.3.3 汉文商业性报刊的兴起与发展

鸦片战争后，随着西方列强对华经济活动日益拓展，出版面向中国商人与普通消费者的汉文商业性报刊已成为外国人在华开展商贸活动的迫切需要。于是，从19世纪60年代开始，在上海、天津、汉口、福州、广州、北京、沈阳、旅顺等地，相继出现了一批汉文商业性报刊，打破了传教士垄断汉文报刊的局面。

汉文商业报纸的"商业性"有一个发展过程。19世纪60年代的商业报纸，以刊载商贸信息、为商业服务为特点，本身并不一定赢利；且多与外文商业报纸联系密切，作为外文报馆的附属出版物。如1858年初创刊的《香港船头货价纸》就是英文孖剌报馆出版的。

19世纪70年代后，上海商贸活动日益繁盛，迫切需要汉文报刊为外商的产品做广告，而且办报已成为一项有利可图的事业，于是，作为贸易中心的上海出现了一批由外商创办的以赢利为目的的汉文商业性报刊。这些汉文商业性报刊发展势头十分迅猛，刚兴起不久就成为上海报业的主流。其中问世最早的是《上海新报》，影响最大的是《申报》、《字林沪报》、《新闻报》等。

2.3.3.1 《上海新报》

《上海新报》创刊于1861年11月19日，由北华捷报馆创办、字林洋行出版。初为周刊，自1862年5月7日起由周刊改为周三刊，每星期二、四、六出版。1868年2月1日，又革新版式，重新编号，当日出的报纸称新式第1号。革新后的报纸每期1张4版，白报纸两面印刷，这是国内首家。该报样式已接近现代日报，曾被认为是"上海汉文报纸的第一颗晨星"。该报的主笔先后是伍德、傅兰雅、林乐知等，都是英美来华的传教士。（图2-5）

《上海新报》创刊号上刊有发刊词，宣称其编辑方针是："大凡商贾贸易，贵乎信息流通。本行印此新报，所有一切国政军情，市俗利弊，生意价值，船货往来，无所不载。"该报初创时为两个版面，第1版为商业信息和新闻，第2版全部为商业性内容，将商业信息放在首要地位。1868年2月扩为4版，第1版广告，第2版中外新闻，第3版广告、船期及行情表，第4版论说及杂著，其中广告、船期、行情等商业信息仍占多数。《上海新报》所刊载的新闻，

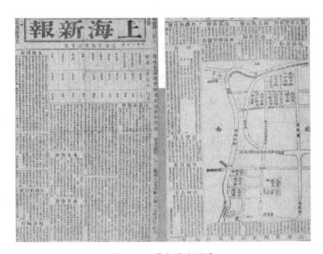

图2-5 《上海新报》
（原载上海图书馆上海科学技术情报研究所网）

大多译自沪、港等地出版的外文报纸，有时也摘登一些《京报》信息。另辟有《苏省日报》专栏，刊登"辕门抄"发布的江苏政界消息。《上海新报》初创时，正值太平军席卷江南、意欲进军上海之际。为了满足上海市民、特别是慑于太平天国革命运动威力而纷纷逃入上海租界避难的江南一带财主、乡绅了解太平天国最新动态的需求，该报刊登了许多有关太平天国的报道，经常通过外国侨民及教会团体，探得官军及太平军双方的消息，很受读者欢迎。偶尔也刊登一些相关言论，持反对太平天国革命的政治态度，曾长篇连载吹捧镇压太平天国革命的外国雇佣军"常胜军""功绩"的文章，并为清政府消灭太平军出谋划策。在编辑业务上，《上海新报》自1870年3月24日起率先在每条新闻上加标简明题目，用头号字排标题，4号字排正文。在此之前，国内各报都没有专门介绍新闻内容的标题，只有《中外新闻》、《选录某报》等栏题。

2.3.3.2 《申报》

《上海新报》出版10年之后，一个强有力的竞争对手在上海报坛崛起。1872年4月30日，《申报》创刊，由英国商人美查同伍华德、普莱尔、麦基洛等人合资创办，最后产权归美查一人所有。美查于同治初年来到上海，经营茶、丝出口贸易，后生意亏损。鉴于《上海新报》等曾获相当大利润，故将资金投入报业。美查是视办报为一项有利可图的事业而创办《申报》的。创办之初是两日刊，从第5号（5月7日）改为日报。其办报宗旨在1875年10月11日该报发表的《论本馆作报本意》有直接表述，"新报之开馆卖报也，大抵以行业营生为计"，"但亦愿自伸其不全忘义之怀也"。这与《上海新报》有很大区别。《上海新报》虽然也曾赢利，但它依附于字林洋行，是为该洋行的商贸活动服务的。而《申报》则以报纸本身赢利为目的。这种办报观念，多少具备了西方近代资本主义报业的基本特点。由这一观念直接引发的其在经营方式、报刊业务、内容上的一系列变革，标志着外国人在华办报活动走向成熟。（图2-6）

《申报》以赢利为目的，如何吸引读者、提高销量至关重要。美查将报名定为《申江新报》，简称《申报》，意为在上海出版的新式报纸，与旧式报纸有别，便于招徕读者。针对当时订阅

报刊者多为封建士大夫知识分子的特点，《申报》聘请熟谙中国典章制度、风土人情的文人学士如蒋芷湘、何桂笙、钱昕伯、吴子让等担任主笔或编辑，旨在拉近与读者的距离。在外国人所办的报刊中，一直由中国人主持笔政的，《申报》是第一家。为与《上海新报》竞争，《申报》采用国产纸印报，每份售价8文钱。由于降低了报价，抢走《上海新报》不少老订户。

《申报》的创办，打破了《上海新报》独家经营的格局。美查以商人的眼光来看待他所从事的报业，从报纸的

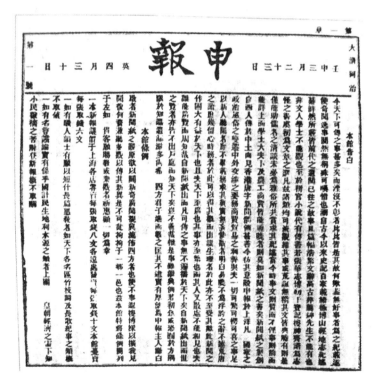

图2-6 《申报》创刊号

（原载戈公振插图本《中国报学史》，第88页，上海古籍出版社2003年版）

内容、发行和价格三方面与《上海新报》展开竞争。美查认为："这报是给华人看的，文字应从华人方面着想。"因此在内容上尽量适合中国读者口味，确立了"新闻、评论、文艺（副刊）和广告"的办报模式。这样，我国近代报刊的新闻、言论、文艺（副刊）、广告四要素，《申报》已完全具备。同时，大幅度降低报价，积极拓宽发行渠道。所以，创刊10年之久的对手《上海新报》不得不于1872年12月30日自动停刊。《申报》又成为上海独家经营的汉文报纸。

《申报》的成功在于新闻业务的改革，其经验有以下几点：

一是十分重视言论（当时称之为论说）的写作。每天一篇，甚至多篇，并刊登在头版，打破了《上海新报》不发言论的传统，首开报纸政论之先河。该报言论之多，题材之广，是当时其他报纸望尘莫及的。创刊后的一个月之中，该报已刊登各种言论达72篇之多。美查声称，"利"和"义"并不完全对立，办报为了赢利，并不排斥在必要时仗义执言，报纸的言论要"上关皇朝经济之需，下知小民稼穑之苦"①。《申报》的言论涉及社会生活的方方面面。

首先，阐述了该报的新闻观点，它主张大力倡办新报即近代化报纸，指出国家的兴旺和新闻的发展相辅相成。其次，宣传科学知识，介绍先进技术，鼓吹借鉴外国，诸如宣扬修造铁路，论述开发矿藏的好处，发展航运事业的必要性，介绍西医疗法，建议在上海办自来水厂，解决市民用水困难等。

同时还定期讲天文地理知识，解释地球的形状、昼夜寒暑的变化等。这些宣传对于刚刚兴起的洋务运动，具有推波助澜的作用，对以后的资产阶级维新思想亦有启蒙作用。最后，揭露当局对商贾捐税烦琐纷纭，使吏胥得缘为奸，提出要加以改革；反对缠足、聚赌、吸鸦片等传统陋习，倡导良好的社会风气。

总之，《申报》的言论，或为中国富强献计献策，或对陋规苛政口诛笔伐，内容涉及新闻观念、自然科学知识、反对传统陋习、提倡封建伦理等许多方面，就其启迪民智而言，具有一定的积极作用。《申报》还广开言路，发表读者来信来论。1875年3月13日，《申报》发表读者来信《与申报馆论申报纸格式鄙见》，建议该报增辟《文章策问》专栏，发表范文，"以资观摩"。

二是改革新闻报道。首先是重视新闻的真实性。1874年6月，日本借口侨民被杀，派兵入侵台湾。《申报》特派一位记者去前线进行实地采访。自7月22日起，在报上刊出大量有关日军侵台的新闻和评论，发表了具体生动的《台湾军事实录》等战地通讯，这是上海汉文报纸中军事通讯的开端。在1883年法国入侵越南并由此而引发中法战争期间，《申报》为取得可靠资料，特地雇用俄国访员，深入越南法国军营采访，坚持报道真实信息，为自己赢得了声誉。1885年3月，法舰侵犯我东南沿海，《申报》特派记者前往宁

---

① 《本馆条例》，载《申报》，1872年4月30日。

波前线采访,写成战讯在报上发表,以记载翔实受到欢迎,销数为之激增。

其次是重视新闻的时效性。为了提高新闻的时效性,《申报》在国内报纸中最早使用电报传送新闻稿。1874年1月30日,《申报》刊出经由丹商大北电报公司海底线路拍来的有关英内阁改组的伦敦电讯,为国内报纸刊出的第一条电报新闻。全长1400公里的津沪电报线路于1881年12月24日交付使用后,《申报》立刻利用这条电报线路传递南北各报新闻。1882年1月16日,《申报》刊出该报记者从天津发来的新闻专电,全文摘录了有关清廷给欠解铜款的云南按察使衔候补道张承颐以"摘去顶戴"处分的上谕,为国内报纸上出现的第一条国内新闻电讯,开辟了我国报纸利用电报在国内传递新闻的新路。1882年10月25日,顺天乡试在北京发榜,《申报》驻京记者连夜用快马将江浙皖三省士子中试名单送往天津,电传上海,于当日见报,上距发榜时间仅24小时,为国内报纸第一次用电报传递有关科举考试的消息。1884年8月22日,《申报》驻京记者开始使用有线电报从北京直接向上海拍发新闻专电。

最后是不断拓宽新闻的报道面,大量报道社会新闻。特别在报道重大社会新闻时,经常采用连续报道或集中报道的方法。例如自1874年4月18日起,《申报》开始报道杨乃武被诬与葛华氏通奸并唆使后者谋杀亲夫一案的有关消息,至1877年4月8日连续报道3年之久,使之成为当时家喻户晓的一大社会新闻,引起了强烈的社会反响,也提高了《申报》的知名度和发行量。

三是重视广告,并重视发表副刊性文字。广告占有相当大的篇幅,且内容广泛,形式多样;文艺作品成为它的必备栏目,这是《申报》在新闻业务上的一大创造性举措。该报公开征集竹枝词等文艺类作品,在版面上特辟文艺类作品的篇幅,以满足当时主要读者群——旧式文人的兴趣与爱好。这一创举为后起的《字林沪报》、《新闻报》所仿效,开我国报纸副刊之先河。1872年6月4日,《申报》在第2版本埠新闻后发表未署撰稿人的《戏园琐谈》一文,对正在演出的京戏进行评论,为我国报纸上刊出的第一篇剧评。

四是把商业经营原则应用于报纸副业。申报馆除了出版《申报》外,还利用其人力和物力资源的优势,经营其他出版事业,也取得了很大的成功。

首先是出版发行各类期刊。1872年11月11日,申报馆出版发行我国最早的文艺期刊《瀛寰琐记》,月出1册,每期销数达2000册。所刊内容除诗词、骈文、散文、小说、翻译稿等文艺作品外,也有少量时事政论、史料和知识小品等。该刊出至28期后改名为《四溟琐记》。此外,申报馆还在国内率先出版以图画为主的刊物。1877年6月6日,《瀛寰画报》创刊,系《申报》附出的图画增刊,不定期出版,为我国出版的第一种以图画为主的刊物。《瀛寰画报》出版5期后停刊,申报馆又创办了《点石斋画报》,旬刊,由著名风俗画家吴友如主编,内容以新闻时事画为主,兼刊人物及风俗画和铜版照片,绘印精美,为同时期出版的其他画报所不及,先后出版近13年之久。还值得一提的是,1876年3月30日,申报馆发刊我国最早使用白话文和标点符号的报纸《民报》。

其次是兼营书籍出版业务,并开办了药水厂、肥皂厂等,在1889年组成"美查有限公司",总资产达白银30万两,是创刊基金的180多倍,实现了美查的"赢利"目的。

《申报》的创办与飞速发展,标志着我国汉文商业性报纸发展到了成熟阶段,《申报》成了我国商业性报纸的一个成功典范。该报善于经营,注重理财,不断把企业办"活",家业"盘"大,把商业原则应用于报业管理,美查成为中国新闻史上第一个报业资本家。

1889年美查衣锦还乡,《申报》改由英人阿伯诺主持,席裕祺为买办,自此该报趋于保守,席裕祺病故后,由席裕福继任买办。1906年申报报馆的全部财产卖给了席氏。1912年9月23日席裕福又以12万元将申报馆售于史量才,自此《申报》采取新法,引进新人,开始了一个新的发展阶段,最高销量曾达14万份。《申报》是外商报纸中出版时间最长、影响最大的一份报纸,到1949年5月停刊,前后办了77年。曾被誉为"中国的《泰晤士报》"、"中国的《纽约时报》"。在很长一段时间内,上海人把新闻纸称为"申报纸","申报纸"成了一切报纸的代名词。

2.3.3.3 《字林沪报》和《新闻报》

继《申报》后,上海又出现两张具有广泛影响的汉文商业报纸——《字林沪报》和《新闻报》。

(1)《字林沪报》 于1882年4月2日创刊,由字林洋行主办。该洋行出版的《上海新报》10年前在与《申报》的竞争中败北停刊。《字林沪报》创刊后便仿效《申报》的经营方式,日出对开4张,星期天不出报,单面印刷,也聘请中国人戴谱笙、蔡尔康等担任主笔。该报所刊新闻,最初大半译自《字林西报》。后来广派访员,开辟消息来源,并取得路透社的供稿特权,这成为该报的一大特点。为了吸引读者,《字林沪报》曾连载长篇小说《野叟曝言》,并于1897年11月24日创办我国报纸的第一个副刊《消闲报》。1895年,《字林沪报》曾出版晚刊《夜报》,为中国最早的汉文晚报之一,但不数日即停刊。1900年春,由于销路不好,英文字林西报馆将《字林西报》转售给日本东亚同文会,后者将其改名为《同文沪报》继续出版。

(2)《新闻报》 创刊于1893年2月17日,对开1张。其创办人是英国商人丹福士,至此,上海报坛形成了"申、新、沪"三报鼎立的格局。著名报人蔡尔康任主笔,专撰该报论说达半年之久,后因办事意见不合而离去。1899年11月4日,丹福士因经济拮据宣告破产,时任上海南洋公学校长的美国人福开森买下《新闻报》,聘汪汉溪任总理、金煦生为总编辑。

福开森接办新闻报馆后,采取一系

列措施,使之发生转机。发行量逐渐上升,成为上海唯一与《申报》匹敌的报纸。该报在形式上与《申报》相似,在经营业务上采取了卓有成效的措施。第一,降低售价,略低于《申报》和上海其他报纸;第二,在发行上狠下工夫,连夜把新印出的报纸运往苏州等地,让外地读者尽量能在当日看到新出版的报纸;第三,千方百计、甚至不择手段地拉广告,如以乱排戏目以扰视听的办法,迫使各戏院不得不出资刊登戏目广告。

1893 年 12 月,《新闻报》开始出版画报单页,用随报附送石印画报的办法争取读者,开我国日报定期附送画页的先例,每月还加送总目 1 张,以便读者装订。正是在此基础上,《新闻报》于 1894 年 4 月创刊《新闻报馆画报》。在后来的发展中,《新闻报》还从三个方面同《申报》展开竞争:第一,迅速介绍商业行情,以经济新闻为重点;第二,运用东借西还的资金周转方式,不断添置新式印刷设备;第三,不惜巨资,建立无线电收报台,直接收听外国电讯,赢得新闻出版时间。于是,其发行量稳步上升,在上海报界仅次于《申报》而位居第二。1949 年 5 月停刊,先后出版达 56 年,在旧中国具有广泛的影响。

至 19 世纪 90 年代,无论是汉文报刊还是外文报刊,上海都已超过香港、广州、澳门等中国近代报业的发源地,取代香港、广州而成为全国新兴的报业中心。1850 年到 1894 年,外国人在上海共创办了 60 多种汉外文报刊,其中不少发展成为颇有影响的全国性报纸。这对中国近代报业的地域布局、报业结构、办报模式等,都有着深远影响。由此带动了北京、天津等城市,逐步形成了在华外报网,垄断了中国的报业。

2.3.4 国人自办的汉文近代报刊

两次鸦片战争使中国逐步沦为半殖民地半封建社会。中华民族同帝国主义侵略者之间的矛盾成为当时中国社会最主要的矛盾。西方侵略者的"坚船利炮"使一些士大夫和爱国知识分子从"天朝上国"的梦幻中惊醒,他们开始抛弃夜郎自大的陈腐观念,注目世界,探索新知,寻求强国御侮之道。他们从外国人办的报刊中接受了西方资产阶级新文化、新思想而眼界大开,初步认识到报刊的社会功能,开始自己动手创办报刊。

早在 1839 年,林则徐在广州禁烟时就设立了翻译馆,下令"所有夷书,就地翻译",召请一批译员,搜集翻译外文报纸,把其中一些重要材料进行精选,编成《澳门新闻纸》。这是林则徐所倡导的"开眼看世界"的产物之一。《新闻纸》翻译了当时澳门出版的所有外国报纸刊物以及部分印度、新加坡等地报刊上的文章,既包括外部对当时正在实行的禁烟运动的反应和评论,也介绍了洋人的生活起居习惯。而根据《澳门新闻纸》中的材料整理加工而成的《澳门月报》,则送呈道光皇帝阅览。

太平天国后期卓越的政治家洪仁玕在他的《资政新篇》中提出了设新闻

馆、准卖新闻篇、兴新闻官、"富民"集资办报的思想,成为我国近代报刊思想的第一位奠基人。1893 年郑观应的《盛世危言·日报》一文,通过中外信息传递的历史对比,说明中国应该马上办报。他说报纸可以通民隐、达民情、彰清议、广见闻、资考证,"是非众著,隐闇胥彰","劝善惩恶,兴利除弊","足不逾户庭而周知天下事"。陈炽在其《庸书·报馆》一文中,集中阐述了他的报刊思想,指出报纸除了"达君民之隔阂"、"公道彰"、"工作兴"外,还有"商途辟"、"敌情得"的作用。他强调办报属"中国自主之权",报馆是"国之利器,不可假人"。

中国民族资产阶级的办报理论,必将付诸具体的办报活动。这个时期,国人自办汉文报刊的条件业已具备。首先,外国人的办报活动,为国人提供了办报的方法和经验,并使一批国人受到新闻工作的职业训练。许多国人在外国人创办的报馆里工作,学习和借鉴了许多西方报刊的体制和方法,在编辑、采访、广告、印刷、发行以及管理等方面,都获取了丰富的实践经验。其次,在印刷技术和设备上,外国人的办报活动为国人创办报刊准备了物质条件。最早的汉文铅字和印刷机,都是从外国进口的,而外国人的报馆,都拥有相当完备的印刷厂,可以承印报刊和书籍。国人自办报刊的初期,有的是租用外国人报馆的设备,而更多的是依照外国人报馆设立自己的印刷机构。19 世纪 70 年代出现了中国人自办的报刊,90 年代形成了办报高潮。中国人自办的汉文报刊逐渐成为中国土地上主要的新闻传播工具。

2.3.4.1 《香港中外新报》

《香港中外新报》,其前身是《香港船头货价纸》,1857 年 11 月 3 日以英文《孖剌报》晚刊的名义创刊,周三刊,中国人伍廷芳、黄胜主持。

该报是我国新闻史上由中国人主办的第一家汉文商业报纸、最早的经济类报纸和最早的以单页报纸形式两面印刷的汉文报纸,所刊内容以船期、商品价格、商业行情、商业信息和广告为主,主要读者对象为商店职员。1864 至 1865 年前后,《香港船头货价纸》改名为《香港中外新报》,仍以报道商业行情为主,但所刊新闻明显增多,设有《京报全录》、《羊城新闻》、《中外新闻》等栏目,因而发行对象也从最初的商人扩大为一般市民。1872 年 5 月 4 日后,该报每日另出《行情纸》(1 页),报道货价船期,为读者提供市场信息。1873 年,《香港中外新报》改版为日报,用四开白报纸单面印刷。之后又脱离《孖剌报》,成为中国人自己办的报纸。19 世纪 80 年代增为日出两张。最初以 2/3 的篇幅刊登广告,新闻报道多来自外报和《京报》,也有论说和译文,曾免费刊登《孖剌报》招徕的部分外商广告。该报首先使报纸从书本形式中分离出来,采用西方报纸形式进行编排。民国初年,因攻击广东军阀,赢得更多读者,"销数愈万,为该报之最盛时期",1919 年终刊。(图 2-7)

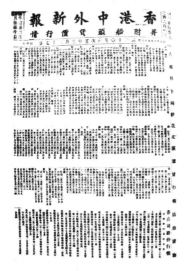

图2-7 《香港中外新报》

（原载卓南生：《中国近代报业发展史》，第102页）

2.3.4.2 《香港华字日报》

《香港华字日报》，其前身是《中外新闻七日报》，1871年3月18日由德臣报馆创办，逢星期六出版，由广东人陈霭廷主持，以报道中外新闻为主，也有一些评论。1872年4月，德臣报馆决定《中外新闻七日报》停刊，4月17日，《香港华字日报》创刊，由陈霭廷担任主编，独立负责编务。陈氏是一个精通国学的爱国文人，原来在德臣报馆任翻译，有感于香港割让给英国后不少华人以争当买办、翻译为荣，而视祖国文化为陈腐的偏见，遂决心办报以"开通民智"。

《香港华字日报》初创时每隔两日出8开4版1张，10年后改为日刊，自备铅字，利用香港德臣报馆的印刷机印刷。该报自称其唯一的宗旨是"以

世界知识灌输于国人，以国内政务报告于侨胞，使民智日开，而益奋其爱国之念"。所刊内容以翻译外报和转载《京报》为主，是一张替华人说话的汉文报刊。《香港华字日报》创刊后，与《香港中外新报》对垒而立，逐渐发展成为香港地区最重要的两份汉文日报。数年后，陈霭廷被清政府任命为驻美使馆参赞和驻古巴总领事，《香港华字日报》由其子陈斗垣接办，一直出至1941年12月25日日军占领香港后停刊，先后出版69年，是香港近代出版时间最长的汉文报纸。（图2-8）

图2-8 《香港华字日报》

（原载卓南生：《中国近代报业发展史》，第155页）

《香港中外新报》和《香港华字日报》虽然都出自外国人的报馆，但毕竟是"一切营业权利，皆属华人"，它们是中国资产阶级报刊的萌芽，他们对外报

某种程度的依附,只能说明中国报业在半殖民地的社会里成长发展之艰难。尽管如此,汉文报刊最终还是摆脱了对外报的依附,走上了独自发展的道路,并由沿海省份逐渐向内地扩展,这也是我国新闻事业发展的必然趋向。

2.3.4.3 《昭文新报》

19世纪70年代,我国内地一些大中城市开始出现国人自办的汉文报刊,《昭文新报》,1873年8月8日由艾小梅在汉口创办。该报属独资经营,内容以"奇闻轶事诗词杂作为主",初为日报,后改为五日刊,用白鹿纸印刷,书册式装订,但因销路不畅,不到一年即停办。该报被新闻史学界视为国人创办的第一份汉文报刊。

除《昭文新报》外,这一时期,中国人自办的报刊还有《广报》、《新报》、《汇报》、《述报》等,它们作为新兴的资产阶级的喉舌,鼓吹"广听远闻"、"开通民智",表达了反对外国对华侵略的民族主义立场以及要求在中国发展资本主义、企盼国家富强的强烈愿望。尤其是《述报》,在反帝宣传上更加突出。虽然声音还比较微弱,但它是新生进步力量的代表,是我国资产阶级改良派政治宣传的先声。

但是,在封建统治下,带有资本主义色彩的近代报刊举步维艰,难以发展。上述报刊中,除在香港出版的几种外,其余都是短命的,几个月或1年就被迫停刊。出版时间较长的《广报》,也只维持五六年。其中《广报》只因刊登某大臣被参一折而被两广总督

以"妄谈时事、淆乱是非"的罪名而"严行查禁"。封建统治者对新闻舆论的压制和摧残由此可见一斑。

总结鸦片战争后期,我国报业的发展,在业务上较之前一个时期有明显的进步。主要表现在报刊编辑出版业务和报纸版面的改进和变化等几个方面。

第一,在印刷上,最早的一批汉文近代报刊是用木版雕印的。19世纪30年代,美、法传教士借鉴我国发明的木刻活字印刷术分别制成汉文铅活字,1859年美国长老会又试制成功了电镀汉文字和以24盘常用字为中心的元宝式字架。这些铅活字、字模、字架逐步为汉文报刊所采用。19世纪70年代前后,已有相当多的汉文报刊改用铅字印刷,但还是手摇印刷机,大多使用连史纸单面印刷出版。1861年后,有的报纸始用白报纸。1879年后,有的报纸始用煤气印刷机。自石印技术传入中国后,石印报刊与铅印报刊在一个相当长的时间内并存。不少报社还附设印书局,承印报刊和书籍。如申报馆附设的申昌印书局和点石斋印书局,印刷发行过几百种书籍。特别值得提及的是,图书集成印书局曾在1885年到1888年,4年间便把1628册"古今图书集成"全部用铅活字排版印成,这种版本被人称为"美查版"①。报业的发展形成了较大的印刷企业,产生了我国最

---

① 有关美查翻印《古今图书集成》的原委,参见张静庐《美查盗窃图书集成案》一文,载《文汇报》1957年2月5日。

早的一批现代印刷工人。

第二，报纸的编辑和版面的安排上，最大的变化，一是开始用标题，只不过是比较简单。19世纪70年代后，不少日报的版面由书册状向单页过渡，因而在编辑工作上流行着一种新的版面格式，即"首论说，次上谕或宫门钞、辕门钞，次为各省各埠要闻，末为本埠要闻"，这也是粗略的划分栏目。地方新闻经过编辑整理加工后，一般都冠以固定的标题，如："上林春色"（北京），"白门柳色"（南京），"西湖棹歌"（杭州），"鹤楼留韵"（武昌），"羊城夕照"（广州）等。当代报刊的专栏、专页、小专栏，可能就是从这里演变发展过来的。重要新闻也有另拟标题的，有的报纸还采用加大字号的办法，以资醒目。二是除已有社论和评论文章之外，《申报》等报刊以"窃附己意"的方式，对某些新闻报道加上类似今天"编者按"的简短评语。

第三，新闻采访报道工作受到重视。报社开始向社会征集新闻稿件，如《上海新报》、《申报》都在报上登出"告白"，"立志欲将中国境内各紧要消息，采录无遗"①。报馆作为独立的社会机构，已有专门从事编辑工作的人员，负责组稿、写稿、编稿，并逐渐分工明确，编辑制作标题、设计版面，"访事人"（即访员）专作外勤。1872年《申报》刊登"招延访事"，到1875年已在北京、南京、杭州、武昌、宁波、扬州等26个城市聘有特约记者，及时报道各地重要新闻，对重大政治事件，报馆还派出（机动）记者现场采访，及时满足

读者的新闻欲，形成了以办报为职业的新闻工作者队伍。

随着电讯交通事业的发展，此时已出现了我国最早的一批新闻专电，并有"号外"的出版，汉文报刊最早发的"号外"是《申报》（1884年8月6日晚7时）报道"驻榕法舰尚无动静"的专电。此后又有一批"号外"发行，主要报道在福建地区中法双方一触即发的对峙形势。

在新闻体裁方面，这时已有类似通讯的报道，1876年6月7日《申报》连载的《东行日记》（署名环游地球客，真名李小池）和1882年9月9日该报陆续刊登的《高事近耗》、《游高丽王城》等新闻，都是详尽具体的报道，与后来发展起来的旅行通讯和战地通讯在写作上都比较接近。这批最早的汉文报刊通讯，尽管在写作技巧上还比较粗糙，但这是我国专业和非专业的记者们在通讯体裁写作上的最初尝试，其意义不可低估。

第四，新闻画和画刊的出现。这时期地图、圣经故事图、机器图等插图渐渐在报刊上出现，日报兴起后，插图更多。最早在报纸上刊登新闻插图的是1876年8月18日的《申报》，为配合报道在浙江地区缉获一股会党的消息而刊发的。我国最早的新闻画也是《申报》刊载的格兰特的半身画像。随着广大读者新闻欲望的不断增强，针对现实社会中尚有不少文盲和半文盲的情

---

① 见1875年7月5日《申报》;《授访新闻告白》。

况,为了及时传播重要新闻,扩大读者群,既有文字又有图画的画刊应运而生。

最早的是 1875 年 3 月在上海创办的《小孩月报》。接着,就是 1877 年 6 月《申报》编印的不定期画刊《寰瀛画报》和 1880 年 5 月上海圣教会编印的《图画新报》。这几份画刊以刊载外国画为主,并没有什么新闻性。而创刊于 1884 年 5 月 8 日的《点石斋画报》才是真正密切配合当时时事报道的新闻画刊,它主要报道中法战争、中日战争以及中越人民和台湾人民抗击法、日帝国主义英勇斗争的事迹。但该刊的新闻画的确是"画"出来的,而"画家"并没有亲临现场采访,因而这些新闻画并非现实生活的真实记录,"想象"和"虚构"成分较重。比较接近真实生活的只有那些风俗画和社会新闻画。从美术技巧上来说,《点石斋画报》在当时的画刊(报)界首屈一指。

第五,副刊的出现。诗词等文艺作品式的"副刊性文字"在外国人办的汉文报刊中已有一些,只不过是与新闻混杂在一起的,没有固定的版面。《申报》创刊后,它把"骚人韵士"的"短什长篇"和"天下各名区竹枝词及长歌纪事之类"的文字,均编在新闻之后,大体上有固定的位置,已粗具副刊规模。后来由于诗词和翻译小说及"海外奇谈"等笔记作品越来越多,"报屁股"已容纳不下,于是有些报纸便出版附属刊物,专门刊载文艺性文字,这便是我国最早一批附属于日报的综合性副刊。但是从内容到形式都不同于日

报正刊,且另行成册,更像后来的文艺性、知识性杂志和报纸的增刊。最早的副刊应该是《字林沪报》从 1897 年 11 月 24 日起每天随报赠送的"附张"《消闲报》。"附张"即所谓"正张"之外的版面。

第六,商业广告在版面上比重增大。1840 年后,洋货流入中国市场,在外国人主办的汉文报刊上首先刊登大量的商业广告。至于《上海新报》、《申报》、《新闻报》等商业报纸就更热心刊登商业广告了。广告所占比重不断加大,由占版面的 1/3 左右,逐渐增加到 1/2 左右,广告费的收入也相应增多,而报纸的宣传则更注意维护企业的实际利益。

最后还需要注意的是,最早在中国发稿的外国通讯社。从 19 世纪 70 年代起,外国通讯社和外国报纸在中国设立分支机构,派记者常驻,对中国报刊发稿。根据 1870 年世界几家大通讯社分割世界新闻市场的协定,英国的路透社享有在中国的独占发稿权。1872 年,路透社总社派记者科林兹到上海建立了路透社远东分社,负责中国、朝鲜、日本等国家的新闻收集和发稿,这是在中国出现的第一家新闻通讯社。首先采用路透社电讯稿的是《字林西报》,后来一些外文、汉文报刊都采用。

【本章小结】

本章讲述了外国人在中国创办近代报刊的历史,探讨了外报创办和发展的历史背景,客观、公正地分析了外报

的历史功过。通过本章学习,学生可以认识中国近代报刊史、中国早期报人的艰辛,从屈辱的历史中吸取教训,增强历史责任感和民族自信心。

【思考题】

1. 简述中国近代报刊诞生的历史背景。

2. 简述《察世俗每月统记传》的编辑思想。

3. 简述中国近代商业性报刊的发展情况。

4.《申报》、《新闻报》在新闻业务改革方面有什么贡献?

5. 简述在华外报的功过是非。

【延伸阅读】

1. 方汉奇. 中国新闻事业通史:第1卷. 北京:中国人民大学版社,1996

2. 中国近代报刊史参考资料. 中国人民大学新闻系校内用书,1982

3. 卓南生. 中国近代报业发展史. 北京:中国社会科学出版社,2002

4. 戈公振. 中国报学史. 上海:上海古籍出版社,2004

2
中国近代报业的兴起

061

3 第一次办报高潮的形成与发展

导言

本章学习目标 通过本章的学习,要求能够全面了解中国新闻传播史上国人第一次办报高潮形成与发展的时代背景,详细了解资产阶级改良派的办报活动及特点,了解他们是怎样充分利用报刊进行舆论宣传、推动变法运动的,从中学习王韬、梁启超等著名报刊活动家的报刊编辑思想以及政论风格。

本章难点 王韬的报刊政论文体 维新派的新闻思想与报刊业务改革

国人早期的办报活动步履维艰，很多报刊出版的时间都很短，只有王韬的《循环日报》，因为是在香港出版，才成为这一时期出版时间最长、影响最大的报纸。1894年中日甲午战争后，洋务运动宣告破产，中国被外国列强瓜分的危机愈来愈严重。这使所有爱国的中国人受到极大刺激，国人救亡图存的爱国热情空前高涨，以康有为为代表的资产阶级改良派在全国掀起维新变法运动。报纸成为宣传维新变法的重要工具，在维新运动的推动下，国人自办的报刊如雨后春笋般在各地涌现，形成了中国新闻史上国人办报的第一次高潮。

据不完全统计，从1895到1898，全国各地出版的汉文报刊有120种，多数为中国人自办，而又以维新派创办的数量最多、影响最大。其中主要的有《万国公报》、《强学报》、《时务报》、《知新报》、《湘学报》、《湘报》、《国闻报》等。这些报刊积极推动了维新运动的发展，打破了外报在华的出版优势，成为中国社会舆论的主要力量。维新派的新闻思想与报刊业务改革，对我国新闻业发展具有深远影响。

3.1 王韬与《循环日报》

王韬（1828～1897），本名利宾，又名瀚，字兰卿，江苏甫里（今苏州角直）人。自幼聪敏，家学渊源，1845年考取秀才。1849年应麦都思之邀，到上海墨海书馆工作。此后的十几年中，他接触了许多外国传教士和西方学者，

并与其合作编译过《六合丛谈》等6种书报。1862年冬，因老母病危，王韬回家乡探亲，曾化名黄畹上书太平天国苏福省民政长官刘肇钧，为太平天国攻取上海出谋划策。不久，清军击败太平军，获王韬所书条陈，遂下令通缉已回上海的王韬。得英国领事庇护，王韬化装逃往香港，更名韬，字仲弢，一字紫诠，自号弢园老民、天南遁叟等。

王韬到香港后，受到英华书院院长理雅各的赏识，协助理雅各翻译中国典籍，并一度主编《近事编录》。1867年后他游历了英、法、俄等欧洲国家，获得了大量有关资本主义政治、经济、文化与科学技术方面的感性认识，成为我国最早了解西方世界的人之一。这对他改良思想的形成，起了关键性作用。1870年结束游历，王韬回到香港后为《华字日报》撰稿，1873年与友人黄平甫集资购得英华书院的印刷设备，组成中华印务总局，接着又创办《循环日报》，自任主笔，主持该报笔政有10年之久。1884年王韬回到上海定居，曾担任上海格致书院院长，创办弢园书局，并竭其余力从事撰述。1897年病逝。

《循环日报》，1874年2月4日创刊，是我国近代出版时间最长、影响最大的汉文日报。取名"循环"，是因为王韬认为"弱即强之机，强即弱之渐，此乃循环之道然也"。因此，他相信中国走变法自强的道路，就能够实现由弱到强的转变。无疑，《循环日报》寄托了王韬等人对中国由弱变强的希冀。因此该报极力鼓吹变法自强，其宗旨为"强中以抑外，诹远以师长"。《循环日

报》的最大特点就是以政论为灵魂，每天在头版头条位置刊载一篇政论文章。这些文章大多由王韬执笔。同时，王韬还为《香港华字日报》等报刊撰写政论文章，极力鼓吹变法。在主持《循环日报》笔政的 10 年中，王韬以"弢园老民"等笔名发表了数百篇政论。《循环日报》也因重视政论而成为中国报刊史上第一个以政论为主的报纸，王韬被称为中国新闻史上第一个报刊政论家。《循环日报》的新闻约占三分之一篇幅，分为三栏：首录《京报》，次为"羊城新闻"，又次为"中外新闻"。因消息不足，常登载野语稗史以资补白。该报的新闻部分用白报纸印刷，船期部分用土纸印刷。1878 年，《循环日报》为争取读者起见，特将每晨出版的日报提前于头一天傍晚印好送出，成为香港最早的汉文晚刊日报，1882 年后又取消每晚提前出版第二天日报的办法，恢复每晨出报。（图 3-1）

作为早期维新思想的代表人物，王韬在他的政论文章中集中宣传了资产阶级改良思想。

首先是呼吁政治改良，提出改变封建专制政体的主张。王韬以英国政体为楷模，极力推崇君主立宪制。他针对君主专制的弊端，提出了"重民"思想，强调"天下之治，以民为先，所谓民惟邦本，本固邦宁也"。王韬的政治改革主张，对后来的资产阶级维新派有重大影响。康有为、梁启超的变法主张中，明显带有王韬政论思想的痕迹。

其次，提出发展中国资本主义经济的主张。王韬强调学习外国先进的科学技术，"以其为长，夺其所恃"。并主张走"恃商为国本"的道路，对中国几千年以来奉行的重农抑商政策大胆提出异议。此外，他还主张大力开发矿藏，修筑铁路，发展贸易，扶持民族工商业，以实现国富民强。

图 3-1 《循环日报》

（原载方汉奇主编：《中国新闻事业通史》第 1 卷，第 475 页）

最后，对国内外时政大事进行评论。《循环日报》创办时间，正值西方列强向世界各地进行殖民扩张之时，英、法、俄、日等国对我国掀起"割地狂潮"。日本进攻台湾、法国入侵越南、英国侵占缅甸等，王韬在《循环日报》上严厉痛斥了侵略者的侵略行径，指出他们的险恶用心"志在兼并"。王韬还对欧洲政局、国内鸦片贸易、洋务运动等一些大事进行评论。

王韬的政论风行一时，常为其他报刊转载。这一方面得益于其颇具远见卓识的变法改良主张；另一方面与王韬对报刊政论文体富有独创性的运用关系极大。

报刊政论文体是我国近代汉文报刊出现以后逐渐形成的一种新的评论文体。其主要特点是：就时政问题充分陈述意见，文字浅显，通俗易懂。《申报》、《字林沪报》对这一文体的发展有一定贡献。但为其发展起重大推动作用的还是《循环日报》。王韬在该报发表的数百篇政论文章，确立了报刊政论文体的基本风格。王韬的办报思想和他所开创的报刊政论文体，对我国新闻事业的发展，起着重要的承上启下的作用。

王韬的政论反帝爱国、昌言变法、深入浅出、富于感情，后来被梁启超发展成为一种新的报章文体，影响很大。其政论主旨是："救时以内为本"；"治内以重民为先"；"图强以变法为要"；"变法以人为重"。他的部分政论后收编为《弢园文录外编》，这是我国最早的一部报刊政论文集。他关于办报的言论代表了维新变法前报刊理论的最高成就，奠定了近代报刊理论的基石。王韬政论文章的主要特色有以下几点：

第一，及时论述时政，直陈时弊，内容广泛。涉及有关国际国内时事，均适当加以评点。观点明确，论理深刻，论述透彻。褒贬得当，深受渴望了解世界动态、谋求变法改良的知识分子的欢迎。

第二，冲破封建义理章法的束缚。王韬的政论文章，一扫当时文坛呆板令人窒息的死气沉沉的局面，确立了形式自由、不拘一格的报章文风。清初以来，封建统治者大兴文字狱，文化思想界的空气令人窒息。乾嘉学派的诠释经义、考证史籍成为学术时尚；桐城派脱离现实，执意于义理章法、刻意追求格律声韵的文风风靡全国，成为"时文"。王韬崇尚龚自珍、魏源的"经世致用"学说，认为文风要适应社会的变化，不能拘泥章法、墨守成规，"时势不同，文章亦因之而变"。疾呼"时文不废，人才不生"；"时文不废，天下不治"。在这种原则的指导下，王韬的文章极少引经据典，毫无刻意雕琢之嫌，开创了一代崭新的报刊政论文风。

第三，文章短小精炼，浅显易懂。王韬的政论短小集中，鲜明浅显，不追求华丽的辞藻，不用冷僻的典故。为便于日报刊登，大多数在千字左右，如遇重大题目，则分期连载。

王韬还是我国近代报刊思想的奠基人，他关于办报的言论代表了维新变法前报刊理论的最高成就，奠定了近代报刊理论的基石。他的一系列关于报纸的文章如《倡设日报小引》、《本局日报通告》、《论日报渐行于中土》、《论各省会城宜设新报馆》和《论中国自设西文日报之利》等，提出了比较系统的办报主张，论述了以下几个重要问题：

（1）论述了办报的目的与意义。王韬曾在其《上潘伟如中丞》书中阐述了他在香港主办《循环日报》的目的："韬虽身在南天，而心乎北阙，每思熟刺外事,宣扬国威。日报立言,义切尊王,纪事载笔,情殷敌忾,强中以攘外,诹远以师长,区区素志,如是而已。"①简言之,王韬要借日报立言,通过报纸来宣传其变法自强的政治主张,并反复论证"穷则变,变则通"的道理。之后,"办报立言"发展成为早期国人自办报刊的主要传统之一。他这种办报立言的思想,不仅是我国近代报刊的一个显著特点,而且直接影响后来我国新闻史上形成的"政论时代"。

(2)论述了报纸的功能和作用。王韬认为:首先,报纸可以使"民隐得以上达",只要在各省省会设立报馆,就可以"一知地方机宜","二知讼狱曲直","三辅教化之不及",使报纸成为"博采舆论"的工具。其次,报纸可以使"君惠得以下逮",报纸宣扬君王的恩德,传播朝廷的政令,使"君民上下互相联络",消除隔阂,国家才能长治久安。再次,报纸可以"达内事于外",他主张创办外文报纸,开展对外宣传。最后,报纸可以"通外情于内"。王韬十分强调创办报刊介绍西方的国政民情,以便师其所长,避其所短。因此他建议设立翻译外报的专门机构,"汇观各处日报而撷取要略,译以华文,寄呈总理衙门",使朝廷随时掌握外国情况,"即遇交涉之事,胸中自具成竹"②。

(3)论述了新闻自由的思想。王韬最早在国内提出了言论自由的要求,并反复论证"言论自由"是中国古已有之的传统,呼吁朝廷放宽言禁,允许民间创办报纸,允许报纸"指陈时事,无所忌讳","言之者无罪,闻之者

足戒"。

(4)论述了报纸的文风。王韬认为,报纸的文风应该是直抒胸臆,词达而已。他说:"知文章所贵,在乎纪事述情,直抒胸臆。俾人人知其命意之所在,而一如我怀之所欲吐,斯即佳文。至其工拙,抑末也。"③他甚至愤慨地说:"时文不废,天下不治。"时文是指当时盛行于文坛的桐城派古文。

(5)论述了报纸编辑人员的条件。王韬认为,报纸的编辑人员应该是知识广博的"通材","不可不慎加遴选",报纸的主笔"非绝伦超群者不得预其列",他们应该品德高尚,持论公平,不得"挟私讦人,自快其忿"④。

王韬的这些办报主张及办报思想与西方新闻学观点有明显不同,他为我国汉文近代报刊的发展作出了贡献。

3.2 康有为的办报活动及新闻思想

19世纪七八十年代出现的早期维新思想,到90年代,由一种社会思潮发展成为一场轰轰烈烈的政治运动。这就是由资产阶级维新派领导的戊戌变法运动。到90年代末,维新变法运动

① 王韬:《弢园尺牍》,第206页,转引自胡太春:《中国近代新闻思想史》,第36页,山西教育出版社,1997年版。
② 转引自徐培汀等:《中国新闻传播学说史》,第142～143页,重庆出版社,1994年版。
③ 王韬:《弢园文录外编》,第1页,上海书店出版社,2002年版。
④ 王韬:《弢园文录外编》,第1页,上海书店出版社,2002年版。

进入高潮,资产阶级改良派的办报活动也进入了高潮。康有为是这场运动的主要领导者和发动者,也是维新派报刊活动的主要领导者。

康有为(1858~1927),原名祖诒,字广厦,号长素,广东省南海县人。出身官僚地主家庭,少有大志,幼读经史,从小受到严格的封建正统教育。少年时代就经常阅读邸报,关心朝政。1879年他到香港作过短暂游历,开始涉猎西学书籍,并搜集阅读大量书报,向西方寻求真理。后来又到上海,收集了大量西学书籍和报刊带回广东学习研究,其中对他影响最大的是《万国公报》,以致他后来创办的第一份报刊也袭用了这个名字。

1888年,31岁的康有为到北京去应顺天乡试,名落孙山,写了著名的《上清帝第一书》,提出变成法、通下情、慎左右三项建议,可惜此书未能送达清帝之手。回到广州,1891年,创办长兴学舍(后迁至万木草堂),收徒讲学,到1898年,7年间,万木草堂共培养学生近千名。他们当中大多数立志高远,思想活跃,才华出众,成了维新运动的骨干和维新派的著名报人,其中最有名的是梁启超。康有为在办学期间撰写的《新学伪经考》和《孔子改制考》等,则成了变法维新的重要理论著作。

1895年5月2日,在甲午战败的危急形势刺激下,正在北京参加会试的康有为联合全国18省参加会试的举人1300人,发动了闻名中外的"公车上书"①,极陈时局忧危,请求拒和、迁都、练兵、变法,提出了改革政治、经济、文教的具体措施,还提出了开报馆、奖励"庶卑政教"②的主张,初步形成资产阶级改良主义的变法纲领。这次上书,仍然没有到达光绪皇帝之手。但这是资产阶级维新派发动和领导的一次大规模的群众性爱国活动,从而拉开了变法维新运动的序幕。会试榜发,康有为得中进士,授工部主事。5月29日,在《上清帝第三书》中,再次阐述变法的理由和步骤,提出富国、养民、养士、练兵的自强雪耻之策。接着,又上第四书,正式提出"设议院以通下情"的主张,并再次提出"设报达聪"的建议,把办报视作维新变法的重要内容之一。康有为认为:要救国,必须自强;要自强,必须变法维新,必须广联人才,开通风气;要达到这一目的,必须创办报纸。

1895年6月,康有为、梁启超、陈炽等在北京着手筹办报纸和学会。康有为认为,要开通风气,"非合大群不可"③,而要合大群,"非开会不可"。梁启超也认为:"欲开会,非有报馆不可。报馆之议论既浸渍于人心,则风气之成不远矣。"他们在这里所说的"开会",指的是组织社会团体。梁启超还函告友人,"顷拟在都设一新闻馆,略有端绪","此举有成,其于重心力量颇

---

① 公车上书,汉代用公家车马送应举的人,后来就以"公车"作为入京会试举人的代称。这里专指1895年在京应试的举人联合给光绪皇帝上书请愿。
② 《康有为政论集》上册,第132页,中华书局1981年版。
③ 《中国近代史资料丛刊·戊戌变法》,第4册,第133页,神州国光社,1953年版。

大也"①。经过短时间的筹备,1895 年 8 月 17 日,中国资产阶级维新派的第一份报刊《万国公报》在北京创刊。康有为、陈炽等负责筹募经费,康有为的两大弟子梁启超、麦孟华担任编辑。该报委托京报房用木板雕印,两天出版一期,不署出版时间及地点,随《京报》免费附送在京的"王公大臣"及"士夫贵人"等各级官绅阅读,起初每期送出千余份,以后最多送出三千份左右。

在《万国公报》的大力鼓吹和康梁的积极活动下,1895 年 11 月中旬,维新派在北京成立了第一个政党性质的学会——强学会。推陈炽为会长,梁启超任书记员,每十天聚会一次,并创办强学书局,讲论"中国自强之学"。袁世凯、孙家湘、张之洞,英国驻华公使欧格纳、英美传教士李提摩太、李佳白、林乐知、毕德格等都参加了该会的活动。甚至李鸿章也想捐银入会,因其名声太坏而遭拒绝。

强学会成立后,《万国公报》转为该会的机关报。该报所刊内容以讲论洋务为主,每期刊载文章一至三篇,题目有工商、铁路、邮政、兵制、学校、报馆等,其中必有梁启超所撰的论说,其余大多选自广学会出版的书报。《万国公报》的出版在京师引起强烈反响。虽然"守旧者疑谤亦渐起",但却受到具有维新思想的士大夫的欢迎。正如康有为所说:"报开两月,舆论渐明。初则骇之,继而渐知新法之益。吾复挟书游说,日出与士大夫讲辩,并告以开会之故,明者日众。"②

1895 年 12 月 16 日,《万国公报》改名为《中外纪闻》,继续在北京出版,仍为两日刊,署有出版月日,不编期号,每册 10 页,共 4000 多字,木活字印刷,由强学书局刊行,梁启超、汪大燮主编。康有为亲自题写刊名,并在上面发表了《开会主义书》,即《强学会序》。这是一篇维新派的政治宣言,也是康有为生平在报刊上发表的第一篇政论文章。文章慷慨激昂,扣人心弦,"读之者多为之泪下"。从内容上看,《中外纪闻》除论说外,增加了外电、外报选译和国内各报摘录等内容,还有上谕等。《中外纪闻》的出版,受到了倾向于维新变革的政府官员及士大夫知识分子的欢迎。(图 3-2)

图 3-2 《中外纪闻》
(原载方汉奇主编:《中国新闻事业通史》第 1 卷第 546 页)

---

① 转引自丁文江等编:《梁启超年谱长编》,第 40 页,上海人民出版社,1983 年版。
② 《中国近代史资料丛刊·戊戌变法》,第 4 册,第 133 页,神州国光社,1953 年版。

《万国公报》的出版和强学会的活动，引起清王朝内部反对政治革新的顽固派的反抗，一些顽固派官僚准备弹劾康有为。为了避祸，也为了南下宣传维新变法主张，康有为离开北京，先去南京，游说两江总督张之洞，获张的许可和捐银1500两。之后，康有为到上海，与梁鼎芬、黄遵宪、汪康年、张謇等人共同发起，于11月下旬建立上海强学会，康有为亲自草拟的《上海强学会章程》，宣称："本会专为中国自强而立。"并提出了学会应做的四件"要事"，其中一项就是"刊布报刊"。经过短时间的筹备，上海强学会办起了自己的机关报《强学报》。康有为指定他的两个弟子徐勤、何树龄担任主编，并在创刊号上发表《强学会后叙》，力倡变法维新。该报五日一出，铅字印刷，页数不等，免费派送，其政治色彩较《万国公报》和《中外纪闻》更为浓厚，旗帜鲜明地倡导变法维新，发出了"穷则变，变则通，通则久，不变则不能久矣"的警告，明确提出了"明定国是"、"开设议院"等政治主张。该报发表的《开设报馆议》一文，阐述了报纸在维新运动中的作用，即"广人才，保疆土，助变法，增学问，除舞弊，达民隐"。这实际上就是《强学报》的办报宗旨。《强学报》还不用大清年号而用孔子纪年，借以"托古改制"。这些激进的表现，当然为张之洞不满。张怀疑康托古改制是图谋不轨，要求该报取消孔子纪年，并打算对《强学报》进行改组。徐勤将此消息报告康有为后，康有为明确指示，"彼有不办之心，我有必办

之意"，要求徐勤等人"忍辱负重"，坚持把报纸办下去。

《中外纪闻》与《强学报》的发行，引起顽固派的极大恐慌，他们纷纷奏劾，罗织诸多罪名。1896年1月20日，光绪皇帝迫于慈禧太后压力，下令封闭了北京强学会的《中外纪闻》。惯于见风使舵的洋务派官僚张之洞亦下令查禁了上海强学会和《强学报》。《强学报》从1896年1月12日创刊到1月25日被查封，只存在了14天。尽管如此，其影响是无法消除的。强学会的成立，标志着酝酿几十年的资产阶级改良主义思潮，已由启蒙宣传发展成为有组织的政治活动。维新派通过办报宣传自己的政治主张，建立自己的政治团体，这在中国新闻史上实属创举。此后，我国的政党、政治团体都把办报作为政治斗争的重要工具。维新派的办报活动，为自己培养了一批报刊宣传活动家，积累了经验，为以后报刊宣传活动的全面开展奠定了良好的基础。之后创刊的《时务报》拉开了中国人第一次办报高潮的序幕，变法维新的舆论宣传也逐步达到高潮。

1898年6月11日，中国近代史上著名的"百日维新"开始了。在此期间，康有为共上奏折63份，其中关于新闻事业的有3折，即《奏改时务报为官报折》、《恭谢天恩条陈办报事宜折》和《请定中国报律折》。当戊戌政变迫在眉睫时，光绪帝让康有为去上海"督办官报"，以保存实力。还未成行，9月21日，慈禧发动政变，康有为逃亡海外，自称持有皇帝的衣带诏，1899年创设，鼓

吹开明专制，反对革命，以保救光绪帝，排除慈禧太后、荣禄、刚毅等顽固势力为宗旨，成为保皇派首领。次年，发生，他主张"助外人攻团匪以救上"，策动唐才常等人主持的自立军"勤王"。辛亥革命后，康有为于1913年回国，创办《不忍》杂志，还控制了一些保皇派的刊物，攻击辛亥革命，诋毁共和政体，提倡尊孔读经，制造复辟舆论，已是一个时代的落伍者了①。

康有为是资产阶级改良派及保皇派报刊的领导者和探索者。他虽不多从事具体的办报工作，亲自创办的报刊只有7种，然而受其控制和指挥的报刊达数十种之多。康有为在我国近代报刊史上是政治家办报的典型人物。他的新闻思想在我国新闻史上是有价值的。

第一，他在《请定中国报律折》中指出："惟是当时开新守旧并立相轧之时，是非黑白未有定论。"为了争取言论自由，他主张"酌采外国之法，参与中国情形，定为报律。审定后即遵例办理"②。

第二，关于如何办报，他在1897年给广西圣学会领导人的信中指出，一定要办好维新派的报纸，在争夺读者群众方面一定使洋务派自愧不如。报纸内容应丰富，"征引详博，议论宏通"；版面要"条陈秩然"，整齐有序；要使报纸有自己的风格和特色，他认为挑选工作人员"是为第一义"。

第三，他在《上清帝第二书》、《奏改时务报为官报折》中比较系统地阐述了报纸的作用。归纳起来，他认为

报纸可以"匡政府之不逮"，"民隐得以上达"，"翻译万国近事，借鉴敌情"，内容"所载皆新政之事"，即所谓匡不逮、达民隐、鉴敌情、知新政。

第四，他最先提出了党报观念。他通过办报大造舆论，以达到成立政治团体的目的；他把政治团体的机关报，如保皇会、国民宪政会的报纸称为"党报"，认为党报要宣传本党的政治主张。但同时他又把党报视为谋取一党私利的工具，这是应当否定的。

康有为关于报刊出版自由的呼吁和办报实践，冲破了封建言禁，结束了封建统治阶级垄断新闻出版事业的时代，这是他对中国近代新闻事业的一大贡献。康有为之前，也就是说到1895年为止，中国人办的汉文报纸总共不到30家。而1896年到1898年三年间，中国人创办的报刊已达72家。康有为使我国风气大开，形成了中国近代史上中国人办报的第一个高潮，并带出了一批报刊活动家，为资产阶级新闻事业大发展奠定了基础。

---

① 详见《"戊戌变法"失败后的康有为》，载《中国老年报》2001年11月4日第3版。
② 《康有为政论集》上册，第334页，中华书局1981年版。

3.3 报刊编辑和政论家梁启超

1896 年夏,《中外纪闻》和《强学报》被查封之后,与康有为齐名的梁启超,再度聚集力量,创办了《时务报》,维新派的办报活动开始走向高潮。

梁启超(1873~1929),字卓如,号任公,广东新会人。曾用笔名有饮冰室主人、哀时客、少年中国之少年、中国之新民等四十余个,是维新派最著名的报刊编辑和政论家。他自小熟读经史,11 岁中秀才,15 岁进广州"海学堂"读书,17 岁考中举人。1890 年春赴京参加会试落榜,取道上海回广东时从坊间购得《瀛环志略》,第一次接触近代报刊。回到广州后,拜康有为为师,学习今文经学,并大量阅读西方书籍和传教士在中国所办报刊。1895 年和康有为晋京会试期间参加了"公车上书",尔后主编《万国公报》和《中外纪闻》,开始在舆论界初露锋芒。他虽然是康有为的学生,但在戊戌活动中与康齐名,号称"康梁"。

《中外纪闻》被迫停刊后,梁启超的衣服、用具、书籍均被没收,"流浪于萧寺中数月"而"办报之心益切"。这时,黄遵宪等人在上海筹办《时务报》,邀他南下办报,他便毅然到上海主持《时务报》笔政。1897 年 10 月,梁启超接受湖南时务学堂的邀请,赴湖南长沙就任时务学堂总教习,并参与《湘报》的筹办事宜。1898 年"百日维新"期间,他积极参与各项新政活动,并受

命筹办京师大学堂和译书局。戊戌政变后,他逃亡海外,先后在日本创办《清议报》、《新民丛报》等,继续进行改良变法的宣传。他曾一度靠拢以孙中山为首的资产阶级革命派,但在康有为的左右下,最终又回到改良的路子上了。而革命派与改良派的矛盾斗争则演化为(革命党的)《民报》与(保皇党的)《新民丛报》大论战。这场论战,并未因梁氏的笔锋犀利,"恒带感情"而取胜。辛亥革命后,梁启超回国,曾任袁世凯政府的司法总长、段祺瑞政府的财政总长,也参加过反袁斗争,主编过《庸言》、《大中华》、《改造》等杂志,晚年在清华大学讲学并担任北京图书馆馆长,1929 年病逝北京。

回顾梁启超的一生,其办报生涯自 1895 年在北京主编《万国公报》起至 1922 年脱离报界,前后共有 27 年,亲自创办和积极支持过的报刊有 17 家,撰写各类文字 1400 万言,其办报实践对我国近代新闻事业的发展具有重要贡献,其新闻思想对当时的报界产生过很大的影响。

由梁启超主笔的《时务报》,1896 年 8 月 9 日创刊于上海,旬刊,石印,书册式,连史纸印刷(图 3-3)。每期约 3 万字,印刷较为精美清晰。内容首先是论说,其次是皇帝谕旨、大臣奏折、京外近事、域外报译等。第二期起又将域外报译分成西文报译和东文报译、法文报译。

《时务报》以宣传变法维新、救亡图强为宗旨,是维新派最重要的舆论阵地,也是中国新闻史上第一个产生轰动

图 3-3 《时务报》

（原载方汉奇主编：《中国新闻事业通史》第 1 卷，第 556 页）

效应的报刊，其创刊号一印再印，达 6 次之多。它的许多文章议论新颖、文笔活泼，尤其是梁启超的文章，思想深刻，观点鲜明，倾吐忧国忧民的悲愤心情，表达变法维新的政治主张，热情洋溢，气势磅礴，吸引了成千上万的读者。以《时务报》政论为代表的报章文体，被誉为"时务文体"。梁启超因《时务报》名重一时，"自通都大邑，下至僻壤穷陬，无不知有新会梁氏者"①。《时务报》也因梁启超而风靡全国，数月间销量迅速增加，最高达 1.7 万余份，创造了中国自有报刊以来的最高纪录，一跃而为全国发行量最高、影响最大的报刊，为推动维新运动起了很大作用。梁启超后来在《清议报一百册祝辞》中，追述《时务报》的影响时说："甲午挫后，《时务报》起，一时风靡海内，数月之间，销行至万余份，为中国有报以来所未有，举国趋之，如饮狂泉。"②

《时务报》创刊时梁启超 23 岁，为办好报纸他全力以赴。创刊后的半年内，担任编撰工作的只有梁启超一人。每期 4 千字的言论均出自他一人之手，其他 2 万多字文稿也要经他过目加以润色。梁启超后来回顾他当时工作情况时说："六月酷暑，洋蜡皆化为流质，独居一小楼上，挥汗执笔，日不遑食，夜不遑息。"编辑、校对"字字经目经心"，"当时一人所任之事自去年以来，分七八人始乃任之"③。

《时务报》全面提出了变法维新的要求和主张。梁启超在《时务报》上发

① 胡思敬：《戊戌履霜录》卷四，见《戊戌变法》第四册，第 114 页，神州国光社 1953 年版。

② 梁启超：《本馆第一百册祝辞并论报馆之责任及本馆之经历》，刊于 1901 年 12 月 21 日《清议报》。

③ 梁启超：《创办时务报原委》，见《知新报》第 66 册。

表了数十篇政论文章,鼓吹维新变法。其中最有名的是《变法通议》,这也是《时务报》发表的宣传变法维新的第一篇文章。这篇约7万字的文章从创刊号登起,在《时务报》上连载了21期,内容涉及政治、经济、文化、军事等各个方面,是系统阐述维新派变法主张的纲领性文献。梁启超认为,中国已濒临覆灭的边缘,"变亦变,不变亦变","与其被人变,不如自己主动变,实行变法,才能挽救国家危亡"。"变法之本,在育人才;人才之兴,在开学校;学校之立,在废科举;而一切要其大成,在变官制。"变法之本在育人才,在开学校,在变科举,所有这些最终又需依靠体制的变革,这就是说,育人才、开学校、变科举必须在政治体制变革的前提下,并通过政治体制的变革来实现。

同时,他还提出发展民族资本主义经济的主张,对民族资本主义在帝国主义及封建主义的压迫下所处的困难境地表示同情,要求清政府保护和支持民族工商业的发展,以抵制帝国主义的经济侵略。另外,宣扬设议院伸民权的资产阶级民主主义色彩的政治观点是《时务报》又一宣传重点。

《时务报》发表的重要政论文章还有:梁启超的《古议院考》、《论中国积弱由于防弊》、《论君政民政相嬗之理》,汪康年的《中国自强策》,严复的《辟韩》等,从不同角度发挥了"天下公器"、"国事公事"的民主思想,谴责了清政府压抑"民权"的政策,全面论述了维新派"设议院"、"伸民权"、"君主

立宪"的主张。而《尊侠篇》、《论中国之将强》、《论加税》等文章和一些新闻报道及编者按语,对帝国主义诬蔑中国人民的言论和侵略中国领土主权的行为,表示强烈愤慨。另外,结合当时的社会实际宣传维新变法思想的同时,梁启超大胆批评朝廷各方面的腐败现象,并提出挽救的办法,说出了人人想说而没有说出的话,狠狠地打击了"祖宗之法不可变"的顽固守旧思想。

《时务报》赢得了要求变革的爱国人士的支持和称许,也遭到封建顽固派和洋务派的反对和嫉妒。一些后党大臣纷纷上书,指责维新派的变法宣传"以笔舌倾动人主"、"藉报章鼓簧天下",诬蔑办报人是"混迹报馆"的"无赖者",要求朝廷查禁。洋务派首领张之洞见此情形,虽然半年前曾称赞《时务报》"识见正大,议论切要","实为中国创始第一种有益之报",但这时立刻收帆转舵,以梁启超、徐勤、欧榘甲等人的言论"太悖谬"为由横加干涉,企图控制《时务报》。由于梁启超等维新派人士意志坚定,继续大声呐喊,张之洞就又通过他在《时务报》的代理人汪康年竭力排挤梁启超,从内部进行劫夺。

汪康年(1860~1911),字穰卿,杭州人,曾任张之洞的家庭塾师及幕僚,深得其信任。1895年上海强学会成立时张之洞曾捐银1500两作为活动经费。不久强学会解散,这笔钱尚有剩余,即由汪康年收存,转为《时务报》的创办经费。这样,张之洞便以该报的大股东自居,汪成了他的代理人。创刊初期,笔政由梁启超主持,汪康年只管行

政事务,不干预编务,后来在张之洞的指使下,大权独揽,视梁启超为雇员,甚而擅自修改梁的文章。年少气盛的梁启超对张之洞的干涉极为不满。1897年冬,他愤然辞去主笔职务,离开上海去湖南任时务学堂总教习。其他维新派激进人士也先后离去,《时务报》落入汪康年之手,变成洋务派的喉舌。"百日维新"期间,《时务报》拟改为官报,遭汪康年抵抗。1898年8月,汪康年擅自将《时务报》改名为《昌言报》继续出版。直至维新失败,康、梁逃亡海外,维新派终究未能夺回《时务报》这一舆论阵地。

梁启超主持《时务报》1年多时间,不仅发表了大量鼓吹维新变法的政论文章,而且还发表了有关新闻理论和新闻思想的重要文章。其中《论报馆有益于国事》就发表在《时务报》创刊号上。这篇文章对报刊的功能和作用进行了理论上的探讨。

首先,他把报刊的功能作用概之为"通"。"去塞求通,厥道非一,而报馆导其端也。"并指出:"上下不通,则无宣德达情之道,而舞文之吏,因缘为奸;内外不通,则无知己知彼之能,而守旧之儒,乃鼓其舌。"他认为国家的强弱与报纸的多少成正比例。他最早提出"耳目喉舌"说。他认为,报馆的作用在于通毗邻之事,介绍和通报世界各国的国情和历史,犹人之耳目,能听能看到比邻之事,又可通上下之情,使"上有所措置"而能"喻之民","下有所疾苦"而能"告之君"。以后在《清议报叙例》里,他再次强调报纸"为国民

之耳目,作维新之喉舌"。而他的报刊实践,正体现了他的"耳目喉舌"说的新闻观点。

其次,明确规定了报馆是为维新变法服务的舆论工具。利用报纸扩大变法宣传,"待以岁月,风气渐开,百废待举,国体渐立"。

戊戌政变后,梁启超发表的《敬告我同业诸君》,更充满了资产阶级民主气味,对新闻自由的认识更加深刻。他说报馆有两大天职,"监督政府","响导国民",这是西方国家流行的自由主义报刊理论的基本观点。

总之,梁启超继承、丰富和发展了早期改良派的新闻思想,第一个提出了比较系统的资产阶级新闻观点,他的"耳目喉舌"说,影响至今。关于报纸的监督作用的观点一直鼓舞着旧中国进步的新闻工作者斗争的勇气。他的"宗旨定而高"、"思想新而正"、"材料富而当"、"报事确而速"四条衡量报纸好坏的标准在今天仍不失其指导意义。而关于报人思想品德修养的主张一直是我国新闻教育重要的课题之一。他对于中国报刊史和西方报刊史研究中提出的关于报纸政治作用的论述,对人们正确认识报纸的性质和作用也不无启发。梁启超的新闻思想为我国资产阶级新闻理论的最后形成奠定了基础,对我国新闻界的影响是巨大的。

3.4 遍布各地的改良派报刊

《时务报》的成功,极大地鼓舞了全国各地的维新志士,他们又纷纷组织

学会,创立学堂,随着维新运动的深入,各地维新志士以极大的热情创办报刊。1898 年"百日维新"期间,光绪皇帝发布准许官民办报的诏书,更进一步促进了各地报刊的飞速发展。自 19 世纪 70 年代兴起的国人办报活动,在维新变法运动中走向高潮,打破了外报在中国新闻舆论界的垄断地位,使中国人的报刊成为社会舆论的中心,形成国人自办报刊的第一个高潮。

第一次国人办报高潮的特点:

一是报刊数量大。近代中国人自办的报刊,自 1873 年至 1895 年的 20 多年中,总共为 30 种左右。但是,自 1896 年 8 月《时务报》创刊到 1898 年 9 月戊戌政变发生的两年零一个月的时间内,全国各地维新派以及支持维新运动的人士所创办的报刊达 70 余种,为 19 世纪 70 年代以来国人自办报刊总数的两倍多。

二是办报地区广。外报绝大部分是在上海、天津、广州、香港等沿海城市,而国人自办的报刊除了在上海等外报基地发展,还深入到长沙、苏州、无锡、太原、桂林等中小城市。

三是报刊品种多。除了以政论性见长的综合性报刊继续迅速发展外,还出现了专业性报刊、纯商业性报刊、文艺娱乐性报刊,以及以青年、妇女、儿童等各类社会群体为对象的报刊、图画报刊、白话报刊,其中不少是我国新闻事业史上第一次出现的报刊类型。例如,1896 年清末著名小说家李伯元在上海创办的《指南报》,是我国最早的消闲性小报;1897 年罗振玉等在上海创办的《农学报》、黄源澄在上海主编的《算学报》,是我国最早的专业性科技报刊;1898 年康同薇、李蕙仙等在上海创办的《女学报》,是我国最早的由妇女主持编务、以妇女为读者对象的报刊。

这次高潮的主流,则始终是维新派主办的、以宣传变法维新为主旋律的政论性报刊,如澳门的《知新报》,湖南的《湘学新报》与《湘报》,天津的《国闻报》,上海的《蒙学报》、《译书公会报》,广东的《博闻报》、《岭学报》、《岭海报》、《时敏报》,广西的《广仁报》,四川的《渝报》、《蜀学报》,江苏的《无锡白话报》,等等。这些政论性报刊的办报人员大多是维新派人士。各地维新派报刊的主编,往往就是当地维新运动的领导、核心人物。这些办报人员,有的是康有为的弟子,有的是康、梁的亲友,有的是参加过"公车上书"的举人,形成了一支奉康有为为领袖、由康有为统一指挥的宣传队伍。

从办报方式来看,维新派从"开民智"、"育人才"的总体思想出发,把办报同办学会、办学堂紧密联系起来,形成"三位一体"的组织形式。例如,湖南的南学会、时务学堂和《湘学新报》,广西的圣学会、广仁学堂和《广仁报》,广东的时敏书局、时敏学堂和《时敏报》,上海的女学会、女学堂和《女学报》,等等。在这种三位一体的组织里,报刊的编辑同时又是学会的骨干和学堂的教师,学会(或书局)为报刊的出版和学堂的开办提供各种条件,学堂为报刊、学会培养和输送人才。这种三位一体的组织形式,在康、梁流亡海外期间也长期袭用。

这一时期出现的维新派主办的政论性报刊,除上海的《时务报》外,澳门的《知新报》,湖南的《湘学报》与《湘报》,天津的《国闻报》最有影响。它们分别成为维新派在华南、华中、华北地区的重要舆论阵地。

3.4.1 康广仁与《知新报》

由康广仁主持的《知新报》,1897年2月22日创刊于澳门(图3-4)。它是在康有为的直接领导下创办起来的,是维新派在华南的重要舆论阵地。梁启超帮助制定了章程体例并安排编辑事宜,由何穗田(澳门巨商)和康广仁任经理,主持日常工作。撰稿人除梁启超外,还有何树龄、韩文举、徐勤、王觉任等。康有为的大女儿康同薇也参加了该报编译工作。它囊括了《强学报》编辑部所有人员,都是维新派的宣传骨干,编辑阵营强大。

《知新报》是仿《时务报》创办的,二者可称为姊妹刊。《知新报》创刊之初,曾取名《广时务报》,含"推广时务报"和"广东的时务报"两层意思,后为避免与《时务报》重名,且此时新加坡已另有一家《广时务报》,故更名为《知新报》。该报初为5日刊,后改为旬刊、半月刊。其编辑方针与《时务报》一致,创刊号刊载的由梁启超撰写的《知新报叙例》一文,阐明了该报的宗旨:介绍西学、宣传新政、鼓吹变法图强。该报的内容主要有论说、变法上谕、国内近事、各国新闻、西方科技知

图3-4 《知新报》

(原载方汉奇主编:《中国新闻事业通史》第1卷,第575页)

识、译报等。

由于它创刊于澳门,澳门是葡萄牙的租借地,为清王朝势力所不及,因此,它的言论比其他维新报刊更为大胆、更敢讲话。曾刊载过康有为在"百日维新"期间上光绪皇帝的《为胶事条陈折》《请及时变法折》等请求变法的奏折全文,还发表了梁启超有关维新变法的文章近20篇,并载文揭露各地贿赂公行、戳穿日俄侵华阴谋等。此外,沟通中外信息、介绍西方科技知识也是该报的主要内容,约占总篇幅的三分之

二,其目的是开启民智,"有助于多识"。

戊戌政变后,各地维新派报刊均以各种罪名相继被封,唯有《知新报》得以幸存,并发表了《北京要事汇闻》、《8月6日朝变十大可痛说》、《论中国变政并无过激》等文章,报道政变经过,揭示政变性质,歌颂为变法死难的烈士,谴责发动政变的后党,指名道姓地痛骂慈禧太后和荣禄等人是"逆贼"、"奸党",竭力为光绪皇帝和康有为辩诬等,成为同封建顽固派作斗争的唯一报刊。1901年1月20日,《知新报》自动停刊。它前后出版了3年,共出133期,是戊戌变法时期出版时间最长的维新派报刊。

《知新报》经理康广仁(1867～1898),名有溥,字广仁,号劫博,又号大中,康有为胞弟。少年时代厌恶科举制度,青年时代喜读西书,练于时务。虽曾任浙江小吏,但耻于清末官场的污秽,后弃官,赞助康有为变法维新事业。1898年9月21日,慈禧太后重新上台后的第一道命令,就是缉拿康有为,"交刑部,按律治罪",然而未能在会馆拿到康有为,却在厕所里抓走了康广仁。被捕后,他谈笑自若,"若死而中国能强,死而何妨",临刑时还说:"中国自强之机在此矣!"他与谭嗣同等5人一道惨遭杀害,史称"戊戌六君子"①。他为发展我国的新闻事业献出了宝贵的生命。

3.4.2 《湘学报》与《湘报》

《湘学报》与《湘报》是戊戌变法时期维新派在华中地区的重要舆论阵地。《湘学新报》1897年4月22日创刊于长沙,是一份以讲求实学、新学为主的综合理论刊物,旬刊,以倡新学、开民智、育人才、图富强为宗旨,设有掌故学(后改为时务学)、史学、舆地学、算学、商学、交涉学六个固定栏目,每个栏目均由专人编辑,每期装订成册。从第21册起改名为《湘学报》,共出45册,于1898年8月28日停刊。江标、黄遵宪、徐仁铸先后督办,唐才常、陈为镒先后担任主编。(图3-5)

唐才常(1867～1900),字黻丞,后改佛尘,又字伯平,号洴澼,湖南浏阳人,是戊戌时期著名的政治活动家和宣传家。少年考取秀才,1894年肄业于西湖书院,并与谭嗣同共师于浏阳学者欧阳中鹄,称"浏阳二杰"。甲午战败后,开始认识到非变法不足以图强。1897年回湖南与谭嗣同一道积极参加维新运动,成为南学会的骨干。戊戌政变后亡命日本,往来于日本、香港、南洋、沪、汉等地,联络侨胞和爱国志士,竭尽全力挽救祖国危亡。1900年回上

---

① 戊戌六君子,系指谭嗣同、杨深秀、刘光第、杨锐、林旭、康广仁,因鼓吹变法,参与新政,惨遭杀害。"戊戌六君子"本应是"七君子",在慈禧所要杀害的重要变法人士的名单中列为第一名的是徐致靖。徐的官职比其他六君子高,维新派的重要人物康梁等又是他保荐,还有许多力主变法的奏疏。其家人都已备好棺材,在菜市口等待收尸。奇怪的是,行刑时没有徐致靖。事后得知,是李鸿章在慈禧面前说了好话。徐晚年自号"仅叟",意为六君子被杀,而自己刀下仅存。

海召开"国会"，组织自立军勤王起义①，不幸事败，于8月22日在汉口被张之洞逮捕杀害，年仅33岁。

图3-5 《湘学新报》

（原载戈公振插图本《中国报学史》，第160页，上海古籍出版社2004年版）

唐才常从1897年起开始从事办报活动，先后主编南学会机关报《湘学报》和《湘报》，还担任过上海《亚东时报》的主笔。他在报上发表了不少文章，介绍西方政治、法律、文化等情况和传播自然科学知识。他主持《湘学报》期间，一人兼任史学、时务、交涉三个栏目的编撰，撰写了《论各国变通政教之有无公理》《论热力》等一系列鼓吹变法的政论文章，向读者宣传"天下

非一人之天下"资产阶级民权思想，鼓吹在中国实行君主立宪，发展民族工商业，走资本主义道路，对湖南维新运动的开展，起了很大的推动作用。唐才常属于维新运动中的左翼，在湖南知识界有很大影响。

《湘学报》的出版受到读者热烈欢迎。仅"长沙一城，销千数百份"，并在上海、汉口、宜昌等地设立了分销处，湖广总督张之洞也令湖北官署订阅。戊戌政变后，他继续为报刊撰稿，宣传变法，并在浏阳开办了锑矿和煤矿发展工业，捐资成立了浏阳算学馆开发民智。他为报刊所写的政论文章，后来辑为《觉颠冥斋内言》一书，于1898年出版，1902年修订再版，是一部在当时很有影响的报刊政论文集。

《湘学报》在唐才常的主持下，介绍西方资产阶级的社会学说和西方自然科学知识，抨击封建君主专制，鼓吹民权思想，促进了湖南新政的实行，也为全国各省的变法维新开创了新局面。该报1898年8月8日终刊。

1898年2月，湖南维新派人士在长沙成立了南学会。该会每七日集会一次，由会员发表演讲，积极宣传救亡

---

① 自立军起义，1899年唐才常等在上海组织"正气会"，不久，改"正气会"为"自立会"，又以发"富有票"聚集会党群众，并联络以张之洞所辖的驻汉部队下级军官和士兵，组织自立军达1.8万人，分七军，唐任诸军督办。原定1900年8月9日，在湖南、湖北、安徽、江西等地起义。由于康梁未曾把接济款寄到，湖南、湖北等地没能起义，可安徽已按时起义，成立新政府。起义失败后，张之洞于8月21日把唐才常等人逮捕入狱，全部杀害，株连数百人。

图存、变法维新。该会成为湖南维新运动的实际领导机关。南学会成立后，鉴于《湘学报》刊期较长，且偏重于学术，文字艰深，已不能满足日益高涨的维新运动的需要，南学会决定创办一份比较通俗的日报，于是《湘报》在1898年3月7日创刊。该报"专以开风气、拓见闻为主旨"，由唐才常任主编，设有论说、奏疏、电旨、公牍、本省新闻、各国时事、商务、新书选录、答读者问等栏目，后增印广告"附张"，其内容和编排已初具近代综合性报纸的规模，发行对象主要是南学会各州县分会和新式学堂，"按日送报，不取报资"，并以部分报纸张贴于通衢要道供读者阅览。

《湘报》特别强调新闻的及时采访和报道。"本报拟派各地访事，广采新闻"①。该报所载新闻涉及面较广。它大胆揭露帝国主义瓜分中国的阴谋和罪行，报道中国人民的反抗斗争，及时反映维新变法中出现的新事物。它刊载的社会新闻，暴露了危害人民身家性命的各种灾患，以及动荡不安、民不聊生的社会现实。作为南学会的机关报，《湘报》发表了南学会历次集会的演说词、省内外有关维新变法的新闻、中外报刊关于变法维新的评论，及时报道维新运动进展情况，为其大张声势。

《湘报》的评论以大量刊载鼓吹变法维新的言论而著称。其政论言辞犀利泼辣，尖锐酣畅，对封建专制制度进行猛烈抨击，对民权、平等学说进行热烈鼓吹，充满救亡图存的激情，明确提出一系列变法维新主张，进行了慷慨激昂、有声有色的宣传，其思想深度、宣传规模，都超过了其他维新派报刊。如梁启超的《论湖南应办之事》、唐才常的《辩惑》、谭嗣同的《壮飞楼治事篇》、樊锥的《开诚篇》、易鼐的《中国宜以弱为强说》、杨昌济的《论湖南遵旨设立商务局宜先振兴农工之学》、毕永年的《存华篇》等文章，旗帜鲜明地阐述了改良派在政治上要求设议院、伸民权，经济上主张保护和发展地方民族工业，与帝国主义进行"商战"的思想和举措。该报的言论，必提倡广开民智，普及西学；希望以西方资产阶级的社会学和自然科学代替中国的封建文化。《湘报》的新闻和评论，为后世研究湖南的维新运动发展史留下了珍贵史料。

《湘报》的重要撰稿人谭嗣同（1865～1898），字复生，号壮飞，别署华相众生，湖南浏阳人。少年丧母，父亲谭继洵官至湖北巡抚。少年时熟读儒家典籍，钻研历史文献，有很深的中国旧学造诣。青年时期曾用10年时间游历祖国各地，足迹远至新疆、台湾等地，目睹人民的灾难和国家危机，立志拯救祖国。甲午战后，他的思想发生了巨大转变，走上了救亡图存的改良主义的政治道路。1896年，通过他父亲的关系在南京谋得一个候补知府的官职。此间撰写了维新派的第一部哲学著作《仁学》。后慕名去北京，见到了梁启超，接触了康有为的讲学宗旨和变法理论，深感"英雄所见略同"。

---

① 《湘报》第84号。

1897 年,同梁启超、唐才常一道创办时务学堂,创建南学会,出版《湘学报》《湘报》,鼓吹变法。先后撰写有关政治、经济、法律、教育方面的论文 20 余篇。文章结构严谨、清新活泼,在维新派政论家中别具一格。次年 8 月,谭嗣同奉旨进京,光绪皇帝擢为四品衔军机章京①,与杨锐、林旭、刘光第同参与新政,时号为军机四卿,协助光绪实施变法。9 月 21 日戊戌政变发生,以慈禧太后为首的顽固派下令逮捕谭嗣同等六人。谭嗣同谢绝了日本友人帮其避难的美意,慷慨赴死,年仅 34 岁。确切地说,谭嗣同从事办报活动还不到一年,但他提出了一系列的办报主张,诸如"日报"在于"日新","报纸即民史",以报纸推动现实工作等等,这些主张在今天仍具有借鉴意义。

《湘报》激进的维新变法宣传,引起湖南顽固派的惊恐不安,他们罗织种种罪名要求下令停办《湘报》,遭拒绝后,他们又纠集流氓打手哄闹报馆,殴打主笔,驱逐报人。唐才常、谭嗣同毫无畏惧。谭在与友人的信中写道:"今日中国能闹到新旧两党流血遍地,方有复兴之望。"谭嗣同壮烈牺牲后,该报依然坚持出版,直到 10 月 15 日才被迫停刊,共出 177 期。

3.4.3 严复与《国闻报》

在南方维新运动蓬勃发展的形势下,华北地区的维新党人在京津一带也积极筹建学会、创办报纸。1897 年 10 月 26 日,维新派的第一份日报《国闻报》在天津创办,很快成为维新派在华北的重要舆论阵地。主要创办人是严复。

严复(1854～1921),中国近代杰出的启蒙思想家、教育家和翻译家,19 世纪末中国向西方寻求真理的代表人物,也是很有影响的报人。初名传初、宗光,字又陵、幼陵,福建侯官(今福州市)人。出身名医世家,幼年受到严格的中国传统文化教育。1866 年以第一名考入福州船政学堂,1877 年被保送到英国海军大学学习。在英留学期间,广泛阅读西方自然科学和社会科学书籍,1879 年学成回国后任福州船政学堂教习、天津北洋水师学堂总教习和总办等职。

甲午海战失败后,严复痛心疾首,连续在天津《直报》上发表了《论世变之亟》、《原强》、《辟韩》、《救亡决论》等政论文章,猛烈抨击列强的侵略行径,揭露封建专制制度的弊端,他明确指出封建社会的君主是"大盗窃国",国家真正的主人不是皇帝,而是人民。他的文章宣传西方资产阶级自由、平等思想,要求废科举、讲"西学"、除旧学、兴新学;并且提出了"鼓民力"、"开民智"、"新民德"、变法图强、挽救国家危亡的主张。这些文章发表在康有为"公车上书"之前,在当时的思想界起了振聋发聩的作用。

1897 年夏,在维新派办报热潮的

---

① 章京,清代文武办事官名,满语音译。军机处和总理各国事务衙门办理事务的官员,亦称章京,为堂官的重要助手。在满族官员中又系对上级自称的称谓。

推动下,严复与北洋学堂总办王修植、育才学堂总办夏曾佑、内阁中书杭慎修(辛斋)等人,集资创办了《国闻报》,大力鼓吹变法维新。严复为报纸写了许多政论文章,还翻译了大量国外科学文化知识,特别是宣传进化论观点的《天演论》在《国闻汇编》上发表后,在当时落后、封闭的中国社会犹如一颗炸弹爆炸,给中国资产阶级知识分子以极大的震动,起到了巨大的思想启蒙作用,进化论成为维新派鼓吹变法、挽救民族危亡的理论依据,进化论思想影响了一代人。然而,严复并不赞成维新派倡民权、开议院的主张,属于维新派中的右翼,且很少与康、梁交往,故戊戌政变后未被追究。以后的十年间,他潜心于翻译工作,思想渐趋保守。他反对辛亥革命,1915 年列名筹安会拥护复辟帝制,1919 年又反对五四新文化运动。这位"先进的中国人"成了时代的落伍者,1921 年在家乡病逝。

严复等《国闻报》的创办者都是学贯中西的饱学之士,学识水平堪称一流,而且都有一定的政治地位,他们出于爱国的忧患意识和向西方寻求真理的共同愿望,走到了一起。他们把"通上下之情"、"通中外之故"作为《国闻报》的宗旨,创刊号上刊载的《国闻报缘起》强调:"塞其下情""国必弱"、"昧于外情""国必危"。只有通上下、通中外,才能兴利除弊。在这一思想指导下,他们著文立说,介绍西学,批评时政,积极宣传变法维新,把《国闻报》办成了一份很有特色的报纸,成为

与《时务报》南北齐名的北方地区办得最好、影响最大的日报,也成为维新派在中国北方唯一的舆论工具,起着维新派其他报刊无法替代的重要作用。

《国闻报》日出对开 1 张,另《京报》附页 4 开 2 张,设有电传、上谕恭录、制台辕门抄、路透电讯、论说、国闻录要、本埠新闻、京城新闻、华北各地新闻、国内新闻、国外新闻、广告等栏目,论说大部分出自严复之手。尤其注重外报选译和新闻采访工作,在国内各地及国外伦敦、巴黎、柏林、彼得堡、纽约、华盛顿等城市设有特约记者。这就形成了它的最大特色:新闻多、消息快,而且国内外新闻并重。但随着情况的不断变化,随着办报经验的不断积累,它逐渐把报道中心转移到国内新闻,特别是中国北方地区的政治事件。该报所刊消息"确而速,又极多极详",且颇具地方特色,以来自华北各省为多,其中社会新闻约占一半。该报对于重大事件进行跟踪报道,连续时间之长、过程之详是其他报刊所没有的。比如对胶州湾事件的报道,从 1897 年 11 月 18 日至 1898 年 1 月 8 日,共发表连续报道 29 篇,有几天甚至一日登两篇,新闻时效性极强。"百日维新"期间,该报刊发了光绪皇帝的全部变法上谕以及维新人士的变法条呈,并以按语、评论的形式为维新运动呼号。这在当时的报界是绝无仅有的。(图3-6)

《国闻报》还仿照《泰晤士报》"日报之后,继以旬刊"之例,创办《国闻汇编》旬刊。

报馆不惜重金聘请懂得英、法、德、

日文字的翻译人员,大量译载西方资产阶级的社会政治学说和自然科学知识,以及外电、外报的消息和评论。而最杰出的翻译人员则是严复本人。在译文中加入许多自己的见解,是严复翻译的特点,也是其译文脍炙人口的原因之所在。在《国闻汇编》上,严复发表了他翻译的《斯宾塞尔劝学篇》和赫胥黎《天演论》(原名《进化论与伦理学》)两部未完书稿。

图 3-6 《国闻报》
(原载方汉奇主编:《中国新闻事业通史》第 1 卷,第 604 页)

由于《国闻报》的出版地点毗邻京都,加上几个主持者都是朝廷命官,一言一行都会受到封建顽固派的注意。为了保住维新派这个重要的舆论阵地,严复等人不得不采用一套特殊的斗争策略。他们把报馆设在天津租界里,推出一个不知名的福建人李志成充当"馆主"。1898 年 3 月后,该报又宣称因"销行不广,资本折阙",将报馆盘给日本人西村博,并在报上加印"明治"年号。而且,严复等该报的实际主持人从此不再进报馆,有事均在王修植家中商议,发表文章也从不署名。"百日维新"期间,光绪皇帝在召见严复时曾问他是否担任《国闻报》主笔,他立刻矢口否认。正因为采取了特殊的斗争策略,《国闻报》才得以坚持出版下去。

尤其难能可贵的是,政变发生以后,慈禧发布了查禁报馆、访拿主笔的谕旨,在如此白色恐怖的环境中,《国闻报》借助日商招牌,顶住压力继续出版。就在政变后的第六天(9 月 27 日),它赫然登出《视死如归》一文,向读者报道了谭嗣同等人被捕的情况以及他们勇赴国难、视死如归的决心。同一天的报纸上,还发表了康有为脱险经过的客观报道。10 月 21 日与 22 日连续转载《香港华字日报》的文章《德臣西报访事在香港与康有为回答语》,揭露了政变真相,为中国近代史留下了珍贵史料。1899 年 2 月后,该报真正开始由日本人主办,约在 1900 年 6 月 15 日义和团进攻报社所在地时停刊。

3.5 维新派报刊的历史作用及对中国报业的贡献

3.5.1 维新派报刊活动的进步作用

第一,向读者进行了资产阶级思

想启蒙的教育。19世纪70年代以来，王韬、康有为、梁启超、严复等向西方寻求真理的"先进的中国人"，陆续将西方资产阶级的哲学、社会科学和自然科学知识，通过他们所办的报刊介绍到中国来。许多报刊都聘请翻译人员，专门负责翻译外国书报上的文章，在报刊上发表。这些新知新学使众多知识分子从埋头经史、醉心八股的桎梏中解放出来，并以新知新学为武器，同传统的封建意识进行斗争，对以后半个多世纪的中国社会生活产生了极大的影响。

第二，向读者进行了救亡图存的爱国主义教育。在传播新知识的同时，维新派报刊用大量篇幅向读者陈述了中华民族面临的严重危机，谴责了列强侵略中国的罪行，发出了"叱咤英俄，鞭答欧美，振我夏声，昌吾华种"的怒吼，唤醒了一部分士大夫和知识分子，激发了他们的热情，促使他们积极投身于救亡图存的爱国运动之中。

第三，推动了维新运动的发展，促成了变法的实现。在维新派报刊的大力宣传鼓吹下，变法、维新成了不可抗拒的社会潮流。在一些地方（如湖南），还进行了"新政"的试验。

3.5.2 维新派报刊活动对近代新闻事业的贡献

第一，冲破了封建统治者的言禁，为报刊赢得了实际上的合法地位。中国历代封建统治者为维护其专制统治，一贯禁锢言论，实行愚民政策。清朝统治者对民众实行阶级与民族的双重压迫，言论压制尤其严厉。《大清律例》中有"凡造谶纬妖书妖言，及传用惑众者，皆斩"，"捏造言语，录报各处者，系官革职，军民杖一百，流三千里"等条款。对于私自出版的各类报刊，清政府可以任意处罚。这严重地阻碍了中国新闻事业的发展。

维新运动之前，早期改良主义思想家王韬、郑观应、陈炽等就曾提出过开放言禁、允许民间办报的主张，但清政府不予理睬。他们只得依托于香港、庇护于外人开办为数不多且影响有限的几家报刊。康有为在"公车上书"中也提出过"设报达聪"、"纵民开设"报馆的请求，但未得皇帝首肯。

戊戌变法期间，维新派甘冒杀身之祸，在全国各地，甚至京城禁苑公开创办大量报刊，大胆议政，冲破封建言禁，为报刊出版赢得了实际上的合法地位。同时，他们还在报刊上大量传播西方资产阶级的言论出版自由理论，抨击清王朝限禁言论的政策。"百日维新"期间，维新志士又纷纷上书皇帝要求设立报馆，广开言路，终于推动光绪皇帝发布"上谕"，准许报刊"据实昌言，不必意存忌讳"，并给予办报以"免税"奖励。尽管光绪帝的"上谕"因戊戌政变发生而成为一纸空文，但是，封建统治者垄断新闻出版业的时代已告终结。此后，虽然封建统治者对报刊出版仍有种种限制，但他们不得不承认民间办报的合法性。这是维新派对中国新闻事业发展的巨大贡献。

第二，开中国报业史上政治家办报的先河，提高了报人、报业的社会地位。

维新运动之前,中国的知识分子大多醉心于科举,迷恋于仕途,从事报刊活动的多半是一些科场失意的落魄文人、疏狂学子。他们办报的目的,或者是为养家糊口,或者是借以抒发其抑郁之情。因此,一般士大夫和知识分子视办报为不务正业,视报纸为文坛垃圾。戊戌变法期间,由于康有为、梁启超、严复等学识渊博的维新志士领导报业潮流,一扫落拓文人办报的陈腐气息,报刊开始登上大雅之堂,社会上对报人、报纸的看法为之一变。由于维新派报刊的开办者或主笔,往往就是报刊所在地维新运动的组织者和领导者,他们利用报刊宣传变法主张,大造维新舆论,从而形成了我国"政治家办报"传统。从此,无论资产阶级革命家还是无产阶级革命家,均积极参与报刊活动,将报刊作为传播思想观点的重要阵地。"政治家办报"成为我国近现代报业的一个显著特点。

第三,重视政论,创造了报章新文体,影响了一代文风。重视政论是维新派报刊的一个突出特点。戊戌变法前,除《循环日报》《万国公报》等少数报刊外,大多数报刊虽然把论说置于"报首",但只是为了装点门面而已。而戊戌变法期间,维新派报刊普遍以政论为核心内容,他们投入很大精力从事报刊政论写作,并涌现出一大批报刊政论家,如康有为、梁启超、谭嗣同、唐才常、严复、徐勤等。他们的政论文章名噪一时,各具特色,其风格独特,形式新颖,时称"时务文体"。

时务文体是资产阶级改良派在维新变法宣传中形成的一种崭新的报章文体。它是适应新的政治斗争和思想斗争需要而产生的。王韬虽然创造了"报章文体",但未形成风气。甲午战败后,那种八股文和桐城派混合文体,无法表达维新派要求变革的政治激情。随着西方新思想、新知识、新名词涌入中国,一种介绍新学、新知识的时务文体应运而生。这种文体,因其多谈救亡图存的"时务"和以梁启超发表在《时务报》上的文章为这一文体的代表作品而得名。它直接受到龚自珍、魏源等人的影响,改良派报刊活动家王韬、郑观应、谭嗣同等人都为它的诞生和发展作出过贡献。但是,没有梁启超的大量论著,这一文体也不会在中国报刊文体的演变中占有重要地位。梁启超是运用这一文体的典范。

归纳起来,时务文体大致有以下几个方面的特点:一是形式自由,"纵笔所至,略不检束"[1],可以痛快淋漓地表达作者的见解;二是条理明晰,逻辑性强,感情充沛,感染力强,富有煽动性;三是平易畅达。摒弃陈词套语,采用或文或白或中或外,时杂以俚语、韵语等生活语言,新鲜生动。对于外国国名、地名及专用名词,使之汉语化,把雅俗不齐、土洋各异的语言及语法和谐地统一起来。这种新文体出现后,风行一时,成为文言文与白话文之间的一种过渡文体,为"五四"白话文运动开了先河。

---

① 梁启超:《清代学术概论》,《饮冰室全集》专集之三十四,第62页,上海中华书局1932年版。

4.吴其昌.梁启超传.天津:百花文艺出版社,2004

◢【本章小结】

本章具体讲述了中国新闻传播史上国人第一次办报高潮形成与发展的时代背景,重点介绍了王韬、康有为、梁启超、谭嗣同、严复等中国近代著名报刊活动家的办报经历以及他们的新闻思想。他们充分利用报刊进行舆论宣传、推动变法运动的办报实践以及理论探讨为中国新闻事业的发展提供了宝贵的经验;他们以天下为己任、勇于开拓、不怕牺牲、高度负责的精神值得我们永远学习。

◉【思考题】

1.王韬对中国新闻传播事业的主要贡献是什么?

2.简述《万国公报》创办的意义。

3.简述梁启超的报刊活动和他的新闻思想。

4.简述《国闻报》的宗旨及宣传特色。

5.简述维新派的报刊活动对中国新闻传播事业的贡献。

▶【延伸阅读】

1.王韬.弢园文录外编.上海:上海书店出版社,2002

2.方汉奇.中国新闻事业通史:第1卷.北京:中国人民大学版社,1996

3.中国近代史资料丛刊·戊戌变法.上海:神州国光社,1953

4 第二次办报高潮的兴起

导言

本章学习目标 通过本章的学习,全面了解第二次国人办报高潮的兴起过程,认真掌握这一过程中出现的具有代表性的报刊及发生的重要的新闻事件,了解资产阶级革命派报人的办报活动及其对中国新闻事业发展所作出的重要历史贡献。

本章难点 苏报案 《民报》与《新民丛报》的论战 于右任的办报活动

1900年《中国日报》的创刊，标志着中国新闻事业的发展进入了一个新的历史时期，即辛亥革命时期。在这一时期内，资产阶级革命派在海内外创办汉文报刊120多种，其中日报60多种，杂志50多种，数量与质量都超过了戊戌变法时期，从而掀起了我国的第二次国人办报高潮。

4.1 资产阶级革命派最早的机关报《中国日报》

早在19世纪末年，当清王朝意识到必须修改成法以挽颓势，改良运动方兴未艾之时，一股新兴的革命力量已经在海外出现并迅速发展，这就是孙中山领导的主张推翻清王朝，废除封建专制，建立民主政体的资产阶级革命派。

孙中山（1866～1925），原名孙文，字德明，号日新，后改号逸仙。出生于广东香山县翠亨村一个贫苦农民家庭。后在日本从事革命活动时化名"中山樵"，故以"中山"名世。孙中山从少年起即致力于资产阶级民主革命，不仅是中国革命的先行者、杰出的资产阶级革命家，而且是杰出的宣传家和报刊活动家。

1892年，孙中山以优异成绩毕业于西医书院，在广州、澳门以行医为业。但面对当时清政府统治下的民生凋敝、满目疮痍，孙中山认为"医国"比"医人"更重要，欲"借医术为入世之谋"，积极联络仁人志士。同时，他并不满足于在群众中进行口头宣传，而是开始利用报刊这一重要舆论工具，宣传自己的政治主张。孙中山曾在上海《新闻报》、《万国公报》和香港《循环日报》等报刊上发表政论文章，那篇著名的经郑观应、王韬润色，并呈送李鸿章的《上李鸿章书》就曾于1894年10月11日刊登在《万国公报》之上。在这篇八千多言的长文中，孙中山从教育、农业、工业、商业等诸多方面阐述了振兴中华的主张。不仅如此，孙中山还于1893年参与了澳门《镜海丛报》的创办活动。但这个时期的孙中山的报刊文章和办报活动，都还未超出社会改良的范畴。

1894年11月24日，孙中山在美国檀香山成立了中国资产阶级第一个民主革命团体"兴中会"，以"驱除鞑虏，恢复华夏"为目标，领导革命派开始在海外从事反清革命活动。在最初几年，由于主客观条件的限制，兴中会还没有创办出完全属于自己的机关报刊和革命宣传阵地。早期的宣传活动，主要靠个别革命党人的演讲、游说，向公开出版的中外报刊投寄稿件，编印一些革命宣传小册子等方式进行。这种力度不足的宣传方式，成为资产阶级革命的巨大障碍。为了加大民主革命的宣传力度，使革命观念深入人心，以及同资产阶级改良派、保皇派斗争的需要，兴中会成员、挚友陈少白受孙中山的委托，于1899年秋前往香港，筹备创办《中国日报》。

陈少白（1869~1934），原名闻韶，号夔石，笔名黄溪、天羽，出生于广东新会一个乡绅之家。1889年在香港结识孙中山，感情甚笃，曾结拜为兄弟。当时与他们同道的还有尤列、杨鹤龄，四人常在一起讨论天下大事，进行反清活动，被周围人视为大逆不道，称之为"四大寇"。1895年初陈少白加入兴中会，成为孙中山的得力助手，10月26日广州起义失败后与孙中山东渡日本。1899年冬，陈少白奉孙中山之命化名"服部次郎"，回到香港筹划创办兴中会的机关报。

在孙中山、陈少白等人的努力下，1900年1月25日，《中国日报》在香港创刊，报名取"中国者，中国人之中国"之义，它是资产阶级革命派的第一个机关报，也是中国最早宣传资产阶级革命的报纸，号称"中国革命提倡者之元祖"、"革命党组织言论机关之元祖"（图4-1）。社址设在香港中环士丹利街24号，陈少白担任报社社长兼总编辑，先后协助他担任经理和编辑工作的有王质甫、杨肖欧、郑贯公、陈春生、卢信、廖平庵、陈诗仲、黄世仲、丁雨宸等。《中国日报》前后创办了近14年，大致可分为三个时期：陈少白主持时期，1900年1月至1906年8月；冯自由主持时期，1906年9月至1909年；同盟会南方支部主持时期，1910年至1913年。

《中国日报》一面世，就颇具规模，同时出版日报和旬报两种。日报每天出两大张，版式上改变了以往中国报刊竖排的形式，采用横排分栏的新版式。主要内容为政治、经济方面的新闻和评论，陈少白担任主编。旬报由杨肖欧、黄鲁逸、郑贯公先后担任主编，每月出三期，逢五出刊，每期约1.2万字，设《论说》、《中外新闻》、《中外电音》等栏目。后又增设了《视听录》、《衡鉴录》以刊载国内外简明新闻，设《党局》刊载会党消息，《杂俎》刊载文学科学小品。1901年3月，《中国旬报》出至第37期停刊，其《杂俎》栏目转至日报，改名为"鼓吹录"，成为中国报纸最早的革命性文艺副刊之一。

图4-1　1907年的《中国日报》
（馆藏中国人民大学图书馆）

在孙中山的关怀和指导下，《中国日报》根据形势的发展，逐步开展革命宣传。

第一，为了唤起广大读者对帝国主义列强瓜分中国以及中华民族面临生死存亡的危急形势的注意，从创刊之始,《中国日报》就发出了救亡的呼吁,对列强在中国的侵略活动进行详细报道和深入分析。

第二,《中国日报》还刊登文章报道其他国家人民反对帝国主义斗争的英雄事迹,以激励中国人民同列强的侵略活动展开坚决斗争。

第三,《中国日报》详细报道了华北各地义和团活动的消息,并发表了一些评论,对义和团的反帝爱国斗争表示旗帜鲜明的同情和支持,这与当时其他报刊对义和团运动进行诽谤、攻击、诬蔑,形成了极为鲜明的对比,充分显示了中国资产阶级革命派反对帝国主义侵略的决心和对人民群众革命力量的初步认识。

第四,《中国日报》还开展了资产阶级"民权"思想的初步宣传,刊载了一些反对君主专制制度和要求资产阶级民主的文章,指责封建君主是窃取"天下之公权"的"贼夫",要求改变这种"以一人侵天下之自由"的不合理制度。

第五,《中国日报》陆续发表一些介绍英、法资产阶级革命和1848年前后欧洲各国民族民主革命运动的文章,鼓动中国人民仿效"北美洲之争自由"、"法兰西之争民主"、"英格兰之争平权","冲二千年之罗网,解二千年之束缚","与民贼相抗"。

第六,作为资产阶级革命派的舆论阵地,《中国日报》一直坚持反清立场,积极展开反清、反民族压迫的宣传,并全面报道兴中会发动反清会党进行武装起义的活动,从舆论上进行

声援。

《中国日报》不仅是资产阶级革命派的舆论阵地,还成为资产阶级革命派培养报刊出版人才的重要基地,为1904年至1905年相继创刊的《世界公益报》、《广东日报》、《有所谓报》等培养了不少编辑人员,为革命派报刊的宣传工作培养了一批骨干。不仅如此,《中国日报》还是革命党人在香港进行革命活动的大本营,而这种既是舆论机关又是联络机关的组织形式,后来为多家革命派报刊所继承,成为资产阶级革命报刊的特点之一。

在孙中山、陈少白的主持下,《中国日报》为资产阶级民主革命造舆论,做宣传,取得了显著成绩,使革命思想在较短时间内得到了很大扩展。通过《中国日报》的宣传,过去将革命视如水火,将革命志士视为"乱臣贼子",咒骂之声不绝于耳的舆论界,已"鲜闻一般人之恶声相加"。各地革命党人均视《中国日报》为自己的喉舌、论坛,给予热情支持,积极为之撰稿。

然而,由于当时正处于改良运动低落而革命运动尚未形成高潮的时期,《中国日报》不可避免地被打上了时代的印记,即带有明显的由"改良"向"革命"转化的痕迹。具体表现在对"驱除鞑虏,恢复中华,创立合众政府"这一资产阶级革命纲领的宣传,不够有力,不够深入,同时对改良派、保皇派的批判也不够彻底。这些都反映出革命派本身对革命与改良的分野缺乏足够深刻的理论研究和认识。在对待帝国主义列强的态度上,《中国日报》也表现

出存有幻想,不够强硬的特点,而这都是与中国资产阶级本身的缺陷分不开的。

《中国日报》的社址屡经迁移,辛亥革命后,迁到广州出版。1913年8月,孙中山领导的反对袁世凯独裁的"二次革命"失败后,《中国日报》最终被广东都督、军阀龙济光下令查封。前后共出版13年零8个月。

4.2 郑贯公和《有所谓》报

20世纪初,《中国日报》的创办标志着中国资产阶级革命派办报活动的开始。以《中国日报》的记者、编辑为主体,在粤港地区逐渐形成了一个革命派的作家群体,他们在鼓吹民主革命、改革文体方面都作出了重大贡献。同时,一批宣传革命思想的报纸也随之相继问世,成为资产阶级革命派的一支生力军。晚清爱国报人郑贯公和他创办的报纸《有所谓》报就是这其中杰出的代表。

郑贯公(1880—1906),原名道,字贯一,后改字贯公,笔名自立,广东香山(今中山)人。辛亥革命时期的著名报刊活动家。少年在家乡读私塾,"颖悟好学,过目成诵,有神童之名"。16岁因家贫辍学,东渡日本在太古洋行横滨支店做佣工。后得到梁启超的赏识,准其免费入横滨大同学校读书。在校学习期间,初步接受了卢梭、孟德斯鸠、达尔文、斯宾塞等人的学说,受到了平等、自由、博爱和天赋人权等西方资产阶级民主思想的启蒙,同时与孙中山等革命党人交往,遂倾向于革

命。离校后,任《清议报》助理编辑,并与冯自由、冯斯栾组织开智会,创办《开智录》半月刊。后因倡言革命被《清议报》解职,《开智录》亦随即停刊。1901年春,经孙中山介绍,郑贯公赴香港担任《中国日报》记者,尽力阐发新思想、新学说,使该报面目为之一新。1903年,他脱离《中国日报》,参加《世界公益报》工作,又因言论受限制而辞职,另创《广东报》并发刊一年有余,终因资本不足停刊。1905年,郑贯公创办《唯一趣报有所谓》,进行反美拒约宣传,给省港人民正在进行的抵制美货运动以很大支持,一时声名鹊起,不料1906年染疾逝世,年仅26岁。

作为出色的革命报刊宣传家,郑贯公在逝世前的六年间共编辑了六个报刊,而《有所谓》就是其中最为突出之一。《有所谓》全名《唯一趣报有所谓》,1905年6月4日创刊,是一张小型文艺性革命报刊,也是香港第一张通俗小报。《有所谓》是郑贯公创办的最好的也是最后的一份报纸,在创刊号上他撰写了《开智社有所谓出世之始声》,表明该报的立场和宗旨:"报纸者,以言论寒异族独夫之胆,以批评而褫一般民贼之魂,芟政界之荆榛,培民权之萌蘖……察人情之趋向,激社会之热肠……以寓言讽时,讴歌变俗,因势利导,化无用为有用……此有所谓之由命名。"可见该报名中的"有所谓"是有所指向的。

《有所谓》创刊于轰轰烈烈的反美华工禁约运动进行之时。1904年,清政府与美国政府签订的《中美会订限

制来美华工保护寓美华人条款》期满，中国人民要求废除这一不平等条约，美国政府不但不予理会，反而在国内支持、煽动排华情绪，迫害甚至残害旅美华侨，由此爆发了1905年的反美华工禁约运动，《有所谓》坚定地站在了这场反对美帝国主义斗争的前沿。并且在宣传抵制美货，打击奸商的过程中，《有所谓》也起到了很好的宣传推动作用。由于它站在斗争前沿，比其他报刊更贴近现实、贴近群众，因此受到了广大群众的欢迎，"一纸风行，为省港各报之冠"，销量远超其他报纸。

从内容上看，《有所谓》既不同于文言大报，又不同于一般通俗小报，主要包括庄谐两部。谐部占五分之二篇幅，分《题词》、《落花影》、《滑稽魂》、《官绅镜》、《金玉屑》、《新鼓吹》、《社会声》、《风雅丛》等；庄部分《博议》、《短评》、《访稿》、《广东新闻》、《要闻》（国内新闻）、《电音》（外国新闻）、《港闻》、《来书》等，融雅俗于一炉，独具特色。

《有所谓》的特色主要包括以下三点：第一，通俗性。它采用"粤讴"、"南音"、"数白揽"、"木鱼"、"班本"等流行于广东的说唱形式来宣传反美反满的政治内容，力求做到"老妪而能解"。第二，趣味性。正如其报名中"唯一趣报"所表明的那样，该报刊载的文章诙谐有趣，可读性强，"寓言讽时，讴歌变俗"，使读者能从活泼生动的文字中受到反帝反封建的教育。第三，多样性。《有所谓》的栏目多彩，尽可能适合各种不同口味读者的需要，同时注意文

字短小精炼，使该报以较小的版面容纳下较多的内容。

作为一个小资产阶级知识分子的郑贯公，由于受阶级和历史的局限，曾片面自负于报纸报人在社会变革当中的作用，宣称"不必匕首，不必流血，笔枪可矣，流墨可矣"。然而当面对顽敌，革命遇阻时，他又陷入一种无可自拔的消沉彷徨中。直到《有所谓》的创办，才标志着郑贯公思想上的一次根本转变。这张以反对美帝国主义为主要内容的小型报纸，它的进步，就在于摒弃了郑贯公以前几份报纸存在的对内忧外患的消极态度，即从"浮生梦梦，大局尘尘"和"借酒浇杯，因诗遣兴"的状态中解脱出来，而代之以"抒救时之策，鸣警世之钟"的壮志。也正因为此，才使得郑贯公能以其短暂的一生无愧于杰出的革命报人、革命家的称号，无愧于"新闻界鬼才"的美誉。

4.3 《苏报》与苏报案

1903年前后，资产阶级革命派力量进一步发展，沪杭一带相继创办了一批革命报刊，与同一时期的《中国日报》《有所谓》等报刊遥相呼应，其中影响最大的要数《苏报》。而由它所引发的"苏报案"，不仅是中国近代新闻史上的一次重大事件，更是辛亥革命前夕一次影响深远的反清政治案件，甚至可以称为20世纪中国第一次重大转型时期的一个象征性标志。

《苏报》于1896年6月26日创刊于上海，创办人是胡璋，由其日籍妻子生驹悦出面在日本驻沪领事馆注册，

以"日商"招牌出版发行,馆址在上海公共租界汉口路20号。该报最初几年所载内容多是市井琐事,消息平平,讨论泛泛,时人颇感无聊。不仅如此,胡璋还利用报纸恶意吹捧或攻击某人某事,而后以此相要挟勒索,并经常刊登黄色新闻,导致声名不佳。加之《苏报》人才亦少,经营不善,故连年亏损,销路日蹙,1900年恰逢陈范愿意购买,很快转售出让。

陈范(1860~1913),原名彝范,号梦坡,字叔畴,祖籍湖南衡山,生长在江苏常州。清光绪十五年(1889年)中举,出任江西省铅山县知县。光绪二十年(1894年)因办理教案被劾罢官,遂退居上海。光绪二十六年(1900年),由日本帝国主义侵略势力控制的《苏报》因声名狼藉,难以为继,正谋求转让,官场失意的陈范出资购得《苏报》,开始报人生涯。

陈范接手后,《苏报》很快进入了它的第二个发展阶段。当时的陈范站在资产阶级改良派的立场,完全支持康有为、梁启超等人的主张,使《苏报》成为一份"高唱保皇立宪之论"的报纸。他邀请妹夫汪文博担任主笔,自己和儿子陈仲彝编发新闻,兼写论说,女儿陈撷芬编辑副刊,但在当时社会并无多大影响。

1902年,国际国内形势发生了巨大变化,资产阶级改良派的"保皇立宪"主张遭到越来越多的人唾弃,革命派力量迅速发展。此时,陈范的思想也随着革命形势的日渐高涨而发生了巨大的变化。他开始意识到保皇立宪已非中国之出路,对革命派表现出了同情与支持。随着陈范态度的转变,《苏报》也逐渐向一份同情、支持资产阶级革命的进步报刊发生着变化。然而,《苏报》真正成为宣传资产阶级民族民主革命讲坛,是从陈范与爱国学社合作、并邀请章士钊担任《苏报》主笔开始的。

1902年4月,蔡元培、黄宗仰、吴敬恒、蒋智由等人在上海发起成立了革命团体——中国教育会,并陆续吸收了因抗议校方压制言论自由而退学的上海南洋公学和南京陆师学堂学生近百人,组成爱国学社,由蔡元培任总理,吴敬恒任学监,黄炎培、章太炎等任教员。爱国学社每周率领社员发表演说,倡言革命,一时震动全国。

时任《苏报》社长的陈范对爱国学社表示完全支持,从成立之日起就与之建立了密切的联系。一方面,给予经济上的支持,以《苏报》名义"月赠爱国学社百金"。另一方面,从1902年冬开始,《苏报》专辟"学界风潮"专栏,连续报道国内外中国学生的爱国运动和革命活动。从1903年春节后,《苏报》干脆约请爱国学社师生轮流为其每天撰写一篇社论,并大量发表爱国学社师生措辞激烈的讲稿和演说记录,一时间,《苏报》成为中国教育会和爱国学社发表公开言论的阵地。同年5月27日,陈范正式聘请爱国学社成员章士钊担任《苏报》主笔,并恳切对其允诺,"本报恣君为之,无所顾藉",以此为标志掀开了《苏报》在中国近代新闻史上激越辉煌的顶峰。

章士钊(1881～1973),字行严,曾用笔名黄中黄、秋桐、孤桐、青桐、无卯等,1881年3月20日出生于湖南省善化(今长沙)。1901年,得其姐资助,到武昌两湖书院寄读,并于第二年考入南京陆师学堂,学习军事。1903年4月,上海各界爱国人士在张园集合示威,反对沙俄侵占东北,南京陆师学堂学生也积极响应,遭到当局压制,章士钊等遂发起退学风潮,并率领退学学生加入了蔡元培组织的教育会。时值教育会言论机关正物色主笔人选,年轻气盛、精力充沛而又才华横溢的章士钊即被推举,从此开启了他的报刊活动生涯。

从5月27日章士钊担任主笔开始,《苏报》连续发表了一系列富有强烈革命气息的文章,如《康有为》、《哀哉无国之民》、《客民篇》、《祝北京大学堂学生》、《论中国当道者皆革命党》、《读严拿留学生密谕有愤》、《满洲警察学生之历史》、《驳革命驳议》、《呜呼保皇党》、《杀人主义》、《敬告国民议政会诸君》等。这些文章对于野蛮、残酷压迫国内各族人民而奴颜婢膝地屈服于帝国主义列强的清王朝统治者,进行了无情揭露和谴责;对保皇派攻击、诋毁革命的种种言论进行了严厉的批驳;并且为资产阶级民族民主革命大唱颂歌,号召广大青年起来投入革命。这其中最为引人注目的就是对邹容《革命军》的宣传,从而引发了近代新闻史上著名的"苏报案"。

邹容(1883—1905),四川省巴县(今重庆渝中区)人,原名绍陶,又名桂文,字蔚丹,留学日本时改名为邹容。在日本东京同文书院补习日语时,大量接触西方资产阶级民主思想与文化,革命倾向日趋显露,并结识了一些革命志士,积极参加留日学生的爱国活动。回国后,邹容寄居于爱国学社,与章太炎结为忘年交,互以倡言革命相激励,并由章太炎作序完成《革命军》的写作。在这本约两万字的小册子里,邹容阐述了反对封建专制、进行资产阶级民主革命的必要性,分析了革命爆发的必然性,并明确宣布革命独立之大义在于推翻清朝封建专制统治,建立"中华共和国"。

1903年6月9日,《苏报》作为国内第一家介绍《革命军》的报纸,充分肯定了其民主革命的思想,并连续发表宣传文章,大大扩展影响,如称之为"今日国民教育之第一教科书",并盛赞其"笔极犀利,语极沉痛,稍有种族思想者读之,当无不拔剑起舞,发冲眉竖"(图4-2)。此时的《苏报》已经引起了两江总督魏光焘的注意,并要求工部局对其进行查禁,然而最终向清政府投掷"爆炸性一击"的,还是《苏报》在6月29日于显著位置刊登了章太炎的《康有为与觉罗君之关系》一文。

章太炎(1869～1936),初名学乘,后改名炳麟,字枚叔,号太炎,浙江余杭人,我国近代杰出的资产阶级革命家和著名学者。章太炎出生于一个世代书香门第而后又遭败落的家庭,曾任《时务报》撰述,因不赞成康有为尊孔设教,受到排挤,愤而离职。先后主编过杭州《经世报》、上海《实学报》、《译书工会报》等报纸。1902年在日本加入兴中会，回国后应蔡元培邀请，到上海爱国学社任教。

为了宣传革命思想，培育革命人才，批判康有为的保皇谬论，章太炎撰写了著名的《驳康有为论革命书》，文中直斥光绪帝为"载湉小丑，不辨菽麦"，更指责被保皇党尊为南海圣人的康有为目光短浅。这篇文章有理有力，表明了章太炎鲜明的资产阶级民主主义革命立场，也反映了中国资产阶级革命派的政治觉醒。

图4-2　邹容及《革命军》
（原载重庆公共文化信息网）

1903年6月29日，《苏报》以《康有为与觉罗君之关系》为题，摘登了《驳康有为论革命书》，此文一出，举世哗然，与此同时也彻底惹怒了清政府。6月底，章太炎等人被捕，邹容激于义愤，从容投案。在章士钊仍坚持出报一周后，《苏报》于7月7日被封，这就是震动全国的"苏报案"。

在审理"苏报案"的过程中，清政府为原告，革命义士章太炎、邹容为被告，外国人为裁判，这本身就是一桩被人屡议的奇案，更是对腐朽清政府的极大讽刺。经过十个月左右的审理，章太炎与邹容于1904年5月21日分别被判三年与两年监禁，期间清政府甚至不惜以出卖沪宁铁路筑路权为交换条件，要求引渡章、邹二人至南京由其审判，但终被拒绝。在狱中，章太炎与邹容坚持斗争，其革命情操与英勇气概，赢得了社会的广泛赞赏，在中国近代史上留下了极其壮丽的一笔。

1905年5月，邹容不幸在狱中被迫害致死。1906年6月29日章太炎刑满出狱，一出狱就被同盟会代表接至日本，并在东京接任《民报》主编，从此开始了更为激烈精彩的民主革命生涯。

4.4 《民报》与《新民丛报》大论战

《民报》于1905年11月26日创刊于日本东京，是中国同盟会的第一个机关报，初为大型月刊，后迫于形势，改为不定期刊。每期180页，6至8万字，32开本，设有国画、论说、时评、译丛、纪事、撰录等栏。先后参与编撰工作的有胡汉民、汪精卫、陈天华、朱执信、廖仲恺、汪东、章太炎、刘师培、黄侃、苏曼殊、马君武、陶成章、田桐等，除陈天华、章太炎30岁出头外，其他都是20来岁的青年革命家，为《民报》注入了生机与活力。第1至5期由胡汉民主编，第6至24期由章太炎主编，其中第19至22期由陶成章代理主编。1908年10月19日出至第24期时，被日本政府以"激扬暗杀"为由查禁，1910年初，由汪精卫在东京秘密印刷了最后两期，于

1910年2月终刊,共出版26期。另有《天讨》等增刊。

《民报》的出版,受到国内外同盟会会员和同情革命的知识分子的热烈欢迎。创刊号再版了7次,第2、3期再版5次,仍然供不应求,最高发行量达17000份,其中半数以上是在国内秘密发行的。(图4-3)

图4-3 《民报》第一号
(原载大冶实验高中网)

在《民报》创刊之前,革命派报刊与保皇派报刊之间已有小规模的笔战,为了从思想上彻底扫除障碍,扩大革命阵营,发挥报纸宣传的优势,《民报》自创刊之初,就有组织有计划地主动出击,掀起了两派之间一场规模空前的大论战。孙中山为《民报》撰写的发刊词是革命派报刊进军的号角和旗帜,第一次提出了民族主义、民权主义和民生主义,即"三民主义"的政治纲领,它标志着资产阶级革命派报刊已

进入成熟阶段,孙中山要求《民报》以三民主义作为宣传的主要内容和办报纲领,具体而言:

一是宣传以排满为中心的民族主义。《民报》指出,统治中国的满洲贵族对内实行民族压迫,对外已经沦为帝国主义的走狗,成为各族人民的死敌。因此号召人们起来"颠覆现今恶劣政府"。值得指出的是,《民报》的排满宣传不仅与反对封建专制紧密联系,同时还注意把清朝的反动统治者与满族人民区别开来,不再提"杀尽满人,天下太平"之类的口号。

二是宣传以建立共和政体为中心的民权主义。《民报》发表许多文章批判封建制度,批判君主立宪,鼓吹资产阶级的民主、自由、平等,强调"国民之权利",号召人们起来推翻皇帝,废除君主专制制度,建立民主共和国。

三是宣传以土地国有、平均地权为中心的民生主义。《民报》发表不少文章宣传土地国有和平均地权的必要性和可行性,这样就接触到了资产阶级民主革命所要解决的根本问题,也是中国社会的重大问题——土地问题。它认为,要解决社会问题,必先解决土地问题,主张按"定价收买"的办法实行土地国有,废除土地私有制,废除土地买卖,使国家成为土地的主人。

此外,《民报》还大力介绍世界各国的资产阶级革命运动和民族解放运动,介绍西方的新文化和新思潮,其中包括社会主义思潮和无政府主义思潮。

当时,作为资产阶级革命派报刊领袖,《民报》最主要的对手是资产阶级保皇派的报刊《新民丛报》。戊戌政变后，康有为、梁启超等维新派人士逃亡日本，创立了保皇会，创办了许多报刊进行保皇立宪宣传。其中影响最大的是梁启超主编的《清议报》和《新民丛报》。《清议报》是保皇派在海外创办的第一个机关报，1898 年 12 月 23 日在日本横滨创刊，旬刊，"专以主持清议、开发民智"为办报宗旨。在此期间，梁启超频繁与孙中山、陈少白等革命党人接触，在思想上受到革命派的影响，曾一度在《清议报》上发表了一些谈民权、谈自由、谈破坏、谈革命的文章，赢得了不少读者的欢迎。康有为闻悉后极为不满，下令保皇派报刊上不得再出现"革命"、"民权"、"自由"、"独立"等字样，并将梁启超调往檀香山进行保皇活动。1901 年 12 月 21 日，《清议报》出版第 100 期后，报馆因遭火灾，损失惨重，而被迫停刊。

一个多月后，梁启超在旅日华侨的支持下，于 1902 年 2 月 8 日在日本横滨创办了保皇派的另一重要机关报《新民丛报》，半月刊，仿效西方大型综合性杂志。梁启超宣称要办成一份"足以与东西各报相颉颃"的报刊。该报内容之丰富、编辑之严谨、印刷之精美，为"中国报界前此未有"。《新民丛报》的命名取意于《大学》："大学之道，在明明德，在新民，在止于至善。"梁启超认为，中国积弱的根本原因，不是帝国主义的侵略，也不是清朝政府的腐败，而是由于国民素质低下。只有通过教育手段来提高国民素质，造就一代"新民"，中国才能富强，国家才有希望。创刊初期，以"维新吾民"为宗旨，通过介绍、评议西方思想文化来对中国人进行启蒙教育，对当时没落腐朽的封建思想起了巨大的冲击作用。1903 年该报公开倒向封建专制主义，攻击革命派。

《民报》与《新民丛报》关于革命与改良的大论战是中国近代史上前所未有的，论战始于《民报》创刊，止于《新民丛报》停刊，历时两年。双方都发表了许多措辞激烈的文章。1906 年 4 月《民报》在第 3 号附发号外《〈民报〉与〈新民丛报〉辩驳之纲领》一文中，把两者的对立观点归纳为 12 条，其核心问题就是要不要用暴力推翻清政府，要不要实行民主政治，改变土地制度。论战主要围绕以下四个问题：

第一，关于民族革命问题。《新民丛报》认为，满人早已同化于汉人，谁当皇帝都可以，排满必然会引起民族仇杀，造成天下大乱。《民报》指出，清政府是卖国的政府，不革命不足以救亡，不革命不能立宪。

第二，关于民主革命问题。《新民丛报》认为，中国民众素质低下，还不具备共和国公民的资格，因此只能在中国实行君主立宪或开明专制。《民报》则认为，中国必须实行改变专制政体的革命，指出《新民丛报》之要求立宪和"开明专制"是为了维护清朝的封建统治。中国必须用革命手段扫除民主障碍，建立资产阶级的民主共和国。

第三，关于革命是否引起内乱和帝国主义干涉问题。《新民丛报》认为，革命是一场暴烈的行动，势必引起天下大乱和帝国主义干涉。《民报》驳斥道：革命不是争夺帝位，是建立资产阶级共和国，不会引起内乱；革命可以有秩序地进行，可以防止内乱；革命并不损害帝国主义的既得利益，是革清朝政府的命，国际公法有不干涉我国内政的保障，反之，国家衰弱腐败却会引起帝国主义的瓜分。

第四，关于社会民主和土地国有问题。《新民丛报》认为，中国不存在土地贫富不均的现象，没有必要平均地权，实行土地国有对农业生产不利。《民报》驳斥了《新民丛报》的观点，指出贫富不均是客观存在的事实，因此"社会革命与政治革命并存"，只有实行平均地权和土地国有，解决社会民生问题，才能取得民主革命的胜利。

双方论战一段时间后，《新民丛报》难以招架。《民报》的文章明白晓畅，娓娓动人，而且条理缜密，气势磅礴，说服力极强。"向之与《新民丛报》有关系者，莫不倒戈相向"。《新民丛报》不得不于1907年11月停刊，宣告论战失败。

这次论战的性质和意义①：

（1）这次论战是资产阶级革命派为推翻腐朽的封建制度，向保皇派及其报刊发动的第一次全面猛烈的政治进攻，在革命、保皇这个重大问题上，革命派报刊占据主导地位，预示着革命即将取得胜利。这次论战是革命与反革命阵营、民族民主革命道路与半封建半殖民地道路的斗争，也是一场关系到中国前途命运的斗争，时间长，地区广，人员多，辩论激烈，影响深远。

（2）和戊戌变法前后维新派的宣传相比，它是一场更大规模的思想解放运动。通过论战，三民主义深入人心，使人民相信清王朝一定能够被推翻，民主共和一定能够实现。通过两派报刊论战，资产阶级民主革命思想得到广泛传播。

（3）通过论战，革命队伍迅速发展壮大，许多原来支持改良派的人也转变了立场，纷纷退出保皇会而加入同盟会。论战还培养和锻炼了一批革命骨干，如朱执信、廖仲恺、宋教仁等。论战还促进了革命报刊的发展，论战前革命派报刊不过40家，论战后到辛亥革命前夕就增加到100多家，革命派扩大了舆论阵地，使报刊成政党的论战工具。

（4）政论文特别是其中的驳论文得到了空前的发展。论战中双方各自论述自己的观点，批驳对方，因此，他们的文章不仅论点明确，而且重论据，讲逻辑。梁启超善于抓住革命派文章论点中的毛病进行驳论，革命派不仅能够如此，同时还不断指出梁启超文章中论据的错误。双方论文攻守兼备，写法讲究，促进了报刊政论文体的发展。

这次论战是资产阶级民主单命的思想准备，有重要的积极意义，但在论战中也暴露了《民报》的若干严重弱点。它不敢正面提出反帝口号，幻想帝国主义同情和支持中国民主革命；过多强调反满，流露出浓厚的民族复仇主义情绪；虽提出了土地问题，但没有勇气

---

① 参见丁淦林：《中国新闻事业史》，第138页，高等教育出版社2002年版。

彻底解决这个问题；并不真正相信群众，甚至对群众有畏惧心理，不敢充分发动和依靠群众进行斗争。这些弱点的暴露，充分反映了中国民族资产阶级妥协性和软弱性的一面。

《民报》的革命宣传，引起清朝统治者的极大仇视，清政府要求日本政府下令查禁《民报》，最后诉诸法庭，结果是"理胜而事不胜"。1908 年 12 月 12 日，日本政府宣布禁止《民报》出版。

4.5 女报人与近代妇女报刊

19 世纪 90 年代以来，中国妇女开始登上历史舞台，在参与重大的社会活动的同时，也创办报刊，发出了妇女自己的声音。裘毓芳，江苏无锡人，字梅侣，是中国新闻史上最早从事报纸工作的著名女报人①。1898 年 5 月在其叔父裘廷梁创办的《无锡白话报》任主要编辑人。她不仅旧学根底深厚，而且精通外文和白话文，曾以"梅侣女史"为笔名在该报上发表了大量译介政治、经济、法律、科学等方面的文章。

以妇女为读者对象的报刊，最早出版的是1898 年 7 月 24 日创刊的《女学报》，中国女学会②的机关报，旬刊，版面为对开单面石印一大张，可裁叠为四页装订，辟有《论文》、《新闻》、《征文》、《告白》等四个栏目，每期都有附图，由康同薇、李惠仙、裘毓芳等妇女界知名人士担任主笔，宣传变法维新，大力提倡女学，主张婚姻自由、男女平等，争取女权，要求妇女参政，反对封建迷信，反对陈规陋习等。

1905 年 8 月 20 日，《北京女报》创刊于北京，是我国第一份妇女日报。主编张展云，其母为报馆馆主。该报版面别致，竖排，正文均采用空一字格示句读，版面上罕见大型图案，一般皆以一纵线示分隔，双面印刷，每面分为 3 版，两面共计 6 版。每版呈方形，各版横联而不裁开，以折纸式折叠成九开大小，展开为一横幅。第一版除报头外，载有"上谕"、"宫门钞"等政令和外国通讯社的译电；第二版载"演说"、"女界新闻"等；第三版为新闻版，除"女界新闻"外，还有时事、京外新闻等；第四版是知识版，连载《益智录》、《西学入门》等通俗科学知识；第五版为教育、文艺版，连载《家政学》及章回小说《女儿家》，有时也登些笑话和外国政事；第六版为广告版。该报不仅提倡女学，反对缠足，还有不少文章排斥洋人，谴责清廷腐败昏庸，鼓吹维新变法等等，在北京有一定影响，是近代北京妇女报刊的开山之祖。

据统计，《北京女报》之前，我国共有 8 种妇女报刊，多在南方。《北京女报》在当时是北方唯一的一份妇女报纸。辛亥革命时期，由资产阶级革命派女报人创办的妇女报刊有《女子世界》、《中国女报》和《神州女报》。这三

① 宋素红的博士论文《中国妇女报刊与女新闻工作者研究》提出，康同薇在 1897 年就参与了《知新报》的译述工作，应为我国最早的女报人。

② 中国女学会，1898 年 5 月 31 日在上海创立。同时创办的还有"桂墅里女学会书塾"（后定名"中国女学堂"）。这是中国人自办的第一所女子学校。

份女报都与秋瑾有密切关系。秋瑾是这一时期著名的女报人。

秋瑾,字璇瑾,号鉴湖女侠,浙江绍兴人,辛亥革命时期著名的资产阶级革命活动家。青少年时代学文习武,1899 年进京,"凡新书新报,无不披览"。日本留学后,又结识女报人陈撷芬,其报刊活动就此开始。1904 年 9 月 24 日中秋节在日本东京创办《白话》月刊,共出 6 期。设有论说、教育、历史、地理、理科、时评、谈丛、歌谣、戏曲等栏目,以干支纪年,不用光绪年号。这是她办的第一份白话报刊。1906 年春,开始筹办《中国女报》。她雄心勃勃,打算"集万金股本(20 元为一股),租座房子,置个机器,印报编书。请撰述、执事各员,像像样样,长长久久地办一办"①。她提出的办报宗旨是"开通风气,提倡女学、联感情、结团体,并为他日创设中国妇女协会之基础"②。

1907 年 1 月,《中国女报》在上海创刊。《中国女报发刊辞》说:"木报以文俗之笔墨并行,以便于不甚通文理者,亦得浏览。"该报装订成册,有论说、新闻、译编、小说等。封面不用清帝年号,用干支纪年。封面从中间右上方向左下方斜印着报名,右下方有一妇女,双手高举一面旗帜,象征着妇女的团结战斗。该报共出两期,几乎全是白话文,大多出自秋瑾的手笔。第三期实已编就,因秋瑾被捕,7 月 15 日壮烈就义终未能问世。《中国女报》是这个时期进行妇女解放和革命启蒙思想教育的一支号角。(图4-4)

《神州女报》实际是《女子世界》和《中国女报》的延续。其发刊辞明确指出:"创此神州女报,以竟女士之志。……其曰《神州女报》,则犹之《中国女报》云尔。"该报一创刊就发表歌颂秋瑾的文章和她的遗作以寄哀思。由于环境的险恶,大约也只出了两期便终刊。

图4-4 《中国女报》创刊号
(原载方汉奇主编:《中国新闻事业通史》第 1 卷,第 880 页)

据考证,少数民族女报人也在这个时期出现了,这就是《北京女报》名誉

---

① 《秋瑾集》,第 15 页,上海古籍出版社 1979 年版。
② 《秋瑾集》,第 10—12 页,上海古籍出版社 1979 年版。

主笔葆淑舫。《北京女报》设有"女界新闻"专栏，第 1067 号上写有"本馆名誉主笔葆淑舫郡主"字样。她是"肃亲王府之郡主"，满族，曾任淑范女学堂教员，创办过淑慎女学堂。在当时的妇女界是位知名人士。她为《北京女报》写过文章，担任过主笔，该报还对她有所报道。还有英敛之的夫人爱新觉罗·淑仲，因是皇族，经常往来于宫廷之间，"时侍慈禧太后，屡为《大公报》写宫廷通信，颇为精彩。①"早期《大公报》关于宫廷新闻报道大多出自淑仲之手。根据这些史料，我们认为她们是我国最早的少数民族女报人。

少数民族女报人的出现，说明我国少数民族女性从事新闻工作的时间与汉族妇女是同步的。满族妇女葆淑舫、爱新觉罗·淑仲与康同薇、裘毓芳、李惠仙等一道成为我国最早的一批女报人，从事争取女权的斗争，其意义是不能低估的。

4.6 于右任与"竖三民"

同盟会为了加强组织各地起义，革命派报刊宣传工作逐渐由海外转移到国内，以期发挥更强大的报刊宣传优势。上海、武汉和港穗地区是资产阶级革命派在国内的三大办报基地，其中，上海以其经济发达、交通便利、技术先进以及以外国租界做庇护等优势，成为革命派报刊在国内创办的最重要的地区。1905 年到 1911 年，革命派在上海共创办了 16 家报刊，除《中国女报》外，比较著名的报刊还有于右任创办的《神州日报》、《民呼日报》、《民吁日报》和《民立报》等。

于右任（1879—1964），名敬铭、伯循，字诱人、右任。因他的政治生涯是从办报开始的，后人称之为"元老记者"。他还用过骚心、大风、太平老人等笔名和别号。陕西三原人。他出身贫寒，两岁丧母，22 岁中举，被称为"西北才子"。1903 年赴京参加会试期间，目睹清政府的腐败和八国联军劫后造成的满地疮痍，回乡后于 1904 年发表了《半哭半笑楼诗草》，讥讽朝政，抨击时弊，其中有"爱自由如发妻，换太平以颈血"之句。陕西总督因此下令通缉，在恩师的帮助下他化名就读于复旦公学并开始向报刊投稿。1906 年他东渡日本，结识孙中山，加入同盟会。鉴于"苏报案"后舆论沉寂，他下决心办报，鼓吹革命。孙中山也支持他回国办报，希望他把报纸办成上海地区的反清喉舌。翌年 4 月，于右任回到上海，开始了他的办报生涯。

《神州日报》是于右任创办的第一家报纸，也是革命派在国内创办的第一家大型日报。1907 年 4 月 2 日创刊于上海，日出三大张。取名"神州"以隐其革命意义，"顾名可以思义，就是以祖宗缔造之艰难和历史遗产之丰富，唤起中华民族之祖国思想"，"激发潜伏的民族意识"。该报只用干支纪年和公元纪年，而在不显眼处用极小的字体标出清帝号。为免遭《苏报》仓促被封的厄运，该报的新闻和言论比较含蓄，

---

① 见《大公报大事记（1902～1966）》，载《新闻研究资料》第 7 辑。

"意内言外,不露锋芒",但"关键时刻"也能"发表一些尖锐的意见"。有的社论和"时事小言",言人不敢言,被誉为"公之文欲天下哭则哭,欲天下歌则歌"。它在"有闻必录"的掩护下,详细报道了秋瑾烈士遇害的经过和各地武装起义的消息,揭发贪官污吏的罪行,披露列强觊觎我国蒙藏边疆和东北地区的阴谋,很受读者欢迎。可惜只办了80天,报馆被焚,于右任无力恢复,又因人事纠纷而终刊,后由杨毓麟接办,民国以后被袁世凯收买。

于右任创办的《民呼日报》、《民吁日报》、《民立报》,史称"竖三民",这三家报纸先后出版,一脉相承,在中国新闻史上有重要的影响。(图4-5)

1909年5月15日,《民呼日报》由于右任集资创办于上海,自任社长,范光启、徐血儿、戴天仇等为编辑。该报"实行大声疾呼,为民请命之宗旨",故

名"民呼"。日出对开两大张,分为言论、纪事、丛录三大部分,除宣传同盟会的纲领和介绍西方社会政治学说外,放言批评时政得失,抨击官僚腐败,大揭官场黑幕,遭到当权者的嫉恨。当时甘肃一带发生灾荒,该报将官吏侵吞救灾赈款的情况披露报端,引起陕甘代理总督毛庆潘的极度不满,串通上海道和租界当局,反诬于右任贪污赈款,而入狱一月有余。该报于1909年8月14日被迫停刊,前后共计出版92号。

《民呼日报》被封后不久,即1909年10月3日,于右任又在上海法租界创办了《民吁日报》,日出对开三大张,四开画页一张,给上海读者附赠八开商情一张。报名"民吁"有三层含义:一是"呼"字去掉两点便成"吁",表示即使被挖掉两只眼睛仍然要反映人民疾苦;二是"吁"字由"于"字加"口"字组

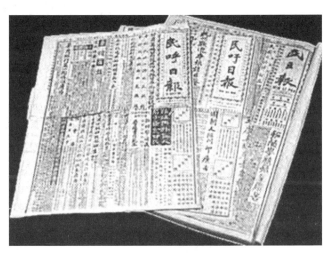

图4-5 "竖三民"
(原载上海政协网)

成,表示出自于右任之口;三是不准"大声疾呼",暂且"长呼短叹"罢。该报创刊不久,日本前首相伊藤博文到我国东北进行阴谋活动,该报连续发表《伊藤怪物之行踪》、《满洲风云日急》等文章,揭露日本政府企图夺取满洲铁路筑路权进而控制我国东北的阴谋。伊藤博文在哈尔滨火车站被朝鲜爱国志士安重根刺死,该报又发表文章赞扬安的英勇行为,说伊藤之死罪有应得。日本政府恼羞成怒,便串通清政府与上海租界当局,致使该报于11月19日被查封,只出版了48天。报馆被封后,读者在报馆门前贴出抗议书和吊词,并拈香示悼;学界200多人联名致电清政府要求准许该报恢复出版;日本、香港读者还打电话给上海道,以炸药、手枪相威胁,要求立即启封。

《民呼日报》被封一年后,于右任于1910年10月11日在上海租界创办《民立报》,并把该报喻为"植立于风霜之表"的经秋而弥茂的"晚节黄花"。取名"民立",暗喻立定脚跟继续为老百姓呼吁之意。该报创刊之初,言论较为温和,但随着革命形势的发展,言论日趋激烈,勇于抨击时政,痛斥清政府为"倒行逆施之政府",下属官员为"民贼",设立专门刊登贪官污吏罪行的"民贼小传"专栏,把鼓吹立宪的保皇分子称为"汉奸",还公开支持四川的保路风潮,详尽报道广州黄花岗起义情况,大胆揭露日、美、俄侵略中国的狼子野心。

1911年7月,领导长江流域革命斗争的同盟会中部总会成立后,《民立报》成了该总部的机关报和联络机关。《民立报》与前三份报纸相比,无论从领导、经营或编辑采访上看,阵容都相当强。除社长于右任外,吴忠信、童弼臣、邵力子也参加了报社的领导工作,宋教仁、范鸿仙、景耀月、陈其美、章士钊、叶楚伧、张季鸾、吕志伊、马君武等报界精英,都曾担任过该报的编辑。其中宋教仁用"渔父"、"桃园渔父"等笔名发表的政论,出语豪健,笔锋矫劲,深受读者欢迎。有"四捷"(口齿捷、主意捷、手段捷、行动捷)之称的陈其美为外勤记者,杨笃生、章士钊是驻外特约记者。该报每日销量达2万多份,成为当时发行量最大的一家日报。1912年4月22日,孙中山亲自到报社参观,并对新闻工作发表了重要演说。1913年9月14日终刊。

4.7 《时报》与《大江报》

4.7.1 狄楚青、陈景韩与《时报》

《时报》是戊戌政变后改良派在国内创办的第一个机关报,也是近代中国颇有影响的全国性大型日报,1904年6月12日创刊于上海。为免清政府的干扰,名义上的发行人是日本人,实际创办人是康门弟子狄楚青。每日刊行对开报纸两大张4版,在全国大型日报中,以锐意进行报刊业务革新见称。报名取义于《礼记》"君子而时中"一语,该报主张"执中公允",实则贯彻保皇党人的主张。《时报》初期,一度成为康、梁在国内的重要喉舌。在政治上,它主张君主立宪,提倡社会改良,抨击清政府的伪立宪,反对外国侵略。1908年以后,因与康、梁意见不合,关系渐远,与江浙立宪派张謇等的关系趋近。辛亥革命后,该报由狄楚青独资经营。政治上倾向进步党,反对同盟会组阁。后因袁世凯排斥进步党,实行独裁,该报从1914年起,也批评袁政府"有共和之名,无共和之实"①,抵制洪宪帝制。

狄楚青(1873—1941),名葆贤,号平子,江苏溧阳人。戊戌时期支持康、梁变法,是一位颇有文名的"新学家"。戊戌政变后流亡日本,加入保皇会。1900年参加唐才常等人的自立军勤王活动,事败再渡日本。1904年回国办《时报》,主持该报达17年之久。狄楚青主张"吾办此报,非为革新舆论,乃欲革新代表舆论之报界"。该报在编辑、采访、写作等业务方面都做过许多重要的改革。

陈景韩(1877—1965),名陈冷,笔名冷、冷血、华生、新中国之废物等。《时报》创刊后任主笔,从事新闻工作前后达40余年。他独创的"时评"先是不定期,后改为逐日发表;文字约在200字左右,有如散文,有如诗歌,有如杂文,或如现代报纸的编后,直截了当地揭露日俄战争的侵略本质。在争回粤汉铁路主权和反对美国禁止华工条约的宣传斗争中,发表大量论说和长篇演说,造成很大声势。陈氏主持该报后期正值辛亥革命高潮。在武昌起义爆发前几个月,已大量报道湖北革命党人的活动。他以《湖北革命记》为

总标题连续发表时评,欢呼武昌起义胜利后"大局已定,革命军取胜"②。陈景韩独创的"时评",三言两语就把国内外大事作一精辟分析,一目了然,适应了当时读者的文化水准,节省了时间;该报广设访员,新闻多且准,为时评的写作提供了丰富资料和可靠依据;它还说出了人们想说而不敢说的话,赢得了读者的信任和好评。

除时评之外,《时报》在其他业务方面的革新,也为我国报业的发展和进步作出了贡献:首先,该报首创报纸专题周刊,即在每周固定的日子设立教育、实业、妇女、儿童、英文、图画、文艺7个专版,分别聘请专家负责编辑;其次,首先采用1至6号铅字排版,新闻标题和评论的主眼,皆加圈点以为识别,版面编排"务求醒目";再次,最先将一张报纸分为一、二、三、四版,两面印刷,彻底摆脱了书册报纸的痕迹。《时报》的这些改革,后来各报纷起效法,影响深远。

4.7.2 詹大悲与《大江报》

《大江报》于1910年12月14日创刊于汉口,初名《大江白话报》,三日刊,每期一小张。1911年1月3日改名为《大江报》后,每天两大张,该报对推动武昌起义起了重要作用。由当时武汉地区著名的革命报人詹大悲任主编,何海鸣任主笔。

---

① 《民心与国是》,《时报》,1914年11月23日、24日。
② 《时报》,1911年10月26日。

詹大悲（1887—1927），湖北蕲春人，原名培瀚，后更名瀚，字质存。1907年考入黄州府中学，次年被聘为汉口《商务日报》总主笔，使该报由普通的商办报纸转为群治学社的宣传机关。1910年武昌组织文学社，詹大悲任文书部部长、评议员，负责舆论宣传工作。1911年春，接办《大江报》，任经理兼主编，并使该报成为文学社机关报。武昌起义后，一度任鄂军军政府汉口分府主任。1912年任国民党汉口交通部长、湖北省议会议长。1922年任孙中山大元帅大本营的宣传委员。1927年任湖北省政府财政厅厅长等职。1927年12月17日，在武汉和李汉俊同时被桂系军阀以"赤化分子、阴谋暴动"的罪名枪杀。

詹大悲主持的《大江报》有两大特色：一是以新军士兵和下级军官为主要读者对象；二是旗帜鲜明，敢发惊人之语。《大江报》在新军各标营设立分销处，发展个人订户；在新军士兵和下级军官中发展特约记者、编辑和通讯员，报纸主笔何海鸣原来就是一位新军下级军官。《大江报》用大量篇幅反映新军士兵的疾苦，维护他们的利益。士兵们把《大江报》视为自己的喉舌，有什么事就去报社找编辑部反映和商量，报社经费发生困难时，士兵们节衣缩食捐款相助。在《大江报》的宣传影响下，许多士兵参加了当地的革命团体。到武昌起义前，新军中的革命党人已发展到5000人，占新军总数的三分之一。

何海鸣（1890—1944），原名时俊，笔名海、海鸣、一雁等，湖南衡阳人。青年时期参加新军，积极参加群治学社、文学社的活动。先后担任过《商务日报》《民权报》等报纸的编辑、主笔，并为沪、汉等地报纸撰稿。除撰写新闻、评论稿件外，也写过一些言情小说。他是辛亥革命时期一位倾向革命的民主知识分子。民国以后渐趋颓唐，后沦为文化汉奸，潦倒而死。

《大江报》一创刊便投入反帝、反清斗争中，它强烈抗议英国水兵虐杀中国工人的暴行，反对清廷铁路国有政策，攻击湖北官方私借外债的卖国活动，揭发新军官长克扣军饷的劣迹。使该报蜚声海内外的，是它发表了两篇著名评论《亡中国者和平也》和《大乱者救中国之妙药也》。

《亡中国者和平也》发表于1911年7月17日的时评栏，署名"海"，由何海鸣撰写。这篇评论驳斥了改良派"和平"上书的主张，指出这种办法不能救中国，只能使中国灭亡。《大乱者救中国之妙药也》发表于7月26日时评栏，署名"奇谈"。全文只有200字，有极大的鼓动性，影响尤大。作者黄侃，名季刚，湖北蕲春人，同盟会员，系著名政论家章太炎的学生，曾做过《民报》的编辑工作。他从日本回国后，詹大悲款留报社，置酒洗尘，席间酒醉，挥笔为文，写就此篇。文中最精彩的一句是"故大乱者，实今日救中国之妙药也"。犹如惊雷，震撼祖国大地，有如一服灵丹妙药，使垂危病人有了恢复健康的希望。"奇谈"并非"怪谈"，而"大乱者救中国之妙药也"却是一个新奇的观点。所谓"大乱"就是号召人们起来,以暴力推翻腐朽的清王朝,就是搅乱封建王朝的统治秩序。这在当时真是惊世骇俗之谈,煽动性极强,震撼江城。鄂督瑞澂极为震恐,诬以"荡乱政体,扰害治安",于8月1日查封该报,并逮捕詹大悲,何海鸣自动投案。而詹氏宁愿自己坐牢也不肯供出作者"奇谈"的真实姓名。瑞澂原拟对二人判重刑,但慑于民愤,判处徒刑18个月。这就是新闻史上著名的"大江报案",研究者认为"大江报案"是"武昌首义的导火线之一"。

4.8 白话报刊与通讯社的兴起

4.8.1 白话报刊的兴起

1876年6月30日,申报馆主人特地出版了一张通俗易懂的白话文小报《民报》,史称"白话报之祖"。清末,资产阶级改良派为了"改良"、"变法"的需要,开始倡导白话文,"白话读物如潮水一样涌来。其时,白话报刊有10多种,白话教科书有50多种,白话小说有1500多种"[1]。到了戊戌变法时期,白话文运动在我国东南沿海一带蓬勃兴起。期间,最早提出白话文的是江苏无锡人裘可桴。1898年7月,他在《苏报》上发表了一篇著名论文《论白话为维新之本》,第一次明确提出"崇白话废文言"的观点,并且身体力行,于1898年5月创办了《无锡白话报》,这是我国著名的白话报之一。

裘可桴(1857—1943),原名廷梁,字葆良,祖籍浙江杭州。1866年拜龚叔度为师,研习经史,在当时被誉为"梁溪七子"。1885年中举人,后入京会试,未中,转而致力于西学。他认为,要变法维新,必须先办报纸,作舆论宣传工作,"今日中国将变未变之际,以扩张报务为第一义"。"报,安能人人而阅之,必自白话始"[2]。1877年7月,他向汪康年建议增办一种文义较浅的报纸。年底,他又请自己的亲属用白话演绎和翻译作品送人,效果甚佳,增强了他的办报信心。1898年发起组织白话学会,创办《无锡白话报》。

《〈无锡白话报〉序》(裘可桴撰)指出其办报的宗旨与内容:"报分三大类:一演古,曰经、曰子、曰史,取其足以挟翼孔教者,取其与西事相发明者;二演今,取中外名人撰述之已译已刻者,取泰西小说之有隽理者;三演报,取中外近事,取西政西艺,取外人论说之满幅而止。惟未附本邑货价,必逐日登载,间述市面情形,以便民用。酒谈茗话,亦偶缀焉。汰芜秽,存精英,以话代文,俾商者农工者、及童塾子弟,力足以购报者,略能通知中外古今,及西政西学之是以利天下,为广开民智之助"。

该报初为五日刊,从第五期起改名《中国官音白话报》。辟有中外纪闻、无锡新闻、海外拾遗、海国丛谈等栏目。木刻活字、毛边纸印刷,书册状,每期初

---

① 谭彼岸:《晚清的白话文运动》,湖北人民出版社1956年版。

② 《〈无锡白话报〉序》,《无锡白话报》创刊号,1898年5月。

为10余页,后为20多页,出至第14期终刊。

最早写文章倡导白话报的是陈荣衮①。1899年他在《知新报》上发表《论报章宜改用浅说》,明确提出报纸应改用白话"浅说",并于1897年创办了白话通俗报《俗话报》。

辛亥革命时期,白话报刊在资产阶级革命派的推动下,又有了长足的发展。资产阶级革命派创办白话报的目的,是在识字不多、文化程度不高的民众中,进行革命思想的启蒙宣传。这些白话报刊大多以"种田的、做手艺的、做买卖的、当兵的,以及那十几岁小孩子阿哥、姑娘们"②为主要读者对象。

在南方,最早创办的是《常州白话报》(1900),接着有《杭州白话报》、《中国白话报》、《安徽俗话报》等著名报纸出版。《常州白话报》出版时间最早,但发行时间不长。《杭州白话报》于1901年6月20日在杭州创办,先月刊、后旬刊、周刊、三日刊、日刊。分别由项藻馨、孙翼中、胡子安、魏深吾主编承办。1910年2月10日停刊,是辛亥革命时期出版时间最长的一份白话报。1903年12月19日创刊于上海的《中国白话报》,由林白水主编。初为半月刊,第13期后改为旬刊,1904年10月8日出至第48期后停刊,出版不足一年,是一张影响较大的革命白话报(图4-6)。1904年3月创刊于安庆,后迁芜湖出版的《安徽俗话报》,由陈独秀主编。自14期后经常脱期,1905年8月15日终刊,它是安徽地区第一份白话报。

在北方,著名的白话报刊是1904年8月16日创办于北京的《京话日报》,日刊,"通篇概用京话"(《发刊词》),在当时影响很大,由彭翼仲主编。

图4-6 《中国白话报》
(原载人民网)

据统计,从1876年到民国前夕,创办的白话报刊约计70余份。这对后来的五四时期的白话文运动,起了"导夫先路"的作用。

4.8.2 通讯社的兴起

中国的通讯社也是先由外国人开办的。1872年英国路透社在上海建立

---

① 陈荣衮,广东新会县外海乡人,戊戌变法时期著名维新人士。
② 《〈中国白话报〉发刊词》,《中国白话报》,1903年12月19日。

远东分社,收集新闻发回总社,独享在中国的发稿权。1912年开始向汉文报纸发稿,当时有18家订户。第一次世界大战后,美国的合众社打破国际通讯社的势力范围,于是各类通讯社先后来中国建立分社,与路透社竞争。1914年,日本人在上海创办了东方通讯社。后来法国哈瓦斯社和美国合众社开始在中国活动,建立分社。这些外国人办的通讯社对我国社会的各方面都产生了一定影响。

据现有资料,中国人自办的通讯社最早的是1904年在广州创办的中兴通讯社。首次发稿在1904年1月17日,发行及编辑人骆侠梃。主要向广州、香港等地报纸发稿。1911年2月杨实公在广州创办了展民通讯社。1909年8月至10月,孙中山在伦敦曾与他的战友研究过筹办通讯社的问题。《民吁日报》还专门发表社论《今日创设通讯部之不可缓》,呼吁办通讯社。

中国自办对外发稿的通讯社,以1909年在比利时首都布鲁塞尔创办的远东通讯社为最早,由李盛铎、王侃叔创办。该通讯社名义是私人办的,实际由政府"暗中主持一切"。1910年世界新闻记者公会在比利时布鲁塞尔召开大会,王侃叔被接纳为会员。京沪两地著名记者有4人也被接纳入会,这是中国新闻界走向世界的第一步。

【本章小结】

本章简明地讲述了第二次国人办

报高潮的兴起与发展状况,较为系统地介绍了这一过程中涌现出的著名报刊与报人。通过这一章的学习,使学生深刻认识到,辛亥革命时期,中国资产阶级革命派成为报刊活动的主角;报刊的党派色彩浓厚,成为政党论战的工具,从而引发了革命派报刊与改良派报刊之间的大论战。随着革命运动与立宪运动的开展,国人创办的各种报刊活跃起来,报刊业务得到了长足进步。

【思考题】

1. 简述《中国日报》早期的宣传内容。

2. 简述郑贯公的报刊活动与思想。

3. 简述《苏报案》的起因、经过、结果与影响。

4. 简述革命派与保皇派报刊论战的内容、结果与意义。

5. 简述于右任的办报活动。

6. 简述《时报》的业务革新。

7. 简述"大江报案"的经过与结果。

【延伸阅读】

1. 白润生. 中国新闻通史纲要. 修订本. 北京:中央民族大学出版社,2004

2. 方汉奇. 中国新闻事业通史:第1卷. 北京:中国人民大学出版社,1992

3. 丁淦林. 中国新闻事业史. 北京:高等教育出版社,2002

4. 方汉奇. 中国近代报刊史. 太原:山西人民出版社,1981

5.黄瑚.中国新闻事业发展史.上海:复旦大学出版社,2001

6.姜纬堂.刘宁元.1905—1949北京妇女报刊考.北京:光明日报出版社,1990

5 民国初年第一批名记者的出现

导言

本章学习目标 通过本章的学习,了解民国初年中国新闻事业的演变情况及其发展规律,掌握民国初年出现的第一批名记者的新闻经历及其采访写作特色,客观评价他们对中国新闻事业发展所作出的重要历史贡献。

本章难点 民国初年新闻事业的演变规律 第一批名记者的新闻活动及历史贡献

从武昌起义到五四运动前夕，中国的新闻事业变化剧烈，出现了一个极为困难而又错综复杂的局面。中国新闻事业既出现了短暂的繁荣，又遭受了浩劫。然而，总的趋势是中国新闻事业开始由"政论本位"向"新闻本位"过渡，新闻报道能力在加强，一批名记者脱颖而出，登上了中国新闻事业的历史舞台。

5.1 "报界之黄金时代"与"癸丑报灾"

5.1.1 "报界之黄金时代"

辛亥革命推翻了清王朝的封建统治，清廷颁布的《大清印刷物专律》、《报章应守规则》、《大清报律》等法规，无形中被废除。新建立的政权机关在所颁布的《中华民国鄂州约法》、《浙江军政府临时约法》、《江西临时约法》等法令中，一般都写上了保障言论自由的条款。与此相应，各地军政府当局对出版发行也都采取支持态度，一时间出版了许多报刊。登上历史舞台的中国资产阶级为中国新闻事业的发展注入新的活力，中国出现了前所未有的办报高潮。

据统计，在武昌起义后半年内，全国的报纸由100家猛增至500家，总销量达4200万份，创历史最高纪录。北京是当时的政治文化中心，新创办的报纸最多，有50家，以下依次是上海

40多家，天津35家，广州30多家，四川20多家，浙江20家。在新创办的报纸中，有政权机构的机关报，如云南都督府的《云南政治公报》、四川都督府的《都督府政报》；有政党的机关报，如国民党的《湖南民报》、共和党的《群报》等；有民国新贵为个人鼓吹的报纸，如尹昌衡在成都创办的《西方报》、谭延闿在武汉创办的《国民日报》；有知识分子为发表自己的主张而创办的报纸，如章士钊在上海创办的《独立周报》、黄晦闻在广州创办的《天民日报》等；有"专对女界立言"的妇女报刊；还有商家为推销自己的商品而创办的报刊。武昌起义半年内，我国新闻界出现的短暂繁荣，被称为"报界之黄金时代"。

民国成立后，全国出现了大大小小三百多个政党。在"政党政治"潮流影响下，政党报刊特别活跃。当时的两个大党，同盟会—国民党和共和党—进步党，为了争占国会席位，争相创办自己的办刊来为自己做宣传。同盟会—国民党系统的报纸遍布全国各地，主要有上海的《民立报》、《天铎报》、《大陆报》、《太平洋报》、《中华民报》、《民国新闻》，北京的《国风日报》、《亚东新报》，天津的《民意报》、《国风报》等。这些报纸拥护共和，反对专制，表现了一定的民主精神。共和党—进步党系统的报刊分布也很广泛，如上海的《时事新报》、《大共和日报》，北京的《国民公报》，天津的《庸言》（图5-1）等。这些报纸拥护袁世凯，反对孙中山，反对临时政府，反对民主共和，甚至鼓吹封

建专制。

图 5-1 《庸言》创刊号
（馆藏天津图书馆）

同盟会—国民党与共和党—进步党对国内外一切事务的主张，都针锋相对，互不相让。争论的问题主要有：实行中央集权还是地方分权；实行"超然内阁"制、"人才内阁"制还是实行"责任内阁"制；国务院对总统负责还是向国会负责；律都南京还是建都北京；实行公元纪年还是民国纪年；要不要向国外借款；要不要遣散民军；等等①。

除了对政治问题进行争论外，两党还互揭老底，互评阴私，互骂"贼党"、"贼报"，甚至发展到殴打报人，捣毁报馆。就是同一政党的报纸，也经常因意见不同而发生争执。甚至同一家报纸的内部在一些重大问题上有时也会出现意见不一致的现象。人身攻击不足，又发展成为殴人毁报。北京发生过同盟会方面的《国光新闻》、《国风日报》、《民主报》、《亚东新报》、《民国报》、《女学日报》、《民意报》等工作人员数十人，捣毁《国民公报》，殴伤该报主笔徐佛苏、蓝公武的事件。长沙也发生过共和党方面的《湖南公报》被捣毁的事件。在两派报纸辩论激烈时期，双方都有随时进行武斗的准备。国民党的《长沙日报》和共和党的《湖南公报》，各记者出入时均带一支手枪。国民党上海各报派遣记者去北京采访时，也配备武器，以便自卫，或者在无路可走时用来自杀。

在两党的争斗过程中，共和党—进步党系统的报纸处处吹捧袁世凯与黎元洪，贬抑孙中山与黄兴，还经常发表反对约法诋毁共和的言论。同盟会—国民党系统的报纸则致力于议会党派之间的权力意气之争。总而言之，这些报刊在历史上没有起过多少积极作用。

5.1.2 "癸丑报灾"

1912 年 1 月 1 日，孙中山在南京就任中华民国临时大总统。2 月 12 日，清帝宣布退位。2 月 13 日，袁世凯通电全国赞成共和，孙中山向临时参议院辞职，推荐袁世凯为临时大总统。3 月 10 日，袁世凯在北京就任临时大总统。1912 年 4 月 1 日，孙中山正式向临时参议院辞职，2 日，南京临时参议院正式决议中华民国政府迁往北京。

① 参见丁淦林：《中国新闻事业史》，第 159 ~160 页，高等教育出版社 2002 年版。

新闻事业的短暂繁荣也随之结束。袁世凯打着共和的旗号,却用残暴的手段实行专制统治,捣毁、查封报馆和殴打、逮捕、驱逐、杀害报人的事件时有发生。

1912 年底到 1913 年初,在国民党代理理事长宋教仁的领导下,国民党在国会参众两院选举中获 392 席,而拥袁的共和党、统一党、民主党仅获 223 席,国民党取得了胜利。袁世凯看到自己的独裁统治受到威胁,便唆使赵秉钧派人于 1913 年 3 月 20 日刺杀了宋教仁。以孙中山为首的革命党人认清了袁世凯的反动面目。1913 年 6 月,袁世凯撤销了国民党江西都督李烈钧、安徽都督柏文蔚、广东都督胡汉民的职务,并派兵南下镇压。1913 年 7 月 12 日,李烈钧占领江西湖口,宣布独立。7 月 13 日,李烈钧被举为江西讨袁军总司令,举兵讨袁,“二次革命”爆发。但因敌我力量悬殊,9 月 1 日,南京被袁军张勋部攻破,“二次革命”失败。

从宋教仁遇刺至“二次革命”结束,国民党系统的报刊不惜篇幅,连续报道案情真相,揭露和声讨袁世凯。上海《民立报》从宋案发生第二天起,每天以整版篇幅连续报道宋案经过,刊载凶手的供词以及和袁世凯往来的密电等,证明袁世凯就是刺杀宋教仁的元凶。该报还发表悼念宋教仁的文章和诗词,强烈要求缉拿凶手,阐述宋教仁的政治、责任内阁等思想和主张。上海《中华民报》发表《强盗政府》、《讨逆》等社论,抨击袁世凯政府“日以杀

人为事,其行为无殊于强盗”,列举袁世凯的十大罪状,呼吁国民“诛奸讨逆”。“二次革命”爆发后,该报连续 14 天发行号外,报道各地宣布独立和反袁军事的斗争情况。就连在北京出版的国民党报纸,也不顾安危,发表声讨袁世凯的言论。《民国报》在宋教仁被害的第二天就指出:“击宋君者非亡命之徒,乃吾人之政敌也。”①《国风日报》在评论中抨击袁政府“谋叛、暗杀、卖国”②,《国光新闻》则大呼“政府杀人”③。在广州,还专门创办了《反袁报》。一些非国民党的报纸,也加入了反袁的行列。

袁世凯政府为钳制舆论,从宋教仁遇刺第二天起,就开始实行严格的新闻预检,并一再通令各地对报纸严加管制。从此,报纸报人被警告训斥、传讯罚款、打砸搜查、封门逮捕等事件接连不断。北京的《国风日报》、天津的《新春秋报》、《民意报》,汉口《震旦民报》等一大批国民党系统的报纸,在“二次革命”爆发前就被封禁。

“二次革命”失败后,袁世凯对国民党系统的报刊和其他反袁报刊进行了大扫荡。各地凡在“二次革命”中发表过反袁言论或同情过国民党的报纸都受到残酷迫害。北京、天津、武汉、广州、长沙、成都、福州、南昌、开封等地的

---

① 《宋君教仁遇害感言》,《民国报》,1913 年 3 月 23 日。

② 《政府之罪状》,《国风日报》,1913 年 4 月 29 日。

③ 《宋案之第一次宣布》,《国光新闻》,1913 年 4 月 29 日。

国民党报刊全部被查封,如在广州一天之内就查封了《中国日报》、《平民日报》、《中原报》、《民生报》、《讨袁报》、《党魂报》6家报纸。而那些在租界出版的报纸,不能直接查封,袁世凯便禁止它们在租界以外的地区发行,迫使它们停刊,如上海的《民立报》、《民权报》、《民强报》、《天铎报》、《国民日报》等。一批进步报人惨遭厄运,如广州的教会报纸《震旦报》的发行人康仲荦因报纸的言论激烈被杀,北京《正宗爱国报》编辑丁宝臣(回族)因在一篇评论中说了一句"军人为国家卖命,非为个人卖命"而被扣上"迹近通匪,煽惑军心"的罪名遭枪杀,开封《民立报》编辑敖瘦蝉仅仅因为写了一幅悼念宋教仁的挽联"目中竟无拿破仑,宜公先死;地下如逢张振武,说我就来",就被枪决①。

据不完全统计,到1913年底,全国继续出版的报纸只剩下139家,与1912年的500家相比,锐减了2/3,同时有大批报人受迫害。1913年是癸丑年,人们把这一年报纸遭到的浩劫,称作"癸丑报灾"。

5.1.3 袁世凯控制新闻事业的手段

"二次革命"失败后,袁世凯为实现复辟帝制的野心,采取多种手段加强对社会舆论和新闻界的控制。

第一,创办御用报纸,用金钱收买报纸和报人,充当喉舌。袁世凯就任临时大总统以后,就着手创办和收买报纸,先后在北京、广州、上海、长沙等

地创办和接办了《亚细亚日报》、《时政报》、《神州日报》、《国民新报》等,其中影响最大的是《亚细亚日报》。

1912年6月,袁世凯出资10万元在北京创刊了《亚细亚日报》,复辟帝制分子薛大可担任主编,丁佛言、樊增祥、易实甫等任撰述,日出三大张,是御用报纸中活动最猖獗的一家。该报打着民办的旗号,参与并操纵北京的新闻团体"报界同志会",利用该团体,组织拥袁舆论。"二次革命"期间,该报联合北京右翼报纸,领衔发表所谓的《讨贼露布》,讨伐国民党。

1914年11月15日至18日,该报连续刊登帝制分子劳乃宣的文章《共和正续解》、《君主民主评议》,公然鼓吹复辟帝制。

1915年5月,袁世凯接受丧权辱国的二十一条后,该报发表号外声称"后此中日亲善,永保和平,诚东亚之福",赤裸裸地宣传袁世凯的卖国行径。1915年8月10日,该报发表了袁世凯的政治顾问、美国人古德诺的《共和与君主论》,公开宣扬中国是"民智低下之国,其人民平日未尝与知政事,绝无政治之智慧,则率行共和制,断无善果","中国如用君主制,较共和为宜"②,在全国报纸中最先公开为袁世凯复辟帝制做宣传。此后,该报通过大量刊登伪造的"劝进"文电和所谓"研

---

① 丁淦林:《中国新闻事业史》,第163页,高等教育出版社2002年版。

② 方汉奇:《中国新闻事业通史》第1卷,第1053页,中国人民大学出版社1996年版。

究"帝制的文章等,对筹安会的劝进活动进行了报道。袁世凯称帝期间,该报带头改用"洪宪"年号,称袁世凯为"今上",记者署名"臣记者"。1915年9月,《亚细亚日报》增出上海版,遭到革命党人和爱国民众的强烈抵制,报馆两次被炸,勉强维持到1916年停刊。

笼络、收买报纸和报人,也是袁世凯控制舆论的一种手段。1915年以前,共和党——进步党系统的报纸基本上是亲袁的,如上海的《大共和日报》、《时事新报》,北京的《国华报》、《黄钟日报》、《新社会日报》、《国权报》、《京津时报》、《大自由报》,广州的《华国报》等,甚至一些海外华侨报纸,都被袁世凯收买,有的一次付给巨款,有的长期给予津贴,有的零星施舍。

据不完全统计,在袁世凯执政期间,直接或间接接受过政府津贴的报纸,总数在125家以上。那些接受收买的报纸,如北京的《国华报》、《京津时报》等,都以筹安会的意旨为转移,千篇一律地颂扬袁世凯的雄才大略。1915年12月,参政院劝进之案尚未通过,北京各御用报刊已开始称袁世凯为"皇帝"、"今上"、"圣躬"、"我大皇帝"、"万岁无疆",阿谀之词充斥报端。袁世凯改元之令甫经宣布,这些报纸立即将"洪宪元年"揭诸报首,并出红报致贺,在中国新闻史上留下了不光彩的一页。

第二,制定法律、条例来限制言论出版自由。袁世凯在执政期间,先后颁布了《戒严法》、《治安警察法》、《报纸条例》、《出版法》,对报刊的登记、出版、发行、言论、采访、编辑等活动严格限制,横加干涉。例如,1914年4月颁布的《报纸条例》规定:禁止军人、官吏、学生和25岁以下者办报,报纸出版须到警察机关登记并交纳保证金,禁止报纸刊登"淆乱政体"、"妨害治安"和各级官署禁止刊载的一切文字,每天的报纸在发行前须呈送报样给警察机关备案。法律本身已经十分苛细,而各地官府在执行过程中,又会层层加码,如报纸发行前的送报备案,有的地方在执行中发展成为预审制度;保证金本来规定是100—350元,一些地方提高到700元,无力交纳者勒令停刊;本来规定25岁以上的人就能办报,有的地方则改为35岁以上①。通过这些法律、条例的颁布,袁世凯使摧残舆论的暴行合法化。

第三,用暴力手段摧残报业、迫害报人。"二次革命"后至袁世凯称帝期间,报纸被罚、被封的事件时有所闻。一批新出版的反袁报纸,都被扣上"逆报"的罪名,如天津的《新天津报》、《赤县新闻》、《公民日报》,上海的《民国日报》、《民信日报》、《中华新报》,长沙的《湖南通俗教育报》等,都被查封和禁销。即使是原来拥袁的报纸,只要对复辟帝制发表了不同意见,也难逃劫难,如北京的《新社会日报》因在时评中透露热河行宫监守自盗的消息而被查封,上海的《时事新报》等因非议帝制,被内务部电令各地禁止行销。北京等地

---

① 丁淦林:《中国新闻事业史》,第165～166页,高等教育出版社2002年版。

密探四布,迫害报人的事件层出不穷,如北京《民主报》主笔仇亮、汉口《大公报》编辑余慈舫等,被扣以"暗助党人"、"煽惑军心"等罪名而遭杀害。因言论获罪入狱的事情,更是屡屡发生。《大汉报》的胡石庵、《民立报》的张季鸾、《湖南通俗教育报》的何雨农、《四川新闻》的魏绰云、《警华报》的辛丹书等,都获罪入狱。至于受到传讯、申斥和各种处罚的报人,则不可计数。

据统计,1912 年 4 月至 1916 年 6 月袁世凯统治时期,全国报纸至少有 71 家被封,49 家受到传讯,9 家被军警捣毁,24 位报人被杀害,60 余位报人被捕入狱。从 1913 年"癸丑报灾"到 1916 年 6 月袁世凯去世,全国报纸总数始终维持在 130 至 150 家上下①,形成了持续四年的新闻事业低潮。袁世凯专制下,报纸报人所受的摧残和迫害,甚至超过了清朝末年。

1915 年 12 月,袁世凯称帝。这令反袁报刊的立场更加坚定,如《民国日报》、《中华新报》、《共和新报》、《长沙日报》、长沙《大公报》等。这些报刊都受过袁世凯政府的迫害,反袁立场更加鲜明。在袁世凯称帝期间,它们拒绝使用"洪宪"年号,明确表态支持护国军的武装讨袁。而一些亲袁、拥袁的报纸报人,也转而加入了反袁的行列。梁启超写了一篇反对帝制的长文《异哉所谓国体问题者》,袁世凯派人送去 20 万元请他不要发表,被梁启超拒绝。这篇文章在《大中华》杂志发表后,各报争相转载,影响很大。而一些比较保守的报纸,如上海《申报》、香港《华字日报》等,也开始反袁。最后,一如既往为袁世凯称帝作舆论鼓吹的,就只有《亚细亚日报》等几家御用报纸了。1916 年 3 月,众叛亲离的袁世凯被迫取消帝制,6 月,在一片痛骂声中去世。反袁斗争取得了胜利,新闻界开始了短暂的复苏。

5.1.4 军阀统治下的新闻事业

袁世凯垮台后,北洋军阀执政,政局复杂多变。1916 年 6 月,黎元洪接任大总统,通令恢复民国初年《临时约法》,恢复国会。1916 年 7 月,内务部通告取消对 21 家报纸的禁令,一些停办的报刊纷纷复刊。同时,又有一些新报刊陆续创办。到 1916 年底,全国发行的报刊达到 289 种,比前一年增加了 85%,新闻事业的发展出现了生机。可惜,新闻事业的复苏很快被张勋复辟和段祺瑞专权所扼杀。段祺瑞执政后,继承袁氏衣钵,加强对新闻事业的控制。他不仅宣布袁世凯时期颁布的新闻法律法规都有效,还宣布从 1917 年 5 月 26 日起实行报刊邮电检查,1918 年 10 月还颁布了《报纸法》。这样,从 1916 年至 1919 年五四运动前的 4 年中,全国至少有 29 家报纸被封,17 名记者遭到枪杀或被判刑。

由于北洋政府实行言论禁锢政策,加上皖系、直系、奉系军阀轮番执政,各种政治势力明争暗斗,于是从属于各种

① 参见方汉奇:《中国近代报刊史》(下),第 720 页,山西人民出版社 1981 年版。

政治势力的报人、报纸和报界,出现了形形色色的怪现象。

第一,报刊政论的退化。重视政论是中国报纸的一个传统与特色。19世纪70年代,王韬脱颖而出,开启了报刊政论的先河,到了维新运动时期,梁启超、康有为、汪康年、谭嗣同等报刊政论家掀起了中国的办报高潮,也形成了报刊以政论为主的一个传统。辛亥革命前后,报刊成为革命鼓动与宣传的重要工具,各报刊都十分重视政论的写作与刊载,一般报刊普遍设有社论、论说、社说等栏目,有的报纸几乎每版都有评论文章,有的报刊还设有专门写作评论的主笔。这一时期,报刊政论家更是一批批地涌现,邵力子、章士钊、叶楚伧、戴天仇、陈布雷、李哲生、谢无量……不胜枚举。在"报刊政论"时代,报刊政论家是新闻事业舞台上最为活跃的主角。"二次革命"后,由于袁世凯、北洋军阀政府采取禁锢言论的政策,多数报纸因担心言论罹祸而开始少发政论甚至不发政论,有的报纸干脆取消了论说栏目。

第二,报纸、报人品格低下。大大小小的军阀、官僚、政客经常以出钱或给津贴的方式贿买报人、报纸为自己作鼓吹。一些报纸、报人沦为军阀、官僚、政客的附庸;有的报人利用报刊攀龙附凤,进行政治投机;有的报馆为了牟利,甚至腾出报馆的部分房屋来开鸦片烟馆。

第三,出现了一些稀奇古怪的报刊。在北京、上海、广州等地出现了一些"有报无馆"的"马路小报",出版前夕在旅馆开一间房作为临时主笔房,发行所就是马路拐角的报贩摊。有的报纸还采用套版印刷的方法,即利用另一家报纸的现成版面,换一个报头重印几份,这些报纸被称作"鬼报"。许多报纸的发行量只有一两千份或几百份,最少的只有三份,一份呈警察局备案,一份张贴在自己的家门口,另外一份送给老板交差。

袁世凯与北洋军阀政府的高压政策,并不能完全阻止中国新闻事业的发展,中国的新闻事业在曲折中前进,新闻报道得到加强,报纸副刊也发生了变化。

新闻报道的加强是中国新闻历史发展的必然要求。民国初年,由于袁世凯与北洋军阀政府的专制,报人因担心言论获罪而不写、少写政论或者写内容无聊的政论,报刊政论衰退。同时,由于世界大战的爆发,国内外形势复杂多变,受众的新闻欲在增长。各报纸为适应这种需要,纷纷设立采访部,加大了新闻报道量,各报的新闻报道能力得到加强。军政消息在报纸中所占的比重首先增大,电讯在版面中占有重要地位,每遇到重大事件发生,许多报纸常常用整版的篇幅刊载电讯,重要的电讯还会用大号黑体字刊出。电讯的数量多,种类也多,分成专电、外电、通电、公电等,其中"本报专电"因时效性强而最受欢迎。除了电讯,其他消息也受到重视。

第一次世界大战期间,我国民族工商业有较大发展,受此影响,不少报纸加强了有关商情和经济新闻的报道。

这一时期,通讯作为一种新闻文体的地位,得到确认,并受到了普遍的欢迎与重视,尤其是有关时事政治方面的新闻通讯空前繁盛。《申报》、《新闻报》等还不惜重金聘请特约通讯员,在北京采访。这一时期,国际新闻报道也得到重视,刊载的外电明显增多,个别大报还派出特派记者到国外采访。

期间,中国的通讯社事业也得到了发展,1912年到1918年,全国新建通讯社近20家。

中华民国成立之初,报纸副刊发生了变化,革命色彩明显减弱,消闲性作品重新上升为主流,并迅速变成了鸳鸯蝴蝶派文学的天下。但在袁世凯死后,特别是第一次世界大战结束后,一些爱国的仁人志士开始对世界大势和中国命运进行深入思考,关注新思潮、新知识的人越来越多,报纸副刊顺应时代需要,开始转向。上海《民国日报》的《觉悟》副刊在邵力子、陈望道的领导下,《时事新报》的《学灯》副刊在张东荪的主持下,都开始介绍最新学术观点,讨论思想问题,传播文化新知,反对旧思想、旧文化、旧制度。这类副刊数量不多,但已开始崭露头角,之后逐渐成为五四时期最有影响的报纸副刊。

5.2 一批有影响的新闻记者

民国初年,中国新闻事业在曲折中缓慢发展,开始由"政论本位"向"新闻本位"过渡。在这一变化过程中,中国第一代职业新闻记者,如黄远生、邵飘萍、林白水、张季鸾、胡政之等脱颖而出,走上了职业化新闻之路。

5.2.1 "民初三大名记者"

民国初年,一批学贯中西的青年才俊顺应时代的呼唤,成为新闻记者,其中黄远生、徐凌霄、刘少少被誉为"民初三大名记者"。

5.2.1.1 黄远生

黄远生(1885～1915),原名黄基,字远庸,远生是笔名。江西德化(今九江)人。少年时就读于南洋公学,受达尔文进化论影响,对清末黑暗现实不满,向往进步与自由。时值上海南洋公学闹学潮,黄远生等人在上海《中外日报》刊登贺电,"恭贺南洋公学同学全体脱离专制学校之苦"。不久,南浔公学学生罢学。这一事件之后,黄远生"为家人所促迫,而陷于科举"。1903年应德化县试,考中秀才;同年秋应江西乡试,中举人;次年赴京参加会试,中进士。两年内连中三榜,文名大噪。1904年中进士后,已获得"知县即用"的资格,但他不愿意做官,经再三申请,清政府批准他以进士资格东渡扶桑官费留学,在日本中央大学学习法律。1909年学成回国,清政府任命他为邮传部员外郎、参议院行走、编译局纂修官。

他目睹政治的黑暗与官场的腐败,不甘心"以极可爱之青年光阴,而潦倒于京曹",便经常为京、沪报刊撰写国际时事评述。当时,他的同乡、顺天府丞李盛铎对他说:"西洋方面那些熟悉近代史和国际情况的,大都是报馆的撰述人员,你如果做个新闻记者,那一定是个名记者。"①在李盛铎的鼓励下,辛亥革命后,黄远生弃官,专事新闻工作,成为职业新闻人。

1912年,他与张君劢、蓝公武三人共同创办与主编《少年中国》周刊,开始了新闻记者生涯。1914年1月至6月,他接编梁启超在天津创办的《庸言》杂志,并将其由半月刊改为月刊。他还曾担任上海《时报》、《申报》驻北京的特约记者,并为《论衡》、《东方杂志》、《东方日报》、《国民公报》、《亚细亚日报》撰稿。在短短的四五年新闻记者生涯中,他以其深厚的中西学问基础,超人的社会活动能力和卓越的采访写作技巧,一举成为民初新闻记者的巨擘,戈公振在《中国报学史》中将其称为"报界之奇才"。

黄远生曾为北京《亚细亚日报》写过文章,尽管他曾宣布脱离一切政党,也曾对袁世凯的统治进行过无情的揭露和批判,但始终得不到国民党人的谅解。1915年,袁世凯准备复辟帝制的时候,企图利用黄远生在舆论界的声望,要他写一篇赞成帝制的文章,并欲聘请他担任御用报纸的总撰述,另有10万元酬金。面对袁世凯的多方拉拢与纠缠,黄远生愤而出走,于1915年9月避往上海,在《申报》、《时事新报》上刊登启事公开表明其反对帝制的立场。12月初,黄远生避往美国,在国民党美洲支部的机关报《少年中国晨报》上继续发表反对帝制的声明,但未能得到革命派的理解。1915年12月25日,国民党美洲支部副支部长林森指

派革命党人刘北海刺杀了黄远生。黄远生以悲剧结束了自己的一生。

黄远生为中国新闻事业的发展作出了诸多贡献,主要包括以下三个方面:

第一,黄远生是我国新闻通讯的奠基人。民国以前的新闻工作者,大都以写政论、时评而见长。而黄远生则以撰写新闻通讯而著称于世。在《远生遗著》中,共收论说、通讯、时评、杂著223篇,其中通讯有172篇,约占全书的四分之三强,因此被称作"我国最早的一部新闻通讯文集"②。新闻通讯作为一种报刊文体,始于1912年。当时的《申报》刊载"北京通讯",署名远生,故又称"远生通讯"。通讯文体一经问世,就深受读者欢迎。此前也有过类似通讯的文章在报刊上发表,但在写作上常有虚构成分,或者单调刻板,故而未能形成一种报刊文体,直到黄远生对这种体裁加以改革和重新实践之后,才形成了一种新的写作体裁。黄天鹏在《新闻文学概论》中说:"自黄远生出,而新闻通讯放一异彩……为报界创一新局面。"宋云彬在《民初名记者——黄远生》一文中说:"我国报纸之有通讯,实在是黄远生开始的。"黄远生被誉为新闻通讯的奠基人。

黄远生的新闻通讯具有如下特点:

其一,记载翔实,具有较强的史料

---

① 转引自张宗厚:《黄远生》,《新闻界人物》第1辑,第36页,中国新闻出版社1983年版。

② 刘家林:《中国新闻通史(上)》,第355页,武汉大学出版社1995年版。

价值。黄远生为《申报》、《时报》采写的《北京特别通讯》，脍炙人口。他写新闻通讯的材料，大多是他亲自采访获得的，在没有充分的事实根据之前，决不"逞臆悬谈"，一旦发现先前报道的事实或发表的意见有误，便及时更正。对于一些重大事件，则做连续报道。比如对袁世凯政府大借款一事，从1912年5月开始谈判到1913年2月借款失败，他连续发表了《大借款波折详记》、《借款内脉之解剖》等十几篇通讯。他的每一篇作品都是历史事实的忠实记录，尤其是记录了民国初年政局的变动情况。有人评价说，要研究民国成立初期的政治斗争及其里面的历史，恐怕再没有比这更好的材料了。他采访所得的材料，当时是新闻，今天是信史。

其二，忧国忧民，痛下针砭。黄远生是一位正直的新闻记者，他对袁世凯的黑暗统治和形形色色的官僚、政客进行了无情地揭露批判。对于民初的政治舞台，他认为"有黑幕而无明幕"。对于袁世凯，他写道："故政局之日趋于险恶者，非他人为之，乃袁总统自为之也。彼等及今而不改此度者，则吾国命运可以二言定之，盖瓦解于前清，而鱼烂于袁总统而已。"

其三，题材重大，注重时效。黄远生的通讯，除了少量的社会新闻外，大多数是有关国家政治、财政、外交方面的报道。他中过进士、留过学，在前清做过官，对国际时事和国内政界的情况比较熟悉，这为他的新闻采访工作提供了得天独厚的便利条件。他经常周旋于总统、总理以及各政党要人之间，因而消息灵通，能够采访到别人采访不到的重大新闻和内幕新闻。他采访过的人物，如孙中山、袁世凯、唐绍仪、陆征祥、熊希龄、梁士诒等，都是中国政坛的重要代表人物，他善于从这些人物身上发掘重大新闻。同时，黄远生还注重报道重大事件，如袁世凯大借款、内阁接二连三倒台、外蒙古的独立等。这些事件在某种意义上是当时社会矛盾的反映，因此也可以说，黄远生的通讯是当时社会的一面镜子。黄远生具有较强的新闻敏感，报道注重时效，这从通讯的标题可见一斑，如《最近之袁总统》、《最近之大势》、《最近之北京》等。

其四，注重细节描写，语言通俗生动。黄远生具有深厚的文学功底，他的通讯善于抓住具体的场景细节，进行绘声绘色的描绘，亦庄亦谐，涉笔成趣。如《外交部之厨子》中有这样一个细节："外务部之厨，暴殄既多，酒肉皆臭。于是厨子乃畜大狗数十匹于外务部中而豢养之。部外之狗，乃群由大院出入，纵横满道，狺狺不绝。而大堂廊署之间，遂为群狗交合之地。故京人常语谓外务部为狗窑子。窑子，京中语谓妓院也。"黄远生的笔下，嬉笑怒骂，皆成文章。这篇文章还写了外交部中一个姓余的厨子，他花钱买了二品花翎顶戴。有一次外交部长汪大燮赴宴会时，刚进门就看见厨子与众客聚集一堂，愕然不能举步。而厨子也窘态万般。通过两人神态的描写，官场的腐败，跃然纸上。

第二，黄远生的政论文章也很出色。黄远生继承了"时务文体"平易畅达的特点，又以深刻而见长。例如，《游民政治》一文，揭露中国的历史是一部人吃人的历史，中国社会就是人吃人的社会。此文还指出，辛亥革命后的中国"官僚之侵蚀如故，地方之荼毒如故"，事实不过是"去皇帝而代之以大总统"而已。1912年，黄远生就能分析共和政体的名存实亡，指出辛亥革命失败的原因，实属难能可贵。

第三，黄远生具有丰富的新闻思想。

其一，强调报刊的舆论监督功能。黄远生提出，报纸、报人要为人民奔走呼号，要"主持公理，指斥时弊"。其二，新闻报道要客观、真实、全面。在《本报之新生命》一文中，黄远生指出，"吾曹此后，将力变其主观的态度，而易为客观"①。如何才能改变"主观的态度"？黄远生进一步强调，"以是吾人造言纪事，决不偏于政治一方……以是吾人所综合之事实，当一面求其精确，一面求其有系统。……本报既为月刊，凡此一月内之内外大事及潮流，吾人皆负有统系的纪载，以供诸君参考及判断之责任也"②。客观报道在于"精确"、"系统"地"综合"各种"事实"。黄远生把这种思想贯彻到《庸言》月刊的编辑工作中："以是吾曹不敢以此区区言论机关，据为私物，乃欲以此裒集内外之见闻，综辑各种方面之意见及感想，凡一问题，必期与此问题有关系之人，一一发抒其所信，以本报为公同论辩之机关，又力求各种方

面最有关系人士，各将其所处方面之真见灼闻，汇为报告，以本报为一供参考材料之宝库。"③其三，主张言论自由。他认为，人生之最惨"莫惨于良心之所不欲言者"，他主张言论自由是法律限制范围内的自由。

其四，记者要具备"四能"。"四能"是指脑筋能想，腿脚能奔走，耳能听，手能写。他指出："调查研究，有种种素养，是谓能想；交游肆应，能深知各方面势力之所存，以时访接，是谓能奔走；闻一知十，闻此知彼，由显达隐，由旁得通，是谓能听；刻画叙述，不溢不漏，尊重彼此之人格，力守绅士之态度，是谓能写。"④黄远生本人正是实践这"四能"的模范。

5.2.1.2　徐凌霄

徐凌霄（1888～1961），江苏宜兴人，名仁锦，字云甫，别号凌霄，笔名烛尘、一尘、彬彬、凌霄汉阁、凌霄汉阁主等。民国初年著名的通讯记者、文艺记者和报刊剧评专栏作家。他出身士大夫家庭，其祖父徐伟侯与李鸿章同榜中举，伯父徐致靖、堂兄徐仁铸都是戊戌变法时期著名的维新派官员。受他们的影响，徐凌霄在政治上认同改良，与立宪派、共和党关系密切。徐凌霄早年

①　《远生遗著》第一卷，第103页，商务印书馆1927年版。

②　《远生遗著》第一卷，第104页，商务印书馆1927年版。

③　《远生遗著》第一卷，第105页，商务印书馆1927年版。

④　《远生遗著》第一卷，第133页，商务印书馆1927年版。

考入山东高等学堂,后考入京师大学堂学习土木工程,毕业后以教书、习文为生。

1916年,徐凌霄继黄远生之后任上海《时报》和《申报》驻北京特派记者,以"彬彬"为笔名长期为两报撰写北京通讯。他长于文学,娴于经史,熟悉历史掌故,所写通讯,尤其注意有关人物身世及历史背景的介绍,内容隽趣,文笔流畅,富于趣味,引人入胜。他熟悉民国初年一些政治要员的身世经历,所写通讯常常能运用有趣的内幕材料,深受读者欢迎,成为民国初年及"五四"运动前后最负盛名的记者之一。1918年《京报》创刊,徐凌霄被聘为撰述,主编副刊《小京报》并撰写剧评,他对京剧等中国传统戏曲颇有研究,所写剧评,探讨京剧艺术的历史与发展,多有创见。

20世纪30年代前后,担任天津《大公报》副刊《小公园》、《戏剧》的主编,并经常为《国闻周报》及上海《时报》、天津《益世报》等报纸副刊撰稿。所写文史方面的短文,在"凌霄汉阁谈荟"、"凌霄随笔"、"凌霄汉阁笔记"、"凌霄汉阁随笔"等专栏上连载。其中,徐凌霄与其弟徐一士合撰的"凌霄一士随笔",连载于《国闻周报》达8年之久。徐凌霄的文史短文,介绍我国文物典章制度和历史掌故,如数家珍,很受读者欢迎。

5.2.1.3 刘少少

刘少少(1870~1929),湖南善化人,原名嘉和,字少珊,笔名少少。少年家境贫寒,曾就学于岳麓书院,有文才,被学政徐仁铸器重。1905年留学日本,学习法政,曾协助杨度创办《中国新报》。1909年回国后,应邀担任北京《帝国日报》编辑,取"少年中国之少年"之意,开始用"少少"笔名撰写政论,鼓吹立宪,在新闻界崭露头角。

武昌起义后回湖南,任《湖南新报》和《公言》杂志的编辑。北京《亚细亚日报》初创时曾被聘为主笔,但1915年上海《亚细亚日报》聘他为主笔时则被他拒绝,并致函杨度,对恢复帝制提出质疑,因而遭到通缉。1918年后受聘担任北京大学讲师,研究老庄哲学,但仍热心政治,时与下野政客相过从,继续为各报撰写政治、学术文章,鼓吹国粹,反对白话文。综其一生,刘少少在政治上偏于保守。但他的文章庄谐杂出,时有新意,有报界"怪杰"之称。

5.2.2 "萍水相逢百日间"

1926年4月,奉系军阀将邵飘萍枪杀。1926年8月,林白水也被奉系军阀杀害。两人遇害相距百天,后人称作"萍水相逢百日间"。其实,两人早在民国初年就已在新闻界脱颖而出。

5.2.2.1 邵飘萍

民国初年,邵飘萍是继黄远生之后,又一个因擅长采写新闻通讯而蜚声全国的新闻记者。

邵飘萍(1886~1926),原名新成,又名镜清、振青,字飘萍,笔名阿平、素昧平生,浙江金华人。13岁中秀才。1906年赴杭州,考入浙江高等学堂师范科。求学期间,他因为阅读梁启超在《新民丛报》上发表的文章,萌发了要做一名新闻记者的动机和"新闻救国"的思想。于是,他利用课余时间给上海《申报》投稿,开始了新闻生涯。1909年毕业后,返回家乡金华在当地中学任教,继续为《申报》撰写通讯,被聘为通讯员。这时,他参加了进步文学团体南社,受到民族主义和民主主义的影响,思想上由崇拜梁启超转为敬佩孙中山。

1911年浙江宣布独立后,他怀着为民主共和而战的激情奔赴杭州,结识了知名报人杭辛斋,并协助杭辛斋创办浙江军政府机关报《汉民日报》,担任主笔,同时兼任《浙江军政府公报》编辑和《申报》通讯员,从此开始了职业报人生涯。1913年初,杭辛斋当选为国会议员入京后,《汉民日报》交由邵飘萍主持。他坚持"报馆可封,记者之笔不可封;主笔可杀,舆论之力不可蕲"的大无畏精神,撰写大量的论说、时评和随笔,抨击袁世凯及军阀的专横跋扈,揭露贪官污吏的罪行,表现出可贵的斗争精神和过人的才华。"二次革命"失败后他被当局构陷入狱,《汉民日报》同时被封。1914年出狱后,为躲避袁党势力的迫害,东渡日本留学,就读于东京政法学校。这时,他坚定了"以新闻记者终其身"的志向。

1915年7月,他与同学潘公弼等创办了东京通讯社,半工半读,专门为京沪报纸提供东京通讯。这些通讯,纵论日本政局和对华外交,及时揭露日本帝国主义势力的侵华动向和袁世凯政府的媚日卖国行径,曾根据采访到的消息,较早地向国内报道了日本帝国主义与袁世凯政府秘密协商中的"二十一条"的详细内容,在国内引起了极大反响,有力地推动了国内反日倒袁爱国运动的开展。他的通讯,受到国内外报界的注意和好评。

护国运动开始后,邵飘萍于1916年春回国,受聘于上海《申报》、《时报》和《时事新报》,主要撰写时评。在全国反袁浪潮的影响下,他斗志昂扬,往往一日撰写数篇时评,对袁世凯进行口诛笔伐。袁世凯死后,《申报》聘他为驻京特派记者。为了改变外国通讯社"任意左右我国之政闻"的状况,他于1916年8月在北京创办了新闻编译社。这个通讯社和东京通讯社一样,都不为某一政治派别或某一经济势力所左右,具有较强的独立性,是当时我国通讯社中的佼佼者。

在中国新闻史上,邵飘萍是第一个重视通讯社、并以通讯社为依托成功开展新闻采访的著名记者。他开展了有声有色的新闻采访报道活动。他每日向《申报》发去新闻专电,使《申报》的北京专电,每日由一二百字,增加到五百余字,多时达到两三千字。为使读者深入了解事情真相,他还配合专电,向《申报》发回内容较为详细的《北京特别通信》,两年间,共发出251篇,22余万字①。这些专电和通讯,都是邵飘萍深入采访的结果,这些作品,对北洋政府的内政外交及国会的动态做出翔实

①　参见方汉奇:《中国新闻事业通史》第1卷,第1103页,中国人民大学出版社1996年版。

可靠的报道,引起了广泛关注,邵飘萍成为声名鹊起有口皆碑的名记者。

为了更好地施展自己的抱负和实践自己的新闻理想,1918 年 10 月,他在北京独立创办大型日报《京报》,自任社长。他以"铁肩辣手"为座右铭,忠实报道新闻,抨击北洋军阀政府。此后,邵飘萍的新闻活动进入了更加活跃的阶段。

1919 年 5 月 3 日,北京大学国民杂志社、新潮社等学生社团得知北洋政府准备让代表团在巴黎和会上签约的消息,连夜召开北京各大专院校学生大会,邵飘萍在会上讲演,发动学生"救亡图存,奋起抗争"。爱国学生热血沸腾,相继登台发言。第二天,五四运动爆发,邵飘萍领导《京报》,全力报道声援。1919 年 8 月,《京报》因揭露段祺瑞政府的黑暗统治,被查封,邵飘萍东渡日本,应聘担任《朝日新闻》的特约记者。

1920 年,邵飘萍回国复刊《京报》,积极宣传俄国十月革命。1925 年,经李大钊、罗章龙介绍,他秘密加入中国共产党。此后,他以《京报》为阵地,宣传孙中山的"联俄、联共、扶助农工"三大政策,出版纪念马克思诞辰 105 周年的《马克思纪念特刊》(图 5-2)、悼念列宁逝世的《列宁特刊》,发表介绍马克思主义的文章,大量报道工人运动,热情支持二七罢工、五卅运动和三一八爱国反帝运动,协助《向导》《政治生活》等党刊出版,支持党的各项工作。1926 年 4 月,奉系军阀进京,以"勾结赤俄,宣传赤化"为罪名将邵飘萍逮

捕,4 月 26 日将他枪杀于北京天桥。

图 5-2 《京报》1925 年 5 月 5 日《马克思纪念特刊》
(原件馆藏中国人民大学图书馆)

邵飘萍是民国初年新闻界不可多得的新闻全才,他毕生从事新闻工作,既当过通讯员、记者、编辑,也做过主笔和社长;既办过报纸,也办过通讯社;既能撰写过通讯、社论,也能撰写短评、消息、专电;既熟悉新闻采编业务,也具有新闻事业管理才能。邵飘萍在新闻采访和写作方面具有独特的才能。他风流倜傥,善言辞,广交游,上至总统、总理,下至仆役、百姓,他都与之交往。他重交情,讲排场,在广泛交际中完成许多独家新闻采访。邵飘萍曾自称:"余百无一嗜,惟对新闻事业乃有非常趣味,愿终生以之。"正是这种对新闻事

业的敬业与献身精神,他在业务上才能精益求精,采访到令同行欣羡不已的重大新闻和独家新闻。如他为《申报》采访到中德断交的消息、刺杀宋教仁的主凶洪述祖被捕判刑的消息等。著名报人张季鸾曾评价说:"飘萍每遇内政外交之大事,感觉最早,而采访必工。北京大官本恶见新闻记者,飘萍独能使之不能不见,见且不得不谈,旁敲侧击,数语已得要领。"①国民教育总长汤尔和也曾说:"中国有报纸五十二年,足当新闻外交而无愧者……仅得二人,一为黄远生,一即邵飘萍。"②

邵飘萍还是中国新闻学的奠基人之一。1918年10月,他与蔡元培、徐宝璜一起发起成立北京大学新闻学研究会,担任导师,讲授采访学课程。他还应聘担任北京平民大学新闻系和法政大学新闻系的教授。邵飘萍计划编写一套《新闻学丛书》,分四编来完成。第一编《新闻学总论》,于1924年6月由北京京报馆出版。第二编为《实际应用新闻学》,于1923年9月由北京京报馆出版。第三编为《新闻编辑法》,第四编为《广告与发行》。可惜因为被害而未能完成整个写作计划,但已出版的两部新闻学著作已奠定了邵飘萍在中国新闻学术史的特殊地位。

作为著名报人与新闻学者,邵飘萍具有丰富的新闻思想。

第一,新闻事业是"社会公共机关","国民舆论代表"。在他看来,新闻事业传递消息要面向全社会,与全社会发生联系,并有自己的独立性,包括"信仰独立"、"组织独立"、"经济独

立"。

第二,新闻记者具有重要的地位和高尚的品德。他认为,记者是"布衣之宰相,无冕之王","为社会国家世界之耳目"。记者的"品性"为第一要素,包含人格、操守、侠义、勇敢、诚实、勤勉、忍耐及种种新闻记者应守之道德。"贫贱不能移,富贵不能淫,威武不能屈,泰山崩于前,麋鹿兴于左而志不乱。"这是记者必备的修养。

第三,建立新闻法规,保护新闻自由。在《新闻学总论》中,邵飘萍以大量的篇幅对此做了专门论述。他希望通过斗争使新闻事业"建筑其基础正当的法律保护之下",目的在于保护新闻界自身的自由和约束政府。

5.2.2.2 林白水

林白水(1876～1926)名獬,字少泉,号宣樊,笔名退室学者、白话道人,晚年号白水。福建福州人。甲午前后赴杭州任蚕桑学堂及求是书院任教习、总教习。1901年任《杭州白话报》主笔,1902年赴上海,参加中国教育会。1902年10月"爱国学社"成立,林白水也是参与者。他还参与创办《童子世界》,并为《苏报》撰稿。"苏报案"后走避日本,入早稻田大学攻读法律,亲自参加了拒俄活动和留学生义勇队。

回国后,1903年12月6日,《俄事警闻》创刊,林白水被蔡元培特聘为该

---

① 张季鸾:《追悼邵飘萍先生》,《京报特刊》,1929年4月24日。

② 邵飘萍:《实际应用新闻学·汤序》,第5页,京报馆1923年版。

报主笔。1903年12月9日,他独立创办的《中国白话报》问世。从此,他以这两张报纸为阵地,进行激烈的反清拒俄宣传。随着日俄战争在中国领土上爆发,《俄事警闻》不断地向群众敲响警惕"顽固之政府"和警惕俄、英、法等列强侵略中国的警钟。而在《中国白话报》里,林白水宣传民主,反对专制,鼓吹革命,建立共和。1904年8月12日,林白水出任《警钟日报》主编,宣传爱国救亡。1904年8月慈禧过70岁生日,林白水在《警钟日报》上刊载对联讥讽:"今日幸西苑,明日幸颐和,何日再幸圆明园?四万兆骨髓全枯,只剩一人何有幸!五十失琉球,六十失台湾,七十又失东三省!五万里版图弥蹙,每逢万寿必无疆!"这副对联深刻揭露了慈禧祸国殃民的本质,不仅在上海传诵一时,国内和日本、南洋等地的许多报刊也纷纷转载,影响极大。

1906年,林白水再度赴日留学,专攻法律和新闻,是我国最早学新闻的留学生之一。辛亥革命后,任福建法制局局长,投身共和党,被选为国会议员,入京后又受聘为袁世凯总统府秘书。1915年参与筹安会活动,并发表过鼓吹帝制的文章。袁世凯垮台后,他于1916年9月创办《公言报》,充当安福系的喉舌。1921年《公言报》被直系军阀捣毁,又在北京创办《新社会报》,面向市民群众,注重社会新闻报道,反映民众疾苦,颇受欢迎。

林白水写的新闻和评论,挥洒自如,辛辣尖刻。有人评价他的文章说:"白水既长于文言,复精白话,朗畅曲达,信手拈来,皆成妙谛,其见诸报章者,每发端于苍蝇臭虫之微,而归结于政局,针针见血,物无遁形。"[①]他的文章因此积怨于军阀,但颇能吸引读者。后来,《新社会报》只生存了一年多,由于揭露吴佩孚的黑幕,被警察厅勒令停刊。两个月后,1922年5月1日,《新社会报》改名为《社会日报》复刊,林白水在复刊词中写道:"蒙赦,不可不改也。自今伊始,除去新社会报之新字,如斩首级,示所以自刑也。"

林白水屡屡在报上讥讽张宗昌,说他是"长腿将军",影射他的部队遇敌就跑。1926年8月5日,《社会日报》刊载了一篇时评《官僚之运气》,讽刺了张宗昌的心腹潘复:"狗有狗运,猪有猪运,督办有督办运,若运气未到,不怕你有大来头,终难如愿也。某君者(即潘复)人皆号曰某军阀之肾囊,因其终日系在某军阀之胯下,亦步亦趋,不离晷刻,有类于肾囊之累赘,终日悬于腿间也。此君热心做官,热心刮地皮,固是有口皆碑,而此次既不能得优缺总长,乃并一优缺督办亦不能得。……表而炎炎赫赫之某肾囊,由总长降格为督办,终不可得……甚矣运气之不能不讲也。"[②]这篇文章发表之后,早有杀林之心的张宗昌找到了借口。1926年8月6日凌晨一点,林白水被诱捕,

① 陈与龄:《林白水先生传略》,《东方杂志》第32卷第13号,1935年。
② 《官僚之运气》,《社会日报》,1926年8月5日。

四点惨遭杀害。

5.2.3 其他崭露头角的记者

5.2.3.1 胡政之

胡政之（1889～1949），名霖，笔名冷观，四川成都人。出身旧官僚家庭，安庆省立高等学堂肄业。1907年自费留学日本，1911年回国，1912年应聘任上海《大共和报》翻译，继任该报编辑、主笔，编发专电，撰写社论。1915年任该报驻京特派记者，曾报道"二十一条"的幕后交涉情况，以消息快捷受到报界关注。

胡政之与《大公报》颇有渊源。1916年，英敛之将大公报馆盘售给了安福系财阀王郅隆，王郅隆亲任董事长，而胡政之担任经理兼总编辑的职务，仍参加采访活动，因亲赴前线采访报道段祺瑞组织"讨逆军"、"马厂誓师"和在天津设国务院办公处等重大新闻，董声于时。1918年11月，胡政之以《大公报》记者身份采访巴黎和会，成为采访巴黎和会的唯一的中国记者。1920年8月，胡政之离开了《大公报》。1921年胡政之进入上海国闻通讯社并成为主持人。1924年8月，胡政之在上海创办《国闻周报》。1926年新记《大公报》成立后，胡政之担任总经理兼任副总编辑，国闻通讯社与《国闻周报》就成了《大公报》的附属机构。

5.2.3.2 张季鸾

张季鸾（1888～1941），名炽章，笔名一苇、榆民、老兵等，陕西榆林人。

1905年官费留学日本，因文笔出众，被推选为陕西留日学生革命刊物《夏声》杂志编辑，开始走上"言论救国"的道路。1909年回国，1910年应邀赴沪协助于右任在上海编辑《民立报》。民国成立时，张季鸾在南京向《民立报》拍发了孙中山就任临时大总统的专电，是民国成立后的第一条新闻专电。1912年初，张季鸾曾出任中华民国临时政府大总统的秘书，参与了《临时大总统就职宣言》的起草工作，4月离开了总统府。1913年初，张季鸾与曹成府创办北京《民立报》，兼任上海《民立报》驻京记者。宋教仁被暗杀后，他在报上慷慨陈词，同袁世凯作斗争，曾采访到袁世凯与五国银行团签订的善后大借款合同的全文，在国内引起轩然大波，因此，他被捕入狱3个月。出狱后回上海主持《大共和日报》国际版。

1915年，他改任上海反袁报纸《民信日报》总编辑，积极宣传反袁护国。1916年，张季鸾任上海《新闻报》驻京特派记者和政学会机关报《中华新报》的总编辑。1918年9月，《中华新报》刊载段祺瑞政府卖国借款的消息，张季鸾再次被捕入狱。出狱后继续从事新闻工作。1924年，《中华新报》停刊，张季鸾曾应胡政之的邀请到《国闻周报》主持笔政。1926年，张季鸾担任新记《大公报》总编辑兼副总经理，在中国新闻界享有盛名。

5.2.3.3 戴季陶

戴季陶（1891～1949），原名良弼，字选堂，又名传贤，字季陶，笔名天仇，四川广汉人。1902年进成都留日预备学校学习,产生革命倾向。1905 年秋赴日本留学,入师范学校,同年秋升入东京日本大学法科。1909 年夏,自日本毕业归国,在苏州的江苏地方自治研究所担任法学主任教官。1910 年 7 月,在上海担任《中外日报》主笔,用"散红"笔名,写了不少评论文章。1909 年 9 月,应聘为《天铎报》主笔,同时为于右任的《民立报》撰文,常用笔名"天仇",表示与清廷势不两立,有不共戴天之仇。他的文章言辞激烈,充满民主革命精神。1911 年春,因在文章中抨击两江总督张人骏,遭通缉,逃往日本。后转赴南洋槟榔屿,任《光华日报》编辑,并加入了同盟会。武昌起义后,戴季陶从南洋回到上海,参与创办《民权报》,以"天仇"为笔名,撰写大量评论文章,进行反袁宣传。

1912 年 5 月 20 日,《民权报》刊出戴季陶的以《杀》为题目的短评,文章说:"熊希龄卖国,杀!唐绍仪愚民,杀!袁世凯专横,杀!章炳麟阿权,杀!此四人者,中华民国国民之公敌也。欲救中华民国之亡,非杀此四人不可。"5 月 22 日,公共租界工部局就此控告《民权报》"鼓吹杀人","殊违租界定章",并将戴季陶逮捕关入监狱。当天晚上,他的妻子探监时鼓励他说:"君以国事至此,予甚慰。'主笔不入狱,不是好主笔'。周浩君常言也。予为君贺。"[1] 6 月 13 日,戴季陶获释。出狱后,戴季陶曾引用周浩的话,在编辑部墙上大书"报馆不封门,不是好报馆;主笔不入狱,不是好主笔"。

1913 年,担任国民党在上海创办

的《国民月刊》的主笔。1914 年 5 月,孙中山在东京创办《民国杂志》,戴季陶任编辑。1916 年 4 月,戴季陶随孙中山返回上海,担任孙中山的机要秘书。1915 年至 1918 年,是戴季陶的"文字淡季"。从 1919 年开始,戴季陶又经常在上海《民国日报》上发表文章,同时还主编《星期评论》、《建设》杂志。这些刊物在"五四"时期影响很大,积极宣传新文化运动。1920 年夏,戴季陶与陈独秀等人接触频繁,曾参与酝酿上海共产主义小组的一些活动。1924 年 1 月,中国国民党第一次代表大会上,戴季陶被选为国民党中央执行委员会常委,兼任宣传部长。在他的主持下,创办了"中央通讯社"。1925 年成为国民党右派的理论家。1928 年 10 月,被任命为国民政府委员,长期充当蒋介石的谋士,直至 1949 年 2 月,在广州服大量安眠药自杀身亡[2]。戴季陶思想敏锐,文字畅达,民国初年采写的新闻和评论,大力宣传革命,矛头指向清政府和反动军阀,深受读者喜爱。

【本章小结】

本章简明讲述了民国初年中国新闻事业的发展演变规律,中国新闻事业先是经历了"政党政治"潮流的洗礼,进入"报界之黄金时代",可惜好景不

---

① 天仇:《五月二十二日夜》,《民权报》,1912 年 5 月 24 日。

② 参见刘家林:《中国新闻通史(上)》,第 345~347 页,武汉大学出版社 1995 年版。

长,袁世凯窃取政权后又加紧对新闻事业的控制与迫害,中国新闻事业又遭受摧残。其间,新闻业务发生了可喜的变化,新闻报道由"政论本位"转向"新闻本位",新闻报道能力得到加强,一批名记者以其职业化的新闻报道活动提升了新闻记者的社会地位。通过这一章的学习,使学生认识到,中国新闻事业的发展不是一帆风顺的,而是在曲折中发展。黄远生、邵飘萍等中国第一代新闻记者的政治表现并不一致,也不完全可取,他们在业务上互有短长,成就也有高低之分,但他们在新闻采访和评论写作上各有特色,深受读者喜爱,并为同行所推重,我们要认真学习中国第一代职业新闻记者的采访报道经验,也要从他们的不同命运中汲取经验教训。

○【思考题】

1. 民国初年新闻事业短暂繁荣的表现是什么?

2. 什么是"癸丑报灾"?

3. 袁世凯统治新闻事业的手段有哪些?

4. 民国初年出现了哪些名记者?

◄【延伸阅读】

1. 白润生. 中国新闻通史纲要. 修订本. 北京:中央民族大学出版社,2004

2. 丁淦林. 中国新闻事业史. 北京:高等教育出版社,2002

3. 方汉奇. 中国新闻事业通史. 北京:中国人民大学出版社,1996

4. 方汉奇. 中国近代报刊史. 太原:山西人民出版社,1981

5. 刘家林. 中国新闻通史:上. 武汉:武汉大学出版社,1995

6. 李彬. 中国新闻社会史. 上海:上海交通大学出版社,2007

中 篇

6 革命民主主义报刊的产生

导言

本章学习目标 通过本章的学习,要求能够了解中国革命民主主义报刊的产生与发展过程,掌握这一过程中出现的著名报人陈独秀、毛泽东、周恩来等的报刊活动与办报思想,学习新闻事业改革的主要内容和影响。

本章难点 《新青年》、《每周评论》的宣传内容与特色

新闻事业改革的内容

经常发表与当时形势密切配合的评论，设有《国外大事记》、《国内大事记》、《通信》等栏目，还有刊载文艺性作品的副刊。从创刊到 1922 年 7 月止（1917 年初至 1920 年初在北京出版），共出版 9 卷 54 号。由陈独秀创办并长期担任主编。（图6-1）

陈独秀（1879—1942），原名庆同，后名乾生，字仲甫，号实庵，笔名有"三爱"、"只眼"等，安徽怀宁人。他是五四运动和中国共产党早期的主要领导人，也是中国现代史上著名的报刊活动家。陈独秀出身官僚地主家庭，父亲早逝，青少年时代专读《四书》、《五经》并学写八股文。他十七岁时中第一名秀才，而后参加江南乡试却落第而归。18岁写成《扬子江形势略论》、《扬子江筹防刍议》、《湖中水师》等三篇文章，提出建设长江江防方案，分析见解独到，被世人赠以"皖城名士"的桂冠。在他面前本是"举人——进士——状元郎"的功名仕途的灿烂前程，他却走上了"康党——乱党——共产党"的道路。

1901 年至 1905 年，几次去日本留学，在资产阶级革命思想的影响下，他投身于推翻清王朝和创建资产阶级共和国的斗争。1903 年因在日本从事革命活动，被遣送回国。回国后与章士钊等人在上海创办革命报纸《国民日日报》。自此，他的报刊活动开始了。1904 年又与他人在芜湖创办《安徽俗话报》，任主编。辛亥革命后，曾任安徽都督府秘书长、安徽高等学校教务主任等职。1914 年东渡日本，协助章士钊创办《甲寅》杂志。他的文章《爱国

五四时期，中国由旧民主主义革命时期进入新民主主义革命时期，中国新闻事业也开始了新篇章。以报刊为主要阵地的新文化运动是贯穿这个时期新闻史的一条主线，五四运动的爆发，把新文化运动推向新的阶段。这一时期创办的报刊有四五百种，是革命民主主义报刊的一个大发展时期，也是中国新闻工作的一个重要改革时期。革命民主主义报刊的宣传，激发了广大青年关心国家民族命运和追求真理的热潮。

6.1 第一份革命民主主义报刊《新青年》

6.1.1 陈独秀与《新青年》

《新青年》初创时名为《青年杂志》，1915 年 9 月 15 日创刊于上海，创刊后的第二年起，即第二卷第一期起更名为《新青年》，并于年底把编辑部从上海迁至北京。它周围有一大批当时最先进的青年知识分子，在这些先进青年的努力下，它最早完成了由民主主义报刊向无产阶级报刊的过渡，在中国新闻史上占有重要的地位。《新青年》为月刊，每出满 6 号为一卷，是一本大型综合性的学术刊物，但具有很强的新闻性，类似现在的"月报"。它的封面有"中国邮务局特准挂号，认为新闻纸类"字样。它的编辑人员常以记者名义写文章并回答问题。该刊

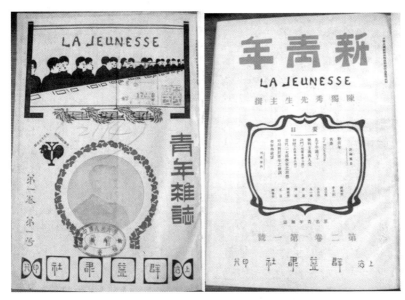

图6-1 《青年杂志》创刊号及《新青年》第一号

（馆藏中国人民大学图书馆）

心与自觉心》受到梁启超、李大钊的推崇。

1917年，他任北京大学文科学长，1918年与李大钊等合办《每周评论》。在新文化运动中接受马克思主义后，他发起筹备成立中国共产党，任中共第一至第五届中央书记、委员长、总书记。建党后，他参与《共产党》月刊、《劳动界》等无产阶级报刊的创办、编辑和领导工作。以后又领导并参与中共中央机关报《向导》、《前锋》、《新青年》季刊和不定期刊的编辑工作。在第一次国内革命战争后期，他犯了右倾机会主义错误，被撤销总书记职务。1929年被开除党籍，成立托派组织，任"总书记"，并出版托派刊物《无产者》、《火花》、《热潮》等①。1932年春被国民党政府逮捕判刑，抗战爆发后获释，

1942年在四川江津病故。

作为《新青年》的创办人和长期的主编、主持人，陈独秀主要从三方面领导了《新青年》的发展：一是制定刊物宗旨和不同阶段的办刊方针；二是提出开展思想文化斗争的原则；三是组织编者、作者和读者队伍。陈独秀又是《新

---

① 关于陈独秀参加托派组织，近年来学术界有了较为客观的评价。传统教科书中认为，陈独秀是托洛茨基主义者；而有学者则主张，陈独秀虽参加并领导了中国托派组织，但没有成为托洛茨基主义者。（王学勤：《陈独秀与中国革命》，南京：东南大学出版社，1991年版，第158页。）关于托派与中共及中国革命的关系，有日本学者指出，"不管中央和托派主张的分歧看上去有多大，从结果上看却是各自分担了农村和城市，是相互补充的关系。"（菊池一隆：《论中国托派的初期历史及其与中共的分裂》，《党史研究资料》，2000年第5期。）

青年》的主要撰稿人,他一共撰写发表了100多篇政论、专论和杂文,通信专栏署名作者的答疑辩难文章大都是他写的。他在主持《新青年》的7年中,一次被捕入狱,两次被抄家罚款。平时他还经常受到来自封建顽固势力的恶毒咒骂和人身攻击,但他始终不为艰难困苦所压倒,坚持《新青年》的革命方向,并和读者一起前进。这一切使《新青年》成为"五四"时期最著名的舆论阵地①。

陈独秀领导的《新青年》是反对封建主义的新文化运动的中心。他在《新青年》创刊号上发表的《敬告青年》一文是带有发刊词性质的纲领性政论,它针对封建思想文化的束缚,提出六点要求,希望青年自觉奋斗:自主的而非奴隶的、进步的而非保守的、进取的而非退隐的、世界的而非锁国的、实利的而非虚文的、科学的而非想象的。这实际成为《新青年》主张民主的反封建纲领。他号召青年奋起追求解放,摆脱中国数千年封建思想文化的束缚,可以说《敬告青年》就是一篇反封建的檄文。陈独秀想让自己和《新青年》摆脱旧的政党活动而致力于发动一场"改造国民性"的思想运动。陈独秀本想让《新青年》"轰动一时",但《新青年》第一卷影响并不大,每期印数仅千份,出满一卷后即暂告休刊。

经过半年调整,1916年9月从第2卷起,陈独秀把"改造青年思想,辅导青年修养"的宗旨和现实的社会政治、青年的思想实际逐渐结合起来,从此影响日益扩大。从1918年1月第4卷

第1号开始,实行轮值主编制。主编人除陈独秀外,还有李大钊、胡适、钱玄同、刘半农、沈尹默等,主要撰稿人有鲁迅、周作人、高一涵、陶孟和、王星拱、陈大齐、张申府等。这些人基本上分成了两种力量,一种力量是以陈独秀、李大钊、鲁迅为代表;一种力量是以胡适为代表。虽然后期内部发生斗争、分化,但这一时期却形成了新文化运动统一战线。《新青年》高举民主与科学的旗帜,发动了一场以反对旧道德、提倡新道德,反对旧文学、提倡新文学为主要内容的波澜壮阔的新文化运动,其主要的宣传贡献有以下三方面:

一是批判封建伦理道德,批判尊孔复辟,倡导道德革命。辛亥革命后,康有为等人一直在鼓吹尊孔复古。1915年春《新青年》第1卷第6号就发表了易白沙的长篇论文《孔子评议》,打响了批孔战役的第一枪。康有为等人不仅不把《新青年》的批判放在眼里,1916年9月再次向国会提出把孔教定为"国教",载入《宪法》。陈独秀立即在《新青年》上作出强烈反响,从同年10月到次年6月,陈独秀在《新青年》上连续发表了一系列政论:《驳康有为致总统总理书》、《宪法与孔教》、《袁世凯复活》、《复辟与尊孔》、《再论孔教问题》等,同时还在《通信》栏里阐释批孔的重要性。他以袁世凯称帝、张勋复辟都打尊孔旗号的活生生的事实立论,指出在已经挂着民国招牌的今天,"主张

① 参见丁淦林:《中国新闻事业史》,第181页,高等教育出版社,2002年版。

尊孔,势必立君,势必复辟"。陈独秀深刻阐述了西方资产阶级自由平等的政治道德观念,主张把思想上反对封建的伦理道德和政治上要求实行民主共和结合起来。

在对封建伦理道德的大批判中,李大钊是《新青年》团体中和陈独秀并肩战斗的一员猛将。1916 年,他从日本寄给《新青年》第一篇稿件《青春》,满怀爱国热情地号召青年冲破历史桎梏,挽回民族青春。1916 年 4 月回国后,担任《新青年》特约撰稿人,发表了《今》、《新的! 旧的!》等文章,反对颂古非今,反对尊孔复辟。同时他在《甲寅》上发表《孔子与宪法》一文,揭露北洋军阀政府将孔教写入宪法是"专制复活之先声",指出了历代封建帝王都利用孔子为偶像来巩固其专制政治的目的。

鲁迅从 1918 年应邀开始为《新青年》撰稿,并参加编写工作,是《新青年》团体中的又一员猛将。他给《新青年》写的第一篇白话小说《狂人日记》(首次署名鲁迅),深刻揭露了封建制度和封建礼教的"吃人"本质,成了不朽的篇章。陈独秀对他的小说佩服得五体投地。此外,鲁迅还用"唐俟"、"俟"的笔名接连写了《我之节烈观》、《我们现在怎样做父亲》等论文和小说、杂文,深刻有力地鞭挞封建主义,痛斥尊孔复辟势力,鼓舞青年投身反封建斗争。

《新青年》的另一重要撰稿人是吴虞,他写的《家族制度为专制主义之根据论》、《吃人与礼教》等文章,也比较深刻地揭露封建家族制度为君主专制制度服务的本质,并宣称"盗丘遗祸万世"。吴虞被誉为"只手打孔家店的老英雄"。

《新青年》上的大量文章和读者通讯栏中关于"孔教"的辩难,汇成了"打倒孔家店"的强烈的社会舆论。

二是提倡科学,反对迷信,倡导科学革命。《新青年》专门介绍自然科学知识的文章不多,主要是提倡用科学的观点来看待社会和人生,反对偶像崇拜、迷信、盲从、主观武断和一切黑暗愚昧现象。陈独秀撰写的《偶像破坏论》,提出要打破一切"宗教上、政治上、道德上自古相传的虚荣欺人不合理的信仰"。这种科学的精神,显然和政治上道德上反对封建主义的民主精神是紧密地联系在一起的。当时,封建统治阶级利用一些组织和报刊宣扬鬼神迷信,现代文明的大都市上海居然有一个"灵学会"的团体,还出版《灵学丛刊》,公然宣扬"鬼神之说不张,国家之命遂促"的谬论。对此,《新青年》发表了一系列文章,痛斥所谓"灵学",从多方面论证鬼神为无稽之谈,进行唯物主义的无神论宣传。易白沙在《诸子无神论》中针锋相对地指出:"鬼神之势大张,国家之运告终"。

三是发起文学革命。《新青年》开展了一场提倡新文学,反对旧文学,提倡白话文,反对文言文的文学革命。首先提出文学改良主张的是胡适。1917 年初,他在第二卷第三号上发表的《文学改良刍议》,提出了改革文学体裁、形式的八条建议,拉开了文学革命的序幕。但他只注重形式上的改革，而且不很坚决。

胡适是《新青年》倡导新文学和白话文的主将之一。1916年，他在美国留学时，就在《新青年》上发表译著并和陈独秀通信交往。1917年回国后任北京大学教授，参加《新青年》编辑部工作。他继提出文学改良几点意见后，又写有《建设的文学革命论》等文章。他认为"一时代有一时代的文学"，主张创造"国语的文学，文学的国语"。他首先在《新青年》上用白话文写诗，1920年汇集所写诗作出版《尝试集》，曾被称为"白话圣人"。

陈独秀发表了《文学革命论》，反对"文以载道"、"代圣立言"的旧文学和老八股，并把文学革命和政治改革联系起来。他说："今欲革新政治，势不得不革新盘踞于运用此政治者精神界之文学"。钱玄同、刘半农等也继起响应。这年7月，钱玄同发表了《论应用文亟宜改良》的信，以后又写了不少鼓吹白话文的文章。为了推动文学革命运动，他们两人还在《新青年》上表演了一出前进与落后思想唇枪舌剑的"双簧戏"。钱玄同化名王敬轩写了一篇全用文言、无句读的文章《文学革命之反响》，发表在第四卷第三号上，刘半农则写了《致王敬轩信》，予以逐条反驳，具体论述文学革命的重要性，这件事在当时反响很大。

鲁迅继《狂人日记》之后，又在《新青年》上发表了《孔乙己》、《药》等小说，并在该刊《随感录》栏发表了20多篇杂文。鲁迅的白话文学作品创作与反封建主义斗争紧密结合，是批判现实主义的典范，显示了文学革命的实绩。

但是，新文化运动也存在一定不足。毛泽东在《反对党八股》一文中指出："他们反对旧八股、旧教条，主张科学和民主，是很对的。但是他们对于现状，对于历史，对于外国事物，没有历史唯物主义的批判精神，所谓坏就是绝对的坏，一切皆坏；所谓好就是绝对的好，一切皆好。"总之，这个时期《新青年》对民主与科学的宣传，没有超出旧民主主义的思想范畴，但它唤醒青年一代冲破封建思想的牢笼，沉重打击了封建的思想、文化、道德，为五四运动的爆发，为马克思主义在中国的传播，做了一定的思想准备，开辟了道路。

6.1.2 李大钊与《新青年》

1917年俄国十月社会主义革命的胜利，使我国的报刊宣传也出现了新局面。以李大钊为代表的中国先进的知识分子首先揭开了宣传十月革命的新一页。《新青年》由此成为由民主主义向社会主义转变的过渡性质刊物。

李大钊（1889—1927），字守常，先后用过的笔名有"伐申"、"辛亥"、"明明"、"孤松"、"腊夫"等十几个，河北乐亭人，中国共产党的创始人之一，中国最早的马克思主义宣传家。1913年出版《言治》月刊，抨击军阀官僚统治。1914年主编《神州学丛》，宣传反袁。1916年在日本编辑《民彝》创刊号，同时向《新青年》投稿。不久，任北京《晨钟报》（后改为《晨报》）总编辑，并主编其副刊。1917年任《甲寅》日刊编辑，积极参加《新青年》发起的新文化运动。1918年在编辑《新青年》的同时，与陈独秀创办《每周评论》，并兼任《少年中国》编辑部主任和《新潮》杂志社顾问。1919年任《国民》杂志社导师。1920年与邓中夏创办《劳动者》，次年又办《工人周刊》。1924年参与领导中共北方区委机关报《政治生活》。1925年指导《内蒙古农民报》和《国民新报》的出版工作。1927年被奉系军阀杀害。著有《守常全集》。

《新青年》在李大钊的影响下，社会主义因素明显增长。1918年底，《新青年》发表了李大钊的《庶民的胜利》、《布尔什维的胜利》两篇文章，开始宣传马克思主义。1919年9月，李大钊利用他主编第六卷第五号《新青年》的机会，把这一期编成了《马克思研究》专号。这个专号包括《马克思学说》、《马克思学说批评》、《俄国革命之哲学的基础》三篇文章，还有《马克思传略》和李大钊的《我的马克思主义观》等文章，这是该刊创办以来突出宣传马克思主义的创举。尤其是李大钊的文章《我的马克思主义观》，比较系统地介绍了马克思主义的基本观点。

1920年5月，该刊的第七卷第六号又编成《劳动节纪念》专号，借"五一劳动节"扩大对马克思主义的宣传，这是《新青年》宣传马克思主义与工人运动相结合的一个里程碑。这期专号的篇幅多达360多页，比平时扩大一倍以上，发表的文章还有陈独秀的《劳动者的觉悟》、李大钊的《MayDay运动史》和大量全国各地工人劳动、生活状况

的调查报告及材料（包括数十幅照片），揭露资本主义剥削下广大劳工牛马不如的奴隶生活。这个专号十分明显地表明，《新青年》正向社会主义刊物的方向发展[1]。

但第八卷以前的《新青年》并没有完成向无产阶级刊物的过渡，这主要是因为期刊的主要编撰者的思想水平和理论水平还没有达到一定的高度。即使是第六卷第五号的《马克思研究》专号也存在着对马克思主义的错误理解。有人甚至历数《资本论》种种不当，多数文章没有系统地分析马克思主义观点。此后几个月内再没有继续发表介绍十月革命和社会主义的文章。而此前胡适曾利用自己主编《新青年》第六卷第四号的机会，发表了《实验主义》一文，宣传他在《每周评论》第31号里提出的"政治导言"、"多研究些问题，少谈些主义！"从此展开了"问题与主义"的论战。这场论战后，编辑部逐渐分裂，胡适等人便从《新青年》分化出去。因此，到1920年8月之前，《新青年》依然是革命民主主义刊物。

6.2 现代时事期刊的兴起

时事政治性期刊的兴起标志着我国的新闻事业已进入了现代发展阶段，同时也是这一时期新闻事业的明显特点。

五四新文化运动和十月革命的胜

---

[1] 参见白润生：《中国新闻通史纲要》（修订本），第116~117页，中央民族大学出版社2004年版。

利,在我国社会产生了广泛影响,促进了我国广大知识分子的觉醒。中国新文化运动同政治运动的紧密结合,迫切需要一份配合现实政治运动进行宣传鼓动工作的期刊。《新青年》出版周期较长,为了适应形势发展的需要,陈独秀、李大钊等《新青年》同人决定另外创办小型政治时事评论报纸《每周评论》(图6-2),让它和《新青年》相互配合补充,《新青年》"重在阐明学理",《每周评论》"重在批评事实"。两者共同"输入新思想","提倡新文学",把思想文化斗争和政治斗争紧密结合起来。

图6-2 《每周评论》
(原载新华网)

《每周评论》于1918年12月22日在北京创刊,是五四时期最有影响的报刊之一。初创刊时是一个具有统一战线性质的刊物,创刊宗旨是"主张公理,反对强权"。撰稿人是具有初步共产主义思想的知识分子,也有激进的民主主义者和资产阶级知识分子。该报是四开四版小型报纸,每周一期,栏目新颖多样,设有《国内大事述评》、《国外大事述评》、《社论》、《文艺时评》、《随感录》、《新文艺》、《国内劳动状况》、《通信》、《评论之评论》、《读者言论》、《新刊批评》、《选论》等12个栏目,是一个"报纸版式的杂志"。除正张外,有时还抓住重大事件,增出《特别附录》一张,随报奉送。如《对于新旧思潮的舆论》、《对于北京学生运动的舆论》等。《新潮》杂志称赞《每周评论》说:"读它的人可用最廉价的代价最经济的时间,知道世界上最新最重要的事件。"《每周评论》宣传的重点主要有①:

一是歌颂十月革命,介绍马克思主义。《每周评论》创刊之时对十月革命的论述并不多,陈独秀对它持怀疑观望甚至非难的态度。1919年1月1日,《每周评论》发表了李大钊的《新纪元》一文,热情歌颂十月革命,说它是世界革命的新纪元,是人类觉醒的新纪元,是黑暗中的中国人民头上的明星。接着陈独秀也改变了态度,在《二十世纪俄罗斯的革命》一文中指出:十月革命与18世纪法国大革命一样,两者都是"人类社会变动和进化的大关键"。与此同时,《每周评论》还发表了《共产党宣言》的部分内容,传播马克思主义。

二是反对帝国主义,反对封建军

① 参见丁淦林:《中国新闻事业史》,第190~191页,高等教育出版社2002年版。

阀。反帝、反封建是《每周评论》的主要特色，特别是陈独秀的《随感录》更是锋芒毕露，一针见血。在《两团政治》中指斥中国的政治是军阀们的督军团和外国驻华使节的外交团互相勾结压迫人民的"两团政治"，特别是外交团比督军团还厉害。在《国防军》中揭露了皖系军阀段祺瑞政府依靠帝国主义编练"国防军"、准备进行内战、武力统一中国的阴谋，并讽之为"家防军"。此外陈独秀的《随感录》还揭露了在上海召开的所谓南北和会上军阀间争权夺利的真面目。

创刊初期，陈独秀在文章中流露出对某些帝国主义国家的幻想。后来，随着巴黎和会的进展，帝国主义侵略面目的进一步暴露，《每周评论》逐渐改变了这种错误观点，转而彻底揭露帝国主义，特别是在陈独秀的《揭开假面》、《公理何在》等文中道破了巴黎和会是帝国主义分赃会议的本质，在《中日亲善》、《别得罪亲日派》等文中又揭露了日本帝国主义的侵略罪行。

三是支持《新青年》的文学革命，重点报道五四运动。《每周评论》第12号全文刊出顽固守旧势力的代表人物林纾在上海《新申报》发表的影射小说《荆生》，编者按语指出，它是"想借武人政治的威权来禁压"新文化运动。同时转载了李大钊在《晨报》上发表的《新旧思潮之激战》一文，正告顽旧势力，中国觉醒的青年断不怕荆生一类压制思想的"伟丈夫"！

五四运动之前，《每周评论》的编辑人员除陈独秀、李大钊外，其他人思想较混乱，言论自相矛盾，政治态度较为复杂。在这个阶段，它揭露北洋军阀与南方护法"军政府"和谈各怀鬼胎，幻想和谈能解决一些问题；既号召人们起来扫除"三害"（即"军阀、官僚、政客"），又提不出用什么办法来代替由"三害"所掌握的政权；既指斥帝国主义是军阀的后台，又主张让洋人动刀子来割中国的恶疮；既热烈歌颂十月革命和马克思主义，又对苏联十月革命抱观望、怀疑甚至非难的态度。总之，《每周评论》前一阶段的宣传，思想是不明确的。

五四运动中，《每周评论》的宣传思想发生了深刻的变化。当巴黎和会外交失败的消息传来，陈独秀在5月4日写下了号召人们起来"直接解决"的评论。五四运动爆发后，《每周评论》不仅对运动作了连续系统的报道，而且及时评论，给予其支持和引导。运动发生当天出版的《每周评论》第20号一版《国内大事述评》栏，一面报道巴黎和会上日本帝国主义的狡诈态度，一面披露北洋政府外交部电令和会代表采取对日妥协退让的消息，吁请读者注意"卖国贼"的阴谋诡计。

该刊从第21期起，一连5期用全部或大部分篇幅，详尽报道了运动的发展。它的综合消息《一周中北京公民的大活动》、新闻资料《青岛交涉失败史》，让人们看到了运动的经过和前因后果，并载文揭露协约国在巴黎和会上的侵略嘴脸，揭露美国总统威尔逊的伪善面目，斥责封建军阀"引狼入室"的罪行，此外还发表了支持群众正义要求的评论,引导群众斗争。李大钊在《秘密外交与强盗世界》一文中提出了"改造强盗世界,不认秘密外交,实行民族自决"的"三大信誓",号召人民起来"外争主权,内除国贼",同帝国主义和卖国军阀斗争到底。《每周评论》第一次把这场伟大的群众爱国运动称为"五四运动",赞扬它是中国学生和中国人民的一个"创举"。另外,它还第一次提出学习五四运动的精神,即反帝反封建的精神。

以《每周评论》为首的各种民主报刊结成的无形的反帝反封建的统一战线,还针对帝国主义和北洋军阀报刊攻击五四运动的谬论进行了反击。当时,日本帝国主义在北京办的汉文报纸《顺天时报》公然污蔑五四运动"胁迫治安";北洋军阀政府控制的《公言报》攻击五四运动是"铲伦常,覆孔孟"的"恶果"。封建顽固势力中有人主张把"学生事件交付法庭办理",要学生自首"去遵服判罪"。

对这类满含杀机的言论,《每周评论》等报刊针锋相对地进行了反击,《每周评论》特意出版了附录专页《对北京学生运动的舆论》予以谴责,同时转载选录了《晨报》、《国民公报》、《益世报》等报纸的 9 篇评论,集中批驳法律制裁的谬论,赞扬学生运动,指出学生风潮出于爱国热情,光明磊落,青岛事件为全国人民所注目,学生运动得到各方舆论的同情。这种反击团结了进步舆论,孤立了反动舆论,给五四运动以有力的支持。《每周评论》关于五四运动的宣传,是当时报刊中最为突出的。

为了充分报道五四运动,《每周评论》等报刊还进行了争取言论出版自由的斗争。五四运动刚刚开始,北洋政府即接受日本方面严加取缔中国报纸刊登反日文字的照会,由京师警察总监派员检阅监视《国民公报》和北京《晨报》。五四后的十几天中,京师警察厅以违反《出版法》为口实,接连查禁《五七日刊》、《平民周刊》、《爱国周刊》等进步报刊。上海租界当局亦先后查禁《救国日报》、《新青年》等报刊。陈独秀、李大钊在《每周评论》、《新青年》上接连发表《查禁"妨害治安"的集会出版之经过》、《危险思想与言论自由》等报道评论,予以揭露。

6 月 11 日,陈独秀因散发传单被捕,北京北河沿箭杆胡同陈的住宅(即《新青年》编辑部)被军警搜查。全国报刊纷纷声援,上海《民国日报》指出:"陈之被捕,益世报之被封,皆北廷最近之文字狱。"全国各地形成广泛的社会舆论,谴责军阀政府的专制统治,要求外交公开及人民言论集会出版的自由。

六三运动之后,《每周评论》由胡适主编,该刊的内容和性质发生了根本变化。

胡适(1891—1962),字适之,原名洪祜,安徽绩溪人,著名的资产阶级报刊活动家。1906 年就读于上海中国公学,1908 年任该校《竞业旬报》编辑,1910 年去美国留学,先学农后学哲学、文学。1913 年任《留美学生年报》编辑,后当选为总编辑。1917 年回国,任北京大学教授，并为《新青年》撰稿和进行编辑工作。他提倡文学改革、个性解放、妇女解放，鼓吹民主自由，在新文化运动中名重一时。1918年底参加《每周评论》的编辑工作。1920年因政见不合离开《新青年》，1922年5月创办《努力周报》，提倡实用主义，主张"好人政府"，反对中国共产党提出的反帝反封建的民主革命纲领。后被选为北京大学《国学季刊》的主任编辑，主张"整理国故"。

1924年和1928年胡适与他人创办《现代评论》和《新月》月刊。1931年"九一八"事变后，创办《独立评论》，支持蒋介石"攘外必先安内"的政策，主张"全盘西化"。1938年后历任南京政府驻美大使，行政院最高政治顾问。1942年被聘为美国新闻记者兄弟会名誉会员。1949年在台北创办《自由中国》杂志，主张"使整个中华民国成为自由的中国"、"民主的社会"①。后去美国，1958年又回台湾。

自第26期起，胡适任《每周评论》主编，这期间，他取消了政治宣传鼓动的文章和评论，改掉了反映政治斗争的《国内大事述评》、《国际大事述评》两个栏目，第26、27两期全部刊载《杜威讲演录》，大力宣传实用主义。在第31期刊登了他撰写的《多研究些问题，少谈些主义》，反对马克思主义，掀起了"问题与主义"的论战。《每周评论》的编辑方针明确地向右转了，但并未被当局察觉，不久，被当作"过激派"报纸查封了。

在《新青年》的影响下，继《每周评论》创刊之后，全国各地相继出版一批和它相类似的时事期刊。1919年元旦，学生救国会的机关刊物《国民》和北京大学新潮社的《新潮》在北京同时创刊。同年2月，新教育共进社主办的《新教育》在上海创刊。接着，湖南的《湘江评论》、上海的《星期评论》、浙江的《钱江评论》、成都的《星期日》等也相继创刊。另外，还有一些与新文化运动相左的期刊也同时出现。据第一届世界报纸大会统计，1921年我国的定期刊物，周刊154种，旬刊46种，双周刊5种，半月刊45种，月刊303种，季刊4种，半年刊1种，年刊1种，共559种②。

综观这近600种期刊，在十月社会主义革命的冲击下，在国内各种矛盾的斗争中，不断分化，这是历史发展的必然结果。而几百种民主主义刊物，绝大多数没有转化为无产阶级报刊，其原因有三点：一是军阀政府的压迫和取缔，使一部分报刊失去了发展为无产阶级报刊的机会；二是由于主要编撰者没有认真学习马克思主义，没有与工农群众相结合，终于没有使刊物向无产阶级转化；三是有一部分民主主义报刊，其主要编撰者由右翼资产阶级知识分子把持，转为资产阶级右翼报刊，甚至成为封建阶级、官僚买办阶级的报刊。

---

① 胡适：《自由中国的宗旨》，《自由中国》创刊号，1949年11月。

② 参见白润生：《中国新闻通史纲要》（修订本），第120页，中央民族大学出版社2004年版。

6.3 毛泽东、周恩来与学生报刊

6.3.1 毛泽东与《湘江评论》

革命民主主义报刊在五四运动后蓬勃发展，并且逐步向无产阶级报刊转化。当时进步学生报刊总数已达400多种，其中以《湘江评论》（图6-3）和《天津学生联合会报》最为著名。

图6-3 《湘江评论》
（原载盼盼的家园网）

《湘江评论》1919年7月14日创刊于长沙，湖南学生联合会机关报，毛泽东主编。五四运动前，毛泽东在湖南第一师范读书时，就深受《新青年》倡导的新文化运动的影响。并以"二十八画生"的笔名给《新青年》撰写了《体育之研究》，论述德、智、体三者的

辩证关系。1918年4月，他和蔡和森等人组织了新民学会，探索改造中国与世界的道路。同年秋，他第一次到北京，在北京大学图书馆任助理馆员，参加北大新闻学研究会的活动，进一步受到新文化运动及其领导人李大钊、陈独秀等的影响。五四运动爆发后，毛泽东在长沙领导学生投入运动，成立湖南学生联合会，出版报刊，大力开展反帝反军阀的斗争。

《湘江评论》是一张4开4版的小型周报，每期约1.2万字。主要任务是传播"新思潮"，版式仿北京的《每周评论》，以述评为主，时事报道和评论相结合，从形式到内容，丰富多彩，引人注目。设有《西方大事述评》、《东方大事述评》、《湘江大事述评》、《世界杂评》、《放言》、《新文艺》、《特载》、《什么话》等栏目。报头右侧印有"发行所长沙落星田湖南学生联合会"字样。创刊后，长沙各报刊登消息，称赞它"全用白话，很是精彩"。毛泽东署名发表的政论、述评、杂文将近40篇。他精心编辑这张报纸，新闻、评论全用白话文写作，常常写稿到半夜，编稿、排版、看清样都是自己干，有时还要自己上街去卖。

毛泽东（1893—1976），字润之，湖南湘潭人。伟大的马克思主义者和无产阶级革命家，中国共产党的创始人和伟大领袖之一，杰出的马克思主义宣传家和新闻学家。

毛泽东利用1917年假期进行农村调查研究，为《湖南通俗报》撰稿。1918年任北京大学图书馆助理员，分

管 15 种报刊。10 月成为北大新闻学研究会会员，进行半年的新闻学的学习与研究。1919 年夏回湘创办、主编《湘江评论》，自此与报纸结下了不解之缘。《湘江评论》被查封后，毛泽东接编湖南湘雅医学专门学校的《新湖南》周刊，从第七期起全面改革，提出四条宗旨，"批评社会，改造思想，介绍学术，讨论问题"，被称为"《湘江评论》的化身"。

1919 年底，在领导驱逐军阀张敬尧的运动中，毛泽东第二次到北京，组织了"平民通讯社"，自任社长，向北京、上海、汉口等城市报刊供稿。他还指导新民学会会员掌握《湖南通俗报》的出版，担任长沙《大公报》馆外撰述员，创办长沙文化书社，充分利用舆论工具，揭露旧制度，传播新思潮，对湖南地区的革命运动起了推动作用。青年毛泽东在新民学会曾说："我所愿做的工作，一是教书，一是新闻记者。"① 1920 年 5 月，为上海《天问》周刊、《时事新报》撰稿。1923 年主办湖南自修大学理论刊物《新时代》月刊，宣传马克思主义。

1925 年任国民党中央宣传部代部长，兼《政治周报》主编。1926 年参与国民党中央农民部《中国农民》月刊和《农民运动》周刊的工作。此后曾为《向导》等党报党刊撰稿，指导党的工作；领导创办了《时事简报》、《红色中华》、《新中华报》、《解放》周刊、《共产党人》、《解放日报》等报刊；还领导创办了红色中华通讯社、新华社、延安新华广播电台等新闻机构；撰写、审阅、修改了许多党报社论、评论和新闻；发表了《在延安解放日报改版座谈会上的讲话》、《对晋绥日报编辑人员的谈话》等一系列的新闻工作指示和论著，为发展中国无产阶级新闻理论及其新闻事业作出了举世瞩目的贡献。《毛泽东新闻工作文选》是他逝世后出版的经典性新闻思想著作。

《湘江评论》的《本报启事》和《创刊宣言》阐明了以"宣传最新思潮"为宗旨，并强调指出，"自'世界革命'的呼声大倡，'人类解放'的运动猛进……这种潮流，任是什么力量，不能阻住。"并且号召"世界上最强大的力量是全体人民联合的力量，人民应当团结起来为自己的彻底解放向强权政治作斗争"。《湘江评论》的职责，就在于研究传播和推行当前世界的革命新思潮。

根据办刊宗旨，毛泽东撰写了长篇论文《民众的大联合》，在第 2、3、4 号上连载。文章号召全国工人、农民等人从小联合入手，进而组成大联合，共同起来闹革命。文章指出，"俄罗斯以民众的大联合和贵族的大联合、资本家的大联合相抗，收了'社会改革'的胜利"，这种胜利"可以普及于世界"。毛泽东还一针见血地指出，辛亥革命之所以失败，就是因为它"与我们民众的大多数毫无关系"。他预言，"中华民族的大联合将较任何地域任何民族而先告成功"，"我们黄金的世界，光华灿烂

① 窦其文：《毛泽东同志报刊活动简表》，《新闻研究资料》第 28 辑，第 42 页，中国社会科学出版社 1984 年版。

的世界,就在面前"！这对当时灾难深重的中国人民是有力的鼓舞,也是毛泽东民主统一战线思想的萌芽。

该刊热情奔放地歌颂了俄国十月革命的伟大胜利及其深远影响,说明中国五四运动正是在十月革命的感召下爆发的,是世界无产阶级革命的一部分。《民众的大联合》还进一步论述了民众联合的必要性、步骤和方法,找到了推翻旧势力的强大力量。这是毛泽东早期关于建立人民革命统一战线战略思想的雏形。此文发表后,立即被成都、北京、上海等报刊全文转载或部分摘发,或者加以评介,赞誉它是"现今的重要文字"①。

《湘江评论》还大张旗鼓地进行反帝反封建宣传。它揭露巴黎和会的分赃实质,斥责帝国主义的头子们都是"一类的强盗","满嘴的平等正义",实际上都是欺骗人民的"鬼话",并警告他们"'末日审判'将要到了",并以大量篇幅介绍英、美、法、德、意等国的罢工活动。它也揭露当时中国的封建军阀统治"名为共和,实则专制"。它辛辣地讽刺当时主张"尊孔逆挽潮流"的封建势力,就像要逆挽长江"从昆仑山翻过去",那么到欧洲"就坐船走昆仑山罢",这当然是不可能的。它在揭露封建制度的不平等时说:"什么'贞操'都限于我们女子！'烈女祠'遍天下,'贞童庙'又在哪里?"这些宣传像霹雳闪电,振聋发聩。它还号召人民联合起来,以"天不要怕、鬼不要怕、死人不要怕、官僚不要怕、军阀不要怕、资本家不要怕"②的革命精神,向一切腐朽

的旧世界猛烈攻击,矛头直指北洋军阀政府。

《湘江评论》的指导思想基本上是民主主义的,反映了毛泽东当时从一个革命民主主义者向马克思主义者发展的过渡状态。《湘江评论》不仅对于五四时期的革命运动有推动和指导作用,而且对于后来在我国传播马克思主义、促成中国共产党的建立和推动中国革命运动的发展起了开路先锋的作用。后来,毛泽东回忆说,《湘江评论》"对于华南学生运动有很大的影响"。李大钊称它是全国最有分量、见解最深的刊物,读者称之为"湘江的怒吼"。因此深受读者欢迎,每期印数 4000 至 5000 份,很快便销售一空。

但是,该刊由于受无政府主义的影响,某些观点并不是马克思主义的。如主张"呼声革命"、"无血革命";认为贵族资本家和其他强权者,能够维持自己的特殊利益,剥削多数平民的公共利益的原因"第一是知识,第二是金钱,第三是武力"等。这说明该刊还是处于由民主主义向无产阶级报刊过渡的阶段。

《湘江评论》第一期印 2000 份,以后每期印 5000 份,共出版四期和"临时增刊"第一号,第五期在付印时因被污蔑为"怪人怪论"、"邪说异端",于 1919 年 8 月上旬被湖南军阀张敬尧查封。

---

① 参见《每周评论》第 36 号第 4 版,"介绍新出版物"栏,1919 年 8 月 24 日。

② 《湘江评论》创刊号,1919 年 7 月 14 日。

6.3.2 周恩来与《天津学生联合会报》

《湘江评论》创办一周后,《天津学生联合会报》于1919年7月21日在天津创刊,主编周恩来。先为日报,每日出对开一大张。后改为三日刊,对开一张半。设有《主张》(社论)、《要闻》、《时评》、《新思潮》、《来件》、《文艺》、《演说》、《外论》、《翻译》、《函电》、《国民常识》等栏目,《主张》和《时评》是它的重点,由刚从国外归来的周恩来主编,而这两个重点栏目的稿件,大多也出自他的手。(图6-4)

图6-4 《天津学生联合会报》
(原载五四运动纪念馆网)

周恩来(1898—1976),字翔宇,笔名有飞飞、伍豪、少山、冠生等。原籍浙江绍兴,生于江苏淮安。伟大的马克思主义者和无产阶级革命家,卓越的无产阶级新闻学家和报刊活动家,中国人民解放军的创始人之一。他的父亲是小职员,9岁丧母,12岁随伯父到东北铁岭县银冈书院读书,后到奉天东关模范学校读书。辛亥革命爆发后,带头剪去辫子,宣传新思想、新文化。五四运动前,1913年到1917年,在天津南开学校读书时,周恩来就关心国家大事,组织学生社团"敬业乐群会",主编会刊《敬业》杂志,担任南开学校校刊《校风》的纪事类主任和总经理。此间共发表文章162篇,诗歌7首,揭露旧中国的黑暗腐败。他认为校刊是"千人喉舌",可以通过校刊舆论团结同学,宣扬爱国主义、民主主义思想,反对封建主义。19岁毕业后去日本留学,大量阅读载有苏俄社会主义文章的进步报刊,学习马克思主义。五四运动前夕回国,积极参加五四学生运动,成为天津学联的领导人。

1919年7月周恩来主编《天津学生联合会报》,把这份报纸办成了出色的民主主义报刊、五四运动革命风暴中的战斗号角。1920年1月主编觉悟社社刊《觉悟》月刊。年底,赴法勤工俭学,行前他被《益世报》聘为特约记者。在旅欧期间,他为国内报刊《益世报》、《新民意报》副刊《觉邮》等撰写通讯60篇,约25万多字。1922年6月,周恩来加入中国共产党,任中国共产主义青年团旅欧支部书记。8月,他和赵世炎在巴黎出版了总支部机关报《少年》月刊,后改名《赤光》。在《少年》和《赤光》上共发表文章43篇。同时,还帮助华工总会出版《华工旬刊》。

1924年8月周恩来回国后,领导黄埔军校"青年军人联合会"出版《中国军人》旬刊(后改月刊)。1925年东征时,帮助创办《岭东民国日报》。这时,在中共中央机关报《向导》和《人民周刊》上发表文章十余篇。土地革命期间,曾在《红色中华》、《红星报》、《中央军事通讯》等报刊上发表文章。抗战期间,他领导了《群众》周刊和《新华日报》的编辑出版工作,发表文章60余篇。1941年春,担任中共中央广播委员会主任,领导筹建延安新华广播电台。1949年初,经他提议并被党中央批准,南京、上海出版了《新华日报》和《解放日报》。新中国成立后,他更是重视新中国的新闻事业的建设和发展。据统计,从1950年3月到1974年5月,经他审阅、修改、批准在《人民日报》上发表的文章达700多篇、版样28个,发表关于新闻工作的指示、接受记者采访,次数之多,数不胜数。周恩来为我国无产阶级新闻事业的创立与发展贡献了毕生精力!

《天津学生联合会报》的性质和宗旨,在其创刊号《天津市中等以上学校学生联合会日刊发行旨趣书》和《革新、革心》的社论中作了明确的阐述:"本日刊是学生联合会的舆论机关",要"本民主主义发表一切主张"。社论强调指出,"革新"就是改造中国,改造社会;"革心"就是革除人们思想上的一切旧传统观念和传统影响,阐明了改造社会与改造思想的辩证关系①。

周恩来用"飞飞"署名写的时评《黑暗势力》,矛头直指镇压学生运动的卖国政府及其后台日本帝国主义,大声疾呼:"推倒安福派,推倒安福派

所依仗的首领,推倒安福派所凭借的军阀,推倒安福派所请来的外力。"面对来势汹汹的黑暗势力,他鼓励人们:"要有准备!要有办法!要有牺牲!"他还指出,反对暴虐的军阀政府,"不能单用请愿、上书、发宣言之类的办法",而要广泛发动组织各界群众起来罢工、罢市、罢课,依靠声势浩大的群众运动,来求得中国"根本的改造"。

该报以大量篇幅报道学生运动、工人罢工斗争,并派出"特派员"专程赴山东采访,还发行号外支持山东学生群众代表赴京请愿②。该报积极支持、声援指导五四运动,热烈欢呼由十月革命所掀起的世界革命大风暴,号召中国学生认真地"感受这种潮流",研究这种新思潮。该报对联络京津等地的斗争,推动全国群众运动的发展,起了很大的作用。

《天津学生联合会报》的出版受到社会的好评,读者称赞它是天津的"新曙光"、"全国的学生会报冠"。上海《新人》说,该刊办得"很有精神","比较的更为敢言"。南京的《少年世界》说,天津学生办的报纸中,最有价值的"自然要算这报了"。北京《晨报》说,"它办得很有价值"。彭明编撰的《五四运动史》评价道:"当《天津学生联合会报》关于京津请愿代表被捕的'号外'出现在天津街头的时候,全市沸腾

---

① 参见白润生:《中国新闻通史纲要》(修订本),第125~126页,中央民族大学出版社2004年版。

② 参见丁淦林:《中国新闻事业史》,第198~199页,高等教育出版社2002年版。

起来了,群众愤怒声讨卖国政府,上千人要求参加赴京请愿斗争。8月25日,天津组成了几百人的队伍,分批赴京。26日,北京、天津等地学生共三四千人,向总统府进发。"

《天津学生联合会报》除在天津发行外,还行销北京、上海、南京等许多地方,平时每日销数4000份,最高日销达1万份以上。北洋军阀暗中监视它,出版仅两个多月后,9月2日就被反对当局以"妨害公共安宁秩序"的罪名查封。后来,当局又千方百计阻挠该报复刊。经过反复斗争,10月7日复刊,改为三日刊。周恩来为复刊号写了《本报继续出版的布告》,表示不论反动当局如何阻挠迫害,本报"天天在奋斗里讨生活",今后仍将传播学生奋斗的消息,拿出全力同反动派斗争。该报第100期特地取名"奋斗号"。直至1920年初停刊,共出版100多期。

周恩来在"五四"时期已有办报经验。他重视报刊的舆论作用,曾说:"我们学生联合会在求社会同情的时候,不能不有两个利器:一个是演讲,一个是报纸。"他还以《天津学生联合会报》为中心,组成有天津各校学生报刊参加的天津学生报社联合会,其宗旨是"联络感情,交换意见,造成强有力之言论机关,以指导社会,监督政府及各言论机关"。该会每月定期开会,研究形势和对策,统一战斗步伐,从而加强了学生报刊的团结,推动天津舆论界走向进步。

1920年1月20日,周恩来主编的《觉悟》月刊创刊,这是另一个学生团体"觉悟社"的刊物。周恩来在创刊号上发表了三篇文章和五首白话诗,其中《觉悟》和《觉悟宣言》是两篇纲领性短论。前者实际是发刊词,仅600字,论述精辟,言简意赅,文章指出"从'觉悟'中生出来的效果,必定是不满现状,去另辟一条新道,接连不断地往前走,去求无穷的变化"。后者讲得更明确:"凡是不合于现代化的军阀主义、资产阶级党阀、官僚、男女不平等界限、顽固思想、旧道德、旧伦常……全认为它应该改革。"这个刊物提倡学生思想改造,为现实斗争服务,仅出版一期便停刊了。

6.4 新闻事业的改革

由于形势的迅速发展和新思潮的影响,五四新文化运动给我国这一时期的新闻事业以新的变化和改革,主要表现在以下几个方面①:

第一,在语言文字上,白话文和新式标点符号的广泛应用,使报刊宣传朝着通俗化、大众化的方向迈进了一大步。

早在1876年,《申报》为招徕读者就出过"如寻常说话"的《民报》,"每句文末都空一格,人名及地名多用直线和点线标其榜"。后来,《无锡白话报》、《中国白话报》也都对报刊使用白话文和标点符号起了推动作用。但是直到五四之前,也没有形成潮流。

---

① 参见白润生:《中国新闻通史纲要》(修订本),第127~131页,中央民族大学出版社2004年版。

作为新文化运动的主要阵地《新青年》，首先倡导和使用白话文。《新青年》的主要编撰者陈独秀、李大钊、鲁迅、胡适、蔡元培等，不仅提倡、而且用白话文进行写作，这使我国报刊文风一新。《新青年》问世时，整个社会的报刊、教科书、应用文几乎全部使用文言文写作，连《新青年》的第1卷还全部是文言文。从第2卷开始，才有了胡适用白话翻译的小说和他写的白话诗。钱玄同在第3卷第6号最先提出不论写论文，还是通信，"一概用白话"。从第4卷起白话文增多，而第6卷《新青年》几乎完全采用白话文。在它的影响下，有数百种报刊纷纷效仿。《新青年》、《少年中国》等用白话文论学；《每周评论》、《湘江评论》等用其论政；《觉悟》、《晨报》副刊刊载白话文的小说、新诗。在报刊上还出现了用白话文写的短评、通讯以及消息和社论。

在推广白话文时，又是《新青年》最早突破陈规陋习，从第4卷起使用新式标点符号。过去报刊上的文字，既不分段落，也不加标点，只在句读处加圈，《新青年》带头采用标点符号，还在第7卷第1号公布了《本志所用标点符号和行款的说明》，把标点符号统一为13种，许多报刊也相继采用。白话文和新式标点的广泛应用，不仅在整个新闻界，而且在思想界、文化界、教育界产生了很大影响。

《新青年》进行这些改革时，经历了一番和封建旧势力的斗争。鲁迅把这比做打了一场"大仗"。他在《新青年》的《随感录》栏撰文，怒斥那些反对白话文的旧文人是"现在的屠杀者"。

第二，报纸编排的改进和副刊的重大革新。

首先在宣传内容上有了较大变化，宣传新思潮的文章在报刊上占了重要版面或重要成分。不仅这类文章在《新青年》占有显著位置并有一席之地，而且其他报刊也把宣传新思潮的文章放在醒目的位置。如《每周评论》在1919年4月13日头版头条刊载的是《匈牙利新政府的消息》，而接着登载了《国际劳动委员会的草案》，这两条已占1/2版面。前面讲述的《新青年》出版马克思主义专号等，都是在报刊内容方面的巨大变化。

其次是编排形式的变化。这一时期各大报都采用《时报》版式，即对开双面印成4版的形式，"杂志报纸化"风行一时。版面的编排突出了重要新闻，特别是头版头条。把"大总统令"之类的公告，降到次要位置；甚至作为补白处理。并且开始分栏，出现了四栏、五栏、六栏、七栏、八栏等多种形式，实行分类编辑法。标题的制作，出现了对偶题、多行题、两栏题，甚至还有专栏标题、通栏标题。标题的字号有大小之分，讲究色彩、层次、虚实，明显地表明了对新闻事件的态度，具有评论事件、引导读者的作用，标题的制作已经现代化了。

这个时期我国报纸的一些副刊突破了它的消闲性质，把它变成宣传新文化、新知识、新思想的阵地。此时还出现了脱离正张而独立的副刊，即正张内容是反动的，而副刊却宣传马克思主义的特殊现象。其中,影响较大的有三大著名副刊①。

（1）北京《晨报》副刊　在这场改革中,北京的《晨报》副刊走在了前边。从1919年2月7日起增设《自由谈》和《译丛》,聘请有初步共产主义思想的李大钊担任改版的编辑。在李大钊的主持下,《晨报》副刊出版了《劳动节纪念》专号,辟有《马克思研究》专栏,后来还大量刊载介绍和报道俄国革命、俄国建设的文章和通讯。瞿秋白等人采写的旅俄通讯也发表在这个刊物上,对苏联的政治、经济、文化、外交、党的建设、工人组织、农民问题、民族问题等,形象而生动地作了报道和介绍。1922年10月还出版了《俄罗斯革命纪念专号》,把十月革命的宣传向前推进了一步。1921年10月12日第七版开始改为4开4版的单张,即有名的《晨报副镌》,发表鲁迅的小说和杂文等作品,用主要篇幅来提倡新文学。

（2）上海《民国日报》的《觉悟》副刊　1919年6月16日起,上海《民国日报》取消了《民国闲话》和《民国小说》两个副刊,另办《觉悟》副刊,由邵力子主编。1920年5月20日起改出8开4页单张,随报赠送,后每月汇成一册,单独发行。它大力宣传反封建的民主主义思想,并开始介绍社会主义思潮。1920年中共上海发起组成立后,其成员邵力子、陈望道等继续主持《觉悟》的编撰,曾发表过马克思恩格斯的《共产党宣言》、列宁的《国家与革命》等许多著作的内容,还介绍了十月革命后苏俄社会主义建设和生活情况。这使《觉悟》副刊变成宣传马克思主义、社会主义的一个阵地。1925年12月,《民国日报》被国民党右派掌握后,《觉悟》失去了进步作用。

（3）上海《时事新报》的《学灯》副刊　1918年3月4日创刊,初为周刊,1919年12月起每日发刊,由不足一版,扩为两版,1922年改为4开4版。初由张东荪主编,后继主编有俞颂华、宗白华等。除主要介绍资产阶级学术文化外,还曾刊登过有关社会主义和马克思主义的文章,如日本河上肇的《马克思的唯物史观》、《马克思社会主义理论体系》等译文,此外还曾发表过李大钊、陈望道的文章和郭沫若早期的诗作,转载过毛泽东的《民众的大联合》。《介绍新刊》一栏刊发了一批各地新办刊物的发刊词和目录。后来该刊向右转,脱离进步文化潮流。（图6-5）

图6-5　《学灯》副刊

（原载百度百科）

---

① 参见丁淦林:《中国新闻事业史》,第210、212页,高等教育出版社2002年版。

五四时期的进步副刊办得很有特色。它们强调文化娱乐性，介绍新文学，发表大量新诗、散文、短篇小说、知识小品等文艺作品，给读者以精神享受，并具有思想战斗性，大力宣扬民主与科学思想，传播社会主义新思潮，内容丰富，题材多样，短小生动，很吸引人，为办好我国报纸的副刊提供了有益经验。

第三，新闻体裁的突破和发展。

首先是政论重新受到重视并发展到一个新阶段，除社论外，还有专论、代论、选论、评论等新的体裁兴起。这个时期的报刊还创造了"述评"这一体裁。述评是消息和评论结合的产物，主题鲜明、思想深刻、语言锋利、针对性强。《每周评论》首先使用，接着《湘江评论》辟有"西方大事述评"、"东方大事述评"、"湘江大事述评"等栏目，以后《双周评论》、《钱江评论》、《妇女评论》、《星期评论》等也跟着广泛使用。还有《新青年》上开创的"随感录"专栏中的短小评论，经鲁迅发展成为政论性杂文，以后又有了三言两语的杂文，杂文的出现也是报刊文体的一个创造和发展。

其次，这个时期短消息被大量使用，特别是在电讯上。当时电报价格昂贵，记者不得不写短新闻，甚至一句话新闻。如1919年6月7日《民国日报》第4版中有45条电讯，全是短消息。

第四，设置国外特派员，开展国际通讯报道。

第一次世界大战后，我国人民迫切需要了解国际形势及其发展。大报不仅在国内各地区、各主要城市派有记者、特约通讯员，还向国外派出特派员和特派记者，以便开辟国际新闻来源。最先派往的是日本，以后陆续在留学欧美的学生中发展国外通讯社和特派员。1920年10月，《晨报》与《时事新报》合筹经费，向美、英、法、德、俄等欧美5国一次派出7名特派员。其中派往俄国的瞿秋白、俞颂华、李宗武于次年1月到达莫斯科，成为我国采访苏俄的第一批新闻记者。

另外，周恩来为天津《益世报》写了56篇旅欧通讯，深刻反映了当时欧洲的革命形势、旅欧华人的斗争和中国留学生的艰苦生活。1919年12月，《大公报》经理兼总编辑胡政之以该报记者名义赴法，是采访巴黎和会消息的唯一中国记者。此外，罗家伦、赵世炎、李维汉等也曾向国内报刊投稿、通信，这些来自外国通信都曾在国内产生过广泛影响。

第五，新闻学研究和新闻教育的开端。

革命民主主义报刊的产生和发展，促进了我国新闻学研究和新闻教育的兴起。1918年10月，"北京大学新闻学研究会"宣告成立，研究会的宗旨是："研究新闻学理论，增长新闻经验，以谋新闻事业之发展。"这是我国第一个新闻学研究团体，也是我国新闻教育的开端。北大校长蔡元培任会长，北大教授徐宝璜和京报社长邵飘萍主讲新闻学。学会还出版了三期《新闻学周刊》，它是我国首先采用横排的现代刊物,也是我国第一个新闻学业务刊物。

徐宝璜（1894—1930）字伯轩,江西九江人。1912年赴美国留学,学习经济和新闻学。1916年回国任北京《晨报》的编辑、北京大学教授。1923年,北京平民大学报学系成立,他任教授,后任系主任。他讲授新闻学概论基本知识,并指导编辑新闻的练习。1919年12月,北京大学出版部以新闻学研究会名义出版了徐宝璜为学会讲课所写的讲义《新闻学》,这是我国第一部新闻学著作。蔡元培为该书作序,称赞它"在我国新闻界实为'破天荒'之作"。此外,他还著有《新闻事业》（与胡愈之合著）、《邵飘萍<实际应用新闻学>序》、《新闻之性质及其价值》、《新闻纸与社会之需要》、《新闻事业之将来》、《新闻学刊全集序言》等文著。

继"北京大学新闻学研究会"之后,从1920年开始,我国的新闻教育事业逐渐发展起来。1920年9月,上海圣约翰大学正式创办"报学系"。1923年,北京平民大学创办新闻系。1924年,燕京大学新闻系和北京国立法政大学新闻系成立。

新闻学研究和新闻教育的发展是相辅相成的、相互促进的。这个时期新闻事业的发展,提出了许多值得总结、探讨的问题,成为新闻学研究的新课题。这期间除徐宝璜的著述外,还有任白涛的《应用新闻学》（1922年）、邵飘萍的《实际应用新闻学》（1923）和《新闻学总论》（1924）等。

【本章小结】

本章简明地讲述了革命民主主义报刊的兴起与发展历史,较为全面系统地介绍了这一过程中出现的著名报刊与报人。通过这一章的学习,使学生认识到马克思主义的传播、五四运动的爆发,促进了工人运动的发展和思想解放,进而推动了中国现代新闻史上第一次办报高潮的出现和新闻工作改革的开展。

【思考题】

1. 试述《新青年》的创办经过及其对新文化运动的贡献。

2. 试述《每周评论》的宣传报道重点与特色。

3. 试述陈独秀、毛泽东、李大钊、周恩来等人的报刊活动。

4. 试述五四时期我国新闻事业的重大改革。

【延伸阅读】

1. 白润生. 中国新闻通史纲要:修订本. 北京:中央民族大学出版社,2004

2. 方汉奇. 中国新闻事业通史:第2卷. 北京:中国人民大学出版社,1992

3. 丁淦林. 中国新闻事业史. 北京:高等教育出版社,2002

4. 方汉奇. 中国新闻传播史. 北京:中国人民大学出版社,2002

5. 黄瑚. 中国新闻事业发展史. 上海:复旦大学出版社,2001

7 无产阶级报刊破土 而出及初步发展

导言

本章学习目标 通过本章的学习,要求全面了解中国共产党发起组和中共中央机关刊物的创建和发展,掌握党领导下的群众报刊活动的产生与发展,充分认识统一战线报刊的情况、了解初步形成的无产阶级新闻理论。

本章难点 发起组机关刊与中共中央机关刊的创建与发展 工人报刊的创建与发展 无产阶级新闻理论的初步形成

无产阶级报刊的创办与发展,同中国共产党走过的道路紧密相连。

1920年8月中国共产党上海发起组成立,相继将《新青年》改组为机关刊并创办了理论机关刊《共产党》,自此,无产阶级报刊诞生并蓬勃发展起来。1921年7月中国共产党成立,中共中央创办机关刊《向导》,推动和领导了团刊、工农报刊、妇女报刊和军队报刊的创办与发展,同时,由于国民党报刊事业正处于低谷,中国共产党还帮助国民党创办了一批统一战线报刊。

纵观这一时期,共产党的报刊、革命报刊成为报刊业的主体,它们在反帝反封建的斗争中,在革命统一战线的宣传中都发挥了重要作用。

7.1 中国共产党发起组机关刊物及工人报刊的创办和发展

7.1.1 《新青年》改组、《共产党》月刊和华俄通讯社

7.1.1.1 中国共产党上海发起组成立和《新青年》改组

五四时期,《新青年》作为新文化运动的旗帜,对马克思主义在中国的初步传播起到了非常重要的作用。但在中共上海发起组成立前,它只是资产阶级的民主启蒙刊物;直至1920年9月该刊进行了改组,才实现了它向无产阶级社会主义刊物的转变。

《新青年》的转变经过了一个过程。1919年12月,陈独秀在7卷1号上发表《本志宣言》,宣布抛弃帝国主义和资本主义,这可谓该刊向无产阶级性质转变的开端。1920年初,陈独秀到了上海,将《新青年》迁至上海出版,五月出版第7卷第6号是"劳动节纪念号",上面刊载了陈独秀的《劳动者彻底觉悟》和李大钊的《五一运动史》,再次将《新青年》向着无产阶级方向推进了一步。

1920年8月,中国共产党上海发起组成立,迫切需要建立自己的舆论阵地,于是,从1920年9月1日第8卷第1号起《新青年》正式改组为中国共产党上海发起组公开的机关刊物,我国无产阶级新闻事业由此诞生。

《新青年》改组的标志主要有:

(1)组织领导方面 在组织上和经济上接受中共上海发起组的领导。编辑部仍由陈独秀主持,但此时,陈已经由激进的民主主义立场转变到无产阶级立场上,并成为中共上海发起组的负责人,中共上海发起组成员李汉俊、陈望道、袁振英等加入编辑部并成为骨干。印刷发行上,解除原来与益群书店的关系,成立新青年社,独立印刷发行。

(2)形式与内容方面 明确表明拥护马克思主义的态度。从第8卷第1号起,《新青年》封面正中绘制了一幅地球图案,东西半球各伸出一只手紧紧相握,以此"暗示中国人民与十月革命后的苏维埃必须紧密团结,也暗示全世

界无产阶级团结起来的意思"①。这一期上，发表了陈独秀《论政治》一文，这是《新青年》改组为无产阶级刊物后的第一篇政治宣言，表明拥护无产阶级革命和无产阶级专政的坚定态度。同时，从这一期起，《新青年》开辟《俄罗斯研究》专栏，到第9卷第3号停办该专栏时，共发表36篇文章，包括译自英、美、法、日等报刊有关苏俄政治、经济、军事、文化情况的的文章，还有列宁生平及其著作的介绍。这一专栏的设置，为读者了解马克思主义和俄国革命提供了丰富材料，起了树立旗帜的作用。（图7-1）

图7-1　改版后的第一期《新青年》

（原载丁淦林主编：《中国新闻事业史》，第203页，高等教育出版社2002年版）

改组后的《新青年》进行了一系列变革，逐步加强了马克思主义宣传的比重。从第8卷第1号到第9卷第6号终刊止，《论说》栏发表了系统阐述马克思主义社会主义的专论共10篇，如陈独秀《社会主义批评》《马克思主义学说》，李达《讨论社会主义并致梁任公》，李大钊《平民政治与工人政治》等；出版《关于社会主义的讨论》专辑（第8卷第4号）和《讨论无政府主义》专辑（第9卷第4号），展开马克思主义和其他形形色色思想的论战，为马克思主义在中国的传播、为中共的建立清除了思想障碍。《随感录》一栏发表短评49篇，所抒发感想集中于坚持社会主义、反对反社会主义的思潮和言行。

在人员组成上，此时的《新青年》还保持着新文化运动统一战线的面貌，一面与原有的编辑、作者保持联系，一面扩大编辑、作者队伍，增加新的力量。随着刊物马克思主义宣传的深入，编辑部内部分裂加速。1920年底至1921初，《新青年》内部进行了一次论争，起因是胡适写信给陈独秀，指责改组后的《新青年》"色彩过于鲜明"，主张将《新青年》迁回北京出版，并恢复"不谈政治"的戒约。实际上胡适是想借此控制《新青年》并改变其政治方向。陈独秀复信明确表示不赞成迁回北京，并称坚持社会主义方向，鲁迅则指出胡适的不谈政治是不可能的。胡适的意见受到否决后，便退出了《新青年》编辑部。

① 《茅盾回忆录》（四），《新文学史料》第4辑，1979年版。

《新青年》的改组，标志着中国无产阶级报刊的诞生，它对民众进行了马克思主义的思想启蒙，激励一代有志青年投身中国革命的伟大道路。毛泽东曾经高度赞誉《新青年》说："五四运动替中国共产党准备了干部。那个时候有《新青年》杂志，是陈独秀主编的。被这个杂志和五四运动警醒起来的人，后来有一部分进了共产党。这些人受陈独秀和他周围一群人影响很大，可以说由他们集合起来，这才成立了党。"①

1921年7月中国共产党成立后，《新青年》成为中共中央的理论刊物。

7.1.1.2 《共产党》月刊的创办

为了推动党的筹办工作，加强对于先进知识分子的马克思主义思想教育，1920年11月7日，中共上海发起组又秘密创办了理论机关刊物《共产党》月刊。

《共产党》16开本，每期50页左右，至1921年7月出版第6号后停刊。

主编李达（1890—1966），字永锡，号鹤鸣，湖南零陵人，中国共产党创始人之一。他是马克思主义理论家，也是著名的马克思主义宣传家和中国共产党报刊事业的开拓者。李达主编《共产党》月刊时，编辑部只有他一人，组稿、审稿、校对、出版、发行等工作全部由他完成。出于安全考虑，刊物编辑部设在位于上海法租界的李达住所，刊物不标明编辑、印刷、发行的地址，而是在每期《新青年》上登出的《共产党》广告启事上假称在广州出版。

月刊定名为《共产党》并将创刊日期选在俄国十月革命胜利三周年的日子寓意深远，表明了它坚定地走十月革命道路的决心。与此相应，其宣传内容集中于三个方面：

第一，出于建党工作的需要，以大量篇幅集中宣传共产主义和共产党的知识。比如，它刊载第三国际和国际共产主义运动的有关材料，介绍列宁的建党学说和苏共经验；开辟《世界消息》专栏，报道欧美各国共产党成立的消息，并译载《美国共产党党纲》《美国共产党宣言》等文献。总之，它第一次在中国历史上树起了"共产党"的大旗。

第二，论述中国革命的道路和党的革命纲领，论证只有社会主义、共产主义才能救中国；主张无产阶级以革命斗争的方式夺取政权，改造社会。在第一期《短言》中，编者宣布："只有用阶级战争的手段，打倒一切资产阶级，从他们手中抢来政权；并且用劳动专政的制度，拥护劳动者的政权，建设劳动者的国家以至于无国家……"驳斥中国"无地主、无资本家，没有阶级区别"的谬论，批判资产阶级改良主义和无政府主义等反马克思主义思潮。这样，《共产党》月刊代表中国共产主义知识分子进行了关于中国革命问题的初步探讨。

第三，向工农大众报道国内工人运动的发展动态，它还曾发表《告中国的农民》《告劳兵农》等富有鼓动性的呼吁书，激励工农群众加入斗争行列。

---

① 《"七大"工作方针》，1981年7月16日《人民日报》。

在李达的主持下,《共产党》月刊成为早期各地共产主义者学习党的基本知识的必读教材,是各地共产主义小组交流和沟通的重要纽带,最大发行量达到5000多份,在筹备建党的过程中发挥了极为重要的作用。

7.1.1.3 华俄通讯社的创办

1920年7月,共产国际工作组和中共上海发起组领导和创办了中俄通讯社(后改称华俄通讯社,简称华俄社),社址在上海。这是我国最早的无产阶级通讯社,由共产国际来华小组成员兼翻译杨明斋主持。杨明斋在旅俄时加入俄共,1920年4月,他随共产国际代表团来到中国,帮助建立共产主义组织,并成为中共上海发起组成员。

当年7月1日,华俄社发出了第一篇稿件《远东俄国合作社的情形》,次日即为上海《民国日报》刊用。这之后,华俄社不断向《新青年》、《民国日报》等报刊提供介绍十月革命后苏俄情况的稿件,同时,也选择北京、上海报纸有关中国的消息译成俄文供莫斯科采用。

1925年8月,华俄社停办。五年多的时间里,它为中俄两国人民交流文化、两国无产阶级沟通情况以及传播十月革命的经验发挥了积极作用。

7.1.2 第一批工人报刊的创办与发展

1920年下半年,上海、北京、广州等地相继成立共产主义小组。为了更好地向工人阶级宣传马克思主义,各地共产主义小组办起了以马列主义为指导、以工人为读者对象的通俗报刊。主要有上海《劳动界》、北京《劳动音》、广州《劳动者》(通称"三劳")等。

7.1.2.1 《劳动界》

1920年8月15日由中共上海发起组创办,32开本,周刊,每期16页,1921年1月23日停刊,共出24期。由李汉俊①、陈独秀负责编撰。

该刊旨在改善工人阶级的境遇,启发工人的阶级觉悟,鼓励工人联合起来开展革命运动。发刊词《我们为什么要办这个报》中明确表示:"我们印这个报,就是要教我们中国工人晓得他们应该晓得的事情。"本着这一使命,该刊开设国外劳动界、国内劳动界、时事、诗歌、小说、通信等众多栏目,以浅显简洁的语言和生动的事例,深入浅出地介绍马克思主义的基本理论(如揭露资本家剥削的秘密),报道国内外风起云涌的工人运动,呼唤工人觉醒。

7.1.2.2 《劳动音》

1920年11月7日由北京共产主义小组创办,版式仿《劳动界》,周刊,1920年12月5日出至第5期停刊。由

---

① 李汉俊(1890～1927),湖北潜江人,为早期马克思主义在中国的传播做出了杰出贡献。上海共产主义小组发起人之一,后脱离共产党。

邓中夏①、罗章龙②等负责编撰。

该刊旨在促进国内劳动同胞的团结,推动工人运动的发展。发刊词《我们为什么出版这个<劳动音>呢》中声明:"我们出版这个《劳动音》来阐明真理,增进一般劳动同胞的智识……记述世界劳动者的运动状况,以促进国内劳动同胞的团结,及与世界劳动者携手,共同去干社会改造的事情。"其主要内容是反映当时工人受压迫的悲惨生活,报道工人罢工斗争情况,并指导工人正确斗争的方法和途径。比如,该刊曾经详细报道南京万余机织工人捣毁省议会的斗争,并发表评论揭示事件根源,对工人大无畏精神予以赞扬。该刊很快在长辛店等工人聚集地广为流传、影响很大。

《劳动音》因被查禁停刊后,又改名《仁声》出版了3期,因经费问题停刊。

7.1.2.3 《劳动者》

1920年10月3日由广东共产主义小组在广州创刊,1921年1月2日停刊,共出版8期。该刊强调工人必须组织起来,推翻现存制度,实现社会主义,才能得到解放。发刊词《劳动者呵!》宣称,该刊宗旨是主张开展劳动运动,唤起工人团结自救。

前4期由梁冰弦、刘若心等共产主义小组中的无政府主义者负责编辑,因而该刊存在无政府主义和工团主义倾向。后4期由谭平山等人编辑,主要内容是传播新思想、报道创建工会和工人罢工的情况、介绍苏俄劳工和工人运动。

《劳动者》第2、4、5、6号连载了《国际歌》歌词(当时名为《劳动歌》),这是这首歌词在中国的首次译载。

《劳动界》、《劳动音》、《劳动者》三个刊物的出版背景、宣传宗旨、服务对象和编排版式基本相同,因而当时被称为兄弟刊。

7.1.3 早期无产阶级新闻事业产生的历史条件和特点

7.1.3.1 早期无产阶级新闻事业产生的历史条件

无产阶级报刊的诞生有其深刻的社会背景。

第一,五四运动后,我国无产阶级自觉地登上了政治舞台,开始领导新民主主义革命的进程,声势浩大的阶级斗争要求无产阶级创办自己的舆论阵地,这使无产阶级报刊的诞生有了阶级基础。

第二,当时,涌现出一批初具共产主义思想的先进知识分子,其中的一些人有着丰富的编撰期刊的经验,他们发起组成了共产主义小组,为无产阶级报刊的诞生提供了人员基础。

第三,马克思主义和社会主义理论在中国的广泛传播,使无产阶级报刊的

---

① 邓中夏(1894~1933),湖南宜章人,中国无产阶级革命家和著名报刊活动家,早期工人运动的卓越领导人。

② 罗章龙(1896~1995),湖南浏阳人,曾任中共重要领导职务,积极从事无产阶级报刊活动,后被开除出党。曾任河南大学、西北大学、湖南大学、中南财经学院、湖北大学等高校教授。1979年后任中国革命博物馆顾问、全国政协委员。著有《中国国民经济史》、《椿园载记》。

诞生有了思想理论基础。

由于具备以上条件，无产阶级新闻事业应运而生，这是历史发展的必然结果。

7.1.3.2 早期无产阶级新闻事业的特点

我国早期的无产阶级报刊有三种类型：一是由民主主义报刊演变而来的，如《新青年》；二是各地共产主义小组创办的，如《共产党》月刊；三是各地工人团体在具有共产主义思想的知识分子指导下创办的，如《劳动界》等工人报刊。以它们为代表的早期无产阶级新闻事业体现出以下特点：

第一，"先有报，后有党"。从时间上看，我国先有无产阶级报刊和通讯社，后有中国共产党的成立。这是中国新闻事业特有的现象。

第二，具有鲜明的阶级性。中国无产阶级新闻事业是在十月革命的召唤下，在五四运动的推动下，在共产党发起组或共产主义小组的领导下，为适应无产阶级的政治需要和筹建党组织的需要而诞生的。它是阶级斗争的产物，因而，从诞生之日起就公开宣布自己是工人阶级的言论机关，是无产阶级的舆论工具。

第三，具有鲜明的党性。中国无产阶级新闻事业一问世就具有鲜明的无产阶级党性，始终坚持以马克思主义为指导思想，并把宣传、捍卫马克思主义作为自己的首要和主要任务。

第四，强调理论联系实际。它们初步把马克思主义理论和中国革命的具体实践结合起来，开始以马克思主义的观点来分析中国革命的具体问题，特别是农民问题对中国革命的重要性。

第五，注重联系群众和依靠工人阶级。改组后的《新青年》，成立了新青年社作为联系工人群众的公开机关；它还帮助工商友谊会创办了通俗《伙友》周刊，扩大了与工人群众的联系。从第8卷第4号起，增设《编辑室札记》，加强编者和读者的联系，听取读者意见，积极改进工作。

我国无产阶级新闻理论和新闻事业的优良传统由此开端。

7.2 中共中央机关报刊的产生和发展

7.2.1 中共中央机关报《向导》及其首任主编蔡和森

7.2.1.1 《向导》的创办

1921 年 7 月，中国共产党诞生。党非常重视报刊宣传工作，在第一次党的代表大会上，已经把出版杂志、日报、周报等内容写入决议。1922 年 7 月党的第二次代表大会专门讨论了党报宣传工作，8 月召开的西湖会议上，中共中央决定创办机关刊《向导》。

1922 年 9 月 13 日，中共中央第一个政治机关报《向导》在上海创刊。这是一份时政评论性的周报，最初是 16 开本 8 页，后改为 12 页、16 页。最初由主持中央宣传工作的蔡和森主编，参加编撰工作的还有陈独秀、李大钊、瞿秋白、彭述之等。1925 年 6 月蔡和森因病离职，《向导》由彭述之接编。

1927年5月该报随中共中央迁往武汉,由瞿秋白接编,同年7月,由于汪精卫叛变而被迫停刊,共出版201期,历时58个月。

《向导》一创刊,就集中宣传党的"二大"制定的民主革命纲领——打倒帝国主义、打倒封建军阀,统一中国为真正的民主共和国,并同为帝国主义服务的报刊(如日本人办的汉文《顺天时报》、英国人办的英文《字林西报》等)进行了激励的舆论斗争,批驳各种错误思想和反动宣传。该报先后辟有《时事评论》、《寸铁》、《世界一周》、《中国一周》、《外患日志》等栏目。这些栏目中的文章分析形势、评论时政,通过具体事实说明帝国主义侵略和封建军阀争权夺利是造成中国连年内战和贫穷落后的根源,使"反对帝国主义"、"打倒封建军阀"成为深入人心的行动口号。

1923年6月,党的第三次全国代表大会确定了与国民党建立革命统一战线的政策后,《向导》又发表很多文章,评论国民党的现状,帮助其总结经验教训,阐述国共合作的有利条件和发展前景,推动了统一战线的巩固和发展。

《向导》在彭述之主编时期,宣传上曾出现右倾机会主义的错误,如不支持农民运动、忽视无产阶级领导权等等,在一定程度上造成了不良影响,但从整体上来说,《向导》是党的早期报刊中坚持最久,且能较为正常出版的机关报,也是第一次国内革命战争期间影响最大的报刊之一,最高发行量曾达到10万余份。如同它的名字一样,《向导》在中国人民反帝反封建的斗争中起了引导者的作用。它的成就,首先当归功于第一任主编蔡和森。(图7-2)

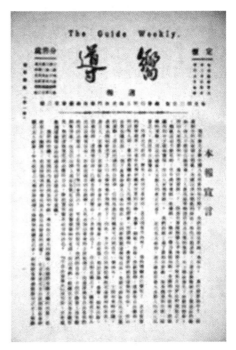

图7-2 《向导》创刊号
(原载人民网)

7.2.1.2 蔡和森对《向导》的贡献

蔡和森(1895～1931),名泽鹰,别号和仙,湖南人。中国共产党早期领导人之一,杰出的无产阶级理论家和宣传家,中国无产阶级新闻事业的先驱。1913年考入湖南省省立第一师范,与毛泽东是同窗好友,两人一起发起新民学会,共同创办《湘江评论》,同学并称二人"毛蔡"。1919年底蔡和森率一批青年赴法勤工俭学,1921年11月回国并在上海加入中国共产党。

创办《向导》时，蔡和森才 27 岁，但他已经具备了一个优秀无产阶级新闻工作者的素质：良好的马克思主义理论修养、渊博的知识、高超的写作能力、勤奋求实的作风，等等。他担任《向导》主编两年零八个月，从组稿到校对等诸多具体工作都由他一人承担。他以忘我的精神致力于编辑工作，并依照办刊宗旨精心写作政论文，共在该刊上发表文章 360 多篇，其中署名"和森"的 130 篇，和夫人向警予（土家族）合写的署名"振宇"的 36 篇，其他多署"记者"、"本刊同人"。这些文章多则五六千字，少则二三百字，分析时局、议论政事、见解深刻，很受读者欢迎。

在蔡和森的主持下，这份刊物积累了丰富的办报经验：

第一，树立了党管党报、集体领导报刊工作的范例。《向导》自创刊就置于党的集体领导下，党中央专门设立了编委会，党的最高领导人是这个委员会的成员，使"政治家办报"成为党的优良传统。

第二，说理的同时注重以事实服人。《向导》的发刊词公开宣布："本报并不像别的报纸一样，只是空发议论。本报所发表的主张，是有数千同志依着进行的。"自创刊《向导》几乎每期都有联系国内国际形势和当时重要政治事件的评论，这些评论以科学的世界观及方法论为指导，从事实出发，深入浅出地说理，及时为读者指明方向。

第三，面向群众，依靠群众。《向导》专辟《读者之声》栏目，刊登群众来信和评论，广泛听取群众意见，接受党内外群众监督，开创了民主办报之先河。

《向导》在蔡和森的主持下充分发挥了它的向导功能，1925 年 1 月，中共四大对它作出了高度评价，称其在全国取得了"舆论的指导地位"①。但是，废寝忘食的工作也极大地损害了蔡和森的健康，1925 年 6 月他离开《向导》去北京治病，之后就再没有进行该刊的工作。1931 年他在香港被捕，不久被秘密杀害。

7.2.2 《新青年》季刊和《前锋》月刊

继《向导》之后，1923 年，中共中央创办了《新青年》季刊和《前锋》月刊，它们和《向导》一样，都是中共中央的机关刊，共同承担了党的宣传工作。

7.2.2.1 《新青年》季刊

《新青年》季刊并非《新青年》月刊的继续。它于 1923 年 6 月 15 日在广州创刊，是党中央的第一个理论机关刊。原定月刊，但由于种种原因无法按时出版，实际成了不定期刊物。1924 年 12 月休刊，1925 年 4 月复刊，1926 年 7 月终刊。共出版 9 期。最初主编是瞿秋白，后来陈独秀和彭述之也曾任主编。

《新青年》季刊以宣传马克思主义为基本任务，创刊号上，瞿秋白执笔的

---

① 李应和：《〈向导〉周报简介》，载 2002 年 7 月 2 日《档案大观》。

《<新青年>之新宣传》指出："《新青年》的职志，要与社会以正确的指导，要与中国平民以智识的武器。《新青年》乃不得不成为无产阶级的罗针。"

《新青年》季刊基本内容有三个方面：

第一，以大量篇幅介绍马克思主义的有关著作和国际无产阶级革命运动的经验，如译载列宁《亚洲的觉醒》、《革命后的中国》等多篇文章，以及斯大林《论列宁主义基础》等经典著作，出版共产国际号、列宁号、世界革命号等专号，大张旗鼓地宣传马克思列宁主义思想；

第二，从理论上论述中国共产党在民主革命中的纲领和主张；

第三，参加"科学与人生观"讨论。1923 年，唯心主义哲学阵营内发生了"科学与人生观"的论战，交战双方观点不同但都是反对唯物主义的。为捍卫马克思主义，《新青年》季刊发表多篇论文，批驳唯心主义观点，宣传辩证唯物主义和历史唯物主义。

7.2.2.2 《前锋》

《前锋》于 1923 年 7 月 1 日在上海创刊（但出于安全考虑，封面上署广州），原定为月刊，但实际未能按期出版，1924 年 2 月 1 日出版第 3 期后停刊。瞿秋白主编。

它的基本任务是：通过对中国与世界政治经济形势的分析，宣传中国共产党的纲领和主张。《前锋》具有鲜明的理论色彩，又重视调查研究，采用了许多统计数字，具有很强的说服力。

7.3 瞿秋白与《热血日报》

7.3.1 瞿秋白前期的新闻活动

瞿秋白（1899～1935），初名双，后改名霜、爽，又改名秋白，号雄魄。江苏常州人。中国共产党卓越的政治家、杰出的党报先驱、著名的理论家、翻译家、文学家和无产阶级新闻工作者。

瞿秋白幼年家贫，16 岁被迫辍学，1916 年在北大旁听，半年后考入免费俄文专修班。五四时期，他抱着"不可思议的热情"投身学生运动，并与郑振铎一起创办《新社会》旬刊，自此，开始了他投身新闻事业的生涯。以 1927 年反革命政变迫使中共报刊转为地下活动为界，瞿秋白的新闻活动可分为前后两个时期。前期的主要新闻活动有：

1920 年，瞿秋白参加了李大钊等组织的马克思主义学说研究会，同年 10 月，他以北京《晨报》和上海《时事新报》特派记者的身份赴苏俄访问两年，进行了大量的采访活动，写了数量众多的通讯，分别发表在上述两份报纸上。仅北京《晨报》就发表 41 篇，共 16 万字。他还根据自己的采访撰写了《俄乡纪程》、《赤都心史》、《俄国文学史》、《俄罗斯革命论》四本书。瞿秋白的通讯和著作，是十月革命后中国记者第一次向中国人民报道红色苏联的情况，不仅吸引了更多人关注这个红色国家发生的新事物，而且加强了马克思列宁主义在中国的传播与影响。

1922 年 2 月，瞿秋白在莫斯科加

入共产党，1923年1月回国，担任中共中央宣传部委员、代理部主任、中央党报编辑委员会负责人，在北京参加《向导》的编辑工作，后抵达上海，主编中共中央机关报《新青年》季刊和《前锋》月刊。

1925年五卅运动中，瞿秋白根据党的决定，在上海创办并主编了《热血日报》，为配合运动，他不仅全面筹划报纸工作，还在这份只出版了24期的报纸上，写了发刊词1篇，社论19篇，小言论2篇，其他文章3篇，共25篇笔锋犀利的文章。在当时严峻的斗争形势下，瞿秋白冒着生命危险，忍受疾病的痛苦，奔走于党中央、编辑部和人民群众之间，成为五卅运动中党在宣传战线上最杰出的领导人之一，也使《热血日报》成为五卅运动中无产阶级最得力的舆论工具。

1927年4月，《向导》编辑部迁往汉口，瞿秋白以代理宣传部长的身份兼任《向导》主编，主编了最后的8期《向导》。

根据自己丰富报刊活动实践，瞿秋白对办好党报进行了大量的理论探讨，为我国无产阶级新闻理论的产生与发展、完善奠定了基础。

7.3.2 《热血日报》

这是迄今所知中国共产党党报史上的第一张日报，它诞生在血雨腥风的残酷斗争中。1925年5月30日，上海爆发了震惊中外的五卅惨案，6月1日，在中国共产党的领导下，上海人民开始罢工、罢课、罢市，轰轰烈烈的五

卅运动拉开帷幕。此时，上海公共租界的报纸或回避或颠倒黑白，中共中央迅速决定创办一份为受压迫的上海人民说话的、时效性强的日报，通过它及时报道事件真相和运动形势，指导群众的斗争。（图7-3）

图7-3 《热血日报》

（原载方汉奇主编：《中国新闻事业通史》，第2卷，第133页）

7.3.2.1 《热心日报》的作用

1925年6月4日，《热血日报》问世。它是一份半公开的四开四版的小型报纸，主要栏目有《社论》、《本埠要闻》、《国内要闻》、《紧要消息》、《国际要闻》、《外国人铁蹄下的上海》、《舆论之裁判》，设有副刊《呼声》。它和《向导》相互配合，对这场反帝爱国运动起了巨大的宣传、组织和指导作用。

第一，发表大量的新闻和评论，报道、评述上海工商学界斗争以及全国各地的运动形势，传递国际进步力量支持中国人民的信息；

第二，揭露事实真相，愤怒声讨帝国主义的暴行，反击帝国主义新闻传媒的欺骗宣传和污蔑（如苏俄煽动之类）；

第三，严厉谴责军阀政府对内消弭民气，对外献媚讨好、妥协退让的政策；

第四，批评胡适、梁启超的妥协主张，痛斥上海总商会的退让投降行径及号称"九大报"①消极、麻木的态度。

第五，及时总结斗争经验、指出正确斗争方向。它强调进行民族解放的斗争，一定要团结真正的朋友（即一切同情、援助爱国运动的民众），攻击真正的敌人（即帝国主义、军阀、官僚），要发动和组织农民群众斗争，建立平民武装。

这些见解，在当时的革命报刊中是不多见的，以后的革命实践也验证了其正确性。

7.3.2.2 《热心日报》的特点

《热血日报》有着适应时代斗争需要的突出特点：

第一，具有强烈的政治鼓动性。它冲破帝国主义的新闻封锁，刊发政治新闻，报道事件真相，发表大量具有鼓动性、战斗性的文章。它的发刊词说："现在全上海市民的热血，已被外人的枪弹烧得沸腾到顶点了，民族自由的争斗是一个普遍的长期的争斗，不但上海市民的热血要持续的沸腾着，并且空间上要用上海市民的热血，引起全国人民的热血，时间上要用现在人的热血，引起继起者的热血。"它还指出，解决这件事的根本办法，是废除一切不平等条约，推翻一切帝国主义在中国的特权。

第二，编排针对目标读者的文化水平和阅读习惯。它力求通俗化、大众化，文章短小精悍、深入浅出；版面活泼、体裁多样，尤重采用群众喜闻乐见的文体形式。这使得《热血日报》在新闻业务方面为无产阶级报刊积累了宝贵经验。

《热血日报》受到群众的热烈欢迎，出版十天就日销 30000 份，每日收到读者来信数以百计，许多读者冒着被捕的危险为该报作义务推销，还向报馆捐款，支持该报的出版发行。但《热血日报》却使帝国主义恨之入骨，他们逮捕报贩和印刷所老板，通缉瞿秋白，6 月 27 日，出版了 24 天的《热血日报》被迫停刊。

---

① 指上海公共租界上的九份报纸：《申报》、《新闻报》、《民国日报》、《商报》、《时报》、《时事新报》、《中华新报》、《神州日报》、《新申报》。

7.4　党领导的群众团体机关报

7.4.1　中国社会主义青年团的报刊

7.4.1.1　中国社会主义青年团报刊网络的形成

在中国共产党成立前,各地共产主义小组在筹备建党的同时,陆续建立起中国社会主义青年团,并办起了面向青年群众的报刊。

中国首批团刊有:1921 年春天,四川成都团组织创办《人声》周刊;1922 年 1 月 15 日,北京团组织创办《先驱》半月刊;1922 年 3 月广州团组织创办《青年周刊》;1922 年 8 月在巴黎的"中国少年共产党"创办《少年》月刊(1924

年 2 月更名为《赤光》)。这些团刊中,《先驱》影响最大、出版时间最长,也是唯一由地方团刊转为中央团刊的。

《先驱》第 1~3 期在北京出版,由刘仁静、邓中夏主编;因军阀政府查禁,于第 4 期起迁往上海出版,成为中国社会主义青年团临时中央局的机关刊,由施存统主编。1922 年 5 月,团中央机关建立后,《先驱》正式成为团中央的第一个机关刊,第 8 期始由团中央执行委员会出版,先后担任编辑的有施存统、蔡和森、高尚德等。其中以施存统编辑时间最长。

《先驱》基本内容有:介绍国际共产主义青年运动的理论、经验,评述中国青年运动的现状,宣传马列主义理论和中国共产党的主张,刊载少共国际的决议及对中国团组织的指示,批判各种错误思潮等。(图 7-4)

图 7-4　《先驱》团的第一次代表大会专号

(原载人民网)

《先驱》出至第25期（1923年8月18日），1923年8月25日，第二次中国社会主义青年团的全国代表大会决定创办团中央机关刊《中国青年》，《先驱》停刊。

随着团组织在全国各地的建立和团员人数的迅速增长，继《中国青年》后，团中央又在上海创办了《平民之友》、《青年工人》等报刊，地方团组织也创办了《少年先锋》（广东）、《烈火》（北京）、《湖南青年》等。据不完全统计，至北伐前夕，青年团所办刊物达50种，形成了青年团的报刊网络，推动一大批青年走上了革命道路。

7.4.1.2《中国青年》

《中国青年》是中共建党时期和第一次国内革命战争时期出版时间最久、影响最大、最为杰出的革命报刊之一。它于1923年10月20日创刊于上海，32开本，每期16页，1927年10月出至8卷3号停刊，共出版了168期。（图7-5）

《中国青年》的发刊词为这份刊物提出了明确的目标：它是要给青年"忠实的友谊的刊物"，要引导一般青年到"活动的"、"强健的"、"切实的"路上。它的基本内容有：

第一，宣传马克思主义理论，同各种反动的错误的思想作斗争。以大量篇幅结合实际问题阐述马克思主义基础知识，并鼓励青年研究社会科学、认识世界，改造世界。针对戴季陶主义和国际主义派的反动思想，连续发表批驳文章，戳穿他们的谬论，盛赞青年的爱国热情。这些宣传，增强了青年们的辨别力，提高了他们的政治觉悟。

第二，评述时事政治，帮助青年正确认识国内外形势。对国内外重大事

图7-5 《中国青年》
（原载人民网）

件,加以分析,态度明朗,观点中肯。尤其是1927年"四一二"反革命政变发生后,在受右倾路线控制的《向导》宣传了若干错误思想的时候,《中国青年》明确提出要从敌人手中夺取武器建立群众武装的主张,一定程度上挽回了《向导》的不良影响。

第三,帮助青年正确对待工作、学习、生活,引导他们走革命的道路。当时的文坛流行着一种风花雪月的风气,对青年有一定的消极影响。《中国青年》有针对性地发表了许多关于恋爱、婚姻、家庭等问题的文章,启发青年加强道德修养,树立起革命的人生观。它分析和批判了胡适的"读书救国论",指出在这个"外受国际资本主义的压迫,内受军阀的剥削"的社会里,埋头研究即便学有所成,也无用武之地。它激励青年关心国家命运,成为站在时代前列的革命者。

第四,指导青年运动。《中国青年》提出"到民间去"口号,引导青年深入工农兵,尤其是到农村去发动和组织农民参加国民革命,号召他们投身工农运动。

《中国青年》当时备受青年欢迎,最高发行量达到3万份(一说两万多份),很多人就是从读这本刊物开始接受马克思主义而走向革命的。在该刊"最受欢迎的作者是谁"的调查中,名列前茅的是先后担任这个刊物主编的恽代英和萧楚女。

恽代英(1895~1931),原籍江苏武进,生于湖北武昌。他是中共早期革命运动和中国青年运动的杰出领导者,也是中共早期杰出的报刊活动家和政论家。报刊宣传是他从事革命活动的重要组成部分。五四时期,他就为《新青年》、《少年中国》、《东方杂志》等刊物写了数十篇文章,提倡民主与科学,后在武汉创办《学生周刊》。1921年加入中国共产党,创办《武汉星期评论》。1923年第二次全国团代会上当选团中央宣传部长,并任《中国青年》主编。1924年国共合作后曾主编国民党报刊《新建设》,并领导上海《民国日报》副刊部的工作。第一次国内革命战争失败后在广州秘密主编党的《红旗报》。1930年5月被捕,1931年在南京被杀害。

萧楚女(1897~1927),湖北汉阳人,他是中国青年运动的杰出领导者,也是中共早期报刊活动家和政论家。五四前任汉口《大汉报》副刊主编和《湖广新报》记者。1922年入党,不久任四川《新蜀报》主笔;1923年5月赴上海在团中央作领导工作,并协助恽代英编辑《中国青年》,主笔"新刊批评"专栏,同时为《向导》《学生杂志》等撰稿;1925年5月,主编《中国青年》;1926年赴广州,协助毛泽东办《政治周报》;1927年在广州"四一五"大屠杀中被国民党反动派杀害。

《中国青年》不仅在内容上符合青年需求,而且在文风上也重视青年的要求。恽代英与萧楚女都是对无产阶级新闻事业极富热忱和使命感的编辑人,他们不仅严格依照办刊意图选用稿件,还勤于笔耕,恽代英先后在该刊发表百余篇文章,这些文章立论精辟、说理透彻、通俗易懂、亲切感人；萧楚女被青年称为"真理的战士"、"革命的煽动家"。他的时论、政论条分缕析、深刻有力、明白晓畅、以情理动人。他们使《中国青年》形成了热情与说理的文风，深得青年喜爱与效仿。

这份凝聚着两任主编和众多先进知识分子心血的刊物，在四年的时间里，以其先进性和战斗性，为中国革命培养了年轻的后备力量。

7.4.2　工农报刊

7.4.2.1　第一次工人运动高潮中的工人报刊

中国共产党成立前，原有的《劳动界》、《劳动音》、《劳动者》等工人报刊已经相继停刊。中国共产党成立后，以领导工人运动为中心工作，工人运动也逐步走向第一次高潮，从1921年下半年到1923年，北京、上海、广州、武汉等地陆续创办了一批工人报刊，这其中最著名的是《劳动周刊》和《工人周刊》。

（1）《劳动周刊》　这是中国共产党领导下的第一份全国性的工人报纸。

1921年中国共产党成立，为了加强对工人运动的领导，在上海成立了中国劳动组合书记部，并于1921年8月在上海创办机关刊物《劳动周刊》。编辑部主任是张特立（即张国焘），实际负责编辑的是李启汉①。

这是一份4开的小型报纸，主要任务是向工人宣传马克思主义，引导他们组织起来进行社会主义革命。发刊词中宣布了办刊宗旨："本着中国劳动组合书记部的宗旨为劳动者说话，并鼓吹劳动组合主义。……扩大解放全人类的声浪，促进解放全人类的事业实现。"

《劳动周刊》以文章短小精悍、语言简洁通俗为突出特点，适应了工人群众劳动量大、时间紧、文化水平低的实际状况。

1922年6月19日，上海公共租界当局勒令《劳动周刊》停刊，共出版41期。

（2）《工人周刊》　1921年7月创刊于北京，最初是北京共产主义小组以"工人周刊社"的名义刊行。1922年《劳动周刊》停刊后，中国劳动组合书记部迁往北京，以《工人周刊》为机关刊物。1924年2月中华全国铁路总工会成立后，《工人周刊》改为中华全国铁路总工会机关刊，并迁往郑州出版。该刊因军阀政府迫害，历经多次停刊、迁移，终刊时间不详。

这一时期工人报刊宣传报道的中心是：向工人群众通俗地介绍马列主义理论，反映工人群众的生活和工会活动，号召工人团结起来进行反帝反封建的斗争。1923年二七惨案发生后，全国工人运动转入低潮，大多数工人报刊被军阀政府查封。

---

①　李启汉（1898～1927），湖南江华人，又名森。1920年加入上海共产主义小组，次年任中国劳动组合书记部干事兼《劳动周刊》编辑。1925年任全国总工会劳动部长、中共广东区委工委委员，后任省港罢工委员会干事局局长和党团书记。在广州"四一五"反革命大屠杀中被害。

7.4.2.2 第二次工人运动高潮中的工人报刊

1924年初国共合作实现，工人运动开始复兴，大批工人报刊应运而生，一些前一时期被迫停刊的报纸也纷纷复刊。此期最重要的报纸是《中国工人》。

1924年10月，《中国工人》创刊于上海，当时是中共中央主办的指导工人运动的刊物，小32开本，起初为不定期出版，后改为周刊。1925年5月中华全国总工会成立后成为其机关刊。主编罗章龙，主要撰稿人有我党杰出的领导人和知识分子邓中夏、刘少奇、瞿秋白、李立三、赵世炎等，这支强大的编撰队伍，是《中国工人》成功的重要保障。

该刊以指导工人运动的复兴作为首要任务，通过总结和介绍国内外工人运动的经验与教训，帮助工人学习罢工的战略战术，鼓励工人参加政治斗争，并将目前的斗争与"国民革命"相结合，把矛头指向帝国主义和封建军阀，引导工人加强团结，警惕工贼及国民党右派的破坏活动。它还对工人阶级在民主革命中的领导地位作了系统的论述。

1926年，《中国工人》迁往武汉，1927年汪精卫叛变后被迫停刊。

7.4.2.3 农民报刊

第一次国共合作实现后，中国进入大革命时期。由于正在兴起的农民运动迫切需要信息传播与宣传工具，农民报刊应时而生，这是中国新闻史上出现的新事物。

1926年1月1日，《中国农民》在广州创刊，初为国民党中央执行委员会农民部的理论刊物，毛泽东主编，以农村干部为发行对象，以刊登有关农民运动的理论、报告为主要内容，向农民群众解释国民党的政策、国共合作的意义，教育他们参加国民革命。毛泽东《中国农村各阶级的分析及其对于革命的态度》和《中国农村各阶级的分析》都是在这份刊物上发表的。《中国农民》最初是月刊，后改为不定期出版，终刊时间不详。

1926年8月1日，《农民运动》在广州创刊，是国民党中央农民部指导农民运动的通俗周刊，它刊载有关农民运动的论文、宣传资料和报道，揭露了地主豪绅、国民党右派和他们的武装势力"民团"残害农民的罪行，驳斥了他们对农民运动的污蔑。终刊时间不详。目前见到的最后一期是1927年出版的第29期。

这段时间，各地农民协会也办起了地方农民刊物，如广东《犁头》、湖南《农友》、江西《锄头》、陕西《耕牛》等。这些报刊共同的特点是通俗、生动、形式活泼、文字明白如话，从标题到内容都适应农民要求。农民报刊为农民运动提供了指导，成为帮助农民提高政治思想觉悟的良师。

7.4.3 妇女报刊

在中国共产党的领导下，中国妇女运动走上了健康发展的道路，一批妇女报刊随之诞生。这些报刊主要内容是向妇女进行反帝反封建的革命教育，阐发妇女解放的道理，受到广大妇女的欢迎。

1921年12月10日，上海中华妇女联合会创办了《妇女声》半月刊，4开4版，实际上由中共中央宣传部李达领导，王会悟主编。该刊宗旨是"宣传被压迫妇女的解放，促醒女子加入劳动运动"。这是中国共产党创办的第一个妇女刊物。

1923年4月25日，天津女星社成员创办的《女星》旬刊，作为天津《新民意报》的副刊发行。一年后改为周刊，作为天津《妇女日报》副刊出版，共出53期。该刊批评不彻底的改良主张，宣传以争取"男女平权"、"妇女参政"为妇女运动的最终目的。时任女星社和女权运动同盟会河北支部负责人的邓颖超为该刊撰写了很多文章。

1923年8月22日，《妇女周报》创刊于上海，作为《民国日报》副刊之一发行，由时任中共中央妇女部长的向警予①主编，该报报道女工运动，呼吁妇女加入反帝反封的斗争；介绍苏联妇女特别是女工的生活，号召中国妇女和全世界进步的妇女联合起来，打倒共同的敌人。该报出至100期后停刊，复刊后又出了89期。陈独秀、瞿秋白、恽代英都曾是主要撰稿人。这是我国由少数民族女性主办的第一个妇女周刊，是当时唯一能够反映全国妇女运动全貌的刊物，也是中国共产党指导妇女运动的重要阵地。

其他较有影响的妇女报刊还有：1924年1月1日创刊于天津的《妇女日报》②，1925年6月创刊于广东的《光明杂志》，1925年6月创刊于湖北的《湖北妇女》旬刊等。

7.4.4 军人报刊

我国的军人报刊出现于第一次国内革命战争时期，1925年7月，国民政府统一军队编制，统称国民革命军，建立6个军，各军设政治部，创办报刊是军队政治部门的一项重要工作。1925年7月至1926年7月，新办的和原有的军队报刊共计30家（不含油印报、墙报）。

这些报刊可分为四类：第一，由国民党中央军事机关出版，如军事委员会政治训练部的《军人日报》、国民党中央军事部的《军人周刊》。第二，由各军政治部出版，如第一军的《突击》、第二军的《革命半月刊》。第三，由黄埔军官学校出版，如《黄埔日志》、《革命军》。第四，由军人团体出版，如中国青年军人联合会的《中国军人》、黄埔

---

① 向警予（1895～1928），中国无产阶级革命家，党的早期妇女运动领导人之一，著名妇女报刊运动家。原名俊贤，笔名警予、振宇等。湖南溆浦人，土家族。1919年底赴法勤工俭学。1922年加入中国共产党，在中共"二大"上当选为候补中央委员，任中央妇女部长。中共"三大"、"四大"连续当选中央委员，任中央妇女运动委员会书记。中共"五大"后被分配到汉口市委宣传部工作。大革命失败后负责湖北省委工作。向警予除主编《民国日报·妇女周报》外，还主编党内刊物《长江》和油印通俗小报。1928年5月1日被国民党反动派杀害。

② 《妇女日报》是由少数民族妇女创办的、以妇女为读者对象的现代日报。中国妇女运动的先驱、少数民族报刊活动家刘清扬（回族）任总经理，刘清扬不在报社时，由邓颖超任代理总经理。

同学会的《黄浦潮》等。在这些报刊的撰稿人中，有许多共产党人，因此，多数军队报刊都坚持正确的政治方向，能够以国共合作为宗旨，成为深受官兵欢迎的新闻传播和宣传工具。军队报刊的出现是党领导军报的开端。其中，影响最大的是《中国军人》和《军人日报》。

《中国军人》1925年2月20日创刊于广州黄埔军校，初为旬刊，后改月刊。它是中国青年军人联合会的会刊，该会是由周恩来组织的、以共产党人为骨干的进步军人的群众性组织。刊物以"鼓吹革命军人，团结革命军人，唤醒革命军人，促进全国军人的觉悟"为宗旨，以军校师生为主要读者对象，还专送各军，在全军范围内都有较大影响。

《军人日报》1926年4月1日创刊于广州，宗旨是"提高军人之政治观念，促军队真正成为拥护人民利益之军队"、"提倡军民合作"、"促进革命"。主要反映军人的生活和要求，介绍全国工农运动的情况，揭露帝国主义和封建军阀的勾结，还曾刊载过苏联的消息。

进步军队刊物的影响力使蒋介石深感不安，在他的指使下，诸如《国民革命》周刊这些由国民党右派控制的军队报刊，逐步成为国民党新军阀的宣传工具。

7.5 统一战线报刊的兴办

1924年国民党一大确定了国共合作政策后，毛泽东担任了国民党中央宣传部代理部长，一批共产党人进入国民党的报刊社和通讯社工作，为民国初年一度陷入低谷的国民党新闻事业带来了新局面，出现了一批有影响的统一战线报刊。

7.5.1 毛泽东与《政治周报》

《政治周报》是这个时期最著名的统一战线报纸之一。它是国民党中央机关报，由国民党中央宣传部主持出版，1925年12月5日在广州创刊，主编先后为共产党人毛泽东、沈雁冰、张秋人。目前所见到的最后一期是1926年5月出版的第14期。毛泽东主编了前4期。（图7-6）

该报创刊于政治斗争异常复杂和尖锐的时期。当时，国民党右派刚刚召开西山会议，公开破坏国共合作，反共、反统一战线，宣布开除李大钊、毛泽东等共产党员的国民党党籍，还以《民国日报》作为机关刊大搞舆论战。对此，《政治周报》展开针锋相对的斗争。它从第1期开始设立"反攻"专栏，刊载批判国民党右派的短文，揭露他们与封建军阀和帝国主义相勾结、破坏国民革命的阴谋，指出他们的反革命本质。第2期以《革命派党员群起反对北京右派会议》、第4期以《反对右派会议者遍布全国》为题，摘要刊登全国各地和海外声讨西山会议的电文49篇。

毛泽东还在第4期发表《国民党右派分裂的原因及其对革命前途的影响》一文，运用马克思主义阶级分析的方法，指出国民党右派的出现是阶级斗争的一种必然现象，他们只是极少数，并不可怕,分裂出去"不足以阻碍中国的国民革命"。《政治周报》与国民党右派的斗争一直持续到1926年5月,当时,蒋介石提出"整理党务案",将共产党人排挤出国民党中央。同年6月5日,《政治周报》停刊,共出了14期。

图7-6 《政治周报》

(原载方汉奇主编:《中国新闻事业通史》,第2卷,第164页)

《政治周报》的创刊具有重大意义。

第一,明确了革命报刊的目的性和舆论宣传功能。毛泽东在《<政治周报>的发刊理由》中指出:"我们现在不能再放任了。我们要开始向他反攻。'向反革命宣传反攻,以打破反革命宣传',便是《政治周报》的责任。"

第二,深入宣传国共合作的重大意义。毛泽东在《<政治周报>的发刊理由》中表明:"我们反攻敌人的方法,并不多用辩论,只是忠实地报告我们革命工作的事实。"该报就秉承这种"用事实说话"的原则,刊载《省港罢工的过去和现状》、《一年来中国职工运动》等文章,用大量事实批判国民党右派反对孙中山三大政策的言行,宣传国共合作后取得的成就,以铁的事实证明统一战线政策的正确性和必要性。

7.5.2 其他统一战线报刊

《岭东民国日报》,是1925年周恩来任国民党东征军总政治部主任率部进入汕头地区后筹办的,主要宣传孙中山"三大政策",刊登马克思、列宁的著作,并转载《政治周报》的文章。共出45期。

《楚光日报》于1926年3月、《汉口民国日报》于1926年11月25日在汉口创刊,它们都以国民党名义出版,由共产党人董必武主持,是办的有声有色、有相当影响力的报刊。

上海、广州、南昌也都出版了《民国日报》,都有共产党人参与工作,但情况要复杂得多。

《新民周报》于1924年4月17日创办,是国民党湖南省党部机关报,由共产党人李维汉任主笔。

7.6 无产阶级新闻理论的初步形成

7.6.1 新闻理论在中国的萌芽

中国人提出的报刊思想最早出现于清末。当时,魏源提出"夷情备采"的译报思想,洪仁玕提出"设新闻馆"、"兴新闻官"等构想。接着,陈炽和郑观应提出了具有资产阶级民主主义色彩的办报主张,称报刊"国之利器,不可假人"(陈炽),主张国人自己办报,使"民隐悉通"、"民情悉达"(郑观应）。王韬在《论日报渐行于中土》等多篇论文中也较详细地阐述了"立言"等办报主张。

这之后，康梁等资产阶级改良派最早提出"耳目喉舌"说，继之而起的孙中山等资产阶级革命派公开承认报刊的党派性，论述报刊的舆论作用和教育功能。但是，清末民初"新闻无学"仍是主导思想。

1918年10月成立的北京大学新闻学研究会是中国新闻学教育和新闻学研究的开端，此时出现了一批中国人撰写的新闻学著作，如徐宝璜《新闻学研究》、邵飘萍《实际应用新闻学》和姚公鹤《上海报纸小史》。从1920年开始，全国高校陆续兴办新闻学系（科），初步形成了新闻教育系统，促进了新闻学译著、新闻学研究刊物的不断问世。这一时期有一批西方新闻学者来华讲学，加上徐宝璜等新闻教育和研究者有西方留学背景，所以新闻学理论几乎照搬西方资产阶级办报思想和办报经验。其主要内容有：关于报纸的属性，强调全民性，抹杀党派性；关于新闻价值，提倡新闻的兴趣性，追求反常新闻；关于报纸的作用，提倡介绍知识和增强商业内容，减弱政治性；等等。（图7-7）

7.6.2 无产阶级新闻理论的初步形成

无产阶级新闻学是时代的产物，也是阶级斗争的产物。阶级斗争引发舆论工具的斗争，资产阶级新闻学的发展，也促进了其对立面——无产阶级新闻学的产生与发展。随着无产阶级报刊的诞生和发展，无产阶级迫切需要建立自己的新闻学。同时，中国无产阶级已经有了一定的新闻实践，为新闻学的研究提供了可能。

图7-7 《新闻学》
（原载新华网）

从五四运动到第一次国内革命战争时期是无产阶级阶级新闻理论的初步形成期。它为我国无产阶级新闻理论奠定了基础，为无产阶级新闻事业提供了理论上的指导。

其主要内容有：

第一，关于报刊的性质：明确报刊具有阶级属性。

改组后的《新青年》以及《共产党》月刊从一开始就公开声明自己的阶级性，《劳动周刊》称自己是中国全体劳动者的言论机关，《新青年》季刊称自己是无产阶级的思想机关，它们还对一切反马克思主义的思潮进行了坚决的斗争。同时，无产阶级报刊还多次论证：资产阶级报刊是资产阶级的御用品，是维护他们的阶级利益与压迫工人阶级的工具，所谓"超阶级"只是一种欺骗。这就明确了在阶级社会里报刊总是为一定阶级服务的，指出无产阶级报刊是无产阶级的斗争工具，要自觉地为本阶级的政治和经济利益服务。

第二，关于报刊的作用和任务：不仅是宣传工具，还要指导工作、组织斗争。

有些无产阶级报刊公开声明组织和指导斗争的办刊宗旨。如《中国青年》发刊词称它要引导青年到"活动的"、"强健的"、"切实的"路上。更多的刊物通过刊登新闻报道、理论文章及评述，发挥了教育读者、组织和指导青年运动、工人运动、妇女运动的任务。如青年刊物《中国青年》、工人报刊《中国工人》、妇女报刊《妇女周报》等。共青团中央第三次扩大会议关于《宣传问题决议案》也明确指出团刊有宣传鼓动和组织斗争两种功能。

第三，关于报刊文风：秉承实事求是的态度、科学分析的精神，强调适应工农群众要求，做到通俗化。

无产阶级报刊克服了五四时期一度出现的分析问题绝对化的倾向，注重实事求是地科学分析、解决实际问题。如《政治周报》刊登毛泽东的文章，运用马克思主义阶级分析的方法，指出国民党右派的出现是阶级斗争的一种必然现象，绝不能阻碍革命进程。注重工农报刊通过运用工农语言以及活泼生动的形式，形成通俗化的文风，从而适应读者要求。

第四，关于报刊工作作风：一切从实际出发，理论联系实际，深入群众、依靠群众。

《向导》创刊时声明："本报并不像别的报纸一样，只是空谈议论，本报所发的主张，是有数千同志依着进行的。"《新青年》季刊也指出该刊任务是"研究中国现实的政治经济状况"，"为解决现实的社会现状，解决现实的社会问题，分析现实的社会运动"①。它们从原则上强调了理论联系实际的办刊原则。

能否依靠群众是无产阶级报刊和资产阶级报刊的重要区别之一。后者能够联系群众，但不能真正依靠群众，而无产阶级报刊从一开始就诚心诚意地依靠群众。共产主义小组所办工人报刊，如《劳动界》，多次呼吁工人投稿，后来的《劳动周刊》平时只留一个编辑在家，其他六人都到基层参加群众斗争。这充分反映了他们深入群众、依靠群众办报的思想。《热血日报》、《新青年》等刊物设置《读者之声》专栏，倾听群众呼声。后来，中共中央进一步作出了党报《在宣传工作中应应实行工农通信的决议》②，要求报刊充分反映群众的呼声和需求。

第五，关于新闻本源：用事实说话。

---

① 《新青年》季刊第 1 期，《新青年之新宣言》

② 《中国共产党第三次中央扩大执行委员会决议案（一九二六年九月）》，《中国共产党新闻工作文件汇编》（上），第 33 页，新华出版社 1980 年版。

毛泽东指出事实是报道的基础，在国民党右派分裂统一战线的危急时刻，他在《<政治周报>发刊词》中指出："我们反攻敌人的方法，并不多用辩论，只是忠实地报告我们革命工作的事实。"强调了尊重事实的重要性。

在残酷的阶级斗争中，初步形成的无产阶级新闻理论虽然还有不完备、不系统、不全面的缺憾，但是它的萌生，为无产阶级的新闻事业开辟了一条健康发展的崭新道路，为中国共产党党报传统的完善与成熟打下了良好基础。

【本章小结】

本章介绍了共产主义小组和中国共产党领导下的无产阶级报刊的创建与发展经过，对党的机关刊、工人报刊、青年报刊、农民报刊、妇女报刊、军队报刊、统一战线报刊等都作了系统且有重点的梳理。最后从历史的角度考察，分析了无产阶级新闻理论初步形成的背景及其主要内容。史料详实、观点客观，通过这一章的学习，学生能够深刻认识到中国共产党建党前后的重要新闻活动，对于今后的学习起一个承上启下的作用。

【思考题】

1. 简述《新青年》改组的标志和意义。

2. 试述青年刊物的创办与发展。

3. 评述《政治周报》创刊的背景和意义。

4. 无产阶级新闻事业的特点及早期新闻理论的主要内容是什么？

【延伸阅读】

1. 白润生. 新闻界趣闻录. 上海：复旦大学出版社，1995

2. 白润生. 白润生新闻研究文集. 北京：中国文史出版社，2004

3. 方汉奇. 中国新闻事业通史：第二卷. 北京：中国人民大学出版社，1996

4. 丁淦林. 中国新闻事业史. 北京：高等教育出版社，2002

5. 宋应离. 中国期刊发展史. 开封：河南大学出版社，2000

6. 白润生. 中国新闻通史纲要. 修订本. 北京：中央民族大学出版社，2004

8 资产阶级新闻事业的发展与两极新闻事业的形成

导言

本章学习目标 通过本章的学习,要求全面了解南京国民政府成立后资产阶级新闻事业的发展和中国共产党在国统区重建报刊事业的情况,掌握国民党新闻事业网络的形成,以及中国共产党领导下的革命根据地报刊事业的建设,认识著名的新闻工作者邹韬奋和范长江以及三位重要的外国新闻工作者。

本章难点 资产阶级新闻事业的发展 国民党新闻事业网络的形成

1927年，蒋介石、汪精卫相继发动反革命政变，国共合作破裂，蒋介石在南京成立国民政府，中国自此形成以共产党为代表和以蒋介石国民党为代表的两种根本对立的政治力量。中国共产党领导的工农红军在农村建立了革命根据地，并于1931年11月成立了中华苏维埃共和国中央政府，两个性质根本不同的政权进行更尖锐的斗争。

在这种情况下，中国出现了两种根本对立的新闻事业：一是以南京为中心的国民党新闻事业，二是中国共产党领导的新闻事业，包括国统区的地下革命报刊和根据地的无产阶级新闻事业。

这个时期其他重要的新闻现象还有：在两极对立的特定历史条件下，民族资产阶级报业获得了较大发展，尤其在京、津、沪几个大城市。"九一八"后，抗日救亡报刊蓬勃发展起来，涌现出了邹韬奋、范长江等杰出的新闻工作者，他们的新闻活动顺应时代潮流，反映时代精神，为中国新闻传播史留下了一笔宝贵财富。

8.1 资产阶级报业的发展

这一时期，民族资产阶级报刊（即民营或民办报刊）得到了较大发展，其中最突出的是北京的《世界日报》、天津的《大公报》、上海的《申报》。

8.1.1 新记《大公报》的崛起

天津《大公报》创刊于1902年，1916年卖给安福系财阀王郅隆，亲日色彩较浓，而后连年亏损，终于1925年11月27日停刊。

1926年春天，由财阀兼政客吴鼎昌与著名报人胡政之、张季鸾合组的新记公司接盘了《大公报》，并于1926年9月1日复刊。

吴鼎昌是一位财阀兼政客，购买《大公报》的5万元由他独自承担，自任社长。胡政之、张季鸾都是当时著名的报人，都有过主持报刊或通讯社的经历，胡政之任《大公报》经理和副主编，张季鸾任《大公报》总编和副经理。吴、胡、张三人发挥各自特长，齐心协力，使《大公报》一跃而成为全国性的舆论重镇，为中国新闻事业掀开了新的一页。

8.1.1.1 《大公报》的成就

（1）培养了大批名记者名编辑。《大公报》培养了一大批名记者名编辑。《中国大百科全书·新闻出版卷》所列108位杰出的新闻工作者中出自《大公报》的有12人，足见其实力的雄厚。胡政之、张季鸾就是著名的记者。他二人独具慧眼，知人善用，为《大公报》培养出王芸生、徐铸成等著名主笔，范长江、萧乾、杨刚、子冈、徐盈、孟秋江等名满全国的优秀记者。以范长江为例，1934年，胡政之读到他为北平《晨报》等报刊撰写的通讯，认为他是个人才，便很快聘请他为《大公报》通讯员。1935年，《大公报》资助范长江到西北去采访，并将其通讯结集出版，终于成就了《中国的西北角》。这些通讯，第一次向全国和全世界报道了红军长征的真实情况，而范长江也成为第一个从国统区进入延安的中国记者,这是具有历史意义的两个第一①。

(2)在政界发挥巨大影响力。《大公报》的读者遍布中上阶层,抗战期间它的桂林版发行量达6万多份,重庆版达9万多份,是当时全国报纸的最高发行量。尽管它不依附于任何政治团体,但它在政界的影响力尤其巨大,各个党派对它的言论和报道都非常重视。据说,蒋介石的办公室、餐厅和卧室各放一份《大公报》,每天都会阅读该报;毛泽东在重庆谈判期间的记者宴会则将《大公报》的记者请到主宾的位置上。

《大公报》还以自己的成就赢得了国际认可。1941年,美国著名的密苏里大学新闻学院将"最优异贡献奖"授予《大公报》,这是中国报纸第一次获此殊荣。

8.1.1.2 《大公报》的成功经验

(1)实施"四不方针"。续刊之日,由张季鸾执笔的《本刊同人之志趣》阐述了《大公报》的四不主义,即"不党、不卖、不私、不盲"。不党,即"原则上等视各党,纯以公民之地位,发表意见,此外无成见,无背景"。不卖,即"不以言论做交易,不受一切带有政治性质之金钱辅助,且不接收政治方面之入股投资"。不私,即"对于报纸并无私用。愿向全国开放,使为公众喉舌"。不盲,即不盲从、不盲信、不盲动、不盲争,"夫随声附和,是谓盲从;一知半解,是谓盲信;感情所动,不事详求,是谓盲动;评诋激烈,昧于事实,是谓盲争"。这种主张,实际上是追求

"公允、中立、超然于党派之上"的办报宗旨,即是对客观、公正等现代新闻理念的实践。

《大公报》在实际工作中积极实施"四不主义"。1926年到1949年,中国社会风起云涌,相继发生中原大战、国共之间的"围剿"与"反围剿"、抗日战争、解放战争,政党斗争和社会矛盾甚为激烈。《大公报》不依附任何政治势力,对时局的报道和评论保持客观公正。比如,它不肯按国民党希望的那样称共产党为匪,而称为反对党。同时,它不畏强权,不为高官厚禄所收买。1930年,《大公报》对中原大战做了客观报道,受到各方军阀威胁。但《大公报》毫不畏惧,不仅公开自己受到的"警告",而且声明:"绝不变其独立公正之立场,决无受任何方面贿赂津贴之事。"

"四不方针"(尤其是不偏不倚的态度),不仅使《大公报》得以在纷乱的时局中得以保全,而且为日后事业的发展奠定了基础。

(2)珠联璧合的经营模式。吴鼎昌、胡政之、张季鸾三人是新记《大公报》的开创者,吴鼎昌善于理财,负责购存外币以购买纸张②,对于报馆的经

---

① 中国社会科学院新闻与传播研究所所长尹韵公研究员在《为什么不是范长江》(见《新闻与传播研究》2003年第2期与中华传媒网-学术网,更新日期为2005年11月28日)和《<大公报>与红军长征落脚点之研究》(载《新闻与传播研究》2002年第3期)等文中对范长江及其西北通讯的评价提出不同观点。

② 此时印报用的新闻纸全靠进口,所以,纸价随外币汇率变动,稍有不慎就可能招致损失。

营和编辑事务,他并不插手;胡政之长于组织,由他负责报馆的经营和管理;张季鸾文笔极佳,尤善言论,由他任总编也正发挥了他的长处。多人合作最怕不合,但吴、胡、张三人却始终同心协力、尽职尽责。

胡政之每天清晨赶到报社,上午处理经理工作,如了解发行和广告情况,下午参加编辑会议,每周还要撰写几篇社评;张季鸾通常下午两点到报社,先看全国各地的报纸和通讯社的稿件,了解时局,之后会见客人,从中获得有价值的信息,四五点钟主持编辑会议,晚上处理稿件、设计版面和写社论。吴鼎昌当时还是盐业银行的总经理,一般晚上8点赶到报社,此时,三人聚会议论时局、研究社论。吴鼎昌的资本、胡政之的管理、张季鸾的文章,这种珠联璧合的运作模式正是《大公报》成功的重要因素。

8.1.2 史量才和《申报》改革

1912年当《申报》经营不佳时,史量才收购《申报》,自任总经理,开始对版面和内容进行改革,不久销量大增,史量才在报界的威望也不断提高。1927、1929年他又先后收购《新闻报》和《时事新报》的股权,成为上海最有影响的报业资本家。

接办《申报》后,史量才立刻对《申报》作了一些改革,首先提出"启发民智、服务社会"的宗旨和"无偏无党,经济独立"的办报方针。其次,改进发行工作,扩大发行量。一方面稳定本地订户,一方面根据火车时刻表精心设计邮递线路,确保报纸以最快速度到达外埠,从而扩大了外埠订户群。再次,开拓广告业务。设广告推广科,改过去等客户上门为到处招揽客户,同时注重广告版面的设计,使广告客户和广告量大增。最后,更新设备,提高效率。史量才还清报馆欠款后,于1918年起斥巨资更新报馆的硬件设施,如建起申报大楼,向国外定购最新印报机、浇字机、打纸版机、铅字铜模等,一流的设备使《申报》很快成为实力雄厚民营大报。

但是对于重大事件,《申报》不敢与国民党正面交锋,它一般采取回避态度,比如只报道、不评论,或者言论模棱两可。1931年"九一八"事变后,史量才的思想态度发生重大变化,他坚定了爱国和民主立场,开始以《申报》为阵地,广泛联合进步作家,积极参加抗日救亡活动,并批判国民党当局不抵抗政策,因而激怒了蒋介石,终于1934年11月13日在浙江海宁被国民党特务暗杀。

"九一八"后《申报》的改革是全方位的,在办报方针、报道思想和业务上都有新的建树,主要有:

第一,旗帜鲜明的公开积极抗日、反对独裁、要求民主的政治倾向。

过去谨言的《申报》,"九一八"后迅速动员了所有力量采写和收集通讯,对事变做出详细报道,强烈谴责日寇暴行,并发表时评指出"惟自助乃能自救,惟奋斗乃能图存"①,批评国民党军

_____

① 见1931年9月23日《申报》时评《国人乎速猛醒奋起》。

队的妥协退让。随后，《申报》以大量版面报道和声援民众的抗日行动，同时揭露国民党对外不抵抗、对内镇压抗日力量的行径，进而提出反对独裁、要求民主自由。比如，1931 年 12 月 19 日，《申报》勇敢地冲破国民党言论控制，刊登了宋庆龄抗议蒋介石秘密杀害国民党左派领袖邓演达的声明，1932 年夏天，国民党对红军发动第四次围剿，《申报》连续发表了《"剿匪"与"造匪"》等三篇时评，予以反对。

第二，《自由谈》的改革。

《自由谈》副刊创刊于 1911 年，原是"鸳鸯蝴蝶派"和"礼拜六派"的阵地，虽然也有暴露社会黑暗的内容，但总体上保守颓废。1932 年 12 月，史量才聘请刚从法国留学归国的进步知识分子黎烈文主持《自由谈》，支持和推动他进行改革，其中最突出的就是大量采用被当局禁止的左翼作家的作品，尤其是杂文，使副刊充满了战斗性。《自由谈》为进步或左翼作家提供了释放活力的舞台，左翼文学在这里被激活，为中国文坛留下了一批经典杂文，其中仅鲁迅就有 143 篇。（图 8-1）

第三，创设"申报读者通讯"。

1931 年 9 月 1 日，《申报》登出《申报读者通讯简章》，声明"根据服务社会的精神"，愿同读者探讨各种关乎人生的问题。简章登出后颇受欢迎，源源不断地收到读者来信，该栏选登了其中的一部分。"九一八"后，该栏变成呼吁民主和抗日救国的窗口，其中有进步读者的来信摘登，也有许多不

便在时评中公开的言论，假借读者名义通过来信形式公开传播。这个栏目，将普通读者和《申报》紧密联系在一起。

图 8-1　1932 年 12 月 1 日改革后的
　　　　《自由谈》
（馆藏河南大学图书馆）

史量才死后，《申报》产业由其子继承，直到 1949 年 5 月 26 日上海解放时停刊，共出版 25999 期，是旧中国历史上出版时间最长的一份汉文报纸。

8.1.3　成舍我和"世界报系"

成舍我，原名访钦，笔名舍我，祖籍湖南湘乡。1898 年 8 月 28 日出生于南京，1991 年病逝于台湾。在他 94 年的岁月中，有近 80 年奉献给了中国的新闻事业，在报刊业和新闻学教育事业上，他都有骄人的建树。至今，成舍我区区 200 元独创"世界报系"的成就仍为人所称道。

1924 年初,成舍我辞去当时《益世报》主编的职务,于 4 月 16 日,凭借最后一月 200 元的薪水创办了《世界晚报》,实现了"第一要说自己想说的话;第二是要说社会大众想说的话"的愿望。1925 年 2 月 10 日,成舍我又创办了《世界日报》,同年 10 月 1 日,将《世界日报》第五版的画报版面独立出来,成为《世界画报》,以单张出版发行。至此,世界报系建立,这是中国现代新闻史上第一个报业托拉斯,而成舍我也成了中国报业史上第一位独立主办三份报的报人,自此名声大噪。

"世界报系"前后共出版 17 年,其历程可以分为四个阶段。

8.1.3.1　第一个阶段:初创时期 (1924～1927)

成舍我的创业非常艰苦。晚报初创时,设施简陋,人事简单。报馆就设在自己的家中,没有印刷设备,请私人印刷局代印。他自任社长,聘龚德柏做采访记者,张恨水兼职副刊编辑。

成舍我给晚报立下四项宗旨:一、言论公正;二、不畏强暴;三、不受津贴;四、消息灵确。日报创刊后,以军政新闻为主,言论中对不同政治势力持不同态度。由于多次以犀利言辞指责北洋军阀,致使成舍我几遭杀身之祸。此间,《世界晚报》连载了张恨水的小说《春明外史》、《金粉世家》,既提高了张恨水的知名度,又增加了晚报的读者,张恨水为"世界报系"赢得关注立下了汗马功劳。

8.1.3.2　第二个阶段:发展时期 (1928～1931)

这个时期除了提高军政新闻的质量,最大的变化是增加教育新闻分量。成舍我将《世界日报·教育界》专栏由 5 栏扩大到 8 栏,重要稿件刊登在要闻版。1928 年,国民党当局决定将北京九所高校合并为中华大学,引起师生强烈反对,成舍我在《世界日报》上追踪报道,而且发表多篇反对言论,一下子提高了该报在知识分子中的声望。

此时"世界报系"的政治倾向是:支持蒋介石政权,为其反共政策鼓吹,污蔑左翼文化运动。

8.1.3.3　第三个阶段:鼎盛时期 (1931～1937)

这一时期最大的特点表现在立场的转变上。主要有:主张抗日,反对国民党当局的不抵抗政策,反对内战,主张建立"抗日联合战线",不再称红军为"匪军"。"一二·九"运动的第二天,《世界画报》不顾当局限制,刊出学生与军警搏斗的照片,并以隐讳的文字传达学生游行的信息。这种转变为国民党当局所不容,1937 年 8 月 9 日,"世界报系"被迫停刊。

此间"世界报系"的另一个较大成就是,1935 年 1 月《世界日报》开辟了《学人访问记》专栏。在两年半中,记者采访了 56 位各界著名学者,发表了 70 余万字的采访记,在学界引起了不小的振动。

8.1.3.4　第四个阶段:复刊时期 (1945～1949)

1945 年,《世界日报》、《世界晚

报》复刊,它们拥蒋反共,宣传走"第三条道路",攻击学生爱国运动,政治上走向反动。这个时候较突出的成就是两报曾邀请百余学者撰写社评、专论、特论、时论等共约千篇,形成"学者论政"的局面。

1949年2月25日,人民解放军军管会接管了世界报系,两报自此停刊。

除了"世界报系",成舍我还创办了《民报》、《立报》,相对"世界报系"它们存世较短,但也相当成功。同时,成舍我还重视新闻教育事业,1932年他在北平创办了北平新闻专科学校,1942年春夏之际又在桂林创办"私立北平新闻专科学校桂林分校",为中国的新闻事业培养了人才。

新中国成立前夕,成舍我移居香港,后定居台湾,主要从事新闻教育工作。

8.2 南京国民政府新闻事业在全国统治地位的确立和发展

1927年南京政府成立后,便积极筹划发展自己的新闻事业,到1932年,一个庞大的新闻事业网在全国建立起来,它包括以中央通讯社为核心的通讯社网、以《中央日报》为核心的报刊网、以中央广播电台为核心的广播网。同时,国民党还出台一系列法律法规,加强其新闻统制。

8.2.1 通讯社网络

中央通讯社(简称中央社)原创办于1924年4月1日的广州,由中国国民党中央执行委员会宣传部主办,北伐后迁到武汉,南京政府成立后,蒋介石为了控制新闻发布权,便在南京又建起一个中央社,汪精卫发动"七一五"反革命事变后,蒋汪合流,武汉的中央社便于1928年迁往南京,与南京的中央社合并。

合并之初中央社规模很小,工作人员只有二三十人,没有电讯设备,只能利用两部收音机抄收外国通讯社的广播稿和国民党的党政文件,免费送给京沪地区的报刊,但因内容贫乏、质量低劣,所以真正予以刊登的报刊很少。1932年5月,国民党对该社进行了改组,任命肖同兹为社长。肖同兹向国民党中央提出了三项要求:其一,中央社迁出中央党部,对外独立经营;其二,发布新闻有自行决定权;其三,用人有自主权。在他的推动下,中央社进行了一系列调整,成为独立机关,使中央社的工作得以向着"工作专业化"、"业务社会化"、"经营企业化"的方向发展。

国民党政府对中央社的设备配备也予以很大投入。改组后,中央社即配备了最新式的收发报机。1934年,又拨专款从意大利和法国购置了最新收发设备和其他器材,终于达到了较强的发报能力。

1932～1937年间,中央社获得了新的发展,先后设立上海、汉口、北平、天津、香港、西安、南昌等11个分社,设立杭州、徐州、济南、开封、福州、贵阳等20多个"通讯员办事处",向各地派出通讯员30余人,垄断了国内新闻。另外,中央社又与路透社、哈瓦斯社、合众社、海通社订立新闻交换合同,从而独享国外通讯社的新闻来源。

通过上述措施,中央社终于形成覆盖全国的通讯网,垄断了国内外新闻来源渠道,到 1937 年,采用中央社新闻稿的报纸已达 250 家,中央社牢牢控制了全国新闻的发布权。

8.2.2 广播网络

中央广播电台全称是"中国国民党执行委员会广播无线电台",于 1928 年 8 月 1 日正式播音,呼号 XKM①,每天下午、晚上各播音一次,共约 4 小时,后来有所增加。最初使用 500 瓦中波发射机,覆盖面有限。1929 年,从德国购进 75 千瓦的发射机,并于 1932 年 11 月建成新台开始播音,呼号为 XGOA。它是当时亚洲发射功率最大的一座电台,即所谓的"东亚第一台",不仅全国都能收听到其播音,就连日本、菲律宾等地也都覆盖在电波范围内。

内容方面,初建时以传达通令通告和阐明党义为主,新闻含量不高。新台建立后,主要内容包括时事新闻、名人讲演、政令通告、文艺节目等,其中新闻比重较强。同时,广播语种也逐渐增多,最终形成为汉语、英语、蒙古语、日语、藏语等多语种节目结构。

南京政府对该台非常重视,建台初,它隶属于国民党宣传部,为了更有效地控制全国广播系统,1936 年夏,国民党成立了中央广播事业指导委员会,随后,该委员会发布规定,各省公营、民营电台,一律要转播中央台每天

20 时至 21 时零 5 分的简明新闻、时事述评、名人讲演、学术活动等节目。如果不具备转播条件,届时应停止播音。

中央台建成后,国民党又逐步发展了地方广播电台,到 1937 年抗战前,已经办起了 20 多座地方电台,加上国民党中央广播事业管理处建立的"南京台"、"河北台"、"西安台"、"长沙台"、"福建台"五座直属广播电台,以及国民党交通部在上海等地建立的广播电台和国民党军事委员会建立的南昌广播电台,从而形成了一个以中央广播台为核心的庞大的广播网络。

8.2.3 报刊网络

1928 年 2 月 1 日,国民党利用所接收的上海《商报》报馆的设备,创办了国民党中央机关报《中央日报》(图 8-2),由国民党中央宣传部部长丁维汾兼任社长,国民党东路军前线总指挥部政治部主任潘宜之兼任总经理,彭学沛任总编,还邀请了国民党内各派系人士组成编辑委员会。由此看来,该报是国民党各派团结协作的产物。但实际上是汪派人士丁维汾、彭学沛主持工作。后来,蒋介石集团颁布了《设置党报办法》,规定《中央日报》应设在首都南京,于是,1928 年 11 月 1 日,上海《中央日报》停刊,至此共出版了 9 个月。

1929 年 2 月 1 日,《中央日报》在南京复刊,由当时的中央宣传部部长叶楚伧兼任社长,严慎予任总编,1931 年

---

① X 是国际无线电公会当时指定给中国的专用字母,KM 代表国民党。

图 8-2 《中央日报》
（原载网易评论频道）

6月由赖琏接任总编。1932年该报改为社长负责制，由程沧波任社长，言论上直接对国民党中宣部负责，行政上相对独立。改制后的《中央日报》获得了较大发展，于同年11月创办发行了《中央夜话》和《中央时事周报》，1935年建起了中央日报大楼并引进了新式设备，成为实力最雄厚的国民党党报。1937年，《中央日报》发行庐山版，后来又发行了长沙版和昆明版。

初创时期《中央日报》以阐释"三民主义"为要旨，重点是宣传南京国民政府的方针政策。南京复刊后的《中央日报》以为蒋介石集团消灭异己和反对力量、巩固中央统治地位服务为宗旨，"九一八"后，又成为鼓吹蒋介石"攘外必先安内"政策的重要工具。

以《中央日报》为核心，国民党建立起了从中央到地方的庞大的报刊网络，这些报刊大致可以分为四类：第

一，直属国民党中央和中央宣传部的党报，如《华北日报》、《天津民国日报》、《武汉日报》等，到1937年，这类报纸有约30种。第二，国民党各省市县的党报，这类报纸大都采用"民国日报"为名，如《山东民国日报》、《甘肃民国日报》，而且数量极多，到1934年仅江苏省就有此类报纸225种之多。第三，由蒋介石亲信或国民党要人主办的；第四，军统控制的军队报刊，如《扫荡报》等。不管属于哪一类，它们都是蒋介石政府的言论和宣传机关，是维护蒋介石集团利益的得力工具。

8.2.4 南京国民政府的新闻控制

8.2.4.1 颁布三个党报条例加强舆论控制

蒋介石公开叛变革命之后，党内各派系的斗争达到了白热化，1928年2月国民党在南京召开二届四中全会，蒋介石得以执掌国民党中央大权。之后，蒋介石集团迅速出台了三个党报条例，即1928年6月颁布的《设置党报条例》、《指导党报条例》、《补助党报条例》，它们在党报的领导体制、宣传内容、组织纪律、津贴标准等几个方面都作了详细的规定。

可以说，设置这三个条例，一是为了加强南京国民政府对国民党新闻事业的领导权，二是使各派报刊在反共宣传上统一口径。通过这三个条例，蒋介石集团很快牢牢控制了国民党的新闻事业，在操纵舆论方面占了上风。

8.2.4.2 颁布法律法规实现新闻专制

国民政府一方面积极建设自己的新闻网络，一方面利用法律手段和政权力量，剥夺人民言论自由，限制和迫害进步报刊的出版发行。

1929 年国民党中宣部颁布《宣传品审查条例》，指出宣传共产主义和阶级斗争的宣传品为"反动宣传品"。1930 年和 1931 年国民政府颁布《出版法》和《出版法施行细则》，禁止报刊发表反对国民党及政府的内容，报刊发行必须申请登记。1932 年国民党中宣部颁布《宣传品审查条例》、1933 年颁布《新闻检查标准》，规定宣传孙中山三大政策和马克思主义的作品为"反动宣传品"。以后，又陆续颁布了多项法律法规，其目的都是为了加强新闻垄断，实行国民政府的新闻专制。

除了上述各种条例，南京国民政府还设立专门的新闻检查机构，实行严厉的书报检查制度，规定报刊送检合格方可出版发行，而当局可以任意删减和扣押文章及书报。据国民党文件记载，1929 年~1934 年，被扣押的报刊书籍约 887 种。

就这样，南京国民政府对全国新闻事业采取了种种控制手段，竭力加强其垄断和统治地位，使得国民党的新闻事业成为国统区新闻事业的主流。

8.3 中国共产党创办的秘密报刊

蒋介石叛变后，大革命时期建立的中国共产党的新闻事业网遭到严重破坏，党在国统区的报刊被迫转入地下秘密出版。从 1927 年开始，以上海为中心，共产党坚持在国统区秘密出版了多种报刊，终于重建了党的报刊网络。由于当时的斗争极其残酷，重建的报刊一般不沿用大革命时期的名称，并以不定期出版的刊物为主。

8.3.1 在上海秘密出版的中国共产党报刊

8.3.1.1 《布尔塞维克》

《布尔塞维克》是大革命失败后中国共产党秘密出版的第一份中央理论机关刊物（图 8-3），1927 年 10 月 24 日创刊，最初为周刊，16 开本，后相继改为半月刊、月刊，1932 年 7 月出至第 5 卷第 1 期停刊，共出 52 期。由党建立的第一个印刷厂印刷，秘密发行到地方党组织。

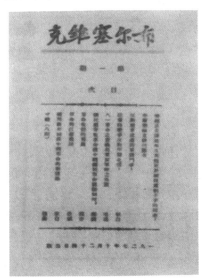

图 8-3 《布尔塞维克》

（原载方汉奇主编：《中国新闻事业通史》第 2 卷，第 277 页）

《布尔塞维克》创刊时,中共中央指派瞿秋白、罗亦农、邓中夏、王若飞、郑超麟组成编委会,瞿秋白为主任,后来又增加毛泽东、蔡和森等21人为编委,实际工作中主持编务的是瞿秋白、蔡和森和李立三。1931年党的六届四中全会后,该报由王明等人把持。

根据党中央的指示,从创刊之日起,《布尔塞维克》就成为无产阶级革命的思想机关,成为反对资产阶级和一切反动妥协思想的战斗机关,成为工农群众革命行动的前锋。

该刊创刊时,正值国民党反动派颠倒黑白、大肆进行污蔑共产党的宣传。《布尔塞维克》对此进行了针锋相对的斗争。它的《发刊露布》痛斥蒋介石、汪精卫背叛国民革命的行径,指出国民党已经变成屠杀工农、压迫革命、屈服于帝国主义的政党了,并宣称:"谁能解放中国,使中国最大多数的工农贫民自己得到政权……只有布尔塞维克! 所以,《布尔塞维克》便继《向导》而发刊了。""此后中国的革命,只有无产阶级政党能够担负起领导责任。"以后数期,又就这一主题接连发表报道、述评。

同时,《布尔塞维克》还刊载了党的许多重要文件,宣传了党的土地革命和工农武装暴动的总方针;发表《中国革命是什么样的革命》、《武装暴动的问题》、《中国革命中无产阶级的新策略》等文章,从理论上阐述了中国革命的性质、任务、对象、前途等重大问题。对汪精卫和陈独秀鼓吹的理论,《布尔塞维克》果断地站出来予以严厉

批驳。此外,它还以生动详实的笔墨报道了党领导的"八一"南昌起义、广州起义和海陆丰农民暴动等此起彼伏的工农运动,介绍共产党人和革命志士的英勇事迹。

但是,《布尔塞维克》也曾经做过错误的宣传。比如,片面强调革命高潮的到来,主张进行"无间断的革命",宣传过左的土地革命政策,忽视"九一八"后国内阶级关系的变化,提出了"不能不同时推翻资产阶级"的错误主张,等等。当然,这些宣传上的失误,和中国共产党当时的工作路线偏差有关。

《布尔塞维克》的出版发行有着重大的政治和历史意义。首先,它的出版说明在汪、蒋背叛革命后的白色恐怖中,中国共产党仍在国统区进行着不屈不挠的斗争,从而稳定了党心民心。其次,在历史的转折关头,批驳对党的污蔑与攻击,澄清各种反动或有害的思潮,从而从思想上巩固了党的队伍,帮助共产党人和革命群众辨清了是非和方向。再次,它秘密出版长达4年零9个月,是党教育党员、联系群众、指导斗争的有力的工具。无疑,《布尔塞维克》是白色恐怖地区的一面鲜艳的红旗。

8.3.1.2 《红旗》、《红旗日报》、《红旗周刊》、《上海报》、《实话》

《红旗》、《红旗日报》、《红旗周刊》是具有承继关系的中央政治机关报,《实话》是中共中央经济政治机关报,《上海报》是江苏省委主办的工人报刊。

(1)《红旗》 于1928年11月20

日创刊,1930 年 8 月 14 日终刊,共出约 130 期。初为周刊,自 24 期改为 3 日刊,先后出过 16 开本、32 开本、8 开单张。该刊由中央宣传部主办,谢觉哉主编,宣传重点与内容和《布尔塞维克》基本一致。创刊初,存在与实际斗争联系较少的缺点;后来一度大量刊登文件,致使内容枯燥、形式单一。从第 40 期起,该刊成为中共中央政治机关报,增设了多个栏目,代表党对全国革命斗争予以具体指导,并解答群众在斗争中遇到的实际问题。由于国民党当局对中共新闻事业的严密封锁,《红旗》始终只在上海发行,发行量不多,影响不大,1930 年 8 月,中共中央决定将其与《上海报》合并为《红旗日报》。据说,《红旗》创刊号现存台湾省台北市阳明山。

(2)《上海报》 这是由江苏省委创办的一份通俗报纸,原名《白话日报》,创刊于 1929 年 4 月 17 日,5 月 19 日改名为《上海报》,至 1930 年 8 月停办,与《红旗》合并。为躲避国民党的迫害,其间曾多次化名出版。该报以工人为服务对象,以报道工人运动、支持工人斗争为主要内容,从文字到版面都力争适应工人大众的心理需求和阅读习惯,文字浅显明白、形式生动多样是其最主要的特点。

(3)《红旗日报》 1930 年 8 月 15 日创刊,由李求实主编,主要撰稿人有李立三、张闻天等党的领导人。创刊词中宣称,该报作为中共中央机关报,要"宣传革命的理论,传达真实的革命斗争消息",要"成为全国工农群众自

己的报纸",并且第一次明确提出"在现在阶级社会里,报纸是一种阶级斗争的工具"的观点。它设有《各地通讯》、《革命根据地来信》、《莫斯科通讯》、《欧洲通讯》、《国际消息》、《红旗俱乐部》、《我们的字典》等栏目,系统地报道国内外形势和时政,介绍党领导的武装斗争和根据地的建设情况,总结党的斗争经验。1931 年 3 月 8 日终刊,共出 182 期(图 8-4)。

图 8-4 《红旗日报》创刊号
(原载人民网)

(4)《实话》 1930 年 10 月 30 日,《红旗日报》增出独立的副刊《实话》,五日出版一次,4 开单张,随《红旗日报》发行,主要刊登论述党的路线和革命策略的文章,1931 年 1 月 27 日起成为中共中央政治机关报,仍为五日刊。主要内容是解释党的方针路线、讨论当前政治斗争的策略与问题、集纳和宣传

各地先进斗争经验、介绍其他国家无产阶级斗争策略和经验等。该刊于1931年3月5日停刊,共出13期。

(5)《红旗周刊》 1931年3月9日创刊,先为16开小报,后改为32开书册式,自第59期改为半月刊,不能按期出版,脱期最长达5个月,因白色恐怖和党内左倾错误路线的双重原因,于1934年3月停刊,共出64期。主要内容有:介绍中国苏维埃运动发展的状况,抨击国民党的不抵抗政策,宣传党的抗日统一战线政策,传达共产国际的指示和决定,阐述各国共产党的斗争及历史经验。

在极其艰难危险的情况下,除了上述报刊,中共中央还在上海出版了党内刊物《党的建设》、《宣传者》,将共青团机关报《中国青年》改名《无产青年》出版,还有团内刊物《团中央通讯》,工人报刊《工人宝鉴》等,其他地方也陆续创办起党、团、工会的秘密报刊,其中影响最大的是在南京恢复出版的中华全国总工会的机关刊物《中国工人》。中国共产党终于重建了党的报刊网络,作为党的舆论喉舌,它们在对敌斗争中发挥了重要的作用。

8.3.2 秘密出版报刊的经验与教训

共产党在国统区新闻事业举步维艰,国民党当局一再严令取缔共产党的报刊,破坏共产党报刊的发行部门、承印机构,残酷迫害工作人员、报贩以至读者。《红旗日报》刚出版一周,就有四十多位发行人员被捕,《上海报》

也曾有十几个发行人员被捕,最重的判刑8年。印刷所遭破坏、工作人员遭殴打是常有的事情。就在这样艰苦危险的情况下,党的新闻工作者机智勇敢地坚持工作,积累了对敌斗争的新经验;但也有惨痛的教训,付出过血的代价。

(1)经验主要集中在以下几个方面:

第一,伪装出版。采取变换封面、更换刊名、伪装目录或内容等方法突破国民党当局的查禁。《布尔塞维克》就曾经采用《少女怀春》、《中央半月刊》、《中国文学史》、《金贵银贱之研究》、《虹》、《经济研究》等九个化名出版,《上海报》在承印局被封后,化名《天声》、《晨光》等继续出版。有些报刊完全是第三者的姿态,丝毫看不出与共产党的联系,但实际宣传或解释的却是党的路线和主张。

第二,建立发行网络。鉴于公开发行的极大危险,党的报刊就建立起直接向群众推销报纸的代派处,组织起了自己的发行网,街头公开发行只是辅助手段。有的报纸几乎在上海的每一个工厂、每一个有赤色工会的地方都建立了代派处。

第三,扩大新闻来源。党的新闻工作者将国统区内公开发行的报刊、通讯社的新闻报道加以选择、分析,配以立场鲜明的标题,就成为党的秘密报刊上材料新鲜的时事新闻。像《申报》、《新闻报》、《文汇报》、路透社等媒体的报道都曾经过改造而成为共产党报刊的重要内容。

(2)这一时期党的"左倾"错误路

线也严重地影响了报刊工作,主要表现在:

第一,报刊一度成了宣传"左倾"错误思想的工具,比如报道并鼓吹不考虑实际力量而盲目发动的群众行动,背离了从实际出发的工作作风。

第二,在报刊发行方式上曾盲目要求"扩大公开发行",强调"发行革命报纸是一种群众性的政治斗争"。

第三,报刊宣传策略上曾背离秘密工作的原则。有的报纸多次报道党领导的群众活动的时间、地点,泄露了党的机密,暴露了宣传阵地。

8.4 鲁迅与左翼报刊活动

在国统区,中国共产党除了建立党的秘密报刊网络,还团结和领导文化界进步人士开展了左翼文化运动,创办了多种文艺报刊,传播了进步思想,有力地配合了当时的革命政治斗争和武装斗争。这个运动同党的新闻事业一样以上海为中心,其代表人物是鲁迅。

8.4.1 左翼文化团体的报刊

8.4.1.1 太阳社、创造社及其报刊

"四一二"之后,一大批进步文化工作者相继来到上海,上海很快成为革命文化的中心。1927年冬,蒋光慈、钱杏邨、孟超等人创办了太阳社,由郭沫若、成仿吾、冯乃超等人创办了创造社。这两个革命文学团体的成员政治经验和马列主义水平都不成熟,表现出较为严重的急躁情绪与宗派主义情绪,被称为"左倾幼稚病"。

1928年1月,创造社和太阳社分别出版了《文化批判》和《太阳月刊》两个刊物,它们广泛介绍马克思主义的基本知识,提倡无产阶级革命文学。但是,由于创办成员思想认识有偏差,这两份刊物也发表过相当数量的观点错误的文章,如错误分析形势,不承认当时革命正处于低潮;对包括鲁迅在内的五四文学创作给以错误的评价,尤其尖刻地攻击和排挤鲁迅。随后,创造社和太阳社以这两份刊物为喉舌,相继与鲁迅、茅盾进行了关于"革命文学"的激烈论争,这场论争持续到1929年下半年才宣告结束,各方发表论文百余篇,论争导致进步文化群体发生分裂,给反革命宣传工具进攻革命文学阵营以可乘之机。

8.4.1.2 左联及其报刊

中共中央注意到了上述论争,为了实现党对国民党统治区文化战线的统一领导,加强进步文化工作者的团结,1929年下半年,在上海成立了直属中共中央宣传部的"文化工作委员会"(简称"文委"),在"文委"的领导下,经过多次酝酿和讨论,于1930年3月2日正式成立了中国左翼作家联盟(简称"左联")。

"左联"成立大会选举鲁迅、沈端先(即夏衍)、冯乃超、钱杏邨、田汉、郑伯奇、洪灵菲七人为常务委员,并决定成立马克思文艺理论研究会、国际文化研究会、文艺大众化研究会等机构,创办多种进步刊物。在鲁迅等人的主持下,左联先后创办了《萌芽》月刊(1930年1月)、《拓荒者》月刊(1930年1

月)、《文艺研究》季刊(1930 年 2 月)、《文艺讲座》(1930 年 4 月,只出 1 期)、《巴尔底山》旬刊(1930 年 4 月)、《文化斗争》周刊(1930 年 8 月)、《前哨》半月刊(1931 年 2 月,第 2 期改名为《文学导报》,实际不定期出版)、《北斗》月刊(1931 年 9 月)、《十字街头》双周刊(1931 年 12 月,后改旬刊)、《文学》半月刊(1932 年 4 月)、《文学月报》(1932 年 6 月)等机关刊物。

这些刊物主要内容是宣传马克思主义文艺理论,提倡无产阶级革命文学,报道左翼文化运动等。虽然数量众多,但这批刊物的存在时间都不长,不少只出 1 期或 2 期,究其原因,主要是在"左倾"错误思想的影响下不适当地暴露左翼身份、宣传左倾口号等,加上国民党当局的严厉查禁,致使左翼报刊蒙受了不必要的损失。

8.4.1.3 左翼新闻团体及其报刊

1931 年 10 月 23 日,在上海刊物《文艺新闻》的倡议和"左联"的支持下,由《文艺新闻》的记者编辑和《申报》、《新闻报》、《时报》的进步报人以及上海民治新闻学院、复旦大学新闻系师生共 40 余人联合组建了"中国新闻学研究会"(简称"新研"),这是中国第一个研究无产阶级新闻学的群众团体,也是共产党领导下的第一个新闻学研究群众团体,该团体于 1933 年停止活动。

《文艺新闻》周刊的工作人员是该会的核心。《文艺新闻》是一张小型报,创刊于 1931 年 3 月 16 日,主办人袁殊曾在日本学习新闻学,这就使《文艺新闻》与当时此起彼伏的革命报刊相比有独特之处,如不打左派旗号,宣称独立的、客观的态度;强调新闻功能,以新闻报道为主要体裁。袁殊不是"左联"成员,但他本人与"左联"关系密切,所以,一些左联成员也参加了《文艺新闻》的工作,使该刊成为"左联"的外围刊物。"左联"五烈士被害后,《文艺新闻》就假借读者之名发表一封来信,谈到关于五人被捕、被害的种种传闻,求得编辑部证实,实际上,这是在白色恐怖的特殊时期,袁殊与共产党人冯雪峰商定的巧妙的报道办法。

在"新研"的基础上,1932 年 3 月 20 日,中国左翼新闻记者联盟在上海成立(简称"记联")。"记联"主要成员来自"新研",不久,"新研"活动停止了。"记联"成立大会上通过的《中国左翼新闻记者联盟斗争纲领》提出:"要争取言论出版的绝对自由",使新闻事业"成为鼓励大众组织大众之武器"。这一纲领,为"记联"指明了斗争方向。"记联"的成员都是新闻专业人员,他们利用自己的职业身份,揭露国民党不抵抗政策和宣传抗日救亡,为抗日战争作出了很大贡献。

"记联"成立不久,就在上海法租界创办了通讯社"国际新闻社",主要向国内外发送报道中国人民抗日斗争的稿件,4 个月后被迫停办。1934 年 1 月 7 日,"记联"创办了《集纳批评》周刊,出版 4 期被查禁,接着出版的小型报《华报》也很快被迫停刊。1935 年秋,"记联"又创办了中华新闻社,向国内外报刊发稿。1936 年 5 月,由于抗日民族统一战线形成，"记联"宣布解体。

8.4.2　鲁迅及其报刊活动

中国左翼文化群体同国民党的反革命文化"围剿"进行了机智艰苦的斗争，锻炼出一支马克思主义的文化队伍，鲁迅是其中的佼佼者，毛泽东盛赞他是"向着敌人冲锋陷阵的最正确、最勇敢、最坚决、最忠实、最热忱的空前的民族英雄"。

鲁迅一生主持和参编报刊共19种，包括《新青年》、《未名》、《奔流》（与郁达夫合编）、《朝花周刊》（与柔石合办，后改名《朝花旬刊》）、《萌芽》、《前哨》（图8-5）、《巴尔底山》、《十字街头》、《译文》等等，还指导和支持过众多进步报刊的编辑和出版。如《波艇》、《鼓浪》、《越铎日报》、《晨报副刊》等。从1927年10月到1936年10月19日去世，鲁迅就生活战斗在上海，这是他报刊活动最活跃、成就最高的时期。他以上海为基地，先后参加了72种报刊的编辑、撰稿工作，他在此期间积累的办刊经验和优良作风是中国人民新闻事业的一笔宝贵财富。

第一，善于斗争，发扬"韧"的战斗精神。鲁迅认为左翼报刊要在白色恐怖中生存，就必须讲究策略，要保护好自己的营垒，同时与敌巧妙斗争。在他的领导下，进步报刊采用种种措施避免暴露自己，比如变化刊名，像《萌芽》出至第5期时被封，第6期起改名《新地》。为了防止自己的文章被扣押，鲁迅还往往换个笔名，或托人抄写

了自己的文章向已被国民党政府核准的公开出版物上投稿。据不完全统计，在此期间，鲁迅共用过100多个笔名在20多家报刊上发表进步文章。

图8-5　《前哨》，"左联"机关刊物之一。为纪念左联五烈士，鲁迅、冯雪峰于1931年4月秘密编辑、发行。

（原载鲁迅纪念馆网）

第二，报刊编排上政治性和艺术性的统一。鲁迅认为刊物不仅要有进步的思想内容，还应有优美的艺术形式，二者应相得益彰。即便创办政治性较强的左翼报刊，鲁迅也特别重视编辑工作中的美学实践。他在刊物的命名、封面的设计、内容的选择、版面的安排等环节上力求艺术性，如《朝花周刊》、《前哨》、《奔流》等刊名，就是他几经揣摩定下的。偏爱插图也是他编刊的一大特点。他主编的每份刊物都精心在

关键处安排适宜的版画、木刻画等多种形式的插图，不仅丰富版面，带来美感，而且深化文章主题，甚至代替文字表达政治思想。如此一来，这些插图、封面设计，就不单纯起美化作用，而是一种战斗武器了。比如，柔石牺牲后，鲁迅无法在报刊上以文字公开表达他的愤慨和哀悼，于是选择了一幅名为《牺牲》的外国木刻，其意义"是一个母亲悲哀地献出她的儿子去的"，"算是只有我一个人心里知道的柔石的记念"①。

第三，以杂文作为重要的战斗武器。从1918年9月为《新青年》撰稿开始，鲁迅先后在北京的《晨报》、上海的《申报》以及《莽原》、《语丝》、《萌芽》、《现代》等众多报刊上杂志上发表了数百篇杂文，产生了很大的社会影响。定居上海后，杂文更成为他的主要写作体裁。他的杂文题材广泛、内容丰富，借古讽今，文笔犀利，加上常常从新闻中选材，所以具有强烈的现实性。比如著名的《"友邦惊诧"论》就与时事结合，揭露国民党当局的对外卖国对内专制的真面目。在他的倡导下，进步报刊团结了越来越多的杂文作者，越来越多杂文出现在各种报刊上，它们犹如一支支刺向敌人"匕首"和"投枪"，在与反革命的较量中起到了重要作用。

8.5 外国记者对中国人民新闻传播事业的贡献

"九一八"前后，不少同情中国革命的外国新闻工作者来到中国，考察并向世界介绍中国的现状和人民的斗争，其中有一些人冒险进入革命根据地进行采访，将中国共产党领导下的工农革命的真相传播出去，使中国人民争取民主自由的斗争赢得了更多的国际支持。埃德加·斯诺（Edgar Snow）、安娜·路易斯·斯特朗（Anna Louise Strong）和艾格妮丝·史沫特莱（Agenes Smodley）是这其中的代表人物，新闻史学界习惯将其三人称为"三 S"。1984年，北京还成立了中国"三 S"研究会，充分肯定了他们对中国人民新闻事业作出的贡献。

8.5.1 埃德加·斯诺

埃德加·斯诺，1905年7月11日出生于美国密苏里州堪萨斯城，1926年进入密苏里大学新闻学院学习，1928年他预计做为时一年的环球旅行，当年9月来到中国。原打算做6周的采访，但最终却在这里生活工作了13年，并对中国人民的新闻传播事业作出了重大贡献。

斯诺到中国后，很快被《密勒氏评论报》聘为助理编辑，并先后担任该报代理主编和《芝加哥论坛报》驻华记

① 《鲁迅全集》第4卷，人民文学出版社，1957年7月，第374页。

者、美国统一报业协会驻远东旅游记者，为多家西方媒体工作。

"九一八"和"一·二八"后，他冒着生命危险前往东北前线和上海报道战事，记录了残酷的战争及其背景，报道了中国军民特别是十九路军英勇抗战的事迹，介绍了江西苏区的情况。后来，他在这些报道的基础上撰写了《远东前线》一书，于1933年在美国出版。

1933年下半年斯诺进入燕京大学新闻系任教，同时为西方报刊撰稿，1935年"一二·九"运动爆发，斯诺当晚即向《纽约太阳报》发了一条独家新闻，报道这次学生爱国运动。

斯诺还编译了短篇小说集《活的中国》，收录了鲁迅、巴金、茅盾等15位左翼作家的作品以及他自己撰写的《鲁迅评传》等，1936年在英国出版。

对于这位西方记者来说，最值得骄傲且最有影响的新闻活动是其1936年6月至10月的"陕北之行"。1936年6月，经宋庆龄介绍，斯诺从北平出发赴陕北苏区，成为踏入革命根据地的第一位外国记者。在三个月的时间里，斯诺采访了毛泽东、朱德、彭德怀、贺龙等多位党政军领导人以及大量的工农兵群众，他的足迹遍及陕甘宁边区的十几个县镇。通过自由的交谈、拍照，他掌握了大量关于边区政治、经济、军事、文化、人民生活等多方面情况的一手资料。回到北平后，斯诺根据这些采访手记撰写了一组通讯，共30多篇，以1936年11月14日在上海英文报《密勒氏评论报》上发表《毛泽东访问记》为开端，这些通讯和照片陆续公开发表，引起了中外新闻界以及国际社会的轰动。

在这些采访的基础上，斯诺撰写了报道陕北苏区的报告文学《红星照耀中国》①，1937年10月，英国戈兰茨出版公司正式出版了该书，到同年12月就连续出了5版，广受关注和欢迎，并被翻译成法、德、俄、意、西、葡、日、蒙、瑞典等多国文字。1938年2月，在中共上海地下党的组织下，该书被译成汉文，以上海复社的名义出版。为了顺利发行，书名改为色彩较为隐蔽的《西行漫记》，该书中译本也多次再版，在革命根据地、国统区以及港澳、东南亚一带广泛发行，影响很大(图8-6)。

《西行漫记》共12篇，30万字，它突破国民党当局的新闻封锁，第一次向全世界报道了中国红军万里长征的光辉业绩，介绍了中共党政军领导的崇高信念，描述了红军官兵和当地工农的生活和精神状态以及苏区充满生机的新气象。它还报道了中国共产党的统一战线主张，使中国人民的斗争赢得了世界各国人民的同情和尊敬。这本著作的问世，揭开了西方了解中国的新纪元，被盛赞为"与哥伦布对美洲大陆的发现一样是震撼世界的成就"。斯诺在1938上海复社版《西行漫记》序中说："这一本书(指《红星照耀中国》)出版之后，居然风行各国，与其说是由于这一本著作的风格和形式，倒不如说是由于这一本书的内容罢。从字面上讲

① Red Star Over China.

图8-6　《西行漫记》的两个版本

（原载中国农林网）

起来,这一本书是我写的,这是真的。可是从最实际主义的意义来讲,这些故事却是中国革命青年们所创造,所写下的。这些革命青年们使本书所描写的故事活着。"

这本报告文学的成功,当归功于斯诺具备了一个优秀新闻工作者的全面素养,比如深入现实、求真求实的采访作风、敏锐的新闻敏感、独立思考的能力、渊博的人文知识和高超的写作技巧。

1941年由于真实报道了"皖南事变",斯诺被国民党当局取消记者特权不得已而回国。新中国成立后,斯诺于1960年以美国作家的身份再度访华,会见了毛泽东、周恩来等中国领导人,并撰写了《大河彼岸》一书,热情洋溢地介绍新中国欣欣向荣的景象,该书于1962年在美国出版。1964年,斯诺作为法国《新宣言》周刊的记者再度访华,拍摄制作了纪录片《人类的四分之一》。1970年8月三度访华,并在美国杂志《生活》上发表了他与毛泽东的谈话,向美国乃至世界传递出中国政府欢迎尼克松访华的信息。1972年2月,这位卓越的新闻工作者因癌症辞世,他的骨灰分葬在美国和中国(北京大学的未名湖畔)。中国人民将永远怀念他。

8.5.2 安娜·路易斯·斯特朗

安娜·路易斯·斯特朗，美国著名女作家和记者，1885 年出生于美国内布拉斯加州一个有教养的家庭，1908 年获得芝加哥大学哲学博士学位，并开始从事进步的社会活动。

斯特朗先后六次来到中国，并于 1958 年在北京定居下来。1925 年她第一次来到中国，结识了宋庆龄、何香凝、鲍罗廷，采访了冯玉祥和吴佩孚，报道了孙中山领导的民主革命和省港大罢工。1927 年第二次来华，报道了湖南农村轰轰烈烈的农民革命运动。1937 年她三度来华，与李公朴、阎锡山、周恩来、朱德、斯诺等军界、政界、文化界的知名人士广泛接触，并深入采访中国军民的抗战现实，写出了《人类的五分之一》一书。

《人类的五分之一》真实记录了抗日统一战线形成后八路军英勇抗敌的业绩，全书共六个部分：第一、第二部分介绍了 1927 ~1937 年中国的基本形势，包括百姓困顿颠沛的生活状况，国民党向红军发动的围剿，红军二万五千里长征，抗日民族统一战线的形成等等。第三至第五部分是根据她在抗战前线八路军的驻地进行的采访写就的，以所见所闻展示了八路军将领和普通士兵的风采以及他们英勇不屈的斗争精神。第六部分是关于妇女问题的综合报道，形象生动地介绍了宋庆龄、贺子珍、邓颖超、康克清以及众多女工、女作家、普通村妇等。

1940 年斯特朗第四次来到中国，在重庆采访了蒋介石与周恩来。1946 年第五次来华时，毛泽东在延安会见了她，阐述了"帝国主义和一切反动派都是纸老虎"的著名论断，斯特朗写出了《中国人征服中国》。1958 年定居北京后，她又写了《我为什么在七十二岁时来中国》、《中国为粮食而战》、《西藏见闻》、《西藏农奴站起来》四部书，向全世界介绍新中国成立前后的实际状况。1970 年 3 月，斯特朗病逝于北京。

8.5.3 艾格妮丝·史沫特莱

史沫特莱 1890 年出身于美国密苏里州一个贫困的家庭，16 岁时独立生活，19 岁考入师范学院，并担任学术刊物的编辑，26 岁时到纽约投身政治活动，宣传社会主义思想和女权运动，后由于受到当局迫害而离开美国前往柏林，在柏林大学任教并获得印度历史学博士学位。1927 年，她撰写了自传体小说《大地的女儿》，在德国《法兰克福日报》连载，后来得以出版并被译成多种文字广为流传。

1928 年 12 月，在一位德国共产党人的介绍下，史沫特莱以《法兰克福日报》特派记者的身份赴华，她关注中国发生的新事物，对中国共产党领导的工农革命斗争深表同情。通过深入的采访，史沫特莱写出了大量报道，揭露中国社会的黑暗，揭示中国革命的真相，并首次向世界报道了江西苏区的建设状况。20 世纪 30 年代史沫特莱结识了鲁迅等进步作家，她继而全力支持左翼文化运动，1931 年柔石等五位左翼作家被害后，史沫特莱将鲁迅所写的

《黑暗中国的文艺界现状》翻译成英文在美国刊物《新群众》上发表，五十多位美国著名作家看到此文联名向国民党发出抗议。

在十几年采访的基础上，她先后撰写了五部著作：《中国人的命运》，1933 年撰写并出版，反映了 20 年代末至 30 年代初中国动荡的社会生活和尖锐的阶级斗争；《中国红军在前进》（又名《中国红色风暴》），1933 年撰写、1934 年出版，报告了 1927 年－1932 年中国共产党领导人民创建工农红军和苏维埃共和国的情况；《中国在反击》，1937 年 ~1938 年撰写、1938 年出版，记述了她本人自"西安事变"到抗战初期在西北、华北地区的经历和华北的抗战形势及八路军的战斗功绩；《中国的战歌》，1943 年撰写并出版，记录了延安的生活和战斗以及中国共产党领导下的军队与人民英勇抗日的丰功伟绩；《伟大的道路》，自 1941 年后历经多年撰写、1955 年以日译本首度发表，它记录了朱德 60 岁之前走过的道路，也展现了中国新民主主义革命历史的辉煌画卷，该书在美国的出版受阻，史沫特莱本人也受到迫害。

1950 年，史沫特莱在伦敦病逝，留下了未及踏上新中国土地的遗憾。根据她的遗愿，她的骨灰被安葬在北京八宝山烈士公墓，朱德为其题写了"中国人民之友"的碑文。

向世界报道中国解放事业的著名新闻工作者还有捷克斯洛伐克用德语写作的记者、作家埃贡·埃尔温·基希（Egon Enwin Kiscb 1885 ~1948），德

国籍记者、政论作家汉斯·希伯（Hans Shippe 1897 ~1941）等等，他们和"三S"一起向全世界翔实地展示了当时中国的真实生活图景。

8.6 革命根据地的新闻事业

大革命失败后，中国共产党创建了工农红军和革命根据地，实行"工农武装割据"，走农村包围城市的道路。同时，中央根据地和各个根据地开展了形式多样的新闻宣传活动，这是在人民掌握政权的条件下创建的无产阶级新闻事业。

8.6.1 红军报刊

8.6.1.1 早期红军报刊

革命根据地新闻事业是在红军报刊的基础上发展起来的，而红军报刊又是在最原始的传播手段的基础上诞生的。

根据地初创时期，各个根据地广泛采用标语、传单、布告、简报、壁报等多种形式宣传革命纲领、发动群众、瓦解敌人，尤其 1929 年 12 月古田会议后，《时事简报》被普遍地创办起来并深受读者欢迎。它采用手抄壁报的形式，内容涉及国际国内政治消息、游击地区群众斗争和红军工作情况，不仅起到了宣传作用，而且推动了士兵和当地干部的识字运动。这些宣传品虽不能称为报刊，但它们却成为报刊发展的良好开端。

1929 年下半年开始，红军开始创办以工农兵为读者对象的报刊。其中

包括红五军于1929年9月创办的《工农兵》、红七军于1929年11月创办的《右江日报》、红八军于1930年2月创办的《工农兵》、红三军团于1930年7月创办的《红军日报》等。这些报刊往往是红军攻占某些城市后利用敌人原有的印刷设备办起来的，一般随着红军离开而停刊。所以它们有一个共同的特点，即存在时间短。这其中，影响最大、最广的是《红军日报》。

1930年7月28日，彭德怀率领的红三军团在攻占长沙，接管了国民党设在长沙的《国民日报》的设备及物资，次日即创办发行了《红军日报》，它是红军报刊中第一张也是唯一一张铅印对开日报①。这份日报着重宣传党的纲领政策，新闻比重大，言论富有鼓动性，同时办有综合性副刊《红军》，文字通俗，形式活泼。因其产生了较大影响，当时长沙的《大公报》曾赞扬红军："犹知注重报纸宣传，不稍疏懈，吾人对之，宁无愧色乎。"②

同年8月5日，红三军团撤离长沙，该报停刊，此时共出5期。

8.6.1.2 《红星报》

随着根据地的发展和红军队伍的壮大，红军报刊也进一步发展起来，仅中央根据地就先后出版了30多种红军报刊，其他根据地也不断有红军报刊问世。这些报刊中，较有影响的有一方面军总司令部的《红色战场》、红三军团的《火线》、红五军团的《猛进》、一方面军政治部的《铁拳》、中央军委的《革命与战争》等。其中办的最有声色的是《红星报》。

《红星报》于1931年12月11日在江西瑞金创刊（图8-7），这是由中国工农红军总政治部出版的、中国工农红军军事委员会的机关报，原为铅印，1933年3月改为32开本油印期刊，同年8月恢复铅印报纸形式。初创时是五日刊，实际不定期出版，短则两天，长则半个月。一般为4开4版，也有2版、6版、8版，有时增出"号外"，还出有《红星副刊》。该报于1935年8月3日终刊。

图8-7 《红星报》创刊号
（原载人民网）

---

① 当时红军报刊多数采用油印。
② 见湖南博物馆藏《红军日报》影印本《校编前言》。

（1）《红星报》的内容与特色 该报创刊号登载的《见面话》中阐述其宗旨为："加强红军里的一切政治工作（党的，战斗群众的，地方工农的），提高红军政治水平线，文化水平线，实现中国共产党苏区代表大会的决议，完成使红军成为铁军的任务。"

在瑞金出版的三年中，《红星报》依靠出色的编辑工作很好地完成了上述任务。该报全面反映红军的工作和生活，介绍红军和各地群众斗争的情况，报道革命战争胜利的消息，表扬模范，讨论红军的政治工作，批判红军中存在的错误与问题。《红星副刊》则大量介绍红军各级机关的政治、文化、卫生等工作情况和经验。

《红星报》最大的特点就是编排丰富多彩、图文并茂、通俗生动。除了设有《社论》、《要闻》、《专电》、《消息》、《前线通讯》、《国际时事》、《战绩》等经常性的栏目外，《红星报》还设有十余个专栏，如《党的生活》、《列宁室》、《红军生活》等。这些栏目既各有重点和特色，使整个报纸内容丰富、形式多样，同时各栏目间又相互呼应配合。如《红星号召》和《响应红星号召》两个专栏中，一方面发出"扩大红军"、"节省经费支援战争"、"创造争取群众工作的模范连队"等号召，另一方面及时反映广大指战员响应号召的积极行动。《红星报》还特别重视运用插图，它给包括新闻、评论、理论文章在内的许多文章配上漫画或插图，这些逼真、生动、易懂的图画，一方面适应了当时官兵文化水平普遍不高的实际情况，另一方面图文相得益彰，增强了宣传效果。

（2）《红星报》的成功经验 邓小平、陆定一先后担任过《红星报》主编。邓小平任主编时，只有一个做技术工作的助手。陆定一主编时，编辑部最多也只是五个工作人员。然而，在当时艰难的斗争环境下，就是这三五个人的队伍，却办出一份在全军有广泛影响的报纸，战士们称之"战士的良友"、"革命战争的一只有力喇叭"。《红星报》的成功，与其通讯员队伍的建设密不可分。

《红星报》一贯重视培养通讯员。创刊之初，它就发动和依靠党和群众来办报，周恩来、博古、毛泽东、王稼祥等都曾为该报修改、审定或撰写文章。通过种种努力，《红星报》建立起一支500多人的通讯员队伍，这支队伍上至中央党政军领导人，下至基层官兵，像罗荣桓、袁国平、罗瑞卿、肖华、张爱萍等红军领导都是积极写稿的通讯员。这支队伍，为《红星报》提供了丰富的稿源和新闻线索，使之真正符合时代需要、贴近斗争和生活实际、贴近红军官兵。

8.6.2 红色中华通讯社和《红色中华》报

这两家媒体是一个组织机构、两块牌子，地址就在中华苏维埃共和国临时政府所在地江西瑞金。

8.6.2.1 红色中华通讯社

1931年11月7日，中华苏维埃第一次全国代表大会在瑞金召开，中华苏维埃共和国临时中央政府成立，红色中华通讯社作为中央政府的机关通讯社也于当日诞生，简称"红中社"。"红中社"最初没有专用电台，向外发稿使用的是临时政府的无线电台，后来改用军委的电台，到1933年初才拥有自己的电台并于3月创办了专用的新闻台。

"红中社"新闻广播呼号为CSR①，该呼号一直沿用到1956年。"红中社"成立当天，就向全国乃至全世界报道了中华苏维埃第一次全国代表大会胜利召开的消息以及大会的文告。这以后，"红中社"冲破敌人封锁，不断向外播发中央政府或红军的报告或通告、革命根据地的建设情况、红军战况和国统区人民的斗争状况。它的电讯在全国都可以收到，在革命根据地之间、在根据地与国统区党组织之间起到了沟通信息、指导工作、激励斗志的作用。

"红中社"的另一项重要工作是抄收国内外新闻电讯，编印《无线电材料》供中央领导参阅，《无线电材料》后相继改名《每日电讯》、《参考消息》。

1934年10月16日红军开始长征，"红中社"停止对外播发新闻，但继续抄收国内外新闻电讯。1935年11月恢复播发新闻，此时，"红中社"工作分为两部分：国内报道由向仲华负责，外电由廖承志负责。1937年1月，"红中社"迁往陕西延安，随后改名新华通讯社。

8.6.2.2 《红色中华》报

《红色中华》报创刊于1931年12月11日，它与"红中社"是同一个编辑部，编辑人员既编报又编电讯稿。该报是中国共产党在革命根据地创办的第一张中央级铅印报纸（图8-8）。它设有《社论》、《要闻》、《专电》、《红色区域建设》、《党的生活》等等多个栏目，还刊登大量宣传画。该报一大特点是文字浅显，形式活泼生动，尤其宣传画构图简单，不识字的人也能看明白。

图8-8 《红色中华》
（原载人民网）

（1）《红色中华》的发展阶段
1931年12月11日—1934年10月3日在瑞金出版，先是中华苏维埃共和国临时中央政府的机关报，周刊，从第50

---

① 即 Chinese Soriet Radio（中华苏维埃无线电广播）和 Chinese Soriet Republic（中华苏维埃共和国）的缩写。

期后改为中共中央、中央工农民主政府、中华全国总工会和共青团中央4个单位的联合机关报,50～148期为3日刊,148期后改为两日刊,出至240期暂停。

1934年10月红军长征后停刊一年零43天。中央红军主力长征后,瞿秋白等留在苏区,坚持斗争,继续出版《红色中华》报,直到1935年1月停刊,共编辑发行24期。最后一期为264期。现在还能看到战火中幸存下来的残件,第一版依稀可看出,报头印有列宁画像,以及《列宁的教训》等文章。

1935年11月,红中社在陕北瓦窑堡恢复新闻广播,《红色中华》报亦同时复刊。由于当时不知道中央红军长征后瞿秋白等同志在中央苏区继续出版《红色中华》报,因而复刊号沿用在瑞金时出版的期数,复刊号为241期。出至1937年1月29日第324期,由铅印改为油印,并改名《新中华报》。先是中共西北中央局和中央工农民主政府西北办事处的机关报,后改为中共中央机关报。1941年5月15日与《今日新闻》合并为《解放日报》。

(2)《红色中华》的主要成就　在发刊词中,《红色中华》宣称其任务是"发挥中央政府对于中国苏维埃运动的积极领导作用,达到建立巩固而广大的苏维埃根据地,创造大规模的红军,组织大规模的革命战争,以推翻帝国主义国民党的统治,使革命在一省或几省首先胜利,以达到全国的胜利"。为此,《红色中华》作出了种种努力。

第一,积极组织和指导根据地人民建设工农民主政权。《红色中华》创刊时,正值国民党准备发动第四次"围剿",此时,迫切需要巩固苏维埃政权。《红色中华》集中进行了建设和巩固苏维埃政权的宣传,它发表临时中央政府的建政训令,报道各地建政消息和经验,刊登社论,开辟《苏维埃建设》专栏,分析建政运动中的问题和缺点,从而加强了中央政府对于中国苏维埃运动的领导力量,引导建政运动的良性发展。

第二,大力报道红军的胜利消息。每期《红色中华》都会刊登数条红军战斗胜利的电讯稿,配以醒目的标题,在当时严峻的斗争形势下,这些消息鼓舞了军民斗志,激励人民积极参与政权和军队建设。

第三,进行"反围剿"斗争的动员工作。《红色中华》宣传保卫革命根据地的重大意义,报道各根据地人民拥军优属、参军参战的情况,还以报社名义在群众中筹粮筹钱以支援红军"反围剿"斗争。

第四,贯彻和宣传党的抗日救亡主张。"九一八"事变后,《红色中华》发表了多篇中央政府文件和领导人讲话,以多种形式揭露日本帝国主义的阴谋和罪行,谴责国民党的卖国政策,宣传中国共产党的抗日救国政治主张,还报道了东北乃至全国人民抗战的成就。

由此可见,作为中央政府的机关报,《红色中华》担当了党、政府和根据地人民的耳目喉舌。但是由于"左"倾路线的影响,该报在宣传中也出现过浮夸、片面等错误,这是党的政治工作路线在党报上的必然反映。

(3)创办《红色中华》的重要意义

第一,它是我国第一份代表苏维埃政权的、在根据地创办的报纸。过去党报多在城市出版,而且是在党和人民未掌权的情况下出版的,《红色中华》则为党在根据地创办报刊积累了经验。

第二,它是根据地第一张中央级铅印报纸,出版约4年,打破了此前根据地报纸多油印或石印以及短期出版的局面,自此,党领导的新闻事业逐步发展并形成一支庞大新闻事业队伍,在以后的斗争中发挥了积极作用。

第三,它是第一个由工人阶级领导的印刷厂印刷的报纸。过去,党报是委托其他印刷厂秘密印刷的,1929年3月红四军解放了长汀城,接收城内的印务局,后来将其设备和工人并迁往瑞金,成立了中华苏区印刷厂,《红色中华》就是它承印的第一份报纸。

8.6.3 《青年实话》

青年报刊是根据地较早创办的另一类报刊,《青年实话》是其最优秀的代表。

1931年7月1日《青年实话》半月刊创刊,总编辑部在江西雩都,总发行所设在福建长汀,后来都迁到了瑞金。陆定一是主要负责人。创刊时由于国民党发动第三次"围剿",只出两期就暂时停刊,后于同年12月10日复刊,不久改为旬刊,1933年1月改为周刊。

长征开始后停刊。

最初,《青年实话》以张贴方式出版,后改为8开单张的壁报形式,至1932年2月15日改为油印32开小册子,有插画封面。

《青年实话》适应青年的阅读心理和成长需要,它内容多样、图文并茂、编排形式活泼、文章具有较强的鼓动性。除了一般的社论外,它还精心为青年量身定做了不少深受欢迎的栏目,如《青年生活素描》、《白区青年生活》、《体育》、《歌曲》、《青年卫生顾问》、《前线通讯》。

通过这些栏目,《青年实话》向青年宣讲国内外形势和青年的任务,讲述红军英勇战斗的故事,发动青年支援红军、支援前线、支援革命战争,传播团和青年群众工作的先进经验,并刊登团中央的决议与宣言,号召青年积极参加军事训练,广泛开展游击战争。它向妇女发出"不让一个红军哥哥打赤脚"的号召,动员大家做30万双布(草)鞋送给红军;它还号召儿童团员"做好两件事",一是每人种两棵南瓜,成熟后慰劳红军;二是每天拾粪送到红军公田。该刊受到广大青年尤其是红军青年的广泛欢迎,有相当的号召力,为根据地进步青少年的培养和青年团的工作作出了贡献。

8.7 邹韬奋、范长江的新闻活动

抗日救亡报刊是这一时期在中国较为活跃的另一类新闻媒体。"九一八"后，全国创办的救亡报刊不下千余种，一批民主进步报刊和优秀的爱国报人脱颖而出，最著名的是邹韬奋、范长江，以及《生活》周刊和《立报》。

8.7.1 邹韬奋的新闻活动

8.7.1.1 丰富的报刊编辑经历

邹韬奋（1895～1944），我国新闻史上杰出的新闻记者、政论家和出版家，他一生参与了十几种进步报刊的创办、编辑和领导工作，撰写了几百万字的文章，出版了数十本译著，为中国新闻事业作出了重大贡献。

韬奋原名邹恩润，祖籍江西，生于福建永安，自幼家贫，少年时代在福州求学，1912年考入上海南洋公学，1917年升入大学机电科。但他对语文和历史更为偏爱，大学期间，他特别爱看上海《时报》上黄远生的通讯，对于梁启超办的《甲寅》杂志和章士钊的文章也极有兴趣，在他们的影响下立志要作一个新闻工作者。1919年2月，邹韬奋转入上海圣约翰大学，主修西洋文学，副修教育学。此间，他在上海《学生杂志》、《申报》等刊物发表多篇文章。

1921年邹韬奋大学毕业，先后做过上海纱布交易所英文秘书、时事新报社办公室主任秘书、上海青年会中

学的英文教师。1922年，经黄炎培介绍，他受聘担任上海中华职业教育社编辑股主任，主编《教育与职业》月刊，还编辑"职业教育丛书"，这是他编辑生涯的起步。

邹韬奋正式投身新闻出版工作，始于主编《生活》周刊。1925年10月11日，中华职业教育社创办了《生活》周刊，这是对青年进行职业教育的园地，以"揭出各种职业之性质与青年择业安业乐业的准则"为宗旨，每期约1000份，大多数赠送教育社社员，邹韬奋常在该刊上发表文章。1926年10月，主编王志莘辞职，从10月24日出版的第2卷第1期开始，《生活》周刊由邹韬奋接任主编，从而发生了重大的转变。1928年，邹韬奋正式使用笔名"韬奋"发表文章，韬光养晦、奋斗不息，这正是邹韬奋一生编辑生涯的写照。

"九一八事变"是邹韬奋和《生活》周刊在政治上、思想上发生转变的转折点，自此，韬奋主办的报刊，始终以坚持团结、坚持抗战、坚持民主、坚持进步为原则，满足了社会各阶层最广大人民的需要。在抗战火硝烟中，邹韬奋由一个资产阶级改良主义者转变为具有社会主义思想的爱国主义战士。1932年7月，他将《生活》周刊读者服务部扩大为生活书店，1933年7月，《生活》周刊脱离中华职业教育社。

《生活》周刊的爱国进步宣传触怒了当局，1933年6月，邹韬奋被列入国民党特务的暗杀名单。7月14日，邹韬奋被迫乘船离开上海，踏上了他的欧洲流亡之路，直到1935年8月回国。

期间,他写出了 159 篇共 50 多万字的海外通讯,汇集成了《萍踪寄语》和《萍踪忆语》两本书。

回国后,邹韬奋于 11 月 16 日在上海创办《大众生活》周刊(图 8-9),该刊以"力求民主解放的实现,封建残余的铲除,个人主义的克服"为宣传目标,继续了《生活》周刊投入抗日救亡的战斗风格,而且,相对于《生活》周刊,《大众生活》在思想内容和编辑技术上都有了很大的进步,反映了邹韬奋编辑思想的成熟。"一二·九"运动爆发后,该刊报道运动的进展情况,并发表社论盛赞这一爱国运动,称其"是大众的急先锋,民族解放前途的曙光"[1]。《大众生活》在民众中得到拥护,创下了期发行量 20 万份的当时国内最高纪录。但国民党当局却想方设法阻挠该刊的爱国宣传,最后于 1936 年 2 月以"鼓吹民众武装抗日"等罪名查封了《大众生活》,至此,《大众生活》共出 16 期。

1936 年 3 月,为躲避当局迫害,邹韬奋秘密离开上海到达香港。出于对新闻工作的热爱和高尚的爱国情怀,1936 年 6 月 7 日,他在香港又筹办了《生活日报》和《生活日报星期增刊》(后改名《生活日报周刊》《生活星期刊》)。《生活日报》是他一生创办的唯一一份日报,倾注了他大量心血。它继承了《生活》和《大众生活》的爱国主义精神,以"努力促进民族解放,积极推广大众化"为目标,报道中国人民的保卫家乡、捍卫祖国的斗争,揭露日军的种种罪行,宣传中国共产党的抗日

民族统一战线政策。在编排上,重点突出、版面新颖、内容协调统一,加上时效性较强,深受读者欢迎。

图 8-9 《大众生活》第 1 卷第 6 期(1935 年 12 月 21 日)封面,清华女杰陆璀"一二·九"演讲
(原载苏州第十中学网站校庆主题页)

中国共产党对该报予以很大的支持,刘少奇先后两次给邹韬奋写信就《生活日报》的任务、宣传方针提出建议,由于香港的印刷条件和向内地发行不便等因素制约了《生活日报》的进一步发展,中国南方局向邹韬奋建议将报纸迁往上海出版,因此,出版 55 天的《生活日报》停刊迁往上海,但因国民党当局百般阻挠,《生活日报》没能在上海发行,只将每期 3 万字的《生活日

---

① 《韬奋文集》第 1 卷,第 106 页,北京三联书店 1956 年版。

报星期增刊》改名《生活星期刊》继续出版。1936 年 11 月 22 日，邹韬奋与沈钧儒等 6 位救国会负责人被国民党政府逮捕，时称"七君子事件"①，该刊也在 12 月遭查封。

1937 年 7 月 31 日，"七君子"获释，同年 8 月，怀着大无畏的精神，邹韬奋又在上海创办《抗战》三日刊，后迁往汉口与李公朴主办的《全民》周刊合并，改名《全民抗战》三日刊，销量很快达到了 30 万份，再次创下全国报刊业的最高纪录。武汉沦陷后，该刊迁往重庆，1938 年，邹韬奋曾被国民党政府聘为国民参政会参政员。1942 年 2 月皖南事变后，邹韬奋愤然辞去国民参议员职务，《全民抗战》于当月 22 日出至 157 期被查封，同时被查封的还有邹韬奋倾力经营的各地生活书店，韬奋被迫再次流亡香港。在香港，他于1941 年 5 月 17 日复刊《大众生活》，这是他办的最后一个刊物。

1941 年 12 月香港沦陷后，《大众生活》停刊，邹韬奋在党组织安排下，历经艰难离开香港，并于 1943 年 1 月来到苏北解放区，在这里感受和记录新生活。但是，同年 3 月因患耳癌，邹韬奋秘密到上海治病。1944 年 7 月 24日病逝，中共中央接受他在遗书中提出的申请，追认他为中共正式党员。毛泽东为他题词："热爱人民，真诚地为人民服务，鞠躬尽瘁，死而后已，这就是邹韬奋先生的精神，这就是他之所以感动人的地方。"刘少奇与陈毅为他书写挽联："噩耗传来，忆抗敌冤狱，民主文章，革命气骨，涕泪洒襟哭贤哲；胜利在望，看欧西革故，敌后鼎新，人民抬头，光芒到处慰英灵。"

8.7.1.2 主编《生活》周刊的成就

邹韬奋担任主编时，杂志社条件很是艰苦，全社只有邹韬奋一个编辑，他以十几个不同笔名几乎承担了所有栏目文章的写作，比如"因公"专写阐明三民主义的文章，"落霞"专门评述世界名人传记或轶事，"心水"专作道德修养的文章，在读者看来，杂志编辑部人才济济，殊不知全赖韬奋一人妙笔生花。除了人力缺乏外，杂志社也缺少必要的财力来建立资料室。但是邹韬奋自有解决的办法，只要需要，他马上跑到书店，酌情购买或者强记，回到编辑部立刻伏案疾书，一篇篇妙文就这样诞生了。

韬奋在《生活》周刊第 6 卷第 1 期中的《我们的立场》中重申了他为该刊确立的宗旨："暗示人生修养，唤起服务精神，力谋社会改造。"这种定位，使《生活》周刊逐步由关注个人生计和职业问题变为关注社会问题，而服务对象也由职业青年和失业青年扩大到社会各阶层。很快，定位的调整显示出良好的效果：发行量不断攀升，接编前免费赠送还送不了 2000 册，到 1927 年发行2 万册，1928 年 8 万册，1931 年 15.4

---

① 1936 年 11 月 23 日，南京国民党政府以"危害民国"的罪名在上海将"全国各界救国联合会"领导人沈钧儒、章乃器、邹韬奋、李公朴、沙千里、史良、王造时逮捕入狱。中共中央为此发表宣言，要求国民党政府放弃错误政策，释放政治犯。各地也纷纷展开营救活动。1937 年"七七事变"后，国民党政府被迫释放了沈钧儒等 7 人。

万册,创造了当时中国杂志发行量的最高纪录。

1931年"九一八"事变后,邹韬奋的资产阶级改良主义幻想彻底破灭,开始转向人民、转向革命,这种思想的改变首先在《生活》周刊反映了出来。"九一八"前,该刊大量篇幅用于刊载提高道德修养和职业修养的文字,强调满足读者兴趣,对于中国共产党领导人民进行的土地革命持否定态度。"九一八"的炮声惊醒了他,他明确了抗日救亡的主题,推动《生活》周刊,迅速走到了民族解放斗争的前列。它以大量篇幅刊载宣传军民抗战英勇事迹,批判国民党"攘外必先安内"的荒唐政策,揭露日军暴行,从而使《生活》周刊由为全社会服务变为为抗战救亡服务。他还利用《生活》周刊在读者中的影响力,组织为前线抗日将士捐款。同时,周刊还顶住压力和利诱,勇敢揭露国民党腐败现象。

这种转变令国民党大为恼火,1932年国民党政府对周刊实行"禁邮"。但是,邹韬奋及其同事不屈服,读者也没有退缩,刊物还是通过铁路、轮船、民航等途径成批地运了出去,读者也更欢迎这份立场鲜明而坚定的新闻周刊,一时间,发行量未减反升了,稳居全国最畅销杂志之列。

从1932年开始,《生活》周刊公开了拥护社会主义的立场,之后又发表了一系列宣传社会主义、介绍辩证唯物主义和历史唯物主义的文章,这更加引起了蒋介石的不满。为了保存力量,邹韬奋于1932年7月成立生活书

店,将刊物和出版机构分离,并提前写好了《与读者诸君告别》一文以备不测。果然,不久,邹韬奋被迫流亡海外,周刊由胡愈之接编。1933年12月8日,国民党政府以"言论反动、思想过激、毁谤党国"的罪名查封该刊,此时出至第8卷第50期。16日,《生活》周刊出版最后一期,刊登了署名同人的文章《最后的几句话》指出:"统治者的利剑可以断绝民众文字上的联系,而不能断绝精神意识上的联系。"《与读者诸君告别》也同时发表。邹韬奋在文中号召读者:"把对本刊言论的同情移到实际方面的努力,共同奋斗,共谋中华民族的独立与解放。"

主编《生活》周刊是邹韬奋新闻事业的发端,也是他形成成熟新闻思想的起点,更是他新闻成就的重要组成部分。

8.7.1.3 《萍踪寄语》和《萍踪忆语》

1933年7月至1935年8月,邹韬奋第一次流亡。此间他先后去过意大利、瑞士、法国、英国、比利时、荷兰、德国、苏联和美国。每到一处,他都深入生活、认真观察、积极采访,除了运用英语交流外,他还学会了德语、法语和俄语,上至官员下至贫民和商贩他都悉心观察、交流,掌握一手资料,先后写出了159篇海外通讯。

这些通讯首先汇集成三集《萍踪寄语》,第一集和第二集是西欧各国和新加坡、科伦坡、苏伊士运河见闻,第三集是苏联见闻。他边写边寄往《生活》

周刊和《新生》①周刊发表,回国前就已经编成集子出版。另一本通讯集《萍踪忆语》在回国后出版,是邹韬奋回国后根据访美见闻整理写就的。

在海外采访时,邹韬奋常常带着两个问题,其一,"世界的大势怎样",其二,"中华民族的出路怎样"。所以,他的通讯主题围绕着向读者介绍各国情况,在有关中国的出路问题上给人以启示。他以详实的材料报道资本主义社会的政治、经济、文化等多方面情况,描述苏联社会主义这一新生事物的发展状况,反映了社会主义与资本主义的本质区别。他还以一定笔墨介绍外国新闻事业和新闻理念,比如,他介绍了法国、美国报刊的历史与现状,分析了英国《泰晤士报》的特点,介绍了苏联《真理报》。

8.7.1.4 邹韬奋新闻工作的优良作风

回顾邹韬奋的一生,他主编多种报刊所积累的成功经验正体现了我国人民新闻工作的优良作风,在当时引导着新闻事业沿着正确的方向前进,在今天也能够给新闻工作者以深刻启迪。

(1)立足大众立场,真诚为读者服务。韬奋创办报刊特别强调"以读者的利益为中心,以社会的改进为鹄的"②,他从来"不以赢利为目的"③,而力图使读者将报刊看作"大家的公物"④。

第一,他主编的报刊十分重视"读者信箱",像《生活》周刊设有《读者信箱》、《大众生活》设有《大众信箱》专栏。他把处理读者来信当作与大众加强联系与沟通、掌握一手材料的重要手段。他对于读者来信的处理有不少值得我们学习之处。

首先,读者来信件件有着落。他对来信一一登记,认真复信,来信多时,又专门聘请同人协助他看信、复信,但对代复的信一定要认真看过并亲笔签名,其中可以公开解答的,将来信和复信登出。

其次,《信箱》为读者解决了不少思想和实际问题。比如,一位长期患肺病的女青年的来信中透露出消沉与悲观,韬奋很快复信鼓励她坚强地生活,还收集养病方法寄去。久而久之,《信箱》栏不仅使报刊成为读者的好朋友,还使他更直接更真切地感受到大众思想状况和社会生活,促使报刊加强针对性,贴近读者、贴近生活、贴近社会。

第二,力争大众化的内容和风格。他办刊,要求"在内容上是讲人民大众想讲的话;在文字方面,力避'佶屈聱

---

① 1933年12月,邹韬奋的《生活》周刊被查禁,他的朋友杜重远于1934年2月在沪接办《生活》,为了避免迫害,改名《新生》,继承和发扬《生活》周刊的进步传统,被誉为《生活》周刊的"替身"。创刊不到一年,发行量即达10万份以上。1935年5月发表艾寒松《闲话皇帝》一文,日本借口对其天皇大不敬而要求国民党当局予以查封,杜重远以"妨碍邦交罪"处徒刑一年零二个月,艾寒松也成了通缉对象。国民党中央还电令其各级党部及新闻出版界,加紧查禁抗日言论,取缔抗日运动。这就是中日反动派合伙制造的"新生事件"。

② 邹韬奋:《〈生活〉周刊究竟是谁的》,《生活》周刊第4卷第1期,1928年11月18日

③ 邹韬奋:《〈生活〉五周年纪念特刊预告》,《生活》周刊第5卷第52期,1930年12月7日

④ 邹韬奋:《〈生活日报〉创办经过和发展计划》,《生活日报》第55号,1936年7月31日

牙'的贵族式文字,用明显畅快的平民式文字"①。所以他主编的报刊,讲人民大众想讲的话,记录他们的生活;语言生活化、口语化、平民化,力争让初识字的民众看懂。

第三,积极地代读者办事、购物。1930年9月,韬奋设立"生活代购部",专门代读者办理托付事宜,其中最多的是代购书报,之后再利用杂志社的邮购线路送达读者。在此基础上,1932年7月发展成为以"诚恳、热诚、周到、敏捷、有礼貌"为服务宗旨的生活书店。

(2)视新闻事业如生命。韬奋对新闻事业的热爱令人钦佩。从接编《生活》开始,他就全身心陶醉其中,常常"干得兴会淋漓"、"乐此不疲",就连读者来信,他处理起来也怀着最快乐的心情。因为创办进步报刊《生活》等,他一生经历三次流亡、一次入狱,却始终不渝地坚持以新闻工作为终身事业的理想和信念。流亡欧美时,每到一处,或在火车上,或在大街上,他随时采访、记录,终于成就两部通讯集;两次流亡香港,他不仅想方设法办起《生活日报》、《生活日报星期增刊》,复刊《大众生活》,而且还积极为其他进步报刊撰稿和出谋划策。就是在狱中,他也不忘总结自己的办报办刊经历。"七七事变"后,入狱半年多的邹韬奋一被释放,便毫不犹豫地创办《抗战》三日刊,可以说,他是一个为了新闻事业无所畏惧的人。

"视新闻事业如生命"还反映在邹韬奋的敬业精神上。一涉及工作,邹韬奋就似乎有着用不完的精力,写稿、编排版面、处理来信,样样亲自动手而且精益求精。他还常常跑到印刷所去看着工人从排字到版子铸好上机,以便校正版样、检查版面编排。

(3)重视报业的经营管理。邹韬奋特别重视报刊的经营管理。他在《事业管理与职业修养》一书中详细总结了自己的经验,其中最突出的是:

第一,严格的广告管理。邹韬奋强调广告要和新闻、言论一样向读者负责,制定了广告"五不登"原则:"略有迹近妨碍道德的广告不登,略有迹近招摇的广告不登,花柳病药的广告不登,迹近滑头医生的广告不登,有国货代用品的外国广告不登。"就算商家出重金,也决不登。

第二,管理民主化。邹韬奋对生活书店采用了合作社制度,全体同人既是管理者,又都是被管理者,大政方针、规章制度由大家公议,一旦成文,每人都有义务服从,有权利监督执行情况。

第三,精打细算,节约成本。邹韬奋办刊物不接受任何投资,不管是进步人士的捐款,还是贪官的贿赂,刊物的发展,完全靠上下一致的精打细算、精简节约。比如,二次流亡香港时,为了节约开支,邹韬奋建立起只有十余人的编辑部,出版《生活日报》和每周一次的《生活日报星期增刊》。

---

① 邹韬奋:《人民的喉舌》,《韬奋论报刊》第7页,福建人民出版社,1980年版

8.7.2 范长江的新闻活动

8.7.2.1 范长江生平

范长江，原名希天，1909 年 10 月出生在四川省一个没落地主家庭。父亲早逝，全家仅靠母亲的劳作维持生计。1927 年范长江在重庆就读中法大学重庆分校，不久，重庆发生军阀为镇压进步力量而制造的"三三一"惨案，血腥的屠杀教育了范长江。他辗转来到革命中心武汉，加入了贺龙的二十军学生营，年仅 18 岁的范长江参加了"八一"南昌起义，起义失败后，他流浪于粤、闽、赣、皖一带，讨饭为生。此时的范长江，怀有强烈的民主革命意识，但对阶级革命尚未建立正确的认识。

1928 年，范长江考入南京中央政治学校乡村行政系。"九一八"事变后，范长江对国难当头而国民党当局采取不抵抗政策甚为不满，于 1932 年考入北京大学哲学系，希望在书本上找到国家和个人的出路。然而，日本侵略者的炮火使他认识到埋头书本是不可能救中国的，很快，他参加了"辽吉黑抗日义勇军后援会"等抗日救亡活动。

1932 年的下半年，他开始给北平的《晨报》《世界日报》和天津的《大公报》投稿，一年后成为《大公报》撰稿人，这是他新闻活动的开端。之后，范长江历任《大公报》记者、采访部主任、中国青年新闻记者学会负责人、国际新闻社负责人、香港《华商报》主编、华中新闻社社长、新华社副社长和总编辑等职，直到新中国成立。

1952 年，范长江离开新闻战线，1970 年 10 月被"四人帮"迫害致死。

8.7.2.2 范长江主要新闻活动和成就

范长江从事新闻工作 19 年，除了领导进步新闻工作者团体之外，主要新闻活动和成就集中在他的西北采访和《中国的西北角》、延安采访和《陕北行》。

（1）西北采访和《中国的西北角》

还在北大做学生时，范长江就对红军问题产生了很大兴趣。1934 年，他曾根据《大公报》出版的《国闻周报》的原始资料，系统地研究红区的土地问题，并且专程跑到江西南昌，搜集了一两百种关于红军的原始资料仔细研读，因而对中国共产党和工农红军建立了初步的认识，这也使他萌生了另一个愿望：深入了解西北地区的社会经济状况并报告给民众，同时研究长征中红军的动向。

1935 年 7 月 14 日，作为《大公报》的旅行记者，范长江从成都出发，沿着红军长征的路线，对川、陕、甘、青、宁夏等地区进行了为期十个月的艰苦考察，采访了沿途 48 个县市，并写成数十篇通讯陆续寄给《大公报》发表。这些通讯回答了为民众所关注的两个问题：第一，红军北上以后中国的动向；第二，未来抗战的大后方西北、西南情况如何。通讯详细描述西北政治黑暗、经济落后、民生疾苦、教育落后、军阀倾轧等现状，第一次透露了红军长征的一些真实情况，发表后引起了很大的社会反响。不久，报馆将这些通讯集结成《中国的西北角》一书出版，很快再版 7 次。

这次西北之行和《中国的西北角》使年轻的范长江成为全国享有盛誉的记者。此后,他被《大公报》录为正式记者,并参加了《大公报》上海版的工作。《中国的西北角》表现出范长江高尚正直、不畏艰险的品质,但是,当时他还只是一个激进的民主主义者,对中国革命还不甚理解,没有也不可能在作品中引导大众对中国共产党及其领导的红军建立正确的认识。这种思想的局限直到延安采访才得以廓清。

(2)延安采访和《陕北行》 1936年12月"西安事变"发生后,全国震惊,《大公报》连续发表社论声讨张、杨"罪行"。范长江当时正在绥远前线采访,对事变感到十分困惑。他决心不惜一切代价,到西安去探究事变真相。当时西北对外交通完全断绝,他利用各种关系,几经辗转,几度面临险境,终于1937年2月2日晚抵达西安。2月4日,在《大公报》西安分销处同仁的协助下,通过陕西省主席邓宝珊的介绍,当时27岁的范长江在杨虎城将军的公馆见到了周恩来。周恩来对他说:"你和我们党和红军都没有关系,我们很惊异你对我们行动的研究和分析。"又说:"我们红军里面的人,对你的名字都很熟悉。"

两天后,范长江在周恩来的安排下,于2月9日抵达延安进行采访。2月9日晚,他与毛泽东进行了彻夜长谈,毛泽东向他介绍了十年内战的历史、解释了中国共产党对中国现阶段的革命性质、民族矛盾和阶级矛盾等问题的见解与主张以及抗日民族统一战线的政策,使多年来苦苦探索中国前途问题的范长江茅塞顿开。从此,他建立起了共产主义信仰。

范长江是第一个进入延安采访的国统区中国记者。回到上海后,他很快根据采访素材写成了著名的通讯《动荡中之西北大局》和《陕北行》,发表在《大公报》和《国闻周报》上。这两篇通讯打破国民党的新闻封锁,报道了西安事变的真相和中国和平解决西安事变的努力,描述了陕北革命根据地的状况和中共著名领导人(如毛泽东、周恩来)的风貌,并详细介绍了中共抗日统一战线的主张,对全国各界人士产生了重大影响。后来,《陕北行》与范长江在内蒙、宁夏采写的通讯合成通讯集《塞上行》出版。这本书和《中国的西北角》代表了范长江新闻作品的最高成就。

【本章小结】

本章介绍了1927年"四一二"政变后到1937年"七七事变"十年间,国民党和共产党两个对立的政党及其政权各自新闻事业的发展状况,讲述了国统区民营新闻事业的发展和进步报刊的艰难生存及其影响,对重要的新闻工作者的介绍做到了时代背景和个人成长背景相结合,从历史的角度客观地考量其成就与积极影响。通过这一章的学习,学生能够对于两极新闻事业建立起正确而全面的认识,也能够正确评析邹韬奋、范长江和"三S"的新闻成就,从而有所借鉴。

◎【思考题】

1. 论述国民党新闻事业网络的建立。

2. 简述中共地下报刊的出版情况和经验教训。

3. 阐述《申报》在史量才时期的发展。

4. 评述新记《大公报》的成功经验。

5. 评述邹韬奋的新闻活动和优良作风。

6. 评述范长江的新闻活动和成就。

【延伸阅读】

1. 张永江.鲁迅与编辑.开封:河南大学大学出版社,1993

2. 白润生.白润生新闻研究文集.北京:中国文史出版社,2004

3. 方汉奇.中国新闻事业通史.北京:中国人民大学出版社,1996

4. 侯杰.《大公报》与近代中国社会.天津:南开大学出版社,2006

5. 宋应黎.中国期刊发展史.开封:河南大学出版社,2000

6. 胡太春.中国报业经营管理史.太原:山西教育出版社,1998

7. 白润生.中国新闻通史纲要.修订本.北京:中央民族大学出版社,2004

9 多元化政治势力及其新闻事业的共存

导言

本章学习目标 通过本章学习,要求全面了解抗日战争时期国统区、沦陷区、解放区的新闻事业状况,认识香港地区新闻事业在这一时期的发展,掌握无产阶级新闻理论的发展,对这一时期新闻事业多元化的特点建立清晰的认识。

本章难点 围绕《新华日报》的斗争 《解放日报》的创办和改版 人民电台的发展 无产阶级新闻理论的充实和发展

对政策稍作调整,共产党加紧在国统区创建和发展无产阶级新闻事业;国民党的舆论工具也加入了抗日宣传队伍。于是,抗日报刊在各地诞生和发展起来,而上海首先成为进步新闻事业的中心。

9.1.1 沦陷前的上海新闻界

1937 年上海"八一三"抗战爆发,许多抗日报刊首先在这里诞生,其中最有影响的是《救亡日报》。

9.1.1.1 《救亡日报》

《救亡日报》是一份国共两党合办的宣传抗日救亡的报纸(图 9—1)。1937 年 8 月 24 日创刊,是上海文化界救亡协会①的机关报,4 开 4 版。该报经历了三个时期:上海时期,1937 年 8 月 24 日创刊,11 月 22 日停刊;广州时期,1938 年元旦复刊,10 月 21 日停刊;桂林时期,1939 年 1 月 10 日复刊,1941 年 2 月 28 日停刊。抗战胜利后改名《建国日报》在上海复刊,但出版 12 期后被国民党查封。

《救亡日报》编委会具有统一战线性质。抗战统一战线形成后,国共两党达成协议,各出 500 元作为开办费合办一份报纸,双方公推刚从日本归国的郭沫若任社长,共产党派出夏衍、国民党派出樊仲云为总编辑,30 多位编委会成员包括了文化界、新闻界、社会科学界的知名人士以及一些国民党人。但实际上,编撰工作和领导工作基本上是

---

① 该协会是中国共产党领导下的群众性的统一战线组织,一些国民党人也参加了该组织。

1937 年 7 月抗日战争全面爆发,民族矛盾代替阶级矛盾成为当时中国社会的主要矛盾,国共两党结成了抗日民族统一战线,汪精卫集团投降日本帝国主义,这种多元化政治势力共存的局面也带来了新闻事业的多元化。

从性质上分,这一时期新闻事业包括由共产党领导的抗日民族统一战线新闻事业;国民党的新闻事业;民族资产阶级、开明绅士、地方实力派等中间报业组成的联合体;敌伪新闻事业,包括日本帝国主义的新闻机构和汪精卫集团的汉奸新闻机构。

从地点上分,这个时期新闻事业包括抗日根据地新闻事业、国统区新闻事业、沦陷区新闻事业。抗日根据地的新闻事业是单一的无产阶级新闻事业,国统区新闻事业则包括共产党领导下的报刊、国民党的新闻事业、中间报业;沦陷区新闻事业包括共产党领导下的抗日报刊、爱国人士主持的抗日报刊、国民党新闻机构、敌伪新闻机构等。

总之,这是一个多元化政治势力及其新闻事业共存的时期,多元共存的局面一直持续到1945 年 8 月 15 日日本帝国主义投降。

9.1 南京国民政府统治区新闻事业

1937 年 7 月抗战全面爆发后,毛泽东在《反对日本进攻的方针、办法和前途》中向国民党政府提出取消《危害民国紧急治罪条例》和《新闻检查条例》,主张言论出版自由,国民党当局

由共产党人和进步人士来承担,樊仲云只是在出版后的几天,每晚到编辑部走一趟。这样,该报在宣传上始终以共产党提出的抗日民族统一战线和全面抗战的正确方针为指导思想,成为共产党在国统区的重要舆论喉舌。

图 9-1 《救亡日报》
(原载互动百科网)

上海时期的《救亡日报》具有以下特色:第一,特写多、专稿多、长稿多、评论多、文艺作品多,新闻性相对较差;第二,刊登大量抗日内容的街头小说、街头剧、歌曲、大鼓等适合在街头巷尾宣传的文艺作品;第三,不登中央社和外国通讯社的消息,不登广告。第四,真实报道战况,旗帜鲜明。通过精辟的战局分析和实地采访,将真实的战况和战争发展趋势报告给读者,提醒大家日军占领上海可能会发生的祸乱;报道并坚决支持中国人民的抗日救亡运动;第五,建立了一支由知名人士组成的作者队伍。

感佩于《救亡日报》高涨的爱国热忱,知名人士常常义务为它供稿:宋庆龄的政论、何香凝的诗词、李公朴的战地通讯、冯玉祥的抗战诗歌、郑振铎的杂文、田汉的论文与新闻特写,等等,这些有分量的作者及其作品进一步提高了《救亡日报》的战斗力和影响力。

《救亡日报》受到军民的喜爱,每天可销 1000 份以上,最多时能销 3500 多份,国民党将领陈诚就曾经向郭沫若订了上百份《救亡日报》到前线散发。它向国统区人民广泛地宣传共产党的抗战路线和统战工作,成为抗战初期鼓舞军民斗志并引领上海进步报刊业的一面光辉旗帜。

《救亡日报》的成就,和社长郭沫若的努力密不可分。

郭沫若(1892—1978),我国卓越的无产阶级文化战士、杰出的报刊活动家。五四时期他就为进步刊物撰稿,1921 年 7 月,他与创造社成员合办《创造季刊》,宣传新思想、新文化,推动了反帝反封建运动。1923 年,主编上海《中华新报》文学副刊《创造日》,该副刊共出 100 期。1926 年 3 月,创办《创造月刊》,该刊共出 18 期。这些经历为他主持《救亡日报》打下了良好基础。

不竭的稿源是刊物的生命力所在,作为著名文学家的郭沫若在主持《救亡日报》前已经具有相当的号召力,担任《救亡日报》社长后,他从办刊意图出发,在经济窘迫、处境艰难的情况下,通过灵活的斗争艺术,协调了报纸与各种政治力量的关系,开拓了社会联系的渠道,争取到了像宋庆龄这样的政治家、田汉这样的文化名流的支持,从而保障了稿源。

郭沫若还多次去前线劳军,他先后组织了三个战地服务团,慰问伤员、救济难民,并写出了许多抗日报道、速写和文艺作品,将《救亡日报》的文字宣传与实际行动结合起来,收到了很好的效果。

9.1.1.2 《抗战》三日刊和其他救亡报刊

《抗战》三日刊是《救亡日报》之外影响最大的抗战刊物。它创刊于1937年8月19日,由邹韬奋创办并主编。因受租界当局的压制,从第7号起改名《抵抗》。

从内容来看,《抗战》具有鲜明的抗日立场,努力推动抗战工作的深入。它积极宣传共产党的抗日主张,曾刊载朱德、彭德怀联署的抗日通电等重要文件;揭露反动派阻挠抗战工作的可耻行径;及时报道和评论抗战局势及抗战在国内外引起的反响。

从编辑业务来看,《抗战》具有以下特点:第一,刊期短,时事性强,重视评论和战地通讯,对国内外形势能迅速作出反应和述评;第二,发展适宜抗战民众需要的栏目以及了解民众意见的栏目,每期附有地图的《战局一览》和《读者信箱》栏都是最受读者欢迎的。第三,篇幅小,只有16开12页,但信息量较大。

就在《救亡日报》、《抗战》奋起之时,《战时日报》、《呐喊》、《文化战线》、《前线》、《战时妇女》、《救亡周刊》等众多抗日报刊纷纷在上海问世,上海租界内的《立报》、《申报》、《大公报》等著名大报也开始以抗战宣传为主,积极报道战事。

在民族危亡的时刻活跃在上海的这些进步报刊,组成了一支特殊的战斗力量,在抗日救亡运动中发挥了不可估量的作用。

9.1.2 《新华日报》的创办与发展

1937年秋,南京危在旦夕,国民政府由南京迁往武汉,武汉随之成为全国政治文化中心,中国共产党也将新闻事业发展到了那里。

《新华日报》是中国共产党在国统区公开出版的机关报,1938年1月11日创刊于汉口,到1947年2月28日在重庆被国民党查封为止,这份报纸在国统区共英勇奋战了9年1个月零18天,是共产党树立在国统区的一面光辉旗帜。它的创办发展历程可以分为三个时期。

9.1.2.1 《新华日报》的三个时期

(1)南京筹备阶段 1937年春,周恩来领导的共产党代表团在南京与国民党谈判合作抗日问题时,就提出要在南京创办机关报。蒋介石口头同意但实际上百般阻挠,一拖再拖。同年10月间勉强同意筹办,中共迅速筹备,不到1月就试版送审,但此时日军已兵临城下,无法正式出版。

(2)武汉出版阶段 1937年11月,国民政府由南京迁往武汉,仍旧为中共机关刊物的出版设置障碍。为了应急，中国共产党于 12 月 11 日在汉口出版机关刊物《群众》（周刊），它发表过中共中央文件，对战局和抗战政策做过讨论，也发表过推动群众运动的文章。后来这个刊物迁往重庆出版。

经过艰苦的努力，冲破重重阻挠，1938 年 1 月 11 日，《新华日报》正式在武汉创刊，这是中国共产党在国统区出版的第一张机关报，每日对开一张，由以王明为书记的中共中央长江局直接领导，成立了由王明、博古、董必武、邓颖超等组成的董事会，王明任董事长。创刊时潘梓年任社长，华岗任总编，工作人员多是年轻的革命者和进步分子。华岗上任不久即受王明打击被调任战地记者，由吴克坚接任总编。1938 年 10 月，党中央六届六中全会批判和纠正了王明右倾错误之后，《新华日报》和《群众》周刊转为在以周恩来为首的中共中央南方局领导下工作，周恩来任报社董事长。

武汉时期的《新华日报》最主要的成就有：

第一，宣传了抗日民族统一战线的主张。《新华日报》在创刊词中庄严向全国人民宣布："欲求抗战的最后胜利，除应加强我们内部的团结，巩固抗日民族统一战线外，别无方法与途径。这是挽救时局和复兴中华的关键。……本报将无情抨击一切有害抗日与企图分裂国内团结之敌探汉奸及托派匪徒之阴谋……将尽其所能为巩固与扩大抗日民族统一战线而效力。"《新华日报》还通过《论抗日民族统一战线的发展、困难及前途》等文章，宣传国

共及其他党派生死与共的密切关系和团结抗日的重要意义，揭露敌人"以华制华"的阴谋。

第二，正确分析抗战形势，宣传持久战的观点，坚定军民抗战必胜的信心。1938 年初，华北大片国土沦陷，上海、南京相继失守，汪精卫散布的"亡国论"甚嚣尘上，甚至在国民党政府内部也产生了影响，蒋介石居然作着向日本投降的准备。1938 年 4 月，中国军队获得"台儿庄大捷"，"速胜论"又很快传播开来，如《大公报》的评论《这一战》①中说："这一战就是敌人的最后挣扎……我们胜利了，日寇就在精神上失了立场，只有静候末日审判。"对于这两种危害极大的观点，《新华日报》多次发表社论和专论，揭露日本帝国主义新的侵华阴谋，怒斥投降派的言行。根据毛泽东《论持久战》一书的观点发表一系列论文，科学分析中国抗战的形势，宣传持久战的观点，指出只要坚持持久战，中国军民就一定能获取抗日战争的全面胜利。它还以大量篇幅发表了周恩来、朱德、任弼时等多位中共领导人的文章，对于提高全国人民的认识，对于坚持正确的斗争方针都有重要的作用。

由于最初受长江局的领导，《新华日报》在武汉期间也宣传过王明的错误观点，如"一切经过统一战线"、"把武汉变成牢不可破的马德里"等。

《新华日报》深受民众欢迎，但它的出版与发行都要通过合法与"非法"

---

① 见 1938 年 4 月 6 日《大公报》社评。

的斗争。就在《新华日报》创刊的第七天，国统区反动势力组织二三十名暴徒闯入报社破坏设备；《新华日报》读者被盯梢，报贩被殴打、报馆受威胁；福建等地还屡次出现报纸被扣事件。由于面临的处境越来越险恶，加上纸张供应紧张，《群众》周刊暂时停刊，集中人力物力出版《新华日报》。

1938 年 10 月 24 日武汉沦陷前夜，周恩来来到《新华日报》报社，由他口授、秘书记录，为《新华日报》写了最后一篇社论《暂别武汉》，工作人员当晚出版了《新华日报》在武汉的最后一张报纸，才撤离这座城市。从创刊到撤离，尽管环境恶劣、困难重重，但《新华日报》坚持天天出报，堪称一面不倒的红旗。

（3）重庆斗争阶段 1938 年 10 月 25 日，武汉失守，抗战进入了相持阶段。随着国民党政府迁入重庆，国统区的政治、文化、新闻中心也转到了重庆。国民党反动派处处秉持"消极抗日、积极反共"的原则，1939 年又发布了《限制异党活动办法》，中国共产党在国统区的新闻事业处境更加艰难。

由于周恩来的周密安排，《新华日报》在撤离武汉的第二天就在重庆出版了。为了打击共产党的新闻事业，国民党当局照旧采取一方面公开允许出版发行，另一方面又加以限制和破坏的方法。他们制定了极为苛刻的新闻检查条例，如《战时新闻检查方法》、《战时新闻禁载标准》等，设置"新闻检查局"①，依据所谓法令对进步报刊的新闻内容进行严苛的审查。"新闻检查局"中专门有一位副局长负责审查《新华日报》，在采写稿件和出版发行等诸方面精心为《新华日报》设置障碍，企图达到"让你办报，不让你讲话；让你印报，不让你发行"的目的。对此，《新华日报》进行了针锋相对地斗争。斗争方式有：

其一，"暴检"。任意删改和扣压稿件是国民党政府"新闻检查局"对付进步报刊的惯用伎俩，这就是所谓的"让你办报，不让你说话"。据统计，1940 年 12 月到 1941 年 5 月，对《新华日报》稿件共"免登"（即不准刊登）264 次，删登（即文有删除）156 次，平均每天有两篇半稿件被查禁。对此，《新华日报》采用了"暴检"的斗争方式，就是把被无理删改或扣压的部分在报纸上公开，如对被检查"免登"的稿件，在报纸上公布某文或某报道被免登，或者公布题目但版面上却留出空白，这被称为"大开天窗"；对被检查"删登"的部分，在删登的地方打上××，或者留出空白，即"小开天窗"；或者注明"被略"、"遵检"、"以下奉令删登"等字样，有时还用刊登更正或启事的方式，将被删去的文字刊登出来。这种种方式，向民众暴露了国民党当局对于言论和出版自由的摧残。"暴检"常常令国民党反动派措手不及，是他们最害怕的一种斗争方式。

其二，"违检"。

一种情况是将重要稿件混在激烈

---

① 由国民党中宣部、军宣部、军委办公厅、政治部、内政部、外交部、中央通讯社等 7 单位调人组成。

的言论中同时送审,通过转移注意力的方法,让国民党新闻检查机关自己造成失误。毛泽东的《在延安座谈会议上的讲话》就是被分为三篇文章,分别与观点和言辞甚为激烈的短评放在一起送检,结果"检讫"通过,得以全部发表出来。

另一种情况是故意违反新闻检查制度,将必须刊登而在检查中会被"免登"或"删登"的稿件不予送检直接发表,这种方法一旦被发现,便会受到查封报馆等严厉处罚。但是,由于这些稿件总是含有急需和必须传播的重要信息,所以,《新华日报》屡屡冒险采用此法。

1939 年 9 月 16 日,毛泽东在延安对中央社、《扫荡报》、《新民报》记者发表了谈话,对国民党制造摩擦、破坏抗日统一战线的行径予以谴责,表明了"人不犯我,我不犯人;人若犯我,我必犯人"的严正立场。这篇谈话如若送检一定不能通过。为了使民众顺利知晓谈话内容,报社没有送检就将《毛泽东同志与中央社等记者谈话》的新闻刊登在 10 月 19 日的报纸上,报纸提前出版,印好后绕道送往重庆市区,在大街小巷沿途叫卖,使国民党当局十分被动和惊慌。"新闻检查局"四处搜罗、没收该报,反而使该报身价倍增、影响更大。

1941 年 1 月 6 日国民党制造了震惊中外的"皖南事变",揭露事件真相的报道和评论全部被禁发。1 月 17 日,国民党军事委员会发表发布了颠倒黑白的通令,污蔑新四军叛变,宣布撤销新四军番号,继续向新四军进攻。重庆当局害怕《新华日报》揭露真相,当晚,派"新闻检查局"一干人马坐镇报社审查第二天的样报。工作人员机智地为 1 月 18 日的《新华日报》排了两种不同的版面:以没有周恩来题词的版面送检,而向民众发行的版面则赫然印着周恩来为皖南事变写的题词:"为江南死国难者志哀!""千古奇冤,江南一叶;同室操戈,相煎何急?!"(图 9-2)"黎明前,报纸秘密送到市内,等到当局下令拦截刊有题词的《新华日报》时,大量报纸已经和读者见了面,它们向国统区人民透露了皖南事变的消息,控诉了国民党当局破坏抗战的罪行。

对于《新华日报》的"违检"斗争,国民党当局非常恼火却又束手无策。1941 年 6 月,国民党新闻检查局在一次报告中写道:"《新华日报》在 6 个月中就违检 154 次。"又称"各报纵使违检被罚停刊,且认为光荣,读者复多予同情,每每一报被禁,立即身价十倍"。

其三,在新闻来源上反封锁。国民党当局想尽办法封锁《新华日报》的消息来源,它规定《新华日报》记者不能在重庆以外的地方采访,即便在重庆,采访活动也有很多限制,如国民党党政机关不得向《新华日报》提供消息,记者的采访常常被盯梢,对《新华日报》的投稿人也加以迫害。《新华日报》巧妙地突破了当局的封锁:它们依靠中共驻重庆代表团从内部电台抄收重要文件以及延安和敌后抗日根据地的新闻材料;收集国统区、敌占区和敌后抗日根据地的报刊,改写成所需新闻稿件;

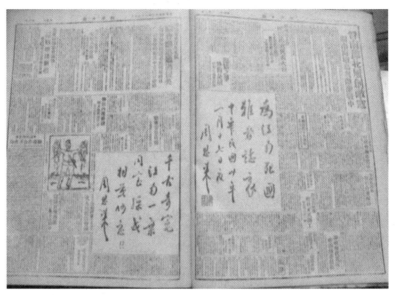

图 9-2　1941 年 1 月 18 日的《新华日报》

（馆藏中国人民大学）

在读者中物色可靠的人作通讯员，动员知名人士为报纸撰稿；从支持自己的报社获得新闻线索和材料。这样，《新华日报》成功地突破了国民党对新闻来源的封锁。

其四，在发行上反破坏。国民党当局采用多种手段破坏《新华日报》的发行：严禁其军政人员订阅《新华日报》；利用国民党政府的御用工具"重庆市报贩工会"施加压力，禁止报贩卖《新华日报》；邮检所私下扣压邮递的《新华日报》；宪兵和特务还到处没收该报，殴打送报人，迫害该报的读者。这是典型的"让你印报，不让你发行"。

对此，《新华日报》采取了巧妙的斗争策略。组织自己特殊的发行队伍是《新华日报》反破坏的成功经验。《新华日报》报社在重庆市内招收了和培养了一批穷苦出身的儿童作为报童，每天上街零售，或将报纸直接送给订户。在中国共产党的教育下，这些苦孩子提高了政治觉悟，积累了斗争经验，他们懂得了为什么要办《新华日报》、为什么国民党政府要迫害《新华日报》，也懂得了自己身上的责任。后来，这支最初七八个人的队伍发展成为百余人。他们顶着酷暑严寒，冒着被打被抓的危险坚持在发行一线，机智地跟国民党宪兵、特务周旋，胜利地完成了任务。

针对邮检所的无故扣压，《新华日报》利用其他报刊将其伪装起来，采用分散邮寄的办法寄到外埠读者手中。另外，对于读者尤其是订户的名单采取保密措施，尽可能地保证读者的安全。

其五，在物资上反控制。国民党政

府对于《新华日报》的用纸控制很严，所配纸张根本不能满足出版需要。报社领导向爱国纸商做了很多工作，最终达成协议，由纸商以稍高于市场的价格长期供应《新华日报》的用纸。同时，以资本家的名义在重庆周边的县城内建了一家小型纸厂，自己生产纸张，终于更有效地保证了纸源。

9.1.2.2 《新华日报》的整风

在延安《解放日报》整风改版不久，1942 年 5 月，《新华日报》在周恩来的领导下也开始了整风运动。

5 月 23 日，《新华日报》发布社论《敬告本报读者——请予本报以全面的批评》，文中宣布：根据党中央和毛泽东的指示开展整风，报纸将作全面检查，改进工作，诚恳地欢迎党外人士和广大读者指出报社工作的缺点与错误，以使《新华日报》党性、群众性、战斗性、组织性得到加强，办成中国化、大众化的中共中央机关报。

5 月 24 日后一连 11 天，《新华日报》刊登了《本刊特别启事》，从编排方针、通讯特写等八个方面征询读者意见。

经过充分的酝酿与准备，9 月 18 日，《新华日报》正式改版。改版后的报纸，在党性、新闻性、通俗化和大众化等方面都有所加强。具体表现在：

第一，摒弃半文半白的"新闻体"，从社论到新闻都采用白话文写作。

第二，开辟新闻来源，增加国内外专电和通讯，详实报道边区和抗日根据地的成就与战斗情况。

第三，保留《青年生活》、《妇女之路》、《工人生活》专刊。增设《团结》专栏，这是向国统区地下党员进行思想教育的公开园地。停办不够大众化的科学、经济、历史等专刊。

第四，增加综合性的文艺专刊即副刊。于改版当日创办的《新华副刊》，内容丰富、战斗性强，重视新闻性、知识性、可读性，能够反映各阶层人民的生活，为团结和教育人民，打击敌人起了积极作用。如《谣言门诊部》栏揭露和驳斥国民党媒体的不实消息和反动言论。

第五，汇聚多种声音。增加《友声》栏篇幅，邀请重庆各界代表人物撰稿，使之成为反映各方意见的园地。创办《读者园地》，让读者发表对于政治、思想、社会生活等方面问题的评论。

第六，真诚服务读者。《新华副刊》的《新华信箱》栏发布读者最为关心的问题和答复，《社会服务》栏还设法为读者代办迫切需要解决的事情，诸如介绍职业、代买书刊、戏票等。

经过一系列的改革，《新华日报》既提高了战斗力，又进一步为社会各界广大读者尤其是百姓所喜爱。

《新华日报》最高发行量达到 5 万份，国统区人民称之为"灯塔"，毛泽东同志说它和八路军、新四军一样，是党的又一方面军。它在国统区复杂、危险、艰难的环境中坚持出版，忠实而坚决地宣传了党的路线、方针、政策，发挥了普遍地教育民众，有力地打击敌人的作用。

9.1.3 中国青年新闻记者学会和国际新闻社

9.1.3.1 中国青年新闻记者学会

"中国青年新闻记者学会"的前身可以追溯到 1933 年夏天成立的松散的左翼团体"上海记者座谈会",这是上海进步记者交流工作经验的聚餐会。为了发挥集体力量,推动中国进步新闻事业的发展,1937 年 11 月 8 日,在中国共产党的领导下,"上海记者座谈会"同人发起成立了"中国青年新闻记者协会",基本会员 24 人,公推范长江、恽逸群、羊枣、碧泉、朱明为总干事。上海、南京失守后,该会多数会员到达武汉,考虑到国民党政府借口"协会"是带有工会性质的职业组织而不予批准,经商定,将"中国青年新闻记者协会"更名为"中国青年新闻记者学会",这样就成了一个学术组织。

1938 年 3 月 30 日,"中国青年新闻记者学会"第一届全国代表大会在汉口举行,自此,"中国青年新闻记者学会"正式成立,简称"青记"。会议通过了《中国青年新闻记者学会成立宣言》和学会《简章》,推选《大公报》的范长江、《扫荡报》的钟期森、《新华日报》的徐迈进组成领导机构——常委理事会,但在实际工作中徐迈进为负责人。翌日,学会接到国民党中宣部"准予备案"的通知,从此,"青记"作为合法的记者团体开始进行各种活动。

这是中国共产党领导下的新闻界统一战线组织,除总会外,在广州、香港、粤北、桂林、兰州、成都、重庆、延安等地设有分会,会员由成立时的 150 人发展到千人。《中国青年新闻记者学会成立宣言》阐明了"青记"的性质与宗旨:"我们是愿献身于新闻事业有青年精神的记者组合……为了补救目前抗战中新闻工作的缺点……为了训练成功大批健全的新闻干部以应付将来新闻事业的需要,我们不能不起来组织……加强自我教育,加紧自我扶助。"

"青记"很快成为一个非常活跃的进步团体。它团结一切可以团结的力量,在争取民主、争取新闻自由和抗战宣传等方面做了大量工作。它创办了会刊《新闻记者》(月刊),刊登介绍工作经验的文章;举办新闻学校和新闻学术讲座;开办"记者之家",组织报告会、招待会;培养和介绍青年参加抗战新闻工作;帮助华侨记者做好战地报道,同时与国外新闻记者建立了联系,使他们能够如实报道中国抗战的情况。更为重要的是,它的会员创办了"国际新闻社"。

9.1.3.2 国际新闻社

"国际新闻社"简称"国新社",是以"中国青年新闻记者学会"成员为骨干创办起来的,是中国共产党在国统区公开合法的新闻通讯社。1938 年 9 月筹备于武汉,1938 年 10 月 20 日成立于长沙,1938 年 11 月 15 日迁往桂林,并在那里获得了更大发展。

1938 年秋,全面抗战已经展开一年了,此时国民党亲日派控制的舆论机关充斥自欺欺人的假新闻,在武汉的外国记者迫切要求得到真实地战地消息。为此,国民党军事委员会在武汉成立了国际宣传处，由宋美龄的亲信董显光任处长。他们对亲日派的宣传很不满，希望通过活跃在战地或民众中的记者得到一些供国际宣传的真实材料，于是约请范长江作特约战地通讯员。起初范长江没有答应，后来周恩来指示以"青记"会员为骨干成立一个通讯社为国际宣传服务，很快，范长江与国际宣传处达成协议：成立"国际新闻社"负责为国际宣传处提供对外宣传报道，国际宣传处则给"国际新闻社"提供稿酬。之后，范长江辞去《大公报》采访部主任的职务，全力筹备"国新社"。

但是不久武汉即沦陷，范长江等撤至长沙，在他和胡愈之①的积极筹备下，"国际新闻社"终于在长沙成立，并获得政府批准成为国统区合法公开的新闻社。该社由胡愈之、范长江任社长，黄药眠任总编辑，黎澍任经理。1938 年 11 月 12 日"长沙大火"②后，"国新社"迁往桂林，在桂林正式设立总部，向国统区发稿，主要是新闻通讯和专论。新闻通讯有战地通讯、地方通讯、文艺通讯，专论有国际评论、战局评论等，主要供稿对象是国内报刊和海外华侨报刊。当时，它提供的稿件很受欢迎，有上百家国内报纸、数十家海外侨办报纸采用，影响非常大。

1939 年下半年至 1940 年，"国新社"的发展达到全盛期。它扩大机构，先后成立了香港分社、重庆办事处、金华办事处，从而成为全国性的通讯社。这几个机构分工协作：桂林总部和重庆办事处负责国统区新闻报道工作，香港分社负责国际宣传并向国内提供国际新闻稿件，金华办事处负责新四军活动地区的新闻报道工作。它还在沦陷后的上海设立了秘密办事处，在晋西北、晋东南等地设立了通讯站。

1941 年皖南事变后，桂林总社、重庆办事处被封，总社迁至香港。同年 12 月 8 日太平洋战争爆发，香港"国新社"也停止了活动。抗战胜利后，原"国新社"成员在党的领导下先后在上海、香港重建"国新社"，进行采写、编辑、发稿等工作，继续为中国人民的解放事业贡献自己的力量。

9.1.4　国民政府的新闻事业

南京、上海向来是蒋介石国民政府的新闻中心，新闻机构多设在那里。但是，抗战爆发后，随着上海和南京的沦陷，国民党的新闻机构多数被毁或落入敌手，二三十年代在全国建立起来的新闻事业网悉被摧毁。在国民政府两次迁都的过程中，国民政府原有的宣传力量也大为削弱。

直到抗战进入相持阶段，国民党才逐步建立起了以重庆为中心的新的新闻事业网。国民政府迁至重庆后，国民党重要新闻单位如《中央日报》、中央广播电台、国际广播电台、中央通讯社、

---

① 时任国民党军事委员会第三厅文化处长。

② 1938 年 11 月日本侵略军攻陷岳阳。长沙距岳阳 130 公里，负责维护长沙治安的长沙警备司令酆悌等人执行蒋介石"焦土抗战"的指示，于 11 月 12 日夜间，命令军警纵火烧城。大火至 17 日方被扑灭，长沙城内房屋 2/3 被毁，财产损失巨大，居民死伤惨重。

《民国日报》、《扫荡报》等迁至这里并恢复出版或播音。国民政府依靠其权力和财力，还创办了《中央周刊》、《文化前锋》、《三民主义半月刊》等众多新报刊，同时对其新闻机构不断地进行扩充，比如，它通过在各地出分版的方法，使《中央日报》扩大到 11 个分版，《民国日报》扩大到 13 个分版；除了国民党中央直属党报外，迅速发展各地党报，到 1944 年，省市党报有 40 多种，县市党报约 400 种。国民党中央还成立了"党报社论委员会"，将起草好的社论统一发布到各地党报，以统一宣传口径。

这个新闻网在抗战初期进行了积极的抗战报道，但到 1939 年春天，由于蒋介石政府对日采取妥协投降的政策，国民党新闻网也转而投入了反共宣传，主要内容是"一个党、一个主义、一个政府、一个领袖"。不过，此时也有个别媒体例外，比如，国民党中央台、国际台也曾邀中共代表如周恩来、抗日将领如冯玉祥等向国内外发表演说，号召"团结御侮，共同抗日"，收到良好效果。到了抗战后期，国民党新闻网大肆进行反共宣传，他们对陕甘宁边区进行歪曲和丑化，污蔑那里是封建割据、八路军游而不击、边区种植鸦片、百姓民不聊生、更没有真正的民主自由。

9.2 抗日根据地的新闻事业

抗日战争爆发后，革命根据地有了很大发展。原陕甘革命根据地发展为陕甘宁边区，首府延安是中共中央所在地；华北、华中、华南也建立了三大敌后根据地。这些地区的新闻事业在数量上获得大发展，经过延安整风后，质量也有了很大飞跃。

9.2.1 无产阶级报刊的发展

9.2.1.1 延安报业发展概况

延安是全国革命新闻事业的中心。抗战开始后，中共中央对已有的《解放》周刊和《新中华报》等报刊的工作予以加强，同时创办了《解放日报》等许多新的报刊，形成了以党中央机关报为中心的报刊系统。

(1)《解放》周刊和《新中华报》

1)《解放》周刊 1937 年 4 月 24 日创刊于延安，是中共中央的理论刊物，抗战爆发后改为半月刊，1941 年 8 月 31 日出至第 134 期停刊。

《解放》由洛甫（即张闻天）总负责，徐冰、吴亮平任编辑。它是当时国内政治理论方面最有权威的一个刊物，曾发表毛泽东《论反对日本帝国主义进攻的方针办法与前途》、《论持久战》等重要著作，连载刘少奇《论共产党员的修养》，刊登指导各抗日根据地建设工作的文章，大力宣传党的抗战方针和路线，深入地进行马克思主义的宣传。

2)《新中华报》 其前身是《红色中华》报，1936 年 1 月该报在陕北瓦窑堡复刊，为陕甘宁边区政府的机关报，1937 年 1 月 29 日改名《新中华报》。1939 年 2 月 7 日，中共中央将其改组为中共中央机关报，改变了当时延安没有中共中央机关报的局面。改组后的

《新中华报》是三日刊，《红色中华副刊》也改为《新中华副刊》，继续沿用原来的期号出版。

中共中央对于该报的工作十分重视，毛泽东曾为该报题词："把《新中华报》造成一支生力军。"该报一周年纪念时，毛泽东再次为该报题词："团结进步抗战，三者不可缺一。"并撰文《必须强调团结和进步》，指明了该报的政治方向。在党的领导下，《新中华报》广泛宣传了中国共产党全面抗战的路线及各项主张，系统报道了八路军、新四军的抗战事迹和根据地的成就，被毛泽东称为"全国报纸中最好的一个"。

为了集中力量创办《解放日报》，《新中华报》与1941年5月15日发表启事，宣告停刊。

（2）新创办的报刊　根据抗战形势的需要，中国共产党在延安还创办了一些新的报刊。

1）《八路军军政杂志》　1939年1月15日创刊，由八路军总政治部出版，毛泽东为它写了发刊词，说明了该刊的宗旨："发扬成绩，纠正缺点，是八路军全体将士的任务，也是军政杂志的任务。"出至1942年3月25日第4卷第3期后停刊，共出版39期。

2）《中国青年》　1939年4月16日复刊，由全国青年联合会延安办事处主办，第2、3期分别发表毛泽东的论文《五四运动》和演讲稿《青年运动的方向》两篇指导青年运动的重要文献。1941年3月5日出至第3卷第5期停刊。

3）《中国妇女》　1939年6月1日创刊，中共中央妇女运动委员会主办，1941年3月停刊，共出2卷10期。

4）《共产党人》　1939年10月20日创刊，是中共中央创办的以党的建设为中心内容的刊物，毛泽东在发刊词中说："它（指《共产党人》）的任务就是：帮助建设一个全国范围内的、广大群众性的、思想上政治上组织上完全巩固的布尔什维克化的中国共产党。"1941年8月停刊，共出19期。

5）《中国工人》　1940年2月7日创刊，由中共中央职工运动委员会主办，毛泽东在发刊词中谈到此报编辑方针和宗旨："我希望这个报纸好好地办下去，多载些生动的文字，切忌死板、老套、令人看不懂，没味道，不起劲。""应该成为教育工人，训练工人干部的学校。"该刊1941年3月停刊，共出13期。

6）《中国文化》　1940年2月15日创刊，是陕甘宁边区文化协会主办的机关刊物。创刊号上发表了毛泽东著名的论著《新民主主义论》，指出："真理只有一个而究竟谁发现了真理，不依靠主观的夸张，而依靠客观的实践，只有千百万人民的革命实践，才是检验真理的尺度。我想，这可以算作《中国文化》的出版的态度"。1941年3月停刊，共出15期。

7）《边区群众报》　1940年3月25日创刊，由陕甘宁边区文化协会主办，后年成为中共中央西北局的机关刊物，是一份以农村干部和农民为对象的通俗报纸。

这些报刊以及随后创办的《解放日报》使延安成为抗战宣传的中心。

9.2.1.2 《解放日报》

1941年5月16日，《解放日报》在延安创刊，这是中国共产党在抗日根据地出版的第一份大型中央机关报，1947年3月27日终刊，共出2130期，历时5年10个月零11天。它出色地完成了党赋予的光荣使命，以卓越的宣传业绩和丰富的办报经验，在中国新闻史上写下了光辉的一页，成为我党新闻史上一座高大的丰碑。

（1）创刊 《解放日报》是在民族斗争和阶级斗争都异常尖锐的时期创刊的。1941年起，抗战进入相持阶段，抗日根据地进入了极端困难时期。一方面，日本帝国主义对解放区和抗日根据地进行大规模地扫荡；另一方面，国民党掀起了第二次反共高潮，封锁包围解放区和抗日根据地。这种情况下，延安的物质条件已经不能维持大批报纸出版。同时，党内"左倾"思想在报刊上已有所反映，违反党的政策和中央指示的言论在报刊上时有出现。此时，迫切需要加强宣传的组织性和纪律性，统一宣传口径。再加上多数期刊刊期长，以理论宣传为主，已经不能适应此时的斗争需要。于是，党中央接受毛泽东的倡议，决定集中力量创办大型机关报《解放日报》，同时停办《解放》周刊、《共产党人》等其他刊物。

1941年5月15日，毛泽东为中共中央书记处起草了创办《解放日报》的通知："5月16日起，将延安《新中华报》、《今日新闻》合并，出版《解放日报》，新华通讯社事业亦加改进，统归一个委员会①管理。一切党的政策，将经过《解放日报》与新华社向全国宣达。"

毛泽东还为《解放日报》题写了报头和发刊词（图9-3）。他在发刊词中声明了办报宗旨和中国共产党的对内对外政策："本报之使命为何？团结全国人民战胜日本帝国主义一语足以尽之。这是中国共产党的总路线，也是本报的使命。""中国共产党的政策，始终是抗日民族统一战线的政策。""团结、团结、团结，这就是我们的武器，也就是我们的口号。"

《解放日报》的日常工作由编委会主持，编委会由报社、新华社负责人和各版主编组成，第一任社长是博古（即秦邦宪），第一任总编是杨松②。

《解放日报》创刊不久,苏德战争爆发,该报立刻发表社论,论证世界已经进入反法西斯与法西斯两大阵营斗争的新时期,提出建立国际反法西斯统一战线的主张,对第二次世界大战的形势作了正确的分析,走在了世界反法西斯舆论的前列。

图9-3 《解放日报》创刊号
(馆藏中国人民大学图书馆)

(2)改版原因 《解放日报》最初十个月的新闻实践取得了很大成绩,但由于党性不足、经验不足等多种原因,也出现了非常明显的缺点:

第一,版面和内容安排上严重重外轻内、重远轻近。《解放日报》创刊后的头三个月是对开二版,其中2/3的版面是国际新闻,尤其头版头条几乎都是国际新闻。后改为对开四版,版面的顺序基本是:一版国际新闻,二版国内(国统区)新闻,三版边区新闻,四版延安地区新闻。比如创刊号上头版头条和二条分别是《苏联援华政策坚

定不变》和《国社党副总裁出奔英国》两篇国际新闻;头版的中心位置是后一条新闻的背景材料,而毛泽东起草的《发刊词》安排在报纸头版左下方并不显著的位置。这种严重的失衡使《解放日报》远离斗争实际,而且,当时群众文化水平还很低,向他们讲述陌生的地点的人物和事情,显然也脱离了群众。

第二,没有充分发挥党报宣传党的方针政策的功能。造成这一状况的原因除了排版和内容失衡外,还缺乏新闻敏感。《中共中央通过根据地土地政策》这样与千家万户关系重大的新闻发表在三版,而毛泽东在中央党校开学典礼上做的《整顿党的作风》报告,却只被做成一条简讯放在三版右下角。在当时边区内部和各根据地之间的联络相当困难的情况下,党报是一种宝贵的信息沟通资源,然而《解放日报》作为唯一的中共中央机关报,却不能充分发挥它应有信息沟通的作用,不能很好地宣传党的方针政策,这无疑是很大的失误。第三,党八股文风严重。每天一篇社论,文白参杂,晦涩难懂,脱离实际或题大文空,指导性不强;新闻报道公式化,会议新闻、国际新闻、战况报道等写作模式单一。

(3)改版成果及意义 上述问题引起了群众不满,也引起了党中央和毛泽东的重视。1942年2月初,毛泽东先后做了《整顿党的作风》《反对党八股》的报告,为党的宣传工作尤其是新闻工作的整风吹向了号角、指明了方向。3月16日,中共中央宣传部发出

《为改造党报的通知》，对党报的性质、任务做了指示，对如何办好党报做了具体的论述。很快，在《解放日报》的带领下，延安和各地党报都掀起了整风改版运动。

《解放日报》的改版经过了一段时期的酝酿和准备。从2月到4月，该报围绕改版议题广泛地向群众征求意见，多次召开编委会或编辑会议讨论改版后的编辑方针。3月31日，毛泽东和博古召集各部门负责人和作家70余人召开改版座谈会，对改进党报工作征求各方意见，毛泽东还做了重要讲话。

1942年4月1日，《解放日报》发表了改版社论《致读者》，宣布正式改版。社论检讨了以往工作中存在的问题，明确声明改版就是进行"一个彻底的革命"，要使《解放日报》成为"真正战斗的党的机关报"，"要贯彻党的路线，反映群众情况，加强思想斗争，帮助全党工作的改进。"

具体而言，《解放日报》在以下几个方面做了整顿：

第一，版面安排。变"以外为主"为"以我为主"，变"先远后近"为"先近后远"。改版后，第一版是各抗日根据地要闻版，第二版是陕甘宁边区和国内消息版，第二版是国际版，第四版是副刊和专论版。这样，就将抗日根据地的新闻事件放在最重要的位置，加强了党的路线、方针、政策的宣传，同时考虑到了读者的文化水平和接近性心理。改版后的编排也并非死框框，重大国际事件还是可以上头版头条

的，但对于新闻价值不高的则不予刊登。

第二，社论。改版前每期一篇社论，多数带有明显的党八股文风，不受党员、干部、群众的欢迎。改版后，确定宁缺毋滥的原则，要求社论结合实际、有的放矢，体现党性、群众性、组织性和战斗性，突出党的中心工作并反映群众生活。这样一来，国内问题的社论数量大大增加，这些社论能够紧密结合当时的革命实际。比如，1942年4月到5月，以正在进行的整风为主题的社论占了多数。另外，对于重大问题的社论，往往与新闻报道等其他版面的文章相互呼应、紧密配合，给读者以系统、完整而深刻的印象。

第三，报道思想。在新闻报道思想上也变为以我为主，报道重点转为整风、大生产运动和抗敌斗争，全面地反映根据地军民自力更生、丰衣足食的成就和高昂的革命斗志。过去《解放日报》对于世界各主要通讯社的电讯稿，例如路透社、美联社、哈瓦斯社，甚至是日本同盟社的，常常原文转发。改版后，变为在尊重事实和综合研究各个通讯社电讯的基础上根据自己的需要加以选择，编写成自己电讯稿和综合新闻。

第四，基本工作方法。通过典型报道来完成党报指导工作的任务，这是改版后《解放日报》的基本工作方法，所以，典型人物、典型单位的事迹和工作经验的报道成为《解放日报》的基本内容。1942年4月30日，《解放日报》在头版头条以《连年开荒，收粮特多》的

消息报道了劳动英雄吴满有①的事迹，并配发社论《边区农民向吴满有看齐》和记者的文章《模范英雄吴满有是怎样发现的》，由此拉开了典型报道的序幕。此后又报道了各行各业的先进典型，如工业劳模赵占魁②，妇女劳模郭凤英，种棉能手刘秉一等，先进集体典型有南泥湾、金盆湾等。

据统计，到1947年3月停刊时，《解放日报》树立各方面的典型个人和单位约达600个。在《解放日报》的广泛报道下，这些典型成为边区大生产运动中的光辉旗帜，对于推动根据地的工作发挥了很好的作用。

第五，副刊。改版前的副刊偏重文艺，改版后成为综合副刊版，设置八个专栏，内容包括文学、历史、哲学、工运、青运、妇运等社会科学与社会生活的各个方面。同时，副刊上也刊登大型专刊和临时纪念特刊，如为普及新闻学知识创办的《新闻通讯》、为整风运动创办的《学习》专刊。通过革新，《解放日报》副刊版成为一个丰茂的园地，为繁荣无产阶级文艺和普及文化知识作出了贡献。

第六，新辟栏目。各版都增辟了不少小栏目，如一版《时评》、《半月军事动态》，二版《延市简讯》、《群众呼声》，三版《国际舆论》、《时人行踪》，四版（即副刊版）《大众习作》《历史知识》等等，这些栏目丰富了《解放日报》的内容，增强了报纸的新闻性、群众性、服务性和知识性。同时，它们运用生动活泼的群众语言，实践了马克思主义文风。

《解放日报》的改版是延安整风运动中的重要组成部分，它是在中共中央和毛泽东同志具体指导下进行的一次从内容到形式、从技术到思想的根本变革。通过《解放日报》的改版和延安整风，无产阶级党报理论得到了充实和发展，无产阶级新闻事业也有了一个飞跃发展。

9.2.1.3　各敌后根据地报业的发展

在中共六届六中全会上，毛泽东指出要在敌前和敌后创办地方性通俗报纸，动员一切力量争取抗战胜利。于是随着敌后根据地的建立，抗战报刊纷纷创办并蓬勃发展起来。据不完全统计，从1937年到1939年，根据地报刊达到700多家，这些报刊基本上适应了群众斗争的需要，受到群众欢迎。但是，由于一拥而上又缺乏协调，这些报刊分工不明、力量分散、彼此重复，加上办报条件的限制，使得它们的政治质量和宣传水平都受到局限。1939年5月17日，党中央发出了《关于宣传教育的指示》，1941年7月4日，中共中央宣传

---

① 吴满有，陕西横山人，1928年逃荒到延安务农。1942年在大生产运动中努力开荒生产，成绩显著，成为陕甘宁边区的劳动英雄。1943年1月11日延安《解放日报》发表社论，号召全区农民开展"吴满有运动"，掀起学习吴满有、大力开荒生产的热潮。

② 赵占魁，山西定襄人，1896年生于一个农民家庭。1938年参加抗日并加入中国共产党。1939年被陕甘宁边区政府评为模范工人。边区总工会在工厂开展"赵占魁运动"，号召全边区工人向赵占魁同志学习。1950年9月被授予"全国劳动模范"称号，先后任西北总工会、陕西省总工会副主席。

部又发出《关于各抗日根据地报纸杂志的指示》，根据这两份文件的指示精神，从1939年下半年到1941年上半年，各根据地对报刊业进行了整顿，停办或合并了一些小型报刊，集中力量创办和加强各级党委的机关报。其中具有代表性的有：

（1）晋冀鲁豫抗日根据地——华北版《新华日报》 创刊于1939年1月1日，是中共中央北方局的机关报，也是敌后抗日根据地的第一张铅印日报。重庆《新华日报》向其输送了一部分编辑和印刷工人，使华北版《新华日报》办得较其他根据地报纸好些。1943年，中共中央北方局撤销，成立中共中央太行分局，该报也改为太行分局机关报。抗战胜利后，改为太行区党委机关报，称为太行《新华日报》。1949年8月停刊。

（2）晋察冀抗日根据地——《晋察冀日报》 创刊于1937年12月11日，原名《抗敌报》，1940年11月改名为《晋察冀日报》，是中共中央晋察冀分局机关报（图9-4）。在社长、总编邓拓的带领下，报社的同志将印刷机加以改造，由笨重的铁制改成轻便的木制，字盘改为只有3000个常用字，敌人来了，全部设备用八匹骡子驮着就可以撤退，使《晋察冀日报》在日寇疯狂的扫荡中得以坚持出报。这就是著名的"八匹骡子办报"、"三千字内著文"，它为抗日根据地积累了游击办报的宝贵经验。该报出至1948年6月14日与晋冀鲁豫《人民日报》合并，定名为《人民日报》，成为中共中央华北局机关报。

图9-4　1949年1月19日的《晋察冀日报》

（馆藏河南大学图书馆）

（3）晋绥抗日根据地——《抗战日报》 创刊于1940年9月18日，1942年9月中共中央晋绥分局成立后成为晋绥分局机关报，注重"地方化"、"通俗化"，受到读者广泛欢迎。1944年毛泽东曾对它作出指示："本地消息，至少占两版多至三版……不是给新华社办报，而是给晋绥边区人民办报，应根据当地人民的需要（联系群众，为群众服务），否则便是脱离群众，失掉地方性的指导意义。"这份报纸成为最好的根据地报纸之一，1946年7月改名《晋绥日报》。

（4）山东抗日根据地——《大众日报》 创刊于1939年1月1日，初为苏鲁豫皖边区党委机关报,后为中共中央山东分局机关报,1945年7月19日正式成为中共中央华东局机关报。发刊词声明:"要为大众服务,成为他们精神上的必要因素之一,成为他们自己的喉舌,成为他们所支持的最公正的舆论机关之一。"因此,它特别注重联系群众,在群众中建立起较为强大的通讯员队伍,为报纸顺利出版并真实反映边区生活提供了保障。报社还组成了以印刷工人为骨干的游击队,编辑、记者也"一手拿枪,一手执笔",勇敢地与日寇扫荡进行斗争。

(5)华中抗日根据地——《江淮日报》 创刊于1940年12月2日,是苏北根据地第一张日报,初创时是中共中央中原局机关报,1941年5月中原局与东南局合并成为华中局,该报成为中共中央华中局机关报,刘少奇任社长。该报曾详细报道"皖南事变"的真实情况,揭露国民党当局的反共投降阴谋,并将报纸秘密发行到了日伪占领区。1941年7月22日停刊,一般认为1942年7月1日创刊的中共中央华中局机关报《新华报》是该报的继续。

抗日根据地的报刊还有很多,新闻工作者既拿枪又拿笔,进行了艰苦卓绝的斗争。尤其是经过1941年的整顿和1942年的整风改版后,报刊质量明显提高,为抗日战争的胜利作出了很大贡献。

9.2.2 无产阶级通讯社和电台的发展

9.2.2.1 新华通讯社

1937年1月,"红色中华通讯社"迁至延安,改名"新华通讯社",简称"新华社",与《新中华报》仍是社报一家,由博古兼任社长。抗战开始后,新华社的发稿范围扩大,中共中央宣言、声明、决议,《解放》周刊和《新中华报》的评论都经过新华社传播,各根据地的情况交流很大程度上也依靠新华社。工作量增大,每天发布的新闻由1500字增至四五千字。1938年后,"新华社"陆续在各大根据地成立了分社。于是,1939年初,党中央决定新华社脱离《新中华报》成为独立的组织机构,二者共同接受中共中央党报委员会的领导,第一任社长向仲华,社址由清凉山迁至党中央所在地杨家岭。从此,新华社进入独立发展阶段。

1939年6月,新华社进一步调整机构,设立了编辑科、通讯科、译电科、油印科。通讯科负责向重庆《新华日报》、香港进步报纸和莫斯科对外新闻社电媒体提供专稿和抗战报道,还创办了业务刊物《通讯》。

由于各地通讯社对外宣传中出现了与党中央宣传口径不一致的情况,1941年5月,党中央发出《关于统一各根据地内外宣传的指示》,按照规定,各地方通讯社都改为新华社分社,新华社是统一对外宣传机构,各地分社由总社统一领导,各地广播电台归当地新华社管理。全国、全党、全军性质的新闻电讯一律由新华总社发布,自此,新华社开始播发全国性电讯。这样,既加强了党对宣传工作的领导,也加强了中央的宣传力量。

经过 1942 年整风运动后,新华社在新闻理论和新闻业务上都有了很大进步,新闻报道的质量大大提升,各方面工作都有了很大进展。到 1945 年抗战胜利时,新华总社已经由最初的 20 多人增加至 110 人,在各根据地建立 9 个总分社、40 多个分社,拥有一支 3 万多人的通讯员队伍。对于宣传党的方针政策、反映根据地人民斗争生活,新华社和它的分社发挥了不可估量的重要作用。

9.2.2.2 延安新华广播电台

早在第二次国内革命战争时期,我党就已着手筹划创办人民自己的广播电台。到了 1940 年春天,党中央成立了广播委员会,由周恩来任主任,负责领导筹建广播电台的工作,后来周恩来赴重庆领导中共代表团的工作后,由朱德主持筹建工作。

延安新华广播电台是在困难重重的情况下创建起来的。1940 年 3 月,周恩来从莫斯科治伤回国时,带回共产国际援助的一台苏制广播发射机,由于长途转运颠簸,机器受到损坏,后经过技术人员多次改装调试,终于可以使用。发电设备则是洋铁桶做成的煤气发生炉,以木炭产生的煤气代替汽油发电。天线是用自制的木塔架设起来的。为了筹建电台,中央军委还抽调 30 多人专门负责建设工作。经过将近一年的艰苦奋战,延安新华广播电台终于初步建成。

为了便于隐蔽,电台设在延安西北偏僻的王皮湾村,在半山腰上开凿出两孔窑洞作为机房和动力间,在河对岸开凿两孔土窑洞作为播音间和备稿室。播音间中一张木桌,一个话筒、一本字典、一台手摇唱机,还有一块当地生产的羊毛毡挂起来隔音。

就在这极端简陋的条件下,党的新闻事业揭开了新的一页。1940 年 12 月 30 日,中国人民的第一座广播电台——延安新华广播电台开始试验播音,呼号 XNCR①。最初每晚播音一次,1941 年 4 月后,每天增至 3 次,每次 1 小时。主要内容有:中共中央和陕甘宁边区重要文件、《新中华报》社论、国内外新闻、名人讲演等,稿件由新华社广播科提供。其间穿插文艺节目,一般是播放戏曲唱片或播音员吹口琴、演唱抗日歌曲。12 月 3 日又开办日语广播,每周三播音一次,这是延安创办最早的外语节目。

党中央非常重视和关怀延安新华广播电台的工作。1941 年 5 月和 6 月,中共中央发布《关于统一各根据地对外宣传的指示》、《关于电台广播工作的指示》、《关于党的宣传鼓动工作提纲》等通知,多次要求各地党组织按时收听延安新华广播,并强调"应当在党的宣传政策之下,改进现有的通讯社及广播事业的工作"。听说电台缺少

---

① 按照国际有关规定,我国无线电台的呼号第一个字是 X,NCR 即英文 New chinese Radio 的缩写,意为新中国广播电台。

唱片,毛泽东就把自己保存的 20 多张唱片送给延安台,并叮嘱他们搞好播音工作,这极大地激发了工作人员的责任感和战斗热情。

延安新华广播电台的突出成就表现在:

第一,揭露"皖南事变"真相,反击国民党第二次反共高潮。"皖南事变"在国统区的报道受到百般阻挠,延安新华广播电台及时、反复地播发有关新闻报道和毛泽东撰写的《为皖南事变发表的命令与谈话》,在重重封锁中传递事实真相,怒斥国民党当局的罪恶行径,将其消极抗日积极反共的真面目公布于众。

第二,宣传党的各项方针政策,推动抗日根据地的政权建设。在交通不便且敌人对根据地严密封锁的情况下,延安台在迅速传播党中央的方针政策上起了不可或缺的作用。它曾反复播发陕甘宁边区中央局的文件《陕甘宁边区施政纲领》和《选举运动中的宣传工作》,前者是边区执行抗日民族统一战线的重要文件,后者是介绍陕甘宁边区选举经验的文章,这些内容对其他根据地的政权建设有很强的示范作用和参考价值。

总之,延安台冲破敌人的信息封锁,将中共中央和党的声音传播出去,使正义和真理之声传向四面八方。所以,国民党当局十分不安,1941 年 3 月至 7 月,国民党中宣部曾密令中央广播事业管理处监测延安的广播,要求"每日指定专员收听,逐日俱报",并布置河南广播电台"就近干扰",还多次密谋破坏,均未得逞。

1943 年春天,由于发射机故障,延安新华广播电台只得暂时停播。经过多方努力,于 1945 年 9 月 5 日恢复播音。

延安新华广播电台的创办,打破了国民党当局对广播事业的垄断,宣告了中国人民广播事业的诞生。1980 年 12 月,经中宣部批准,中央广播事业局发出通知,将延安新华广播电台首次试播日即 12 月 30 日定为中国人民广播事业创建纪念日。

9.2.3 无产阶级新闻教育事业的发展

抗日民主根据地的新闻教育事业始于 1939 年 7 月 20 日延安女子大学创办新闻系,这是党领导下的第一所培养妇女新闻人才的高等院校。之后,又相继创办了延安大学新闻系、华中新闻专科学校、华北联大新闻系、山东大学新闻系、中原大学新闻专修班、华中新闻干部学校、苏南新闻专科学校等。

总的来讲,这些院校注重突出政治性,讲授新闻理论和新闻业务时强调新闻的党性、阶级性和战斗性,教学方法呆板,课程缺乏系统性。但是,它开创了一种新的事业,为党的新闻事业培养了人才,为新闻教育事业的发展积累了经验。

9.2.4 无产阶级新闻理论的发展

抗战时期,中国无产阶级新闻事业在实践上有了巨大发展,在理论方面也进行了较为深入的探讨,从而使无产阶级新闻理论得到发展和丰富。

第一,阐明了新闻的本源是事实的观点,主张新闻必须完全真实。

1942 年整风运动曾围绕着新闻真实性展开了斗争,包括《解放日报》在内的党的新闻机关对假新闻现象展开了批评与自我批评。1943 年 9 月 1 日,《解放日报》发表了陆定一的《我们对于新闻学的基本观点》,为"新闻"下了一个至今学者们还常常引用的定义:新闻,"就是新近发生的事实的报道"。并指出"事实是第一性的,新闻是第二性的",因此新闻工作者在采编中,必须尊重事实。他的论述从根本上划清了唯物主义新闻观和唯心主义新闻观的界限。1945 年 3 月 23 日,《解放日报》发表社论《新闻必须完全真实》,进一步阐明了新闻的本源是事实的基本观点。

第二,阐明党报的性质和任务,指出党报要坚定地树立党性原则,作为党和人民群众的喉舌,应起到桥梁和纽带的作用。

党中央特别强调党的新闻事业在整个革命工作中的重要地位以及在党和群众之间的桥梁和纽带作用。中共中央宣传部 1942 年 3 月 16 日下达的《关于改造党报的通知》中说:"报纸是党的宣传鼓动工作最有力的工具,每天与数十万的群众联系并影响他们,因此,把报纸办好,是党的一个中心工作,各地方党部应当对自己的报纸加以极大注意。"充分反映群众的生活,表达他们的意愿和呼声也是党报的重要任务。

《党与党报》指出:"报纸是党的喉舌,是一个巨大的集团的喉舌。"《解放日报》5 月 16 日的社论《提高一步》中说:"我们的报纸是人民的喉舌,要向人民负责。"

在《解放日报》改版后的第一期社论《致读者》中提出"党性"一词,指出党报必须坚定不移地宣传党的路线、方针、政策,成为真正的党的机关报。另一篇社论《党与党报》强调党报在组织上要服从党的领导:"一切要依照党的意志办事,一言一动,一字一句,都要顾到党的影响。"

第三,形成全党办报的方针。社论《党与党报》深刻阐述了全党办报的基本思想,1944 年 2 月 16 日《解放日报》社论《本报创刊一千期》中说:"我们的重要经验,一言以蔽之,就是全党办报四个字。"全党办报包括三个方面内容:党的领导机关要制定办报方针;党的各级部门要善于利用党报宣传、解释各项政策,推动、检查工作;每个党员都有关心、阅读报纸、提出意见和向报纸投稿的责任。

中共中央力争从制度上落实全党办报的方针,1942 年 1 月 24 日,中共中央政治局作出决议,要求中央各部委和中央西北局每月供给《解放日报》专论或社论一篇,5 月 10 日,军队总政治部也下达了为《解放日报》供稿的指示。另外,中共中央决定《解放日报》主编陆定一和博古一起参加中央政治局会议,以便报纸及时、准确地反映党的活动,宣传党的政策。西北中央局则规定各分区党委及县委宣传部长都担任报纸的通讯员,与报社直接联系。

第四,形成党报三大作风的理论。毛泽东在中国共产党第七次代表大会的政治报告中提出了"理论与实践相结合的作风,和人民群众联系在一起的作风以及自我批评的作风",《解放日报》5 月 16 日的社论《提高一步》,认为这三点既是党的作风,也是党报的作风。党报初步完成了改版后,各地党报以三大作风为目标继续努力,三大作风的理论基本形成,即:

"理论与实践相结合的作风",就是既要反映实际,又要用马列主义正确指导实际,主要是群众的革命实际;"密切联系群众的作风",就是坚持群众路线,发动和依靠群众办报,以报刊为群众服务;"自我批评作风",就是以认真负责的态度惩前毖后、治病救人。

第五,提倡马克思主义的党报文风,反对党八股。马克思主义的党报文风就是把马列主义理论与中国革命的实际结合起来,具体问题具体分析,力争民族化、科学化、大众化、力戒公式化、八股气,要通俗易懂,鲜明生动。

当时党的新闻媒体的宣传对象多是文化水平不高的工农兵干部,文风问题关乎报刊是否受他们支持和拥护,能否真正起到桥梁和纽带的作用。毛泽东的《反对党八股》一文,指出要树立正确的文风,根本途径就是清除主观主义、加强与社会生活及群众的联系,要有的放矢、言之有物,形式内容要为群众喜闻乐见。《解放日报》社论《宣布党八股的死刑》、《报纸和新的文风》、《从五个 W 说起》等,同时,对发扬马克思主义文风也做了深刻的论述。

9.3 沦陷区的新闻事业

抗战爆发后,日寇先后在东北、华北、华中、华南、华东建立伪政权,在华北以北平、天津为中心,华中以上海、南京为中心建立起日伪新闻事业的主要基地。此时,沦陷区主要存在两种新闻事业:一是敌伪新闻事业,是公开的;二是共产党领导的进步的、革命的新闻事业,是秘密的。

9.3.1 敌伪新闻事业

敌伪新闻事业是日本帝国主义为奴化中国人、灭亡全中国服务的,它们宣传"东亚圣战"、"反共救国"、"中日提携"等谬论,歪曲日军侵略实质,破坏抗战统一战线,并蓄意传播腐化堕落的人生哲学以欺骗和麻醉沦陷区的中国人民。

敌伪新闻事业也分两种:一是日寇主办的,以日寇官方通讯社同盟社的华文部为代表;二是汉奸组织主办的,他们在敌伪媒体中占多数。

据不完全统计,在华北地区出版的敌伪报刊有六七十种,主要有北平《新民报》、《武德报》、《实报》、《时事旬报》,天津《庸世》、《新天津报》、《东亚晚报》、《国强报》等。其中《新民报》是北平影响最大的敌伪报,是日伪组织掠夺成舍我的《世界日报》后改组而成的。天津最有影响的是《庸报》,它也是华北地区最大的汉奸报纸,在当时的天津是仅次于《大公报》、《益世报》的第三大报,早在"七七事变"前它就为日寇收买,天津沦陷后成为日本驻屯军的机关报。1944年5月,各报受命停刊,由伪华北政务委员会情报局主持创办《华北新报》,成为华北唯一的日伪报刊。

华东地区的敌伪报刊南京主要有《南京新报》、《南京晚报》、《总汇报》等,上海主要有《新申报》、《中华日报》、《平报》等。其中《新申报》是日军指挥部出资创办的大型日报。此外,汪伪政权还创办了地方报纸如《苏州新报》、《杭州新报》等。

抗战期间,日伪在中国境内先后组建起广播电台五六十座,多数在原国民党各地广播电台基础上改造而来,如北平、天津、青岛、太原等地电台相继改为日伪广播电台;日军利用原国民党两座上海广播电台的设备建成敌伪"大上海广播电台",作为日军军事当局的舆论喉舌;1938年建立的"南京广播电台"是汪伪政府的广播电台,它于1941年3月改称"中央广播电台",其他如杭州、苏州、汉口等地也出现了由汪伪政府控制的电台。

9.3.2 爱国进步报刊

在极其险恶的环境下,沦陷区爱国学生、工人和新闻工作者冒着生命危险秘密出版了一批抗日的、进步的报刊。

9.3.2.1 天津等地进步报刊

1937年7月天津沦陷后,先后出现了20多种小型的抗日报刊,如《中心月刊》、《抗战》、《匡时》、《突击》等,其中最有影响的是《高仲铭纪事报》和《炼铁工》。《高仲铭纪事报》由天津《益世报》一个进步编辑主持,为了对外掩护,假借高仲铭的名义出版,前后发行两年,广受欢迎。《炼铁工》由粗通文墨的工人创办,虽错字较多,但积极宣传抗日,文字朴实简单,因而被工人广泛传阅。

在敌人的统治下创办这种报刊是极其艰难和危险的,物质条件差、还要时时提防日伪的查抄。除了天津,苏州、北平以及日寇统治下的东北也都出现了爱国者创办的进步报刊,由于环境恶劣,它们出版的时间都不长,但却此起彼伏,爱国主义精神照亮了沦陷区人民的心房。

9.3.2.2 上海"孤岛"时期的报界

从1937年11月12日上海沦陷到1941年12月8日太平洋战争爆发,上海未被日寇占领的公共租界形同"孤岛"。我党和新闻界、文化界的进步人士便利用英、法、美和日本帝国主义之间的矛盾,借用外国人的名义,在租界创办了一批汉文抗日报刊,人称"孤岛报刊"。这些报刊聘请外国商人担任发行人,避免了日本帝国主义的新闻检查和租界当局的阻挠,巧妙地坚决地进行抗日宣传,其中最有影响的是《译报》、《每日译报》、《文汇报》。

(1)《译报》 该报由中国共产党上海地下组织创刊于1937年12月9日,主编夏衍,是一份4开1张小型报纸(图9-5)。当时,上海租界出版的多种外文报上不定期刊登中国抗战的消息和资料,上海地下党组织就决定创办一种纯翻译的报纸即《译报》,它的

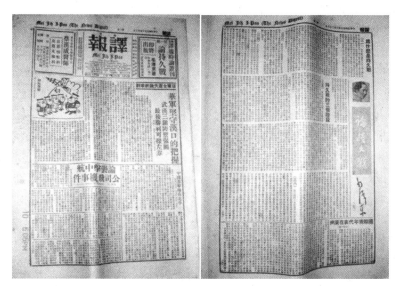

图 9-5 《译报》
（原载孔夫子旧书网）

评论、新闻、通讯等全部稿件都来自合法的外国报刊，并且注明出处。编辑们通过内容的取舍、标题的制作、版面的安排等反映报纸的政治倾向，积极有力地宣传抗战。这可能是世界新闻史上的创举，当时只有采用这个办法才得到租界当局的出版许可证。《译报》创刊号就刊登了《毛泽东对英记者发表重要谈话——中国绝大多数民众要抗战到底，如少数人采取投降路线，则全国决心抗日分子将坚决反对》的新闻，也译载过西方报纸声援抗战的文章，如《中国为保卫和平与自由而战》、《中国如何才能战胜日本》等。

《译报》一经发行就受到读者的热烈欢迎，但同时也受到日寇和汉奸的不断骚扰，并于12月20日被租界工部局查封，共出12期。

（2）《每日译报》 《译报》停刊后，1938年1月21日改名《每日译报》出版。此次请两个与公共租界有特殊关系的英商作发行人，其创刊词也以资产阶级新闻观点为掩护，以减少出版阻力和危险。最初4开1张，内容与编辑方针与《译报》基本相同，后经四次调整，扩充为对开一张并附四开一张，改变了纯翻译性质，既有译文，也有自己编写的新闻、评论、特写等。同年8月23日译载斯诺夫人的文章《东战场上的新四军》；同日起还连载中共领导人毛泽东的文章《论持久战》。它还常转载《新华日报》的言论，刊登中国共产党的文件和领导人讲话；报道八路军、新四军的消息。汉口、广州、香港等地的报刊常转载其稿件，外国通讯社也常常将其稿件译发欧美。

1939年5月18日，公共租界当局收买两个英籍发行人，借口《每日译报》刊登全国生产会议新闻未经送审，令其停刊，从此不许复刊。

（3）《文汇报》 这是一张在中国共产党人的帮助下出版的抗日报纸，1938年1月25日创刊于上海，是由几个爱国铁路职员集资7000元创办的。《大公报》经理胡政之也投资万元，并指派徐铸成主持编辑部。为避开日方检查，报社高价雇用了英国记者克明作发行人出面向英国当局登记，以"英商文汇有限公司"的名义出版该报。

《文汇报》创刊时，日出一大张，一版为要闻版，二版为国际新闻，三版是本市新闻，四版是副刊。后扩充版面，并增加了经济新闻版、教育与体育新闻版、社会服务版等。《文汇报》采用多种形式，从多个侧面旗帜鲜明地宣传抗日，积极报道中国共产党及其领导下的人民军队的活动与成就，讴歌延安等抗日根据地的新生活。比如，它曾刊登外国记者有关八路军、新四军的采访记，连载李英声的《中国红军十年史》和史沫特莱的《中国红军在行进》等，介绍党领导的抗日武装的发展和现状。一旦获知抗日部队的胜利消息，《文汇报》即予以报道并配以社论高度赞扬。《文汇报》很快产生了极大的社会影响，不到半年，销量达到5万份，超过了一直居于首位的《新闻报》。

但日伪仇视《文汇报》及一切抗日报纸，他们多次恐吓报馆，扬言再作抗日宣传就杀害工作人员；还曾向报馆投掷手榴弹导致一名发行员死亡，两名工作人员受伤。面对敌人的疯狂，《文汇报》一面对报馆加强看守，一面

揭露敌人，不屈不挠地继续抗日救国的宣传。

1939年5月，日伪政府以10.6万元巨款收买了克明，《文汇报》被迫于5月18日停刊。1945年8月18日该报在上海复刊，1947年5月被国民党查封，1949年6月21日再次在上海复刊。1956年5月1日又改为《教师报》在北京出版，同年10月1日在上海恢复出版。

除了上述三份报纸外，《国际夜报》、《导报》、《通报》、《大英夜报》等以英商为发行人的抗日报刊也在"孤岛"纷纷问世，建立起一个以"洋旗报"[①]为主体的抗日宣传队伍，通过这些报刊，爱国报人用笔作武器与敌人展开殊死斗争，为中国新闻史谱写了可歌可泣的一页。

9.4 香港地区的新闻事业

9.4.1 报刊业概况

由于政治、地理环境特殊，抗战爆发后，不少内地报人赴港，香港的新闻事业有了新的发展，并成为抗日进步新闻事业的一个重要基地。

香港原有大报十余种，这些报纸上广告约占2/3的版面，其他版面主要刊登社会新闻、武侠作品、香艳小说等。抗战开始，《华侨日报》、《华侨晚报》、《华字日报》、《工商日报》、《工商晚

———————
① 指假托洋人旗号办的报纸。

报》等港报很快投入了抗日宣传。

随着北平、天津、上海、南京等城市相继沦陷,这些地区的新闻工作者纷纷来到香港,他们或将内地报纸迁到香港出版,或创办新报刊,或参与香港原有报刊的工作。此时香港的政治制度允许多元化的报刊存在,大陆报人的到来给香港新闻界带来了新的生机,促进了香港新闻业的发展。

1938年3月1日,《星报》创刊,日出对开一大张,后改为晚报,这是大陆最早到香港出版的报纸。同一天,上海《申报》香港版创刊,它报道了台儿庄大捷,宣传全民团结抗战,1939年7月停刊。1938年4月,在中国共产党的帮助下,上海成舍我的《立报》也在香港复刊,它积极反映民众抗日呼声和民主进步要求,介绍陕北和各根据地的新气象,产生了积极影响,该报1941年底停刊。

1938年8月1日,星州资本家胡文虎的《星港日报》在香港创刊,聘请了进步人士金仲华任总编,杨潮(即羊枣)为评论员,夏衍等为其副刊撰稿,使其一度成为香港具有号召力的进步报刊。然而,皖南事变后,国民党加强对香港新闻事业的控制,《星港日报》接受了国民党派来的总编,改变了立场,1941年5月31日,金仲华、杨潮声明退出该报。

另一份著名报纸《大公报》的香港版于1938年8月13日创刊,编辑主任徐铸成。港版《大公报》延续了上海版的基本立场,12月汪精卫投敌,《大公报》披露事实并连续发表社评予以强烈谴责,后来又刊载披露日汪亡国密约的独家新闻,将反汪宣传推向高潮。它新创办的《文艺》副刊由女作家杨刚主编,发表了不少延安的文艺作品,主要内容是鼓吹团结抗战,为当时进步文艺的发展做了很多有益的工作。1941年12月13日,日军侵占九龙,《大公报》的香港版宣告停刊。

1938年6月,由宋庆龄领导的"保卫中国同盟"在港成立,该组织创办目的是团结国际友人与海外华侨援助中国抗战。它出版了汉文英文合刊的《保卫中国同盟新闻通讯》,汉文版由邹韬奋、金仲华负责编辑,该刊以大量篇幅介绍抗日活动,向全世界传递中国人民抗战的最新情况。

国民党也有报刊在港出版或复刊,如1939年6月5日创刊的国民党中央机关报《民国日报》,该报于1941年12月25日停刊。

汪精卫集团也将报业发展到了香港,他们以《南华日报》、《天演日报》、《自由日报》为御用工具进行汉奸宣传。

9.4.2 中国共产党领导下的进步报刊

1941年皖南事变后,国统区进步报刊受到残酷迫害,处境极为艰难。2、3月间,大批进步的文化工作者转移到香港,在党的领导下开展有计划有规模的新闻活动,形成了一个强大的抗日宣传中心。

这一时期在香港出版的进步报刊主要有:茅盾主编的《文艺阵地》《笔

谈》、范长江主编的《华商报》、邹韬奋主编的《大众生活》、张铁生主编的《青年知识》、郁风主编的《耕耘》、马国亮主编的《大地画报》等，其中影响最大的是《华商报》和《大众生活》。这些报刊多在香港沦陷前后停刊，多数报人撤离了香港。

9.4.2.1 《华商报》

《华商报》创刊于 1941 年 4 月 8 日，每天下午五点出版对开一大张，是中国共产党领导下的统一战线性质的报纸(图9-6)。主要筹办人有香港八路军办事处主任廖承志、邹韬奋、茅盾、张友渔、金仲华等，爱国人士、华比银行经理邓文田携兄弟积极支持并任总经理，范长江任副总经理并主持日常事务，胡仲持任总编。其办报宗旨是团结、民主、抗日。

图 9-6 《华商报》

(原载方汉奇主编:《中国新闻事业通史》第 2 卷,第 985 页)

从创刊号开始，《华商报》就连载著名文化工作者反映现实斗争的长篇作品，在读者中引起很大反响。如邹韬奋的长篇纪实报告《抗战以来》，通过作者亲历的事实，揭露了国民党当局反共面目以及国民党官吏的腐化堕落，歌颂中华民族顽强不屈的抗战精神，后来出版单行本，很快销售一空。茅盾等创作的《如是我闻》叙述漫游新疆和大西北的见闻与感受，范长江的《祖国十年》、千家驹的《抗战以来的经济》等，反映后方的黑暗和民众的痛苦生活，这些文章批判国民党当局的倒行逆施，歌颂中国的新生力量，鼓舞民众抗战到底的信心，在港澳同胞及海内外爱国华侨中产生了很大影响。

1941 年 12 月 8 日，日军进攻香港，《华商报》当天发表社论《一致打倒日寇》，12 日发表最后一篇社论《团结动员抗拒日寇》之后停刊。12 月 25 日，香港沦陷，《华商报》工作人员在党的营救下撤离香港。

9.4.2.2 《大众生活》

"皖南事变"前后邹韬奋在重庆、昆明、桂林等地的生活书店分店陆续被国民党查封，3 月 5 日，邹韬奋秘密飞往香港，欲在那里继续他的抗战文化事业。抵港后，除了为《华商报》撰稿外，邹韬奋还决定创办一个刊物与《华商报》相呼应。于是，1936 年在上海被迫停刊的《大众生活》，于 1941 年 5 月 17 日在香港复刊了。邹韬奋任主编，茅盾、夏衍、乔冠华等 7 人组成编委会，每周六出版。

该刊总的宗旨是:消除分裂、加强

团结、宣传抗战、争取建立民主政治。它设有《社论》、《周末笔谈》、《生活修养》、《通讯报告》、《读者来信简复》等栏目，其中《社论》刊在每期首页，多评述国际反法西斯战争及国内抗战重大事件，由邹韬奋执笔。《生活修养》谈待人接物的基本原则，《读者来信简复》力争为读者答疑解难。

《大众生活》抨击一切反共反民主的反动叫嚣，它对国内外大事条分缕析，对内呼吁团结、民主、进步，反对分裂、独裁、倒退，对外反对英美对日妥协，在读者中间播下了爱国、正义的种子。该刊平均期发行量高达 10 万份，因太平洋战争爆发，到 1941 年 12 月 6 日共出版 30 期后停刊。

【本章小结】

本章讲述的是多元共存时期我国新闻事业的发展状况，按照地区分为四节，对国统区、抗日根据地、沦陷区以及香港地区的新闻事业做了全面而又有重点的论述，在时代的大背景下勾勒出这一特殊时期多元化新闻事业共存的特点，讲述中以无产阶级的新闻事业、尤其是根据地的党报及党报思想的发展为重点。通过本章的学习，使学生对多元化新闻事业共存的特点建立清晰的认识，理清无产阶级新闻事业的发展脉络。

【思考题】

1.简述延安新华广播电台的创办经过和意义。

2.简述《解放日报》的创刊背景和改版原因、经过与意义。

3.简述《新华日报》重庆斗争的情况。

【延伸阅读】

1.方汉奇.中国新闻事业通史.北京:中国人民大学出版社,1996

2.丁淦林.中国新闻事业史.北京:高等教育出版社,2002

3.宋应黎.中国期刊发展史.开封:河南大学出版社,2000

4.白润生.白润生新闻研究文集.北京:中国文史出版社,2004

5.白润生.中国新闻通史纲要.修订本.北京:中央民族大学出版社,2004

10 多元化的政治势力及其新闻事业的最后较量

导言

本章学习目标 通过本章的学习,要求能够对多元政治势力及其新闻事业的最后较量时期国共两党在新闻事业上的激烈竞争及标榜"第三条道路"的报刊有全面了解,掌握这个时期国统区和解放区新闻事业的发展变化,充分认识国民党新闻事业瓦解和人民新闻事业建立的必然性。

本章难点 新闻界争取自由的斗争 鼓吹"第三条道路"的报刊 国民党新闻事业的瓦解 共产党新闻事业在全国的建立

抗日战争胜利后，国内阶级矛盾逐渐上升为主要矛盾，多元化政治势力及其新闻事业进入了最后较量时期。1945年9月至1946年6月，多元共存的局面被打破，国共两党及其新闻事业的激烈斗争，是这一阶段的主要特征。

10.1 国统区的新闻事业

1945年8月14日，日本宣布无条件投降，世界反法西斯战争和中国的抗日战争取得了胜利。国统区的新闻事业中心开始向上海、南京一带转移。国民党政府利用手中的权力和统治地位，抢先在收复区扩张自己的新闻事业，强化对新闻舆论的控制，并利用卑劣手段打击进步新闻事业。到1946年5月，国民党政府已经建立起了庞大的新闻事业网。共产党领导的进步新闻事业在国民党的摧残下举步维艰，但在国统区争取新闻自由的斗争却从未停止过，在一定程度上突破了国民党对新闻舆论的控制。

10.1.1 国民党新闻事业的扩张与强化及国民政府对进步新闻事业的摧残

10.1.1.1 国民党新闻事业的扩张与强化

抗战胜利后，国民党政府迅速恢复了对沦陷区各大城市的统治。他们采用种种手段，或接收、或复原，在收复区扩充、强化自己的新闻事业，抢占舆论阵地。

首先，国民党政府通过接收大量的日伪新闻机构来强化反动新闻事业。恢复了反共的《救国日报》，将上海的汉奸报纸《平报》变成上海党部机关报《正言报》，汉口汉奸报《大楚报》则改版成为汉口国民党机关报《华中日报》。对民营报纸强行改组和接收，以扩充反动新闻事业。1945年11月《申报》、《新闻报》在国民党政府的"指导"下复刊，并制定了《处理申、新两报的办法》，组织了由国民党要员担任主任的"申报、新闻报报务管理委员会"，抢先把这两张报纸变成国民党的党报。

其次，迅速向收复区搬迁新闻机构。原在屯溪出版的《中央日报》迁到上海出版。孔祥熙的《时事新报》也在9月27日迁上海复刊。1946年5月，蒋介石国民政府还都南京，中央通讯社、中央广播电台也随迁到南京。国民党政府的新闻宣传机构不是单纯的随迁复原，还进一步扩充、强化。1945年9月10日，《中央日报》在南京恢复出版，但重庆的报馆、机器均照常使用，并在补充人员之后继续出版重庆版。中央通讯社在重庆、成都设立的分社扩大后继续在原地开展业务活动。国民党军报《扫荡报》改名为《和平日报》，在昆明、兰州、南京、武汉、重庆等地同时出版。

此间，国民党政府还先后接收了南京、上海、北平、天津、武汉、广州等地的日伪广播电台。在一年的时间里,共接收日伪电台21座,大小发射机41部,总发射功率为274千瓦,形成了一个全国广播网。而中央通讯社也早已垄断了全国电讯和世界主要通讯社对中国的发稿权,并大量吸收大学生,留用大批日伪新闻从业人员,以扩充和强化反共、发动内战和进行独裁宣传的新闻队伍。

这个时期,国民党新闻机构以强权进行扩张,实力比战前大大加强了。

10.1.1.2 国民政府对进步新闻事业的摧残

为了打击进步舆论、压制民主声音,国民党政府动用了一切可以动用的手段,加紧对民主、进步的新闻事业的迫害。

首先,查封有民主倾向的报刊。1945年10月24日由郭沫若和夏衍分别担任社长和总编辑的《建国日报》被查封,同年11月30日由刘尊棋出版的《联合日报》"自动停刊",1947年5月24日《联合晚报》连同《文汇报》、《新民报》晚刊同时被查封。此间,上海民主派的知识分子创办的《民主》周刊、《周报》、《文萃》周刊、《展望》周刊,也都先后被查封。据不完全统计,从1946年1月到8月,约计8个月的时间,国民党当局查封报刊274家,其中5月29日在北平一次就查封新闻言论机构77家。6月5日和29日两次在广州查封新闻出版机构近50家。6月18日在天津查封期刊21家,8月3日在昆明查封期刊47家。

国民党还以各种卑劣的手段破坏和派遣特务捣毁报社,迫害进步新闻事业。从1946年2月至7月,包括重庆《新华日报》在内的21家出版单位被捣毁。

其次,限制民营广播事业的发展。1946年2月,国民党当局公布了《广播无线电台设置规则》,从设置、分布、数量、发射功率和广播内容等方面,对民营广播电台加以限制。1946年6月上海有民营广播电台近百家,但是按有关部门规定不得超过20家,其他全部封闭。即使准许营业的几家电台也要限制频率的使用,民营电台每况愈下。

10.1.2 共产党和人民新闻事业的迅速发展

10.1.2.1 共产党在收复区创办自己的报刊

抗战胜利后,国民党政府在收复区紧锣密鼓地扩充、强化自己的新闻事业,而共产党则利用国共合作尚未破裂的最后时机,也在收复区迅速创办自己的报刊。

1945年9月14日,毛泽东、周恩来在重庆致电中共中央并转华中根据地负责人,提出尽快派人去上海等地办报的要求:"上海《新华日报》及南京、武汉、香港等地以群众面目出版的日报,必须迅速出版,根据国民党法令,可以先出版后登记。早出一天好一天,愈晚愈吃亏。"电报还指出,"华中可去上海等地公开活动","要多去,快去",

"必须下决心用最大力量经营之"①。根据这一指示,中共中央立即派人到上海、北平、南京等大城市以及香港地区办报。《新华日报》除重庆版外,在上海、南京分别成立筹备处,筹划报纸出版事宜。在受到阻碍无法出版的情况下,《群众》杂志迁往上海于1946年起承担起党报任务。1946年4月7日在上海创办《消息》半周刊;10月1日《救亡日报》改名《建国日报》在上海创刊;1946年2月22日在北平创办《解放》报,初为3日刊,后改为2日刊。在香港地区有《正报》、《华商报》和《群众》杂志的创刊和复刊。

在国民党收复区,共产党还领导和支持民主党派和进步人士创办一些报刊。在上海有刘尊棋主持的《联合日报》(1945年9月21日创刊)和《联合晚报》(1946年4月15日出版)、郑振铎主编的《民主》周刊(1945年4月13日创刊)、唐弢和柯灵主编的《周报》(1945年9月8日创刊)、黎澍主编的《文萃》(1945年10月9日创刊)等,在北平也办有进步报刊。

10.1.2.2 扩大解放区,发展党和人民的新闻事业

抗战胜利后,根据地军民遵照党中央的"针锋相对、寸土必争"的方针,向沦陷区进军,把原先支离破碎的根据地连成一片,形成了几个较大的战略区,解放区的新闻事业也获得了很大的发展。

一是报刊网有了迅速的发展,尤其是各大战略区创办或改出了大型报纸。《大众日报》在日本投降的第二天便由双日刊改为日刊,1945年冬天改为中共中央华东局机关报。《晋察冀日报》在张家口出版后,由原来的4开一张扩大为对开一大张。1945年11月1日,中共中央东北局机关报《东北日报》在沈阳创刊。华中局、晋冀鲁豫中央局以及各分区党委、地方党委都创办了相应的机关报,形成了解放区的报刊网络。

二是广播通讯事业有了很大发展。延安新华广播电台恢复播音后不久,党又在东北解放区的哈尔滨、长春、安东等地建立了广播电台;在华北,建立了张家口新华广播电台。这样,解放区的广播事业已初具规模。新华通讯社在各抗日根据地已有9个总分社,40多个分社,拥有一支3万人的通讯员队伍,发稿量加大,质量提高。总社于1946年初又提出加强自身组织建设和业务建设问题,进行新闻业务的学习和研究。

三是无产阶级新闻教育事业发展起来了。自1945年春,新华社华中分社开办新闻训练班以来,各地纷纷创建新闻班、新闻专科学校、新闻系,为党培养了大批新闻干部,其中有许多优秀的新闻工作者。

10.1.3 新闻出版界争取言论出版自由的斗争

10.1.3.1 拒检运动

抗日战争胜利后,为争取新闻界的

_____

① 《毛泽东新闻工作文选》,第131页,新华出版社1983年版。

民主自由,国统区广大新闻工作者发起了拒绝新闻检查的斗争。

1945年8月7日,国讯书店未曾送检直接出版了黄炎培的著作《延安归来》,拉开了国统区人民拒检运动的序幕。十天后,《宪政》月刊、《中华论坛》等16家期刊联名发表声明,并正式通知国民党中宣部、宪政实施协进会、国民参政会,宣布自9月1日起不再送检。国统区拒检运动全面展开了。8月27日重庆杂志界联谊会33家杂志联合发表拒检声明。1945年9月1日记者节①,重庆《新华日报》发表时评《为笔的解放而斗争》,抨击国民党的送审制度,号召新闻界"挣脱缚在喉间的绳索"、"为笔的解放而斗争"。9月15日,包括倾向保守的《东方杂志》在内的重庆10家杂志社出版了《联合赠刊》,实行原稿不送审,拒绝政府当局的新闻检查。

此后,成都、昆明、桂林等地的新闻界也热烈响应,均自动停止送检。同时,各高等院校的刊物,壁报也分别发表声明,响应"拒检"运动,一时形成声势浩大的拒检运动。9月22日,在全国新闻出版界的强大压力下,国民党第10次中常会通过决议,宣布从10月1日起废除新闻检查制度,但收复区除外。

10.1.3.2　羊枣事件

1946年1月10日,政治协商会议开幕。蒋介石表示要开放言论自由,释放政治犯,废止战时实施的新闻检查制度,修正《出版法》,废止一系列压制言论出版自由的法令。但是就在第

二天,著名的军事评论家羊枣在扬州监狱里被迫害致死。

羊枣(1900~1946),本名杨潮。湖北沔阳人,著名的军事评论家、国际问题专家。1933年参加中国左翼作家联盟,同年加入中国共产党,负责"左联"宣传工作,用不同的笔名在《大白》杂志、《申报·自由谈》等报刊发表杂文,并译出《马克思论文艺》、《今日之苏联》等著作。1936年在塔斯社上海分社任翻译,从此着重研究新闻时事与国际问题。先后为夏征农、艾思奇主持的《新知识》和《文化食粮》杂志撰写国际评论。抗战爆发后,为《导报》、《译报》、《译报周报》等报刊撰写社论、专论,开展抗日救亡宣传,随后参加中国青年记者学会。

1939年羊枣流亡香港,任《星岛日报》军事记者和《世界知识》撰稿人,始用"军事记者羊枣"的笔名,撰写大量的国际政治论文和军事评论。译著有《欧洲纵横谈》、《中国抗战与苏联》、《太平洋大战》等10余部。他的军事评论笔锋犀利,具有独到见解,常能做出准确判断,击中敌人要害。香港沦陷

---

① "九·一八"事变后,中国新闻界在抗日救亡运动中发起的"开放言论、保障人权"的斗争席卷全国。1933年8月和9月1日,国民党中央和南京政府迫于舆论的压力,向各级党部、军政机关发出《保障正当舆论》、《切实保障新闻从业人员》通令。翌年,杭州新闻记者公会通电全国,倡议把9月1日定为记者节,全国新闻界热烈响应。公定每年的9月1日为中国的记者节。并于当年举行庆祝活动,要求南京政府切实保障记者的安全,维护言论自由。从此,新闻界每年都在这一天举行纪念活动,一直延续到中华人民共和国成立。

后,先主编衡阳的《大刚报》,后为《立报》、《广西日报》和《云南日报》撰稿。抗战胜利前夕转赴福建主持《民生报》,并致力于《国际时事研究》周刊的编写工作。美国新闻处东南分处成立后,兼任中文部主任,为《国际新闻特辑》撰稿。

1945年7月15日,羊枣被国民党政府逮捕,1946年1月11日惨遭杀害。羊枣的死,引起了新闻界的强烈反响,上海61名新闻记者联合向国民党政府当局提出强烈抗议,揭露蒋介石口头允诺开放言论自由的欺骗性。要求当局"严惩非法下令逮捕的祸首",并提出"向政府索要新闻记者的人权保障"的要求。

羊枣事件使国统区人民看清了蒋介石集团的真实面目,也推动了国统区人民要求民主自由的正义斗争。

10.1.3.3 较场口事件

1946年2月10日,重庆各界20多个团体在较场口召开庆祝政协会议成功的大会,国民党特务和暴徒蓄意破坏集会,打伤大会主席李公朴、郭沫若及新闻记者60余人,制造了震惊全国的"较场口事件"。

中央通讯社公开造谣,把较场口惨案说成是群众"互相殴打"造成的,这种颠倒黑白的宣传激起了广大新闻工作者的义愤,《新华日报》联络了重庆各报记者,通过报纸报道事件的真相,同时联名发表《致中央社的公开信》,公开信中指出中央通讯社对较场口事件的报道"颇有失实"之处,并向对方提出报道应忠于事实的忠告(图

10-1)。全国各地民主人士也纷纷致电抗议国民党特务暴行,要求惩办凶手。

图10-1 1946年2月11日《新华日报》
(馆藏河南大学图书馆)

围绕较场口惨案展开的一场维护新闻真实性原则的斗争,最终孤立了中央社,广大进步的新闻工作者取得了斗争的胜利。这场斗争的意义早已超出了新闻学的范畴,它是当时政治斗争的突破口,鼓舞了广大民主战士勇敢地投身到民主运动中去,为民主、争自由而英勇斗争。

10.1.3.4 下关事件

1946年6月23日,上海人民举行反内战示威游行,并派上海人民和平请愿代表到南京向国民党政府呼吁和平。当天晚上,上海请愿代表到达南京下关车站时,遭到了国民党特务的围攻殴打,这就是震惊全国的"下关惨案"。

当时被打伤的还有在场采访的上海《大公报》、《文汇报》、《新民报》的

若干名记者。事件发生后,各报纷纷报道,延安《解放日报》发表了题为《南京惨案》的社论,指出国民党纵容特务制造这一惨案是影响中国和平民主的严重事件。各地新闻界联名向全国人民呼吁,要求严惩凶手,保障人身自由,争取新闻自由。

10.1.3.5　沈崇事件

1946 年 12 月 24 日晚,北京大学先修班女学生沈崇在东单练兵场被美国兵强奸。12 月 25 日,一家私营通讯社最先发出了一条简讯,然而国民党却下令不许各报登载。12 月 26 日,《新民报》等报纸刊登简讯,报纸被查封。北京各大学校为此出版了各种学生报刊和标语,开展了抗暴斗争。当时美联社、合众社等肆意造谣,歪曲事实,《燕京新闻》为此连续发表了数篇独家新闻,报道了事实的真相。重庆《新华日报》在近一个月时间内,对这一事件不断发表消息、评论、资料等。各高校学生纷纷举行了游行示威活动。沈崇事件在全国引起了持续近半年的抗议美军暴行的活动。

10.1.3.6　"五二零"惨案

1947 年,全国爆发了反饥饿反内战的学生示威游行活动。5 月 20 日,为镇压学生运动,国民党政府在南京派军警殴打逮捕了数十名学生,制造了"五二零"惨案。

5 月 21 日,南京《新民报》把此事作为头条新闻发表了,并配发了数幅照片。上海《文汇报》、《联合晚报》、《新民报》晚刊不顾国民党政府的禁令,也纷纷发表了本报南京专电,并对此发表评论。国民政府以"连续登载妨害军事之消息,及意图颠覆政府破坏公共秩序之言论与新闻"的罪名,勒令三报停刊。

当时许多学生报刊也都转载了各界对学生的声援。学生的爱国热情鼓舞了国统区人民,"反饥饿、反内战、反迫害"的斗争在国统区广泛展开。1947 年 5 月 30 日,新华社发了毛泽东撰写的评论《蒋介石政府已处在全民的包围之中》,肯定并赞扬了学生的爱国运动。

10.1.4　鼓吹"第三条道路"的报刊

宣传"第三条道路"的报刊在解放战争时期大量出现,其中以资产阶级和上层小资产阶级的中间党派主办的报刊为主。

抗战胜利后,代表着资产阶级和上层小资产阶级思想倾向的政治团体和个人,既不满国民党的法西斯独裁统治,也不愿意在中国共产党的领导下实行人民民主专政,他们幻想在中国实现英美式的资产阶级专政,在政治上自称"第三方面",主张走"第三条道路"。

这个时期,中国民主同盟是"第三方面"的主要代表。它所创办的报刊曾在反内战、争民主的斗争中发挥过重要的作用,同时也宣传了"第三条道路"。直到国民政府宣布民盟为非法团体,并查封了它所办的报刊后,才使相当多的民主党派认识到"第三条道路"只是个幻想。但是仍然有些报刊致力于这方面的宣传。尤其是在政治和军事形势不利于国民党反动派的时候,国统区的报刊鼓吹"第三条道路"的文章日渐增多。

《观察》周刊是宣传"第三条道路"的代表。《观察》前身是1945年11月创刊于重庆的《客观》周刊,1946年9月在上海复刊改名《观察》,由储安平主编。《观察》周刊宣称自己"大体上代表着一般自由思想分子","背后另无任何组织","确是一个发表政治的刊物,然而绝不是政治斗争的刊物",公然指责共产党是"以暴易暴","就精神统治来说,共产党与法西斯党本无任何区别"。这个刊物在资产阶级和小资产阶级知识分子中有较大影响。

宣传"第三条道路"的报刊,还有《新路》周刊、《大学评论》、《世纪评论》等。《新路》是由"中国社会经济研究会"在1948年5月创办的。研究会是由北平市一些大学教授组成的,鼓吹"改善"经济政策,提出一套资产阶级改良主义纲领。《大学评论》是1948年7月在南京创办的,主要由国民党政府当局的立法委员会刘不同等负责。它既攻击共产党,也批评国民党的贪污腐化、军事无能,希望国民党发起"新生运动"。《世纪评论》不但宣传"第三条道路",而且还敌视中国共产党。

中国共产党和香港地区的进步报刊,对于"第三条道路"宣传的实质进行了揭露和批判。1948年5月22日新华社发表了题为《旧中国在灭亡,新中国在前进》的社论,指出:"中国人民和人民敌人的生死斗争中间,没有任何第三条道路存在,中国现在只存在着两条道路:或者是继续保存人民敌人的武装和特权,这就是大地主大资产阶级领导的半封建半殖民地卖国内战独裁路线;或者是消灭人民敌人的武装和特权,这就是工人、农民、独立劳动者、知识分子、自由资产阶级和其他爱国分子的反对帝国主义、封建主义、官僚资本主义的人民民主路线。"

实行独裁统治的蒋介石对于"第三条道路"的宣传也是不能容忍的,1948年12月《观察》被查封,储安平抵达解放区。《大公报》的王芸生也因被《中央日报》攻击是"新华社广播的应声虫"被追查,于1949年9月也到了解放区。

10.1.5 国民党新闻事业的瓦解

国民党新闻事业在内战爆发的初期获得了极大的发展,但是,随着国共两党在政治、军事力量对比上的变化,国民党新闻事业迅速缩减。1948年下半年起,国民党的新闻机构开始准备前往台湾。1949年3月,《中央日报》、《扫荡报》先后在台湾出版,中央广播电台也将大部分器材运往台湾。一些长期跟随国民政府、为国民政府新闻事业殚精竭虑的人也开始悲观厌世,采取极端的行为,如国民党总统府国策顾问陈布雷服毒身亡。

随着解放战争的最后胜利,国民党的新闻事业在大陆全部瓦解。

10.2　解放区的新闻事业

解放区的新闻事业经历了与国统区截然不同的发展过程。抗日战争胜利后,延安总部下令立即加强进攻,收复失地。所以,在解放战争初期,解放区的地盘迅速扩大,新闻事业也在同步得到发展。但随着敌我双方政治军事力量的对比不断变化,解放区的新闻事业也随之变化。其总体发展趋势经历了发展、收缩、再发展的过程。

10.2.1　解放区新闻事业的发展

抗战胜利后,解放区报业的发展十分迅速。原来各大军区和分区出版的报纸纷纷扩大版面,增加期数,扩大发行量。日本宣布无条件投降的第二天,山东《大众日报》就由2日刊改出日刊,发行量扩大到31000多份。《胶东大众报》迅速发行到青岛市郊和胶济路沿线。《晋绥冀日报》进入张家口后,由原来的4开一张改为对开一张。在一些新解放的城市中还出版了一些新的报纸,如山东威海卫的《新威日报》,江苏的《新宝应报》和《兴化新报》等。

1945年11月1日在山海关创办中共中央东北局机关报《东北日报》。各地方党委也创办了自己的机关报,如《辽东日报》、《西满日报》、《黑龙江日报》、《胜利报》、《哈尔滨日报》等。同年12月9日,在江苏淮阴创办中共中央华中局机关报《新华日报》(华中版)。华中地区还办有《淮海报》、《苏南报》、《黄海日报》、《苏北日报》等。

1946年1月,晋绥边区的《抗战日报》更名《晋绥日报》,发行地区显著扩大。同年5月,在邯郸出版了晋冀鲁豫中央局机关报《人民日报》。其他解放区出版的报纸也大都在10种以上,形成了解放区的报纸网。

作为党和人民新闻事业的重要组成部分的广播事业,也有了很大发展。1945年9月5日延安新华广播电台恢复播音,技术上有了较大改进,全国各地以及国外的旧金山、莫斯科等地都可以收听,由于党和军队的威信空前提高,广播宣传效果比试播时期有所提高。此外,哈尔滨、通化、吉林、大连、抚顺、安东等广播电台也相继建立。

1946年6月,内战爆发,我军处于防御阶段,解放区报业一部分停办,处于暂时收缩阶段。中原解放区坚持出版7年的《七七日报》也于1946年6月24日被迫停刊。接着,《淮南日报》、《苏中报》、《江海报》、《大江报》等报纸,或停刊北撤,或随军转移,或在艰苦的条件下出版。《新华日报》(华中版)曾两度转移,最后于1946年12月26日停刊。1947年蒋介石改为向山东和陕北重点进攻,人民新闻事业遭到破坏。《大众日报》退入山区,坚持出版,有一些地方性的报纸不得不停刊。陕北大多数地方报纸也都停刊了。党中央和人民解放军总部撤出延安后,《解放日报》曾在延安郊区改为8开小报出版过几期,终于在3月27日出至2130号停刊。从此到解放战争结束两年多的时间内,党中央再没有出版自己的机关报。

1947 年 3 月,由于国民党反动派进犯延安,在党中央的统一部署下,延安新华广播电台转移到陕北长县(原瓦窑堡)好坪沟。21 日,更名为陕北新华广播电台。自此,便开始了陕北台转战陕北、进入太行山、北上西柏坡的三次大转移。在三次大转移中,新华广播电台同国民党的新闻宣传进行了针锋相对的斗争,在广播业务方面取得了长足进步。

1947 年下半年,解放战争进入到反攻阶段,战争的形势发生了根本变化。在解放区不断扩大的基础上,解放区的新闻事业又进入了恢复和发展时期。许多停刊的报纸,开始恢复出版,许多城市还纷纷创办了新的报纸,无产阶级的新闻事业随着解放战争的胜利进入了迅速发展时期。

10.2.2 新华社的壮大与军事宣传报道的发展

10.2.2.1 新华社的壮大

新华社经过抗日战争烽火的考验,在解放全中国的战争中,发展成为具有一定规模的通讯社,从撤离延安后,经过三次转移,到中华人民共和国成立前夕,已发展为一个拥有 1 000 多人的通讯机关。

1946 年 7 月,全面内战爆发后,新闻宣传的任务更加繁重。为了适应新形势的需要,中共中央于 1946 年秋天对新华社进行了一次重大的改组,提出了全党办通讯社的发展思路,党和人民的通讯事业进入了一个新的发展时期。改组后加强了总社的编辑部,

把编辑部扩大为包括解放区新闻部、国民党区新闻部、国际部、口语广播部、英文广播部、英文翻译、资料室、电务处和干部科。编委会的领导和主要编辑力量,由《解放日报》转移到新华社,报纸和广播的新闻稿件统由新华社编发。同时,在解放战争的各个战场先后又组织了前线分社。随着战争的胜利,新华社的地方组织日益增多。

1947 年 3 月中旬,胡宗南向延安陕甘宁解放区发动进攻。我军主动撤出延安之前,新华社已按计划撤出延安,电头改为"陕北"。新华社转移分为两支队伍:总社的大队人马由社长廖承志率领,从陕北经由金穗、晋察冀、冀中、冀南向太行山地区转移。总社在太行山的一年中,克服了重重困难,在军事宣传、土地改革、支援爱国民主运动等方面,进行了一系列重大的宣传,扩大了新华社的业务范围,并逐渐走向成熟;在陕北留下 40 多人的小分队,代号"四大队",由副社长范长江率领,跟随中共中央机关在陕北转战。1948 年 3 月,党中央转战陕北的任务完成,四大队跟随党中央离开陕北,4 月下旬与太行总社会合。

1948 年 4 月,太行山新华社总社抵达平山县。这是新华社的第三次转移。为了迎接新的战斗任务,总社的组织结构又进行了一次调整。把社委会扩大为管理委员会。10 月,管理委员会决议设立编委会,编委会下设第一编委会和第二编委会,分别领导编辑部和广播部的工作。还设立了管理委员会办公室、电务办公室、行政办公室的室

委会。机构调整后，业务范围扩大了，编辑和报道的水平提高了。

此间，新华社还集中了少数骨干组成了小编辑部，设在中央领导附近，得到毛泽东、刘少奇、周恩来等领导同志的热情关怀和具体帮助，培养了实事求是、严肃认真的工作作风。新华社的主要成员和业务骨干受到了一次严格而生动的政策和业务训练。

中华人民共和国成立前夕，新华社已具备了全国性通讯社的规模。在战争中建立了国外分社，负责对外报道。1947年6月，新华社以记者黄作梅的名义在伦敦出版《新华社新闻稿》，每周一期，期发量四五百份。1948年上半年，在香港和伦敦成立分社。年底布拉格分社成立，它与总社有电台联系，向总社提供国外新闻，也向国外拍发中国新闻照片。

10.2.2.2 关于军事宣传报道

内战全面爆发后，军事报道成了新华社宣传报道的中心。1946年7月21日，总社指示各分社：目前这一阶段，应把重点放在报道蒋军之部署和进攻上。军事报道将在今后一个长时期中占有重要地位，各分社必须努力加强这方面的工作。并且指明宣传中心：一是揭露蒋介石挑起内战、加紧部署对解放区的进攻的阴谋，报道我方自卫作战的胜利和人民热情参战的行动；二是继续报道解放区的群众运动、生产建设和人民生活。根据指示，各分社加强了军事采访，报道迅速、完整，人名、地名、番号清楚，每隔一段时间还做一次综合报道。仅7月份解放

区新闻编辑部编发的517篇稿件中，军事新闻稿就有220多篇。此外，还增加军事评论、社论和述评性报道。

在不同的时期，军事宣传的重点是不同的。在战争初期，由于我军处于战略防御阶段，宣传的重点放在帮助解放区军民树立胜利的信心。为此，延安《解放日报》加强了形势与人物的宣传，发表了大量的消息和评论，揭露了蒋介石政府发动内战的真面目。同时新华社等新闻机构还增加了军事评论、社论和述评性报道。这些评论和报道体现了"提高胜利信心，动员一切力量争取胜利"的宣传方针，使解放区的军民认清形势，树立起必胜的信心。

华东野战军前线分社对孟良崮战役的报道是非常成功的。这次战役报道的突出特点是：首先，它是各分社协同采访报道成功的典型。既有正面战场的详细情况，又有各个侧面的配合宣传，有头有尾，重点突出。其次，显示了全民战争的特点。它及时报道了50万人民支援前线、妇女民兵参加和地方游击队配合主力部队作战的情景。再次，就是不仅突出我军的英勇善战，而且反映了敌人的困难和被俘军官的状况。最后，题材多种多样。有消息、有通讯、有特写，还有评论文章，从不同角度、不同侧面，展现了孟良崮战役的来龙去脉和它的深远影响。

1947年下半年人民解放军转入反攻后，"将革命进行到底"就成为一个具有强大号召力的宣传口号。1947年9月12日新华社发表社论《人民解放军大举反攻》，这标志着新华社的军事

报道进入了配合我军战略进攻的新目标。随着战争的节节胜利，军事报道显得更加突出和重要，对军事稿件的要求不仅数量增多而且质量也更加严格。既要重视战役战斗的报道，又要重视执行各项政策的宣传。同时，新闻宣传还加强了对蒋军的瓦解。1947年9月5日起，延安新华广播电台正式开办了《对蒋军广播》节目等。这类节目以国民党统治区的人民群众和国民党官兵为宣传对象，大力宣传我党的俘虏政策，争取敌军起义投诚。实践证明，这类节目在分化瓦解敌军的作战意志方面发挥了巨大的作用。

组织三大战役报道的成功，是新华社军事报道走向成熟的标志。历时4个月零9天的三大战役，培养和锻炼了新华社的采编队伍，使军事报道提高到一个新的水平。为渡过长江、解放全中国的新闻报道工作积累了实践经验。

10.2.3 土改宣传和反"客里空"运动

1946年5月，中共中央发布《关于清算并减租及土地问题的指示》，确立了由减租减息的政策向没收地主阶级的土地分配给农民的政策转变，标志着解放区领导的土地改革运动开始了。土地改革是新民主主义革命的一项基本任务。土改的宣传就成了解放区新闻事业最突出的一个中心。但是在土改初期的新闻宣传存在着严重问题。如过分渲染地主"献地"、"拥护"土改等、报道英雄模范人物却不深入

采访和调查研究等，在读者中造成了恶劣影响，使农民群众对党报宣传产生了不信任感。为了推动土改运动的健康发展，在新闻战线上开展反"客里空"运动已刻不容缓。

"客里空"是苏联在反法西斯战争时期的剧本《前线》中一个记者的名字。他以吹牛拍马、瞎编硬造为能事，不调查了解，坐在指挥部里拟稿，最后被赶走。从此，"客里空"便成为一切制造不实新闻的记者或不实新闻的代名词。

中共中央晋绥分局机关报《晋绥日报》率先旗帜鲜明地在报纸上开展了反"客里空"运动。这次运动在中国新闻史上影响深远、意义重大。

《晋绥日报》前身是《抗战日报》，1940年9月18日创刊于山西兴县，是中共中央晋绥分局机关报，也是这一地区的第一份铅印报纸。

1947年6月15日，《晋绥日报》在第4版刊登了《前线》的部分内容，加写了按语。6月25、26日两天，又用整版的篇幅发表了《不真实新闻与"客里空"之揭露》和《关于"客里空"之检查》等文章公开揭露了检查出来的有关问题和材料，实行了公开的自我批评。《晋绥日报》还刊登了读者来信，指出了检举报道失实最多的村庄，发动群众检举"客里空"。同时制定了相应措施保证了新闻的真实性。《晋绥日报》的反"客里空"运动增强了报纸的活力，密切了与群众的联系，提高了党报的威信。在《晋绥日报》的带动下，反"客里空"运动在解放区新闻界广泛

深入地开展起来了。(图 10-2)

图 10-2 《晋绥日报》刊登反
"客里空"的文章
(原载中国记协网)

这次的反"客里空"运动有三个显著的特点:一是进行了公开的彻底的自我批评。这次纠正错误的运动是由《晋绥日报》主动发起、主动检查的。报社除在报纸上连续刊登文章作自我检查外,一些记者、作者、通讯员也对自己报道失实之处进行自我揭露和检查。9 月 18 日至 21 日,《晋绥日报》编辑部和晋绥新华社总分社又联合发表了《关于"客里空"的检查》,再次进行了公开的自我批评。二是运动具有广泛的群众性。许多读者向报社提供了大量的口头和书面材料。一些县区组织还专门开会发动群众检举"客里空",一时形成了群众监督报纸的风气。三是把肃清"客里空"与端正领导作风结合起来。

这次运动持续了 9 个多月,具有重大收获和历史意义。概括起来大致有如下几点:

第一,反"客里空"运动促成了报纸面貌的大改观。土改宣传贯彻了反封建的精神,着重揭发地主阶级的罪恶,帮助广大贫苦农民运用报纸鼓舞自己的斗争。报纸自觉地把指导和鼓舞土改斗争作为中心任务,传播经验,纠正缺点和错误。发现实际工作中的问题,在新闻报道中采用"编者按"的形式加以评论,既表明了编辑的态度,又活跃了版面,还增强了报纸的指导性。此外,增加了几百字的"编后语"、"三言两语"、"小评"、"短论"等小栏目,很适合群众阅读,报纸更加通俗化。而在反"客里空"运动中,群众自觉地揭发"客里空",不仅促进了报纸工作的改革,而且形成了群众监督报纸的风气。

第二,反"客里空"运动促进了新闻界的自我教育,改进了新闻业务,提高新闻队伍的素质,增强了战斗力。虚假报道的出现,其中原因之一就是有的人追名逐利,对党和人民的事业缺乏责任心所致。因而在反"客里空"运动中提出了"锻炼我们的立场和作风"的口号,使教育新闻工作者树立良好的思想作风、严谨的工作作风,使新闻工作者增强对党的新闻事业的责任心。

第三,从实践上确立和维护了新闻真实性的原则,具有极其深远的意义。我党历来重视新闻真实性问题,并且从理论上多次加以科学论述。而反"客里空"运动深入开展,又从实践上维护了这个原则,使"客里空"成为过街老鼠,人人喊打。不真实新闻大大减少,使报纸在群众中的威信又进一步提高了。

1948 年 3 月，中共中央和毛泽东同志由陕北渡过黄河，经过晋绥地区到晋察冀边区去。4 月 2 日，毛泽东接见了《晋绥日报》的编辑人员，作了《对晋绥日报编辑人员的谈话》。谈话首先肯定了《晋绥日报》的反右倾斗争，分析了报纸的反"客里空"运动以来的变化，对土地改革中新闻工作的改革作了总结，并重申了政策宣传在党报宣传中的重要性。这个谈话丰富和发展了马列主义新闻理论，是党的新闻工作的纲领性文献。

实事求是地分析，反"客里空"运动中也存在着重大失误。首先是过多地追究个人责任，把检查新闻报道失实，变为追查作者的个人历史问题。其次，判断"客里空"的标准缺乏科学性，甚至揭发文章本身就是不真实的。再有就是把爱国民主人士也指责成吹捧地主的代言人。

对于反"客里空"运动中出现的"左"倾倾向，《晋绥日报》和中共中央晋绥分局宣传部及时作了检查和纠正。9 月 1 日至 3 日以《我们的检讨》为题公诸报端。12 日，毛泽东为中共中央起草了《纠正土地改革宣传中"左"倾错误》的指示，全国解放区的新闻传播媒介认真检查总结正反两方面的经验，广大新闻工作者更加紧密团结，为迎接新民主主义革命的最后胜利而努力奋斗。

10.3 共产党新闻事业在全国的胜利

从 1947 年的下半年开始，人民解放战争由战略防御阶段转入战略进攻阶段。政治军事力量的变化，使解放区的新闻事业走出艰苦的岁月，开始了大发展时期。随着城市的不断解放，解放区的新闻事业获得了更大的发展，其中心也开始由农村转移到城市，并最终取得全国胜利，建立起以《人民日报》、新华社和人民广播电台为中心的全国新闻网。

10.3.1 共产党新闻事业在全国的建立

1947 年 7 月，解放战争的形势发生了重大变化，我军转入大反攻，党和人民的新闻事业也进入了恢复和大发展时期。许多被迫停刊的报纸，逐渐恢复出版，许多城市报纸纷纷创办。如 11 月 18 日《新石门报》创刊，1948 年元旦更名为《石家庄日报》。同日，中共中央中原局成立并出版《中原日报》，华中局机关报《华中日报》复刊。4 日收复延安，《边区群众报》更名为《群众日报》，迁回延安出版。1948 年 6 月 15 日，原《晋察冀日报》和晋冀鲁豫《人民日报》合并，出版华北局机关报《人民日报》(图 10-3)。9 月，汉江区党委出版《汉江日报》。10 月，长春解放，《长春新报》复刊。辽沈战役后《东北日报》迁至沈阳出版。1949 年 1 月，平津战役后，《北平解放日报》和

《天津日报》创刊。同年5月23日,武汉出版了中南局机关报《长江日报》。5月28日上海出版了华东局兼上海市委机关报《解放日报》等等。

图10-3 《人民日报》1948年6月15日创刊号

（原载人民网）

广播事业在这一时期也获得了发展,1949年3月25日,陕北新华广播电台随同党中央迁往北平,更名为北平新华广播电台。6月5日,新华社口头广播部正式升格为中央广播事业处,与新华社同受中宣部领导。从此,中国人民广播事业开始进入了新的发展阶段。

新华社在解放战争中经历了三次转移和改组,其军事报道也在战争的硝烟中日渐成熟。这支在战争中建立起来的新闻工作队伍在新中国成立前期就已经具备了全国性通讯社的规模。并开始了国际新闻交流,在新中国成立后进入新的发展时期。

随着大中城市的解放,1948年11月,中共中央对于新解放城市中报刊、通讯社和广播电台等的处理问题做出了一系列的决定和指示。主要内容是:报纸、刊物、通讯社等是一定的阶级、党派与社会团体进行阶级斗争的工具,因此不能将其与一般的私营工商业同样处理,而应该实行"保护人民的言论、出版自由,剥夺反人民的言论、出版自由"等原则。

根据这些方针,中国共产党规定:对反动的新闻事业一律予以没收、封闭;对于进步的新闻事业则加以保护;对于中间性的新闻事业允许其依靠自己的力量继续出版。一切报刊、通讯社(包括党报和新华社)都要向政府登记。对于外国人在中国的新闻事业也制定了相应的措施,帝国主义通讯社未经允许不得在解放区发稿和私设电台。

人民新闻事业就这样在改造原有新闻事业的同时,迅速建立起了以《人民日报》、新华社和人民广播电台为核心的无产阶级的新闻事业网。1949年10月1日,中华人民共和国成立,中国新闻事业从此进入了一个崭新的历史时期。

10.3.2 城市政策的宣传

随着全国各地相继解放,尤其是交通枢纽和大中城市的解放,党和人民的新闻事业逐步从农村转入城市,在城市如何办报？就成为一个迫切需要解决的问题。

长期以来，党在根据地和解放区的农村办报，并取得了丰富的经验。进入城市后，报纸的读者发生了变化，除机关干部、部队官兵外，工商业者、知识分子和工人群众都加入到了报纸的读者队伍。同时对于新解放的城市面临着对旧报业的改造问题。虽然党中央早就提出过城市工作政策，由于没有认真学习领会和缺乏经验，因而在工作中出现过"左"的、"右"的倾向，报纸也进行了错误的宣传。

1948年6月，中共中央作出《关于宣传工作中请示与报告制度的决定》，要求各地党报必须无条件地宣传中央的政策和路线，各种宣传凡内容有不同于中央现行政策和指示的，均应事前将意见及理由报告中央批准，否则不得发表，并重申看大样制度："每天或每期党报的大样须交党委负责人或党委所指定的人作一次负责的审查，然后付印。"

8月15日，中共中央宣传部发出《关于城市党报方针的指示》，在这个重要的文献中强调，我们的报纸"主要是代表工人、农民（同时也代表工商业者与知识分子）"，"我们的消息，主要的是反映党的政策和战争、生产、支前、工农兵生活等，同时也有关于工商业与学校等的消息；我们要以报纸来教育读者，工农兵是最可贵的，知识分子要为工农兵服务，要懂得工农兵的生活。这里要反对两种倾向，一种是忘了我们主要是代表工农兵的；另一

种倾向是拒绝为工商业者和知识分子服务，与他们格格不入。""要教育工农兵（和我们的干部）如何做国家政权的领导者。"

1949年3月，党的七届二中全会提出，党的工作重点必须由农村转到城市。毛泽东指出："从我们接管城市的第一天起，我们的眼睛就要向着这个城市的生产事业的恢复和发展……通讯社报纸广播电台的工作，都是围绕着生产建设这一个中心工作并为这个中心工作服务的。"并且强调，在城市工作中要克服"依靠贫农群众"和"依靠资产阶级"①这两种错误的倾向，要全心全意依靠工人阶级，从理论上解决了城市党报的根本问题。

10.3.3 毛泽东的新闻与评论

作为毛泽东思想的有机组成部分的毛泽东新闻思想，历经形成、发展时期，到了这个时期日趋成熟。毛泽东除了领导创办新华社、新华广播电台等新闻机构和发表《对晋绥日报编辑人员的谈话》、《党报必须无条宣传中央路线和政策》等一系列新闻工作的指示、论著外，还撰写、审阅、修改了许多社论和新闻作品。由于形势的需要，其中多数以战争和军事题材的新闻报道和评论为主，有相当一部分收入了《毛泽东选集》第四卷，还有一部分编入1983年出版的《毛泽东新闻工作文选》。毛泽东这一时期的新闻论著，尤其是他的新

---

① 《毛泽东选集》第4卷，第1428页，人民出版社1991年版。

闻报道和评论作品,有两个显著特点:

第一,题材恢宏,气势磅礴,政策性强。

毛泽东认为党的政策和策略是党的生命。1948 年初,他再次强调:"全党同志须知,现在的敌人已经彻底孤立了。但是,敌人的孤立并不就等于我们的胜利。我们如果在政策上犯了错误,还是不能取得胜利。"①在辽沈、淮海、平津三大战役中,毛泽东除指示新华社等新闻机构紧跟党中央的战略部署,积极配合战争进程,对每次大的战役要进行及时准确地宣传报道外,而且还注重在新闻写作中巧妙地把政策思想表达出来,使之更具有鲜明的战斗性和指导性。新华社发的许多新闻稿中,对战役的经过、城市生活的恢复,对各项城市政策的贯彻执行和解放军不动群众一针一线、一草一木的严明纪律都作了生动的报道。这其中以新华社 19 日 24 时急电、报道长春解放的消息更为突出。这篇消息把新闻报道与政策宣传有机地结合起来。而这些稿件大多是经毛泽东审阅、修改过的,有的就是出自毛泽东之手。

在攻克锦州后,蒋介石严令廖耀湘兵团继续向锦州前进。人民解放军立即回师,将廖耀湘兵团五个军包围在黑山、大虎山及其以东地区。这时毛泽东撰写了著名的《东北我军全线进攻,辽西蒋军五个军全部被我包围击溃》②,生动形象地报道了这一战。

第二,把握时机,巧写新闻,在特殊的历史条件下发挥特殊作用。

毛泽东以两条新闻作品导演了一出别具一格的"空城计",在中国现代新闻史上早已传为美谈。这两条新闻分别是《华北各首长号召保石沿线人民准备迎击蒋傅军进扰》、《评蒋傅军梦想偷袭石家庄》③。前者消息 550 字,后者评述 700 字,共 1250 字,"就把敌人面临垂死挣扎的局势,偷袭石家庄的真实企图和具体部署,我军严阵以待,来犯之敌只能是自取灭亡等来龙去脉,说得一清二楚"。④

1948 年 10 月,平津战役前夕,当时任国民党华北"剿总"司令的傅作义,欲偷袭已被解放的石家庄,这一消息很快被中共中央获悉。当时,我军主力已远离石家庄。而中共中央已迁往离石家庄不远的西柏坡。石家庄实际上是一座空城。面对这种情况,毛泽东导演出新形势下的"空城计"。毛泽东设下的"空城计"与诸葛亮的大不相同。一没有老军扫街,二没有诸葛军师城楼抚琴,只是用一条消息,一则述评,就粉碎了敌人的企图和阴谋。傅作义偷袭未成,其中起决定作用的主要是当时双方的军事力量对比已发生了变化。但是,这两条新闻作品的作用也不能忽视。一是明确指明偷袭的企图已完全败露;二是公开表明我军已经做好了准

① 《毛泽东选集》第四卷,第 1286 页,人民出版社 1991 年 6 月版。

② 《毛泽东新闻工作文选》,第 257~258 页,新华出版社 1983 年版。

③ 两则消息全文见《毛泽东新闻工作文选》,第 259~262 页,新华出版社 1983 年版。

④ 刘云莱:《新华社史话》,第 117 页,新华出版社 1988 年版。

备,一定能够打败敌人的进攻;三是指出如果傅作义一意孤行,北平就会解放得更快一些。不言而喻,以真实性为生命的新闻作品以其特有的优势,发挥了特殊的作用:动员了群众,警告了敌人。

除了这两点以外,毛泽东的新闻和评论还有许多特点,比如善于抓住事物本质,揭示事物发展规律,进行画龙点睛地深刻分析;立意高明,结构层次清晰严密;选材精细,议论生动,重心突出;等等。总之,毛泽东的新闻作品,在今天仍是我们学习的典范。

10.3.4 无产阶级新闻理论的新收获

抗日战争时期,我国的无产阶级新闻理论完全形成并朝着更加成熟的方向发展。到了解放战争时期,毛泽东、刘少奇对新闻工作者的两次谈话,是我国无产阶级新闻理论的新收获。丰富和发展了无产阶级新闻理论,是我国无产阶级新闻工作的宝贵文献。

10.3.4.1 对报纸作用和任务的新概括

毛泽东在《对晋绥日报编辑人员的谈话》中着重谈了政策宣传在党报宣传中的重要性;刘少奇又在《对华北记者团的讲话》中对此作了补充。党的两位领导人的讲话,已经把党报的"桥梁"和"传送带"的作用完整地论述清楚了。

1948年4月2日,毛泽东在接见《晋绥日报》编辑人员时,作了著名的《对晋绥日报编辑人员的谈话》。他

说:"马克思列宁主义的基本原则,就是要使群众认识自己的利益,并团结起来,为自己的利益而奋斗。报纸的作用和力量,就在它能使党的纲领路线、方针政策、工作任务和工作方法,最迅速最广泛地同群众见面。"并深刻指出:"办好报纸,通过报纸加强党和群众的联系,这是党的工作中的一项不可小看的有着重大原则意义的问题。"这就十分明确地指明了新闻工作者掌握政策的重要意义。其次,谈话明确完整地阐述了群众办报的思想。指出:"我们的报纸也要靠大家来办,靠全体人民群众来办,靠全党来办,而不能只靠少数人关起门来办。"毛泽东的这个谈话,是党的新闻工作的纲领性文献,是对马列主义新闻理论的丰富和发展。

1948年9月,中共中央在河北省平山县西柏坡举办了华北记者团学习班。10月2日,刘少奇到学习班作了重要讲话,即著名的《对华北记者团的谈话》。这个讲话首先阐明了新闻工作的重要性,指出新闻工作是党和人民群众联系的一个重要桥梁。刘少奇强调:"新闻工作很重要,党很重视新闻工作。""我们党必须和广大群众保持密切的联系,如果和群众联系不好,就要产生危险性。""我们党要通过千百条线索和群众联系起来,而其中重要的办法,就是报纸、新华社。你们的工作,你们的事业,它是千百条线索中最重要的一个。它每天和群众见面,每天把党的政策告给群众。""报道是联系群众最重要的办法,你们就是做这种工作的。"同时又强调了新闻工作者应及时

反映群众的呼声,他指出:"人民也是依靠你们的……依靠你们把他们的呼声、要求、困难、经验以至我们工作中的错误反映上来,变成新闻、通讯,反映给各级党委,反映给中央,这就把党和群众联系起来了。"又反复强调:"中央就是依靠你们这个工具,联系群众、指导人民、指导各地党和政府的工作的。""党依靠你们的工作,指导群众,向群众学习。"这也是每个新闻工作者的职责。

最后,刘少奇指出党和人民的记者应具备的四个条件:有马列主义的修养、有政策路线的指示、有正确的基本态度、独立地做相当艰苦的工作。谈话指出:"马列主义的记者,要有马列主义的工具,要了解党的政策,有接近劳动人民的本事,有为人民服务的态度,要不怕独立的做相当艰苦的工作,不怕多想,不怕想的几夜睡不着觉,不怕多跑腿。"

10.3.4.2 对全党办报、群众办报的新总结

延安《解放日报》改革的时候,确立了全党办报、群众办报的路线。从此,全面贯彻党的这一办报路线,成为全党各级报纸改革的中心。1947年《新华日报》创刊九周年的时候,每天都能收到几十封读者来信。其编辑部文章《检讨与勉励》就是对这些读者来信的答复,也是对九年来的工作总结。编辑部文章指出其办报方针是"与实际结合,与群众结合","在编辑业务上建立群众的观点"。具体分析《新华日报》"群众观点"的办报实践不难发现

这是全党办报路线在国统区的创造性运用和发展。1948年毛泽东在《对晋绥日报编辑人员的谈话》中再次强调全党办报、群众办报的思想。这是我党第一次明确系统地提出了全党办报、群众办报的无产阶级办报方针。

10.3.4.3 关于马克思主义文风的高度概括

马克思主义文风的基本要求是:写文章要有的放矢,言之有理,实事求是,扣紧中心,简洁明了。自从1942年以来,在党的领导下新闻界掀起了一个改造文风的热潮。1948年,毛泽东在《对晋绥日报编辑人员的谈话》中,再次强调了报纸的文风"要尖锐、泼辣、鲜明","我们党所办的报纸,我们党所进行的一切宣传工作,都应当是生动地、鲜明的、尖锐的,毫不吞吞吐吐。这是我们革命无产阶级应有的战斗风格。""用钝刀子割肉,是半天也割不出血来的。"

刘少奇在《对华北记者团的谈话》中也对报纸的文风提出要求,他说:"要把人民的要求、困难、呼声、趋势、动态,真实地、全面地、精彩地反映出来,'精'就不是拉杂,'彩'就是漂亮。""你写得不'精',人民看不了那么多,你写得不'彩',人家不愿意看,所以要拣重要的写,重要的就是'精'的。""不深刻不会全面,提不到理论高度,是不会全面的,那只能是零碎的、现象的、无系统的。全面,就要综合,要总结,要提高到政策、理论的高度。"毛泽东和刘少奇的讲话,不仅理论上对反对党八股运动作了深刻而全面的总结,而且在实

践中,特别是在西柏坡的时候,他们和党中央的其他领导同志一起,对新华社、人民日报社等党和人民的新闻工作者,经常进行业务指导,从思想上、政策上、文风上进行严格训练,发扬光大了马克思主义文风。

10.3.4.4 加强无产阶级新闻队伍的建设

加强思想建设是建立和发展无产阶级新闻队伍的根本问题。经过整风运动之后,我国无产阶级新闻队伍出现了新面貌。1948年,毛泽东、刘少奇又一次提出了新闻工作者应当加强学习和改造的问题。

毛泽东在《对晋绥日报编辑人员的谈话》中指出:"报纸工作人员为了教育群众,首先要向群众学习。""知识分子往往不懂事,对于实际事物往往没有经历,或者经历很少。""要使不懂变成懂得,就要去做去看,这就是学习。报社的同志应当轮流出去参加一个时期的群众工作,参加一个时期的土地改革工作,这是很必要的。在没有出去参加群众工作的时候,也应当多听多看群众运动的材料,并且下工夫研究这些材料。""报社的同志也要经常向下边反映上来的材料学习,慢慢地使自己的实际知识丰富起来,使自己成为有经验的人。"

刘少奇在《对华北记者团的谈话》中提出了做好工作应具备的条件。具体指出:

首先,要有正确的态度。要全心全意为人民服务,要真实、全面地反映人民群众的呼声和情绪。"不要加油加醋,不要戴有色眼镜。"刘少奇强调,记者的任务就是如此——"在群众中考察党的政策执行得怎样。""你们的笔,是人民的笔,你们是党和人民的耳目喉舌。你们不能采取轻率、哗众取宠、'客里空'式的态度,而应当采取负责的、谨慎的、严肃的态度去做工作。"

其次,必须独立地做相当艰苦的工作。记者必须在"思想上要艰苦,要做理论的、系统的工作,而且是独立的去做"。新闻工作者要到处看,随时随地问,善于做好研究工作,独立地进行思考、分析和判断。

再次,要有马列主义理论修养。要学习唯物史观、认识论、学习阶级分析的方法。

最后,"要熟悉党的路线和政策",坚定地执行党的正确路线,既批评"左"的倾向,又批评右的倾向。要"善于用两条路线斗争的方法来办报","不否定左和右的谬误,就没法肯定真理,要确定真理,就得否定谬误。"

总之,"具备了以上四个条件,工作就可以作好","现在还不够,要学习"。"要不断学习。你们可以互相学习,也可以看国民党的报纸,看外国通讯社的报道,人家有许多东西不比你们写的差,甚至还好些。"

刘少奇的讲话和毛泽东的讲话一样都是我国无产阶级新闻队伍思想建设的行动指南,不仅对于夺取无产阶级新闻事业在全国的最后胜利有现实的教育意义,而且对于中华人民共和国成立后的新闻工作有深远的指导意义。

✈【本章小结】

本章简明地阐述了解放战争时期国共双方在新闻事业中的较量,较为全面地介绍了国统区、解放区的新闻事业发展概况,系统地说明了在这一历史时期国民党新闻事业由扩大、鼎盛到缩减,并最终全面崩溃以及共产党新闻事业的发展、收缩、再发展并建立了全国新闻事业的过程。学完本章后,希望学生能够理清这个时期新闻事业随政治军事力量对比变化而变化的脉络,对这段复杂的历史有一个清醒的认识。

★【思考题】

1.简述鼓吹"第三条道路"报刊的创办背景和结局。

2.评述"拒检运动"的经过、结果和意义。

3.简述新华社在解放战争中的作用。

4.评述反"客里空"运动的过程、结果和意义。

5.简述毛泽东的《对晋绥日报编辑人员的谈话》和刘少奇的《对华北记者团的谈话》的主要内容及其对无产阶级新闻学的贡献。

6.简述毛泽东新闻评论的特点。

7.简述学习无产阶级新闻理论的收获。

▣【延伸阅读】

[1]毛泽东.毛泽东新闻工作文选.北京:新华出版社,1983

[2]方汉奇.中国新闻事业通史:第2卷.北京:中国人民大学出版社,1996

[3]白润生.中国新闻通史纲要.修订本.北京:中央民族大学出版社,2004

下 篇

11 中华人民共和国新闻事业的创建与初步发展

导言

本章学习目标 通过本章的学习,了解中华人民共和国新闻事业网的初步形成情况;认识中共中央和人民政府对私营新闻事业进行改造的必要性和适时性;了解中华人民共和国成立初期学习苏联新闻工作经验,对我国新闻事业产生的影响;了解几次重大报道战役的成绩以及在思想文化领域宣传报道的重大失误和教训;了解1956年中华人民共和国第一次新闻改革的历史背景、指导方针、主要内容和意义影响,学习新闻改革的经验。

本章难点 中华人民共和国新闻事业网的形成 几次重大报道战役 学习苏联新闻工作经验 中华人民共和国第一次新闻改革

11.1.1 对旧中国新闻事业的清理整顿

11.1.1.1 对原国民党所属新闻事业的接管、关闭与利用

中华人民共和国成立前后,随着解放战争的全面胜利,北平、天津、上海、南京等大批大中城市的解放,中国共产党依靠政权的力量,封闭了国民党及南京国民政府在大陆经营的报刊、通讯社、电台,没收了它们的一切设备资财,使之成为国家、人民的公有财产,并利用来发展人民的新闻事业。中国共产党的一些省级地方党报,如《天津日报》、《浙江日报》、《福建日报》、《湖南日报》、《广西日报》、《贵州日报》、《新疆日报》等,都是通过接管、关闭国民党政权经营的报业,并利用其设备资财,也包括留用部分人员而迅速地创办起来的。

11.1.1.2 对民族资产阶级经营的私营新闻事业的改造

20世纪50年代初叶,私营新闻事业包括私营报业和私营广播电台两部分,中国共产党和人民政府对这部分私营新闻事业的改造经历了一个过程。

(1)对于私营报业,中国共产党和人民政府的总体指导思想和基本政策是:大部分应收归国有,少量的可以保留。对私营报业的这种态度主要是基于战争刚刚结束,共产党的报纸还无法马上适应从农村到城市的转变,无法满足城市民众的需要,少量私营报纸的存在是必要的。因此中国共产党和人民

中华人民共和国的成立,开辟了中国历史的新纪元,也开始了中国新闻事业的新里程。从1949年10月到1956年底,是中国共产党领导的中华人民共和国新闻事业创建和初步发展的时期。这一时期,在中共中央和人民政府的领导下,适时顺利地完成了对旧中国遗留下来的新闻事业的清理整顿和改造,并在此基础上迅速形成了以《人民日报》、新华社、中央人民广播电台为核心的全国新闻事业网。中华人民共和国年轻的新闻媒体大规模地报道了开国大典、抗美援朝、日内瓦会议等重大政治、军事、外交活动以及国民经济的恢复发展和各项社会改革运动,得到广大读者的信赖和支持。当然在思想文化领域的宣传报道也有严重的失误,为新闻战线"左"倾错误的发展埋下伏笔。这一时期大规模地学习苏联新闻工作经验对我国新闻界影响深远。1956年由国际国内各种因素促成的全国新闻改革,初步探索了如何办好社会主义时期新闻事业的问题。

11.1 新中国新闻事业网的形成

中华人民共和国成立后,中国共产党依靠政权的力量,迅速完成了对中华民国新闻事业的清理整顿和改造,中国共产党和人民的新闻事业,由战争年代的分散状况逐步走向集中统一,形成了以《人民日报》、新华通讯社、中央人民广播电台为核心的全国规模的比较完备的新型新闻事业网。

政府在 20 世纪 50 年代初期对私营报纸实行了扶助政策，比如要求政府机关对私营报业给予采访便利，提供采访线索；定期召开记者招待会，一切能公开发表的消息、资料，提供给私营报纸；加强新闻工作者协会工作，密切党报与私营报纸的联系，提高私营报纸的政策与业务水平；等等。这些扶助政策对私营报纸的暂时生存无疑是有意义的。

但是，这种扶助政策毕竟是当时特殊历史条件下的权宜之计，无法从根本上解决私营报纸的发展问题。现实中，私营报纸也在办报方针、采访途径、广告收入等方面都陷入了无法克服的困境，逐渐丧失了自身存在下去的可能性，自动停刊的越来越多。1950年 3 月全国有私营报纸 58 家，到 1951年 8 月只剩 25 家。在这种形势下，中共中央和人民政府对私营新闻业实行了公私合营政策，这比其他行业实行公私合营都要早。到 1952 年底，全国所有私营性质的报社都实行了公私合营，继而又转为公营，完成了私营报业国有化进程。

（2）对于私营广播电台，党和国家的基本政策是："国家经营"、"禁止私人经营"①。早在 1948 年 11 月，中共中央宣传部就发出了处理新解放城市广播电台及其人员的政策决定：

1）其背景是国民党或其某一派系所经营，查明有据，专门进行反共、反苏、反人民宣传者，一律没收。

2）纯粹系私人营业性质，靠商业广告及音乐娱乐以维持者，则在军管会管理之下，暂时准其继续营业，但必须：①转播新华台的节目；②不得有反对人民解放军及人民政府的任何宣传；③广播节目须经军管会的审查。

3）由外国资本及外国人经营的广播电台一律令其停止广播。

4）私人经营的短波广播台，亦一律令其停止广播。

中华人民共和国成立后对私营广播电台的改造主要就是依据这一政策进行的。当时全国有私营广播电台 30余座，其中 2/3 集中在上海。上海负责管理私营电台的是上海市军事管制委员会（后为上海市政府）文化教育管理委员会新闻出版处。上海的大多数私营广播电台积极参与了中华人民共和国成立前后一系列宣传活动，按规定转播中央人民广播电台的重要节目。当然，私营电台的广播内容仍以娱乐节目为主，特别是地方戏曲、曲艺节目，吸引了众多听众。

但是，总的来说私营广播电台节目格调不高，其追逐利润的商业电台性质与共产党宣传方针的矛盾无法调和，不少私营电台经常发生违反军管会管制条例的事件。为此有关方面加强了对私营电台的监督管理，如对严重违反政府条例的勒令停播，取消了私营台的商业特别节目，限制其营业收入等，致使经营商业广播电台实际上已无利可图。1952 年底，与私营报业国有化同时，中央广播事业局宣布，全国 34 家私营广

---

① 参见赵玉明主编：《中国广播电视通史》，第 207 页，北京广播学院出版社 2004 年版。

播电台全部改造完成,全国(不包括台湾省)广播电台一律实现国家经营。①

11.1.2 中华人民共和国新闻管理体制的初步建立

中华人民共和国成立一个月后,1949年11月1日中央人民政府政务院新闻总署正式成立,统一管理领导全国新闻工作。胡乔木任署长,范长江、萨空了任副署长,下设一厅(办公厅)、一社(新华通讯社)、三局(广播事业管理局、国际新闻局、新闻摄影局)、一校(北京新闻学校)。新闻总署成立以后,按照中共中央的有关指示精神,陆续制定颁布了《全国报纸杂志登记暂行办法草案》、《关于建立广播收音网的决定》、《关于统一新华通讯社组织和工作的决定》、《关于改进报纸工作的决定》等有关新闻事业的政策、指示。

1950年5月30日新闻总署和出版总署又联合做出《关于各级新闻出版机关的任务与组织暂行规定(草案)》,对中华人民共和国新闻出版行政主管机关的政府行为进行规范。这样,新闻总署实现了对各种新闻媒体的统一领导,在新闻管理体制上初步实行了党政分开。1952年春,中央人民政府由于机构调整而撤销了新闻总署,从此以后,新闻工作又由中宣部统一领导并负责处理具体新闻传播事务。

11.1.3 中华人民共和国报业的创立与发展

中华人民共和国成立后,经过对1949年以前报业的初步清理整顿,1950年春,全国新闻工作会议调查统计,当时全国公营和私营报纸共253种,总发行数245万。后经过对私营报纸的社会主义改造,到1952年底,私营报纸全部改为公私合营,进而又实行公营。这样就在全国初步形成了以中国共产党党报为核心的多种人民报纸并存的报业结构。

11.1.3.1 中共中央机关报《人民日报》

《人民日报》,1948年6月15日在河北省平山县西柏坡创刊,由前晋察冀解放区的《晋察冀日报》和前晋冀鲁豫《人民日报》合并而成,是当时中共中央华北局的机关报。1949年3月迁至北平(今北京),同年8月1日起改为中共中央机关报(图11-1)。作为中共中央和全国最大的报纸,这一时期《人民日报》向国内外及时传播了党和政府的重要方针、政策、主张,报道了国内外的重大新闻,阐述和讨论了关系全党和全国命运以及人民生活的重大思想理论问题,交流了经济、文化、科学、教育等方面的工作经验和建设成就,刊登了大量的读者来信,在社会政治生活中发挥了巨大的舆论指导作用。

与此同时,《人民日报》完成了由地方报纸向全国性报纸的发展历程,到1955年发行量已由创刊时的9万份增至71万份,发行范围遍及国内外。《人民日报》的首任社长是胡乔木,继

---

① 参见方汉奇主编:《中国新闻事业通史》第三卷,第42页,中国人民大学出版社1999年2月版。

任社长是范长江,第一任总编辑是
邓拓。

图 11-1　1949 年 8 月 1 日《人民日报》
(原载人民网)

11.1.3.2　《光明日报》等其他全国性报刊

除《人民日报》外,当时著名的全
国性报刊还有《光明日报》、《工人日
报》、《中国青年报》、《大公报》、《文汇
报》等。

《光明日报》,1949 年 6 月 16 日创
刊于北平,对开 4 版的大型综合性日
报。初为中国民主同盟的机关报,1953
年元旦改组为中国各民主党派、全国工
商联和无党派民主人士联合主办的报
纸。以知识分子为主要读者对象,报道
国内外重大新闻,特别是宣传统一战线
和文教战线的工作、成绩和经验。1953
年 4 月起,相继创办了《史学》、《文学
遗产》、《哲学》等专刊,深受读者欢迎。
创刊时发行量不足 1 万,1955 年达 7
万多份,国内外影响不断增大。1955
年元旦《光明日报》改为横排版,是新
中国成立后第一个改为横排的报纸
(图 11-2)。这一时期,章伯钧任社长,
胡愈之、邵宗汉、常芝青相继任总编辑。

《工人日报》,1949 年 7 月 15 日创
刊于北平,初为 4 开 4 版,后扩大为对
开四版。中华全国总工会机关报。以
全国工人群众为读者对象,主要功能在
于指导工会工作,交流生产经验,介绍
劳动模范,反映工人生活。同时以通俗
易懂的方式报道国内外大事,宣传马克
思主义。创刊初期发行 2.5 万份,1955
年增至 15 万份。第一任社长王春,总

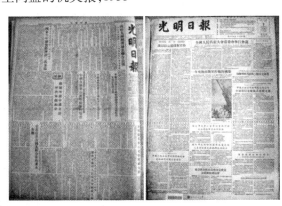

图 11-2　1954 年 12 月 31 日和 1955 年元旦的《光明日报》
(馆藏河南大学文学院资料室)

编辑冯诗云。

《中国青年报》,1951年4月27日创刊于北京,初为对开周双刊、周三刊,1956年1月改为日报(图11-3)。中国新民主主义青年团中央机关报。以全国青年、团员、团干部为读者对象,主要使命在于通过向青年宣传马列主义毛泽东思想、传播现代科学文化知识,帮助青年树立崇高的人生观,培养青年健康的生活情趣。报纸具有鲜明的思想性和知识性,对全国青年运动和青年个人成长具有重要的指导作用,受到全国青年的喜爱,1955年发行量达到50万份。

图11-3 中国共产主义青年团
中央机关报《中国青年报》创刊号

(原载方汉奇主编:《中国新闻
事业通史》第三卷,第15页)

《大公报》,我国历史上著名的民营报纸。1949年10月以后逐渐成为中国共产党领导下的公私合营、公营的报纸。对开4版日报。1949年6月17日《大公报》上海版发表《大公报新生宣言》,转变了立场,《大公报》天津版1949年2月27日改组为《进步日报》,1953年元旦两报合并,仍用《大公报》报名,在天津出版,1956年10月1日迁到北京出版。按照当时新闻报道范围的划分,《大公报》主要报道评述商业、财政金融和国际新闻。社长王芸生,总编辑袁毓明。1955年发行11万份。

《文汇报》,我国历史上著名的民营报纸。1947年曾被国民党政府查封,1949年6月21日在上海复刊。以知识分子为主要读者对象,以宣传党和政府的文教方针政策为主旨。社长金仲华,总编辑徐铸成。1955年发行18万份。

此外比较著名的全国性报纸还有:《新民报晚刊》、《中国少年报》、《健康报》、《人民铁道报》、《人民邮电报》以及中共中央军委机关报《解放军报》等。

11.1.3.3 省(区)级党委机关报

中国共产党省(区)级党委机关报,除少数是由革命战争时期地方党委机关报发展而来的以外,多数是在中华人民共和国成立前后创刊的。1949年10月以前创刊的有中共山东省委机关报《大众日报》(1939年1月1日)、中共吉林省委机关报《吉林日报》(1945年10月10日)、中共内蒙古自治区委机关报《内蒙古日报》(1948年1月1日)、中共天津市委机关报《天津日报》(1949年1月17日)等16家;从1949年10月20日到1954年10月16日又有中共青海省委机关报《青海日报》、中共陕西省委机关报《陕西日报》等12家省级党委机关报创刊;1956年4月22日中共西藏自治区委机关报《西藏日报》创刊。至此中国共产党省(区)级党委机关报全部创刊。

这些中共省(区)级党委机关报一般都是对开4版综合性日报,主要面向当地农村,兼顾城市读者,追求群众化、通俗化、地方化。由于中共省(区)级党委机关报及地市级党委机关报的普遍创刊,一个从中央到地方的中共党报网迅速形成,标志着以党报为核心的社会主义报业体系在全国确立,这是中华人民共和国成立后报业发展的最大特点。

11.1.4 国家通讯社的建成与发展

11.1.4.1 新华社建成集中统一的国家通讯社

在长期的革命斗争中,新华社在中国共产党的领导下,带领广大新闻工作者,发扬不怕牺牲的革命精神,在极其艰难、困苦、危险的条件下,出色完成了党的宣传任务,为中国人民解放事业的胜利作出了巨大贡献。随着中华人民共和国的成立,新华社开始了新的发展历程。

1950年3月28日,中共中央发出《关于改新华社为统一集中的国家通讯社的指示》,指出:"使新华社成为统一的集中的国家通讯社的条件,现已成熟。过去新华社的各总分社、分社、支社是带有浓厚的地方性的,他们在工作上是以地方为主,组织上是受地方负责机关的支配。这种分散性,在

战争与地区被分割的条件下是正确的和必需的。但现在全国已基本解放,这种分散性已不需要,而且已成为一种落后和有害的现象。现在新华社所需要的是强有力的统一和集中。"根据中共中央这一指示精神,同年4月25日,新闻总署通过《关于统一新华通讯社组织和工作的决定》,认为:"现在中国大陆解放战争已基本结束,统一全国的中央人民政府业已成立,我国已与许多国家建立了外交关系,加之邮电交通在全国范围内已恢复正常,新华社必须从组织上、工作上完全统一起来,彻底改变分散的情况,加强对全国和全世界的报道工作,俾能充分发挥其为国家通讯社的作用,真正成为代表国家发布新闻的机关。"①

中共中央的指示和新闻总署的决定明确规定了,新华社的性质由中共中央的宣传机关改组成为新中国的国家通讯社,为新华社的发展指明了方向。遵照中共中央的指示和新闻总署的规定,新华社的组织机构进行了一系列重要调整:各总分社、分社结束战争年代与地方报纸"报、社合一"的分散状况,工作关系、人事编制、财务管理完全与地方机关分离,统一由新华总社管理;重新按六大行政区设立总分社,各省建立分社,支社一律取消;与此同时总社的机构也进行了调整和改进。1950年11月21日,新华社召开了第一次全国

---

① 方汉奇、陈昌凤主编:《正在发生的历史:中国当代新闻事业》(下),第869~870页,福建人民出版社2002年版。

社务会议,标志着新华社初步完成了集中统一的国家通讯社的组建。这次会议总结交流了建立集中统一的国家通讯社的经验,讨论了新华社今后在组织上、业务上调整和发展规划,为新华社以后的发展奠定了基础。

新华社在机构与业务各方面进行不断调整与建设的同时,在中华人民共和国成立初期的重大事件和各方面建设的报道中已开始履行国家通讯社的职责。在对中国人民政治协商会议、开国盛典的政治报道,对共和国成立初期重大工程建设的经济报道,对抗美援朝的军事报道等方面,新华社都充分发挥了国家通讯社的职能,产生了一批影响深远的优秀作品,取得了令人瞩目的成就。

这一时期新华社的主要领导人有陈克寒、吴冷西、朱穆之等。

11.1.4.2　中国新闻社的成立

1952 年 9 月 14 日,中国新闻社(简称中新社)在北京成立。这是一个以海外华侨、外籍华人和港澳台同胞为主要服务对象的通讯社,也是我国仅有的两家通讯社之一。1952 年 6 月,根据中共中央的有关精神,当时新闻界和归侨界的知名人士胡愈之、金仲华、萨空了、王芸生、顾执中等开始筹建中国新闻社。经过几个月的准备,由 33 人组成了理事会,并推举资深报人金仲华担任第一任社长,中新社正式成立。

创建初期的中新社,人员少、规模小、条件简陋,编辑机构附设在新华社内,称作华侨广播组(后改部)。9 月

22 日开始试播,10 月 1 日,中华人民共和国成立三周年纪念日,中新社以"中国新闻广播电台"的呼号正式向海外广播口语记录新闻,并航寄新闻稿。中新社广泛报道祖国政治、经济、文教、卫生等方面的建设成就以及侨乡变迁,在海外引起了很大反响,一些地区的汉文报纸从 10 月 4 日起即先后采用中新社的消息,此后采用率不断提高。中新社的业务也不断扩大,除广播新闻和航寄新闻稿外,还发行有关中国的风光、文物、建筑等内容的照片,以后又增加供应文字特稿、摄制电影、制作唱片、出版画报等业务。

随着业务的发展,中新社的机构也不断扩大,到 1956 年,已设有第一专稿部、第二专稿部、图片部、电影部、报刊室、资料室、总编辑室等部门。1957 年 3 月 16 日,中新社从新华社分离出来,成为独立的通讯社。中新社作为我国对外宣传的一个主要渠道和重要窗口,为向世界介绍中国作出了重大贡献。

11.1.5　全国广播事业网的建立与发展

1949 年以前,我国广播事业十分薄弱。当时全国大约只有 100 万台收音机,而且半数以上集中在东北、上海和其他大中城市,广大农村基本上听不到广播节目。在这种情况下,中共中央和人民政府采取多种措施积极发展人民广播事业。这一时期,中央政府完成了对私营广播电台的社会主义改造,全部收归国家经营,初步建成了以中央人民广播电台为中心的四级广播网。同

时大力发展和推广收音站和农村有线广播站,形成了从中央直到县区乡村的广播网,在全国基本普及了广播宣传。

11.1.5.1　中央人民广播电台

中央人民广播电台的前身是 1940 年 12 月 30 日开始播音的延安新华广播电台(解放战争时期的陕北新华广播电台和北平新华广播电台),1949 年 3 月迁入北平,中华人民共和国成立后成为国家广播电台,同年 12 月 5 日定名为中央人民广播电台。我国是一个多民族的国家,幅员辽阔,人口众多,各地区的政治、经济发展不平衡,民众的知识文化水平比较低,根据这样的国情,中央人民广播电台先后开办了《全国各地人民广播电台联播》《新闻和报纸摘要》《社会科学讲座》《对少年儿童广播》《经济生活》《文化生活》等节目。1950 年开始开办少数民族语言广播节目,先后开办了蒙古、藏、维吾尔、壮、朝鲜等语言的广播。1954 年 8 月开办对台湾广播节目。

中央台的这些节目为 20 世纪 50 年代初期恢复和发展生产、提高群众的科学文化水平、丰富群众的文娱生活,特别是向广大少数民族地区的听众宣传共产党和政府的民族政策、报道国内外重大新闻、促进民族团结和少数民族地区经济文化的发展起了很大的作用。

11.1.5.2　中国国际广播电台

中国国际广播电台是中华人民共和国对世界各地广播的国家广播电台。组建于 1950 年 4 月,原系中央台

的国际广播编辑部,对国外广播使用的呼号是"北京广播电台"。当时以英、日、朝鲜、越南、缅甸、泰、印度尼西亚七种外国语以及汉语普通话和客家话等四种方言对外国听众和海外华侨进行广播,每天广播 11 个小时。后陆续增加广播语种和广播时间。对外广播的正式开办,对于宣传中华人民共和国和平友好的外交政策,报道共和国日新月异的建设成就,让世界了解中国,扩大中国的国际影响力都发挥了积极作用。1978 年正式定名为中国国际广播电台。

11.1.5.3　地方广播电台

除中央人民广播电台和中国国际广播电台外,党和政府还大力发展地方广播电台。当时的地方广播电台包括三类:

第一类,各大行政区广播电台。除华北行政区外,还有沈阳的东北人民广播电台、西安的西北人民广播电台、上海的华东人民广播电台、武汉的中南人民广播电台和重庆的西南人民广播电台。这些电台在当时既是新闻宣传机关,又是事业管理机关,既负责全区的广播宣传,又管理全区的广播宣传事业。1954 年 6 月,随着大行政区的撤销,大行政区广播电台停办。

第二类,省(区)广播电台。中华人民共和国成立后,随着形势的发展和全国行政区的划定,省(区)级人民广播电台逐步建立。东北各省级广播电台建立最早,据统计 1949 年 3 月已有 15 座。1960 年 11 月,西藏人民广播电台正式播音,至此,全国除台湾外省级

广播电台全部建成。

第三类，地（市）级广播电台。到1954年全国建成地市级广播电台33座。这些地方台开办了各种新闻性、教育性和文艺性的节目，和中央台一起构成了中华人民共和国广播事业网，扩大了人民广播的影响。

11.1.5.4 建立广播收音网和发展农村有线广播站

20世纪50年代初，全国交通落后，民众文化水平低，报纸种类和发行数量少，广播电台是当时大众传播最有力的工具。但是广播电台的传播必须以收听工具的普及为基础，而当时全国仅有的100万台左右的收音机都集中在东北、上海等少数地区，许多地方没有收音机。为了解决广大人民群众收听广播的工具问题，新闻总署于1950年4月发布《关于建立广播收音网的决定》。之后，新闻总署、中央广播事业局、中华全国总工会等还发布一系列指示，对在全国范围内建立广播收音网提出具体要求。

经过全国上下的共同努力，到1952年12月统计，《关于建立广播收音网的决定》公布仅两年多的时间，全国各地共建广播收音站23700多个。1952年4月，吉林省九台县首先把收音站发展为农村有线广播站，利用电话线路定时广播，在全县各村政府、学校、文化站、供销社等公共场所普遍设置广播喇叭，直接向农民广播节目。九台县广播站是全国第一座以一个县为区域范围的广播站，为在全国建立农村有线广播网提供了经验。两年

后，到1954年底，全国共有县广播站547个，中小城镇广播站705个，有线广播喇叭49 854只①。在中国的历史上，广播第一次真正走进了千家万户，人民广播事业具备了坚实的群众基础和发展条件。

11.2 重大新闻宣传报道战役的成就

随着中华人民共和国的诞生，刚刚组建的新闻媒体立即履行神圣的职责，迅速向全世界传播人民共和国各方面的信息。这一时期，新闻界关于开国盛典的政治报道，关于日内瓦会议和亚非会议的外交报道，关于重点工程建设的经济报道，以及关于抗美援朝的军事报道等重大新闻宣传报道战役都取得了举世瞩目的成就，产生了一批有着深远影响的新闻作品，形成了当代中国新闻史上第一座高峰。

11.2.1 开国盛典的报道

开国盛典的报道是当代中国新闻史上重大政治活动报道的开端。以《人民日报》、新华通讯社、北平新华广播电台（中央人民广播电台前身）为代表的各种新闻媒体密切配合，发挥各自的优势，声势浩大地报道了中华人民共和国开国盛典的全过程。

在报道开国盛典的过程中，新华社肩负着国家通讯社的职能，统一采写编发重要新闻的通稿，受命代表国家和人

---

① 赵玉明主编：《中国广播电视通史》，第225页，北京广播学院出版社2004年版。

民对外发表社论。1949 年 9 月 21 日 19 时，中国人民政治协商会议第一次全体会议在北平隆重开幕。20 点 30 分新华社就通过北平新华广播电台以"新华社 9 月 21 日北平电"的电头广播了新政协开幕的消息，并同时播发电讯供全国和海外报纸刊载。新华社电讯的导语称："中国人民渴望的中华人民共和国开国盛典——中国人民政治协商会议，已于今日下午七时在北平开幕。"全国媒体都依据这一导语把新政协开幕称为开国盛典。9 月 27 日，新华社发出的政协会议通过决议，定都北平，改"北平"为"北京"的新闻，第一次醒目地使用了"北京"的电头，标志着一个新时代的开始。

9 月 29 日，新华社播发社论《中国人民对全世界的庄严宣告》。社论宣布："中国人民政治协商会议今天全体一致通过决议，由即将成立的中央人民政府致电联合国大会，声明中华人民共和国业已成立，中国人民政治协商会议所选举之中央人民政府为唯一能够代表中国人民的政府。"9 月 30 日，政协会议闭幕，新华社报道了会议通过《中国人民政治协商会议共同纲领》、会议选举毛泽东为中华人民共和国中央人民政府主席等重大新闻。

北京新华广播电台和各地广播电台充分发挥广播媒介迅速及时、感染力强的传播特点，采用讲话录音、实况广播、录音报道等多种形式对开国盛典作了有声有色的报道，在全国引起了热烈的反响。9 月 21 日新政协开幕的当天晚间 9 点 15 分，北平新华广播

电台播出了毛泽东致开幕词的录音讲话，此时全中国都在静听毛泽东的声音："占人类总数四分之一的中国人从此站起来了！"广播中随即传来了热烈的欢呼声和掌声。以后的几天全国各地报纸大量报道了各地收听毛泽东致开幕词录音的反映，《东北日报》刊登的文章《全世界静听一个声音》、《解放日报》刊登的文章《狂欢在收音机旁》，记述了人们收听毛泽东讲话时的生动情景。

10 月 1 日下午 3 点，中华人民共和国开国大典在天安门广场隆重举行，北京新华广播电台在天安门城楼上进行了中国人民广播史上第一次大规模的全国性实况广播，毛泽东主席气势豪迈的声音："中华人民共和国中央人民政府今天正式成立了！"随着电波传遍全世界。整个开国大典的实况广播持续了六个半小时，播音员丁一岚、齐越在天安门城楼上把一幕幕振奋人心的场景，报告给全国各地听众。北京新华广播电台通过开国盛典前后的广播宣传，发挥了广播媒体巨大的鼓舞人心、凝聚力量的作用。

《人民日报》和其他报纸发挥版面和文字传播的优势，运用大量篇幅、醒目标题、多种专栏和体裁，对开国盛典作了全面报道。新政协开幕的第二天，全国各报都以"中华人民共和国开国盛典，中国人民政协开幕"的醒目标题作了报道。其中《人民日报》的报道尤为引人注目。这一天，《人民日报》一版以通栏大字标题全文刊发了毛泽东在政协会上的开幕词和他的半身照片，

并配发社论《旧中国灭亡了,新中国诞生了!》。10月1日,《人民日报》扩大出8块版,突出报道了政协胜利闭幕的消息,发表社论《中华人民共和国万岁》。10月2日,《人民日报》再次以显著版面刊发天安门广场30万人集会庆祝中华人民共和国成立的消息,发表社论《不可战胜的人民国家》,同时还配发了天安门广场第一次升起中华人民共和国国旗——五星红旗的照片(图11-4)。

图11-4 《人民日报》关于新中国成立的报道

(原载方汉奇主编:《中国新闻事业通史》第三卷,第57页)

在开国盛典报道中,新华社记者李普采写的新闻《开国大典》、《人民日报》记者李庄采写的系列特写《中国人民从此站起来了》、上海《大公报》记者杨刚采写的通讯《毛主席和我们在一起》以及摄影记者高粮拍摄的新闻照片《东方升起第一面五星红旗》等众多优秀的新闻作品,和中华人民共和国诞生的庄严时刻一起,长久存留在人们的记忆中。

11.2.2 日内瓦会议和亚非会议的报道

新闻媒体关于日内瓦会议和万隆亚非会议的成功报道,显示了人民共和国成立初期重大外交活动报道与国际新闻宣传的成就与影响。

1954年4月至7月,周恩来总理率中华人民共和国代表团出席在日内瓦举行的印度支那国际会议。这是中华人民共和国成立后第一次正式参加重要的国际会议,是人民共和国以崭新的姿态在国际社会的第一次亮相。为了扩大中华人民共和国在世界上的影响,中国共产党和政府高度重视这次会议的新闻报道工作,派出了由吴冷西任团长,由新华社、人民日报社、光明日报社、大公报社、中国青年报社和世界知识杂志社等新闻机构记者组成的30人大型记者团前往日内瓦采访报道,这也是共和国成立后新闻界第一次联合采访报道的重大外交活动。

此次会议情况复杂,议程多变,当时并不熟悉国际会议报道的我国新闻工作者经受了严峻的考验。周恩来总理亲自指导记者的采写活动,他告诫记者团:要严守组织纪律,贯彻代表团的意图,记者在报道中要多用事实、少发议论,不要把话说得太满,以免情况发生变化时陷于被动。记者团的成员遵照周总理的指示,发扬团结奋战的精神,不分昼夜,坚守岗位,积极与各国代表团成员和记者广泛接触,观察了解会议动向和情况,抓紧时间采写。在记者团成员的共同努力下,此次重大国际会议的报道,正确反映了各国舆论动向,宣传了会议的正面成果,特别是我国倡导的和平共处五项原则,深得世界爱好和平国家和人民的赞赏,圆满完成了党和国家赋予的重任,为重大外交活动与国际新闻报道积累了宝贵经验。

1955 年 4 月,在万隆召开的亚非会议,是二战后相继独立的亚非国家第一次举行国家政府首脑会议,中华人民共和国应邀参加了这次有 29 个国家出席的重大国际会议。以新华社、《人民日报》为代表的新闻媒体,通过新闻、评论、通讯等多种形式全方位地报道了这次重大的国际活动,特别是着重反映了以周恩来总理为团长的中国代表团"求同存异"的外交方针以及为促进会议的成功所做出的巨大努力,展现了中国领导人解决国际问题的智慧和风采,再次增进了亚非国家和世界人民对新生的中华人民共和国的了解和友谊。这次亚非会议的新闻报道在新闻业务方面也有重要进步,报道不仅全面、准确,而且追求时效性、可读性。

《人民日报》记者吴文焘采写的《考验》《从万隆开始》等 5 篇通讯,李慎之、张彦采写的长篇通讯《人民的心同亚非会议在一起——亚非会议日记》,在《人民日报》刊登、连载后,受到广大读者的喜爱,显示了国际新闻报

道的魅力(图 11-5)。为了报道亚非会议,7 名中外记者付出了血的代价。

图 11-5 《人民日报》日内瓦会议报道
(馆藏河南大学文学院资料室)

会议前,新华社总社记者沈建国、新华社香港分社记者黄作梅、中央人民广播电台记者杜宏、新华社兼光明日报社记者李平、中央新闻纪录电影制片厂摄影记者郝凤格、波兰《人民论坛报》记者斯塔列茨、奥地利《人民之声报》记者严裴德等 7 人,从香港起飞前往万隆采访,因台湾国民党特务在他们乘坐的"克什米尔公主号"客机内安放定时炸弹,致使飞机途中爆炸失事而遇难。但这一恐怖事件并没有吓倒中国的新闻工作者,他们继承烈士的遗志,出色完成了万隆会议的报道。

11.2.3 重点工程及先进人物的报道

20 世纪 50 年代初期,经济宣传报

道始终是我国新闻宣传报道的中心所在,而重大工程报道和劳动模范的典型报道是经济新闻报道中的重头戏,最能显示经济新闻报道的成就和特点。

突出报道国家重点工程建设情况,展示人民共和国经济建设的伟大成就,激发人们投身祖国建设的热情,是这一时期经济报道的一个重要指导思想。从1953年起,我国在三年国民经济恢复的基础上,开始实行经济建设的第一个五年计划,重点工程全面铺开。治理淮河,根治黄河水害,兴建西南经济大动脉成渝铁路、穿越"世界屋脊"的康藏、青藏公路,以及鞍山钢铁工业基地的建设、长春第一汽车制造厂奠基、武汉长江大桥的动工,等等,展现了新中国欣欣向荣的生机与活力。

在这场伟大的经济建设中,新闻媒体担负起动员组织广大群众积极投身国家建设的重任。《人民日报》、新华通讯社等主要媒体通过新闻、评论、通讯、报告等多种形式,生动描绘了重点工程建设的宏大规模和声势,深刻阐明了每项建设工程在整个国民经济中的重大意义和作用,广泛传播了工业建设的基本知识。同时广大新闻工作者还努力克服经济报道中容易出现的技术性强、枯燥、生硬、报道面窄等缺点,力求报道内容的通俗性、丰富性,报道形式、报道角度的多样化。

例如新华社、中央人民广播电台、《人民日报》、《东北日报》等多家媒体对鞍山钢铁基地建设的报道特别能体现新闻工作者在这方面的努力。另外

他们还以高度的责任感,战胜了技术装备上的困难,以争分夺秒的工作态度,取得了新闻报道的快时效。新华社记者冯健等人采写的《长江大桥上车水马龙》,从采写到播发只用了16个小时,即使用今天的标准来看也不失为一篇时效性强、现场感强、信息量大的好新闻。

20世纪50年代初期的经济建设中涌现出了大批劳动模范,新闻媒体大力宣传这些先进人物和他们的先进经验,以活生生的实例激励广大群众,使经济宣传能够密切联系实际,这是当时又一条重要的报道方针。经过媒体的广泛宣传,赵国有、王崇伦、郝建秀、李锡奎、耿长锁、任国栋、徐建春等一大批先进人物的感人事迹在广大群众中广泛流传,他们的先进生产经验在全国产生了深远的影响,成为推动生产建设的巨大力量。鞍山钢铁公司机械总厂青年工人王崇伦,多次改进生产工具,每月超额完成劳动定额,1年完成4年多的工作量,被媒体誉为"走在时间前面的人"。通过媒体的宣传,王崇伦精神推动了全国工业战线开展技术革新和劳动竞赛,大大提高了劳动效率。

在报道这些作出重大贡献的先进人物的同时,媒体也注意到了那些在非常平凡的工作岗位上,为国家建设默默作贡献的普通劳动者。新华社北京分社组织采写的通讯《当你们熟睡的时候》,就报道了保育员、公交车职工、菜市场的营业员、清洁工人等这些普普通通的劳动者,他们在平凡岗位上的负责精神和认真态度,反映出人民群众对共

和国的热爱。报道播发后受到读者的
欢迎。

11.2.4　抗美援朝的军事报道

　　1950年6月25日朝鲜战争爆发。
中国人民志愿军在"抗美援朝,保家卫
国"的口号声中跨过鸭绿江,投入到反
侵略战争中。伴随着朝鲜战争的枪林
弹雨,刚刚组建的共和国的新闻大军
也随之投身到抗美援朝的宣传战役
中。从1950年6月26日《人民日报》
刊登消息报道朝鲜战争爆发,到1954
年9月22日《人民日报》发表社论《欢
迎中国人民志愿军七个师的胜利归
来》,这场声势浩大的宣传战役历时四
年之久,大批新闻记者奔赴前线采访,
他们和志愿军指战员一起经受了战火
的考验,一些新闻工作者献出了宝贵
的生命。中国新闻界在抗美援朝战争
中锻炼了队伍,积累了经验,为当代中
国新闻事业的健康发展奠定了基础。

　　爱国主义和国际主义是贯穿抗美
援朝报道始终的主题和指导思想。全
国各种媒体互相配合,协同作战。新
华社、《人民日报》等新闻媒体最早派
出了战地记者,除及时报道前线的消
息外,《人民日报》从1950年12月4日
起开辟《抗美援朝》专刊(图11-6),通
过《时评》、《简评》、《宣传员讲话》、
《杂文》、《时事问答》、《信箱》、《抗美
援朝动态》、《在朝鲜前线》、《写给志愿
军》等栏目,使"抗美援朝,保家卫国"
的口号深入人心,激发了全国人民的
爱国热情和国际主义精神。

　　新华社的报道声势也十分强大,

图11-6　《人民日报》《抗美援朝》
专刊第一期
（馆藏河南大学文学院资料室）

报道形式丰富多样,除了大量的消息、
通讯外,还有一系列署名的评论和述
评,这些评论和述评观点尖锐、说理充
分,极富战斗性。中央人民广播电台和
各地广播电台充分发挥广播的优势,以
讲座、广播通讯、录音报道等形式,揭露
美帝国主义的侵略本质,歌颂中国人民
志愿军的英雄事迹和中朝人民的战斗
友谊。北京、天津、沈阳三地的广播工
作者还组成了"抗美援朝广播收音工
作团",向朝鲜前线广播。为扩大志愿
军归国代表团的宣传效果,各地广播电
台举办了28次广播大会,听众达1亿
人以上。志愿军称赞人民广播是"精
神食粮的空中供应站"。北京电影制
片厂成立战地新闻摄影队,跟随战斗部
队实地拍摄。《东北日报》、《解放日

报》、《新闻日报》、《大公报》等也普遍举办时事问答、读者讨论会等,在全国形成了宣传抗美援朝的强大舆论。

与此同时,志愿军部队的媒体更是抗美援朝军事报道中的重要力量。志愿军总部有《志愿军报》,各军、师也都有自己的报纸,一大批志愿军记者活跃在战场上,许多指战员都参加了新闻报道活动,为抗美援朝的军事报道增添了光彩。1951年1月,新华社中国人民志愿军总分社在朝鲜前线成立,两年中向总社发稿约1000篇,93%被采用。总社认为,志愿军总分社发稿量之多、采用率之高,超过了战争年代任何一个时期的军事报道水平。

在抗美援朝战争报道中,特别引人注意的是战地通讯和报告文学的成就。由于战争的特殊环境,及时采写传播消息受到限制,而新闻通讯、报告文学等体裁被广泛运用。当时大批记者、作家云集朝鲜前线,他们满怀爱国激情和创作热情,与志愿军通讯员一起组成了强大的报道队伍,在短短两三年的时间里,《人民日报》等全国报刊发表了数以千计的战地通讯和报告文学作品。1952年,人民文学出版社结集出版了《朝鲜通讯报告选》3集,共109篇。其中收录了《不朽的杨根思英雄排》、《伟大的战士邱少云》、《不朽的国际主义战士》(记述罗盛教烈士的事迹)、《谁是最可爱的人》等一大批名篇,在全国广为传诵,引起了极大的轰动。其中影响最为深远的是《谁是最可爱的人》。这篇通讯最早在1951年4月11日《人民日报》头版显著地位发表,作者是《人民日报》的战地特约记者、著名作家魏巍。之后经过新闻媒介的传播,产生了强大的震撼力,"最可爱的人"也成为了全国人民对志愿军战士最亲切的称呼,一直延续着。半个多世纪过去了,朝鲜战争的硝烟早已飘散,而报道这场战争的优秀新闻作品却依然光彩熠熠。

11.3 新闻工作中值得反思的几个问题

中华人民共和国成立后,新闻事业发展迅速,在国家政治、经济、文化生活中发挥了重大作用。但它毕竟是个新生儿,如何更好适应新时代的特点,更充分满足新时代的要求,是摆在新闻工作面前的一个新的重大问题,是需要在实践中不断探索的。

11.3.1 新闻真实性问题

真实是新闻的生命,没有真实就没有新闻,这似乎是一个从来就没有异议的问题。但事实上,新闻真实性问题无论在理论上,还是在实践中,都一直存在着不同的认识和理解。20世纪50年代初期在抗美援朝报道中,通讯《马特洛索夫式的英雄黄继光》一文就曾引发了关于新闻真性问题的大讨论。

1952年11月21日,《人民日报》发表了新华社通讯员采写的消息《马特洛索夫式的中国人民志愿军战斗英雄黄继光舍身炸敌堡扫清进军道路》。一个月后,《人民日报》又在头版《朝鲜通讯》专栏发表新华社记者石峰、王玉章撰写的通讯《马特洛索夫式的英雄黄继光》，号召全国人民向黄继光学习。这两篇新闻报道的背景是朝鲜战争中著名的上甘岭战役，这次战役由于时间长、伤亡惨重而倍受瞩目。通讯发表后，引起了强烈的反响，黄继光成为全国家喻户晓的战斗英雄。此后，以上甘岭战役为题材的新闻、艺术作品大量出现，产生了深远的影响，享誉国内外的电影《上甘岭》，就是其中的优秀代表。通讯《马特洛索夫式的英雄黄继光》作为新闻作品，从传播效果看无疑是十分成功的。但是在这篇通讯中，作者对黄继光堵枪眼时的描写却采用了文学手法，细腻生动地呈现了黄继光用身体堵枪眼时的内心活动：

　　……黄继光又醒过来了，这不是敌人的机枪把他吵醒，而是为了胜利而战斗的强烈意志把他唤醒了。……后面坑道里营参谋长在望着他，战友们在望着他，祖国人民在望着他，他的母亲也在望着他，马特洛索夫的英雄行为在鼓舞着他。这时战友们看见黄继光突然从地上一跃而起，他像一支离弦的箭，向着火力点猛扑过去。

　　正是这段关于黄继光牺牲前内心活动的描写，引起了新闻界的广泛讨论。这段描写无疑是作者的"合理想象"。因为作者采访时，黄继光已经牺牲，他牺牲前的心理活动无人知晓，只能是作者根据黄继光生前的表现以及战友们对当时情景的描述所做的一种推测。那么这种"合理想象"是否符合新闻真实性的原则？这是当时讨论的焦点。有的认为记者的这种"合理想象"是符合情理和事物发展规律的，没有破坏新闻真实性的要求，而且这样的描写非常有利于增强宣传效果。更多的则认为，"合理想象"不符合新闻真实性的要求，再合理的想象，它也是记者的主观意愿而不是客观事实，因而不能成为新闻的"根据"。经过激烈的争论，新闻界最后达成共识：新闻是以客观事实为基础的，以全部细节都真实为特征的，"合理想象"不符合新闻真实性的原则。

　　这场关于新闻真实性问题的讨论具有重要的意义。从历史上看，1942年延安整风运动后，新闻界就曾反思由于主观主义的作风，记者远离实际，轻视事实，以讹传讹，使新闻媒介丧失信誉，从而提出维护新闻真实性的问题。1947年由《晋绥日报》发起、后扩展到整个党报系统的反"客里空"运动，又把新闻真实性问题提升到了新闻工作者的立场、作风和政治素质的高度，从指导思想上教育了全党的新闻工作者。而这次由通讯《马特洛索夫式的英雄黄继光》所引发的讨论又将新闻真实性的问题上升到理论研究的层面，通过讨论澄清了一些模糊认识，坚持了马克思主义的新闻真实观，为新闻事业健康发展奠定了基础。

11.3.2　在报刊上开展批评与自我批评问题

　　中华人民共和国成立刚刚几个月，1950年4月19日，中共中央就做出了《关于在报纸刊物上展开批评和自我批评的决定》，这是中国共产党在20

世纪 50 年代初期关于新闻工作的重大决策之一。

《决定》首先深刻阐明了共产党成为执政党后开展批评与自我批评的必要性与重要性，指出由于党已经掌握全国政权，领导者威信的提高，就容易产生骄傲情绪，出现官僚主义作风，拒绝和压制批评，这样就不能完成国家的建设任务。为此中共中央决定"在一切公开的场合，在人民群众中，特别是在报纸刊物上展开对于我们工作中一切错误和缺点的批评和自我批评"。目的是为了巩固党与人民群众的联系，保障党和国家的民主化，加速社会进步。

《决定》还规定了在报刊上开展批评与自我批评的原则和具体办法："我们提倡的批评，乃是人民群众以促进和巩固国家建设事业为目的，有原则性有建设性，与人为善的批评，而不是为着反对人民民主制度和共同纲领，为着破坏纪律，为着打击人民群众前进的信心和热情，造成悲观失望情绪和散漫分裂状态的那种破坏性的批评。"任何人不得压制批评，"纵然这些批评和建议并非完全成熟与完全正确，而他们也不应受到打击和嘲笑。"①

毫无疑问，在报刊上展开批评和自我批评，就是进行新闻舆论监督，《决定》是我们党关于新闻舆论监督工作最早的系统的纲领性文件。它公开号召人民群众对党和政府的工作、对领导干部进行严格的舆论监督，这表明中国共产党在这个问题上有着清醒的自我认识和高度的自信心。党中央的决定极大地激发了人民群众和媒体开展舆论监督的积极性，决定发布后，一场轰轰烈烈的新闻批评热潮在全国掀起。

据统计，《人民日报》发表的批评性报道或文章，1949 年为 347 篇，1950 年为 753 篇，1951 年为 1749 篇，1952 年为 1741 篇，1953 年为 1027 篇，其中 1951 至 1953 三年中，平均每天刊登的批评稿件超过 4 篇②。这一时期，报纸开展批评与自我批评最大的特点是配合党的中心工作，集中报道一批重大典型事件。其中影响巨大的是关于原中共天津地委书记刘青山、天津专署专员张子善大肆贪污挥霍国家资产被判处死刑的连续报道。刘青山、张子善都是参加革命 20 多年、有着赫赫战功的老革命。他们的案件经媒体传播，在社会上引起了极大的震动。

另外，一些报纸还开设《人人检举贪污浪费》、《人人都来检举贪污行贿》等专栏，形成了强大的社会舆论，有力地促进和配合了新中国成立初期反对官僚主义、严肃党纪、端正党风的斗争，在广大人民群众中树立了中国共产党惩治腐败、从严治党、一心为民的好形象。报纸在揭露重大案件的同时，也十分重视开展问题讨论，针对干部和群众中的错误思想采取群众自我教育的方式，批评一些错误认识。中央认为，在

① 张之华主编：《中国新闻事业史文选》，第 842 页，中国人民大学出版社 1999 年 1 月版。

② 方汉奇主编：《中国新闻传播史》，第 343 页，中国人民大学出版社 2002 年版。

党报上开展思想讨论,是加强思想领导,提高党员和群众的政治水平的有效方法之一。各省报也普遍展开了思想讨论,在群众中产生了良好的反响。中华人民共和国成立后首次公开倡导的舆论监督取得了一定的成效。

然而舆论监督不可能一帆风顺,报刊在展开批评与自我批评取得成效的同时也遇到了强大的阻力,这种阻力主要表现在地方各级领导机关的部分领导干部缺乏对舆论监督的支持和鼓励,各地陆续发生了压制批评和限制批评的事件。同时,报刊在开展批评与自我批评方面也出现了一些问题。

为了使舆论监督能够继续开展下去,1954 年 7 月,中共中央又做出了《改进报纸工作的决议》。《决议》总结了 4 年多来的报纸批评工作,分析了报纸批评开展得不好的主要原因:党委对于领导和支持报纸开展批评和自我批评做得不够;党的一部分干部中存在着严重的骄傲情绪和压制批评的现象,缺乏对批评特别是劳动人民自下而上的批评的"热烈欢迎和坚决保护的革命态度";报纸上发表的批评有部分发生事实错误和态度不适当,甚至有些报纸曾发生过脱离党委领导的倾向。[①]

有鉴于此,《决议》对报纸今后开展批评提出了要求:一、各级党委要把报纸是否充分开展了批评、批评是否正确和干部是否"热烈欢迎和坚决拥护"劳动人民自下而上的批评,作为衡量报纸的党性、衡量党内民主生活和党委领导强弱的尺度;二、报纸批评必须在党委的领导下进行;三、要保证报纸能够经常地开展正确的健全的批评。《决议》及时纠正了当时批评报道工作中存在的问题,对报纸批评工作起到了一定的规范作用。但是在舆论监督中暴露出的更深层次的问题和缺陷并没有得到重视和解决,比如舆论监督的重点和目的是什么?在"不经请示,党报不得擅自批评同级党委"的原则下,如何保证新闻工作者代表人民行使舆论监督的权利?怎样协调党报行使党的喉舌和人民喉舌的职责关系?等等,这些都成为长期困扰新闻界的难题。

11.3.3 思想文化领域里的批判问题

利用新闻媒体组织读者开展思想问题讨论,是 20 世纪 50 年代初期新闻界普遍采用的一种思想文化宣传的有效形式。当年报纸上开展的《赵桂兰应不应该扔雷汞》、《没有周密勘察和调查就不能够施工》、《为什么工人阶级是中国革命的领导阶级》、《李四喜思想》等思想问题的讨论,使众多读者受到了教育和启发,提高了思想觉悟,显示了媒体在思想文化宣传报道方面的成绩。但是,20 世纪 50 年代初期中共中央和毛泽东主席在思想文化领域里发动的二次大规模的文化批判运动,却严重违反了新闻宣传的原则和规律。运动中形成的利用新闻媒体集中发表社论、新闻及其他文章,造成舆论一边

---

① 郑保卫主编:《中国共产党新闻思想史》,第318 页,福建人民出版社 2004 年 12 月版。

倒的模式,在后来的政治运动中被长期使用,给新闻事业造成了重大损失和恶劣影响。

11.3.3.1　关于电影《武训传》的批判

电影《武训传》是描写和歌颂清末山东农民武训行乞兴学的一部传记故事片。1949 年开始摄制,1951 年初在京、津、沪等城市公映。该片详尽地描写了武训不惜任人踢、打、鞭、骑以乞资办学的苦操奇行,并把武训的这种行为称赞为"典型地表现了我们中华民族的勤劳、勇敢、智慧的崇高品德",把武训的道路与当时的农民武装起义并列,用农民革命斗争的失败来反衬武训行乞兴学的成功。影片上映后几个月内,全国各地报刊发表的歌颂性文章多达一二百篇。

1951 年 5 月 20 日《人民日报》发表了毛泽东亲自撰写的社论《应当重视电影〈武训传〉的讨论》。社论对《武训传》进行了严厉的批判,认为"《武训传》所提出的问题带有根本的性质",而新闻界关于《武训传》的宣传是"污蔑中国历史,污蔑中国民族的反动宣传"。同日《人民日报》还发表专论《共产党员应当参加关于〈武训传〉的批判》。随后《人民日报》不断在显著位置报道上海等地文化界开展批判活动的新闻,发表专论号召全国省级报纸展开《武训传》的讨论,刊登了一批赞成批判《武训传》的"读者来信"。到 7 月下旬,《人民日报》第三版连续 6 天全文刊登了署名"武训历史调查团"的长达 4.5 万字的《武训历史调查记》,调查结论:武训是一个以"兴义学"为

手段,被当时反动政府赋予特权而为整个地主阶级服务的大流氓、大债主和大地主。

姑且不论这部影片所表现的主题和所宣扬的思想是否应该批判,这次批判所采用的政治斗争的形式无疑是十分错误的。批判者在《人民日报》上公开点名批判一系列有关文章和作者(据不完全统计,至少有 43 篇文章和48 位作者)[①],并且把批判的对象上升到反对土改、反对镇压反革命、破坏抗美援朝的"政治高度",开了以政治斗争形式解决意识形态领域问题的先例。

11.3.3.2　关于《红楼梦》研究中的"资产阶级唯心主义思想"的批判

《红楼梦》的研究在学术界被称为"红学"。五四运动后,形成了以胡适为代表的"新红学派",偏重于对《红楼梦》作者、版本的考证。俞平伯是"新红学派"的代表人物之一,早在 1923 年就出版过具有一定影响的"红学"专著《红楼梦辨》。1952 年 9 月俞平伯对《红楼梦辨》一书进行修订,并以《红楼梦研究》为书名再版,1954 年俞平伯又发表了《红楼梦简论》。1954 年 5 月,《文艺报》在《新书刊介绍》专栏中对俞平伯的研究给予肯定,认为"做了细密的考证、校勘","这是很大的功绩"。

几个月后,青年学者李希凡、蓝翎投稿《文艺报》对俞平伯的观点提出批评,未被采用。1954 年第 9 期山东大

---

① 郑保卫主编:《中国共产党新闻思想史》,第 342 页,福建人民出版社 2004 年 12 月版。

学学刊《文史哲》发表了两位青年学者的文章《关于〈红楼梦简论〉及其他》，同年10月《光明日报》又发表了他们的《评〈红楼梦〉研究》一文。毛泽东看到了这两篇对俞平伯红楼梦研究中的观点提出批评的文章后，称赞"这是三十多年以来向所谓红楼梦研究权威作家的错误观点的第一次认真的开火"，要求开展一场反对在古典文学领域毒害青年的资产阶级唯心主义思想的斗争。此后，又一次开展了自上而下的以新闻媒介为主要阵地的学术思想批判运动。这场大规模的思想批判运动持续了半年之久，并由对《红楼梦》研究的批判扩展到对胡适思想的全面批判。

同样，姑且不论俞平伯的红楼梦研究是否有价值，采用政治斗争的方式批判一种学术观点和研究方法，批判中无限上纲，扣政治帽子，使被批判者完全没有答辩的自由，这本身就是粗暴践踏学术民主的错误方式，严重伤害了像俞平伯这样的拥护社会主义的爱国知识分子的感情，影响了党和政府在知识分子中的形象。对胡适这样一位著名学者的批判更是缺乏科学性，其不良影响长时间难以消除。

11.3.3.3 关于"胡风反革命集团"的批判问题

胡风是我国著名的文艺理论家。从20世纪30年代参加左联以来，长期在国统区从事进步文化活动，政治上拥护中国共产党。但是他在文艺理论上的一些观点，如作家的"主观战斗精神"却长期受到质疑和批评。1953年初，《文艺报》发表了批评胡风文艺思想的文章，《人民日报》予以转载。1954年7月，胡风撰写了《关于解放以来的文艺实践情况的报告》（即30万言意见书）全面阐述了他多年坚持的观点，并按正常程序转呈党中央。1955年2月，中国作协主席团扩大会议决定开展对胡风文艺思想的批判，《人民日报》对这一消息作了突出报道。之后，《人民日报》连续发表文章，全面批判胡风的文艺思想。批判活动中，舒芜向中宣部交出了胡风在1949年以前写给他的私人信件，5月13日，《人民日报》以《关于胡风反党集团的一些材料》为题发表了这些信件。

由此，对胡风文艺思想的批判突然升级为揭露与批判"胡风反党集团"，5月底再次升级为"胡风反革命集团"。在《人民日报》的带动下，全国迅速形成了声讨"胡风反革命集团"的巨大舆论。在这场运动中，被审查者达2000余人，逮捕92人，酿成了共和国成立初期最大的政治错案。"胡风反革命集团案"直到1980年才得以平反。

胡风的文艺思想渊源复杂，对其进行批评、争论都是正常的和必要的。但是采取全国规模的批判运动，无限上纲，甚至以私人信件中的言论为"依据"，将胡风等人打成"反革命分子"和"反革命集团"，严重混淆了两类不同性质的矛盾。新闻媒体充当了这场错误的政治斗争的有力工具。

11.3.4 学习苏联新闻工作经验的问题

学习苏联新闻工作经验，这既是我

国革命报刊长期以来"以俄为师"传统的继续，又是中华人民共和国成立初期政治、外交上"一边倒"的必然结果。20世纪50年代学习苏联新闻工作经验，对我国新闻事业产生了深远的影响，是这一时期我国新闻界的一件大事。

1950年1月4日创刊的《人民日报》的《新闻工作》副刊是介绍和学习苏联新闻工作经验的第一个重要园地。以此为标志，我国新闻界开始了系统学习以《真理报》、塔斯社为代表的苏联新闻工作的理论和经验。此后几年间，我国翻译出版了大批苏联新闻工作理论与实践的文章及有关的书籍和刊物。1954至1955年，中苏新闻界多次组团互访，互访成果编辑成了《真理报的工作经验》、《塔斯社工作经验》、《苏联广播经验》以及《苏联报刊工作经验》等四本书，向苏联新闻界学习的活动达到高潮。通过学习苏联新闻工作经验，我国新闻界系统学习了列宁、斯大林的办报实践、办报思想和苏联新闻工作的传统，加深了对于无产阶级新闻事业党性原则的认识。

同时，中国新闻界全面学习借鉴苏联新闻工作的业务经验，包括新闻的编辑、采访、写作以及经营管理和发行等，从而普遍提高了中国新闻工作者的业务水平。20世纪60年代以前，"学习苏联"是中国政治、经济、文化、外交各方面的一个基本国策，在联合苏联结成社会主义阵营对抗西方资本主义阵营方面，这一决策是合理而正确的。

但是在"学习苏联"过程中，也存在一些十分严重的问题，阻碍了我国新闻事业的健康发展。最突出的就是教条化问题，只要是苏联的经验，只要是《真理报》、塔斯社的方法，就一切照抄、机械搬用。最典型的表述是："凡是《真理报》的标题就是好标题，凡是塔斯社的导语就是好导语。"这种不问具体情况，盲目依赖迷信苏联经验的做法，使中国新闻界失去了独立思考的能力，抛弃了50年代初确立的"联系实际、联系群众，开展批评与自我批评"的改进新闻工作的思路，在新闻报道上形成了千篇一律的模式。新闻报道缺少创新，八股气十足，版面上充斥各种会议新闻以及迎来送往的消息，而反映国内工农业生产建设情况和人民群众生活情况的新闻却只有较少的篇幅。这些问题到1956年初已十分严重，新闻界也逐渐意识到了它的危害性。

11.4　中华人民共和国第一次新闻工作改革

1956年以《人民日报》为代表的新闻工作改革，是中华人民共和国成立以来新闻界的一件大事，也是共和国成立后的第一次新闻工作改革。这次改革的时间虽然不长，但是改革从中国实际出发，注意满足人民群众的需要，为办好我国社会主义新闻事业进行了多方面的探索，在新闻史上具有重要的地位。

11.4.1　改革的背景与动因

从1949年到1956年，我国的新闻

事业经过七年的发展,在取得重大进步的同时也暴露出一些严重的问题。在全国社会主义改造基本完成,即将进入全面建设社会主义新时期的形势下,新闻工作落后于现实生活的矛盾日益突出,严重阻碍着新闻事业的进一步发展。当时新闻界存在的主要问题是,盲目照搬苏联经验,教条主义和党八股严重,具体表现为新闻报道面窄,报纸上只登载正面的歌颂性的文章,没有社会新闻和批评报道,缺少自由讨论的风气,报纸上的观点都是"一边倒"、"一言堂",文风枯燥、版面呆板。总之,读者通过新闻媒体不能了解客观世界的真实情况,这种现象已经引起了广大群众的反感和对党报的不信任,新闻工作者也深感不安。全面新闻改革已势在必行。

1956 年能够进行全面的新闻改革还有其特殊的背景。从国际方面看,苏共二十大的召开是个重要因素。赫鲁晓夫在 1956 年 2 月举行的苏共第二十次代表大会上所做的秘密报告,对于斯大林的严重错误作了全面的和系统的纠正,在国际共产主义运动和中国共产党内产生了强烈的震动。中共中央肯定其积极意义,提出反对教条主义和个人迷信的主张,使民主化的呼声高涨起来。苏共二十大尚未结束,《人民日报》编委会就两次开会,研讨苏共二十大已发表的文件,重新评估学习苏联的经验,反思学《真理报》的得失,思想开始活跃起来。

从国内情况看,社会主义改造基本完成,党的工作重点开始转入经济建设。为调动各方面的积极性,这年的 1 月,党中央召开讨论知识分子问题的会议。4 月,毛泽东提出了著名的"百花齐放,百家争鸣"的方针。同月,毛泽东在中央政治局扩大会议上作《论十大关系》的报告,总结我国建设经验,分析学习苏联经验的弊端,他说:"特别值得注意的是,最近苏联方面暴露了他们在建设社会主义过程中的一些缺点错误,他们走的弯路,你还想走?过去我们就是鉴于他们的经验教训,少走了一些弯路,现在当然更要引以为戒。"由此中国共产党开始以改革的精神积极探索符合我国国情的社会主义建设道路,并在政治、经济、文化等方面不断推出新的改革主张与思路。正是在这样的国际国内形势下,新闻事业的改革提上了议事日程。

11.4.2 改革的内容与成绩

11.4.2.1 《人民日报》改版

这次全国新闻工作改革,是以《人民日报》改版为标志的。中共中央的改革精神,作为其忠实喉舌的《人民日报》,贯彻得最及时、最迅速、最坚决。1956 年初即开始酝酿新闻工作改革事宜。4 月,《人民日报》编辑部召开新闻工作改革动员大会,中共中央书记处书记胡乔木在会上传达了中央的改革意图。会后,新闻改革工作在《人民日报》正式启动。经过两个多月多方面的调查研究和广泛深入的讨论,《人民日报》向党中央上报了一份具有观念突破意义的改版报告。《报告》很快得到中央批准,1956 年 7 月 1 日,《人民日报》正式改版。

改版的当天,《人民日报》发表社论《致读者》,全面阐述了改版的目的、意义和重点。社论说:"《人民日报》是党的报纸,也是人民的报纸。从它创刊到现在,一直是为党和人民的利益服务的。"但《人民日报》"仍然有很多缺点","期望全国广大的读者给我们更多的帮助,更多的批评和指示!"社论把改版的重点内容归纳为三个方面:

第一,扩大报道范围。社论认为,我们是生在一个充满变化的世界,各种不同的读者要求从不同的方面了解这个变化着的世界。尽量满足读者多方面的要求,这是我们的天职。

第二,开展自由讨论。社论认为,报纸是社会的言论机关,在任何一个社会里,社会的成员不可能对于任何一个具体问题都抱有同一种见解。有许多问题需要在群众性的讨论中逐渐得到答案。有部分问题甚至在一个时期的讨论以后暂时也还不能得到确定的答案。有许多问题,虽然已经有了正确的答案,应该在群众中加以广泛的宣传,但是这种宣传也并不排斥适当的有益的讨论。相反,这种讨论可以更好地帮助人们认识答案的正确性。我们在报纸上发表的文章,虽然是经过编辑部选择的,但是并不一定都代表编辑部的意见。

第三,改进文风。社论认为,报纸上的文字应该力求言之有物,言之成理,而且言之成章。文风不好,不但读者不愿意看,而且还会造成有害的风气,不利于思想文化,也不利于政治

经济。

社论最后强调说:"我们报纸的名字叫作《人民日报》,意思就是说它是人民的公共的武器,公共的财产。人民群众是它的主人,只有靠着人民群众,我们才能把报纸办好。"《人民日报》的改版社论表明,一切从人民群众的需要出发,尊重新闻传播的规律,是这次改版的核心思想。

《人民日报》按照预定的目标,改版后取得了显著的成果。

11.4.2.2　全国新闻工作改革全面展开

《人民日报》的改版得到了党中央的充分肯定。为了推广《人民日报》改革的措施与经验,促进新闻工作改革的全面展开,《人民日报》改版一个月后,中共中央向各省、市、自治区党委批转了《人民日报》编委会向中央呈送的关于《人民日报》改版的报告,并下达了文件。中共中央文件明确指示:中央批准这个报告,认为《人民日报》改进工作的办法是可行的。中央还希望各地党委所属的报纸也能够进行同样的检查,以改进报纸的工作。这样,以《人民日报》改版为旗帜,带动了全国新闻工作改革的全面展开。

新华通讯社以建设世界性通讯社为目标,以提高新闻报道质量为核心,在改进国内通讯社工作、加强国外通讯社工作等多方面进行了大胆改革。早在 1955 年 12 月,毛泽东就指出:"新华社应大发展,尽快做到在世界各地都派有自己的记者,发出自己的消息,把地球管起来,让全世界都能听到我们的声音。"其后,1956 年五六月间刘少奇在

同新华社负责人谈话中也要求新华社要"成为世界性通讯社",并对新华社的性质与任务、新闻报道的基本要求与国内和国际报道的改进、记者的工作作风以及学习塔斯社等问题提出了具体意见。

根据毛泽东、刘少奇的指示和当时国内外形势发展的需要,1956 年 8 月新华社制定了改进工作和建设世界性通讯社的全面规划。在建设世界性通讯社方面,新华社提出了分两步走的方案:第一步在五年到七年内建成东方(亚非地区)最有权威的世界性通讯社。第二步在十年到十二年内建成在全世界范围内可以和西方各大通讯社相抗衡的世界性通讯社。要达到这一目标,新华社就必须向世界上大部分国家派遣记者,收集和发布世界各地的重要新闻。1956 年新建国外分社达十个之多。

在改进国内报道方面,新华社提出报道应该全面地、真实地反映实际情况,克服片面性;扩大报道面,充分反映人民生活的各个方面;报道形式要多样化,克服生硬、刻板、八股气;加强管理,提高工作效率。新华社在改革中发展迅速。这一年,国内分社达31 个,国外分社达 20 个,加上香港分社,共有采编人员 800 多人①,已具备全国性通讯社规模,并开始向世界性通讯社迈进。

广播工作的改革是以 1956 年 7 至 8 月间的第四次全国广播工作会议的召开为标志的。这次会议上根据刘少奇对发展广播事业的指示,经过深入的讨论,提出了广播工作改革的主要目标:即改进新闻报道,广播新闻努力做到又多又快又短又好,增加新闻节目的次数和容量,强调新闻的时效性;扩大报道题材,力求全面反映祖国新貌,让广播节目更接近和更能体现群众的生活;贯彻"双百方针",开展自由讨论,增加批评报道;办好文艺节目、体育节目、知识性节目等,力求广播节目丰富多彩,满足各种不同兴趣和爱好听众的需要;注意广播语言的口语化、通俗化等。第四次全国广播会议以后,广播工作有了显著的改进,节目内容更加接近人民生活,形式也更加生动活泼,受到听众的广泛欢迎。

全国其他报纸以及新闻研究、新闻教育领域里的改革也全面展开。

11.4.2.3 新闻改革取得显著成效

这次改革的内容是多方面的,取得的成效也是多方面的。

第一,新闻报道的客观性、真实性、公正性和全面性有了提高。改革前新闻界普遍存在的一个严重问题是:对新闻报道限制过多,致使媒体上新闻少,内容贫乏,并且有很大的片面性,报喜不报忧的倾向严重,不能反映国内和国际生活的实际。改革中各媒体都针对这个问题采取各种措施扩大报道面,多发新闻,增加批评报道,在国际报道中坚持一视同仁的原则,力争客观、真实、公正、全面地报道社会生活。

第二,新闻媒体开展自由讨论的做

---

① 方汉奇主编:《中国新闻事业通史》第三卷,第189 页,中国人民大学出版社1999 年2 月版。

法得到普遍认同。《人民日报》编委会在给中共中央的改版报告中第一次提出了在报纸上开展自由讨论的问题。报告说：目前报纸上没有不同意见的讨论，这是不正确的。今后，报纸上的文字，除了党中央少数负责人的文章和少数社论以外，可以不代表党中央意见，也可以不代表编辑部的意见，都有讨论的余地。新闻改革中《人民日报》的这一观点得到了中央的肯定，也得到了新闻界的普遍认同。各媒体都开展了不同形式的自由讨论，充分阐发社会言论。当时的确做到了不同意见的争鸣，不扣帽子，不打棍子，造成了生动活泼、思想解放的良好气氛。

第三，新闻文风有了较大改进。针对当时新闻媒体中教条主义和党八股严重的情况，新闻界提出：今后要坚决克服教条主义和党八股习气，打破清规戒律，认真学习和有分析地吸收外国新闻报道经验，努力改进文风，讲究写作技巧，提高采访写作水平，提高评论的质量，增加各种体裁的文章，活跃风气。改革开始后，各媒体都在改进文风上做了重大努力，媒体面貌焕然一新。

第四，媒体的人民性得到了较好的体现。关于媒体的人民性问题，《人民日报》1956 年 7 月 1 日改版社论提出了一个著名观点，这就是："《人民日报》是党的报纸，也是人民的报纸"，"是人民的公共的武器，公共的财产。人民群众是它的主人"。由此，《人民日报》在改革中力求从各个方面充分报道人民群众的生活，阐发人民群众

的言论，反映人民群众的呼声，自觉地把党性和人民性统一起来。

此外，在这次改革中还出现了许多新主张、新观点，对我国以后的新闻理论和新闻实践发展影响深远。其中影响较大的有上海《新民报晚刊》总编辑赵超构提出的"短些，短些，再短些；广些，广些，再广些；软些，软些，再软些"的晚报"三字经"和复旦大学新闻系王中提出的"读者需要论"、报纸两重性（商品性、工具性）以及许多新闻工作者提出的学习中外新闻事业先进经验的问题等。

11.4.3　改革的意义与中断

1957 年 6 月，《人民日报》改版中断，全国新闻事业的改革亦随之中断。造成这次改革中断的根本原因，是随着反右扩大化的"左"倾狂潮的到来，原来的以适应"以经济建设为中心"为其灵魂的新闻改革，已经不适应阶级斗争扩大化的实际需要了，因而这种改革也就必然会夭折。因为大搞"以阶级斗争为纲"，就不可能实现新闻的客观性、真实性、公正性和全面性。

在反右斗争中，在《人民日报》等报刊上发表过争鸣文章的不少作者都被错误地打成"右派"，也就不可能再有言论自由；在狂热的"左"倾鼓噪之中，也不可能再有良好的文风。在一味地推行自上而下的灌输、根本不信任群众的情况下，也就不可能再去倾听人民的呼声，反映人民的意愿，满足人民的需要。这样，1957 年 6 月"反右"斗争普遍展开后，不仅《人民日报》迫于形

势不得不重新回到改版以前的老路，而且全国的新闻事业的改革也从整体上中断、夭折了。代之而起的，是一波又一波的"左"倾狂潮。

这次新闻改革持续的时间虽然不长，但它是共和国第一次新闻工作改革，为办好社会主义制度下党和人民的新闻事业积累了经验，开辟了道路，具有重要的意义。

首先，这是一次思想解放运动，它冲破了教条主义、形式主义的束缚，破除了盲从迷信，认识到对于苏联的新闻工作经验要有分析地加以借鉴，择其善者而从之；对于国内外资产阶级新闻事业的经验，不能简单地一概否定，可以批判地吸取其对我们有用的东西。1956年4月20日，人民日报国外报纸经验小组组织了国外报纸展览会，并整理出一份国外报纸简介，供改版参考。4月29日，国内报纸经验小组也撰写出《解放前国内报纸的特点》，供改版参考。正是在这种工作的基础上，人民日报编委会才得以集思广益，着手起草了给中央的改版报告。1956年《人民日报》为首的全国新闻事业的改革，是在借鉴各方面有益经验基础上进行的，这一点非常可贵。这也表明当时的新闻界已经认识到了办社会主义新闻事业必须从中国的实际出发，从而开始探索有中国特色的新闻事业发展道路。

其次，这次改革所提出的关于新闻的真实性、新闻媒体的人民性、开展自由讨论、改进新闻文风、吸收国内外资产阶级新闻事业的有益经验和走有中国特色的新闻事业的发展道路的原则、思想与主张等，都对促进我国新闻事业的发展产生了深远的积极影响。

最后，这次改革虽然中断了，但它的精神、原则和思路，仍然影响着以后的新闻界，特别是影响着改革开放之初的新闻界。在某种程度上，1961年的新闻改革和改革开放初期新闻改革，实际都是借鉴了这次改革经验的基础上展开的。即使是在今天，1956年新闻改革的精神和内容也不能说完全得到了实现，所以仍然具有借鉴意义。

【本章小结】

这一章讲述的是中国共产党领导的新中国新闻事业的创建和初步发展时期的历史。时间跨度为：1949年10月1日到1956年底社会主义改造完成。

中国共产党依靠政权的力量迅速完成了对国民党遗留下的新闻事业的清理整顿，形成了以《人民日报》、新华通讯社、中央人民广播电台为核心的新闻事业网。

中华人民共和国年轻的新闻媒体出色完成了共和国初期重大的政治、经济、外交、军事等方面的报道任务，锻炼了新闻队伍，积累了宝贵经验。

这一时期的新闻工作也出现了一些值得深入思考的问题：新闻真实性问题、在报刊上开展批评与自我批评问题、思想文化领域里的批判问题、向苏联新闻界学习的问题等。

1956年全国新闻工作改革是这一

时期的一件大事,这次改革初步探讨了中国特色新闻事业的发展道路,其改革观念、思路对我国后来新闻事业的发展影响深远。

★【思考题】

1.简述中华人民共和国成立后中国共产党和人民政府对国民党新闻事业的清理整顿。

2.简述中华人民共和国成立后报业结构的构成与特点。

3.抗美援朝报道中有哪些重要作品?

4.以《人民日报》为例评述1956年全国新闻工作改革。

◤【延伸阅读】

[1]方汉奇.中国新闻事业通史:第三卷.北京:中国人民大学出版社,1999

[2]方汉奇,陈昌凤.正在发生的历史:上.福州:福建人民出版社,2002

[3]赵玉明.中国广播电视通史.北京:北京广播学院出版社,2004

[4]郑保卫.中国共产党新闻思想史.福州:福建人民出版社,2004

[5]丁淦林.中国新闻事业史.修订版.北京:高等教育出版社,2007

12 全面建设社会主义时期新闻事业的曲折发展

导言

本章学习目标 学习这一章要掌握两条基本线索，一是新闻界在政治运动中的"左"倾错误及教训，二是新闻事业在这一时期的发展和成就。通过本章的学习，了解1957年反右派斗争的严重扩大化、1958年至1960年"大跃进"运动违背经济规律的失误、1962年以后在意识形态领域里的一系列"左"倾批判运动给新闻事业造成的巨大损失。了解我国的新闻事业在曲折中进行了一些有益的改进和探索，广播、电视、通讯社、报刊等各个方面取得的重大成就。了解全党大兴调查研究之风给新闻界带来的新变化。认识新闻事业发展的复杂性。

本章难点 反右派斗争 "大跃进"运动 新闻事业的成就 大兴调查研究之风

从1956年底社会主义改造基本完成到1966年"文化大革命"爆发，是中华人民共和国历史上十分重要的十年，史称全面建设社会主义时期。在这一时期，我国社会主义建设取得了很大的成绩，也遭受了严重的挫折，付出了巨大的代价。新闻媒体作为党的重要舆论工具，新闻事业作为意识形态的重要组成部分，必然和整个国家的发展一样，在曲折中上下沉浮，既有继续向前发展取得成就的一面，也有停滞不前甚至出现重大失误的一面。1960年冬以后，由于"大跃进"和人民公社运动给我国的国民经济造成了极为困难的局面，党中央开始对一些"左"的错误加以纠正，倡导大兴调查研究之风，新闻界也冷静下来对新闻工作进行反思，并进行了一些有益的改进和探索，积累了宝贵的经验。但是由于"左"的错误并未能在根本上得到纠正，而且还在政治思想文化方面有所发展，特别1962年以后党中央毛泽东重提以阶级斗争为纲，新闻媒介成为"阶级斗争的工具"，一些有益的新闻改革也只能是"昙花一现"。新闻事业和整个国家一道最终被"左"倾错误推向了全面内乱的大灾难。

12.1 新闻界在政治运动中的"左"倾错误与教训

12.1.1 整风运动和反右派斗争扩大化阶段的新闻界

1957年反右派斗争的严重扩大化给我国新闻事业带来了很大的影响。我国新闻界在这次运动中也犯了严重的"左"的错误。

12.1.1.1 从整风运动到反右派斗争

1956年社会主义改造完成，中国共产党"八大"宣布：社会主义制度在中国已经基本建立起来了。历史在翻开新一页的同时，也面临着新的问题。由于"苏共二十大"和"波匈事件"的影响，也由于党内日益严重的官僚主义，1957年初，国内一些地方出现了学生游行、工人罢工和农民退社等严重问题。虽然出现了这些问题，但应该说，当时中国的政治形势总体上还是稳定的。中共中央和毛泽东主席认为我们国家的主要矛盾是人民内部矛盾，正确处理人民内部矛盾是我国政治生活的主题。那么怎样去化解和解决大量存在的人民内部矛盾呢？就是要在全国采取扩大民主生活，扩大批评和自我批评的办法，使领导者和群众之间的矛盾变得容易发现和容易解决，使全国人民在社会主义社会中有充分的自由、平等和主人翁的感觉。正是在这样的背景下，中共中央决定在党内进行整风。

1957年4月27日，中共中央发出《关于整风运动的指示》，开始在全党范围内进行一次整风运动，旨在克服官僚主义作风。从5月初到6月初，中共中央召开各种会议听取批评意见。中共中央统战部曾召开十几次各民主党派负责人和无党派人士的座谈会，听取他们对中国共产党各方面工作的意见。在民主党派、无党派民主人士座谈会上，有70多人发了言，在工商界座谈会上，有108人发了言。他们对共产党提出了大量的批评意见和建议,中间也有不同意见的讨论和争论。大部分的发言是正确的,有的意见切中时弊。但是,在整风期间也确实出现了反对共产党领导和反对社会主义制度的言论。

根据中共中央、毛泽东主席的指示,《人民日报》和各地方党报在5月8日至6月7日期间,"不登或少登正面意见,对资产阶级反动右派的猖狂进攻不予回击","让牛鬼蛇神'大鸣大放',让毒草大长特长","等待时机成熟,实行反击"。这就是所谓"引蛇出洞"。在这种背景下,《人民日报》和各地党报"大鸣大放",报道了各界整风座谈会的情况,报道了许多后来被划为"右派分子"的意见,暂时没有反击。

5月19日,《人民日报》发表社论《继续争鸣,结合整风》,其中写道:"是继续大胆放手,让大家大放大鸣好些呢?还是束手束脚——既束住自己也束住大家——好些呢?我们是赞成前者的。"《人民日报》这样带头"鸣放"和鼓励"鸣放",很容易使人们误认为这样的"鸣放"是中央提倡的,是符合帮助党整风的要求的。当时报纸在开展"大鸣大放"方面,表现较为突出和影响较大的是《文汇报》和《光明日报》。这两份报纸在"大鸣大放"中,大量刊登了各种批评意见,这些意见有许多是正确的或者有正确的因素,对帮助党整风是有益的,但是也有不少意见是偏激的,有较大的片面性。这两份报纸不加分析地一概全文照登,而且在标题上常常突出偏激的错误的意见。

"大鸣大放"开展一段时间以后,中共中央毛泽东主席6月8日发出党内指示,要组织力量反击右派分子的猖狂进攻。同一天,《人民日报》发表社论《这是为什么?》,标志着对右派分子进行反击的开始。从此,一场群众性的反右派运动在全国广泛开展起来。

12.1.1.2 反右派斗争扩大化给新闻事业造成的严重后果

应当说,当时对于极少数分子反党反社会主义的言论进行批判和斗争是必要的和正确的,但是这场斗争很快地、极其严重地扩大化了。薄一波在《若干重大决策与事件的回顾》一书中说:据我所知,粉碎"四人帮"特别是十一届三中全会以来,改正被错划的"右派分子"的结果表明,反右派斗争中所划的55万人中,除极少数是真右派外,绝大多数或者说99%都是错划的。①

从整个反右派斗争来看,当时新闻媒体发表的大部分关于反右派的宣传和批判,都是无限上纲,乱扣帽子,"反党"、"反社会主义"等大帽子满天飞。"鸣放"时期发表的批评言论,其中许多都是很中肯的和善意的,却都被当成了所谓"右派言论"加以批判,严重地混淆了人民内部和敌我两类不同性质的矛盾,严重地混淆了思想问题、学术问题和政治问题之间的界限,严重地违背了实事求是和新闻真实性的原则。尤其是当时采用"引蛇出洞"的手段来误导批评者,更是严重地损害了正确开

---

① 薄一波:《若干重大决策与事件的回顾》,第618~619页,中共中央党校出版1993年6月版。

展批评与自我批评的优良传统,在政治上造成了极坏的影响。这样的做法使得人们从此几乎不敢再向共产党提出批评意见。所有这一切,都是十分严重的"左"倾错误。

当然,当时新闻媒体所犯"左"倾错误,主要还是党的高层领导方面的失误造成的。在当时,新闻媒体开始鼓动"大鸣大放",继而又向右派分子展开反击,都是响应党的号召。新闻媒体和新闻工作者当时都很难认识到"左"的错误。而且,在党内外的民主政治生活遭受严重破坏的情况下,即使有媒体和新闻工作者察觉到了宣传报道中的"左"倾错误,也无法坚持正确原则,而且更无力纠正错误做法。因为在当时的自上而下的"一边倒"的情况下,反"左"的稿子事实上是不可能见报的。

反右派斗争的严重扩大化,给中国的社会主义建设,给各行各业包括新闻事业的健康发展,造成了极为严重的后果。

首先,在反右斗争中新闻媒体贯彻中共中央"引蛇出洞"的"阳谋",出尔反尔,先是发动和组织大家给党提意见,然后又以言治罪,这就严重损害了媒体的形象,破坏了中共党报的可信度。

其次,新闻媒体在充当反右派斗争工具的同时,也是反右派斗争的重灾区。新闻界被划为"右派分子"的,远多于其他党政机关。反右派斗争之后,一大批有经验的新闻工作者离开了新闻战线,这无论对他们本人,还是

对我国新闻事业都是一种损失和浪费。

再次,反右派斗争的一个直接后果就是使1956年开始的新闻工作改革半途而废,从而导致了我国新闻事业在很长一段时间内徘徊不前。1956年以《人民日报》改版为主要标志的新闻工作改革,初步摸索出了一条有中国特色的新闻事业发展道路。整风运动中新闻界的有识之士提出的一些建议正是对这次新闻改革的继续探索。但是,随着反右派斗争的全面展开,新闻改革中提出的许多新闻思想和办报方法都被当作资产阶级右派言论遭到批判,许多卓有成效的改革被迫停止,而"报纸是阶级斗争工具"的观点得到片面发展,报纸成了群众大规模阶级斗争的舆论阵地。从此,我国新闻媒体长时期不能发挥其正常功能。

12.1.2 "大跃进"时期的新闻宣传

1958年至1960年,在我国历史上被称为"大跃进"的年代。连续三年违背经济规律的"大跃进",使我国的经济发展遭到了严重的挫折,也给新闻事业带来很大损失。新闻界在这次运动中极为活跃,为"大跃进"运动推波助澜,"左"倾错误进一步发展。

12.1.2.1 主张、号召和参与发动"大跃进"

最早在报纸上出现"大跃进"的提法是在1957年的秋冬。10月11日,《人民日报》在社论中提出,我国农业生产要在五年内赶上和超过富裕国家的生产水平,这是一个"大跃进"。12月4日,《人民日报》社论又提出:"立

即用实际行动争取生产建设大跃进。"1958年《人民日报》元旦社论《乘风破浪》提出了"超英赶美"的口号,指出:"我们要在15年左右的时间内,在钢铁和其他重要工业产品产量方面赶上和超过英国。""再用20年到30年的时间在经济上赶上并且超过美国。"2月2日,《人民日报》社论又发出号召:"我们国家现在正面临着一个全国大跃进的新形势,工业建设和工业生产要大跃进,农业生产要大跃进,文教、卫生事业也要大跃进。"

2月12日《人民日报》为第一届全国人民代表大会第五次会议闭幕而发的社论,题目就是《一次争取大跃进的大会》,其中提出:"我们的口号是苦战3年,争取在3年内使全国大部分地区的面貌基本改观。"而在第一届全国人民代表大会第五次会议于2月正式开幕后,《人民日报》还用通栏标题《带动全国人民争取全面跃进!》,发表各界人民代表的发言、各行各业大跃进的规划等,这种集中宣传"大跃进"历时达半个月之久,造成了发动"大跃进"的强大舆论声势。

12.1.2.2 论证、宣传"大跃进"的可行性和"必然性"

提出"大跃进"、"超英赶美"的战略任务后,《人民日报》又反复论证、宣传"大跃进"的可行性和必然性。1958年3月4日,《人民日报》发表《中共中央决定全国进一步展开反浪费反保守运动的指示》,其中指出:"可以用同样的人数和同样的财力、物力,办出比原定计划多百分之几十以至数以倍计的

事业。"为了说明这种愿望是可以实现的,《人民日报》围绕"15年左右赶超英国"、"20年到30年赶超美国"、"苦战3年改变面貌"、"成倍地发展事业",作了大量的宣传工作,发表了赶超英国的资料,对钢、生铁、煤、电力、水泥、硫酸、氮肥等重工业原材料的产量进行具体对比,比较1949年前后的增长速度,说明按此速度发展就一定能达到目标。以后又陆续发了署名文章如:《钢铁工业15年内一定能赶上并超过英国》、《水泥工业15年能赶上英国》等。这些不顾国家发展实际的政治宣传,给群众的思想造成极大的混乱。

12.1.2.3 片面宣传总路线"唯意志论"

1958年5月,中共八大二次会议提出"鼓足干劲,力争上游,多快好省地建设社会主义"的总路线。总路线的提出,为"大跃进"吹响了号角。此后,全国各条战线迅速掀起"大跃进"高潮。各新闻单位开始大张旗鼓地宣传总路线,而且是极其片面的宣传。

6月21日,《人民日报》发表社论《力争高速度》。社论认为,"速度是总路线的灵魂","快,这是多快好省的中心环节"。这就把总路线的核心,定在一个"快"字上,即经济建设中的高速度。与"高速度"宣传紧密相联系的就是片面地强调人的主观能动作用,即宣传"唯意志论"。《人民日报》社论《力争高速度》认为,"加快建设速度的条件是客观存在的,问题是我们自己究竟想不想快,要不要快"。

在《人民日报》社论的带动下,其他一些宣传报道中还提出"思想解放

无边无岸"，"异想就能天开"，"重要的不是条件，而是人，人是条件的主人"。有的报纸甚至宣扬"不怕做不到，只怕想不到，只要能想到，一定能做到"；"人有多大胆，地有多大产"。像这类否认客观条件的唯心主义唯意志论调，在当时的报纸版面上随处可见。在唯意志论的支配下，报上出现了大量的假新闻，完全违背了新闻的真实性原则，"假、大、空"的写作风格恶性膨胀，政治宣传的片面性与新闻报道的失实性，汇合成了一股汹涌的浮夸新闻，为中外新闻史所罕见。

12.1.2.4 宣传生产建设成就方面的浮夸风、瞎指挥

浮夸新闻在农业生产宣传中尤为严重，突出表现是大放农业高产"卫星"的宣传。1958年初夏，全国从中央到地方各报纸、电台争相报道小麦高产"卫星"的情况，一个比一个高，并通过版面安排和节目制作进行大肆渲染。

如7月12日《解放日报》报道河南西平县城关镇和平农业社试验田的高产"卫星"，用的大标题是《伟大中国人民创造伟大奇迹》，肩题《谁说增产能到顶请看河南新卫星》，副题《比已知世界纪录高出近四倍》；8月10日《人民日报》头版消息《安徽高丰社试验田开放大红花早稻亩产一万六千多斤》，这条消息，新闻要素俱全，用尽各种新闻手段，尽力渲染，给人以"真实"印象（图12-1）。

浮夸新闻在大办钢铁的宣传中，突出表现是瞎指挥。1958年8月，中共中央决定，当年的钢产量要比去年翻一番，达到1 070万吨。《人民日报》发表社论说"一吨不能少"。那么如何达到这样的目标？《人民日报》社论指出的"捷径"是："土洋并举"加速发展钢铁工业。社论认为，我国煤多、铁矿多，可以全党全民办小型钢铁工业，不仅工厂可以办，而且机关、部队、学校、街道、手

图12-1 《人民日报》有关农业高产的报道
（原载赵玉明主编：《中国广播电视通史》，第258页。）

工业合作社、农业合作社都可以办。从此全国兴起了一场全民大炼钢铁运动。在《人民日报》的号召下，中央及地方各级报纸、电台都作了充分宣传，大造声势，弄虚作假的钢铁"卫星"充斥在各类报纸版面和各级广播节目中。在这种瞎指挥下，耗费大量人力物力炼出大量质量不合格的废铁，给国家造成了重大损失。

12.1.2.5　对"大跃进"宣传的反思

我国新闻界在"大跃进"运动中的表现，是中国新闻传播史上非常令人痛心和惭愧的一段历史。新闻的真实性原则被完全破坏，许多新闻报道都是弄虚作假的，许多新闻评论都是"痴人说梦"的。这些虚假的报道和毫无理性的评论之所以能大批出现，原因是多方面的。

从根本上说，这不是新闻界少数人思想品质和工作作风问题，而是整个新闻界认识水平不高的表现。根据辩证唯物主义的基本原理，新闻的本源是事实，新闻报道的事实必须真实准确。这就要求新闻工作者要实事求是，尊重和反映客观实际。但是，"大跃进"运动中，大多数新闻工作者报道新闻不是从客观事实出发，而是从领导人的主观臆断出发，从某项政策需要出发，从不切实际的幻想出发。

1958年底，毛泽东对新闻界的浮夸风提出过批评，告诫记者头脑要冷静，要独立思考，不要人云亦云。1961年刘少奇在总结"大跃进"教训时批评《人民日报》说，三年来报纸在宣传生产建设成就方面的浮夸风，在推广先进经验方面的瞎指挥风，在政策宣传和理论宣传方面的片面性，对实际工作造成了很大的恶果。他认为"大跃进"的错误，《人民日报》有一半的责任。这些批评有一定的道理，"大跃进"中的错误，媒体自身也确有一定的责任。

但是在"左"倾思潮泛滥的情况下，无论从理论上还是在实践中媒体自身都是无法避免"左"倾错误的。刘少奇提出的要把坚持原则性和坚持纪律性结合起来，即一方面要服从党委领导，要坚持纪律性；一方面也要敢于向党委反映情况和群众意见，要坚持原则，这在当时也是无法实现的。因此新闻界还没来得及认真思考反省"大跃进"宣传中的"左"倾错误，就又跌入另一轮的"左"倾错误中。

12.1.3　20世纪60年代以后新闻宣传中的"左"倾错误

1962年下半年召开的中共八届十中全会，标志着中国共产党在指导思想上的"左"倾错误进一步升级，主要表现在：过分强调阶级斗争，把一定范围内存在的阶级斗争扩大化、绝对化；并把当时党内关于一些问题的意见分歧和不同主张，斥之为"黑暗风"、"单干风"、"翻案风"，用阶级斗争的观点去分析和批判。这样就使国内的政治形势发生逆转，由刚刚进行不久对扭转困难局面极为重要的纠"左"又变成了反右。

在这种大的政治背景下，我国新闻界的"左"倾错误也进入了一个新的发展阶段。在这一阶段，新闻界的"左"

倾错误主要的不是在经济宣传方面，而是在意识形态领域的宣传方面。这种"左"倾错误的主要表现，就是新闻媒体成为了当时毛泽东等人展开意识形态领域里的一系列的"左"倾批判的主要工具与主要阵地。

12.1.3.1 文艺界的大批判

1962 年 9 月，中共八届十中全会批判"翻案风"时，康生诬陷李建彤的长篇小说《刘志丹》是"利用宣传刘志丹来宣传高岗"，是"反党大毒草"。根据康生别有用心的汇报，毛泽东表态说："利用小说进行反党，是一大发明。凡是要推翻一个政权，总要先造成舆论，总要先做意识形态方面的工作。革命的阶级是这样，反革命的阶级也是这样。"《刘志丹》这部小说当时还是征求意见的样本，只有一部分曾在 1961 年 7、8 月间的《工人日报》上连载。结果此事株连很广，造成近万人的大冤案。《工人日报》的党组织多次检讨都不能过关，有关编辑受到审查，不仅要检查思想，还要从组织上彻底追究。

十一届三中全会以后，中组部对小说《刘志丹》案进行了复查，并于 1979 年 7 月 14 日向中共中央写报告，认为这部小说"是一部比较好的歌颂老一辈无产阶级革命家、描写革命斗争历史的小说"。这个案件"是康生制造的一起大错案"。中央批转了这个报告，并于 1980 年 2 月发出通知，为在这起案件中受迫害的同志平反。

以对小说《刘志丹》的批判为开端，文化领域的大批判不断升级，特别

是毛泽东做出对文艺工作的两个批示后，这种批判在全国大规模地开展。1963 年 12 月 12 日和 1964 年 6 月 27 日，毛泽东在中宣部编印的《文艺情况汇报》第 116 号上和中宣部《关于全国文联和各协会整风情况的报告》草稿上的批示，对我国的文学艺术界，对文联所属各个协会和他们掌握的大多数刊物，提出了尖锐的批评。认为在文艺界，"社会主义改造在许多部门中，至今收效甚微"。"十五年来，基本上（不是一切人）不执行党的政策，做官当老爷，不去接近工农兵，不去反映社会主义的革命和建设。最近几年，竟然跌到了修正主义的边缘。如不认真改造，势必在将来的某一天，要变成像匈牙利裴多菲俱乐部那样的团体"。①

根据这两个批示，文艺界立即掀起了一股大批判的浪潮。一大批电影、小说、戏剧、美术、音乐作品被否定，批判中无限上纲。如《人民日报》等报刊发表文章批判《北国江南》、《早春二月》、《林家铺子》等多部影片，污蔑它们"调和阶级矛盾"，"抹煞阶级斗争"，"为资本主义复辟准备思想条件"，等等。

文艺界的大批判又很快扩展到其他领域，从 1964 年夏季开始，哲学界批判了杨献珍的"合二而一"论；在经济学界批判了孙冶方的重视价值规律、重视利润和扩大企业权限等重要经济思想；历史学界批判了翦伯赞、吴晗的"非阶级观点"和农民战争史研究中

---

① 薄一波：《若干重大决策与事件的回顾》，第 618–619 页，中共中央党校出版 1993 年版。

"让步政策"论,等等。当时,大批判的浪潮遍及整个文学艺术和哲学社会科学领域。而且这种批判同样是从政治需要出发,任意提高到两个阶级、两条道路、两条路线的斗争上来进行的。如《人民日报》、《红旗》杂志就给杨献珍扣上"修正主义"、"阶级调和论"、"资产阶级在无产阶级内部的代理人"等大帽子,打成"反党分子"。其他被批判的人也都遭到了类似的打击。

12.1.3.2 对吴晗的新编历史剧《海瑞罢官》的批判

从 1965 年 11 月 10 日姚文元在《文汇报》发表《评新编历史剧〈海瑞罢官〉》开始,文化领域的大批判的性质发生了变化。在此之前的文艺界大批判,虽然已带有浓厚的政治色彩,但基本上还能限制在文学艺术和哲学社会科学领域,而对《海瑞罢官》的批判则具有明显的政治斗争的性质,成了"文化大革命"的导火线。

1959 年 4 月,毛泽东提出要学习海瑞刚直敢谏、敢讲真话的精神。6 月,吴晗应一位中央负责同志之约,根据毛泽东的上述精神,为《人民日报》写了《海瑞骂皇帝》一文。这是庐山会议以前的事情。9 月,吴晗又在《人民日报》发表《论海瑞》一文,特意根据八届八中全会的精神,在文章结尾表示自己提倡的是真海瑞,是反对假海瑞、反对右倾机会主义的。同年下半年,北京京剧团的著名演员马连良要求吴晗为他们写一部关于海瑞的戏。1960 年底,剧本写成,初名《海瑞》,后接受别人意见,改名《海瑞罢官》。1961 年剧本发表并正式演出。

后来,江青多次说,《海瑞罢官》有严重的政治问题,是借古喻今的大毒草,要批判。1964 年,康生也诬指《海瑞罢官》同庐山会议有关,同彭德怀问题有关。毛泽东接受了江青、康生等人的观点。在此之后,江青即在北京组织人写批判《海瑞罢官》的文章,但没有人从命。1965 年,江青到上海,找到了张春桥、姚文元合谋,由姚文元写了《评新编历史剧海瑞罢官》一文,于 11 月 10 日在《文汇报》发表,从政治上批判《海瑞罢官》"是一株毒草"。这篇文章由江青、张春桥、姚文元在上海秘密炮制,保密七八个月,九易其稿,最后经毛泽东阅后发表。

但当时中央政治局和北京各报刊均不知道毛泽东的政治意图,18 天内没有转载这篇文章。直到 11 月 29、30 日,《北京日报》、《人民日报》先后转载时还加了由彭真、周恩来分别审阅定稿的编者按,力图把对《海瑞罢官》的政治批判拉回到学术讨论的范围内。《北京日报》的编者按强调,有不同意见应该展开讨论,要实事求是地弄清是非。《人民日报》的编者按说:欢迎史学界、哲学界、文艺界和读者踊跃参加《海瑞罢官》和有关问题的辩论。我们的方针是既容许批评自由,也容许反批评自由;对于错误意见,我们也要采取说理的方针,实事求是,以理服人。

但《北京日报》和《人民日报》的这种努力无法扭转大局。毛泽东 1965 年底说,《海瑞罢官》的"要害问题是'罢官'。嘉靖皇帝罢了海瑞的官,1959 年我们罢了彭德怀的官。彭德怀也是'海瑞'。"这些话,使得对《海瑞罢官》的批判,具有了非常严重的政治性质。1966 年初,这场批判运动在全国范围内推向高潮,报刊上发表了许多批判吴晗等人的文章。在毛泽东的指示下,这种批判不断地升级和扩大,《人民日报》《光明日报》4 月 2 日同时发表戚本禹的文章《〈海瑞骂皇帝〉和〈海瑞罢官〉的反动实质》,从政治上对吴晗进行了进一步的批判。《解放军报》5 月 8 日发表了署名"高炬"的文章:《向反党反社会主义黑线开火》。同一天,《光明日报》发表署名"何明"的《擦亮眼睛辨别真假》。10 日,姚文元在上海《解放日报》《文汇报》发表《评"三家村"——〈燕山夜话〉、〈三家村札记〉的反动本质》。《红旗》第七期发表戚本禹的《评〈前线〉、〈北京日报〉的资产阶级立场》。这些文章实际上把矛头直接指向了以彭真为首的北京市委。这样,对《海瑞罢官》的批判就发展成为了对北京市委的批判,从而拉开了"文化大革命"的序幕。

12.2 新闻事业的调整、发展与成就

开始全面建设社会主义的十年,我们虽然遭到过严重挫折,但仍然取得了很大成就。《关于建国以来党的若干历史问题的决议》指出:"我们现在赖以进行现代化建设的物质技术基础,很大一部分是这个期间建设起来的;全国经济文化建设等方面的骨干力量和他们的工作经验,大部分也是

在这个期间培养和积累起来的。"这个概括对新闻界来说也是适用的。尽管由于全局性指导思想的失误,给新闻事业带来了巨大损失,但是和其他各项社会主义建设事业一样,新闻事业在挫折中发展,也取得了重大的成就。

12.2.1 电视事业的创办和广播事业的新发展

1958 年 5 月 1 日,我国第一座电视台——北京电视台(中央电视台的前身)开始试播,首都北京的上空第一次出现了中国自己的电视节目的信号,标志着我国电视事业发展历史的开始。电视是 20 世纪最伟大的发明创造之一,自从 1936 年英国正式播放电视节目,电视便作为 20 世纪最具影响力的传播媒介获得了广泛的发展。中华人民共和国成立后不久,即着手创办电视事业。

1955 年 2 月 5 日,中央广播事业局向国务院提出,1957 年在北京建立一座中等规模的电视台的计划。1957 年 8 月 17 日,中央广播事业局决定成立北京电视实验台筹备处,并从中央电台和八一电影制片厂、中央新闻纪录电影制片厂调集了播音员和摄影师,为建台作了组织上的准备。同年 12 月,为了学习和借鉴国外办电视的经验,中央广播事业局派出了电视代表团,赴苏联和德意志民主共和国考察,为建台作了业务上的准备。

1958 年春,北京广播器材厂在清华大学的协助下试制出一批设备,并调试成功;同时又从国外进口了一部分器

材,为建台作了物质上的准备。各种准备工作完成后,1958年5月1日,北京电视台实验播出。当晚19时,一幅以广播大楼模型作为背景的图案,上面映衬着"北京电视台"字样的电视画面展现在电视屏幕上,中国的电视事业诞生了。经过4个月的试播,取得了初步经验,1958年9月2日北京电视台正式播出(图12-2)。正式播出后,北京电视台的节目由每周两次增至每周四次,事业逐渐走上正轨。

1959年5月1日,北京电视台第一次在天安门广场转播了首都人民庆祝"五一"节大会和游行的实况,以后每年的国庆节和"五一"节北京台都进行实况转播。从1960年元旦起,北京电视台试行新的固定节目时间表,每周播出八次,设置了十几个固定栏目,既有面向广大观众的栏目,又有面向特定对象的栏目;既有新闻性栏目,又有知识性、娱乐性栏目。电视的媒体功能有了进一步的体现。

北京电视台正式播出不久,同年10月和12月,上海电视台和哈尔滨电视台(黑龙江电视台前身)也先后建成试播。随后全国各地的电视台纷纷创建。经过近3年的发展,到1961年初全国已有26座电视台。不久由于国民经济困难,国家开始实行"调整、巩固、充实、提高"的方针,1962年全国电视台只保留了北京、天津、上海、广州、沈阳5座。1963年增加了哈尔滨、长春、西安3座,其余的暂时停办。1966年底全国电视台恢复到13座。

在我国电视事业取得突破性进展的同时,我国的广播事业也有新的发展。

首先是新建了一批地方电台。1958年8月,中国人民解放军福建前线广播电台在厦门开始播音,1959年西藏电台也正式播音。到1960年底全国地方广播电台发展到135座。

其次是中央电台的影响力大大提升。1961年在北京举行的第26届世界乒乓球锦标赛,是首次在我国举行的世界性体育比赛,中央人民广播电台第一次实况转播了这次世界性的体育比赛。我国运动员在这次比赛中获得了

图12-2　1958年9月2日北京电视台(中央电视台前身)正式播出

[原载《中央电视台的第一与变迁》(1958~2003)第9页,东方出版社,2003]

12　全面建设社会主义时期新闻事业的曲折发展

301

男子团体、男子单打和女子单打三项世界冠军。中央电台的实况转播极大满足了广大群众的需要,鼓舞了他们的爱国热情。锦标赛期间和赛后,中央台收到了大量的听众来信来电,表达他们的喜悦心情。

第三是注重提高节目质量。1962年以后,国家实行"调整、巩固、充实、提高"的方针,中央广播事业局开始对广播事业进行整顿。数量上看,广播事业的规模缩小了,但质量上都有所提高。中央人民广播电台以体现新闻性、知识性、趣味性为指导思想,逐渐形成了在听众中有广泛影响的10大节目,如《新闻和报纸摘要》、《在祖国各地》、《电影录音剪辑》、《小喇叭》等。这一时期,中央台在一些节目中连续报道和专题介绍了雷锋、焦裕禄、王进喜、王杰、欧阳海、"南京路上好八连"等先进人物和先进集体的事迹,宣扬了高尚的思想、品德,振奋了全国人民的精神,取得了良好的社会效果,提高了广播在群众中的声誉。

第四是农村广播工作得到重视。对农村广播一直是广播工作的重点之一,周恩来总理在1963年11月和1965年8月两次提出,广播电台要向农民和农村知识青年普及科学知识,广播要面向农村,为农民服务。在这 精神指导下,地方台普遍开办了《农业科学技术节目》或在对农村广播中增加有关科技的内容,中央台还专门为农民开办了文艺节目《农村俱乐部》。这些节目深受农民欢迎。

第五是对外广播成绩显著。到1966年底,我国对外的广播语言增加到了33个语种,并建立了向各语言节目统一提供国内国际专稿的发稿部门,使对外宣传更加规范、统一、有力。

12.2.2 新华通讯社的发展和《参考消息》的扩大发行

在1956年全国新闻工作改革中,新华社已经制定了建设世界性通讯社的战略目标。从1957年到1966年这十年中,虽然新华社同国内其他媒体一样,都犯了严重的错误,但是向世界性通讯社迈进的大目标却始终没有动摇,并取得了显著成绩。

要建设世界性的通讯社,必须有强大的物质技术基础。1956年以后,新华社有计划地改进和更新技术设备,建立和完善国内和国际电讯网络,取得了成效。1958年乌鲁木齐转播台建成使用,第二年又进行了扩建,基本解决了新华社对欧洲地区的广播问题。1959年7月建成具有世界先进水平的收讯台,抄收外国通讯社电台增多,扩大了国际新闻的来源。到1960年底,新华社的国内国外广播电路已达到24条,其中对外广播电路19条。1961年至1966年又增加了11条对外专线广播电路和4条对外图片传真电路。这样,到1966年"文化大革命"前,新华社基本建成了自己的国际国内广播网和通讯网,为建成世界性的通讯社奠定了物质基础。

与此同时,新华社的国外事业发展迅速,到1966年初,国外分社发展到51个,其中亚洲19个,非洲16个,欧洲 13 个,美洲 3 个,驻外人员达 200 多人,驻外记者达 80 多人,形成了以亚非拉地区为主的国际报道网,新华社的国际新闻也由原来的据外电编发为主转向以自己的驻外记者发稿为主。国外出稿站也达到 26 个,用 9 种文字向世界近百个国家和地区发布各类新闻稿。新华社已成为东方有影响的大型通讯社。

在对内报道方面,新华社认真总结出现"左"倾错误的经验教训,从 1961 年底到 1963 年初,陆续形成了三个文件:《新华社国内新闻报道工作中的若干问题》《改进新华社摄影报道工作的意见》《国内新闻对外报道的几个基本问题》。这三个文件从理论和实践的结合上集中探讨了新华社工作的一些根本问题,对改进新华社工作产生了重要作用。经过几年的实践,新华社记者的政治素质和业务水平显著提高,这一时期产生了一批在社会上有重大影响的优秀作品和名记者。

我国目前发行量最大的报纸《参考消息》,原是新华社编印的一份内部刊物。在革命战争年代和中华人民共和国成立初期一个相当长的时间里,它一直是仅供党内外高级干部参阅。1956 年 12 月,中共中央决定把《考参消息》的阅读范围从"高级的党内外领导干部"扩大到"县委委员以上或相当于他们的党内外干部",发行数由原来的 2000 份扩大到 40 万份。1957 年 3 月 1 日,《参考消息》由 16 开刊物型改成四开四版报纸型出版,《参考消息》进入了一个新的发展时期。

《参考消息》改版扩大发行有其特殊的时代背景,在当时是一件大事,以毛泽东为首的中共中央领导人非常重视。20 世纪 50 年代中期,苏共"二十大"和波匈事件,在中国广大党员和干部中产生了极大的震动。因为在此之前,他们在中国的媒体上看到听到的都是社会主义国家团结进步的正面消息,而现在面对他们出现的严重问题感到难以理解。正是为了使我们的干部群众避免"在观察时事问题时的片面性和思想僵化现象",毛泽东和中共中央决定扩大《参考消息》的订阅范围,并高度重视这项工作。1957 年春,在《参考消息》扩大发行的前后,毛泽东曾接连三次在重要会议上阐述《参考消息》扩大发行的意义。毛泽东认为扩大《参考消息》的发行,就是要让广大干部和群众"见世面,要了解国际情况,了解敌人的情况",接触细菌,"种牛痘",增强政治免疫力。

《参考消息》扩大发行两个半月后,1957 年 5 月 17 日毛泽东在同新华社社长吴冷西的谈话中指出:"《参考消息》要总结一下,可再行扩大,变成天下独一无二的报纸。"[1] 1958 年 12 月,经中央批准,《参考消息》的读者范围进一步扩大到机关、团体、企业的干部和高等院校的学生。《参考消息》改版后注意扩大报道面,从单纯反映国际舆论向传播信息、增长知识、扩大视野

---

① 卫广益:《〈参考消息〉改报扩大发行前后》,《参考消息》2007 年 3 月 1 日第 9 版。

转变,由于内容丰富,深受读者喜爱。1957年改版初仅发行13万份,到1965年10月已增加到85万份。

12.2.3　晚报和时事政治性刊物的普遍创办

这一时期出现了自1949年以来晚报发展的第一个高潮,我国四大晚报的格局就是在这时形成的。20世纪50年代初期我国主要有两家晚报,一个是1946年创办的上海《新民报晚刊》,中华人民共和国成立后继续在出版,1958年改名为《新民晚报》;另一个是1949年3月复刊的天津《新生晚报》,1953年更名为《新晚报》,1960年与《天津青年报》、《天津工人报》合并后更名为《天津晚报》。50年代后期,又有两家著名的晚报创刊,这就是1957年10月1日在广州创刊的《羊城晚报》和1958年3月15日在北京创刊的《北京晚报》。在第一次全国新闻工作改革时,《新民晚报》总编辑赵超构提出的"短些,短些,再短些;广些,广些,再广些;软些,软些,再软些"的晚报办报方针,对我国晚报发展影响很大。这四家晚报各具特色,深受读者喜爱。

1959年5月和1960年4月,先后召开了两次全国晚报工作座谈会,总结晚报工作的经验,讨论晚报的特点和办报方针,认为晚报是日报的辅助和补充力量,强调在不断加强晚报副刊的思想性的同时,还应当注意加强知识性。20世纪60年代初期又有一批晚报创刊,这些晚报中有许多是把市委机关报由日报改为晚报,如《长沙晚报》、《南宁晚报》、《武汉晚报》、《郑州晚报》、《西安晚报》、《沈阳晚报》、《成都晚报》、《南昌晚报》等。这主要是由于当时国民经济困难,压缩报纸发行的结果。所以此类晚报还要兼负日报的任务。

同时这一时期中共中央及各地方党委主办的政治理论刊物普遍创刊。1958年6月1日,中共中央政治理论机关刊物《红旗》在北京创刊。《红旗》是中共八届五中全会决定出版的中央理论刊物,目的是加强马列主义毛泽东思想的宣传。发刊词指出,要"善于密切地联系群众,倾听群众的呼声",要"善于把马克思主义的普遍真理和具体实践结合起来,尊重新鲜的事物,敢于在新的历史条件下,提出问题、坚持真理"。以《红旗》创刊为先导,各省、市、自治区党委也相继创办了各自的政治理论刊物,如北京市委的《前线》、上海市委的《解放》、黑龙江省委的《奋斗》、河北省委的《东风》等,形成了从中央到地方的政治理论宣传网。这些刊物的创办加强了中共政治理论的宣传,推动了各项政治运动的开展,当然也传播了许多"左"倾错误。

12.2.4　报纸副刊和报刊杂文的再次繁荣

这一时期报刊本身的面貌也发生了一些积极的变化。最主要的表现是讲求知识性、趣味性为主的报纸副刊的大批出现和报刊杂文的再次繁荣。

1961年1月,《人民日报》进行部分改版,将8个版面中的4个用于刊登知识性、趣味性的东西，即第五版为国际知识、国内外学术动态，第六版为各地风光、游记、科技小品、文娱体育，第七版为文艺作品，第八版为星期画刊，刊登新闻图片、摄影艺术作品、美术作品等。经过改版，报纸质量明显提高，形式生动活泼，内容丰富多彩，深受读者欢迎。在《人民日报》带动下，许多报纸纷纷仿效，出现了一大批有影响的副刊。如《中国青年报》的《星期天》、《舞台与银幕》，《黑龙江日报》的《星期日》、《画刊》，《文汇报》的《笔会》，《大公报》的《商品知识》，《羊城晚报》的《晚会》等，都极有特色。报纸副刊的创办，提高了报纸的知识性和趣味性，丰富了读者的精神生活，深受欢迎。

随着报纸副刊的繁荣，报刊杂文出现了新闻史上的又一个高峰。

杂文是我国报刊上的一个重要的文体。20 世纪 30 年代以鲁迅杂文为代表形成了我国"五四"以来报刊杂文的第一个高潮。60 年代初期，杂文创作再度繁荣，达到了新闻史上的又一个高峰。当时很多报刊都开辟了杂文专栏，许多著名作家纷纷提笔，写出了一批颇具影响的优秀杂文。

《燕山夜话》是《北京晚报》副刊《五色土》上的一个杂文专栏，作者"马南邨"，也就是邓拓，是一位具有丰富办报经验的老新闻工作者，有着深厚的史学、文学功底。《燕山夜话》从 1961 年 3 月 19 日开篇，到 1962 年 9 月 2 日结束，历时一年半，共发表杂文 152 篇。这些杂文题材广泛，说古道今，旁

征博引，深入浅出，联系实际，生动活泼，使人读来感到亲切自然，在轻松愉快的阅读中得到精神陶冶和思想的启迪。《燕山夜话》后来结集出版，发行30 万册，影响广泛，深受广大读者欢迎（图 12-3）。

图 12-3　五集《燕山夜话》
（原载西祠胡同网）

《三家村札记》是北京市委的理论刊物《前线》上的杂文专栏，由邓拓和吴晗、廖沫沙三人轮流执笔，杂文内容涉及广泛，说古道今，针砭时弊，在当时有很大影响。

《长短录》是《人民日报》的杂文专栏，夏衍、吴晗、廖沫沙、孟超等为主要撰稿人。与《燕山夜话》等杂文相比，《人民日报》的杂文专栏具有更浓重的评论文体的色彩，内容也比较注重政治方面和思想修养方面。

这些杂文专栏办得各具特色，负有盛名，影响极大。但是由于当时国家政治生活极不正常，一部分杂文作者在"文革"期间因这些作品受到了严重的迫害，有的甚至付出了生命的代价。

12.2.5 歌颂时代英雄和先进典型的优秀新闻作品层出不穷

这一时期,特别是20世纪60年代前期,出现了一批歌颂时代英雄的优秀新闻作品,在全国产生了广泛的影响。歌颂英雄,宣传英雄,崇拜英雄,学习英雄,成为当时的社会风尚。

《为了六十一个阶级弟兄》是《中国青年报》记者采写的通讯。1960年2月28日《中国青年报》在一版用整版的篇幅发表了这篇通讯,并配发社论《又一曲共产主义的凯歌》。通讯生动报道了山西平陆61名筑路民工因食物中毒生命危急时,得到首都军民和当地干部群众全力支援而及时获救的事件。社论高度赞扬了"一人有事,万人相助;一处困难,八方支援"的共产主义精神。经《人民日报》和全国多家报纸刊物转载,使这一歌颂社会主义大家庭兄弟般友爱精神的作品迅速传遍全国。

《红旗插上了珠穆朗玛峰》是新华社记者郭超人采写的长篇通讯。1960年5月25日,我国登山队第一次从北坡登上珠穆朗玛峰,这是人类首次从北坡征服世界第一高峰。我国新闻媒体对这次登山活动进行了充分报道,《红旗插上了珠穆朗玛峰》是其中的主要作品。新华社播发了这篇通讯后,《人民日报》和全国其他报纸纷纷刊载,《人民日报》还配发了社论《无高不可攀》,在全国产生了重大影响。记者郭超人当时是新华社西藏分社的年轻记者,1960年3月,中国登山队准备攀登珠穆朗玛峰,郭超人奉命随队采访,和中国登山队的主力队员一起从拉萨出发,奔赴海拔5120米高处的登山队大本营。郭超人在采访中,尽最大努力,挑战极限,和登山队员们一起攀登,一起宿营,亲眼目睹了珠峰神奇壮丽的景色,亲身体验了与大自然搏斗的艰难和胜利的喜悦。他曾跟随一支侦察分队到达6600米高度的"珠峰大门"北坳冰墙下,创造了中国新闻采访史上的奇迹。

《毛主席的好战士——雷锋》是《人民日报》1963年2月7日发表的通讯,同日还发表了《雷锋日记摘抄》,掀起了这一时期规模最大、影响最深的关于先进人物事迹报道的高潮。雷锋是中国人民解放军沈阳部队工程兵某部驻辽宁省营口市运输连二排四班班长。他除完成本职工作外,还想法为党多做工作,经常利用节假日和休息时间做好事,助人为乐,"把有限的生命,投入到无限的为人民服务之中去"。入伍不到三年,荣立二等功一次、三等功三次,被评为"节约标兵"和"模范共青团员",并被选为抚顺市人民代表。1962年8月15日因公殉职。《辽宁日报》首先开始宣传报道雷锋的先进事迹。《人民日报》的通讯《毛主席的好战士——雷锋》发表后,新华社发了通稿,随后以《中国青年报》为代表的多家媒体集中大量版面,发表了有关雷锋事迹的宣传报道。3月5日《人民日报》在头版发表了毛泽东的题词"向雷锋同志学习",使这一宣传达到了高潮。通过媒体的宣传，雷锋这一普通战士的平凡事迹深入人心，家喻户晓。雷锋事迹升华为雷锋精神，影响了一个时代的社会风貌和一代人的精神世界。

《县委书的榜样——焦裕禄》是《人民日报》1966年2月7日发表的新华社记者穆青、冯健、周原采写的通讯，报道了河南省兰考县委书记焦裕禄的感人事迹。焦裕禄是在我国遭受自然灾害，国民经济面临严重困难的情况下，到环境恶劣、受灾严重的兰考县担任县委书记的。焦裕禄以共产党员和党的领导干部高度的使命感、责任感，带领全县人民治沙、治涝、治碱，为改变兰考的面貌呕心沥血，直至献出生命。《人民日报》发表通讯的当天，新华社和中央人民广播电台也同时播发，在全国产生了极大的影响。《人民日报》为通讯配发了多篇社论，如《向毛泽东同志的好学生——焦裕禄同志学习》《要有更多这样的好干部》《最可贵的阶级感情》《在用字上狠下功夫》《调查就是解决问题》《最有力的领导》等，从多方面论述了焦裕禄精神，号召全党干部向焦裕禄学习。《县委书的榜样——焦裕禄》不仅感动了成千上万的读者，在中国新闻通讯写作史上也占有十分重要的地位（图12-4）。

这一时期新闻界还广泛宣传过大庆、大寨两个工农业生产典型，以及"南京路上好八连"、"下乡知识青年邢燕子"、"舍身救火的向秀丽"、"草原英雄小姐妹"等先进集体和英雄人物。

图12-4　1966年2月7日《人民日报》
（馆藏河南大学文学院资料室）

新闻媒体的这些报道生动地展现了我国各行各业的先进人物为建设社会主义英勇奋斗的感人事迹，极大地鼓舞了全国人民。

12.3　大兴调查研究之风对新闻界的影响

毛泽东、刘少奇等党和国家领导人，长期以来一直十分关心新闻事业的发展，他们不但亲自为党报写文章，还在不同时期对党报的发展提出过许多指导意见，对保证党的新闻事业的健康发展意义重大。这一时期他们倡导的大兴调查研究之风的思想对新闻事业的发展有重要影响。

12.3.1 大兴调查研究之风的背景

违背经济规律的"大跃进"给我国的国民经济乃至整个社会发展造成了灾难性的后果，这促使中共中央和毛泽东主席对其"左"倾错误进行了一些纠正。

1961年1月在北京召开党的八届九中全会上，毛泽东表扬了湖北省委和中央农村工作部的调查研究工作，号召全党大兴调查研究之风，要求1961年成为实事求是年、调查研究年。3月，中共中央又发出《关于认真进行调查工作给各中央局，各省、市、自治区党委的一封信》，并将毛泽东的《关于调查工作》一文作为附件，下发到县、团级党委。要求"从现在起，县级以上党委的领导者人员，首先是第一书记，认真学习毛泽东同志的思想方法和工作方法，把深入基层（包括农村和城市），蹲下来，亲身进行有系统的典型调查，每年一定要有几次，当作领导工作的首要任务，并且定出制度，造成风气"。"中央相信，只要全党坚持这种调查研究、实事求是的作风，我们目前所遇到的问题就一定能够比较顺利地得到解决，我们的各方面的工作就一定能够得到迅速的进步。"在中共中央的号召下，从中央到地方，各级领导干部纷纷走出机关，深入基层，进行调查研究。

重视调查研究是中国共产党的优良传统之一，毛泽东是共产党调查研究理论的积极倡导者和实践者。他在大革命时期就多次下乡调查，最有影响的是对湖南农民运动的考察。井冈山时期他提出了"没有调查研究就没有发言权"的著名论断，指出"左"倾教条主义、冒险主义的根源和致命伤，就在于不懂得做调查研究，不了解中国的国情。他还亲自做过兴国调查、长冈乡调查、才溪乡调查等。到了延安时期，他继续在全党特别是高级干部中强调调查研究的工作作风，他把他过去调查的材料编印成《农村调查》一书，并写了序言，让大家学习。这次面对"大跃进"造成的困难局面，他再次号召大兴调查研究之风，推动了全党调查研究工作的展开。

12.3.2 刘少奇对新闻界大兴调查研究之风的要求

在大兴调查研究之年，1961年4、5月间，刘少奇到湖南农村调查。刘少奇在这次调查中就农民最关心的公共食堂问题、粮食分配问题、社员住房问题等提出了系统意见，对纠正农村工作中的"左"倾错误，稳定农村局势，恢复和发展农业生产，起到了重要作用。

5月1日，刘少奇在长沙同《人民日报》副总编辑胡绩伟等谈话，集中讲了新闻界调查研究的问题，批评了《人民日报》在"大跃进"期间的错误，对新闻工作大兴调查研究之风提出了特殊要求。他指出："《人民日报》应该好好总结一下三年来的办报经验。三年来，报纸在宣传生产建设成就方面的浮夸风，在推广先进经验方面的瞎指挥，在政策宣传和理论宣传方面的片面性，对实际工作造成了很大恶果。"他认为

"报纸工作人员是调查研究的专业工作人员。报上的一切文章都应当是调查研究的结果。调查研究是一门学问。记者和编辑要认真作调查研究工作，要决心作一个实事求是的、马列主义的新闻工作者"。①这是党和国家领导人在这场大兴调查研究之风中直接针对新闻界的指示，对改进新闻工作具有重要的指导意义。

12.3.3 新闻界努力贯彻大兴调查研究之风的精神

中共八届九中全会结束后，新闻界立即展开了大兴调查研究的宣传。《人民日报》1961年1月29日发表社论《大兴调查研究之风》，随后党中央的理论刊物《红旗》也发表社论《大兴调查研究之风，一切从实际出发——纪念〈农村调查〉出版二十周年》，其他党报和党的理论刊物也纷纷发表社论和相关文章，大力宣传调查研究。这些社论和文章集中论述了加强调查研究就是要把马克思列宁主义的普遍真理同中国革命的具体实际结合起来，做到实事求是，一切从实际出发。这是克服主观主义的最好方法。不重视和不进行调查研究，就要脱离实际，就要犯"左"的或右的错误。新闻界的宣传有力推动了调查研究之风在全国的展开。

新闻界在进行大兴调查研究之风宣传的同时，各新闻单位自身也采取多种形式学习中共八届九中全会精神，总结经验教训，加强调查研究工作。华北、东北等地的一些报纸共同举行关于调查研究的座谈会，大家认为，大兴调查研究之风，是办好报纸的基础，是新闻工作者的首要任务。

新华总社国内编委会提出《记者在采写工作中加强调查研究工作的几点意见》，阐述了毛泽东的"没有调查研究就没有发言权"和刘少奇的报纸工作人员是"调查研究的专业工作人员"的重要思想。强调指出：调查研究是记者工作的根本方法。没有调查，就不能正确制订报道计划；没有调查就不能订出适当的题目；没有调查，就不能写出好的新闻报道。所以，在日常一切采访活动中，都应贯彻调查研究的精神。新华社和《人民日报》合办的《新闻业务》开设了《做一个名副其实的专业调查人员》专栏，发表了许多关于新闻工作中调查研究问题的论述和经验介绍，对指导全国新闻工作者做好调查研究工作起到了重要作用。

12.3.4 穆青《造就名记者的必由之路：调查研究》

穆青是我国新闻宣传战线杰出的领导者，也是当代著名的少数民族新闻工作者。他从1942年在延安《解放日报》开始新闻生涯，此后一直在新闻工作岗位上工作了60多年，长期担任新华社的领导工作。穆青的新闻思想和新闻实践集中体现了中国共产党新闻工作的优良传统和作风。注重调查研究是穆青新闻思想的重要组成部分。

① 中共中央文献研究室编：《刘少奇年谱》下卷，第518~519页，中央文献出版社1996年版。

重视记者的调查研究工作是穆青的一贯主张。1954年他在《掌握政策了解实际决定报道计划成败》一文中说："调查研究是我们做好报道工作的基础，没有调查研究，或者调查研究常常间断，都意味着宣布新闻工作的死刑。"1956年他在《为了备忘》一文中又说："我觉得，调查研究，拿出材料来，不仅为我们报道本身所必需，也是我们作为党的耳目应尽的责任。强调调查研究，一方面可以提高我们的报道质量，另一方面也可以培养我们记者独立思考、大胆负责的工作精神。"1957年底他在《在分社领导岗位上》的讲话中强调："调查研究是我们业务建设上的一个根本性的问题，也是记者重要的工作方法。"①

到了20世纪60年代，穆青从"大跃进"时期新闻宣传的狂热状态中冷静下来，经过痛苦的反思和探索，他的调查研究思想进一步丰富和成熟，这方面的成果集中体现在1964年6月他所写的《造就名记者的必由之路：调查研究》一文中。在这篇文章中，穆青结合新闻工作的特殊规律，从新闻工作者成长的必由之路的高度，全面阐述了新闻工作进行调查研究的目的、重点、方法和态度。他说，我们的调查研究是为了达到以下三个目的：一是为了解决报道的针对性问题；二是为了解决报道如何抓得深、抓得快的问题；三是为了从根本上解决培养和训练新闻干部的问题。我们调查研究的重点，主要应该放在当前最新的情况、最新的问题上面。具体说来，我们的调查研究工作应该抓以下四个方面：一是抓思想；二是抓矛盾；三是抓萌芽状态的问题；四是抓典型②。

在这篇文章中穆青还总结出了适用于新闻工作的四种调研方法，即蹲点、点面结合、带着问题的专题调查、在日常工作中积累各种资料的间接调研；同时对新闻工作者以什么样的态度对待调查研究工作也提出了要求。

穆青不仅在理论上积极探讨、提倡新闻工作者要加强调查研究，他自己也是调查研究的坚定实践者。穆青最具全国影响力的作品《县委书记的榜样——焦裕禄》，就是他深入兰考、深入群众，进行艰苦细致的调查研究的结晶。通讯中有一章"吃别人嚼过的馍没味道"，生动描写了焦裕禄为了摸清兰考的自然情况，忍着病痛做调查研究的细节："他站在洪水激流中，同志们为他张了伞，他画了一张又一张水的流向图。等他们赶到金营大队，支部书记李广志看见焦裕禄就吃惊地问：一片汪洋大水，您是咋来的？焦裕禄抢着手里的棍子说：就坐这条船来的。"焦裕禄坚信，不管做什么工作，必须首先了解情况，进行调查研究。"没有调查研究就没有发言权。"要想战胜灾害，单靠一时的热情，单靠主观愿望，事情断然是办不好的。这样的描写极具时代特征，焦裕禄也是那个时代中国共产党的领导干部调查研究的楷模。穆青的这

<hr>

① 穆青：《穆青论新闻》，第19、38、62页，新华出版社2003年版。

② 同上，第111~115页。

篇通讯显示了新闻界大兴调查研究之风的实绩。

【本章小结】

这一章讲述的是我国新闻事业在全面建设社会主义时期曲折发展的历史。时间跨度为：1956年底社会主义改造基本完成，到1966年5月"文化大革命"全面爆发。

1956年社会主义改造基本完成以后，由于中共中央和毛泽东主席对国内形势发展判断的失误，我国接连发生了1957年的整风与反右斗争扩大化、1958年至1960年违背经济规律的"大跃进"运动、20世纪60年代以后意识形态领域里的批判运动等一系列"左"倾错误。新闻媒体作为共产党的舆论工具，在整风运动中按照中共中央的部署鼓动大鸣大放，充当了"引蛇出洞"的工具；在"大跃进"运动中推波助澜、大放卫星，制造、传播了大量浮夸新闻；在意识形态领域里的大批判运动中新闻媒体更成为主要阵地。新闻事业在这十年中遭受了严重挫折。

与此同时，新闻事业在挫折中也有重要发展。1958年5月1日，我国第一座电视台——北京电视台（中央电视台的前身）开始试播，标志着我国电视事业的创立；广播电台的节目质量提高，影响扩大；新华社逐步奠定了成为世界级通讯社的基础；晚报和时事政治性杂志大量创刊；报纸副刊和报刊杂文一度繁荣；涌现出了一批脍炙人口、影响深远的优秀新闻作品。

1961年初毛泽东、刘少奇提倡全党大兴调查研究之风对新闻事业产生了重要影响。

★【思考题】

1. 简述反右斗争扩大化对新闻事业的影响。

2. 简述"大跃进"时期新闻报道的严重失误。

3. 试析20世纪60年代前期歌颂时代英雄和先进典型的优秀新闻作品的特点。

4. 深入调查研究对新闻工作有何重大意义？

【延伸阅读】

[1]方汉奇，陈昌凤.正在发生的历史：上.福州：福建人民出版社，2002

[2]郑保卫.中国共产党新闻思想史.福州：福建人民出版社，2004

[3]穆青.穆青论新闻.北京：新华出版社，2003

[4]丁淦林.中国新闻事业史.修订版.北京：高等教育出版社，2007

13 "文化大革命"中的新闻事业

导言

本章学习目标 通过对本章的学习,要求对"文化大革命"时期新闻事业发展的特殊性有明确的了解。还应了解到,当新闻媒体沦落为权力斗争和政治斗争的工具时,新闻的信息传播、舆论监督等社会功能就会被忽略或抑制,新闻传播机构掌握在少数政治野心家手里,就会造成更大的社会动乱。

本章难点 "文化大革命"复杂而特殊的社会背景 "文化大革命"时期新闻事业的特殊性

"文化大革命"时期复杂而特殊的社会背景，决定了这一时期中国新闻事业的特殊性。

"文化大革命"时期的中国新闻事业，从内容到形式完全被政治权力斗争所左右。新闻舆论宣传工作片面强调新闻为政治斗争服务，新闻本位思想遭到批判，新闻媒体缺乏信息量。新闻机构因为卷入"斗、批、改"运动中，正常的新闻工作遭到严重干扰。新闻媒体上的思想文化斗争使"扣帽子"、"打棍子"、"无限上纲上线"成为普遍现象，实际上形成了"媒体审判"的特权。进行"个人崇拜式"的宣传和"高、大、全"式的典型报道，已经严重脱离了新闻的真实性。另外，"文革小报"、"红卫兵小报"等低专业水准的群众报纸风行一时，降低了这一时期我国新闻事业的水平。

历史事实也表明，改革开放以后，我国新闻体制改革和新闻宣传领域取得的辉煌成就，也是建立在对"文化大革命"深刻反思的基础之上取得的。从另一个角度上说，文化大革命时期的历史经验教训，也是一笔永恒的、重要的历史遗产。

13.1 新闻传媒对"文化大革命"的宣传

"文化大革命"的实质是政治权力的斗争，但却从文化和意识形态领域的斗争开始，由于受到林彪、"四人帮"集团的利用，从而演变成一场在全国范围内所有领域的一次大动乱和大灾难。1966年5月到1976年10月，毛泽东发动和领导的文化大革命，前后持续了十年。在很长的一段历史时期内，权力斗争往往与宣传舆论纠结在一起，并将赤裸裸的权力争夺行为掩饰起来，它被描绘成"两条路线"的斗争、"两种思想"的斗争、"两个阶级"的斗争、"进步与反动"的斗争、"革命与反革命"的斗争。

13.1.1 文化领域的浩劫，个人崇拜式的宣传

"文化大革命"的序幕，早在1965年11月份就已经徐徐拉开。首当其冲的是北京市委三位负责文化宣传工作的领导。他们就是后来被称为"三家村"的北京市委书记吴晗、副市长邓拓、副市长廖沫沙。

由著名的明史专家吴晗撰写的剧本《海瑞罢官》1961年1月发表在《北京文艺》上，并由马连良在京演出。1965年2月，江青到上海与张春桥策划，由姚文元执笔，起草了批判《海瑞罢官》的文章《评新编历史剧〈海瑞罢官〉》。同年11月10日，发表在《文汇报》上（图13-1）。将历史剧中发生在明代的"退田"、"平冤狱"与1962年的"退田单干"联系在一起，认为该剧是以海瑞骂皇帝影射现实，为彭德怀鸣冤。此时，许多报纸发表了不同意见的文章，邓拓甚至也发表了批评文章《从〈海瑞罢官〉谈道德继承论》（以"向阳生"为笔名），认为《海瑞罢官》宣扬了封建统治阶级的道德。

图 13-1　1965 年 11 月 10 日《文汇报》
（馆藏河南大学文学院资料室）

1966 年 2 月 3 日，中共中央文化革命领导小组举行扩大会议，将会议讨论结果整理成《文化革命五人小组关于当前学术讨论的汇报提纲》（通称《二月提纲》）。当时的文化革命五人小组由彭真、陆定一、康生、周扬、吴冷西组成。3 月 28 日至 30 日毛泽东在杭州与江青、康生的谈话中指出《二月提纲》是混淆阶级界限，并指责中共中央宣传部和北京市委包庇坏人，不支持左派，并点名批评《三家村札记》和《燕山夜话》是反党反社会主义的。《二月提纲》被撤销和遭批判，最终导致了中央文革小组被改组。

抗日战争时期，"靠八匹骡子办报"著称的邓拓，解放后担任人民日报总编辑。1957 年 4 月 10 日，毛泽东因为对《人民日报》一段时期的宣传不满，斥责邓拓是"死人办报"，并造成《人民日报》改版的流产。被骂出《人民日报》的邓拓，后出任北京市委书记。自 1961 年 3 月始，邓拓以"马南邨"为笔名，在《北京晚报》上开辟杂文栏目《燕山夜话》。1961 年 10 月 10 日始，邓拓、吴晗、廖沫沙三人合作，在中共北京市委主办的《前线》杂志上开辟《三家村札记》专栏。60 年代初，中国新闻出版界掀起一股"杂文热"。

廖沫沙为我国著名报人，1930 年加入中国共产党。抗日战争时期，先后任《抗战日报》、《救亡日报》、《新华日报》的编辑主任，香港《华商报》副总编辑兼主笔。1948 年 10 月以后出任北京市委宣传部副部长、副市长等职，除了与邓拓、吴晗合著《三家村札记》外，还著有《纸上谈兵录》、《廖沫沙杂文集》等。

1966 年 5 月 8 日，《解放军报》发表江青组织撰写的文章《向反党反社会主义的黑线开火》，点名批判邓拓是"三家村黑掌柜"、"反党反社会主义分子的一个头目"；指责《前线》、《北京日报》、《北京晚报》都是"反党工具"。同日，《光明日报》发表关锋（笔名为"何明"）的文章《擦亮眼睛，辨别真假》，指责《北京日报》是在搞"假批判，真掩护，假斗争，真包庇"。10 日，上海《解放日报》、《文汇报》同时刊载姚文元的文章《评"三家村"——〈燕山夜话〉、〈三家村札记〉的反动本质》，诬蔑邓拓、吴晗、廖沫沙"合股开了黑店"，是继《海瑞罢官》之后有步骤、有组织、有指挥地向中国共产党进攻。

5 月 16 日，中共中央政治局扩大会议通过《中国共产党中央委员会通知》（通称《五一六通知》），该"通知"

由陈伯达主持起草、经毛泽东七次修改，要求彻底批判"资产阶级反动思想"和"反动学术权威"，清除"资产阶级代表人物"，撤销《二月汇报提纲》并进行了批判，撤销了以彭真为首的五人中央文革领导小组，成立以陈伯达、康生、江青为核心的文化革命领导小组。历时十年的文化大革命从此全面展开。邓拓、吴晗被迫害致死，廖沫沙投入监狱被监禁达十年之久。

"文化大革命"初期，林彪、"四人帮"集团扫清了宣传文化界及北京市委的障碍后，开始了全面的夺权斗争，最终把打击、迫害的矛头指向刘少奇。与此同时，新闻宣传界也开始了夺权活动，将新闻界拖向一场浩劫之中。

1966年5月27日，《解放军报》以超过半个版面的篇幅刊登了林彪的语录："念念不忘阶级斗争，念念不忘无产阶级专政，念念不忘突出政治，念念不忘高举毛泽东思想伟大红旗。"第二天，《人民日报》也转载了林彪的四个"念念不忘"。

5月31日，经毛泽东批准，陈伯达率工作组接管了人民日报社的工作，从此《人民日报》紧跟"文化大革命"的宣传需要，成为所谓的"阶级斗争"的宣传工具。6月1日，《人民日报》发表社论《横扫一切牛鬼蛇神》，宣告"一个势如暴风骤雨的无产阶级文化大革命高潮已在我国兴起"。当天晚上，经毛泽东批准，中央人民广播电台向全国广播了北京大学聂元梓等七人诬陷北大党委和北京市委的大字报。这张大字报是在康生、江青的直接策划下抛

出的，它宣称要彻底摧毁反对毛泽东的"黑帮、黑组织、黑纪律"。6月2日，《人民日报》在头版刊登了《北京大学七同志一张大字报揭穿一个大阴谋》为标题的聂元梓等人的大字报，诬蔑北大党组织是"假共产党"，号召人们起来"造反"，从此掀起了风靡全国的大字报运动。6月7日，《北京日报》《北京晚报》的编委会被改组，《前线》暂时停刊，进行整顿。《人民日报》还连续发表社论，大肆鼓吹"造反"运动，推崇那些颠倒黑白罗织罪名的大字报。从而使全国大字报铺天盖地，各地打砸抢式的"造反"运动此起彼伏。

伴随着夺权斗争的需要，是一场对毛泽东个人崇拜的宣传热浪。声势浩大的"造神"运动拉开序幕。1966年12月16日，林彪在《〈毛主席语录〉再版前言》中，提倡在报纸上要经常刊登毛主席的语录。此后，报刊中充满了断章取义的语录，用黑体字印刷。每天的报眼成为刊登《毛主席语录》的专栏。《解放军报》首先以"最高指示"的栏头选登毛主席语录，全国其他报纸纷纷效仿。中央人民广播电台还开办了学习毛主席语录节目，每天播三次，每次十分钟，播送毛主席语录一条，一共播六遍，中间两遍放慢语速，读出标点，便于听众抄记。在新闻报道、评论等报刊所有文章中，引述毛主席语录已经是常例。所谓的新闻，已经形成毛主席语录加事例的模式。引用毛主席诗词开篇、在提起毛泽东之前要冠以"最最最最敬爱的领袖"，结尾处要有"祝毛主席万寿无疆、万寿无疆、万寿无疆"等流

行语,喊政治口号,空话连篇,已经成为"文革报刊文体"。报刊上刊登的毛泽东的照片也越来越多、越来越大、越来越显要。毛泽东的话被宣传为"句句是真理"、"一句顶一万句"。

毛泽东的日常活动也进行了"神圣化"的宣传。1966年7月25日,《人民日报》对毛泽东的一次长江游泳活动,以头版头条的大字标题予以报道,刊登了毛泽东的大幅照片以及讲话语录。第二天,《人民日报》随即发表社论《跟着毛主席在大风大浪中前进》,把毛泽东在长江中"畅游一小时零五分"称之为令全国振奋的喜讯,亿万人民为毛主席的健康"同声欢呼,衷心祝愿毛主席万寿无疆",并号召全国跟着毛主席在大风大浪中前进。此后,全国各地每年这个时候,都要举行纪念毛主席畅游长江的群众游泳比赛活动。8月12日,第一批出版的《毛泽东选集》四卷本首先在北京几所著名高校发行,各大报纸突出宣传了各高校"迎宝书"的热烈场面,以后一段时间,报纸连篇累牍地报道各地送"红宝书"迎"红宝书"盛况,此后"手不离红宝书、口不离语录"成为人们"无限忠于"毛主席的一个标志。

1966年8月至11月间,毛泽东在天安门先后八次接见"红卫兵"代表。全国大小报纸都以大量新闻和图片报道接见活动。天安门广场红旗招展,"红卫兵"们挥动着"红宝书","毛主席万岁"的欢呼声响成一片。新影厂拍摄的大型彩色纪录片《毛主席和百万文化大革命大军在一起》,在全国各大

影院反复播映。在此影响下,大批学生"停课闹革命","红卫兵"全国大串联活动开始了。他们建立"联络站"、冲击党政机关、揪斗干部和老知识分子、挑动群众斗群众,在全国进一步造成恐怖和混乱。"红卫兵"破四旧运动得到了新华社及时跟踪报道,《人民日报》于8月30日发表社论《好得很》,予以支持。"文化大革命"演变成一场浩劫。

13.1.2 "一月风暴"与新闻界的夺权斗争

1967年,张春桥、姚文元率先在上海刮起"夺权"斗争的"一月风暴"。1月3日到4日,上海《文汇报》和《解放日报》先后被造反派夺权接管。1月6日,以王洪文为头头的上海"造反派"组织召开"打倒市委大会",篡夺了上海市的党政大权,刮起了所谓的"一月风暴"。1月11日,《人民日报》发表了由中央文革小组起草的,以中共中央、国务院、中央军委、中央文革的名义给上海市各"造反团体"的贺电。《人民日报》、《红旗》杂志相继发表社论《无产阶级革命派大联合,夺走资本主义道路当权派的权》,《论无产阶级革命派的夺权斗争》,号召全国开展"夺权"斗争。

在"夺权"斗争中,陈伯达、姚文元一伙,把新闻界打成"反革命独立王国",称新华社的干部为"一筐烂西红柿",说《人民日报》有"一股邪气",《红旗》杂志社的干部都应该"用铁扫帚扫出去"。新闻界的许多老编辑、老记者

被打成叛徒、特务、"牛鬼蛇神"、封建遗老遗少、资产阶级学术权威,大批新闻工作者被赶出了新闻单位。1968 年 9 月 1 日,《人民日报》《红旗》杂志、《解放军报》以"两报一刊编辑部"的名义,发表《把新闻战线的大革命进行到底》一文,把批判的矛头直指"中国的赫鲁晓夫"刘少奇,将彭真、罗瑞卿、陆定一、邓拓、吴冷西、杨益等人诬蔑为"狐群狗党"、"反革命修正主义分子"。

自"文化大革命"开始后,从中央媒体到各省市区党委机关报和广播电台不断受到冲击,一些正直敢言的新闻工作者受到诬陷、揪斗。老一辈新闻工作者中,邓拓、孟秋江、金仲华、范长江、章汉夫、潘梓年等先后被迫害致死。

在"文化大革命"的冲击下,《大公报》《工人日报》《羊城晚报》《体育报》《前线》等许多为读者所喜爱的报刊被迫停刊。不少省市的报纸不能正常出版。1967 年 1 月 3 日,中共中央发出关于报纸问题的通知。通知指出,只要保证代印《人民日报》《解放军报》《光明日报》的航空版任务,保证党中央的精神"及时同广大群众见面",各地方报纸"停刊闹革命"是可以的。《解放军报》属于保护单位,规定不能冲击。1967 年 1 月 17 日,林彪写信给《解放军报》职工,支持报社内部的大字报,称"在报社内部革命烈火烧得越旺越好"。林彪的这封信是经过毛泽东审阅同意的。

当然,夺权斗争并不是没有界限的。"文化大革命"开始后,毛泽东和中央文革小组,一再重申不许冲击军队。1967 年 8 月 1 日,《红旗》杂志抛出由关锋主持起草的号召"揪军内一小撮走资派"的社论。该社论一经刊登,在全国掀起了冲击军事机关的浪潮。此时在全国大江南北视察的毛泽东严厉批评了 8 月 1 日《红旗》杂志的社论。林彪、江青、康生、陈伯达等,将罪责推诿给王力、关锋、戚本禹等人。"王、关、戚"三个文化大革命初期夺权斗争的干将成了替罪羊。这三个"小爬虫"于 1967 年 9 月和 1968 年 1 月先后被"隔离审查"。报刊上随即开展了打倒"变色龙"、"小爬虫"的宣传。由"王、关、戚"事件,可以看出毛泽东对党、政、军及文化、宣传具有翻云覆雨的绝对控制权。

据统计,1965 年全国邮局发行的中央级和地方级报纸共 413 种,1967 年降为 334 种。1965 年全国邮局发行的中央级和地方级杂志共 767 种,1967 年降为 102 种。中共中央于 1967 年 1 月 11 日发出《关于广播电台问题的通知》,宣布各地广播电台一律由当地人民解放军实行军事管制,停止编辑和播送本地节目,只能转播中央人民广播电台的节目。北京电视台从 1 月 6 日起停播,至 2 月 4 日恢复播出。

正规报刊被撤销、停刊的同时,取而代之的是在全国泛滥成灾的"红卫兵小报"和"文革小报"。1966 年 8 月 17 日,毛泽东为北京大学文革筹委会主办的新校刊《新北大》题写了刊名,表示了对新报刊的支持,于是"文革小报"应运而生。1967 年"一月风暴"后,

"红卫兵小报""文革小报"蓬勃发展。

据不完全统计,全国出版的"文革小报"、"红卫兵小报"超过6000种。这些小报开始是油印,后来逐渐发展为铅印。先是在学校、机关、工厂内部发送,然后逐渐向社会公开发行。每期印数从几千份、上万份到几十万份不等,不定期的居多。多数"文革小报"没有正式的编辑机构,也无须向有关部门申请登记注册。随出随停,带有很大的随意性。"文革小报"主要集中出现于大专院校、中等学校、党政机关、厂矿企业、文艺团体,其中以大专院校的小报居多,且出版期数较多。

此类小报往往冠以"井冈山"、"东方红"、"红旗"、"红卫兵报"、"战斗报"等报名。如图13-2,《中学红卫兵》为当时形形色色的红卫兵小报之一种。小报报头普遍采用套红印刷,一般均用毛泽东手书字体,巨幅毛主席照片和毛主席语录、标语、口号充斥着主要版面。罗织罪名、揭发隐私、打棍子、扣帽子的文章随处可见。文章语言多政治鼓噪和攻击谩骂之词。作者一般不署名,而署以某某战斗队名称或当时时髦的笔名。1966年夏秋至1968年秋"文革小报"活跃期间,《人民日报》、中央人民广播电台多次转载、摘播小报编辑部、小报记者撰写的文章。

但是,并非所有的小报都受到林彪、江青集团的庇护。北京曾出版过一份《中学文革报》,其中刊登了遇罗克撰写的文章——《出身论》,对当时在红卫兵中流行的"老子英雄儿好汉,老子反

图13-2　文革中泛起的红卫兵小报
（原载雅昌艺术博客）

动儿混蛋"的血统论思想,进行了激烈的抨击。1967年4月14日,中央文革小组成员戚本禹公开讲话,宣布《出身论》是反动文章。《中学文革报》因此停刊,作者遇罗克被迫害致死。为了加强对小报的控制和引导,中共中央于1967年5月14日发布《关于改进革命群众组织的报刊宣传的意见》,对小报宣传规定了一些具体政策,如不准擅自刊登和印发毛主席、林副主席没有公开发表的文章、讲话、批示,以及中央的内部文件、会议记录和负责同志的内部讲话等。但随着各种群众组织的解散、解体,他们所主办的各类"文革小报"也逐渐退出了历史舞台。

轰轰烈烈的"文化大革命"发动起来后,在毛泽东看来全国并没有弄清楚"斗争的大方向"。1966年8月5日,毛泽东在中南海亲自出马,写出了《炮

打司令部(我的一张大字报)》，明显将"炮打"的对象指向了刘少奇、邓小平等在第一线主持工作的中共中央领导人。当时这张大字报并没有立即公开发表，但实际上很快在全国流传开来。1967年4月8日，《人民日报》发表社论《高举无产阶级革命的批判旗帜》，提出要"把党内头号走资本主义道路的当权派，把资产阶级反动路线批倒、批深、批臭"。同时，《光明日报》发表了社论《批判中国的赫鲁晓夫》。1967年5月8日，《人民日报》、《红旗》杂志发表《〈修养〉的要害是背叛无产阶级专政》，为批判刘少奇定了调子。

8月5日，毛泽东的《炮打司令部（我的一张大字报)》公开发表。1968年10月14日，《红旗》杂志第4期发表社论《吸收无产阶级的新鲜血液——整党工作中的一个重要问题》，给刘少奇编造了一套所谓的"黑六论"，即"阶级斗争熄灭论"、"驯服工具论"、"群众落后论"、"入党做官论"、"党内和平论"、"公私溶化论"（图13-4）。中共八届十二中全会上，正式通过了关于刘少奇的"审查报告"。刘少奇的所有政治权力被剥夺，党内夺权斗争基本完成。"两报一刊"（即《人民日报》、《解放军报》和《红旗》杂志）等新闻媒体在这场夺权斗争中充当了政治斗争的工具。

图13-4 《工农兵画报》(浙江省革命造反联合总指挥部主办)
(原载中国收藏热线)

13.2 控制与反控制的舆论斗争

随着"文化大革命"夺权斗争的深入,新闻舆论战线几乎完全为林彪、江青集团的主要成员控制。1969 年 4 月,中国共产党第九次全国代表大会召开。林彪作为"毛泽东同志的亲密战友和接班人"被写进党章。林彪、江青集团的主要成员及不少亲信、骨干分子进入中央委员会以及中央政治局。他们进一步控制舆论,为宣扬极左路线摇旗呐喊。与此同时,新闻宣传领域的控制与反控制的斗争也拉开了序幕。

13.2.1 "斗、批、改"中的典型报道

所谓"斗、批、改"就是"斗走资本主义道路的当权派"、"批判资产阶级和修正主义"、"改革不合理的规章制度"。"文化大革命"中的新闻宣传工作是以"批"字为核心,大搞"大批判"运动。林彪、"四人帮"控制下的"两报一刊"和其他中央媒体,反复强调要在思想文化领域进行"革命大批判",就是要在政治、哲学、历史、教育、新闻、文艺、经济乃至于自然科学领域宣传极左思想。

"大批判"运动的后果,不仅使"双百"方针遭受严重的破坏,而且思想自由、学术自由、言论自由丧失殆尽。在"斗、批、改"宣传政策的影响下,"文革"十年中,夸大渲染、虚构编造、以偏概全、附庸于政治需要的"典型报道"

充斥着报刊版面和广播电视。其中,较为突出的是对"六厂二校"的典型报道。

晚年的毛泽东几乎与世隔绝,他依靠中南海警卫部队(即"8341"部队)的战士了解外面的信息。更多的是他相信普通战士们对他的绝对忠诚,不会违背他的意志。于是,毛泽东选派 8341 部队的干部战士到政治运动搞得比较激烈的工厂、学校去蹲点,了解情况,然后向他汇报并把他指导运动的想法先在这些单位试行。下派的 8341 部队的干部战士,也因为是"毛主席派来"的"亲人"而具有钦差大臣的权威。8341 部队的宣传科长迟群也因此成为一颗拔地而起的"政治明星",后成为北京大学党委书记。

8341 部队干部战士进驻的"六厂二校"指的是北京新华印刷厂、北京针织总厂、北京二七机车车辆厂、北京北郊木材厂、南口机车车辆厂、北京化工三厂和北京大学、清华大学。这八大单位一下子成为文化大革命的先进单位,于是,首都新闻单位的编辑记者蜂拥而来。《人民日报》、新华社等新闻单位的编辑记者,一方面要下到基层,与工人们实行"三同"(同吃、同住、同劳动),接受工农兵的"再教育"和"思想改造",另一方面就是要报道蹲点单位的生产与"斗批改"运动。

1968 年 10 月,毛泽东通过陈伯达传达了他的指示:《人民日报》三分之一的人下放劳动,三分之一的人下去作调查研究,三分之一的人工作。与此同时,新华社也及时传达了毛泽东的这一

指示,也派记者到"六厂二校"去蹲点采访。1968 年至 1976 年的八年时间内,全国报刊充斥着"六厂二校"的所谓"新闻报道",其实是政治大批判式文章。1976 年 12 月 29 日,《人民日报》头版头条发表的长篇通讯为《红太阳照亮了北京针织总厂》,全文长达八千余字。

伴随着"六厂二校"的典型报道,全国各地充斥着各种大批判文章写作班子,他们采用形形色色的笔名,直接听命于"四人帮"。臭名昭著的"梁效"(取"两校"的谐音)为"北京大学、清华大学大批判组",主要由江青通过迟群和谢静宜控制;上海市委写作组(笔名为罗思鼎等)由张春桥、姚文元直接操纵,文化部、中央党校(笔名唐晓文)也有这样的"大批判写作小组"。此外,各级"革委会"也组织自己的写作组,按照"梁效"等文章的调子撰写文章在各类报刊上发表。全国形成"小报抄大报,全国看梁效"的局面。

13.2.2　舆论领域的"左右"之争

林彪叛逃的"九一三"事件后,毛泽东委托周恩来主持中央日常工作。周恩来在极为艰难复杂的历史背景下,着手落实党的政策,尤其是想将搞乱了社会秩序恢复起来,力图将党和国家的工作重心由"斗批改"转移到生产和建设上来。因此,周恩来在新闻战线上开展了批判极"左"倾向的斗争。1972 年元旦,《人民日报》发表社论,倡导人民"鼓足干劲,力争上游,多快好省地完成和超额完成国家计划"。

4 月 1 日,《红旗》杂志发表了《正确理解和处理政治和业务的关系》,指出"'冲击'社会主义生产和业务的'政治'决不是无产阶级的政治",号召人民坚持为革命钻研业务,在一定程度上扭转了林彪鼓吹"突出政治"而不抓生产的错误倾向。

4 月 24 日《人民日报》发表社论《惩前毖后,治病救人》;5 月 1 日出版的《红旗》杂志又发表了《执行"惩前毖后,治病救人"的方针》,两篇文章都针对林彪、江青集团迫害老干部的行为,针锋相对地提出老干部是"党的宝贵财富",强调即使对犯了错误的同志,也应本着团结、批评、团结的正确方针,并对老干部予以"正确使用"。这些宣传文章为大批干部的解放和恢复工作制造了舆论。

10 月 1 日,"两报一刊"联合发表国庆社论《夺取新的胜利》,明确提出"要提倡又红又专",批判了林彪一伙打击、排斥知识分子的极左路线,促使给知识分了落实政策。1972 年春天,著名物理学家、北京大学副校长周培源根据周恩来的多次指示,写了《对综合大学理科教育革命的一些看法》一文,强调高校要重视和加强自然科学基础理论的学习和研究。该文 10 月 6 日发表在《光明日报》上,本想发表在《人民日报》上,却遭到了张春桥、姚文元的百般阻挠。

1972 年 7 月到 9 月,周恩来多次要求新闻部门批判无政府主义,批判极左路线。10 月 14 日,《人民日报》根据周恩来的意见,发表了龙岩(龙岩为中共福建省委理论组的笔名)的文章《无政府主义是假马克思主义骗子的反革命工具》、纪众言的《坚持无产阶级铁的纪律——读〈共产主义运动中的"左派"幼稚病〉的一点体会》以及李定的《一个阴谋家的丑史——谈〈巴枯宁〉》等三篇文章,组成了一个版面,突出了反对无政府主义、反极左思潮的主题。这一切引起了江青一伙的不满,龙岩的文章被打成"毒草",并被追究责任。

1972年12月,毛泽东在一次谈话中提到林彪"是极右,修正主义",江青一伙又以此为大棒,宣称在全国要批极右而不准再批极左。1973年元旦,两报一刊联合发表社论《新年献词》,主张"批林整风"运动的重点是批判"反革命修正主义路线和极右实质"。新闻工作又陷入极左路线的控制之中。

13.3 突破极"左"樊篱的舆论宣传

13.3.1 "批林批孔"中的"反复辟"典型宣传

1971年9月13日,林彪丧命后,全国由"批陈(陈伯达)整风"转向了"批林整风"。1973年7月至9月间,中共第十次全国代表大会前后,毛泽东在多次谈话中都讲到孔子和秦始皇,并指出林彪是"尊儒反法"的。由此,"批林整风"从1973年9月开始转变为"批林批孔",在中国意识形态领域上演了一幕"儒法斗争"的古典闹剧,政治权力斗争再度披上意识形态的外衣。王洪文、张春桥、江青、姚文

元一伙,将批判的矛头对准周恩来,采用含沙射影、指桑骂槐的手法,名为批孔,实则批周。"两校"(梁效)大批判组和上海市委写作组(罗思鼎),在《红旗》杂志上发表了大量"批林批孔"和"尊法批儒"的文章。林彪集团被粉碎后,周恩来主持中央日常工作,一些老干部重新走上工作岗位,开始逐步纠正左倾错误,尤其是在教育界努力恢复教育秩序。这一切被"四人帮"视之为"倒退"、"复辟"。

与此同时,新闻界在"四人帮"的控制下,又树立了"白卷英雄"和"造反小将"等典型。1973年6月30日,辽宁省兴城县白塔公社枣山大队第四生产队队长、下乡知识青年张铁生,参加大学招生的物理化学考试,因为回答不出考题,在试卷的背后写了一封给有关领导的信,表示对文化考试"有着极大的反感"。当时担任辽宁省委书记的毛远新,指示在《辽宁日报》上发表。7月19日,《辽宁日报》以《一份发人深省的答卷》为题,并加上编者按,发表了张铁生的信。编者按评论道:"他对物理化学这门课的考试,似乎交了'白卷',然而,对整个大学招生的路线问题,却交了一份颇有见解、发人深省的答卷。"8月份《文汇报》、《人民日报》和全国报纸纷纷加以转载。"四人帮"将文化考试视为教育领域的"反攻倒算",张铁生被树为"反潮流"的典型大加赞扬。

1973年12月12日,《北京日报》发表了北京海淀区中关村第一小学五年级学生黄帅的一封来信和日记摘抄,

讲述了她与班主任老师之间的矛盾和不同意见。这封信是在江青的亲信迟群、谢静宜的指使下、由《北京日报》内部刊物转载而来。他们认为黄帅是批判"师道尊严"的典型。《北京日报》的编者按说："这个12岁的小学生的反潮流的革命精神,提出了教育革命中一个大问题,就是在教育战线上,修正主义路线的流毒还远没有肃清,旧的传统观念还是很顽强的。"12月28日,《人民日报》转载时又加了编者按,再度肯定了"黄帅敢于向修正主义教育路线的流毒开火,生动地反映了毛泽东思想哺育的新一代的革命精神面貌"。在各级媒体推波助澜地宣传下,全国中小学又兴起了所谓的"反潮流"运动。

黄帅事件引发了内蒙古生产建设部队十九团政治处宣传干事王文尧、放映员恩亚立、新闻报道员邢卓三位同志的不同看法,他们联合用"王亚卓"的化名给黄帅写信,指出她"矛头指错了"。江青和迟群看过这封信后,指示黄帅发表了一封公开的复信。1974年2月11日,《人民日报》以《反潮流是马列主义的一个原则》为通栏标题,发表了《黄帅的一封公开信——复内蒙古生产建设部队十九团政治处王亚卓同志》。编者按以当时"上纲上线"的惯用口吻写道:"这件事情反映出教育战线上两条路线、两种思想的斗争,仍然十分尖锐。""王亚卓"三人被隔离审查,横遭批斗,并下放劳动改造。

13.3.2 新闻报道成为政治斗争的工具

典型报道与"树典型"的政治工作方法是密不可分的。在"工业学大庆,农业学大寨"的口号下,大寨一直被当成先进典型,被国内媒体反复报道。山西省昔阳县大寨大队在1963年自然灾害面前表现出的顽强精神和崇高风格,曾受到周恩来总理的赞誉。然而,"文化大革命"开始后,大寨大队主要负责人积极奉行"左"倾路线,统一宣传口径,着重宣传大寨反对"资本主义"、"修正主义"的经验,连农业生产的增长也被说成是积极进行"路线斗争"的结果。大寨由一个农业战线上的先进典型变成了一个推行极左路线的典型。大寨人为地制造"阶级斗争",成为全国学习的经验。全国各地的干部群众潮水般地涌入大寨参观学习。大寨大队的负责人一跃而成为国务院副总理。

典型报道与"树典型"的政治工作方法是密不可分的。为了保住"毛主席亲自树立的一面红旗",在大寨大队主要负责人的控制下,对大寨和昔阳县的粮食产量和工作成绩作了不少夸大其词的宣传报道。大寨被宣传机器描绘成一个万能的和一贯正确的典型。当新闻工作沦为政治斗争的简单工具后,新闻的真实性原则就被破坏殆尽。

1974年国庆前夕,国产万吨级远洋货轮"风庆号"运输11000吨大米从罗马尼亚远航归来。"四人帮"借此大作宣传,并有意安排在国庆报道之后,集中宣传,形成强大的舆论声势。10

月 12 日,上海《解放日报》、《文汇报》都以整版篇幅发表消息和评论,欢呼万吨轮"风庆号"远航归来,但宣传的立足点却转向了"批判代表儒家卖国主义路线的崇洋媚外思想"。一时间,各种报刊发表文章,批判"造船不如买船"的"卖国"思想,批判当代的"洋务派"、"李鸿章中堂",将矛头明显指向周恩来总理和国务院有关部门。

13.3.3 "四五"前后的新闻舆论斗争

1975 年 2 月份周恩来病情加重,得到毛泽东的认可后,由邓小平主持党、国家和军队的工作。邓小平坚决整顿混乱局面,强调全国要安定团结,把国民经济搞上去。提出以"三项指示为纲"(即毛泽东指示的"反修防修"、"安定团结"、"把国民经济搞上去")。在邓小平的主持下,整顿工作迅速见效,尤其是教育领域恢复了教学秩序,但当时的新闻媒体被"四人帮"控制,这些成就很少见诸报端。

同年 8 月 14 日,毛泽东在同一位教师的谈话中,提出了他对古典小说《水浒》的个人看法。他说:"《水浒》这部书,好就好在投降。做反面教材,使人民都知道投降派。《水浒》只反贪官,不反皇帝。屏晁盖于一百零八人之外。宋江投降,搞修正主义,把晁盖的聚义厅改为忠义堂,让人招安了。"此番喻古讽今的话语一出,立即在全国掀起了一阵鹦鹉学舌式的"评《水浒》"运动,大批"投降派"宋江。

此时的毛泽东年事已高,中国高层的权力斗争已经白热化。"四人帮"集团立即借"评《水浒》"大做文章。利用惯用的影射式的手段,将矛头指向周恩来、邓小平,暗示周恩来和邓小平是企图架空毛主席的"投降派"。同年 11 月,"四人帮"取得毛泽东的支持,提出了"反击右倾翻案风"的问题。12 月 1 日,《红旗》杂志发表北京大学、清华大学大批判组的文章《教育革命的方向不容篡改》,把刚刚整顿好的教育界作为反击"右倾翻案风"的突破口。从此,邓小平的言行在媒体上被公开批判,仅仅是没有点名而已。

1976 年的这个"龙年",对于中国人来说是曲折多难而不平静的一年。1976 年 1 月 8 日,周恩来总理逝世,举国悲痛,人民群众自发地举行了各种形式的悼念活动。而"四人帮"却严密控制新闻报道,强调"不要突出总理"。姚文元控制的《人民日报》压缩悼念周总理的新闻报道规模,同时,以"集中批邓"的影射式文章放在重要位置。他们以"翻案不得人心"为中心口号,从多方面批判和否定邓小平为纠正"左"倾错误所做的整顿工作,反对邓小平提出的"以三项指示为纲",诬蔑邓小平是"复辟资本主义"。他们把老干部走过的革命道路,描述为"从资产阶级民主派到走资派"。邓小平被新闻媒体定义为"党内那个不肯改悔的走资派",对邓小平进行人身攻击。3 月 25 日的上海《文汇报》发表《走资派还在走,我们就要同他斗》的文章,其中有"党内那个走资派要把被打倒的至今不肯改悔的走资派扶上台"的语言,影射周恩来是"走资派"而邓小平是"不肯改悔的走资派"。

1976年清明节前后,广大人民群众以天安门广场为中心,自发悼念周恩来总理,抗议"四人帮"的倒行逆施。人民群众以献花圈、朗诵诗文、演讲、张贴小字报等形式,表达自己的意愿。悼念遂演变成为声势浩大的抗议活动。清明节当天,天安门广场的群众多达数十万人(如图13-5)。

图13-5　首都群众在天安门广场纪念周总理

4月5日,群众的悼念与抗议活动被镇压。天安门广场人民群众表达心声的和平抗议活动被中央定为"反革命暴乱性质"。经毛泽东批准,4月7日晚,中央人民广播电台广播了姚文元组织炮制的报道《天安门广场的反革命政治事件》,把矛头指向广大群众和邓小平,称之为"一小撮阶级敌人打着清明节悼念周总理的幌子,有预谋、有计划、有组织地制造反革命政治事

件"。4月8日《人民日报》及全国各地报纸都刊发了那篇"现场报道"。同时,中共中央宣布关于华国锋任中共中央第一副主席、国务院总理的决定,以及撤销邓小平党内外一切职务、保留党籍以观后效的决定。5月18日,《人民日报》刊载《党内确实有资产阶级——天安门广场反革命事件剖析》一文,集中攻击邓小平。此文经过姚文元的修改,加上了"邓小平就是这次反革命政治事件的总后台"。于是,全国形成了万炮齐轰邓小平的舆论局面。

1976年7月6日,朱德委员长逝世。7月28日,河北唐山市发生7.8级强烈地震,死亡24万多人,重伤16万多人,唐山一片废墟。8月11日《人民日报》发表社论《深入批邓,抗震救灾》。上海《学习与批判》杂志还发表题为《山崩地裂,视若等闲》的文章。9月9日,毛泽东逝世。在举国哀悼、全国各地积极援建毛主席纪念堂的宣传中,新闻媒体又因为权力斗争而开始了关于毛泽东的两个"临终遗嘱"之争(即"按既定方针办"和"按过去方针办")。

1976年10月6日,中共中央政治局代表党和人民的意志,一举粉碎了"四人帮"反革命集团,结束了"文化大革命"。中共中央派人到中央人民广播电台、人民日报社、解放军报社、光明日报社等单位,牢牢掌握了舆论宣传大权。10月24日,新华社播发了首都百万军民集会、热烈庆祝粉碎"四人帮"的历史性胜利。25日,《人民日报》、《红旗》杂志、《解放军报》发表社论《伟

大的历史性胜利》。24 日至 30 日，新华社连续报道了全国 29 个省、市、自治区和人民解放军各部队举行庆祝粉碎"四人帮"伟大胜利的集会和游行的消息。中国的新闻传播事业由此翻开了新的一页。

13.4 "文化大革命"中新闻工作的成就与教训辨析

13.4.1 "文化大革命"中新闻事业的停滞

"文化大革命"中，林彪、"四人帮"集团极力控制全国的舆论工具，特别是直接控制了中央一级新闻机构，为他们篡党夺权的阴谋服务，新闻事业背离了党的新闻原则，也背离了新闻事业的自身发展规律，从而造成了新闻事业的被破坏和停滞。

"文化大革命"使我国的报刊业遭到了极大摧残。1967 年至 1976 年，全国报刊结构非常简单，报纸数量从二百多家急剧下降至四十多家。报刊出版状况混乱，正常出版的报纸只有中央、省级和一些地区级党委机关报。而 1967 年到 1968 年的"文革小报"泛滥一时，严重扰乱了报界秩序。而被林彪、江青集团控制的报刊，尤其是《人民日报》、《解放军报》、《红旗》杂志所谓的"两报一刊"，在鼓吹极左路线、进行错误的舆论导向方面起了很坏的作用。十年动乱中，少数民族文字报刊也受到了灾难性的打击。

广播事业发展缓慢，广播成为偶像宣传和"斗批改"的喇叭筒。中央人民广播电台一大批办得有特色、有影响的节目在这一时期被迫停办。《新闻和报纸摘要》、《各地人民广播电台联播》节目充斥着"四人帮"一伙炮制的文章。理论学习节目改为《工农兵活学活用毛主席著作》节目。深受少年儿童喜爱的《小喇叭》、《星星火炬》节目被改为《红小兵》、《红卫兵》节目。文娱节目中只能播放八个"样板戏"、八首革命歌曲、三部电影录音剪辑。人民群众从广播节目中吸取文化精神营养的权利被剥夺。

十年动乱期间，播音工作遭到严重摧残，广播节目充满着"造反派"式的腔调，大喊大叫，训人骂人，形成高调门、平淡、空洞的"高、平、空"的"文革腔"。广播节目与听众的关系是"冷"、"僵"、"远"。地方电台也遭到严重破坏。1967 年 1 月，中共中央发出《关于广播电台问题的通知》，决定地方人民电台全天转播中央人民广播电台的节目。各省市区的"革命委员会"成立后，地方电台陆续恢复了少量的自办节目，但也仅限于《活学活用毛主席著作》和《革命大批判》，只能按照中央"两报一刊"的腔调说话。

广播技术发展缓慢，直到 1974 年 10 月，中央人民广播电台的调频广告才正式播音。为了加强对广大农村地区的宣传舆论的控制力度，"文化大革命"期间，农村地区的有线广播网建设取得了一定的成绩。1969 年，财政部和中央广播事业局规定，县广播站的经费列入国家财政预算，公社放大站的事业费由地方财政拨款。农村有线广播网建设的方针是:以县广播站为中心、以公社放大站为基础,建设质量高、效能好的农村广播网。到1976年底,全国建成县有线广播站2503座,安装广播喇叭1.13亿只,农户安装广播喇叭达60%。但因为在有线广播网建设中图形式、搞浮夸、管理混乱,一些地方出现了"一年建,二年乱,三年就瘫痪"的局面。关键的是农村有线广播网中并没有为农民听众所喜爱的广播节目。

新兴的电视事业,在20世纪70年代取得了一定的进展,但也遭受了"四人帮"的巨大破坏,处于相对停滞状态。到1971年,全国共有32座电视台,转播台总计达80座,初步形成了电视网。1958年我国开办黑白电视后,第二年就开始彩色电视的研究工作,1960年由于国民经济出现困难而中止,到1970年9月才重新开始。中央广播事业局向国务院提出筹建北京彩色实验台的报告。国务院批准筹建北京、上海、天津、四川彩色试播台,并于1972年派代表团出国考察彩色电视的发展情况,决定以PAL制式为暂定制式。1973年5月1日,彩色电视开始在北京试验播出。8月1日,上海电视台开始试播彩色电视节目。10月1日,北京、天津、上海三大城市进行了彩色电视节目试播。中国的电视事业由黑白过渡到了彩色。但由于国民经济因素的制约,电视的普及率依然很低。

新闻纪录片在文化大革命开始后,一度被林彪、"四人帮"控制利用,制造舆论宣传。中央新闻纪录电影制片厂先后拍摄了《一月风暴》、《建立革命委员会》、《毛主席和百万文化革命大军在一起》等影片。此外,还根据政治形势的宣传需要,拍摄了"六厂二校"、"天津小靳庄"、"批林批孔特辑"、宣扬镇压"四·五"运动的《天安门前的英雄们》等影片。"文化大革命"期间,在林彪、"四人帮"宣扬的"事实要为政治服务"、"真实要为政治服务"的口号下,许多新闻纪录片违背了真实性原则,制造虚假繁荣,宣扬"到处莺歌燕舞",拍摄了一些类似《哈尔滨大集》这样的"造假"纪录片。

但是也应看到,由于新闻摄影工作者的努力和刻苦敬业精神,中央新闻纪录片电影制片厂也拍摄了像《南京长江大桥》、《成昆铁路》、《襄渝铁路》、《大庆红旗》、《再次登上珠穆朗玛峰》等反映生产建设与各项事业成就的好影片。八一电影制片厂还先后摄制了我国"两弹一星"的纪录片,记录了我国军事科学技术的发展。1976年1月,周恩来总理逝世,新影厂的摄影工作者,拍摄了人民群众深切悼念周总理的动人场景,由于"四人帮"的阻挠,纪录片《敬爱的周恩来总理永垂不朽》直到"四人帮"垮台后的1977年才得以上演。

13.4.2 宣传模式简单僵化,新闻内容脱离群众

文化大革命期间,中国的新闻宣传工作在林彪、"四人帮"的干扰下,形成了独特的宣传模式。新闻宣传紧紧围绕着接二连三的政治运动展开。

第一，往往以毛泽东或中央的名义作出"指示"，以中央文革小组的名义作出"决定"，再向全国发出"通知"，这便是政治运动的开始。

第二，"两报一刊"、新华社等中央媒体，根据轻重缓急和适当的宣传时机，围绕这一中心运动组织宣传，然后全国各级媒体一哄而上，逐级模仿。新闻单位的报道套路是：先以重大新闻的方式在头版头条刊登或播出这些"指示"、"决定"、"通知"。同时，《人民日报》、新华社、《红旗》杂志配发相关的社论或评论员文章，给运动定调子，指明所谓的"斗争方向"，区分"两条不同的路线"。

第三，在后续宣传报道中，重点组织动态报道、通讯报道和成就报道。所谓动态报道，就是记者对全国各地各阶层各团体的干部群众的学习表态活动进行夸张式的报道，无非是"掀起了学习高潮"、"衷心拥护"、"表决心"、"誓死捍卫"之类的内容。所谓通讯报道，就是记者带着政治主题，到基层"找先进，树典型"，报道在运动中突显出来的"英雄模范人物"。所谓成就报道，就是将经济生产、社会发展或部队建设等方面的成就生拉硬扯地与政治运动联系起来。突出"政治工作是一切经济工作的生命线"。似乎这些成就都是毛主席的英明领导、政治运动深入开展后才取得的。

第四，新闻语言都是口号式的大话、空话、套话，火药味十足，声嘶力竭，拒人于千里之外，没有丝毫的亲切感。广大干部群众，对这样的报道十分反感，除非强行组织读报，人们已经失去了读报的兴趣。宣传效果也就适得其反。

第五，新闻报道中，人民群众的根本利益和现实生活中的实际问题，则不予报道。往往以"问题敏感"、"政策性强"、"容易为阶级敌人利用"等借口，置之不理或故意掩饰矛盾，制造虚假繁荣。这些做法，严重背离了我党新闻宣传的基本原则和群众路线的优良传统。新闻既不关心人民的疾苦，也没有反映群众的真实心声，只会板起面孔教训人。

13.4.3 为政治斗争服务的典型报道显露出来的弊端

在我们这个历来强调以道德治国、伦理哲学十分发达的国度里，在传统的政治文化中，向来不重视在法律上具体规定公民的权利和义务，而热衷于树立道德上的楷模，从而对人们的行为给予引导。中华人民共和国成立后，通过报刊和其他新闻媒介表扬先进人物和先进单位，一向是推动我国各项工作的有效方法，也是党和人民的新闻事业的重要职能和任务之一。20世纪五六十年代我国出现了一大批报道典型的优秀通讯，这跟坚持新闻的真实性、从现实生活和实际工作中去发现典型、科学地分析、客观地介绍的求实精神是分不开的。

"文化大革命"中，林彪、"四人帮"集团利用他们别有用心地编造出来的典型，带着他们赤裸裸的政治目的，作为权力斗争中用来打人的"石头"，这样的典型报道，新闻的真实性和客观性丧失殆尽，遭到广大人民群众的鄙视和唾弃。历史反复证明，凡是人为地"树"起来的先进人物和典型，是没有生命力的。先进典型和其他事物一样，没有固定不变、十全十美的"永远正确"的"万能典型"。而在"文化大革命"中，为了人为地"保"典型，甚至弄虚作假、欺骗群众。典型人物报道，虽然可以予以浓墨重彩进行描写，但不能为了"树"英雄而背离真实、人为拔高，搞所谓的"高、大、全"（图13-6）。

图13-6　文革时期的宣传画
（图藏中华网老照片图库）

报道、介绍、推广典型经验必须从实际出发，从广大人民群众的利益出发。如果片面强调为政治服务，使"典型报道"沦为权力斗争的工具，这样的"典型经验"一旦推广，往往会造成重大失误。"文化大革命"十年中，在树典型、学典型、推行"典型经验"的过程中，往往形成"一刀切"和全国"跟风"的现象。全国"一窝蜂"地大规模地、三番五次地学习某些"思想"、"经验"，为树立政治偶像服务，劳民伤财，这样的"学先进、赶先进"，往往演变为形式主义，人民群众对这样的"学习运动"十分厌恶。而在学习和推广典型的过程中，林彪、"四人帮"集团往往乱扣政治帽子，打棍子，排除异己，对不同意见采用压制手段，最后演变成为法西斯专政。"文化大革命"期间，因为推行极左路线，在典型报道中，丧失了新闻的真实性，教训是极为深刻的。

【本章小结】

本章简要地讲述了"文化大革命"时期新闻事业产生的历史背景、发展过程及其特殊性，以及新闻事业受林彪、"四人帮"集团的破坏所遭受的巨大损失。"文化大革命"时期受"左"的思想的长期干扰，使我国新闻事业的发展处于停滞状态。这一时期的新闻事业由于被少数政治野心家控制，沦为权力斗争的简单工具。新闻宣传颠倒黑白、违背真实、脱离群众、大搞个人崇拜，搞乱了人们的思想，破坏了社会秩序，剥夺了公民的人身、思想、言论自由等基本权利，教训极为深刻、惨痛。通过本章的学习，应充分认识到我国的新闻事业是人民的事业，绝不能操纵在少数政治野心家手里，新闻事业只有在一个法制健全、政治民主、公民权利受到保障的社会里才能得到顺利发展。

★【思考题】

1."文化大革命"中的"小报"具有哪些特点？它为什么兴起，又为什么迅速退出历史舞台？

2."文化大革命"期间新闻事业具有哪些特点？

3.造成"文化大革命"中新闻事业滑坡和停滞的主要原因是什么？应该如何避免此类历史灾难再度发生？

【延伸阅读】

[1]高皋,严家其."文化大革命"十年史.天津:天津人民出版社,1986

[2]席宣,金春明."文化大革命"简史.北京:中共党史出版社,1996

[3]方汉奇.中国新闻事业通史:第三卷.北京:中国人民大学出版社,1999

14 新时期新闻事业的繁荣

导言

本章学习目标 通过本章的学习，要求能够对新时期的新闻事业的发展过程有一个清晰的了解，应懂得从拨乱反正到思想解放、从理论上的大讨论到新闻实践上的勇于革新是这一时期新闻业繁荣的根本原因。一方面，改革开放的大好形势为新闻事业的快速发展奠定了社会政治基础；另一方面，新闻媒体为改革开放提供舆论宣传保障，实现了新闻事业与社会经济发展的良性互动。同时，新时期的新闻事业也经历了曲折发展、整顿调整的过程，不同的新闻思想和理论进行了激烈的交锋。通过本章的学习，应该理解新时期新闻事业是中国新闻史上的重要阶段，对于后世中国新闻事业的发展具有开拓意义。

本章难点 新闻思想和新闻理论的大讨论 新闻的核心价值与主要社会功能在新时期的回归

1976年10月，粉碎"四人帮"的胜利，不仅结束了持续十年之久的"文化大革命"，而且意味着一个时代的结束，我国的历史进入一个新的发展阶段。

"四人帮"被粉碎后，我国社会各项事业可谓百废待兴。政治上急需为历次政治运动中被冤屈的同志平反昭雪，否则就无法理顺人心。在思想文化上必须拨乱反正，否则就无法把"文革"形成的极左思想清除干净。在经济方面，必须恢复全国的生产秩序，把党和国家的工作重心转移到经济建设上来，逐步提高人民群众的生活水平。而这一切工作的展开，必须依靠思想上的拨乱反正。这一时期我国新闻事业就是在这一历史背景下开展的，它成为这一时期新闻宣传报道的主要内容。同时，新闻界作为"文化大革命"重灾区，其自身也面临政治上的平反、新闻思想的拨乱反正、恢复新闻工作秩序。

中共十一届三中全会召开后，改革开放被确认为基本国策。我国的新闻事业在新的历史时期有了突飞猛进的发展，达到了空前的繁荣。报纸、广播、电视等新闻媒体以及新闻教育和新闻研究事业全面发展，新闻工作者队伍不断壮大，为适应新时期宣传工作的需要，新闻媒介自身也进行了新闻改革，以更有效地、更及时地、更深入地宣传中国共产党的方针政策，反映人民群众的愿望和要求。

14.1　拨乱反正中的新闻事业

新闻事业的改革，必须挣脱"文化大革命"以前就存在的"左"的新闻思想的束缚，恢复和发扬党的新闻事业的优良传统，重视研究新闻规律，在实践上创造新经验，在理论上有新突破。

14.1.1　关于真理标准问题讨论的宣传

1977年2月7日，《人民日报》、《红旗》杂志、《解放军报》联合发表社论《学好文件抓住纲》，公开提出："凡是毛主席作出的决策，我们都坚决拥护，凡是毛主席的指示，我们都始终不渝地遵循。"全国报纸沿用"文革"时期的做法予以转载。"两个凡是"代表了当时主要领导人的思想。"两个凡是"是想将毛泽东的"决策"、"指示"作为其权力合法性的来源。因此，"两个凡是"严重阻碍了对大量冤假错案的平反，在组织工作上阻碍了邓小平、陈云等老一辈革命家出来工作，新时期的改革开放政策就无法进行。

1977年7月，中共十一届三中全会通过决议，恢复了邓小平党内外一切职务。邓小平在这次会议上指出，对毛泽东思想体系要有一个完整的准确的认识，不能只从个别词句理解毛泽东思想，必须从毛泽东的整个思想体系去获得正确的理解。

1977年9月，《光明日报》收到了南京大学哲学系教师胡福明的理论文章《实践是检验真理的标准》，编辑部决定采用。1978年3月，正在中央党校学习的杨西光调到《光明日报》主持工作，他看到这篇文章后特别重视，送给中央党校理论研究室充实加工，由中央党校副校长审阅定稿。《实践是检验真理的唯一标准》于1978年5月10日发表在中央党校内部刊物《理论动态》上。5月11日，该文以《光明日报》"特约评论员"名义在《光明日报》全文发表(图14-1)。同一天，新华社向全国播发了这篇文章的全文。12日，《人民日报》、《解放军报》和七家省市报纸均转载了此文。从而在全国范围内，展开了关于真理标准问题的大讨论。

图14-1　1978年5月11日《光明日报》
(原载光明网)

邓小平、李先念、胡耀邦等中央领导同志把真理标准问题的讨论，作为反对"两个凡是"的理论上的突破口。1978年6月至12月间，邓小平多次发表讲话，充分肯定了关于真理标准问题讨论的重要意义，尖锐批评了"两个凡是"的错误，精辟阐述实事求是的思想。在这场大讨论中，中央和首都各新闻单位旗帜鲜明地宣传"实践是检验真理的唯一标准"，《光明日报》则成为这场突破个人崇拜和教条主义为主要内容的思想解放运动的先导。

在关于真理标准问题讨论期间，作为中共中央理论刊物的《红旗》杂志，长时间内没有开展对"两个凡是"的批评，没有发表真理标准问题讨论的文章，而是采取了不介入讨论的消极态度。迟至1979年9月，《红旗》杂志才在第9期上发表了文章《认真补好真理标准讨论这一课》。可见在真理标准问题讨论上党内斗争与反映在新闻宣传领域的斗争都是非常激烈的。

14.1.2　新闻界的拨乱反正

新闻界在深入揭批"四人帮"的斗争中，展开了新闻理论和新闻实践上的拨乱反正工作。1977年1月14日，中央广播事业局在《人民日报》上发表《人民广播的政治方向不容篡改》。新华社、人民日报社、中央新闻纪录电影制片厂等单位的揭发批判文章，有力地推动了天安门事件的平反，将被林彪、"四人帮"颠倒的历史事实再颠倒过来。长期以来影响新闻界的"假、大、空"文风也有所改变。

随着拨乱反正的深入开展，在邓小平的倡导下，新闻宣传工作也在逐步改进。

首先是改变对毛泽东和国家领导

人"偶像崇拜式"的宣传报道方式。中央人民广播电台从 1978 年 2 月起停办了《毛主席语录》节目。1978 年 3 月起,《人民日报》等报纸在报道中引用毛泽东的话时,也不采用黑体字排版。报纸在报眼位置的"语录"栏目也取消了,减少了文章中引用"语录"的分量,不再刊登领袖的大幅照片,改变了对领袖的称呼,有关领袖人物活动的新闻编排也有所改变。1980 年 7 月 30 日中共中央发出了《关于坚持'少宣传个人'的几个问题的指示》,其中指出:"报纸上要多宣传马列主义、毛泽东思想,多宣传社会主义优越性和工农兵知识分子为四个现代化奋斗的成就,多宣传党的政策方针决议,少宣传个人的没有意义的活动和讲话。"①

其次是新闻界重新整理了刘少奇有关新闻工作的讲话和论述。例如 1948 年 10 月《对华北记者团的讲话》、1956 年在社会主义改造基本完成以后对新华社工作的指示等都重新和读者见面。新闻界对刘少奇新闻思想的研讨和学习,促进了新时期新闻事业的发展和繁荣,对当时的新闻工作具有重要的指导意义。

14.1.3 新闻的党性原则和新闻功能的争论

粉碎"四人帮"后,我国的新闻事业在解放思想、拨乱反正的新的历史条件下蓬勃发展。新闻理论战线的拨乱反正也引发了许多新闻原则问题的论争。1979 年 3 月,中共中央宣传部召开了全国新闻工作座谈会,会议围绕着"文化大革命"中新闻工作所犯的错误展开了热烈讨论,并深入探讨如何发挥新闻的舆论宣传作用,把新闻宣传工作的重点转移到社会主义经济建设上来。

正是在这次会议期间,有人提出了"党报的党性和人民性"的问题,把党性与人民性割裂开来,甚至对立起来,用人民性来否定党性。这一观点在新闻界引起了广泛的争论。新闻界及新闻理论界的一些人在"推进新闻改革"的口号下,鼓吹西方国家的新闻观,要求所谓"绝对的新闻自由"、抽象的"新闻自由",反对党对新闻事业的领导,反对社会主义新闻工作纪律;要求新闻事业应有"多元化结构",重提私人办报、民间办报,要求打破所谓"党报一统天下"的局面;要求新闻媒介应有多种功能,尤其是传播功能,以此来冲淡或取消社会主义新闻媒介的主要功能——党的新闻媒体的宣传工作功能,贬低或否定社会主义新闻媒体的喉舌作用和舆论导向作用。鼓吹记者"主体意识彻底觉醒",新闻记者要"解放思想",把记者宣传党的路线方针政策贬低为"紧跟意识",鼓吹西方国家超阶级、超政治的所谓"真实"、"客观"、"公正"。

当时的中共中央宣部部长胡耀邦在会议上作了《关于新时期的新闻工作》的报告,重新阐述了党的新闻工作的性质、新时期新闻工作的任务等。胡

① 中共中央宣传部新闻局编:《中国共产党新闻工作文献选编》,人民出版社 1990 年版。

耀邦认为我们的新闻工作有很高的党性，党性和人民性是一致的，离开了人民性就不叫党性，从党的性质来说，党性和人民性也是一致的。

1979年3月，中共中央召开的理论工作务虚会上，党内一些同志提出"要补资本主义的课"，否定毛泽东思想，要求"民主"、"自由"、"人权"等错误思想。邓小平同志在当时就旗帜鲜明地作了《坚持四项基本原则》的讲话，号召坚持社会主义道路，坚持无产阶级专政，坚持党的领导，坚持马列主义、毛泽东思想。同时，他又严肃地提出必须坚决反对精神污染、反对资产阶级自由化。1980年9月，大鸣、大放、大辩论、大字报的"四大自由"被从宪法中取消，中央要求思想解放不能偏离四项基本原则。

1980年2月，北京新闻学会成立，胡乔木在会上作了长篇讲话，转达了邓小平的要求，希望报刊成为巩固安定团结政治局面的思想中心，促进这个政治局面的发展。1981年1月29日，中共中央颁布了《关于当前报刊新闻广播宣传方针的决定》，这是十一届三中全会以来党中央就新闻工作颁布的第一个纲领性文件，决定肯定了新闻媒介在思想解放、拨乱反正方面的突出表现，同时也对新闻界没有积极主动地宣传四项基本原则、对反对四项基本原则的言论没有进行有力的斗争进行了批评。《决定》再次强调报刊、广播电视都是党的舆论机关，要严格按照党的路线方针政策进行宣传。至此，新闻领域的拨乱反正和思想解

放在党中央的领导下，纳入了正确、健康的发展轨道。

14.2 改革开放中新闻事业的调整与发展

1978年12月18日至22日，中共中央在北京召开十一届三中全会。全会总结了新中国成立以来的经验教训，抛弃了"以阶级斗争为纲"的"左"的错误方针，把全党和国家的工作重点转移到社会主义现代化建设上来。它不仅是党的政治路线的根本改变，也标志着国家发展战略目标重大调整。1978年12月19日，《人民日报》为配合中共十一届三中全会召开，发表了题为《解放思想，实事求是》的社论。12月24日，《人民日报》和全国各大报刊都刊登了新华社播发的《中国共产党第十一届第三次会议公报》，广播电视也进行了有声有色的报道。12月25日，《人民日报》发表题为《把党工作的着重点转移到现代化建设上来》的社论。

从"以阶级斗争为纲"转移到大力发展社会生产力为中心，也就表明简单地强调新闻媒介作为"阶级斗争的工具"这一极左理论的被抛弃，同时，新时期新闻工作的任务也发生了根本的变化。加强经济建设的报道，推动改革开放成为这一时期新闻工作的宣传重点和主要任务。

14.2.1 加强经济报道，推动经济体制改革

新时期的经济体制改革，分为农村经济体制改革和城市经济体制改革两

大部分,而总体的经济体制改革是从农村拉开序幕的,农村改革又是从土地使用制度改革作为突破口的。1979年1月根据《中共中央关于加快农业发展若干问题的决定(草案)》的精神,新闻界开始宣传"包工到户、联产计酬"。但由于"文化大革命"期间,对刘少奇"三自一包"政策的批判,人们对家庭联产承包责任制心有余悸。人们还难以摆脱"左"的思想的束缚。1979年3月15日,《人民日报》在头版头条发表了河南洛阳一读者来信并加编者按,批评当时农村正在建立的"联产到组"责任制是"以队为基础"的倒退,动摇了"三级所有"。随后,《人民日报》又发表了安徽等地支持联产承包责任制的来信作了及时补救。此时,《辽宁日报》发表了记者范敬宜评述辽宁农村改革形势的文章——《分清主流与支流莫把"开头"当"过头"》。1979年5月16日《人民日报》头版头条转载了这篇文章并加了按语。

1979年8月8日,《安徽日报》报道了凤阳县农村实行"大包干"的办法。1980年4月,《人民日报》发表吴象、张广友的文章《联系产量责任制好处多》,介绍安徽经验。文章中提到的"责任到人",实际上就是"包产到户",在全国引起很大反响。1980年9月,中共中央发出《关于进一步加强和完善农业生产责任制的几个问题》。

1982年1月中共中央批转了《全国农村工作会议纪要》。"纪要"指出,全国农村已有90%以上的生产队建立了不同形式的农业生产责任制,大规模的变动已经过去,现已进入总结、完善、稳定阶段。从这时起,新闻界开始宣传报道稳定完善农业生产责任制的典型经验,并对农村出现的新事物、新问题、新趋势进行宣传报道。1982年9月中共十二大召开后,新闻界加强了对农村专业户的报道,并对联产承包责任制纵深和横向发展,开辟农村商品流通渠道,解决农民"买难"、"卖难"等问题,起到了很好的引导和促进作用。农村经济体制改革的报道,改变了历史上"一哄而起"、"一刀切"的报道模式,对农村新情况、新问题开展了理性的讨论,更主要的是强调了典型报道的真实性。农村改革取得巨大成就后,为以城市为重点的整个经济体制改革提供了极为有利的条件。新闻界也在报道农村经济体制改革中积累了经验。

1984年10月,中共中央十二届三中全会通过了关于经济体制改革的决定,它标志着我国以城市为重点的整个经济体制改革正式拉开帷幕。城市经济体制改革以公有制计划经济体制改革和国有企业改革为核心内容。《人民日报》、《经济日报》、《工人日报》等报纸,在对社会进行大量的调查研究的基础上,展开新问题、新动向、新情况的大讨论,同时发表重点文章进行正确的舆论引导。1979年11月起《人民日报》开展了为期一个多月的"弄清社会主义生产目的"的讨论。

1987年6月至7月,《经济日报》开展了"租赁业究竟姓'社'还是姓'资'"的大讨论。此前,《经济日报》对辽宁本溪市关广梅租赁经营8家国营商店的报道,涉及国有企业经营权和所有权分离的企业改革设想,在全国引起轰动。"关广梅现象"成为全国关注的热点和重点。关广梅成为各媒体采访的新闻人物(图14-2)。《浙江日报》也推出了企业家步鑫生的报道。

在经济体制改革的宣传报道中,对经济特区为代表的典型地区的报道发挥了积极作用。新闻报道突出体现了改革实践的复杂性,改革模式的多样性,先后推出的改革模式有"深圳模式"、"珠海模式"、"苏南模式"、"温州模式"等。对经济特区和改革开放发达地区的报道,对内地经济改革开放起到了启发和推动作用。新时期的改革报道,也并非"一路赞歌"。一些批评性的报道和触及经济工作中的弊端的报道发挥了很好的舆论监督作用。1983年2月9日起,中央人民广播电台发表了关于哈尔滨铁路局双城堡火车站野蛮装卸事件的连续报道,历时3个多月,共发表消息、评论、录音报道32篇。这次批评性典型报道震动了全国,受到中央领导人的重视和社会各界的好评。

在宣传报道中即使出现过某些片面性和绝对化的倾向,但很快在"过热"之后进行"降温"。新闻界解放思想、事实求是的报道,既保障经济体制改革的顺利进行,又为改革的深化起到了舆论引导作用。1979年到1989年的十年,是新中国成立以来经济报道十分活跃、富有成效的十年,也是经济宣传报道的"黄金时期"之一。

图14-2　中外记者采访关广梅
(原载盼盼家园网)

14.2.2 精神文明建设和新时代的典型报道

在改革开放的初期,在思想解放、拨乱反正的过程中,中央许多老同志认为思想理论界出现了借口否定"文革"从而否定"四项基本原则"的资产阶级自由化倾向。针对这种情况,以邓小平为代表的老一辈革命家给予了坚决的回击。1980 年 1 月,邓小平在《目前的形势和任务》的报告中要求:"要大力宣传社会主义的优越性,宣传马克思列宁主义、毛泽东思想的正确性,宣传党的领导、党和人民群众团结一致的威力,宣传社会主义中国的巨大成就和无限前途。"这就为新时期的新闻宣传工作规定了基本的方向与任务。

1981 年邓小平在同中央宣传部领导的谈话中批评了思想战线对错误倾向不敢批评、涣散软弱的状况。同年,中共中央发布了《关于当前报刊新闻广播宣传方针的决定》,重申报刊、广播、电视要认真进行关于四项基本原则的宣传。对怀疑、诋毁四项基本原则的思想言论,不能放任、容忍,更不允许利用党的宣传工具加以散布,而必须进行有力地批驳。

1981 年,新闻界就电影文学剧本《苦恋》所出现的资产阶级自由化倾向展开了批评。4 月 20 日的《解放军报》发表了特约评论员文章《四项基本原则不容违反——评电影文学剧本〈苦恋〉》。新闻界面对社会上出现的消极人生观的言论,如"人的本质是自私的"、"主观为自己,客观为别人"、"共产主义太遥远,不实惠"等,进行了正面的应对。《中国青年》杂志和《中国青年报》分别从 1980 年 5 月、7 月开展了人生观问题讨论。《人民日报》发表了评论员文章《应当重视人生观问题的讨论》,对这场讨论给予了肯定和支持。新闻媒体对这场讨论及时进行了正确引导。1981 年 3 月 5 日,《中国青年报》发表社论《再论雷锋》,回答了雷锋精神是否"过时了"、"太左了"、"抹杀个人价值"等问题。

1983 年 10 月,党的十二届二中全会提出要清除精神污染,批判资产阶级人道主义观点和异化论。在党中央的领导下,新闻界投入了清除精神污染的斗争。10 月 9 日,《光明日报》发表题为《在思想理论战线上必须坚持马克思主义立场》的文章。《红旗》杂志 1983 年第 20 期发表了《思想战线不能搞精神污染》的文章。1984 年 1 月,胡乔木发表文章《关于人道主义和异化问题》,这是讨论人道主义和异化问题的一系列文章中影响最大的一篇。他写道:"宣传人道主义世界观、历史观和社会主义异化论的思潮,不是一般的学术理论问题,而是关系到是否坚持马克思主义的基本原理和能否正确认识社会主义实践的有重大现实政治意义的学术理论问题。"反对资产阶级自由化和清除精神污染,纠正了解放思想过程中一些人"思想无禁区"、"学术无禁区"的错误认识。

在批判资产阶级自由化的同时,新闻媒体又加强了对社会主义精神文明建设的宣传报道。首先，报刊、广播、电视大量地宣传报道了"五讲四美三热爱"活动。其次，再度发挥了我国新闻媒体先进人物、先进典型报道的优良传统。新时期十年先进人物、先进群体的典型报道数量之多、影响之广是中华人民共和国成立以来所少有的，其中如"八十年代新雷锋"朱伯儒、身残志坚的张海迪、知识分子的楷模蒋筑英、罗健夫、华山抢险英雄集体、当代牧马人曲啸、邓稼先、孔繁森、李素丽、徐虎等。在典型报道中，新闻媒体采用消息、通讯、特写、评论等多种体裁开展了全方位、立体作战式、集中持续性宣传报道。但此时的典型报道与"文革"时期的典型报道有很大区别：在保证真实性的前提下，突出宣传先进人物和群体的主要事迹、重要贡献、光辉思想、高尚精神等，避免了过去典型报道中拔高人物、"神化"人物的"高、大、全"式的报道方式，使广大群众对所宣传的先进人物和群体感到可信、可敬、可亲、可爱。

14.2.3 重视和加强新闻舆论监督作用

中共十一届三中全会以来，新闻媒体坚持正面宣传为主的方针，同时，也十分重视和努力发挥舆论监督作用。但由于长期以来左的思想的影响和束缚，也因为体制问题，新闻界在批评报道方面可谓禁忌很多、困难重重。

1979 年 5 月 1 日，中央电视台记者张长明和汪保国拍摄了享有特权的干部子女乘公车到王府井购物、游玩的情景。这则批评报道压了四个月后才敢播出。1979 年 9 月 12 日，《新闻联播》播出了这条消息《王府井停车场见闻》，开了电视媒体舆论监督之先声。应广大观众的要求，这条消息于 9 月 16 日在《为您服务》节目中重播。在服务节目中重播新闻消息，这在中央电视台是破天荒的①。它表明全国人民盼望加强新闻舆论监督的迫切愿望。

1980 年 6 月 14 日，新华社报道了昔阳县在水利建设中，做了劳民伤财的"西水东调"的蠢事，第一次向全国披露了这个过去谁也不敢触及的"先进典型"的真实内幕。

1979 年 11 月 25 日发生的"渤海 2 号"翻沉事故，是因为石油部海洋石油勘探局严重违章指挥造成的重大责任事故。事故发生后，该局领导竟把"丧事当喜事办"，评奖戴花，掩饰错误。石油部主要领导也在大事化小，小事化了。北京几家新闻单位经过八个月之久的艰苦努力，终于将这起重大责任事故公之于众。1980 年 7 月 22 日，《人民日报》、《工人日报》同时发表了关于"渤海 2 号"钻井船翻沉事故的真相。《工人日报》还发表了该报记者采写的《渤海 2 号钻井船翻沉事故说明了什么》一文。消息和文章发表后，在全国引起非常强烈的反响。1980 年 8 月 25 日，新华社报道了国务院作出关于处理"渤海 2 号"事故的决定。

1980 年 10 月，《人民日报》、《中国

———————————

① 杨伟光、李东生主编：《〈新闻联播〉20 年》，第 18 页，三联书店 1999 年版。

青年报》、中央人民广播电台报道了中纪委对在任的商业部长在饭店吃喝不付费的错误进行通报批评的消息。

从此，新闻媒体重大事故都尽力做到如实报道，如大兴安岭火灾、上海甲肝流行、铁路、民航、航运等交通事故等。这一时期，一系列的批评报道和舆论监督在三个方面取得了突破：一是突破了对重大事故和重大决策性错误不公开报道的作法；二是突破了对先进典型的缺点错误不公开批评的作法；三是突破了对高级领导干部的错误不公开批评报道的作法。中国20世纪80年代的改革开放不断推进，新闻界的舆论环境也相对越来越宽松。

1987年10月，中共十三大还提出"发挥舆论监督作用"、"重大情况让人民知道，重大问题经人民讨论"、"建立社会协商对话制度"、"抓紧制定新闻出版法"，提出进行新闻改革。国务院和政府各部门普遍建立了新闻发言人制度，以便领导机关及时通过媒介向人民群众阐述重大决策和重大情况，回答人民群众关心的问题。许多报纸都设立《读者来信》专版或专栏，定期刊登读者来信，回答群众提出的问题。《人民日报》、《工人日报》、《南方日报》等报纸的《读者来信》专版很受读者欢迎。

1989年"六四政治风波"以后，一些人将这场风波归咎于新闻媒体的"反官倒"报道太多，认为舆论监督搞多了会诱发动乱，影响安定团结。以后的几年，批评报道大为减少，新闻单位只打"死老虎"，将司法机关或纪检部门惩处的案件拿出来亮相，以起诉书和判决书上的内容取代记者的独立采访和调查性报道。在此情况下，部分新闻媒体为了满足受众的需求，在批评报道和舆论监督上采取了一些技巧。许多编辑记者将本地的批评稿件投到外地的重要媒体发表。如江苏、浙江等地的记者常把稿件寄给上海的媒体发表，而广东的《南方周末》所刊登的批评稿件中，80%是披露发生在全国其他地区的事件，北京的《北京青年报》所发表的批评稿件，也大都是批评外地的事件。这种现象被称之为"异地新闻舆论监督"。20世纪90年代中期开始，新闻舆论监督的力度逐渐加大。1994年4月1日，中央电视台在黄金时间开办《焦点访谈》节目，立即引起全国的广泛关注，收视率迅速上升。朱镕基还为该节目的编辑记者题词："舆论监督，群众喉舌，政府镜鉴，改革尖兵。"

14.2.4 重视对外开放的宣传报道

党的十一届三中全会作出了在经济上对外开放的重大决策。这一重大决策具有深远的历史意义和巨大的现实意义。新时期十年，对外开放与经济改革一样，取得了举世瞩目的成就。我国新闻媒体把对外开放作为新时期宣传报道的重要任务。在邓小平的亲自运筹决策下，我国的对外开放在区域开放和产业开放两个方面迈出了至关重要的两大步。第一步，1979年至1988年，先后创办了深圳、珠海、厦门和海南等5个经济特区，沿海14个经济技术开发区。第二步,1990 年决定开放开发上海浦东新区。我国的改革开放政策既适应了经济改革的需要,也顺应了世界经济一体化的潮流。

1985 年以前,新闻媒体及时报道了深圳等经济特区以创建投资环境为重点的基础设施情况。1986 年以后,又及时报道了深圳等经济特区在走外向型经济道路上所取得的成就。尤其是对国外及港澳台地区有关人士关注的"三资"企业作了有针对性地充分报道。新闻媒体对我国对外开放不断扩大、政策法规不断完善、环境不断改善、"三资"企业不断发展、新举措不断出台等方面的宣传报道,向国外及港澳台地区有力地宣传了我国对外开放的决心、诚意、能力以及中国市场的巨大潜力。

在对外开放的宣传报道当中,新闻媒体很好地将政策宣传与典型报道结合起来,将对外开放的成就报道与对存在的问题的理性分析报道结合起来。既不回避对外开放中存在的问题,也不作耸人听闻的追求轰动效应的夸大报道。在对外开放报道中,也较好地避免了"一刀切"、"大拨哄"的现象。尤其是担负对外报道任务的新闻媒体如新华社、中新社、中国国际广播电台、中央电视台、中央人民广播电台对台湾广播部、《人民日报·海外版》《中国日报》等媒体,发挥了巨大的作用。对外报道信息量稳定增长,新闻时效性不断提高,扩大了报道面,而且报道具有针对性,报道形式灵活多样,增强了对外报道的竞争力。

14.2.5　反对自由化倾向,坚持正面宣传为主

20 世纪 80 年代资产阶级自由化思潮的发展,最终导致 1989 年春夏之交的政治风波。"六四事件"后,坚持四项基本原则、反对资产阶级自由化,提到重要的政治议事日程上来。1989 年 7 月,党中央发出《关于加强宣传、思想工作的通知》,要求各级党组织都要十分重视和大力加强对宣传、思想工作的领导,切实反对资产阶级自由化,真正让社会主义思想占领意识形态领域。例如宣传舆论界,对电视系列片《河殇》宣扬的唯心史观、民族虚无主义和所谓的"海洋文明"进行了揭露和批驳。《河殇》于 1988 年中央电视台建台 30 周年期间,一播再播,甚至说该片标志着中央电视台纪录片制作的成熟云云。

1989 年 6 月 24 日党的十三届四中全会后,新闻界经过反思,深刻认识到新闻舆论的导向作用对于保持政权的稳定方面所起到的重要作用,宣传报道有了新的变化。中央和地方各大媒体,抓住建国 40 年成就宣传的契机,进行大量卓有成效的正面宣传。国庆前后,中央电视台在《新闻联播》栏目中连续播出系列专题报道《弹指一挥间》,系统地宣传了 40 年来我国各条战线上取得的伟大成就,受到中央领导的好评。

从此,中央电视台在《新闻联播》节目中开办系列专题报道已成为常态,并为地方电视台所效仿。《人民日报》

在国庆前后举行了《共和国与我——国庆抒怀》征文活动。中央人民广播电台从7月底到11月底在《午间半小时》节目中，连续播出"可爱的中华"系列报道。坚持以正面报道为主的宣传方针，在全国得到贯彻执行，反映十年改革成就，起到了鼓舞人心的作用。

1989年11月下旬，中宣部举办新闻工作研讨班，李瑞环、江泽民先后在研讨班上作重要讲话，强调新闻宣传的党性原则，新闻报道要坚持以正面宣传为主的原则，尤其要注重舆论的导向作用。江泽民同志在谈及"新闻自由"问题时指出："在社会主义制度下，新闻不再是私有者的事业，而是党的事业，人民的事业。我们的宪法规定，言论、出版自由是中华人民共和国公民的基本权利。广大人民群众享有依法运用新闻工具充分发表意见、表达自己意志的权利和自由，享有对国家和社会事务实行舆论监督的权利和自由。正是为了维护人民的根本利益，对于一切企图改变社会主义制度的违法新闻活动，不但不能给予自由，而且要依法制裁。"

江泽民同志在谈及当时风行一时的"透明度"问题时说："对于这个问题要作具体分析。有些应该透明而且必须透明，有些不能马上透明，要到时机成熟才能透明，有些就是不能透明。有些事情，只限一部分人员知道和掌握，并不意味着他们有什么特权，而是工作的需要，事业的需要。在军事方面、外交方面、政治方面、经济方面、科技方面等等，都有一些东西属于国家机密，不能见诸报纸、广播、电视。这在任何国家都是如此。要求任何事情都透明，以为这样才是民主、自由，不是幼稚无知，就是别有用心。什么可以透明，什么不能透明，什么可以增加一点透明，都要以党的利益、国家利益、民族利益、人民利益为标准，要看是否有利于社会的稳定、政局的稳定、经济的稳定、人心的稳定。"

江泽民同志在论及"新闻的真实性"时说："现实生活是复杂的，要找几个事例来证明某个观点并不难。一叶障目，不见泰山，抓住一点，不及其余，尽管这一叶、这一点确实存在，但从总体上来看却背离了真实性。所以，我们的新闻工作者要做到真实地反映生活，就要深入地进行调查研究，不仅要做到所报道的单个事情的真实、准确，尤其要注意和善于从总体上、本质上以及发展趋势上去把握事物的真实性。"[①]

14.3 新时期新闻事业空前繁荣

从1977年到1992年的新时期十五年间，随着改革开放的深入、社会经济的快速发展和科学技术的进步，我国的新闻事业有了很大的发展，出现了我国新闻史上前所未有的繁荣，形成了以党报为中心的，多层次、多渠道、多形式的新闻传播体系。这一时期，改变了以往以报纸为主体的格局，出现了报纸、

---

① 江泽民：《关于党的新闻工作的几个问题——在新闻工作研讨班上的讲话提纲》，《求是》1990年第5期。

杂志、广播、电视、新闻摄影、新闻纪录电影等多种新闻媒体相互竞争、相互促进的局面。

尤其重要的是新闻界改变了以往对新闻的社会功能的简单化认识,如"阶级斗争工具论",新闻本位得到回归,新闻传递信息、监测环境、传播文化知识、提供精神娱乐、引导舆论的多种功能都得到了充分的发挥。因此,新闻媒体的传播内容极为丰富而多样化。随着改革的深化,我国的新闻舆论环境,虽然经历了起起伏伏的波折,但总的趋势是越来越宽松,越来越有利于新闻事业的发展。

14.3.1 报业机构的变化与报业发展

报业机构的变化,首先体现在报纸数量的增加与发行量的大幅度提高。1978 年全国有邮发报纸 253 家,1989 年全国统一登记公开发行的报纸为 1618 家,是 1978 年的 6.4 倍。1980 年、1985 年、1987 年先后出现了三次办报高峰。1991 年 6 月,经过 1989 年后报纸的整顿压缩,正式出版的报纸仍有 1534 家。1992 年邓小平南方讲话后,我国出现了第四次办报高潮,报纸数量猛增到 2200 种,2005 年又回落到 1931 种。

从全国报纸的发行总量上看,1978 年全国邮发报纸每期发行总数为 5542.5 万份,1986 年曾达到 2.1 亿万份,1989 年底回落到 1.5 亿万份。1991 年又猛增到 236.5 亿份,1998 年为 300.4 亿份,2005 年为 412.6 亿份。

总的来说,报纸的数量在 2000 种左右徘徊,视国家政策控制的力度而定;总发行量稳步增长,并随着新闻产业市场的总体需求状况而变化。

以党委机关报为核心,报纸品种呈多样化是新时期报业机构的基本特征。中国共产党机关报的核心地位和主导作用在 20 世纪 50 年代就已经形成,显示出强大的优势。1990 年中国共产党机关报为 406 家,占当年全国报纸总量的 28.2%。2005 年,全国出版的 1926种各类报纸中,党报 438 种,占全国报纸总量的 23%。

而这一时期,发展最快的还是晚报,出现了"晚报热"。"文化大革命"期间,晚报是报界的重灾区,全国所有晚报被迫停刊。20 世纪 90 年代中期又大量出现了"都市报"这样一个类似于晚报的新报种。1980 年起,《北京晚报》《羊城晚报》《新民晚报》相继复刊,各大中城市纷纷创办新的晚报。

另外,专业性、行业性报纸占据主要位置,主要包括经济、科技、法制、教育、文化、卫生、体育、人口、社会、证券、金融、保险等专业和行业的报纸。其中以经济、科技、教育、法制等四大类报纸的发展最为引人注目。

以各社会群体为目标的、市场细分化的对象性报纸也是新时期发展较快的报纸类型。以特定的年龄、性别、职业划分读者群,表明我国报纸的市场定位更加明确。其中少年报、青年报、老年报、妇女报、工人报、农民报、部队报纸、华侨报、民族报都有很大的发展。

服务性报纸的发展主要集中表现

为两大类:一类是综合性文摘报,如新华社主办的《参考消息》、上海解放日报社主办的《报刊文摘》、光明日报社主办的《文摘报》;另一类是生活服务报,以广播电视节目报为主,卫生保健报、家庭生活报、旅游报、戏剧电影报、书讯报、花卉报等,极大地满足了广大读者日常生活资讯的需要。

14.3.2　报纸发行方式的改革

报纸发行方式的改革对新时期报业的发展具有重大推动作用。世界各国报业发展史表明,报刊的发行方式是由市场自动调节的,呈现出多种渠道、多种发行模式相结合的规律。从20世纪50年代初期到1985年我国长期执行"邮发合一"的单一发行模式。这种单一报刊发行体制的主要弊端是投递速度较慢,很容易使"新闻"变"旧闻",投递质量也连年滑坡。而且发行费率相当固定,从最低的25%到最高的45%,使报社无法通过降低发行成本来提高经济效益和竞争实力。

于是,从80年代中期开始,我国报业开始了自办发行的尝试。1985年1月1日,《洛阳日报》率先摆脱邮局束缚,大胆开辟自办发行的新路。《洛阳日报》在实行自办发行的头五年中,发行费用不断降低,而发行量平均增长率超过了10%(图14-3)。该报的举措,在适合自办发行的中小型城市的报业中产生了不小的震动。

由于纸价上扬,邮局发行费率上调,一些日报和晚报纷纷加入自办发行的行列。中等城市党报、独立核算

图14-3　洛阳日报社自办发行
（原载洛阳新闻网）

的广播电视报、文化、生活、消费类报纸都纷纷自办发行。1994年《北京青年报》开始自办发行。1996年7月23日,小红帽报刊发行服务公司成立,全面代理《北京青年报》以及北京发行的40多家报刊的发行工作,保证了投递时间和投递质量,同时在北京地区代理发行《广州周报》、《深圳特区报》等地方性党报达21种。于是,在一些大城市中,类似的报刊发行公司相互效仿越办越多。《广州日报》通过自办发行等一系列改革,使新闻业务和经济效益大幅度提高,到1999年,自费订阅率高达80%,是所有党报中比例最高的。到2005年全国已有800多家报纸脱离了邮发渠道,占全国报纸总数的40%。

改革开放后,随着经济技术的发展,现代化科学技术开始在报纸的编辑、排版和印刷中得到应用。1981年创刊的英文《中国日报》,从美国引进康普·格兰菲克公司先进照排和胶印技术,成为当时第一家采用电子照排和胶印的报纸。之后,《人民日报·海外

版》1985 年创刊时即成为中国第一家激光照排胶印的汉文报纸,并采用卫星传版技术在海内外及时印刷发行。1979 年山东潍坊计算机厂开始生产"华光 1 型"照排系统。1986 年"华光 3 型"照排系统才比较成熟,后来《经济日报》、《科技日报》、《工人日报》、《解放军报》等采取"华光"照排系统。随着王永民"五笔字型"输入法的发明,"五笔字型"输入法成为报纸排版系统的统一汉字输入方式。到 1992 年初,许多中央级大报和绝大部分省级党报实现了激光照排和高速胶印。20 世纪 90 年代,报纸开始采用北大方正的彩色照排系统。中国报纸开始告别"铅与火"的时代。由于采用了现代化印刷技术,报纸的印刷质量和速度大幅度提高,版面美观清新,图片清晰,色彩纯正,深得读者的喜爱,也增强了报纸的竞争力,劳动强度降低了,工作效率、印刷质量、发行速度大大提高。

14.3.3　通讯社事业的发展

1983 年 1 月新华社提出在 20 世纪 90 年代逐步把自己建设成为具有中国特色的社会主义现代化的世界性通讯社的总体目标。在报道业务方面,解放思想,大力推进新闻改革,为国内外用户提供优质服务。1986 年初,新华社提出"把握大局,改进作风,当好党的耳目喉舌",进一步强化国家通讯社的职能,宣传党和政府的路线、方针、政策。先后在全国各省、直辖市、自治区、香港、澳门等地建立分社。在对外报道方面,经过 10 年的努力,新华

社在原有文字专线基础上,逐步发展为有中、英、法、俄、西班牙、阿拉伯 6 个语种的地区广播和专线、专稿服务。国际新闻报道以亚非拉第三世界国家的新闻为重点,它们在国际新闻发稿中约占 60%,形成了新华社国际新闻构成上的一大特色,受到发展中国家报纸的广泛欢迎。

新华社在积极建设国内外图片传真网络的同时,改善与提高对国内外的新闻图片业务。至 1992 年,新华社已在世界 58 个国家和地区发展直接用户 300 多家,它们包括报刊、广播电台、电视台、通讯社、政府部门、国际组织、研究机构等,建立 24 小时不间断发稿体制,分别用 6 种文字提供电传新闻。新华社自 80 年代开始加速了通信技术现代化进程。率先实现了国内汉文广播的电子计算机化,逐步实现外文编辑计算机自动发稿,利用电脑技术编辑处理图片。

1986 年在汉城举办的第 10 届亚运会上,新华社开始引入移动式电脑英文发稿系统,进行重大现场报道。逐步建立和完善新华社卫星数据直播网。新华社作为"消息总汇",拥有丰富的信息资源,利用这一优势,自办一系列报刊。20 世纪 80 年代到 90 年代初,除原有的《参考消息》等报刊外,又陆续创办了《经济参考》、《新华每日电讯》、《中国证券报》、《瞭望》周刊、《中国图片报》、《半月谈》、《环球》月刊、《中国记者》、《摄影世界》、《农村大世界》、《新中国季刊》(英文版)、《中国年鉴》等 50 多种报刊,其中《参考消

息》和《半月谈》发行量分别居全国同类报刊之首，实际上已经形成了独立的报业集团。此外，服务对象定位于海外华侨、港澳台同胞的中国新闻社也得到了长足的发展。

14.3.4　广播电视事业的快速发展

从 1978 年到 1992 年，我国的广播电视事业突飞猛进。广播电视拥有自身鲜明的传播特点与优势：一是传播速度快；二是覆盖范围广；三是兼备声音图像文字等多种传播符号；四是直观性强。广播电视作为党的喉舌和耳目，受到党和国家的高度重视，作为提供娱乐和新闻信息的传播媒体，又深受广大群众欢迎。改革开放以来，普通群众都把购买收音机尤其是电视机作为主要耐用品消费。新时期，我国广播电视事业的繁荣具体体现是形成了一个对内对外、中央和地方、城市和农村、有线和无线协调发展的广播电视网。

1980 年 10 月召开了全国第十次广播工作会议。1982 年 5 月第五届全国人大常委会决定，撤销中央广播事业局，成立广播电视部，统管全国的广播电视工作。1983 年春召开全国第十一次广播电视工作会议，明确提出了"坚持自己走路，扬独家之优势，汇天下之精华"的方针，提出由局部改革进入整体改革，以改革新闻节目为突破，带动教育性、文艺性和服务性节目的改革。

广播电视部提出了中央、省、市县

"四级办广播、四级办电视、四级混合覆盖"的广播电视事业的发展方针，提高了中央和地方共同办广播电视事业的积极性，使我国广播电视事业迅速发展起来。主要表现在：积极准备发射广播卫星和建设地面收转站；积极建设广播电视专用微波线路，发展调频广播，扩大中波广播的覆盖面；整顿提高农村有线广播网；加强对外广播的发生功率；加强边境、沿海和少数民族地区的广播电视建设。

到 1990 年底，全国共有广播电台 555 座，广播发生台、传播台 1253 座，电视台 489 座、电视发射台、转播台 22724 座，卫星地面接收站 13753 座。有线广播遍及广大农村，广播喇叭达 8200 多万只。广播、电视的人口覆盖率分别是 73.2% 和 78%。1985 年之后，电视超过了广播，逐渐成为受众规模最大的媒体。

20 世纪 80 年代，中央人民广播电台以"缩短战线、精办节目、提高质量、合理布局"为指导思想，全面调整改革了原有的广播节目，对一些缺乏特色、与其他节目内容交叉重叠的节目，或者内容陈旧、形式单一的节目实行关停并转，开办一些融信息、知识、娱乐于一体的综合性栏目，倡导办出品牌栏目，《午间半小时》和《今晚八点半》就是其中的代表。1987 年 1 月 1 日开办的《午间半小时》，是一个融新闻性、知识性、服务性于一体的板块式主持人节目。该节目开播后非常受欢迎，听众反响热烈，成为许多地方台模仿的对象。《今晚八点半》是一档融相声、歌曲、戏曲为一体、雅俗共赏的综艺节目,突出了大众化和娱乐性。

在国际广播方面,1978年5月1日,负责对国外广播的中央人民广播电台国际新闻编辑部改名为中华人民共和国国际广播电台,用38种外语和4种方言播出。1984年元旦,国际广播电台对北京地区的英语广播正式开播,这套节目以在北京生活工作的外国人和临时来访的外国朋友、游客为对象。经中央批准,国际台被确认为采访国家领导人外事活动的五家中央新闻单位之一。1991年国际台开始采用微型计算机自动控制切换节目,结束了40多年人工切换广播节目的历史。

1986年12月15日,珠江经济广播电台开播,它标志着广播改革进入一个全新的阶段。珠江经济台全部节目都设主持人,以两三个小时为一节,播出综合性内容,即所谓的大板块节目,大部分为直播。听众能够更多地参与节目,播出大量听众来信、听众录音、点播、提问、发表评论或提出批评意见。听众普遍认为经济台内容丰富、形式活泼具有时代感。珠江经济台依靠主持人与听众进行平等的交流,彻底改变了过去那种说教式的、单向传播的模式,建立起一种全新的、双向交流的广播模式。这套做法被称之为"珠江模式",它改变了广播宣传方式,开拓了广播的社会功能,丰富了广播的宣传与资讯内容,从而为广播电视界广泛采用(图14-4)。

1978年5月1日,原北京电视台改称中央电视台。70年代末,中央电视台开始采用便携式摄录机(ENG),简化了新闻的采制过程,提高了新闻的时效性。1978年1月1日,中央电视台《新闻联播》节目正式开办,重点改革

图14-4　珠江经济广播电台节目直播
(原载南方网)

了国际新闻节目的播出。1979 年 9 月 1 日,《新闻联播》中增加了一组最新国际要闻简讯的口播新闻,并适当配发新闻照片或背景资料。1980 年 4 月 1 日,维斯新闻社和合众独立电视新闻社,通过卫星从伦敦和纽约向北京传送国际新闻录像,替代了过去航寄节目的方式,国际新闻的时效性大大提高。1984 年 4 月,中国正式参加了亚洲太平洋广播联盟 A 区的新闻交换,同时接收 B 区 C 区部分国家的新闻。1986 年后,中央电视台又尝试接收欧洲广播联盟、美国电缆电视新闻网和东欧国际广播电视组织的新闻录像,国际新闻来源大大丰富。

1984 年 1 月 1 日,中央电视台增加了白天播出的综合节目,同时设立《午间新闻》。1985 年 3 月开办《晚间新闻》,1986 年开办《英语新闻》,1987 年创办《经济新闻》(1989 年改为《经济半小时》),1989 年增加体育新闻,电视新闻栏目不断增多。

1977 年 7 月,中央广播事业局请邮电部协助开通向北京传送节目的微波通道,一年后已有上海、广州、河北、南京、武汉、湖南、河南、成都等 8 个电视台可以向北京回传节目。1980 年后,中央电视台与一些地方电视台陆续开通定期通过微波线路互传新闻。与此同时地方电视台也处于快速发展之中。

【本章小结】

本章系统讲述了新时期中国新闻事业经历了拨乱反正、思想解放、整顿调整与全面繁荣的历史过程,对这一时期的社会进步与新闻繁荣之间的密切关系进行了阐述。尤其是全面介绍了我国报刊、广播、电视等新闻事业的改革全过程。新时期的新闻事业通过全面恢复与结构调整,已经实现了初步的产业化,相互竞争的机制、合理的国家政策调整保障了新闻业的快速而顺利地发展。通过对本章的学习,能够深刻体会到:新闻传播系统是一个开放的社会系统,必须在开放的社会中才能具有活力。新闻传播事业也必须具有开放性与多元化,才能对中国社会产生积极、正面、良性的影响。

★【思考题】

1. 改革开放以来,我国新闻事业在新闻观念上有了怎样的变化?

2. 如何理解新闻事业的党性和人民性? 新时期的"喉舌论"有着怎样的变化与发展?

3. 试分析新时期我国报业机构的变化与报业发展状况。

4. 新时期新闻媒体所承担的舆论监督和舆论导向的双重社会责任发挥了怎样的历史作用?

5. 试总结新时期我国通讯社事业发展状况。

6. 新时期我国广播电视事业的发展思路是什么? 如何看待"四级办广播,四级办电视,四级混合覆盖"的发展方针?

■▶【延伸阅读】

［1］甘惜分.新闻论争三十年.北京:新华出版社.1988

［2］王金俊.新闻改革论文选.济南:山东大学出版社.1992

［3］李良荣.李良荣选集——新闻改革的探索.上海:复旦大学出版社.2004

［4］唐绪军.报业经济与报业经营.北京:新华出版社.1999

15 社会主义市场经济时代新闻业的转型

导言

本章学习目标 1992 年邓小平的南方讲话以及中共十五大正式确立建立社会主义经济体制,使我国进入了一个社会主义市场经济时代。尽管这一时期只有短短的十五年,但在新的经济体制下,尤其是在全球经济一体化和面对国际传媒业的冲击和影响,中国的新闻事业走上了顺应时代潮流的转型阶段。通过对本章的学习,应该了解市场经济时代我国新闻传播事业已经发生了深刻的变化。新闻事业的产业化变革,新闻媒体所有制形式的多元化改革,新闻传媒机构的集团化发展,新闻传播市场的细分化,新闻传播基础技术的数字化、网络化已经成为不可逆转的潮流。通过对本章的学习,应该意识和预见到:随着我国社会、经济、政治的不断改革与发展,市场经济条件下的新闻业转型将会引发更加深刻的变革。

本章难点 新闻业转型的基本内容 市场经济条件下新闻事业的发展方向

15.1 新闻传播事业的产业化发展趋势

1992 年 1 月至 2 月间，邓小平的南方讲话成为中国历史上的又一个转折点和中国当代思想解放运动的里程碑。邓小平的南方讲话，最重大的意义就是搬开了改革开放过程中"姓资姓社"问题的障碍，一扫 1989 年"六四"事件以来沉闷压抑的气氛，使中国改革开放的历史航船又驶向了正确的航程。

邓小平的南方讲话，即由《深圳特区报》记者陈锡添采写的热情洋溢的纪实通讯《东方风来满眼春——邓小平同志在深圳纪实》。文章因为涉及了人们最为关注的热点敏感问题，北京和全国各地的重要报纸纷纷转载，甚至引起了海外媒体的高度关注。

早在 1991 年初，邓小平到上海过冬。他说："不要以为，一说计划经济就是社会主义，一说市场经济就是资本主义，不是那么回事，两者都是手段，市场也可以为社会主义服务。"随后，上海《解放日报》在 1991 年 2 月 15 日正月初一这一天，在头版位置发表了"皇甫平"的评论文章《做改革开放的"带头羊"》。一时间，这篇文章在全国引起了广泛的争论。"左"的思想意识不断发起攻势，接连不断地反复质问"姓资姓社"问题。《解放日报》相继发表了《改革开放要有新思路》、《扩大开放的意识要强些》、《改革开放需要大批德才兼备的干部》等四篇"皇甫平"的文章，表达了邓小平在中国改革开放的关键时刻的基本观点。

1992 年 2 月 28 日，中共中央以 2 号文件向全党下发和传达了邓小平的南方讲话内容。3 月份，中央政治局召开全体会议，讨论邓小平南方讲话的精神，就改革开放的一些重大问题作出部署，并发表了会议公报。建立社会主义市场经济体制成为党的"十四大"的主要议程。邓小平南方讲话后，随着改革开放的深入，中国的新闻事业也进入了一个"满眼春"的新时代，即全方位转型时代。

15.1.1 新闻事业产业化的发展阶段

我国的新闻媒体，从资本所有权形式和内部经营管理体制方面，其改革先后经历了以下几个阶段：

一是事业单位、财政供养阶段（1949~1978）。它是指新闻媒体都是国家事业单位，它的全部资金和经费由国家财政提供；同时，新闻单位的收入，比如报刊发行收入、广告收入，电台电视台的广告收入上缴国家财政，被称为"收支两条线"。

二是事业单位、企业管理阶段（1979~1995）。改革开放以后，新闻媒体仍然是国家事业单位，但是，它已经拥有发行收入、广告收入，于是国家从实行差额补贴，到自收自支，按照企业的模式来经营管理。这些新闻媒体均为国营企业，也就是它的资本全部都是国家资本。

三是国家控股，资本多元阶段（1995~ ）。这一时期国家实行开放政策，允许少量外资、社会资本、上市融资等进入新闻媒体的非主业领域，比如广告、印刷、发行、网络经营、节目制作及其他经营业务。

四是报业集团和广电集团阶段（1996~ ）。

首先是媒体在改革开放以后，恢复了广告经营。1979年1月4日，《天津日报》率先恢复了商业广告。同年1月28日，上海电视台播出了中国电视史上的第一条广告。

1978年，财政部批准了《人民日报》社等八家新闻单位试行企业化管理的改革。1987年国家科委首次将"新闻事业"和"广播电视事业"纳入"中国信息商品化"的序列，这标志着国家对新闻传播业具有产业属性的认可。

1992年邓小平南方讲话后，中国逐步建立社会主义市场经济体制，信息是商品，新闻业是一种信息产业，属于第三产业。1992年6月，中共中央和国务院发布了《关于加快第三产业的决定》，正式将报业经营管理列入第三产业，这是报业产业化改革的一个标志。从此，"新闻单位企业管理"就成为比较普遍的提法。国家从政策法规上相继放开了定价权、纸张供应、广告刊登限制，促进了报业的竞争。新闻单位普遍开始重视参与竞争、重视报刊的发行、积极提高广播电视的收听收视率，将广告创收放在十分重要的位置上。

1992年2月，中国记协邀请首都新闻界人士举行了一次研讨会，专门探讨"周末版现象"。这一时期，在经济利益的驱动下，周末版成为报社的创收版面，全国有200多家报纸推出周末版。周末版大战在提高报纸可读性、扩大新闻信息量方面取得了进展。也就是从这一年开始，媒体滋生了新闻炒作的风气。

20世纪90年代中期以后，中国报纸又出现了一个新品种——"都市报"。都市报是以普通市民为读者对象的综合性大众化报纸。我们国家规定，一个城市只能拥有一份晚报。晚报的销路和利润吸引着报界人士，于是从报纸内容与读者定位方面近似于晚报的《都市报》应运而生。它在形式上接近晚报，与晚报展开竞争。而且所有的都市报基本上是各省市党报的附属报纸。因为党报的销路一直处于下降趋势，党报的发行收入与广告收入都不尽如人意，于是就走"软新闻"、娱乐新闻的大众化路子，以《都市报》的收入补充党报收入的不足。如果说党报是"母报"，都市报就是"子报"。因此，创办都市报就有点"养儿防老"的味道。1995年2月，河南日报社筹办《大河报》。当时的郑州报业市场上，《郑州晚报》一家独大，年广告收入8000万元，而作为省党报的《河南日报》只有

3000 万元。

综上所述,中国新闻媒体的产业化,经历了一个不断放开、稳步发展、循序渐进的历史进程。

第一,20 世纪 70 年代末新闻单位恢复了广告经营,80 年代中期开始,报纸逐步获得自办发行权。

第二,是允许新闻媒体经营其他产业,确立了报纸的多种经营方针,许多媒体也因此走上独立经营、自负盈亏的道路,获得独立法人资格。

第三,新闻媒体逐渐将非新闻的经营性产业剥离出来,形成股份制公司,强化了媒体的产业化程度。

第四,党报、晚报、都市报、周末报、行业报等报刊形式的出现,加剧了报业市场的竞争,加速了产业化的进程。

第五,业外的社会资本逐渐进入媒体,形成多种所有制成分的公司,并包装上市。甚至出现了国际资本进入非新闻领域的广告、印刷、节目制作、电视网络建设等经营性产业。

第六,出于新闻媒体竞争的需要,国有股份占优势的报业集团和广电集团纷纷组建,媒体的产业化,更走上了集团化的发展道路。

15.1.2　新闻媒体的跨地区经营

我国新闻体制决定了除中央媒体外,地方媒体只能在特定的行政区域内发展。而这种市场割据的状况又限制了地方报纸的发展空间。报纸、广播、电视都存在这种"采邑制"发展格局。进行跨地区的媒体经营就成为 21 世纪中国新闻事业变革的一个方向。

2001 年 8 月,《中央宣传部、国家广电总局、新闻出版总署关于深化新闻出版广播影视业改革的若干意见》中明确提出:"鼓励出版集团、发行集团、电影集团跨地区经营,选择中央和一些省级报业集团、广电集团跨地区经营。跨地区经营须经批准,主要采取兼并重组、合作联营等形式,着重内涵发展,防止重复建设。"

2003 年 11 月 11 日,中国第一张得到国家有关部门正式批准的跨地区创办的报纸《新京报》创刊。这是中国第一张由两家党报集团联合主办的大型日报。《新京报》的创办,意味着长期以来媒体划地区经营的局面有所打破;为党报集团做大做强、实现跨地区跨媒体经营提供了样本,对探索有中国特色的报业经营之路意义重大。

合资经营、定位"长三角"的《东方早报》也在 2003 年创办。《东方早报》由上海文新报业集团、浙江日报报业集团、新华日报报业集团合资控股,是我国第一份跨地区合作的报纸。2003 年 5 月试刊,7 月 7 日正式出版,3 家报业集团注资约 1 亿元,旨在打造面向长江三角洲的综合性财经日报。该报在浙江、江苏设新闻中心,在上海印刷,每天早晨送达浙沪两地,以扩大在长江三角洲的影响力度(图 15-1)。

2004 年 11 月,经国家新闻出版署批复同意由上海文广新闻传媒集团主管,上海文广新闻传媒集团、广州日报报业集团、北京青年报社联合主办《第一财经日报》。这是一份权威、主流的全国性财经日报。

图 15-1　2007 年 8 月 29 日《东方日报》
（原载圈新闻网）

15.1.3　产业化过程的问题与调整

新闻事业产业化的改革过程中，第一自然是放开经营。1988 年，国家新闻出版署与国家工商行政管理局联合颁发了《关于报社、期刊社、出版社开展有偿服务和经营活动的暂行办法》，为报社开展多种经营放宽了政策。但随之而来的是，报社、电台、电视台等新闻媒体，没有将新闻与广告等经营活动明确区分开来，大搞有偿新闻，甚至成了变相受贿索贿。报纸上的许多新闻版面实际上是变相广告，电台、电视台的专题报道也成为为企业作广告宣传的节目。甚至还出现了记者"走穴"的现象，私自组团采访，拿"红包"收取"好处费"。新闻工作者

队伍中也出现了"一切向钱看"的不良风气。1993 年，新闻工作者的职业道德问题受到有关部门和新闻界领导的重视。中共中央宣传部、新闻出版署、全国记协等机构发出通知，要求遏制不正之风。1994 年 4 月，《科技日报》记者孙树光因受贿罪和行贿罪，被判处有期徒刑 7 年，中央人民广播电台新闻中心记者蔡原江因受贿罪被判处有期徒刑 6 年。《人民日报》就此发表评论员文章《新闻界也要警钟长鸣》。

1997 年 1 月 23 日，中共中央宣传部、广播电影电视部、新闻出版署、中华全国新闻工作者协会又联合发出了《关于禁止有偿新闻的若干规定》，强调"新闻单位负责人采集、编辑发表新闻，不得以任何形式收取费用"。同时要求将新闻与广告内容明确区分开来。至 2005 年 3 月，《人民日报》、《光明日报》、《经济日报》共同刊登启事，率先取消广告与新闻不分的"形象宣传版面"，并向全国媒体发出倡议。

中国报业在快速发展中，也不得不进行调整和整顿，先后在 1989 年 10 月、1993 年、1996 年、1999 年多次治理报业的散滥现象。

2003 年中央发出通知，对报刊市场进行了治理整顿，实行"三脱钩"与"一挂钩"。2003 年 7 月 30 日，根据《中共中央办公厅、国务院办公厅关于进一步治理党政部门报刊散滥和利用职权发行，减轻基层和农民负担的通知》的精神，新闻出版总署发布了关于治理党政部门报刊散滥、禁止利用职权摊派发行的实施细则，开始对报刊业进

行 1949 年以来力度最大的一次整顿和变革,直接减少了全国基层和农民报刊征订费用 18 亿元。2002 年我国 2137 种报刊中,约有 1250 种以公费订阅为主。千余种行业报纸占据了半壁江山。

"三脱钩"即:第一是财务脱钩,报刊与机关的收支两条线,机关不能从报刊那里拿到任何好处;第二是人员脱钩,报刊作为独立的法人单位,公务员与报刊工作人员的岗位完全分开,不得混淆;第三是发行与党政职能脱钩,不允许通过党政权力搞发行,只能走市场渠道。"一挂钩"是报刊与依法纳税挂钩,不在税收上予以照顾。

为了规范报业经营,2005 年 4 月 20 日新闻出版总署和国家统计局公布了《新闻出版统计管理办法》,对虚报报纸发行量现象进行监督管理,规范报业经营行为,遏制无序竞争。

15.2 新闻媒体所有制形式的多样化

在我国,新闻媒体作为党的喉舌,一直以来都是事业单位,垄断经营,并享受政府财政税收政策的优惠。严格的市场准入是中国传媒业最基本的特征。传媒业本身具有成本低、速度快、影响广泛、增值性好以及垄断经营带来的高额利润,与其他传统的、自由竞争的产业不同。因此,它往往成为社会资本和境外资本急于进入的热点产业。

15.2.1 新闻媒体产权多样化改革的探索

新闻媒体所有制形式和产权多样化改革向来都是禁区。但在改革开放的过程中,也有一些特例。早在 1980 年 9 月 13 日,国家批准了唯一一家合资出版公司:中国计算机世界出版服务公司。这家公司出版的就是《计算机世界》杂志。外资方是国际数据集团(IDG),它占股权的 49%。《计算机世界》在 1998 年、1999 年进入中国报刊广告收入前十名。2000 年的广告收入为 3 个亿。国际数据公司与中方合资合作的刊物已经达到了 22 种。

但到了 1990 年,国务院公布的《外资企业法实施细则》,又把新闻、出版、广播、电视、电影列为禁止设立外资企业的行业。1994 年,新闻出版署再次发布《关于禁止在我境内与外资合办报纸期刊出版社的通知》。《广播电视管理条例》明确规定国家禁止设立外资经营、中外合资经营和中外合作经营广播电台、电视台。

2000 年 11 月我国加入世贸组织后,涉及新闻出版、音像制品及电影方面对国际上的承诺,主要是在分销服务方面,不涉及广播电视领域,不涉及新闻出版行业的制作和经营管理领域。2005 年 12 月 10 日,取消在中国开展媒介业务必须成立合资公司的限制,允许外国广告公司以独资身份进入中国广告市场。

2000 年初,上海电视台与正大综艺公司共同投资 500 万美元,成立全国第一家中外合资节目制作公司。2000年2月,默多克在天津设立了一个合资的节目制作公司。默多克的新闻集团在上海成立了 STAR TV 办事处,并具备了中型电视台的所有功能。2001年初,美国时代华纳集团斥资一亿美元入主香港"华娱卫视",目前,"华娱卫视"在我国部分地区落地接收。广播电视新一轮改革中,除新闻、重要社教节目之外,娱乐性节目制作的社会化将使得外资进入节目制作领域成为必然。

2004年,国家广电总局正式颁布了《关于促进广播影视产业发展的意见》。《意见》提出了"坚持国有为主、多种经济成分共同发展"的基本原则。强调指出,广播电视可以把经营性资产从事业体制中剥离出来,面向市场成立公司,与事业部分分别管理、分别运营;允许各类所有制机构作为经营主体进入除新闻宣传之外的广播电视节目制作行业;在确保控股的前提下,电台和电视台可以进行股份制改造,条件成熟的可以批准上市融资。打造一批竞争力强的大型广播影视产业集团公司,作为骨干带动整个行业的发展。

15.2.2　业外资本进入新闻媒体

20世纪80年代,新闻媒体一直不允许业外资本进入。但在90年代有所突破,比如最著名的例子是陕西的《华商报》。《华商报》最初是由陕西省侨联创办的一张报纸,创办之后发生巨额亏损。1997年《华商报》与民营企业"华圣集团"达成合作意向。"华圣集团"投入600万元进行改造,由集团的总裁任社长,聘请原《陕西日报》的一位部主任担任总编辑。新组建的《华商报》走晚报、都市报的经营路子,很快面目一新,发行量直线上升,成为陕西省乃至西部经济效益最好的报纸之一。虽然在政策范围内是不允许的,但陕西省委宣传部支持这种改革创新。"新闻媒体可以办企业,企业不能办新闻媒体"的限制有所突破。

山东三联集团是山东三强企业之一,以重组河南"郑百文集团"而名噪全国。它先收购一家山东小型报纸《山东经济快报》,改名《观察家》受阻,后改为《经济观察报》,于是带巨资进入北京报业市场。山东三联集团向《经济观察报》投资了8500万,版面上模仿英国的《金融时报》立足山东,定位于全国报业市场。

2002年12月18日,上海的文新报业集团和江苏的上市公司春兰(集团)公司签署协议:文新报业集团及其所属的上海"星期三"报社向春兰(集团)公司转让上海"星期三"报业经营有限公司部分股权,作为文新报业集团旗舰之一的文汇报与春兰(集团)公司就今后的发行、广告、企业形象宣传和版面联动等方面开展多方位合作。

15.2.3　新闻媒体通过资本市场实现产权多样化

我国传媒产业介入资本市场主要有两种渠道:第一,传媒企业发行股票上市融资。第二是传媒机构与上市公司相互渗透。1998 年,经湖南省人民政府批准,在全资改组湖南广播电视发展中心的基础上,联合湖南星光实业发展公司、湖南省金帆经济发展公司、湖南省金环进出口总公司、湖南金海林建设装饰有限公司四家企业共同发起成立湖南电广实业股份有限公司。向社会公开发行 5000 万股 A 股,为社会公众股。公司于 1999 年 3 月 25 日在深交所挂牌上市,使湖南广电产业在全国率先进入资本市场,被誉为"中国传媒第一股"。1999 年 11 月,公司更名为"湖南广电传媒股份有限公司"(图 15-2)。

1997 年 5 月,中央电视台下属的无锡太湖影视城、中国国际电视总公司与北京荧屏出租汽车公司、北京中电高科技电视发展公司、北京未来广告公司等五家法人共同发起,经江苏省人民政府及中国证监会批准,成立"无锡中视影视基地股份有限公司",

于 1997 年 5 月 22 日在上海证交所上网募集发行人民币普通股 5 000 万股,设立为股份有限公司。2001 年 8 月更名为"中视传媒股份有限公司"。2002 年 7 月 17 日正式迁址上海浦东。

影视、广告、旅游为"中视传媒"的三大主业。结合中央电视台正在进行的节目制播分离改革,中央电视台将逐步扩大节目制作的社会化及市场化程度,在这一过程中,中央电视台将与中视传媒开展更多的业务合作;中视传媒以股权投资的形式介入中央电视台新媒体业务的发展。代理中央一套、八套及十套的广告,并与中央电视台联手发展数字高清业务、租赁影视设备等。2006 年 12 月 11 日,中国移动、中国联通与中央电视台宣布联合推出手机电视业务,中视传媒也参与其中。

上海东方明珠(集团)股份有限公司成立于 1992 年 8 月,系中国第一家文化类上市公司。进入 21 世纪,东方

图 15-2　湖南广电大楼外景

(原载 news.21cn.com)

明珠依托文广集团的整体优势,确立了以新媒体产业为主导的战略发展方向。公司投资上海有线网络有限公司,参建上海最具规模和影响的"东方网",购买上海东视新闻娱乐频道和上视综合频道黄金广告时段,并获得了平面媒体《每周广播电视》、《上海电视》等上海著名报纸和杂志50年的广告经营权。2002年8月,东方明珠和文广集团等单位共同发起创建了东方明珠移动电视有限公司,整合资金、节目、传输等多方优势,率先在中国推出了移动数字电视这一全新媒体。

1999年9月29日,北京歌华有线电视网络股份有限公司成立。该公司经北京市人民政府批准,由北京歌华文化发展集团、北京青年报业总公司、北京有线全天电视购物有限责任公司、北京广播发展总公司及北京出版社五家股东共同发起设立的股份有限公司。经中国证券监督管理委员会批准,公司于2001年2月8日社会公众股上市交易,发行后股本为27 000万股。2004年12月原股东北京歌华文化发展集团将其所持有的23 335.208万股国有法人股无偿划转给北京北广传媒投资发展中心。其间经过了多次资产剥离、资产重组与股权转让。

1999年8月,成都"四川电器"公司上市,它的第一大股东是国有股,也就是成都市国有资产管理局。而《成都商报》控股的"博瑞投资公司",收购了"四川电器"的2 000万股国有股,占有27%股权,也就等于《成都商报》成了第一大股东,后来"四川电器"就改

名为"博瑞传播有限公司"。

《中国青年报》与北大青鸟集团联姻,是业外资本进入新闻媒体的又一个实例。2004年3月底,中青报业传媒发展有限公司(以下简称"中青报业")注册成立。中青报业负责《中国青年报》的发行、广告、品牌经营及其他延伸性经营活动。其中,中国青年报社占该公司股份的60%,北大青鸟有限责任公司则出资1亿元,占公司股份40%。北大青鸟是1994年11月成立的,2000年发展成为拥有20多家控股公司、总资本为27亿元的以软件和微电子技术为主的信息企业集团。

15.3 传播市场细分化与集团化的变革

1992年以后,新闻媒体之间激烈的竞争,使各媒体的发展经营必须符合市场规律的要求,对自己的产品都有严格的市场定位,否则就难以生存。所谓定位,就是为了适应市场细分化的要求。报纸的多版化、杂志的精度对象化、电视频道的专业化、专业电台的出现,都是市场细分化的产物。

15.3.1 媒体专业化发展方向

在报纸方面,20世纪90年代多版化已经形成了一种潮流,80年代那种对开四版、整齐划一的版式不复存在。多版面不仅是报纸信息量增加,也是广告版面扩充的必然结果,而报纸更加细分的版面则可以满足读者多样性的信息与精神娱乐需求。我国主要报纸的版面都在12个版左右,几十个版面的

报纸也比比皆是。2001 年南方日报集团推出的体育专业报纸,提出的口号是"痛(快)打(开)48 版"。创办于1985 年的《中国计算机报》周二刊,早已突破了 100 版大关。2000 年元旦,《广州日报》出了 200 版。报纸加厚以后,各版分工开始细化,专栏专版循序渐进增加,多版的报纸开始分单元设计,如娱乐、体育、房产、休闲等。厚报纸时代的到来,标志着中国报业开始进入以规模化竞争为特点的市场成熟阶段。

1986 年 12 月 15 日,广州珠江经济广播电台开播,揭开了地方广播电台的改革序幕,改变了过去人民广播电台一统天下的单调格局,使地方电台走上了专业化的道路。

珠江经济广播电台增加了信息和新闻量,而且大部分节目采取直播方式。播音员或者节目主持人,由过去的念新闻变成了更加口语化的"说新闻"。于是各省市自治区纷纷模仿珠江经济广播电台,也设立经济台。1991年 9 月 30 日,上海人民广播电台创建了"交通信息台",交通台的经济状况比人民台还要好。

1995 年上海东方广播电台开播了全国首家专业"金融台"。从此"交通广播电台"和"音乐台"、"资讯台"、"谈话台"等专业电台纷纷出现,真正实现了由"广播"到"窄播"的专业化变化。从广播节目内容的设置编排上,也更加"多元化"、"细分化",使得广播节目更加"对象化"。另外,主持人直播、嘉宾参与、观众热线电话等参与性

的节目形式也更加受听众欢迎。

20 世纪 90 年代,卫星电视借助有线网进入家庭,频道陡然增加到上百个,我国许多城市可以收看到三四十个频道。而电视频道专业化是从中央电视台开始的。90 年代后期,中央台经济、影视剧、体育等专业频道相继开播。现在又出现了科教、新闻、少儿、农业等许多频道。这是中国频道专业化的第一次改革高潮。

有线电视用户的增加,为频道专业化提供了观众市场。资料表明,2000年我国有线电视用户已达 8 000 多万户,而且每年还在以 20% 的速度增加。2001 年我国有线电视用户已超过 1 亿户。2005 年超过 2.5 亿户,约占当时我国电视总户数的 70%。这也正是目前美国有线电视用户占总家庭户数的比例。有线电视网络将是一段时期内我国最主要的电视广播形式。有线电视是频道专业化的基本物质载体。

省市级电视频道专业化的出现扩大了频道专业化的范围。2000 年,广电部徐光春部长在兰州会议上谈到无线有线电视台合并问题时说,"无线台与有线台必须合并。有线不设台,主要职能是传输,同时继续保留节目频道,实行频道化管理,逐步实现频道的专业化、对象化。"这里有二层意思:无线有线必须合并;合并的主要任务是频道整合;合并的目的是推行频道制,即实行频道化管理,实现频道的专业化、对象化。

浙江省 2002 年 10 月 30 日对原三个省级台,即浙江电视台、浙江有线电

视台、浙江教育电视台实施三台合并，对原来分属无线、有线三个台管理的6个频道进行改革。合并后的浙江电视台有一个新闻综合频道（卫星频道）、5个专业频道。

随着有线电视台与无线电视台的合并，全国各省、市电视台开始了频道专业化改革的第二次高潮。将来随着数字化电视的出现，频道专业化的趋势将进一步加剧。数字压缩传输，可以提供更多的专业频道和付费专业频道。尤其是我国数字电视是以有线数字电视为主要发展模式的。

当然，在市场细分化发展的同时，新闻媒体的"同质化"的竞争将更加激烈。报纸内容普遍存在着"四市"（车市、楼市、股市、人才求职市场）。热门杂志的竞相模仿，如上海文艺出版总社的《故事会》半月刊，许多省份就推出"克隆"版。电视专业频道的雷同，电视娱乐性节目、谈话类节目的相互模仿，各电视台形成"民生新闻热"、所有栏目均采用"短信互动"等。随着新闻产业的发展、市场细分化的完善，新闻媒体的市场定位就更加准确，自己的独特风格也会凸现出来。

15.3.2　新闻传播机构的集团化发展

20世纪90年代中期，新闻媒体出现了集团化的趋势。

首先，报业集团是各地区报刊业激烈竞争的结果。报业集团的发祥地是在广东。《广州日报》、《羊城晚报》和《南方日报》被称为广东报界的"三

国演义"。深圳地区的《深圳特区报》与《深圳商报》也展开了激烈的竞争，被称为"深圳双雄"。

北京一直是中华人民共和国的报业中心，《人民日报》、《光明日报》、《经济日报》、《参考消息》、《北京晚报》、《北京青年报》、《中国青年报》等，改革开放后，展开了激烈的竞争。

在竞争中脱颖而出的有《北京青年报》、《精品购物指南》（《中国经营报》的子报，1993年创刊的生活消费类报纸）、《北京晚报》、《北京晨报》被称为"京城四少"。后来又出现两张新报纸《北京娱乐信报》、《京华时报》，被称为北京报界的"后起双秀"。《北京娱乐信报》是2000年10月创办的，其前身是《戏剧电影报》，北京文联主办；《京华时报》是2001年1月，实际上是《人民日报》与北大青鸟合作注资创办的。

四川省的《华西都市报》1995年创刊，是《四川日报》的子报；《成都商报》也是创办于1995年，1999年广告收入1.8个亿。同年6月借壳上市（成都电器），开中国报界上市之先河，2000年报社收入突破3个亿。《成都晚报》、《蜀报》（新华社四川分社主办）、《商务早报》被称为四川报界"五霸"。陕西《华商报》、《西安晚报》和《三秦都市报》被称为报界的"秦军三杰"。

其他各省市的报业竞争也大同小异。如上海的《解放日报》、《文汇报》、《新民晚报》历来都互为竞争对手。

其次，报业集团以党报为龙头是国家政策调控而非市场自由竞争的结果。

1994 年的杭州会议上,新闻出版署在会议上讨论了报业集团问题,并出台了一些指导性文件。新闻出版署指出,组建报业集团必须经过新闻出版署批准,而且组建报业集团的报社必须是党报为龙头。组建报业集团必须要具备五个条件:较有影响的传媒实力,较雄厚的经济实力,较充足的人才实力,较过硬的技术实力等。

会议上选定《广州日报》作为报业集团的试点单位。当时《广州日报》为中国报界首富,广告收入为 5.3 个亿。它已经拥有六报一刊,加上其他产业收入,总收入为 12.1 亿元,纯利润 3.6 亿元。而当时中央三大报的广告收入是:《人民日报》8 000 万、《经济日报》7 000 万、《光明日报》3 000 万。

"广州日报集团"1996 年正式组建。"广州日报报业集团"现在下属四大集团:出版集团、印刷集团、发行集团、实业集团。出版集团有《广州日报》、《广州英文早报》、《广州日报》电子版、《网络报》、《老年报》、《广州商报》、《广州文摘报》、《足球报》、《岭南少年报》、《现代育儿报》、《交通旅游报》、《新现代画报》、《南风窗》。实业集团有宾馆、酒店、房地产公司、广告公司等。

《广州日报》自 20 世纪 80 年代初,就同《人民日报》一样,有 8 个版面。然后逐渐扩版,因为印刷能力不够,只能借《羊城晚报》的印刷厂代印。90 年代扩展到 40~60 个版面,既有彩印,也有套红。1996 年广州日报投资10 个亿建成了世界一流水平的印务中心。每小时可印 300 万张对开彩印报纸。2001 年又新增两条印刷生产线,印刷能力达到每小时 480 万对开张,与日本的《读卖新闻》、台湾的《联合报》并列亚洲三大报刊印刷中心(图 15 - 3)。

图 15-3　2008 年 6 月 3 日《广州日报》
(原载大洋网)

《羊城晚报》是改革开放后的 1980 年,在全国率先复刊的老晚报之一,在《广州日报》的压力下,打质量特色牌。发行量达到 130 万份,1999 年的广告收入为 6 亿元。然后创办《新快报》,同时与互联网联姻,成为我国较早发行电子版的报纸,并创办了网络公司。

《南方日报》是广东省委机关报,应该是龙头老大,但在《广州日报》的追击之下,首先在子报上做文章,1984年创办《南方周末》,前 10 年是以开放活泼的办报风格取胜;1994 年后,风格一变,以批评性深度报道取胜,成为受到全国读者青睐、有全国性影响的地方报纸。此外,《南方日报》还创办《南方楼市》和《南方都市报》,形成报业集团的发展势头。

上海市《文汇报》与《新民报》联手创办文汇新民联合报业集团。《文汇报》和《新民报》合并后,集团旗下有《新民晚报》、《文汇报》、《上海日报》三大主报,以及《新民周刊》、《文汇读书周报》、《新民体育报》、《新民晚报·美国版》、《文学报》、《上海星期三》、《新闻记者》、《新民围棋》、《萌芽》等报刊。集团形成后建起了文汇报业大厦——48层国际水准的新闻大厦。

以上海市委机关报《解放日报》为核心的解放日报报业集团成立于2000年10月9日。目前拥有《解放日报》、《新闻晨报》、《新闻晚报》、《报刊文摘》、《申江服务导报》、《上海学生英文报》、《人才市场报》、《I时代》、《房地产时报》、《支部生活》、《上海小说》、《新上海人》、解放日报电子网络版、上海沪剧院等"九报、三刊、一网络、一剧院"。

2000年前后,各省市纷纷建立报业集团。目前全国有报业集团约40家左右。大型报业集团有:人民日报报业集团、南方日报报业集团、广州日报报业集团、北京日报报业集团、光明日报报业集团、经济日报报业集团、天津日报报业集团、解放日报报业集团、羊城晚报报业集团、文汇新民联合报业集团、深圳特区报业集团等。

2001年9月,中央下发《中央宣传部、国家广电总局、新闻出版署关于深化新闻出版广播影视业改革的若干意见》(17号文件),提出"根据事业发展需要,报业集团、出版集团、广电集团的新闻宣传部门,经批准,可在新闻出版广播电视部门融资,其经营部门经批准可由集团控股,吸收国有大型企事业单位的资金"。这是我国第一次允许业外资本进入传媒业,尽管将允许进入的资本局限在国营企事业单位之内,但仍是新闻体制改革的一次历史性的标志。

1999年,我国第一家广播影视集团——无锡广播影视集团成立。2000年,第一家省级广播影视集团——湖南广播影视集团成立。2001年上海文广影视集团成立,"文广集团"旗下有广播、电视媒体、影视制片机构、文艺院团等近百家单位。2003年上海文广影视集团实现营销收入60亿,实现利润10亿元。

2001年12月7日,中国广播影视集团成立。这是一个包括中央电视台、中央人民广播电台、中国国际广播电台、中国电影集团、广电总局下属的信息网络中心、中广影视卫星公司等单位在内的中国最大的传媒集团。央视春节晚会已经成为中国独特的文化传播现象(图15-4)。

2005年3月21日,由广电总局牵头,中央电视台、中央人民广播电台、国际广播电台以及中国电子信息产业集团等大型国企参与组建的中国有线电视网络公司集团。为重组中国有线电视网络,上述几方投入40亿人民币。其中部分资金直接来自中国电子信息

图 15-4　中央电视台 2006 年春节晚会现场
（原载 www.cctv.com）

产业集团以及各地的传媒业管理机关，其中中国电子信息产业集团计划出资 18 亿人民币而获得 45% 的股权。国家广电总局联合中央电视台、中央人民广播电台、中国国际电台等数家公司掌控余下的 55% 的股权。中国有线电视网络公司的最终目的就是组建成为一家覆盖全国的有线电视运营商，将各省市区、各地县的地方有线电视网连接在一起。这就意味着全国数亿电视观众将能享受到质量标准、统一的服务。

报业集团与广电集团是新闻媒体产业化竞争的必然结果。传媒集团化有利于实行集约经营，使集团形成规模化优势。传媒集团有实力进一步拓展经营领域，增强抗风险能力。集团资源共享，综合经营、连锁经营可以实现利润的最大化。在国际传媒集团的冲击下，我国有关部门也明确提出，努

力组建一批在国际、国内有竞争力，资源共享、优势互补的大型传媒集团，以增强中国新闻传播产业的国际竞争力。但是，毋庸讳言，20 世纪 90 年代中期以来的传媒集团化过程，有些属于政府行为，难免出现"拉郎配"现象。也因为传媒集团的政府行政管理职能与企业职能没有很好地区分，从而造成"翻牌公司"、"翻牌集团"的状况。这些问题有待于在进一步深化改革中逐步解决。

15.3.3　新闻传播技术的数字化、网络化转型

在全球范围内，以计算机技术、网络技术为核心的新闻传播业的技术革命，自 20 世纪 80 年代就已经开始。传统的报刊业，就其科学基础而言是第一次工业革命的产物。广播、电视的技术基础是第二工业革命电子化时代的产

物。自从计算机技术出现并广泛应用、尤其是 90 年代互联网技术兴起后，所有的新闻媒体都卷入了数字化的浪潮之中。

"第四媒体"——互联网当然是这一技术革命的先驱。新闻传播技术数字化、网络化有两个层面：一是新闻信息采集加工的生产过程的数字化和内部网络化；如实现无纸化办公、电脑处理文字图片、数字录音、数字摄像、非线编辑、硬盘播出等；二是新闻信息产品的传播和接收数字化、网络化。如卫星传版、激光照排、数字电视传输、网络化传输等。

报刊业从电脑化文字处理系统，到数码摄影和数字格式的图片处理，从电脑排版系统到电脑分色、激光照排、彩色胶印，从卫星传版到异地印刷都以数字技术为基础。自 1987 年 5 月 22 日，《经济日报》推出第一个用计算机激光照排技术处理的整版输出的汉文报纸以来，到 1995 年中国报业已基本告别了"光与火"的时代。1995 年全国报社印刷厂共拥有胶印转轮机 800 台，全国报业均实行了胶印。随着网络技术的发展，传统报纸上网，制作电子版网络版已经成为必然趋势。自 1995 年柯达公司生产第一款数码相机以来，数码相机在逐步取代胶片拍摄的照相机。尤其是数码相机在图片处理与排版印刷方面的快速方便和图片质量，已经成为新闻摄影的首选。

1995 年 10 月 20 日中国第一家报纸《中国贸易报》上网，之后《广州日报》、《杭州日报》、《人民日报》等各大报纸纷纷创办自己的网络版，开始了报纸的网络化、电子化、数字化进程。1999 年 6 月，基于 WEB 发布网络版的国内传统报纸种数已达到 273 种，占 1998 年全国报纸 2053 种的 13.2%。截止到 2004 年，国内开设网络版的报纸已达 2000 家。

2006 年 4 月 14 日，电子报纸《解放日报》问世，这里的"电子报纸"专指通过智能电子阅读终端显示器进行文字、声音、图像等信息传递的媒介，不包括传统报纸的网络版。这种电子报纸阅读器像一本口袋书大小，只要轻触电子报阅览器上的按钮，显示器上跳出"下载"的字样，下载完毕就可以浏览相关信息。随着"手机报纸"、"电子报纸"的出现，传统报业的电子化、数字化已经进入一个新的阶段。《全国报纸出版业"十一五"发展纲要（2006—2010）》提出，在未来 5 年的时间里，报纸出版业发展主要目标之一就是发展数字报业。

1996 年珠江台在亚洲首先实现了数字音频广播（DAB）；1997 年，中国国际广播电台搬入新业务大楼，实现了节目制作和播出的数字化。中央人民广播电台新业务大楼于 1998 年 6 月开始启用，实现了广播技术模拟向数字化的转变。1999 年 10 月，佛山电台成功地试播了数字多媒体广播（DMB）；2001 年 9 月，天津人民广播电台数字广播开播。2003 年北京人民广播电台试播 16 套有线数字节目，至 2006 年北京人民广播电台在节目制作、存储、播出、传输、发射等环节，已经基本建成数字化的平台。

计算机技术与数字音频技术相结合诞生的DAW(数字音频工作站),于20世纪90年代初引进我国,成为集音频节目录制、加工于一身的新秀。90年代中期,中国国际广播电台和中央人民广播电台,建成采、录、编、播全部实现数字化的广播中心以及网络化的自动播控系统。随后许多地方广播中心也进行了数字化、网络化的改造。

我国进入21世纪后,发展数字广播的主要途径有:

第一,利用有线数字电视频道资源搭载数字广播节目,利用电视机听广播,是加快我国数字广播发展的有效途径。

第二,我国对地面数字音频广播(DAB)进行了较长时间的试验。在广东建立了先导网,并利用地面数字音频广播网进行了移动数字多媒体广播的试验,在京、津、廊坊建立了实验网。我国已有生产整套发端系统、数字音频和移动数字多媒体接收机的能力,价格有较大幅度下降,具备了大规模推广的条件。

第三,开展卫星数字音频广播,与地面数字音频广播统筹安排,协调发展。

第四,利用数字中短波覆盖面广、覆盖质量高的优点,逐步将模拟系统转换成数字系统。

我国的广播电视数字化将实施"三步走"的发展战略,即2003年全面推进有线数字电视;2005年开展数字卫星直播业务,开始地面数字电视试验,有线数字电视用户达到3000万;2008年全面推广地面数字电视和高清晰度电视。2015年将停止模拟电视的播出。

为了全力推动有线广播电视数字化,广电总局把2003年定为"网络发展年",以有线电视数字化为重点,在前两年试验的基础上,在北京、上海、重庆、青岛等40个城市和6个省建立了有线数字电视示范网,全面开展试点工作。

经国家广电总局批准试播的付费数字电视节目有27套,数字广播节目有7套。

第一批批准了10个频道,包括中央电视台风云系列6个频道(风云足球、风云剧场、风云音乐、京剧经典、城市体育、卫生健康),北京广播影视集团3个频道(京视剧场、动感音乐、爱家购物),电影卫星频道节目制作中心1个频道(家庭影院)。其中"京视剧场"、"爱家购物"两个频道限定在北京市范围内播放,其余在全国范围播出。

第二批批准的有8个频道,并在全国范围播出,包括北京广播影视集团4个频道(车迷频道、考试在线、亲亲宝贝、四海钓鱼);天津电视台1个频道(天视家居);山东电视台1个频道(收藏天下);辽宁电视台1个频道(游戏竞技);江苏电视台1个频道(靓妆频道)。

到2005年底,我国推出的付费电视频道约80个、付费广播节目约45套,基本满足各类消费群体的需要。这些节目已陆续在部分试点地区试播。

目前,从中央电视台到省级电视台、甚至地市级电视台,都在数字技术设备的更新改造过程中。电视的数字化体现在前期数码摄像机拍摄、后期非线编辑、硬盘播出、数字压缩传输、数字卫星传输、数字电视网上播出、数字信号接收等全过程。数字化将给电视行业带来全新的技术革命。

【本章小结】

本章简要地介绍了社会主义市场经济时代,我国新闻事业转型的基本内容,归纳概括了近十五年来我国新闻事业改革所取得的成果,如产业化经营、所有权多元化改革、市场细分化竞争、集团化发展以及数字化技术进步。虽然新闻业改革与转型还有待于进一步深化与完善,但我们已经看到了其不可逆转的发展大势。这一时期我国新闻事业的发展进步,已经表明了新闻事业发展的必然规律:那就是新闻事业的繁荣发达,应该以整体改革尤其是政治体制改革为先导,以经济发展为基础,以技术进步为动力,以开放自由的市场经济体制为平台。

★【思考题】

1. 如何认识我国新闻事业的产业特性?简要概括我国新闻事业的产业化过程。

2. 试分析我国报业集团的发展与演变过程。

3. 资本多元化改革与广电集团的形成之间的关系是怎样的?

4. 数字技术与网络技术给我国传统新闻媒体带来了怎样的机遇与挑战?

【延伸阅读】

[1]宋建武.中国媒介经济的发展规律与趋势.北京:中国人民大学出版社,2005

[2]陆地.中国电视产业的危机与转化.北京:中国人民大学出版社,2002

[3]李良荣.李良荣自选集——新闻改革的探索.上海:复旦大学出版社,2004

[4]崔保国.中国传媒产业发展报告.北京:社会科学文献出版社,2006

[5]黄升民.中国报刊媒体产业经营趋势.北京:中国传媒大学出版社,2005

16 网络媒体的兴起与发展

导言

本章学习目标 通过本章的学习,要求能够对中国网络媒体的兴起与发展的过程和主要的网络媒体及关于网络媒体规范管理的主要政策法规等有全面的了解,并充分认识中国网络传播事业在中国新闻传播史中的地位,认识大力发展网络新闻传播事业的重要意义。

本章难点 中国网络媒体的发展脉络 网络媒体的规范化发展情况

20世纪90年代中期,是我国网络媒体兴起的时期。从1995年到1997年是网络媒体的兴起和初步发展时期,1999年起至今是网络媒体的蓬勃发展时期。随着网络媒体的持续发展,其受众越来越广,影响越来越大,而国家对于网络媒体的管理也已进入规范化、法制化阶段。

16.1 网络媒体的兴起与初步发展

16.1.1 网络媒体的兴起

从20世纪90年代初开始,国际互联网即因特网(Internet),作为一种革命性媒介和新闻信息载体在西方发达国家开始崭露头角。一些通讯社、电视台和报纸,如美联社、路透社、CNN等,都抢先登陆因特网,开始在网上提供新闻信息服务。它们将原本经由传统媒体渠道发布的新闻信息用网络进行传播,并且利用网络特有的大容量和交互性等优势,逐渐形成网络新闻传播的特色,影响越来越大。我们将这些基于因特网进行新闻传播的网络站点统称为"网络媒体"。由于它是继报刊、电台、电视台之后的一种新型媒体,因此又称"第四媒体"。

网络媒体上的信息有几大特点:容量巨大、形态多样、迅速及时、全球传播、自由和交互性。传统大众传媒(报刊、广播、电视)没有任何一种能够同时具备这些特点。网络媒体却能将传统媒体的优点集于一身,打破了时空对新闻传播的限制,在许多方面,传统媒体无法与之抗衡。新闻媒体走上因特网,并利用网络进行新闻信息传播,对传统的新闻传播格局产生了巨大的影响。

在海外媒体纷纷上网的情势下,我国新闻传播界直面挑战,积极应对。我国媒体首先进行电子化尝试的是一家地方报纸——《杭州日报》。1993年12月6日,《杭州日报·下午版》通过该市联机服务网络——"展望咨询网"进行传输,从而拉开了我国报纸电子化的序幕①。不过,那时我国尚未与因特网连接,它在技术上很幼稚,影响十分有限。从严格的定义上来说,它还不能算是真正意义上的网络媒体。

我国国内第一份上网的电子报刊是《神州学人》。该刊原是一份创刊于1987年的纸质文摘性新闻期刊(创刊之初为双月刊,1993年1月4日改为月刊),后来国家教委投资200多万元,使其在1995年1月12日经中国教育和科研计算机网(CERNET)进入国际互联网,成为中国大陆第一份上网的汉文电子刊物。《神州学人》上网的基本方式是发行一份有别于印刷版月刊的电子版周刊,它在保留其作为国内唯一的留学生刊物特点的同时,博采国内报刊之精华,每周五以纯文本和电子邮件

---

① 闵大洪:《传播科技纵横》,第199页,警官教育出版社1998年版。

的形式送上互联网,内容涵盖社会生活的各个方面。一年之后,《神州学人》电子版的直接订户已达 3000 多个,不定期读者在 15 万人以上。它满足了许多身在异国他乡的海外华人了解祖国情况的渴望,并成为当时联系海内外华人学者的有力桥梁,得到了海外学子的热情肯定。

1995 年 5 月,中国材料研究学会青年工作委员会首次利用《神州学人》向全世界的华人学者发出 10 月召开"首届海内外中华青年学者材料科学技术研讨会"的通告,很快就有 100 多位海内外学者通过电子邮件报名,后来会议如期在北京举行。这是网络媒体早期进行新闻发布并取得运作成功的一个典型案例(图 16-1)。

1995 年 10 月 20 日,《中国贸易报》的电子版在人民大会堂举行了开播演示,这是国内第一家在因特网上发行的电子日报。该报的负责人介绍说,这一举措旨在创建一种全新的新闻媒介形式,打破纸质平面媒体在出版发行中所受到的时间和空间限制,为广大读者提供更简明、更便捷的服务。它的起点较高,一开播就通过国际互联网、中央电视台图文电视和全国电子信箱信息服务系统(China Mail)三大渠道向国内外传播。《中国贸易报》电子版每天上网的文字量为 1.5 万字(汉文 10000 字,英文 5000 字)。它的问世,引起了国内外新闻界同行的广泛关注,各国媒体纷纷报道,英国路透社还前来洽谈,成为该报电子信息的订户。

《中国贸易报》和《神州学人》电子版的发行,是中国新闻传播史上的重大事件,标志着中国的新闻传媒从此跨上了一条崭新的信息传播之路。

1995 年 12 月,英文《中国日报》(China Daily)网站开通,在中国开全国

图 16-1　2003 年 8 月 22 日《神州学人》杂志电子版首页截图

性日报办网站之先河。该网站创办初期，采用的是中科院高能物理所的网络。由于网速太慢，《中国日报》网站后来便决定与北京电报局进行合作。1996年6月，该网站在北京电报局设置了一台服务器，但用户反映速度还是太慢。于是，1996年10月，在中国驻纽约领事馆的协助下，网络版又在北美设置了镜像点。这两台服务器的设置，使国内外的用户都能快捷地得到《中国日报》的信息。

但由于互联网技术的限制，到1995年底，国内尝试上网的报刊只有七八家。①

作为因特网在我国最初兴起的1995年，中国媒体上网的主要目标是借助网络改善发行情况，提高自己在海外的影响力，但从形式与内容上看，还显得十分粗糙。网站界面非常简单，内容多是印刷版的翻版，更新也不及时。这既有技术因素的制约，也有观念等因素的限制。但是，这些尝试毕竟表明，中国媒体已经向互联网迈出了第一步。

16.1.2 网络媒体的初步发展

在网络新闻的大幕拉开后，从1996年到1998年这三年间，中国的新闻媒体出现了成批上网的可喜局面，并在上网数量和水平上也都有长足的进步。中国新闻界所建立的网站在国内网站乃至全球汉文网站中也占有一定的地位。这种情形，不仅打破了中国新闻传媒在网上无声无息的旧局面，而且也使得中国的网络新闻开始

逐渐形成自己的特色，发挥着自己的独特影响。②

16.1.2.1 传统报刊上网进入初始阶段

1996年开始，我国的报刊纷纷挺进网络。1996年1月2日，《广州日报》电子版通过新加坡报业集团控股的服务主机"亚洲一号站"进入因特网。在电子版上网的第一天，编辑部就收到来自世界各地的汉文和英文电子邮件，对能在网上看到中国《广州日报》表示兴奋和激动。为了扩大其世界影响，电子版陆续增加了英文的信息比重和栏目。同日，《中国证券报·电子版》也正式面世，传递证券资讯，开设公众论坛，编辑部可以随时获得受众最快捷的反馈。

到1996年底，在因特网上发行电子版的报纸计有：《中国贸易报》、《人民日报》、《人民日报·海外版》、《市场报》、《讽刺与幽默》、《经济日报》、《金融时报》、《中国经营报》、《中国消费者报》、《中国质量报》、《国际商报》、《农民日报》、《解放日报》、《新民晚报》、《南方日报》、《广州日报》、《南海日报》、《粤港信息日报》、《珠海特区报》、《深圳商报》、《北京日报》、《北京青年报》、《星星火炬报》；英文报纸有《中国日报》（China Daily）、《上海星报》（Shanghai Star）；计算机类报纸有《国

---

① 闵大洪：《传播科技纵横》，第200页，警官教育出版社1998年版。

② 杜骏飞：《网络新闻学》，第55页，中国广播电视出版社2001年版。

际电子报》、《计算机世界报》、《中国计算机》、《中国电脑教育报》、《产业信息报》等，总计 30 余种。其中《人民日报》及其所属报纸是将自己的电子版放到海外的一台服务器上，《人民日报》自己的网络版尚未开通。

1996 年杂志上网亦十分踊跃。3 月 14 日《中国集邮》（月刊）电子版进入因特网。《中国集邮》是人民邮电出版社主办的宣传集邮文化、传播集邮知识的杂志，已有 15 年历史，发行到世界 60 多个国家和地区。《中国集邮》电子版充分利用其中英文双语出版的特点及互联网用户遍布全球的传播优势，使海内外广大读者能及时阅读到图文并茂的有关中国邮票专题介绍、集邮研究、新邮预告、邮票交换信息等丰富内容。1996 年发行电子版的杂志还有文化娱乐类的《大众电影》、《旅游》等，信息类的《经济与信息》、《中国科技信息》、《桌上时代》等，经济类的《战略与管理》、《证券市场》、《经济导报》等，综合时政类的《中国青年》、《华声月报》、《北京周报》、《今日上海》等，总计近 20 家。①

1997 年 1 月 1 日，《人民日报》网络版正式在互联网上亮相，1 月 6 日，如期在香港的博览会上展示。1 月 13 日，《人民日报》对外宣称，其综合数据库国际平台经过 3 个多月的调试，已正常运转，它把当天《人民日报》、《人民日报·海外版》、《市场报》的全部内容约 20 万字和部分图片送入互联网。1997 年 6 月 18 日，国务院新闻办正式批准《人民日报》及其六报四刊进入国际互联网。这不仅意味着《人民日报》的网络发展有了保障，也意味着整个中国媒体的网络之路得到了有关部门的认可。7 月 1 日，《人民日报》开始刊登网络版的域名（www. peopledaily. com. cn），人民日报社所属的其他报刊也相继刊登了网络版的域名。

1997 年 5 月 25 日，《华声月报》的"华声报电子版"正式创刊。《华声月报》前身是 1982 年 1 月 2 日创刊的我国最大的侨报《华声报》，每周出版两期，于 1994 年底停刊。1995 年 4 月，转刊为以深度报道为主的新闻时政类杂志《华声月报》。电子版上网后，其影响力和辐射力远远超过印刷版。第 1 期华声报电子版在网上驻留了一个月，到 6 月 30 日，用户访问达 1856 人次。第 2 期起推出了《中国新闻》专栏，每周更新，一时吸引了更多网上读者，到 7 月 27 日，用户访问达 5220 人次。9 月 22 日，华声报电子版又推出《今日新闻》栏目，把当天重大国内新闻摘要甚至新闻照片置于首页显要位置，向全球传播中国新闻。1997 年底，华声报电子版开始向全球用户免费提供电子邮件传送新闻服务。这是中国大陆第一家以电子邮件方式定期向用户免费提供新闻服务的新闻网站。1998 年底，购置了数字摄像机、数码相机等先进设备，开始拥有音频和视频连续动态播放的多媒体报道形态，在网页上设置音频视频动态栏目，以多种形态

① 闵大洪：《数字传媒概要》，第 97 页，复旦大学出版社 2003 年版。

在互联网上一试身手。同时与美国旧金山的著名汉文网站"华渊网"（SinaNet）携手，以期扩大在全球的影响。

虽然1996年报刊上网势头良好，但1997年的报刊上网总体情况并不如人们预料的那么乐观。在"'97全国电子报刊经营与发展趋势研讨会"上，"与会者深深感到目前中国报刊在因特网上的地盘还很小，声音还很微弱"。会议"纪实"说，会议组织者会前在网上搜寻检索，发现上网报刊仅有60多家，也就是说，1997年电子报刊数量增长极为缓慢。由于不少报刊的上网是盲目跟风，没有做好充分的准备工作，"整体上看，发展水平提升较慢，不少上网报刊处于维持状态"。电子报刊不仅数量少（占纸质报刊总数不到1%），而且质量差，调阅人数低，产生的影响也较弱。

1998年1月1日，《光明日报》网站正式开通。网站集成了《光明日报》报业集团下的《光明日报》、《生活时报》、《中华读书报》、《文摘报》、《书摘》、《博览群书》、《考试》等杂志的内容。

同年，一些地方报纸也开始建立自己的网站。据中国记协报纸电子网络版调研会统计，到1998年底，全国电子报刊总数为127家。

16.1.2.2 广电媒体和通讯社等尝试上网

中新社于1995年在香港上网，是亚洲上网最早的汉文媒体之一，1999年1月1日，中新社北京总社开办中国新闻网。

我国的广播电视机构1996年开始尝试上网，地方广播电台先行，但势头远不及报纸。

广东人民广播电台于1996年12月率先走向因特网，成为国内第一家上网的广播电台。随后，广东省广播电视厅筹划建立了"岭南视听"信息网。上海的广播电视机构也紧随其后，开始在"上海之窗"网站中建立自己的节点。

1996年12月，中央电视台建立自己的网站并试运行，1997年加大投入力度。中央电视台的一些著名栏目如《东方之子》、《实话实说》、《3·15特别节目》等，也与国内的网络公司合作推上了因特网。

1997年6月3日，受国务院信息办的委托，中国科学院在其计算机网络信息中心组建了中国互联网络信息中心（CNNIC），行使国家互联网络信息中心的职责。CNNIC的宗旨是"为我国互联网络用户提供服务，促进我国互联网络健康、有序发展"，负责管理维护中国互联网地址系统，引领中国互联网地址行业发展，权威发布中国互联网统计信息，代表中国参与国际互联网社群。该中心发布的信息成为人们了解和研究中国因特网发展态势的最权威、最可靠的资料之一。

1997年11月7日，新华社在建社66周年之际正式开通了自己的网站。新华社数据库利用其丰富的新闻信息资源，及时、全面地反映国内外各个领域的最新动态，不仅收录了大量的一次文献，而且还有许多经过精心组织和编写的二次文献。

中国国际广播电台于 1997 年在因特网上设立网址,建站初期非常简陋,仅有几个自我介绍性的固定栏目。

同年,中国网(中国互联网新闻中心)创建。中国网是国务院新闻办领导、中国外文出版发行事业局(中国国际出版集团)管理的新闻网站。

另外,山东新闻网也在 1997 年创办。这是山东省、也是全国最早的新闻网站之一。由中共山东省委宣传部主管,山东省记者协会主办。

1998 年 8 月,中央人民广播电台网站注册英文域名:www. cnradio. com 和 www. cnradio. com. cn,并在网上开通中央人民广播电台简介及节目介绍宣传页面。

16.2 网络媒体的蓬勃发展

16.2.1 国家重点新闻网站的建设与发展

国家(中央)重点新闻网站概念的提出始于 2000 年。这年 5 月 9 日,中共中央宣传部、中共中央对外宣传办公室下发的《国际互联网新闻宣传事业发展纲要(2000~2002)》中,首次确定了国家重点新闻网站。第一批重点新闻网站共有 5 家,包括:《人民日报》网站、新华社网站、中国互联网新闻中心、中国国际广播电台网站和《中国日报》网站。后来经过几年的发展,国家重点新闻网站达到 8 家,央视国际网络、中青网和中国经济网也成为重点网站中的成员。

(1)《人民日报》网络版 从 1999 年起打破按天进行常规新闻更新的做法,每天进行好几次更新,大大提高了新闻的时效性。1999 年 5 月 8 日 9 时 20 分,《人民日报》网络版在国内媒体中率先报道了北约轰炸我国驻南联盟使馆的消息。11 时 55 分,《人民日报》驻南记者吕岩松的《大使馆被炸目击记》在网上发布,第一次披露 3 名中国新闻工作者遇难的消息。这一事件也催生了《人民日报》网络版的"强国论坛"。1999 年 5 月 9 日,《人民日报》网络版的"强烈抗议北约暴行 BBS 论坛"开坛。6 月 19 日,"抗议论坛"改版为"强国论坛"。

2000 年 8 月 21 日,第 16 届世界计算机大会在北京国际展览馆举行,人民日报网络版第一次以"人民网"的形象在展会上亮相,2000 年 10 月 28 日人民网启用新域名 www. people. com. cn,并继续保留原来的域名 www. peopledaily. com. cn。

2001 年 1 月 5 日,人民网推出新版,这是人民网创立以来的第三次大规模改版。改版后的人民网由原来的 6 个新闻频道增加为 13 个,分别为"时政"、"国际"、"观点"、"经济"、"科教"、"社会"、"IT"、"环保"、"军事"、"文娱"、"体育"、"生活"和"图片"等。

2003 年 6 月中旬,人民网再次进行大规模改版,并进一步突出新闻网站特性,加强重大新闻的分量,突出头条新闻。此时的新闻频道已增加至 31 个,除了新闻中心、24 小时滚动新闻外,还推出了更多专题性新闻。

2005 年 11 月 14 日,人民网主页再推新版,新主页突出了人民网的独家报道和原创评论等精华内容。同年,国务院新闻办公室互联网新闻研究中心、中国互联网协会互联网新闻信息服务工作委员会联合主办推选"2005 年中国互联网站品牌栏目(频道)"。人民网的"强国论坛"和"人民时评"同时入选。目前,人民网以汉文(简、繁体)、英文、日文、法文、西班牙文、俄文、阿拉伯文和藏文、朝鲜文、蒙古文等 10 种语言 11 种版本,以图文、音视频、论坛、博客、手机、动漫、聚合新闻(RSS)、网上直播报道等多种形式参与重大活动的报道,每天 24 小时发布信息(图 16-2)。

(2)新华社网站　于 2000 年 3 月改名为新华网,同年 7 月全面改版,并启用新域名 www.xinhuanet.com。2002 年元月,新华网再次改版,强化网络媒体特点,全面提高新华网的亲和力和影响力。推出"焦点网谈"、"国际扫描"、"网闻联播"、"轻松听新闻"、"汽车房产"等新栏目和频道。

2001 年 8 月 20 日,新华网多媒体频道正式推出。它开设了"国际新闻"、"新华纵横"、"中国质量报道"、"天下天天谈"、"每日财经"、"动感体育"、"各大城市天气预报"、"多媒体ABC"等固定栏目,以及不定期开展的网上多媒体直播。

2003 年 2 月 10 日,新华网进行开通以来的第 7 次改版,在原有 23 个频道基础上增加包括"国际"、"军事"、"证券"、"教育"、"校园"、"旅游"、"出国"、"收藏"、"健康"、"法治"、"读书"等在内的 12 个频道,并定期推出周末

图 16-2　2007 年 1 月 1 日人民网首页截图

版。2003 年 3 月 20 日,新华网在全球互联网站中率先播发美国对伊拉克发动空袭的消息。2005 年 3 月 29 日,印度尼西亚苏门答腊岛附近海域发生里氏 8.5 级强烈地震,印度洋沿岸国家随即发出了海啸警报。新华网在全球汉文网站中率先报道了这一消息。短短几年间,新华网依托新华社综合优势,从无到有、从小到大、从弱到强、从单媒体到多媒体、从单语种到多语种、从有线到无线、从单一新闻发布到多方位拓展,连年取得跨越式发展,成为国家重点新闻网站的主力军,党和国家重要的网上舆论阵地,在海内外具有重大影响力。

（3）中国互联网新闻中心（中国网） 在 2000 年后发展明显加快。2000 年 9 月 29 日,网站开通了德文、法文、西班牙文、阿拉伯文、日文和世界语版,加上原有的汉文、英文版,中国网的语言版本已达 8 种。2001 年 11 月 19 日,中国网改版。改版后保留了大量的独家专题,增加了"经济"、"财经"、"教育"、"体育"、"健康"等栏目,突出了全世界都在关注的妇女、人口、环境、贫困与反贫困等话题。并推出"特稿中心"为国内外网民提供有关中国国情和重大事件的多文种资料。2002 年 6 月 20 日,推出俄文版。2006 年 6 月 26 日,与韩国明日报集团合作推出韩文版。至此,中国网成为用 10 个语种对外发布信息的大型综合新闻网站。

（4）中国国际广播电台网站（国际在线） 设立后较长时间内只有本台介绍、栏目介绍等简单信息,但通过努力在 1998 年 12 月 26 日正式对外发布,将英语、德语、西班牙语和汉语普通话、粤语等几种语言广播节目置入。目前已拥有简体汉文网、繁体汉文网和英语、西班牙语、德语、葡萄牙语、法语、俄语、朝鲜语、日语、阿拉伯语、意大利语、世界语、罗马尼亚语、保加利亚语、印尼语和越南语等外语网站,共 44 个站点,是一个依托中国国际广播电台的广播资源和 27 个驻外记者站以及驻香港、澳门特别行政区和 31 个省市记者站的多语种、多媒体集群网站。

（5）中国日报网站 于 1995 年成立之后,利用自己的独特优势,较早实现了滚动新闻更新,以最快的速度发布最新消息。2001 年 4 月 1 日,发生了中美军机相撞事件,事件发生后,美国当局在未同中国政府协商的情况下,单方面向媒体发布歪曲事实的报道。《中国日报》网站于 4 月 1 日当晚成立了"撞机事件"报道组,在国内媒体中,它第一个发布英文消息,第一个将中国外交部的表态译成英文,第一个报道中国驻美大使杨洁篪就撞机事件答美国有线电视新闻网（CNN）记者的提问。

2003 年 9 月,《中国日报》网站创办了《21 世纪小学生英文报》,这是国内网络媒体首次直接办报,紧接着 9 月 15 日又开通了与之相配合的专题网站。2004 年 9 月与搜狐网共同创办的"中国日报·搜狐英文网"正式开通。2005 年 12 月,新闻中心（News Center）荣获"2005 年中国互联网站品牌栏目（频道）"。2006 年改版之后,中国日报网站包括"中国英文门户网"、"环球在线中文网"、"英语点津双语网"三大版块,共50多个频道,300余个栏目。

(6)中央电视台网站 于1999年1月1日全面改版正式运行。1999年2月15日晚直播春节联欢晚会,紧接着又于3月15日晚直播了名为"世纪阳光"的专题晚会。2000年12月26日,中央电视台网站正式更名为"央视国际网络",简称"央视国际"。2001年5月25日,中央电视台成立网络宣传部,将网站纳入节目宣传部门。2002年春节联欢晚会的央视国际网络直播现场首次单独设置网络直播区,三名电视主持人也首次以网络主持人的身份亮相。

2003年5月25日"央视国际"改版,改版后的新闻频道包含"中国、国际、财经、体育、科教、文娱、社会、省市台、台港澳、专稿、图片、新闻专题、传媒链接、新闻直播"等内容。2004年5月,开通网络电视。2006年4月28日,中央电视台成立网络传播中心和央视国际网络有限公司,央视国际同时实现全新改版。目前,中央电视台近400个电视栏目主要内容及其主创人员已实现网上传播,栏目内容整体上网270余个。

(7)中青网 全称中国青少年计算机信息服务网,1999年5月4日正式开通,是中国最大的以青少年为服务群体的综合性网站,共青团所属青少年网站的骨干网。目前拥有中国共青团、新闻、民族魂、血铸中华、青年论坛、中青校园通讯社、娱乐、教育、中青

体育等400多个子网站,2000多个栏目。

(8)经济日报社主办的中国经济网 于2003年7月28日正式开通。它是国家重点新闻网站中唯一以经济报道为中心的综合新闻网站。该网站拥有经济日报的独特资源优势。目前已经拥有包括"新闻中心"、"财经证券"、"产业经济"、"环球资讯"、"时尚生活"等多个板块20多个精品频道,覆盖包括汽车、地产、家电、通讯、能源、服装服饰等中国主要经济产业。

国家重点新闻网站在布局上有所区隔,从内容到传播形式亦各有特点。目前,有的新闻网站更是依托母体在国内各地的记者站,纷纷建立新闻资源本地化的地方频道,以此延伸总网在各地的触角,扩大总网的影响力。但是从总体发展上看,各家网站的独特之处有待进一步发挥。这里既有对网站重视不够、投入不足的原因,也有缺乏创新和探索精神等观念方面的深层次问题。

16.2.2 地方大型综合新闻网站的建设与发展

2000年开始,我国各省、自治区、直辖市陆续建立了自己的大型综合新闻网站。这些新闻网站中,有的是全新组建,有的则是由既有的某些地方性网站为主体,重新整合地方其他媒体的资源。目前,各省、自治区、直辖市都已建立了自己的综合新闻网站。

16.2.2.1 地方主流媒体共建大型区域性新闻网站

(1)千龙新闻网 2000年5月8

日,经国务院新闻办公室和中共北京市委批准,由《北京日报》、《北京晚报》、北京人民广播电台、北京电视台、《北京青年报》、《北京晨报》、《北京现代商报》、《北京广播电视报》等北京主要媒体共同发起和创办了"千龙新闻网"。这是国务院新闻办公室批准成立的,由报纸、广播、电视等新闻媒体联合建立的第一家综合性新闻网站。千龙新闻网开创的整合当地传统媒体资源,组建大型网络媒体平台的模式,被业界称为"千龙模式"。该网站成立以后更多地采用商业网站的模式谋求发展。2002年7月,"千龙新闻网"更名为"千龙网",显示其欲发展为综合性门户网站的意图。2005年8月,《北京青年报》正式控股千龙网。

(2)上海市大型综合新闻网站——东方网 于2000年5月28日开通。东方网的主办机构是上海东方网际传讯股份有限公司,该公司是由东方明珠股份有限公司和上海市信息投资股份有限公司,联合上海市各主要新闻单位共同发起成立的。新闻单位中包括解放日报社、文汇新民报业集团、上海人民广播电台、上海电视台、东方广播电台、东方电视台等。2001年4月,东方网利用品牌优势推出"东方网点"工程,将网吧建设纳入科学管理、合法经营、健康有序的轨道。2005年5月,正式推出进军3G(能够提供无线上网业务和多媒体业务的第三代移动通信系统)的第一个新业务——东方无线新闻网。这是国内第一个基于主流媒体方式的无线新闻网。

(3)北方网 于2000年12月18日开通。它是由天津市委宣传部牵头,天津人民广播电台、天津电视台、《天津广播电视报》、《今晚报》、《天津日报》共同投入资金、信源组建的新闻网站。

(4)东北网 于2001年7月17日正式开通。东北网是由中共黑龙江省委宣传部牵头,联合全省主要新闻媒体同黑龙江省电信公司共同创办的大型综合性新闻网站,是黑龙江省唯一的重点新闻网站。

(5)中国西部网 依托四川新闻网平台于2001年9月12日正式开通。它是"全国第一家跨省际的'航母'式网络媒体"。中国西部网由西部12个省、市、自治区政府新闻办和西部各重点新闻网站共同发起,其主管单位是四川省委宣传部。该网站整合了西部10多家重点新闻网站和近百家报纸的新闻信息,其信息量之丰,在业界引人瞩目。

(6)浙江在线新闻网站 于2002年12月28日成立。它的前身是浙江日报报业集团旗下的浙江在线互联网站、浙江省外宣办所属的中国浙江网和浙江广播电视集团旗下的浙江电视台网站。按照浙江省委的决策,这三家新闻网站整合重组为浙江在线新闻网站。由省委统一领导,宣传业务接受省委宣传部指导和管理。

(7)云网 于2003年10月28日建成开通并进入试运行。云网的主管单位是中共云南省委宣传部,承办单位是云网科技有限公司。云网科技有限公司是依照《公司法》成立的规范运作的高科技企业。公司的股东单位有：国际互联网云南新闻中心、云南日报报业集团、云南电视台、云南人民广播电台、云南人民出版社。

（8）"全国民族自治区重点新闻网站联盟网"2005年1月1日,在内蒙古新闻网、天山网、中国西藏新闻网、桂龙网、新桂网、宁夏新闻网的共同建设下顺利开通。它将全国5个少数民族地区的重点新闻网站结成伙伴关系,为少数民族地区的网络媒体建立了一个崭新的交流和合作的平台,建立了一种新颖的、打破了行政区域、具有浓郁民族特色的合作机制。

16.2.2.2 地方各省（自治区、直辖市）组建大型综合新闻网站

（1）四川新闻网 于1999年1月开通。四川新闻网由四川省委宣传部主管主办,充分整合传统媒体的新闻信息资源,承担全省主要新闻媒体电子版新闻网页集中上网工作,是四川省重点新闻网站。

（2）每日甘肃网 于1999年9月28日正式开通。它是甘肃日报社主办的甘肃最大的新闻网。

（3）"金黔在线" 于2000年11月28日正式开通。它是贵州日报社主办的贵州省重点新闻网站。

（4）华龙网 于2000年12月30日正式开通。它是中共重庆市委宣传部主管、重庆日报报业集团主办的省级重点新闻网站。

（5）中国吉林网 于2001年2月28日开通试运行。它是中共吉林省委主办、吉林日报报业集团承办的省级重点新闻网站。

（6）青海新闻网 于2001年5月24日建成开通。它是由中共青海省委宣传部主管、青海省国际互联网新闻中心主办的青海省唯一重点新闻网站。

（7）红网 于2001年5月30日正式开通。红网是由湖南省委宣传部主管、省政府新闻办公室主办的湖南省重点新闻网站,由湖南省互联网新闻中心、湖南华菱钢铁集团有限责任公司和湖南远景信息股份有限公司共同投资兴建。

（8）大众网 于2001年5月31日正式开通。它是山东省委宣传部主管、大众报业集团主办的山东省重点新闻网站。

（9）东南新闻网 于2001年10月18日正式开通。东南新闻网是由中共福建省委宣传部主管、福建省人民政府新闻办公室主办、福建互联网新闻中心实施操作的以新闻为主的大型综合性门户网站。

（10）南方网 于2001年12月13日正式开通。它是广东省重点新闻网站,由省委宣传部主办主管,也是南方报业传媒集团的成员单位。

（11）天山网 于2001年12月18日正式开通。天山网由新疆维吾尔自治区党委宣传部主办,区人民政府新闻办公室主管,区互联网新闻中心承办,《新疆日报》、《新疆经济报》等10余家区内主要新闻媒体共同参与建设,是新疆维吾尔自治区的重点新闻网站。

（12）中国江苏网　于2001年12月29日正式开通。它是江苏省委、省政府组建的全省最大规模的重点新闻网站，由江苏省互联网新闻中心主办。

（13）长城在线　于2002年1月21日正式运行。它是河北省委宣传部主管、河北省委对外宣传局、河北省政府新闻办公室主办的河北省重点新闻网站。

（14）中国西藏新闻网　于2002年10月1日开通。中国西藏新闻网由人民日报社和人民网援建，西藏自治区党委宣传部、自治区外宣办主管，西藏日报社主办。

（15）东北新闻网　于2003年1月1日正式开通。它是辽宁省委、省政府领导的省委宣传部主办的东北地区最大的综合性网络新闻发布平台。

（16）中国江西新闻网　于2003年1月21日开通。它由中共江西省委宣传部主管，中共江西省委对外宣传办公室、江西省人民政府新闻办公室主办，是江西省重点新闻网站。

（17）宁夏新闻网　于2003年8月18日正式成立。它是宁夏回族自治区党委宣传部主管、宁夏互联网新闻中心主办的宁夏重点新闻网站。

（18）内蒙古新闻网　于2003年11月26日正式开通。它是内蒙古党委宣传部、内蒙古党委外宣办主管的内蒙古重点新闻网站。网站整合了《内蒙古日报》、内蒙古人民广播电台、内蒙古电视台等区内多家媒体新闻资源。

（19）黄河新闻网　于2003年12月30日试开通。黄河新闻网是由山西省人民政府新闻办公室和中国网通山西省通信公司合作开发建设的山西省重点新闻网站。

（20）荆楚网与荆楚新闻网整合成的新的荆楚网　2004年5月正式推出。荆楚网是湖北省的重点新闻网站，由湖北省委宣传部、省政府新闻办公室主管，湖北日报传媒集团主办，楚天传媒网络科技有限公司负责运营。

（21）"中安在线"　于2006年1月1日正式开通。"中安在线"是在整合了原隶属于安徽省广电局的中安网和原隶属于安徽日报报业集团的安徽在线两大网站基础上建立的。"中安在线"是安徽省唯一的重点新闻门户网站，隶属于安徽日报报业集团。

（22）广西新闻网　正式开通。它是由广西壮族自治区党委宣传部主管主办的桂龙新闻网和广西日报社主办的新桂网整合而成。广西新闻网是广西唯一重点新闻网站。

（23）西部网（陕西新闻网）　于2006年7月1日正式开通。西部网是陕西省委宣传部主管主办、陕西电视台承办的陕西新闻门户网站。

（24）大河网和河南报业网整合成的新的大河网　于2006年7月6日正式开通。大河网是由河南日报报业集团主办的河南省唯一的重点新闻网站。

（25）南海网　于2006年7月19日正式试运行。南海网是由海南日报网络版改版而来，是海南省的重点新闻网站。

目前，除了各省（自治区、直辖市）

都已建立省级大型新闻网站以外,一些省会城市也已经建立了自己的新闻网站。

经过几年的发展,许多地方新闻网站已经初步形成自己的品牌,如千龙网、东方网、红网等,但是相对于国家重点新闻网站和商业网站的新闻来说,地方新闻网站的建设还有很大一段距离。

16.2.3 报刊网络版和广播电视媒体网站的建设与发展

从 1995 年起,我国的报刊和广播电视媒体就开始陆续登上国际互联网。目前全国从中央到地方的新闻媒体,基本上都已建立起独立域名独立运作的网站,一批地市级党报乃至县级党报或广播电视机构也迈入了网络传播领域。

与大型的媒体网站相比,目前大多数报刊上网的形式是相对简单的"网络版"。从内容上看,"网络版"主要是"移植"母体内容,母体内容之外的内容相对较少;从经营方式上看,也相对薄弱。在发展思路上,大多数网络版是处于传统媒体的从属地位。从体制上看,报社的网络版专设人员一般很少,甚至没有专门的机构设置。

以上现象的产生有多种原因。从观念上看,一些报社、杂志社的主要目标在于纸质媒体,在现阶段并没有将网络发展视为发展的重心,因此在网络版上投入的资源较少。一些报社、杂志社虽然也认识到网络的重要性,但由于没有足够的人力、物力和财力,

就无法形成强大的支持能力。另外,国家政策的限制也是制约报刊网站发展的重要因素。《互联网站从事登载新闻业务管理暂行规定》对一些报刊开办网站做出了限制。而一批重点新闻网站的诞生,实际上也成为一般报刊网站发展的一股抑制力量。

与报刊的网络版不同,广播电视开办的网站在一定程度弥补了媒体自身的不足。因为广播只能传播音频信息,电视以音频与视频信息为主,但网络媒体则可以提供图片、文字等传播信息。目前,中国广播、电视媒体开办的网站主要内容包括:广播电视节目的预告与介绍、重点栏目或节目开发相关内容、互动交流栏目、进行音频或视频节目点播、新闻栏目、广告推广等。由于各方面的原因,中国广播电视媒体网站的发展水平尚不一致。一些相对成熟的网站,规模庞大、内容丰富、功能多样,但也有一些网站还处在较为低级的水平。

16.2.4 商业网站争做网络新闻

1998 年开始有人提出"网络门户"概念,即未来的网络世界将由少数的网络运营商所控制,其控制的方式就是使自己的网站能够成为因特网用户习惯进入的第一个站点。商业性门户网站"网易"与"搜狐"在 1998 年开通了新闻频道,新浪网于 1998 年 12 月成立后,在 1999 年 4 月改版成功,推出了大型新闻中心,在短时间内迅速聚集起人气,打出了品牌"看天下新闻上新浪"。人们最初对新浪网的印象很大部分首先来自于新浪网的新闻。商业网站发

布新闻,新浪网可谓领先一步。特别是在报道突发性事件方面,如美国弹劾克林顿总统、美英联军攻打伊拉克、韩国货机失事上海、北约空袭南联盟及北约轰炸我国驻南联盟使馆等。

新浪网在1999年报道我国驻南使馆被美国为首的北约轰炸的这一突发事件让中国网民初识网络传播的强大威力。1999年5月8日,美国轰炸我国驻南使馆,新浪网进行快速报道和24小时全天候不间断报道,把国内众多传统媒体远远甩在后面。这一次成功的新闻专题报道使新浪网在商业门户网站中初步确立了网络新闻传播的良好形象,因此很快在网民心目中奠定了自身的定位。在2001年的"9·11"美国遭受恐怖袭击的事件中,当国内的传统新闻媒体尤其是电视媒体受到制约无所作为时,商业网站几乎在第一时间就开足马力迅速报道。以新浪报道为例,第一架飞机于北京时间9月11日20点45分撞击纽约世贸大楼,10分钟后(20时55分)新浪网就发布了第一条消息。

2001年12月12日,搜狐新闻中心进行改版,除了优化实时新闻部分外,新开辟"搜狐视线"栏目,力求将以往海量的新闻改变成有针对性的新闻,改变网上新闻的纯报摘形态,通过深度报道表达出观点和倾向性,明确提出"搜狐视线"的价值观为:人文关怀,社会责任感,媒体公信度。新浪网新闻中心不敢掉以轻心,12月18日亦进行改版。2002年6月,搜狐推出定位于"记录、观察影响时代进展的重大事件,并用独有的风格予以表达"的"视线周刊"。

在商业门户网站的竞争中,2004年窜出一匹"黑马",这就是腾讯的QQ.com。在各门户网站的流量统计中,迅速跻身到第四位,其新闻频道亦受到越来越多广告主的青睐。

商业网站的新闻频道最大特点是海量信息、多来源、重时效、滚动更新。

新闻网站与商业网站新闻频道最大的不同点就在于采写权上。商业网站的新闻频道从媒体属性上看,没有取得其完全的合法性基础。《互联网从事登载新闻业务管理暂行规定》第7条对非新闻单位依法建立的综合性互联网站规定:经批准可以从事登载中央新闻单位、中央国家机关各部门新闻单位以及省、自治区、直辖市直属新闻单位发布的新闻业务,但不得登载自行采写的新闻和其他来源的新闻。也就是说商业性网站的新闻频道只有登载新闻信息的编辑权而没有采写权。商业性网站新闻频道是通过合作、购买的方式,从新闻单位获得已登载的新闻信息资源的。

2000年12月,新浪和搜狐正式获得国务院新闻办公室批准登载新闻业务的资格,其后几年中,又有一些商业网站陆续获得了这一许可证。

在商业网站中,新闻频道并不是网站的主营业务,新闻信息也不是主打的增值服务产品,新闻频道只是为商业网站赢取点击率,从而带来广告收益的一块跳板。在商业网站中,用户对网络新闻的需求是巨大的,新闻频道的点击量在商业网站中令其他频道无法企及。正因如此,新浪、搜狐一直进行网上新闻大比拼,其他一些商业网站对新闻频道的投入也有增无减。

商业网站与新闻网站之间是竞争对手也是合作伙伴,商业网站利用自己的优势可以为传统新闻媒体网上发展提供传播平台。目前与传统新闻媒体的合作已形成多种方式,如获得授权转发新闻及文章、为传统媒体网站建立镜像链接、协助传统媒体办网络版、合作开设专题网站、共同办频道或网站等,大大地提高了网络资源的优化配置。

16.2.5　网络媒体成为中国重要的传媒形态

16.2.5.1　网民队伍持续壮大

网络媒体的发展,一个重要的基础是其消费群的持续增长。中国互联网信息中心(CNNIC)自1997年来做的调查,表16-1充分显示了中国网民市场的增长情况:

从统计数据可以看出,在中国网络媒体发展的头几年,网民数量的增长速度很快,后来随着网民基数的增加,增长幅度有所下降,但是,绝对数量的增长仍然是可观的。到2003年底,中国网民的总数量已在世界排名第二,仅次于美国。虽然与中国13亿人口数量相比,中国网民的比例还很小,但是,在一些大中城市,网民的比例已经很高。另外,CNNIC的调查还反映出中国网民构成的具体变化。互联网在中国普及之初,网络几乎是男性一统天下。但是,随着网络的发展,上网男性与女性的比例正在趋向平衡。这说明网民的

表16-1　互联网发展情况

截至调查日期	上网计算机数(万台)	上网用户数(万人)	带宽总容量	WWW站点(个)
1997年10月31日	29.9	62	25.408M	1500
1998年12月31日	74.7	210	143M256K	5300
1999年12月31日	350	890	351M	15153
2000年12月31日	892	2250	2799M	265405
2001年12月31日	1254	3370	7597.5M	277100
2002年12月31日	2083	5910	9380M	371600
2003年12月31日	3089	7950	27216M	595550
2004年12月31日	4160	9400	74429M	668900
2005年12月31日	4950	11100	136106M	694200
2006年12月31日	5940	13700	256696M	843000
2007年12月31日	7800	21000	368927M	1500000

构成也正在向合理的方向发展。这充分表明网络媒体逐渐成为网民心中的主流媒体。

16.2.5.2 网络媒体正逐步走出单纯"拷贝"传统媒体内容的狭小空间

网络媒体发展初期，基本上都是"拷贝"传统媒体内容，作为传统媒体的一种补充。随着网络经济的飞速发展，网络媒体经营者意识到，网络媒体要开拓更大的发展空间，必须充分发挥自身的特长和优势，逐步增加一些原创性内容。在国家政策允许的范围内，尝试进行独立采编。这几年，已经有不少网络媒体在做这方面的尝试，取得了不俗的成绩。随着国家对网络媒体管理政策的进一步放开，这种情况会越来越多。

1998年12月19日澳门回归倒计时一周年之际，《人民日报》网络版推出"澳门回归"专题。1999年12月1日，人民日报社派出的澳门回归采访团中有两名网络版记者参与举世瞩目的澳门回归报道，这是第一次有网站派记者直接参与国家重大活动的宣传报道。2001年7月31日，人民网刊出本报记者发自南宁的报道《广西南丹矿区事故扑朔迷离》，从而揭开了当地隐瞒了半个月之久的重大事故。人民网随后的一系列独家报道及评论被各大网站纷纷转载，被广大网友纷纷转贴。人民网的报道对彻底揭开事故真相起了决定性的作用。

2002年2月21日，中央独家授权新华网在人民大会堂对中美两国元首共同会见记者等重大活动进行多媒体现场直播，新华网的摄像机第一次与CNN和中央电视台的摄像机并排架设，引起现场众多国内外记者的惊讶。这次直播开创了全球真正意义上的网络多媒体现场直播，为中国乃至国际互联网站赢得了荣誉和骄傲。

2003年4月至6月，中国江苏网、浙江在线、东方网三家地方重点新闻网站联合举行了"点击长三角——江浙沪新闻网站联合采访活动"。

2004年7月5日至12日，有关部门为庆祝西藏自治区成立40周年而举办了"首届全国网络媒体西藏行"采访报道活动，7月17日至24日为庆祝新疆维吾尔自治区成立50周年而举办了"50年风采：全国网络媒体新疆行"采访报道活动。

2005年10月，"神舟六号"载人飞船的发射及返回报道中，人民网和新华网经授权对"神六"发射实况进行现场直播。

2004年起，北京的10多家主要网络媒体曾经发起"2004北京网络媒体红色故土行——江西"、"2005北京网络媒体红色故土行——点击陕西"、"2006北京网络媒体红色故土行——追寻长征足迹，穿行多彩贵州"等大型系列采访活动。

从1998年开始，网络媒体就开始涉足"两会"报道。在以后的历次"两会"报道中，都可以看到网络媒体的身影。除了利用多种手段进行快速、海量与灵活的报道外，网络媒体还充分发挥了它的实时互动优势。

因为受到各方面的制约，目前网络媒体在原创性内容的广度和深度上还是很有限的。

16.2.5.3　网络舆论的影响力在不断扩大

网络媒体的及时、快捷报道成为网民了解信息的主要途径。网络的互动特性使得网络媒体的一些言论栏目已经逐步成为影响社会舆论的重要手段。网民可以在网上就热点或重大问题展开热烈的讨论。社会上发生的几乎所有的重大事件、突发事件，不论国际国内，互联网已成为当今民意表达最集中的场所之一。广大网民能够通过新闻跟帖、论坛上贴等方式在网上迅速形成强势舆论。

2001 年以来，许多新闻网站意识到了评论不足的问题，纷纷推出自己的原创评论，如东方网的"今日眉批"、人民网的"人民时评"、千龙新闻网的"千龙时评"等评论文章，通常由传统媒体评论部及专门组织的写手担任评论员，网站为他们建立的专栏将他们的用武之地大大拓宽了。

我国一些主流网站开设的论坛也越来越多，其中不少已经成为知名品牌。如人民网的"观点频道"、"强国论坛"，新华网的"新华言论"、"发展论坛"、"焦点网谈"，国际在线的"管窥天下"，红网的"红辣椒评论"，中青在线的"青年话题"等。这些论坛是网民评论天下大事、陈述己见甚至嬉笑怒骂的地方，是最容易形成强大的社会舆论的地方。近年来在社会上反响强烈的诸多事件，大都是在网络论坛区引

爆的。

2001 年 3 月 24 日，名为"城山村人"的网友在人民网的强国论坛贴出《铁路，你究竟怎么了？》，反映自己在重庆火车站购买车票时的遭遇。这一帖子很快被铁道部领导看到，及时进行了调查处理。

2002 年 11 月 16 日下午，近两万字的长文《深圳，你被谁抛弃？》在人民网强国论坛和新华网发展论坛分别贴出，作者署名"我为伊狂"。该文对深圳的竞争力表示忧虑，对深圳政府的效率、治安、交通、城市管理、文化等多方面提出批评，并指出一些大企业将把总部迁离深圳、深圳金融中心地位不保、深圳和香港的合作没有进展等。这篇文章立刻吸引了众多网民的注意，并很快在网上广为传播。深圳市市长与深圳市一些官员也都仔细阅读了这篇文章。后来，市长与文章作者进行了面对面的交流，表示政府应有气度聆听包括批评在内的各种声音。

2003 年 4 月 25 日，广东《南方都市报》发表了《被收容者孙志刚之死》的报道，并配发了《谁为一个公民的非正常死亡负责？》的评论。报道和评论随即被多家网站转载，各种评论文章如潮水般涌到各大网站的论坛。在网络传播的影响下，孙志刚案引起全国民众的极大关注，中央和广东省的领导给予了高度重视，案件得以迅速侦破。

2003 年 10 月 16 日，哈尔滨市人苏某驾驶宝马车与一农用四轮车相撞后，致使 1 人死亡 12 人受伤。同年 12 月 20 日，这起案件开庭审理。法庭认

为肇事司机苏某系"因操作失误,采取措施不当",所以判处苏某犯交通肇事罪,判处有期徒刑二年,缓刑三年。这份判决在网络上引起了波涛汹涌的质疑声音。如此集中的网络民意表达,终于促使有关部门重新复查该案。

2005 年 3 月 14 日上午,十届全国人大三次会议结束后,温家宝总理在中外记者招待会的开场白中说:"昨天我浏览了一下新华网,他们知道我今天开记者招待会,竟然给我提出了几百个问题。我觉得他们对国事的关心,深深感动了我。他们许多建议和意见是值得我和我们政府认真考虑的。"此话一出,立即在社会上尤其是网络空间引起巨大反响,令众多网民感动万分。"总理记者会前看新华网发展论坛上我们提出的问题了!"的帖子,在不到五分钟的时间里,就有了上千次点击和上百条回复,成为新华网发展论坛上的焦点。

互联网上丰富的舆论资源为政府决策提供了获取民意的重要渠道。随着网络日益普及,大多数领导人都开始重视从网上了解人们对经济发展、社会问题、政府决策的意见看法,客观上也影响了政府进一步决策。"两会"召开期间,普通百姓通过与人大代表、政协委员在网上直接交流,甚至献计献策,使公民得以直接参与到公共事务管理中,从这个意义上说,网络在国家政治民主化进程中扮演了推动者的角色。

当然,网络言论是无序、离散的,还可能出现一些谣言、偏激和非理性甚至谩骂与攻击性的言论。而通过发布一些权威的言论,让专家学者、政府官员参与到网民的讨论之中,则可以帮助网民形成正确的观点,从而实现对网络舆论的正确引导,进而影响社会舆论。此外,网络媒体要进行严格把关,党和政府要及时疏导,促进网络舆论的健康发展。

16.3 网络媒体的规范化发展

中国网络媒体的起步,是媒体的自发行为。1995 年一些媒体上网时,国家还没有任何相关政策。后来,国家有关部门开始出台相关文件,对网络媒体的重视程度也不断提高。10 多年间,一系列规范网络媒体发展的政策法规相继出台。另外,网络媒体本身也不断加强自我管理、自我约束。

16.3.1 网络媒体管理政策法规相继出台

1996 年 2 月 1 日,国务院第 195 号令发布了《中华人民共和国计算机信息网络国际联网管理暂行规定》,这是我国制定的与互联网有关的第一个法规。

1996 年 4 月 9 日,邮电部发布《中国公用计算机互联网国际联网管理办法》,自发布之日起实施。该办法规定了接入中国公用互联网的接入单位应具备的条件、办理接入的程序、用户接入网络的有关规定等。

1997 年 5 月 20 日,国务院颁布了《国务院关于修改〈中华人民共和国计算机信息网络国际联网管理暂行规定〉的决定》，对《中华人民共和国计算机信息网络国际联网管理暂行规定》进行修正。

1997 年 5 月 30 日，国务院信息化工作领导小组办公室发布《中国互联网络域名注册暂行管理办法》，授权中国科学院组建和管理中国互联网络信息中心（CNNIC），授权中国教育和科研计算机网网络中心与 CNNIC 签约并管理二级域名 edu. cn。

1997 年 12 月 30 日，公安部发布了由国务院批准的《计算机信息网络国际联网安全保护管理办法》。对计算机网络安全的定义、网络安全的保护责任、安全监督及法律责任作了相应规定。

1998 年 3 月 6 日，国务院信息化工作领导小组办公室发布《中华人民共和国计算机信息网络国际联网管理暂行规定实施办法》，自颁布之日起施行。

1999 年 10 月 6 日，中共中央办公厅转发了《中央宣传部、中央对外宣传办公室关于加强国际互联网络新闻宣传工作的意见》（中办发〔1999〕33号）。这是中央关于网络新闻宣传工作的第一个指导性文件。文件从争夺 21 世纪思想舆论阵地的一个制高点的高度，明确了今后网络新闻宣传工作发展的方向。文件还指出一系列的指导原则，如：要把中央主要新闻宣传单位作为网站建设的重点，经过努力尽快办成全球性的名牌网站；各省、自治区、直辖市和计划单列市应集中力量建设一两个重点新闻宣传网站。

2000 年 1 月 1 日，由国家保密局发布的《计算机信息系统国际联网保密管理规定》开始施行。

2000 年 4 月，国务院新闻办网络新闻管理局成立，随后各地新闻办也相继成立了相应的机构，这标志着我国网络新闻传播管理体系的基本形成。

2000 年 5 月 9 日，中宣部、中央外宣办联合下发了《国际互联网新闻宣传事业发展纲要（2000—2002）》，提出了互联网宣传事业建设的指导原则和奋斗目标等。这一文件的出台，对中国媒体开辟网络发展道路起了重要的推动作用。

2000 年 9 月 20 日，国务院通过《中华人民共和国电信条例》，并于同年 9 月 25 日公布实施。在此条例中，将电讯业务分为基础电讯业务和增值电讯业务。互联网信息服务，被列为增值电讯业务。

与该条例同时通过并实施的是《互联网信息服务管理办法》，在这个办法中，对从事互联网信息内容服务的企业的资格、申请手续进行了规定，同时，明确指出了互联网信息服务提供者不得制作、复制、发布、传播的内容。

2000 年 11 月 7 日，国务院新闻办和信息产业部发布了《互联网从事登载新闻业务管理暂行规定》。规定明确了哪些网站具有从事新闻登载业务的资格，说明了相应的条件及申请手续等。

同一天，信息产业部还公布了《互联网电子公告服务管理规定》，对从事互联网电子公告服务者的资格与责任等做了规定。

2000 年 12 月 28 日，九届全国人大常委会第十九次会议表决通过《全国人民代表大会常务委员会关于维护互联网安全的决定》。《决定》严格规定了构成网络犯罪的几种行为，从而成为规范网上应用行为的一个法律依据。

2001 年 10 月 27 日，"信息网络传播权"正式列入九届人大常委会第 24 次会议审议通过的修订后的《著作权法》，这意味着网络传播环境下的著作权保护有法可依。

2002 年 8 月 1 日，由国家新闻出版总署和信息产业部联合发布的《互联网出版管理暂行规定》正式施行，进一步扩大了互联网信息传播的管理范围。规定指出，从事互联网出版活动，必须经过批准。未经批准，任何单位或个人不得开展互联网出版活动。

2003 年 1 月 7 日，国家广播电影电视总局发布《互联网等信息网络传播视听节目管理办法》(总局 15 号令，自 2003 年 2 月 10 日起执行)。

2003 年 5 月 10 日，文化部发布《互联网文化管理暂行规定》(文化部第 27 号令，自 2003 年 7 月 1 日起执行)，其管理对象为通过互联网生产、传播和流通的音像制品、游戏产品、演出剧(节)目、艺术品、动画等互联网文化产品。

2004 年 11 月 5 日，信息产业部发布第 30 号令，公布新的《中国互联网络域名管理办法》。新办法自 2004 年 12 月 20 日起施行。

2005 年 2 月 8 日，信息产业部发布了《非经营性互联网信息服务备案管理办法》。根据此办法，信息产业部会同中宣部、国务院新闻办公室、教育部、公安部等 13 个部门，联合开展了全国互联网站集中备案工作。3 月 20 日，《非经营性互联网信息服务备案管理办法》开始施行。

2005 年 5 月 30 日，《互联网著作权行政保护办法》实施。这是我国第一部网络著作权行政管理规章。

2005 年 9 月 25 日，国务院新闻办公室和信息产业部联合发布《互联网新闻信息服务管理规定》，自发布之日起实施，同时废止《互联网站从事登载新闻业务管理暂行规定》。新发布的《规定》在总结前几年实践经验的基础上，针对互联网新闻信息服务中的新情况新问题，提出了新的规范和要求。

2006 年 7 月 1 日，经国务院第 135 次常务会议通过的《信息网络传播权保护条例》开始施行。该条例对信息网络传播权的权利内容、权利限制、网络服务提供商的责任以及免责条款、法律责任等问题作出了具体规定。

中国政府对网络媒体的管理，在短短的 10 多年中，从无序逐渐走向有序，通过出台一系列法律规章，初步实现了对我国网络媒体的规范化管理，但中国的网络管理法规还相对滞后和不够完善，且存在"多头管理"、"政出多门"的状况。

16.3.2　网络媒体的自律逐步加强

网络新闻的规范和管理还有赖于网络媒体的自律。在法制力、行政力之外有步骤地提倡行业自律和社会伦理对互联网发展的约束是必要的手段。行业自律一方面能有效减轻政府管理的负担，同时也能使某些法律、行政手段难以规范的内容得到规范，从而使法制力、行政力和自律力形成合力对互联网进行总体规范和科学管理。

1999年12月，新华社、中新社、中央电视台、《浙江日报》等联合发布《"中国互联网高层发展线路会议"倡议书》从业者严格遵循自律的原则，遵守国家有关法律和规定，尊重知识产权，努力为营造一个健康良性的行业发展环境和良好的社会道德风气作出贡献。这是中国新闻媒体网站和商业网站首次共同签署和发表倡议。

2001年5月25日，中国互联网协会成立。该协会是由国内从事互联网行业的网络运营商、服务提供商、设备制造商、系统集成商以及科研、教育机构等70多家互联网从业者共同发起成立的。协会的宗旨是："团结互联网行业的相关企业、事业单位和学术团体，组织制定行约、行规，维护行业整体利益，保护互联网用户的合法权益，加强企业与政府的交流与合作，促进相关政策与法规的实施，提高互联网应用水平，普及互联网知识，积极参与国际互联网领域的合作、交流，促进中国互联网健康发展。"

2002年3月26日，《中国互联网行业自律公约》正式出台。该公约由中国互联网协会发起，对互联网信息服务者、接入服务提供者、上网场所经营者、信息网络产品制作者以及其他与互联网有关的科研、教育、服务等领域的自律事项做了规定。

2003年2月25日，《中国互联网协会反垃圾邮件规范》开始实施。该规范共有9方面内容，规定凡加入中国互联网协会及接受该规范的电子邮件服务提供者，必须建立垃圾邮件的信息收集、反馈和处理机制，并在反垃圾邮件时，遵守共同原则，采取统一措施，从而全面开展反垃圾邮件行动。

2003年12月8日，中国互联网协会互联网新闻信息服务工作委员会在北京成立。人民网、新华网、中国网、新浪网、搜狐网等30多家互联网新闻信息服务单位在成立大会上共同签署了《互联网新闻信息服务自律公约》，承诺自觉接受政府管理和公众监督，坚决抵制淫秽、色情、迷信等有害信息的网上传播，严格遵守有关法律法规和社会主义道德规范，加强自律，营造健康向上的网络环境。

2004年6月10日，中国互联网协会公布《互联网站禁止传播淫秽、色情等不良信息自律规范》。

2005年1月28日，中国互联网协会"网络版权联盟"成立。该联盟由网络运营商、内容服务商和著作权人三方20多家单位发起成立。网络版权联盟的宗旨主要是：促进网络版权立法，推动行业版权自律和信息网络版权法律的实施,为用户提供具有合法授权的内容和服务,配合有关部门、遏制互联网侵权行为。

2005年9月3日,中国互联网协会在"2005中国互联网大会"期间发布了《中国互联网版权自律公约》,与此同时,新华网、人民网、中国网、光明网、中广网、央视国际网络、中国新闻网以及新浪、搜狐、网易等40家单位签署加入,后来又有一些单位陆续加入该公约。这个自律公约中有17项条款。内容包括:要求公约成员积极采取有效的技术措施和管理措施,保护权利人的权利;鼓励、支持、保护依法进行的公平、有序的竞争,反对不正当竞争;成员违反公约造成不良影响,由联盟视不同情况内部通报或取消公约成员资格等。

2006年4月12日,北京40多家网络媒体协会及协会各成员共同制定《北京网络媒体自律公约》,目的是大兴网络文明之风,推进北京网络媒体行业自我约束、自我规范,不断提高网络媒体的社会公信力,促进互联网事业健康发展。

【本章小结】

本章节简要阐述了中国网络媒体兴起、发展的历史,通过这一章的学习,使学生深刻认识到中国新闻传播史不只是关于传统媒体的新闻传播史,还必须包括新兴的网络媒体的发展史。网络媒体新闻传播史的开掘与研究,丰富和完善了中国新闻传播史。

★【思考题】

1. 简要叙述1999年以后我国网络媒体的发展情况。

2. 列举一些知名网络媒体的名称,并简要介绍其历史情况。

【延伸阅读】

[1]闵大洪.传播科技纵横.北京:警官教育出版社,1998

[2]闵大洪.数字传媒概要.上海:复旦大学出版社,2003

[3]彭兰.中国网络媒体的第一个十年.北京:清华大学出版社,2005

[4]杜骏飞.网络新闻学.北京:中国广播电视出版社,2001

[5]匡文波.网络媒体概论.北京:清华大学出版社,2001

[6]许榕生.网络媒体.北京:五洲传播出版社,1999

17 台湾、香港、澳门的新闻传播事业

导言

本章学习目标 通过本章的学习,要求能够对台湾、香港、澳门的新闻传播事业的兴起、发展的过程和台湾、香港、澳门的主要新闻媒体有全面了解,并充分认识这些地区新闻传播事业在中国新闻传播史中的地位,把握这些地区的新闻传播事业的主要特点和基本规律。

本章难点 台湾、香港和澳门新闻事业发展脉络 台湾、香港和澳门新闻事业的特点

作为中国的省、区，1949 年以来，无论是新闻事业起步较晚的台湾，还是祖国近代报业发祥地的香港和澳门，其新闻事业都有了较大的发展。纵观其发展历程，既有其地域特点，又与大陆联系密切，它们是中国新闻传播事业的重要组成部分。

17.1　台湾的新闻传播事业

台湾是中国的第一大岛，是中国与太平洋地区各国海上联系的重要枢纽。台湾早期居民中，大部分是从中国大陆直接或间接移居而来的。台湾地区包括台湾本岛及 85 个附属岛屿，其中台湾本岛面积为 35873 平方公里。现在的台湾地区还包括台湾当局控制的金门、马祖等岛屿，总面积为 36188 平方公里。台湾地区人口总数约为 2200 多万。

作为中国的一地区，台湾的新闻事业发展经历了许多艰难曲折。纵观其发展历程，有其独自的特点。

17.1.1　报刊的发展

17.1.1.1　1949 年以前的报刊

（1）台湾报业的兴起及日据时期的新闻事业　与祖国大陆相比，台湾地区的新闻事业起步较晚。1884 年以前，台湾民众主要订阅大陆的报纸，其中最有影响的是在广州出版的《述报》。1885 年，台湾巡抚刘铭传在衙门中组织人员仿效《京报》模式出版发行《邸抄》，这是台湾最早的汉文报纸。

同年，《台湾府教会公报》（月刊）创刊，创办者是英国长老教会牧师托马斯·巴塞莱。它比手抄的《邸抄》更接近报纸形态，但它并非汉文报纸，而是以闽南语罗马拼音编辑印刷。

1895 年清政府因甲午战争失败，将台湾及附属岛屿割让给日本。从此，台湾处于日本帝国主义的殖民统治下达 50 年，台湾新闻事业步入了一条扭曲的发展道路。

在日本帝国主义的统治下，相当长的一段时间内，台湾只允许几家日本人办的报纸先后在台北、台中、台南创办，作为统治者的传声筒。

1896 年 6 月 17 日《台湾新报》在台北创刊，日本人山下秀实创办。该报初期为半官半民性质的周报，7 月改为日本驻台湾总督府的公报，推行殖民政策。10 月 1 日起改为日报，以日本军警为主要读者对象。此后，1897 年 5 月 8 日，《台湾日报》在台北创刊，日本人川村隆实主持。这张报纸同样是日本总督府的宣传工具。当时，日本人创办的民间报纸有《高山国》、《台南产业新报》、《台湾政报》、《台北州报》等，大多用日文出版。

1899 年 4 月，《台湾新报》与《台湾日报》在第四任台湾总督的干预下合二为一，改为完全受总督府控制的《台湾日日新报》。这一年，《台澎日报》、《台湾公论》、《台湾商业新报》、《台北新闻》、《台中新闻》也相继创刊。

这一时期，由于台湾总督钳制言论，严禁人民办报，所有公开出版的报纸均为日本人主办，用日文出版，台湾人没有自己的报纸。

由于台湾人民不懂日文，1905年《台湾日日新报》设汉文版，招考台籍学者担任编辑记者。同时，该报还在台南创办台南版，在台中设办事处，扩大发行量，从而成为台湾最大的一家报纸。1911年11月，武昌起义爆发，辛亥革命的浪潮席卷全国，日本殖民当局便停办汉文《台湾日日新报》，以保护其殖民统治。

第一次世界大战后期，日本人去台人数剧增，一些新的报刊随之相继创刊，如《东台湾新闻》、《经世新闻》、《南日本新闻》、《新高新报》。同时，旅日的台湾留学生和台湾进步人士所组织的团体主办的汉文《台湾民报》(1923，半月刊)、《台湾青年》(1920，月刊)也公开出版，打破了日本人垄断报业的局面。

《台湾民报》1923年4月5日创刊于东京，由留学日本的台湾青年创办，为白话汉字半月刊。1927年迁至台湾出版，成为白话文运动和文化运动的主要阵地，是台湾人民的主要喉舌。该报用汉文宣传祖国文化，抨击日本当局的暴行，在群众中有相当的影响，发行量达2万份。1932年4月15日《台湾民报》改组为《台湾新民报》，改为日刊，增出晚刊，日出对外三大张，成为台湾人自己创办的第一份日报。

抗日战争爆发后，改由军人担任台湾总督府总督，加强皇民化政策，在新闻界推行许可检阅制度，禁用汉文，限制报纸出版，并于1941年初发布《新闻纸揭载制限令》。《台湾新民报》于1940年被迫改为《兴南新闻》。在当局高压下，到1944年春只有《台湾日日新报》、《台湾新闻》、《台湾日报》、《东台湾新报》、《高雄新报》5家日本人办的报纸幸存，外加仅有的中国人办的《兴南新闻》。4月1日，总督兼驻军总司令安藤利命令这6家报纸并入《台湾日日新报》，改名《台湾新报》，独家出版。该报在东京、大阪、新竹、基隆等地设支局，在海南岛、西贡、马尼拉、香港、厦门置采访新闻的特派员。这样，日本再次实现了对台湾新闻事业的垄断。这种情况一直维持到日本投降。[①]

(2)光复后的台湾报业　1945年8月，日本无条件投降，台湾省复归祖国怀抱，50余年被束缚的台湾报业，得以重获自由。

光复后，国民党政权下的台湾当局对报业采取了"创刊不需许可，言论不受检查"的制度，即废止了新闻许可检查制度，言论自由受到保护，创办报纸也不受限制。1946年前后，台湾报纸的内容，可以说是比较自由的。同时，办报被看成是一种新兴事业。当时办报十分容易，大多因陋就简，随便租下或拥有一两间房子，再接洽一家小的印刷厂承印，即可挂出报社招牌，宣称一

---

① 白润生:《中国新闻通史纲要》(修订本)，第628页，中央民族大学出版社2004年版。

家报纸创刊,没有申请登记的麻烦①。因此,这一时期创刊的报刊相当多。发展至1947年初,台湾报纸已有28家,期刊近30种,出现了一个报刊出版高潮。

这一时期办报高潮的出现,反映了久受殖民统治的台湾人民急切需要通过报刊释放自己的心声和感情。然而,国民党政府实行的法西斯统治却不允许这种反映,压制政策应运而生,高潮迅速回落。

1947年的"二·二八"事变更使台湾报刊业大受打击。除两家国民党当局直接控制的机关报外,其余所有的报纸或被禁止发行或被查封,相当数量的编辑记者被拘捕乃至失踪、被杀。

同年8月,台湾的报业开始复苏,而原先不少民营报纸不再恢复出版,一批新的报刊如《自立晚报》、《更生日报》、《公论》等接连创刊。到1949年初,台湾报纸又增至近20家,期刊约数百种。

17.1.1.2 国民党中央迁台后到"报禁"解除前报业的发展

(1)国民党对报刊的统治 1949年12月7日,南京国民政府迁往台北,国民党的《中央日报》和一些接近国民党的报纸、报人也随之迁往台湾。包括新创刊的在内,台湾的报纸因此增加了20余家。到1952年初,台湾的报纸共有30家。

为了巩固独裁统治,从1950年元月起,国民党当局在台湾全省实行"戒严"。"戒严"期间,严格控制和限禁新闻事业。

1951年6月10日,台湾当局以全省报纸已达"饱和点"和"节约用纸"为

由宣布对新申请创办的报纸"从严控制登记"。这种"限证"措施,标志着"报禁"的开始。1952年4月,台湾当局正式宣布停止新报登记。

同年12月29日公布《新闻用纸供应办法》,对其"党营"报纸采取优惠供纸办法,对民间报纸减少纸张供应。1955年4月21日,台湾当局再次公布了《战时新闻用纸节约办法》,正式开始"限张"发行,通令所有报纸版面一律限于对开大张一张半之内(1967年被迫放宽为两大张半,1975年再放宽到三大张)。

除"限证"、"限张"外,台湾当局还实行"限印"政策,即每家报纸只能在其登记地点的印刷厂印刷。这一措施,给一些全省性大报的出版发行带来困难。

1960年,台湾当局公布《台湾地区戒严时期出版物管理办法》,1987年7月14日颁布《国家安全法》。此外,还有许多准则用以任意限制报刊内容,取缔传播媒介。所有这些,不仅把台湾新闻事业完全限制在为"反共复国"做宣传的圈子里,而且严重阻碍了新闻事业的发展。

在"报禁"的30多年中,只有国民党军队总政治部创办的《青年战士报》(后改称《青年日报》)在1952年10月获得了报纸登记证,想办报纸的人只能通过高价购买现有报纸的报证,易名出版。以致从1952年到1987年"报禁"解除,台湾的报纸总数始终保持在31

① 陈扬明等:《台湾新闻事业史》,第27页,中国财政经济出版社2002年版。

家:《中央日报》、《新生报》、《民声日报》、《中华日报》、《中华日报南部版》、《更生日报》、《自立晚报》、《忠诚报》、《国语日报》、《台湾新闻报》、英文《中国日报》、《建国日报》、《大华晚报》、《民众日报》、《中国时报》、《民族晚报》、《联合报》、英文《中国邮报》、《青年日报》、《工商日报》、《中国晚报》、《中国日报》、《成功时报》、《马祖日报》、《台湾日报》、《金门日报》、《经济日报》、《台湾时报》、《民生报》、《自由日报》、《工商晚报》等。这些报纸主要分布在台北、台中、台南、高雄、花莲、澎湖、嘉义、马祖、金门等地。

在这种严酷的统治下，台湾新闻界动辄得咎，报案层出不穷。南京政府迁台初期，《自立晚报》被迫短暂停刊，《联合报》记者林振霆被长期监禁。20世纪60年代，《自由中国》主编雷震被送上军事法庭，《文星》所载文章之作者李敖被判刑10年，《中华日报》副刊主编艾玟的丈夫郭衣洞（柏杨）以莫须有的罪名被捕入狱。20世纪70年代，《大学杂志》、《台湾政论》、《鼓声》、《夏潮》、《美丽岛》等先后受到惩处。进入20世纪80年代后，仅1984年一年，因违反《出版法》而受到处分的报刊就达96家次。总之，国民党当局采取种种手段压制新闻事业，从1949年到1987年，台湾报刊和报人频受摧残。

（2）主要报纸的发展　这一时期台湾报纸的总发行量，20世纪60年代后期为56万份，1978年为210万份，1987年3月为370万份，全省平均5到6人有一份报纸。其中《联合报》、《中国时报》均发行100万份以上，发行量最大。《中央日报》次之，为55万份。

国民党系统报纸中，比较重要和有影响的是《中央日报》、《中华日报》、《新生报》等。

1)《中央日报》　是中国国民党中央委员会机关报。1949年3月12日移至台北出版，每天出3大张12版约27万字。1988年1月1日改出6大张24版。该报除在台湾发行5个版外，还在香港和世界几十个城市设有办事处，发行航空版。另外还出版《中央星期杂志》和《少年中国晨报》（在旧金山），在台北出版的《大华晚报》，实为其晚刊。自1943年以来，《中央日报》一直实行社长制，迁台后历任社长有马星野、胡建中等国民党的著名报人。该报以所谓"国家、仁义、责任"为准则，以"宣扬三民主义，阐扬反共国策及宣传政策施政成就，并对国际间信息言论和错误幻想及时提出诤言"为宗旨，发表反映国民党当局观点的言论，是国民党中央的主要宣传工具。

2)《中华日报》　是国民党台湾省党部的机关报。1946年2月20日在台南创刊。1948年2月20日成立报团后，在台北和台南同时出版，改以台北为总馆所在地，改台南发行的报纸为南部版。《中华日报》在台湾许多重要城市设有办事处，在香港、纽约、旧金山、马尼拉等地设有特派员。1982年，该报由原来的每天刊载一篇社论改为两篇社论，扩大省市新闻的篇幅，增加与大众文化生活有关的内容。1986年起,《中华日报》为适应将来解禁后的竞争,大量减少政治新闻,开始把消费者、妇女、家庭作为主要读者对象。

3)《新生报》 是台湾省政府的机关报。1945 年 10 月 25 日在台北创刊,主要报道省政建设、地方新闻,曾获得台北狮子会最佳公共服务奖及台北市政府金奖。后来发展为拥有《新生报》和《台湾新闻报》(在高雄出版)的新生报业股份有限公司。

民营报纸中,《联合报》、《中国时报》、《民声日报》、《自由日报》、《台湾日报》等有较大的影响。《联合报》和《中国时报》曾经是台湾两家发行量最大的民营报纸,分别形成了《联合报》集团和《中国时报》集团。

4)《联合报》 1951 年 9 月 16 日由王惕吾的《民族报》、范鹤言的《经济时报》及林顶立的《全民日报》合并而成,报名初为《民族报·经济时报·全民日报联合版》,与国民党关系密切。该报自称以“客观报道新闻”、“独立评论时事”、“忠诚服务大众”为办报原则,以“反共、民主、团结、进步”为言论方针,实际上反映的是台湾大企业资本家和财团的利益。

《联合报》是在台湾经济凋敝和国民党对新闻事业的压制中创办起来的,初时报社条件简陋,印刷设备落后,只有 150 多名员工,发行仅有12000 份。但 3 家报纸人员团结一致,注重经营,实行报纸企业化方针,发展迅速。1957 年时发行量达 7 万份,人数达 259 人。1957 年 6 月 20 日,报名正式定为《联合报》。

20 世纪 60 年代以来,这家报纸有了很大的发展:1964 年开始出版国外航空版;1967 年买下《公论报》改出《经济日报》;1974 年创办中国经济通讯社和联经出版事业公司;1976 年 2 月 12日在美国纽约创办汉文《世界日报》;1977 年创办天利运输公司,购置日本、美国制造的高速彩色轮印机、高速平版印刷机及套色与电子分色设备;1978年(通过买登记证)创办《民生报》;1979 年 3 月 1 日创办镭射彩色制版公司,此外还有《中国论坛半月刊》、《联合月刊》两个期刊。1972 年范、林因公退出,《联合报》成为以王惕吾家族为核心的报业集团(图 17-1)。

图 17-1 2006 年 10 月 23 日《联合报》头版

5)《中国时报》 原名《征信新闻》,是以报道物价变动情形和商场动态为主的经济专业报。1950 年 10 月 2日在台北创刊,初由台湾物资调节委员会出资开办,规模比较小,为油印四开小报。1951 年 8 月后转由余纪忠等人集资经营,改为日出对开 1 大张,设文艺栏目和家庭栏目,销量大增。1960 年,《征信新闻》改为《征信新闻报》,成为一张综合性报纸。1968 年 9 月 1 日正式改名《中国时报》,建立包括了《工商时报》、《时报周刊》、《时报杂志》、《工商时代月刊》、日报文化出版公司在内的报业集团,声明以"自由、民主、爱国家、开明、理性、求进步"为宗旨,日出对开 3 大张,员工达 3000 人,余纪忠为董事长,储京之为发行人,杨乃藩为社长,胡立台为总编辑。

该报拥有一流的技术装备,发行量在 120 万份以上,是台湾销数最大的日报。该报虽然也是国民党的拥护者,但言论较《联合报》开明。1982 年余纪忠在纽约创办的《中国时报》因报道"江南事件",被迫关闭。1987 年 9 月 12 日,《中国时报》派驻港办事处主任江素惠由香港直飞厦门采访,成为第一个派出记者到大陆采访的报纸(图 17–2)。

6)《自立晚报》 是台湾第一家晚报,也是有较大影响的晚报。1947 年 10 月 10 日由周伯庄创办于台北。报头刊有"无党无派,独立经营",并以"纯民间报纸"和"公正客观、不偏不倚、无隐无讳"的面目出现。其实,其历任发行人或为国民党党员,或为台南望族,言论主张多反映的是台湾地方非国民党人士和台南财团的观点。1987 年 9 月台湾当局开放民众前往祖国大陆探亲,《自立晚报》在有关条例

图 17–2 《中国时报》2008 年 4 月 8 日头版
(图片来源:GOOGLE 网)

公布前夕,特派李永德、徐璐两记者绕道日本从东京到达上海,先后在上海、北京、杭州、广州、厦门、深圳进行新闻采访,除收转专电外,还刊出了以《我们叩开大陆之门》为题的系列通讯,引起很大轰动,使该报销量大增。

台湾各报的前面几版通常用来刊载国内外要闻、社论、短评、通讯、特写、专栏和地方新闻,以后各版则用来刊载综合性副刊、长篇连载和有关体育、文艺、影视、家庭、儿童、医药、保健等方面的稿件及广告。在内容安排上,国际新闻、国内要闻、社会新闻、奇闻轶事的比重较大。

对于国内问题,在国民党当局和情报治安部门的严密控制下,各报的言论主张基本以"拥护国策"、"宣扬国策"

为基调,为"贯彻政府主张和立场"作宣传。一些官方报纸更是公开宣布以"国家、主义、责任"为准则,坚持"国家立场、领袖立场、国军立场",旨在"宣扬三民主义和反共复国国策,贯彻政府主张,达成复国建国任务"。

17.1.1.3 "报禁"解除后的报业

(1)"报禁"解除后报业发展概况

1987年12月1日,台湾"行政院新闻局"宣布:从1988年1月1日起解除"报禁",这是继蒋经国1987年7月15日宣布解除台湾地区的戒严之后在新闻言论方面所采取的一个重大举措。此后,台湾报业就进入了激烈竞争时代,台湾大地上顿时涌现出一股办报热。短短3个月内,有33家报纸发行人向台湾新闻局申请办理了登记手续,使得台湾登记的报纸骤达64家。实际上,由于各种原因,创刊的只有《自立早报》、《联合晚报》、《中时晚报》、《交通报》。半年后,共有60家报纸办理了登记手续。一年半后增加到95家。到1990年12月,申请登记注册的报纸已达303家,打破了历史上的最高纪录,其实仅有105家左右出版发行,能够坚持下去的不超过80家。

"报禁"解除初期,新创办的报纸中,影响较大的是《自立早报》、《联合晚报》、《中时晚报》、《台湾立报》。

"报禁"的解除改善了报道和言论的环境。台湾报纸对当局的政治、经济、文化政策有了评论,由歌功颂德到开始有所批评,这在以前是不可想象的。总之,"报禁"解除后,各报都力图突破旧的报道和言论模式,尽可能地满足不同职业不同层次读者的需要,反映他们的愿望和呼声,突破旧的报道禁区。

随着报业竞争的日益加剧,官营、党营报纸逐渐日薄西山。在1985年的统计中,台湾民众每天常看的报纸排行中,《中央日报》名列第四,1990年时已退为第九,1992年时被淘汰出前10名。《中国时报》与《联合报》两大报系在台湾报界曾长期处于绝对的霸主地位,两报发行合计一度占台湾各报总发行量的80%以上,广告则占70%以上。但随着《自由时报》的崛起,这种局面后来发生了变化。有大财团背景的《自由时报》1995年的营业收入仅为两大报的1/10,但到1997年却占有报纸广告市场的34%。报业市场的竞争格局由原来《中国时报》和《联合报》两雄相争变为三足鼎立。到2003年,情况再次发生变化。这一年,《苹果日报》以港式狗仔风格加入战局,报业市场陷入前所未有的存亡竞争,也使台湾报业进入四雄割据局面。

《自由时报》的前身为1980年创办的《自强时报》,是中部地区的一个小报。"报禁"解除后,联邦建设集团董事长林荣三依靠其雄厚的经济实力收购此报,并将报社从台中迁到台北县。林荣三提出"台湾优先,自由第一"的本土化办报理念,并逐渐成为李登辉执政时期坚决拥护李登辉的喉舌。《自由时报》则在李登辉当权派的支持下,不断获得高层内幕新闻,得以迅速崛起。2000年民进党上台后,《自由时报》旗帜更加鲜明,成为公开支持陈水扁与"台独"的报纸。

《苹果日报》，香港壹传媒集团于2003年5月2日在台北创刊，主要以突发、社会、综艺、休闲、美食、生活、消费及民众爆料等新闻为主。报道风格偏向揭发弊案、名人八卦及"狗仔"追踪。在报纸编辑方面，为了更吸引读者，采取图像化的编辑策略，用生动夸张的照片和字体斗大的煽情标题，以极少量文字来呈现新闻事件，这和台湾报纸重视文字的深入分析评论有很大不同。《苹果日报》近乎杂志化、画报化、甚至电视化的"创新"手法，虽然在一定程度上激活了台湾报业市场上的沉闷气息，但该报对色情、暴力等议题的夸张处理，备受社会、民间团体的批评。

近些年来，由于报纸之间的竞争日益激烈，加上受到网络媒体等新媒体的冲击，许多报纸遭遇前所未有的困境，纷纷裁员节支，更有不少报纸因长期亏损无法继续经营而停刊。如《中时晚报》于2005年11月1日停刊；以影视娱乐及体育新闻为主的《大成报》(1990年创刊)于2006年3月1日停刊；中国国民党的党营报纸《中央日报》于2006年6月1日停刊(2006年9月13日以网络报形式重新发行)；持"台独"立场的《台湾日报》(1964年创刊)于2006年6月6日停刊；《民生报》于2006年12月1日停刊。

(2)"报禁"解除后报业发展的几个特点　"报禁"解除后，台湾的报业发展虽然更加活跃，更趋于多元化，但也出现了一些令人忧虑的现象。"报

禁"解除后的台湾报业有以下几个突出特点：

一是当局采用多种手段钳制报纸。"报禁"解除后，台湾当局对报业的控制改变了策略，但并非听之任之，基本策略是"微观放活，宏观控牢"。所谓"微观放活"，是指在具体小问题上较少干预，这给台湾新闻工作者以一定的自由空间。所谓"宏观控牢"，主要指新闻界的基本倾向和立场方面，当局总能巧妙地加以控制。台湾当局以"行政院新闻局"为其新闻行政工作之"中央"主管机关。其主要任务是向台湾内外宣传"政府"之"政令与政绩"，并"以管理与辅导之立场"，使台湾"新闻大众传播事业健全发展"[①]。2000年民进党执政后，则通过行政、经济等手段，掌控了几乎所有公有媒体，国民党控制的媒体逐渐减少，台湾媒体生态与格局发生了重大变化。民进党当局还通过募资挹注、广告发包、银行信贷、新闻津贴等手段大力扶植"独派"报纸，而对于持不同观点的报纸则大加打压。

二是报纸立场倾向明显，蓝绿色彩分明。"报禁"解除后，许多报纸的所有权发生了变化。特别是2000年民进党取代国民党执政后，国民党党报系报纸、台湾省政府报系报纸和军报系报纸都重新定位或民营化。随着台湾政党政治的激烈竞争和"民主"政治的发展，报纸对于政治新闻的报道日益重视、狂热，但政治立场也更为偏颇。各

① 陈扬明等：《台湾新闻事业史》，第109页，中国财政经济出版社2002年版。

报的政治立场、是非好恶泾渭分明。对于重大政治议题的立场，报纸"各拥其主"，披上或绿（偏民进党）或蓝（偏国民党）的政治色彩，向社会大众极力推销自己的观点，与自己立场不同的观点则彻底避开。总体而言，台湾报业的"四大天王"（《联合报》、《中国时报》、《自由时报》、《苹果日报》）中，被归为蓝军喉舌的报纸主要有《联合报》和《中国时报》。而《自由时报》则有浓烈的绿营色彩，《苹果日报》立场也偏绿。

三是对大陆的报道趋向开放和多元。1987 年以前，在台湾当局的严酷"报禁"下，各报很少有对大陆的报道，对报纸言论有严格限制。"报禁"解除后不久，台湾各报就纷纷开辟集中报道祖国大陆新闻的专栏和专版。各报"大陆版"报道较多的，首先是有关岛内民众赴祖国大陆探亲的消息。有的报纸还以系列报道的方式，介绍祖国大陆的名山大川、风土人情和赴祖国大陆探亲者的经历、见闻。其次是有关大陆经济发展方面的消息。再次是有关体育竞赛方面的消息。不仅广泛报道国际体育竞赛中我国的辉煌成就，而且称谓已由"中共选手"改为"大陆选手"、"中国选手"。此外，有关祖国大陆政治、文化、社会等方面的消息，也是各报"大陆版"经常报道的内容。

目前，联合与中时报系均设有"大陆新闻中心"，并派遣对大陆问题素有研究的记者常驻大陆，使两报大陆新闻的自采能力较强、水平较高，对大陆

一些政治、经济、文化社会问题的分析和研究也达到一定的水准。但由于条件所限，台湾报纸的报道范围主要还是集中在北京、上海及其他经济发达省市。

17.1.1.4　期刊的发展变化

台湾的期刊在 20 世纪 60 年代后才有了较大的发展。这是因为报纸被当局限死为 31 家，许多人得不到报纸登记证转而办刊物。1951 年时，台湾的期刊有 150 多家；1961 年为 686 家；1966 年达到了 831 家，1968 年达 1228 家。实际出版的并没有这么多。当时影响较大的期刊有《文星》、《皇冠》、《东方杂志》、《政治评论》等。

20 世纪 70 年代，台湾的主要期刊有《联合报》主办的《中国论坛》、《联合月刊》，《中国时报》主办的《时报周刊》，青年党主办的《醒狮》，胡秋原主办的《中华杂志》等。内容以政治时事分析和新闻性的社会事件报道为主，亦刊登少量小说、杂文等文艺作品。这一时期的非国民党人士创办的刊物不断增加，最多的时候达到过 30 多种，主要有《台湾政论》、《大学杂志》、《八十年代》、《进步》、《夏潮》、《美丽岛》等。这些刊物公开发表文章，反对国民党的一党专政，揭露公职人员选举中的种种弊端，要求开放学生爱国运动，个别刊物在"台独"分子的影响下，还刊载过一些鼓吹台湾独立的文章，因此遭到国民党当局的查禁。

20 世纪 80 年代开始，由于台湾经济的持续成长，期刊经营状况大为改观，品质不断提升，在期刊类别上，由于

岛内财经活动日益频繁,加上国际贸易及海外旅游风气日盛,一批财经类投资期刊应运而生,如《工商时代》、《卓越》、《统领》、《突破》、《商业周刊》、《天下》等。除了财经类投资杂志因经济投资环境变迁而风行外,针对职业妇女与青春少女发行的期刊亦风起云涌,如《侬侬》、《黛》、《薇薇》、《安安》等。此外,其他各式各样的期刊也都在此时期陆续创刊。期刊的广告量呈现上升趋势,其成长率甚至超过了报纸,1986年台湾期刊的广告量首次超过广播成为台湾媒体广告的季军。

"报禁"解除后报纸数量的骤增对期刊出版产生了极大的冲击,期刊生存备受考验。直到20世纪90年代初,期刊市场才相对稳定下来,但很快外国著名期刊纷纷落户台湾,期刊市场开始更多地受到外国期刊的冲击。

1997年台湾登记在册的期刊已达5600家。随着期刊竞争的加剧,期刊读者口味的转变,有一些创刊多年的老期刊陆续停刊,出现了一些面貌各异的新期刊。互联网的异军突起,再加上全球经济不景气,期刊业进入空前的战国时代,即使知名品牌期刊,也难逃读者流失的压力。

2002年台湾登记在册的期刊为8140家,实际上在书店公开陈列发行、供民众选购的期刊仅有约600余种,2004年登记在册的期刊是4185种。僧多粥少,9/10以上的期刊无法冒出头。如今台湾期刊更具光碟化、专业化、企业化、实用化、国际化、网络化、集团化、多元化的特色。[1]

17.1.2 通讯社和广播电视事业的发展

17.1.2.1 新闻通讯事业

台湾的通讯社事业始于第一次世界大战期间。1895年日本据台,为台湾带进新闻事业后,为了刊登日本本土发生的新闻,各报在创刊之初,均在东京设立分局,分局记者将采访所得,每天以电报传送回台湾总社编排新闻,报纸的新闻内容尚且能自给自足。第一次世界大战爆发后,国际性的新闻更显重要,基于市场需要,日本通讯社便在此时出现于台湾。1915年,由日人开办的台湾通讯社在台北成立,成为台湾首家通讯社[2]。由于台湾报纸少,这家通讯社主要以日本报纸为发稿对象,报道台湾地区的新闻。创办不久即因经营不善导致经费困难而停办。

1920年10月,日本电报通讯社(简称"电通社")在台北成立分支机构,向台湾报纸供稿。以后日本联合通讯社也在台湾设立分社。1936年6月,日本最大的通讯社同盟社在台湾成立分社,主要向台湾报纸发行日文新闻稿。后来,电通社和联合社分社均合并到同盟社台湾分社。光复前,台湾地区的新闻通讯事业一直为同盟社垄断。

1945年,台湾光复后,原来独占霸

① 陈飞宝:《当代台湾传媒》,第193页,九州出版社2007年版。

② 戴元光等:《20世纪中国新闻学与传播学·台湾新闻传播事业卷》,第7页,复旦大学出版社2005年版。

主地位的日本通讯社不复存在,台湾新闻通讯社呈现短暂的多元发展格局。台湾新成立的新闻通讯社、国民党"中央社"台北分社以及祖国大陆报纸在台湾的分销机构,纷纷向祖国大陆大量报道台湾新闻,因此,备受祖国大陆报纸的重视。

1949年国民党迁台后,在台湾实施严格的管制,在"戒严"时期,新闻通讯社与报纸一样,被纳入战时严格管理体制,形成了国民党党营的中央通讯社一统天下、其他小规模通讯社并存、走专业化通讯社道路的局面。国民党依靠其庞大的党营新闻机构和极其苛刻的政策,严密控制着台湾的新闻通讯业。

随着台湾经济的恢复和稳定发展,加之台湾大众文化水平的提高,各种新闻需求猛增,报纸增张扩版。这使得台湾的新闻通讯社即使在"戒严"时期也有了一定的发展。据统计,1984年有37家通讯社,遍及各大城市,其中以台北最多,占半数以上,其次为高雄,再次为台中、新竹、基隆等地。除最大的中央通讯社外,其他通讯社的业务都各有偏重。其中几家规模较大的通讯社直接由官方出资创办,如台湾通讯社(国民党台湾省党部)、军事新闻通讯社(国民党军队总政治部)、大道新闻通讯社(台湾侨务委员会)等。其他大多数依靠当局的补助,业务受官方控制。这些通讯社印发的通讯稿多为不定期刊,用铜版刻印。每期字数至多一两万,发行份数也有限,影响远不及中央社。

"报禁"解除后,新闻通讯社进入多元化发展时期。到1988年底,台湾的通讯社达到100家。1998年,增加到238家。但大多数通讯社资金少开支大,往往入不敷出,加上资讯电子传播科技迅速发展,工商企业对市场资讯的需求趋向专业、精确、迅速、权威,一般小的通讯社是无法满足这些要求的,所以台湾通讯社的起落很大,能经常见到通讯社稿的也不到三四十家。具有垄断性质的中央社依旧独树一帜,新创办的通讯社规模都很小,在业务上无法与旧的官营、党营、军营的通讯社相抗衡,并没有改变中央社一家独大的格局。

中央通讯社简称中央社,全称中央通讯社股份有限公司。1949年12月迁到台北后,积极发展扩充国内外新闻通讯网。经过20世纪50年代至70年代的大力发展,成为台湾最大的综合新闻通讯社。

1973年4月2日,中央社改组为股份有限公司,成为"由国内及海外华侨新闻界共同投资经营的'企业化通讯社'",标榜"正确、迅速、客观、公正",以民办通讯社的面目出现,实际上仍为国民党中央党部所掌握。改组后的历届董事长马星野、曹玉芬及历届社长魏景蒙、潘焕昆等都是国民党中央长期负责新闻宣传工作的要员。1980年以后,中央社以电脑设备向台湾和香港的新闻媒体播发汉文新闻,24小时全天候对岛内传媒发稿、收发外电电讯并编发外文新闻。在海外的三十多个分支机构及办事处,随时将新闻传回岛内。1995年12月29日经台湾"立法院"同意,原属国民党党营的中央通讯社改制为"国家"通讯社。

中央社的主要业务部门有总编室、编辑部、国内新闻部、国外新闻部、大陆新闻部、外文编辑部和电讯部。发行和广播汉文新闻稿、经济快报、商情快报、新闻图片、国外电讯。该社每天用汉文、英文、日文、西班牙文、德文等文字发稿,除供台湾各报使用外,还为香港、泰国、韩国、菲律宾、美国等国家和地区的汉文报纸供稿。

中国经济通讯社简称中经社,是台湾最大的经济通讯社,服务面广,出版物多。该社成立于1974年5月,是《联合报》集团的成员,主要提供如下服务:逐日24小时发行英文经济通讯稿;出版《中国经济周刊》海外航空版和《中国经济双周刊》,报道台湾地区外贸业务;创刊发行大批专业经济杂志,如《台湾商品杂志》;设立外商接待中心,直接为外商提供秘书服务。

军事新闻通讯社,简称"军闻社",台湾"国防部"主办。1946年6月创办于南京。1949年底迁台。1950年4月在台北复社。该社的主要业务是报道军界动态,除播发文字和图片新闻之外,还设置有关军事方面的电视新闻和专题电视片,供电视台播放。

17.1.2.2 广播事业

台湾广播电台始于1925年6月17日,当时在日本的殖民者台湾总督府举行殖民统治台湾30周年仪式,在总督府旧厅内,设置播音室,于举办典礼之日临时播音,1930年正式设立10千瓦电力的广播电台。1931年1月13

日殖民当局在台北成立财团法人的"台湾放送协会"(台湾广播协会),其后陆续成立台湾电台、板桥台、台南台、台中台、嘉义台、花莲台等6个台。台湾放送局及各地电台、转播台的节目大致可分为教育、新闻、娱乐等类型,自始至终是日本殖民者推行所谓"皇民化"运动的宣传工具。

抗战胜利后,台湾回归祖国,国民党接收日本殖民者在台湾的广播业,连同1948年前后自祖国大陆撤退下来的隶属国民党党营"中央广播电台"和军营的"军中之声"、空军广播电台,及民营的民本、益世、凤鸣广播电台,奠定了台湾广播业的基础。其广播业的体制、功能等,在本质上与国民党在祖国大陆时期的广播业有着内在的联系与延续性。

台湾当局在20世纪50年代出于"反共抗俄"、"反共复国"的政治需要,扩大了国民党党营、军营的广播电台,新设了一批民营广播电台,形成全岛性的广播网,全面控制台湾人民的言论并对祖国大陆进行反共宣传。

20世纪60年代台湾经济起飞,为适应经济发展及人才教育提升的社会需要,各地增建分台及转播台,一再增强发射功率,改善广播设备,广播信号覆盖全岛各个角落,广播节目也推陈出新,丰富多彩,增加了娱乐性节目、服务性节目,"中国广播公司"还率先使用调频广播。

20世纪70年代台湾开始建立警察、农业和新闻专业广播网,台湾随即进入调频、专业广播网时代。然而在

"戒严"期间,广播电台的设立仍受到严格控制,到1988年台湾广播电台总计一直保持在32家。台湾当局控制和主导着台湾的广播业,"中国广播公司"和军队的广播电台、省"政府"的广播电台的电台数、发射功率等设施占据绝对优势,控制着舆论的导向。

20世纪80年代台湾已进入现代商业社会,报纸和电视冲击着广播业,广播广告投资在大众传播中的比例缩小,但广告收益却因为台湾经济的快速成长并未减少。

20世纪90年代,随着台湾的政党政治的变化,原为台湾当局控制的广播频道被迫作部分开放,致使民间广播电台林立。目前台湾有170多家电台和近百家地下电台。据调查,虽然电视是台湾最具影响力的媒体,但广播依然保持应有的吸引力。

中国广播公司是台湾最大的广播机构,其前身是国民党在南京成立的"中央广播电台"。1949年"中央广播电台"随国民政府迁至台湾;10月10日,以"自由中国之声"呼号,使用汉语、日语及英语向海外播音,介绍中国人文科学、艺术、音乐、戏剧、社会、生活习惯等;11月16日新成立的中国广播公司承接原"中央广播电台"业务。1951年8月为加强对大陆广播,"中广"设立"大陆广播组"。1954年5月20日,"大陆广播组"扩大为"大陆广播部",使用"中央广播电台"名称,用普通话、粤语、客家话、藏语、维吾尔语、蒙古语播音,对祖国大陆进行"心战宣传"。

1987年元旦,中国广播公司始有调频立体声广播,实行采编播合一的新的广播制。1988年,中国广播公司实行分网制度,根据不同服务对象,分为"新闻网"、"流行网"、"青春网"、"音乐网"、"体育新闻网"等。1996年1月,立法机关通过"财团法人中央广播电台设置条例",合并"中广"海外部及"中央广播电台",改制成立"国家广播电台",担负新闻传播与台湾当局外宣的责任。

1998年1月1日,"财团法人中央广播电台"改制开播,停止"自由中国之声"台呼,改用"CBS 台北国际之声"及"亚洲之声"台呼。2003年1月1日起,汉语及方言台呼,由"中央广播电台——台北国际之声"改为"中央广播电台——来自台湾的声音",英语台呼则自7月1日起由"Radio Taipei International"改为"Radio Taiwan International"。

复兴广播电台由军队主办,总台设在台北,于1957年8月1日正式开播,以后陆续在台中、高雄、台东、宜兰、新竹等地设立26个分台。

光华广播电台是国民党军队系统对大陆广播的专业电台,于1963年9月成立,总台设在台北,在金门、马祖等距大陆最近的地方设有分台。

警察广播电台成立于1954年3月1日,原隶属台湾省政府警务处,1999年7月1日改隶内政部警政署,以提供治安、交通、紧急救难等公共服务为专业定位,无广告及商业色彩。"警广"现有三大广播网分别为:调频"全国治安交通网"、调频"地区治安交通网"、调幅"长青网"。

大众广播电台于1995年2月14日在台湾高雄正式开播,定位为"当代流行音乐类型电台"。1997年起,陆续与"台南知音"、"南投广播"以及"大苗栗广播"进行策略联盟,覆盖台湾全岛,2000年起涉足数字广播DAB,并致力于网络电台的发展。

台湾岛内除了以上的主要电台外,还存在着百余家地下电台。地下电台就是未登记、没有执照的电台。这些电台大多是民进党人士或亲绿人士经营的,主要分布在媒体欠发达的中南部地区,建在山区、农村或城市隐蔽处,以闽南语、客家话广播。地下电台设备极其简陋,通常只有一台大功率发射器以及几部电话等;播出时段也不固定,大部分集中在早晚两个时段,节目内容主要有两类,一类为新闻节目以及时事评论;另一类为药品推销及播放闽南语歌曲等。

第一家地下电台由民进党的一位大员创建于1992年。由于地下电台是在受到国民党执政时期的政策限制发展起来的,对国民党一直有强烈的抗拒心理,逐渐成为民进党的重要支持力量。尤其经过民进党的幕后操控,这些地下电台长期攻击国民党或泛蓝政治人物,各种荒唐无稽的抹黑、谩骂、仇恨的声音,充斥其中,成为民进党"大选"的强有力的煽动者与支持者,是民进党非正式的"地下选举部队"。

这些设在阴暗处的"无法无天"的电台,虽历经数次"取缔",至今仍方兴未艾。主要是因为民进党执政期间,其政治势力已与地下电台结成利益共同体,民进党政治势力将地下电台作为"打手",地下电台则将政治势力视为"保护伞"。

由于电台数量多,竞争激烈,台湾广播市场几近饱和,因此各家电台在节目设置、广告营销、品牌建设等方面努力与市场接轨,寻求生存发展之道。台湾电台的分类十分明确,音乐、娱乐、谈话、新闻、方言、教育等均有专门电台,其中以音乐为主的电台倍受欢迎。音乐台经营成本较低,市场竞争力强。同时,在类型化电台中,节目无论从编排、内容、主持风格均显示出制作精良的特点,节目质量也相对较高。由于竞争激烈,各家电台注重品牌意识,都有着完整的品牌战略。

17.1.2.3 电视事业

(1)无线电视的发展 1960年5月20日,中国广播公司进行电视转播的示范表演,标志着台湾地区电视事业的开端。1962年2月14日,台湾第一个电视台"教育电视实验电台"在台北"国立科学馆"试播,每天播出两小时教学节目,电波覆盖约10公里,1963年12月1日正式开播。

1962年4月由台湾省政府和私人企业集股兴办台湾电视公司,简称台视,并于10月开始正式播送节目。这是台湾省的第一家电视公司。直到1969年,台湾电视公司几乎一家独占天下。

1969年后电视业出现了新的发

展。1969 年以前,电视台的节目是黑白节目,1969 年开始全部改为彩色播出;从 1969 年起,台湾又陆续成立了两家新的电视公司,打破了台视一统的局面。1969 年 10 月,中国电视公司(简称中视)成立并开播,由中国广播公司、部分民营电台和民间企业界人士合资经营。1971 年 10 月,中华电视公司(简称华视)成立并开播,由台湾"国防部"、"教育部"和部分民间企业界人士合资经营。原有的教育电视实验电台也纳入华视系统。

1975 年,台湾基本上完成了覆盖台湾全省的电视网,主干是台湾电视公司、中国电视公司和中华电视公司 3 家电视公司。直到 1987 年,台湾仍只有台视、中视、华视三家(俗称"老三台")。

1995 年,台湾当局审议通过成立第四家商业电视台即民间全民无线电视(简称民视),1997 年 6 月正式开播。民视的成立,一改长久以来国民党党、政、军垄断电视媒体的局面。民视原是民间和全民两家电视台,为争取申办设立电视台而结盟。他们的成员原来多是在野团体及小额投资人,在民进党公职人员的鼓动下,从"国会"到街头,以群众运动的方式,争得设立第四家无线电视台的权利。民视由民进党把持,成为民进党的宣传喉舌,是一家典型的"台独"电视台。

台湾的公共电视台于 1998 年 7 月开播。公视经费来源于政府拨款、企业赞助、个人捐赠和其他来源(节目营销、设备出租等)。

至此,台湾无线电视以台视、中视、华视、民视四家商业运营的电视机构和非商业性的公视为主流。

(2)有线电视的发展 台湾有线电视的发展,最初源于改善收视不良的社区共用天线,后来发展成为"第四台"①。经历了"交通部"与"新闻局"强力取缔、一直到政府确定发展有线电视产业后,才将"第四台"改称为"有线电视节目播放系统"。

具体来说,1969 年后,为改善山区及偏远地区因地形阻隔造成的收视不良情形,而出现了社区共同天线,以连接电视的方式,将三家无线电视的信号传输至收视户家中。20 世纪 70 至 80年代,在三台无线电视节目有限的情形下,非法的"第四台"因此随社区共用天线而崛起。台湾当局虽然屡次取缔,但效果有限,反而有愈演愈烈之势。民进党当初在申请办理广播电视未果后,便大肆运用"第四台"宣传其政治主张。

中视早在 1988 年就参与投资"台湾电讯网络股份有限公司"的筹划,台视也于 1989 年投入大笔资金经营有线电视。当局鉴于有线电视不可遏止,只好成立"有线电视专案小组",制定"有线电视法"。1993 年 8 月,台湾公布《有线电视法施行细则》,受理既有业

---

① "第四台"是指那些擅自铺设电缆到订户家,利用录放设备播放录影带节目或卫星电视节目,并收取费用的地下有线电视台。这些有线电视台的设立并未经合法登记批准,因此没有频道名称、没有台号、甚至没有公开的台址,但它的播放讯号可以在电视频道中出现,民间将之称为老三台之外的"第四台"。

者登记,年底,取得临时执照的有线电视系统业者,共计611家。随着有线电视光纤网络设备的升级,所需要资本不赀,许多原有中小系统逐渐退出市场的经营。1995年获第一批有线电视系统筹设许可证的有57家。至1997年,厂商家数成长到110家的高峰。后来,很多业者年年亏损,部分业者财力不够雄厚,只好转卖或停止经营。由于部分有线电视系统进行整合,垄断程度逐渐提高,造成有线电视系统家数逐年减少,到2004年3月止,有线电视系统业者只剩下63家。

有线电视系统除了18家为独立系统外,其余45家分属于五股势力,分别是东森媒体科技、和信与卫视合资的中嘉、太设与霸菱共同持股的太平洋联网、卡莱尔主导的台湾宽频通讯,以及联邦性质的台湾基础网络。五大集团,收视户占全台湾收视户的81%。①

(3)卫星电视的发展 台湾是个多山海岛,中央山脉南北走向,无线电视和有线电视的发展都受到地理条件的限制,而原来三家无线电视及后来建立的民视和公视,都建在台北或高雄市,要靠许多微波中继站,但还是无法解决一部分地区收视不良的问题。20世纪80年代后期电子媒介的开放,台湾资讯工业的迅速开发,外向型经济对资讯的需求,日本等国家卫星讯波涵盖台湾,随之而来的"亚卫一号"的香港卫视中文台、大陆中央电视台节目及美国等国家的卫星电视在台湾广泛传播,台湾本岛的财团和原来从事传播媒介的执政党、在野党,都把目

光迅速投注到卫星电视系统。

1988年台湾当局开放民众接收直播电视信号,继而开放经营者租购卫星转播器,开放卫星节目中继业务的转频器经营和地面站经营。1990年,为吸引更广泛的有线电视收视群,"第四台"业者私接并播放一些国际知名的卫星电视频道。随着"第四台"频道组合的日益国际化与多样化,台湾有线电视收视观众也开始接触更多样与多元的境外卫星电视频道。这让跨国跨地区媒体见识到台湾有线电视发展的潜力及有利可图,同时也对台湾频道侵犯版权的行为表示不满。1991年12月,由跨地区媒体经营的亚洲卫视(STAR TV)正式在台湾市场登陆。

1994年2月,台湾"交通部"正式颁布《广播电视业者使用卫星转频器中继节目信号管理实施办法》,允许租用、转让国际卫星转频器,有线电视业者也可以设卫星中继站,于是卫星地面站纷纷成立。1999年1月,"立法院"通过《有线广播电视法》《卫星广播电视法》,同年6月"行政院"通过《卫星广播电视法施行细则》,解除外资管制的比例,导引台湾媒体朝自由化、国际化发展。卫星电视有线电视业者纷纷成立多媒体公司,从事包括声音、影像、数据的传输,使台湾成为一个卫星电视最密集的地区。

台湾卫星频道产业在台湾岛内外激烈竞争之下,淘汰率高。20世纪末,

① 陈飞宝:《当代台湾传媒》,第314页,九州出版社2007年版。

和信(现包括纬来)拥有 13 个频道,力霸(现东森)有 14 个频道,木乔则有 17 个频道。全球卫星电视频道在台湾落地的则集中在 5 家公司:和信、力霸、木乔、TV Times 和联意(TVBS)。2004 年,卫星电视节目供应商中,台湾 60 家,提供 92 个频道,境外 19 家,提供 39 个频道。

17.1.2.4　网络新闻传播事业

1995 年 9 月 11 日,《中国时报》创办了"中国时报全球资讯网"(1997 年改为"中时电子报"),这是台湾第一家在互联网上建立网站的传统新闻媒体。《中国时报》系的 9 种报刊,通过电脑与客户电脑终端结合,推出电子即时新闻。1999 年 9 月 14 日,《联合报》创办的"联合新闻网"正式上线,整合《联合报》系旗下的报纸内容,供网民查阅。

中央通讯社于 1996 年 4 月开设网站,把每日采发的即时新闻稿件,包括汉文新闻、英文新闻、西班牙语新闻和新闻图片等挂上网络。

在电子媒体方面,中华电视台率先触网,1997 年 1 月 3 日正式开通"华视全球信息网"。随后,岛内的众多媒体也相继创立自己的网站,掀起了传统媒体上网的热潮。

2000 年 2 月 15 日,被称为台湾"第一份网络原生报"(即没有印刷版"母体"作为依靠的网络媒体)的《明日报》正式上网。这是 IT 业出版集团 PC home 集团与《新新闻》杂志共同创办的。由于整体经济和从业环境的不景气,《明日报》于 2001 年 2 月停刊。

近几年来,台湾电脑网络科技高速发展,吸引越来越多的年轻人上网。年轻族群大都不需要通过报纸获得信息。根据台湾"尼尔森媒体研究"的统计,网络的接触率由 2001 年的 6.6%,逐年快速增加,2003 年已达 27.8%,2004 年达 33%,可以说是成长速度最快的媒体,而网络广告由 2003 年的 14 亿新台币,增加到 2004 年的 19.6 亿新台币,增长率达 40%。

从最新趋势看来,网络媒体正迅速成为台湾主流媒体之一,台湾传统媒体的经营模式近年来不得不开始转型,探寻传统媒体与新媒体并存的成功模式,创造全新的媒体生态。

17.1.3　新闻教育与新闻研究

17.1.3.1　新闻教育

台湾的正规教育始于国民党政府迁台后在大专院校中设置新闻系(组)。国民党军队的领导机关的政工干部学校(现称政战学校)首先设置新闻系(组),学制初为一年半,后改为两年,最后改为四年,每年约招 100 人。

1955 年,国民党中央政治大学在台北复校,并设置新闻系。此后,台湾省立师范大学、中国文化大学、私立辅仁大学先后设置了新闻系,新闻教育有了比较大的发展。

进入 20 世纪 70 年代以来,台湾传播教育的领域逐渐开阔起来,大体涉及政治传播、宣传、教育传播、健康传播、受众研究等诸多领域。

到 20 世纪 80 年代初,全台湾已有 8 所大专院校设有新闻系科,每年招生总数达 2500 余人。其中,属大学本科性质的有政工干部学校新闻系、政治大学新闻系、台湾省立师范大学社会教育系新闻组、中国文化大学新闻系、私立辅仁大学大众传播学系;以台北政治大学新闻系的设备最好、师资力量最强;1989 年"政大"成立传播学院。属于大专性质的有世界新闻专科学校高级报业科、艺术专科学校广播电视科和铭传商专大众传播科,以成舍我创办的世界新闻专科学校高级报业科较有影响。

20 世纪 90 年代,台湾新闻传播教育蓬勃发展。自从国民党在 20 世纪 80 年代末解除"戒严"与开放"报禁"之后,台湾新闻媒介数量激增,传播业走向多元,对新闻人才需求殷切,新闻传播教育得以蓬勃发展。台湾同时鼓励私立大学的建设,许多新大学陆续创立,它们和原有的大学在 20 世纪 90 年代以后纷纷建立新闻传播院系。

台湾的新闻教育,最突出的特点是注重实践,重视学生的业务实践,注意提高学生的动手能力。政治大学新闻系的新闻学研究颇有影响,注意学生的语文能力和知识基础,跟其他各大专院校的新闻系一样,办有报纸、杂志、广播电台,任课教师兼任新闻传媒的编辑记者及节目主持人,学生也同是实习记者。世新大学(原世界新闻专科学校)还设立编辑采访、报业印刷、图书资料、广播电视等专业将学生分组,培养适合于某一方面工作的专门人才,并有供学生用的"世新电视台",学生毕业后适应工作能力强。

新闻学方向的成人业余教育也有一定的发展,涌现过一些函授院校和各种类型的业余讲习班,1953 年在台北创办的中国新闻函授学校,是台湾较有影响的新闻教育单位之一。

为推动新闻教育事业的发展,新闻界还通过募集基金等方式设置多种奖学金。包括于右任奖学金、陈博生新闻奖学金、新闻事业奖学金、徐博九新闻奖学金、魏晋孚新闻奖学金、晨社奖学金等。这里面以于右任奖学金的规格为最高。

17.1.3.2 新闻研究

成立于 1946 年的台北市记者公会是台湾最早的新闻团体,也是台湾人数最多的市一级的新闻工作者团体。而影响较大的新闻团体,有台北市的报业商业同业公会、新闻记者公会、新闻编辑人协会、通讯事业协会、中国广播事业协会、电视学会、杂志学会、台湾省报纸事业协会等。在这些团体的倡议下,1976 年台湾新闻界设立新闻出版奖——金鼎奖,由学者专家组成评审委员会,每年评选一次,项目包容了新闻、出版、音乐等方面。1982 年起增设奖金。

1974 年 8 月 13 日,几家大新闻团体联合组织新闻评议委员会。其宗旨为"以维护新闻自由,推行新闻自律,提高新闻道德标准,促进新闻事业,善尽社会责任,及健全发展",实施"管理新闻、评论、节目、广告所涉及之当事人之陈述,或社会各方人士之检举,经调查、听证后作裁定"的职权。

新闻学会是台湾第一个以"研究

新闻学术"为主要宗旨的新闻学术团体,成立于 1965 年,由马星野任理事长,1985 年楚崧秋接任。

50 多年来,台湾已出版各类新闻学专著和教材 300 种以上。其中较有影响的是有关中国古近代新闻史、新闻界人物传记、大众传播和编辑采访等业务的研究。在台湾出版时间最长、影响最大的新闻学刊物是《报学》半年刊,1951 年 1 月创刊,由新闻编辑人协会主办,内容涉及新闻理论、新闻采访、编辑理论与实践、新闻事业的经营管理、广播与电视、舆论学、公共关系学和新闻史等方面的研究成果。

目前,台湾的新闻和大众传播事业,行政方面归于"行政院新闻局"管辖。该局在推动新闻传播中"扮演设计、领导与组织者的角色"。

17.2　香港的新闻传播事业

香港位于祖国的东南端,由香港岛、九龙半岛、新界和 260 个离岛组成,总面积 1103 平方公里,人口约 690 万。香港原属广东省保安县。1840 年鸦片战争后,英国占领香港。1997 年 7 月 1 日,我国政府恢复对香港行使主权,设立了香港特别行政区。香港是一个自由港,是亚太地区的贸易中心、航运中心、旅游中心和信息中心,与此相适应,香港的新闻事业也相当发达。香港的媒体大多数是私营的商业性媒体,媒体之间的竞争十分激烈。

17.2.1　报刊业的发展

17.2.1.1　报业的发展变化

1949 年以后,香港的经济逐年发展,人口直线上升,报纸的需求不断增长。而发达的商业和印刷业,不仅使报纸的广告效益日见丰厚,而且使得办报更加便利。所以,香港的报业出现了较大的变化,一些报纸继续出版,一些报纸停刊,一些新报不断创刊。从总数上看,1949 年有汉、英文报纸 37 家;1966 年有汉文报纸 30 家、英文报纸 4 家;1976 年有汉文报纸 107 家、英文报纸 4 家。目前有 48 份日报,其中包括本地 21 份汉文日报、14 份英文日报(含 1 份以盲文印制的报纸)、8 份汉英文双语日报和 5 份日语报纸。

(1) 1949 年前创刊,中华人民共和国成立后坚持出版的报纸有:《华侨日报》《华侨晚报》《星岛日报》《星岛晚报》《工商日报》《工商晚报》《新生晚报》《中国邮报》《红绿日报》《成报》《华声报》《真栏报》《中英日报》《大公报》《文汇报》、英文《南华早报》、英文《星期先导报》等。

1)《华侨日报》　创刊于 1925 年 6 月 5 日(1995 年停刊),原由岑维休、陈楷、黄应元等合资创办,后主要由岑维休主持。20 世纪 70 年代时,该报已发展成为一张综合性日报,日出 7 大张,日销 4 万份。《华侨晚报》(1988 年停刊)为其姊妹刊,1945 年创办,日销 2 万份。

2)《星岛日报》《星岛晚报》(1996 年停刊)　皆由南洋资本家胡文虎创

办。前者 1938 年 8 月 1 日创刊,为综合性日报,日出 4 大张,日销 3 万份,注重国际新闻,现仍出版;后者 1938 年 8 月 13 日创刊,日出 4 大张,日销 15 万份。

3)《工商日报》(1984 年停刊)1925 年 7 月 8 日创刊,日出 2 张半、日销 5 万多份。

4)《工商晚报》(1978 年停刊)于 1930 年 11 月 29 日创刊,日出 2 大张,日销 2 万份。

5)《成报》 创刊于 1939 年 5 月 1 日,由何文法约集同仁创办,注重研究读者心理,版面活泼,副刊很吸引人。20 世纪 40 年代时是香港发行量最大的报纸。20 世纪 80 年代时销量达 30 万份,仅次于《东方日报》,是一家有影响的综合性报纸(现仍出版)。它和《红绿日报》、《真栏报》、《华声报》、《中英日报》几家报纸主要以刊登社会新闻为主(这四份报纸均已停刊)。

6)英文《南华早报》(1903 年 11 月 7 日创刊,现仍出版)和《星期先导报》(已停刊) 皆为英资产业,主要言论和新闻报道方针受港英政府新闻处的控制。

7)大公报 早在 1938 年 8 月 13 日,胡政之创办的《大公报》香港版与读者见面,发行粤、桂、闽、滇、湘南、赣南及南洋各岛、泰国、越南等国家和地区,日销 5 万多份。1941 年 12 月《大公报》香港版宣告休刊。1948 年 3 月,内地《大公报》集团总经理胡政之再次到香港恢复《大公报》香港版,声明对国内"不赞成以武力解决政治问题",是一张反共报纸。复刊后一个月,胡政之突然病倒,一年后去世,费彝民接任经理。1948 年 11 月后,该报逐渐变成一爱国报纸,出版至今,成为具有国际影响力的大报,也是中国新闻传播史上唯一一张超过百年的报纸(图 17-3)。

图 17-3　2002 年 6 月 12 日《大公报》创刊 100 周年庆祝酒会在香港举行

(原载人民网)

1952 年,香港发生居民与警察冲突的"三·一"事件。事件的起因是1951 年 12 月,九龙东头村发生一场大火,使16000 多人沦为灾民,因为这一地区的居民多为爱国拥共的工联会会员。他们怀疑大火是有目的的纵火案,遂开展大规模的群众运动。《大公报》、《文汇报》、《新晚报》(1950 年创刊,1997 年停刊)也大造反对港英当局的舆论。中共华南分局对此十分支持,决定于 1952 年 3 月 1 日派出慰问团到香港支持灾民的斗争。3 月 1 日这一天港英政府如临大敌,明令禁止慰问团入境,而周恩来总理得知消息后,命令广东有关部门火速拦截慰问团,不准慰问团去香港;同时通知《新晚报》立即刊登慰问团不再来香港的消息。但聚集的群众并不知内情,与港英警察发生了大规模冲突。警察开枪射击造成人员伤亡,史称"三·一"事件。

中国政府事后对此提出了抗议,并由《人民日报》发表了评论,香港《大公报》3 月 5 日全文转载《人民日报》的评论,并刊登"粤穗慰问团"在广州发表的声明和李特尔顿在英下院发表谈话的路透社新闻稿。20、21 日香港当局以"刊载煽动文字"的罪名逮捕该报费彝民(督印)、鲍立初(承印)、李宗瀛(编辑),另罚《大公报》停刊 6 个月,通知《文汇报》、《新晚报》候审。1952 年5 月 10 日,中国政府外交部对此发表抗议声明。结果,《大公报》停刊 12 天后复刊,对《文汇报》、《新晚报》的控诉也被撤销。这就是香港新闻史上著名的《大公报》事件。

8)《文汇报》 徐铸成 1948 年 9 月在香港出版的一家享有盛誉的爱国报纸。现日出对开 10 大张左右,平均日出 30 余版,主要行销港、澳、大陆及海外地区。

(2)1949 年以后新创办的报纸主要有《香港时报》、《香港商报》、英文《虎报》、《明报》、《新报》、《天天日报》、《东方日报》、《晶报》、《新晚报》、《信报》、《天天夜报》、《香港经济日报》等。

1)《香港时报》 于 1949 年 8 月 4日创刊,是国民党出版的报纸,发行量很小。社长张孝炎。开始日出两大张,到 1972 年后,日出对开 4 大张,10 余版,日销约 2 万份。1993 年 2 月 17 日因长期亏损而停刊。

2)《香港商报》 于 1952 年 10 月创刊,初为财经类日报,不久改为以财经报道为主的综合性日报。1989 年底香港联合出版机构注资控股。1999 年由《深圳特区报》控股经营。

3)《明报》 由查良镛和沈宝新合资创办于 1959 年 5 月 20 日,查良镛自任社长,1969 年该报又创办《明报晚报》(1988 年停刊)。查良镛以金庸的笔名写了许多武侠小说在报纸上连载,以吸引读者。1993 年查良镛退休,将《明报》转卖给于品海的智才集团。《明报》以知识阶层为主要读者对象,在香港、澳门影响较大,海外华文报纸时常转载其文章。

4)《新报》 由罗斌创办于 1959年 10 月,主要开设有新闻版、经济版、娱乐版、体育版、马经版等。《新报》现为英皇集团所有。

5)《天天日报》 于1960年11月1日创刊。该报以青年和蓝领阶层为主要对象,1993年日销售20万份,1995年为17万份。2000年9月7日,因版权纠纷和经济亏损问题而停刊。

6)《东方日报》 是香港发行量最大的报纸,创刊于1969年1月22日,由马惜珍、马惜如兄弟和余明等人合股创办。该报以刊登社会新闻、通俗小说、"马经"、"狗经"为主。1987年组成东方报业集团有限公司上市招股,该报还办有刊物《东方新地》周刊、《东周刊》、《翡翠周刊》、《太阳马经》等(图17-4)。

图17-4　2005年10月18日《东方日报》头版

7)《信报》 是香港首份以财经新闻为主的报纸,1973年由林行止(林山木)与妻子骆友梅等人创办,1973年7月3日正式印行。创办初期,石油危机爆发,香港处于经济谷底,《信报》经营困难。林行止曾把崭新的印刷机卖给《东方日报》的马惜如,以维持公司运作。近年来该报每况愈下,2006年被迫将五成股份卖给李嘉诚之子李泽楷。

8)《香港经济日报》 是香港一份以刊登经济新闻为主的报纸,1988年1月26日创刊,由冯绍波和麦华章创办。20世纪80年代,由于香港对财经及工商信息有较大需求,两位便于1987年筹集2000万港元创办《香港经济日报》。该报读者主要为香港工商界、行政人员、投资者及专业人士等中产阶层人士。

(3)香港回归后创办的报纸主要有《苹果日报》、《太阳报》等。

1)《苹果日报》 1995年6月20日创办,由曾成功创办《壹周刊》的商人黎智英投资。香港报纸一向采用统一定价,1994年的报纸价位为5元。《苹果日报》采取了2元的价格售报,挑起香港报纸的减价大战。它定位于大众市场,以香港市民文化为基调,并在编排、色彩等方面突破香港原有的模式,给人耳目一新的感觉。

2)《太阳报》 1999年创刊的大众化报纸。该报效仿1995年《苹果日报》的做法以低价位打入市场,引起另一轮价格大战。

近些年来,免费报纸纷纷杀入香港报业市场,使报业竞争更显激烈。2002

年 4 月免费报纸开始强劲登陆香港,瑞典传媒集团 kinnevik 凭借其在欧美成功的办报经验,创办了香港第一家免费地铁报纸《都市日报》。它秉承了瑞典《地铁报》"提供每天人们最基本的信息消费"的宗旨,以准确的市场定位和有效的经营策略,创办 14 个月以后就实现盈利。《都市日报》的成功,令不少商家蠢蠢欲动。2005 年 7 月,星岛新闻集团旗下的《头条日报》和中原房地产集团旗下的《AM730》先后创刊,进入免费报纸市场。2005 年 9 月,星岛新闻集团又创办了《快线周报》,这是第四份在香港出版的免费报纸,也是星岛新闻集团出版的第二份免费报纸。

免费报纸的异军突起,使不少实力欠佳的传统报纸雪上加霜,被迫降低广告价格以求生存,导致香港报业整体广告价格因恶性竞争而不断下降,报纸生存日益艰难。

17.2.1.2　报纸的类别

香港是各种政治势力较量的地方,反映在新闻媒介上的斗争也很尖锐复杂。对于香港报纸的分类,可以有多种方法,按不同的方法可以分为不同的类型。

按通俗(大众)报纸和精英(中产阶层)报纸来分,《东方口报》《苹果日报》《成报》《新报》等列为前者,《明报》《星岛日报》《经济日报》《信报》《南华早报》等则列为后者。

按照报纸的性质内容,香港报纸可分为以下几种:

(1)爱国报纸,如《大公报》《文汇报》《香港商报》等。

(2)以赢利为目的的一般性综合日报,只注销路,经济独立,如《东方日报》《苹果日报》《明报》《成报》《新报》等。

(3)主要刊登财经新闻的报纸,如《香港经济日报》《信报》等。

(4)纯娱乐性的报纸,数量较多。

17.2.1.3　关于焦点问题报道

1949 年后,随着国内形势的变化,香港新闻界的形势也出现反复。最初,在港英政府的长期反动宣传和言论压制下,在国民党和西方资本主义的拉拢下,相当一部分综合性报纸对中国歪曲攻击的多,客观报道的少,爱国报纸处境维艰。文革期间,在港爱国报纸也遭到反革命集团的破坏,损失很大。中共十一届三中全会以来,对大陆的报道逐渐客观起来。香港同胞也在碰到国内重大新闻传出后找爱国报纸分辨真伪,新华社消息被有的报纸采用,正确报道和评论大陆成就的消息日渐增多。

中英关于香港问题的谈判,是香港人民最关心的焦点问题。1984 年 9 月公布了中英香港问题协议后,进步报刊发表大量文章进行连续报道,设立群众来信专栏,解除人们的思想顾虑,讨论香港发展前景;一些著名的中间性报纸对内地的报道明显增多,赞扬邓小平提出的解决香港问题的"一国两制"是高瞻远瞩的构想;亲港英政府的报纸也开始转变态度,取消反共专栏,较客观地报道国内新闻;而顽固坚持反共立场的《香港时报》和《工商时报》则每况愈下,难以维持,直至停刊。香港回归祖国是大势所趋,是香港人民的心愿。逆历史潮流,得不到人民群众的支持,办报注定是要失败的。与之相反,爱国报纸和新华社香港分社的威望日高。

17.2.1.4 期刊的概况

目前,香港期刊有500多种,大部分是汉文期刊,只有10多家英文期刊。香港期刊大致可分为八种类型:时事政治性期刊、综合性期刊、休闲娱乐性期刊、妇女期刊、儿童期刊、专业期刊、宗教期刊、色情期刊等。

(1)时事政治性期刊 以时事及政治评论为主要内容,以知识分子为主要读者对象的期刊,如《明报月刊》、《镜报月刊》、《广角镜月刊》、《开放月刊》、《争鸣》、《九十年代》、《亚洲周刊》等。

(2)综合性期刊 它们以广大民众为读者对象,内容包罗万象,兼具通俗性、知识性、趣味性和人情味,如《读者文摘》(汉文版)、《中华文摘》和《华人月刊》等。

(3)休闲娱乐类期刊 以报道生活时尚、影视界新闻、明星动态及名人隐私为主要内容,如《壹周刊》、《东周刊》、《明报周刊》、《清新周刊》、《东方新地》、《东 Touch》、《TVB 周刊》等。

(4)妇女期刊 以妇女为对象,内容偏重于家庭生活、时装、美容化妆等,如《姐妹》、《玛丽嘉儿 Marie Claire》、《Fashion&Beauty 流行新姿》、《JESSICA′s 完全女人手册》等,大都图文并茂,印刷精美。

(5)儿童期刊 主要面向少年儿童的期刊,内容偏向于科普知识、漫画、童话故事等内容,如《儿童快报周刊》、《儿童快报月刊》、《黄巴士》等。

(6)专业期刊 针对某一个行业的专门性期刊,往往与一些大众期刊作为区分。它的读者一般为热爱或从事这一行业的相关人士,读者群界限较为分明,如《商务旅游》、《中国旅游》、《PCM 电脑广场》、《e-zone 周刊》、《车王》、《人车志》等。

(7)宗教期刊 主要报道教会消息及动态,面向宗教界发行的期刊,如《真爱》、《基督教新报》、《香港佛教》等。

(8)色情期刊 以"成人期刊"名义出版的色情期刊,如《龙虎豹》、《藏春阁》、《火麒麟》等。这些由来已久的色情期刊,也在期刊出版中独占一隅。香港有识之士曾指出:色情期刊引来的"创收"是一种"恶性肿瘤",它会彻底侵蚀港人多年来创建的文化根基。因此呼唤一场持久的期刊"扫丑"工程。

香港期刊有以下两个特点:

一是商品化。香港期刊的经营目的是为了赚钱,读者喜欢什么期刊就刊载什么。期刊是一种获得利润的方式,一种交换物,一种商品。市场经济规律指导着期刊的升降沉浮,如时事政治性期刊趋向政治风云的评论和政治内幕的披露。专业期刊则刊登对提高业务有帮助的技术性、资料性强的内容。但宗教期刊则是宣传基督教、天主教、佛教等宗教信仰的,依赖宗教团体的支持而出版,不求牟利。

二是出版时间短。香港是世界贸易中心之一,其社会千变万化。期刊很少能出版数十年,有些期刊出版数期后便关闭。社会动态的迅速变化,出版界潮流的反复更迭,市场竞争的不断加剧,印刷事业的日益发达,使得香港的期刊如履薄冰,瞬间万变,难以持续很久。

17.2.2 电子新闻传播事业

17.2.2.1 声像新闻事业

(1)广播事业 香港的无线电广播事业始于20世纪20年代初。1923年,香港的一些社会知名人士和业余无线电爱好者自发开展业余广播活动,播放一些社会新闻并转播戏院上演的歌剧,颇受欢迎。1928年,港英政府接管了这个广播电台,6月30日开播,台号是GOW,这是香港历史上第一座广播电台。开播之初,只有英文台。1929年2月1日,台号改为ZBW。1934年,增设汉文台,台号为ZEK。1948年8月,取消ZBW和ZEK呼号,正式命名为"香港电台"。1970年成立"公共事务电视部",并开始制作时事及公共事务节目,供持牌商营电视播映。目前,香港电台是香港特别行政区政府营办的公营广播电台,设有六套节目,包括4套汉文节目和2套英文节目。

1949年3月21日,英商"丽的呼声(香港)有限公司"开办"丽的呼声"有线广播,打破了香港电台的垄断地位。与香港电台的无线发送不同,该台采用有线传播方式。听众需按月交费,才能接通线路收听。"丽的呼声"初期各有一个汉、英文台,1956年7月开设第二个汉文台。1957年丽的呼声增设有线电视台,称为"丽的映声",该公司的经营重点转向电视业务。1973年4月,"丽的呼声"有线广播宣布停业。

20世纪50年代,香港人口剧增,而当时仅有香港电台和"丽的呼声"有线电台,难以满足民众对广播节目多元化的需要。1957年,香港5家机构竞投开办无线商业广播电台。10月,香港商业广播有限公司取得唯一的商业牌照,开始筹办电台。1959年8月26日,商业电台正式开播。商业电台是一座民营广播电台,以广告收入作为经济来源。目前商业电台设有三套节目:商业一台(雷霆881)以时事新闻为主,商业二台(叱咤903)主要是针对年轻人,以音乐娱乐节目为主,还有一套英语节目,主要播放国际流行音乐。

1990年,港英政府公开招标开办第二家商业电台。12月,新城广播电台成为第二家商营电台,并于1991年7月正式开播。目前该台设有三套节目:新城娱乐台、新城财经台和新城采讯台(英语)。

(2)电视事业 香港的电视事业开始于1957年,一直到20世纪80年代末,香港电视一直是亚洲电视台("亚视")和电视广播有限公司("无线")两大电视机构争雄。

1957年5月29日,丽的呼声有限公司(该公司于1949年开办"丽的呼声"有线广播)经营的丽的电视台开播,这是香港历史上第一家电视台。该台为有线电视台,采用地下电线输送黑白电视节目,这种方式持续了 10 多年。丽的电视台最初只设英文台,1963 年 9 月增开汉文台。用户收看节目须按月交费。1973 年底改为无线电视播出。1982 年 9 月,丽的电视股东变化并改名为亚洲电视有限公司(ATV),简称"亚视"。目前"亚视"主要有两个频道,一个是汉文的"本港台",另一个是以英文为主的"国际台"。

丽的电视台独家经营香港电视 10 年之后,另一家电视台——电视广播有限公司(TVB)于 1967 年 11 月 19 日成立。这是香港首家无线电视台,故此常被称为"无线电视"或"无线"。该台于 1971 年率先开办彩色电视节目。"无线"现设有汉文的"翡翠台"和以英文为主的"明珠台"。另外,还开办有多套收费电视节目。"无线"在和"亚视"的竞争中,其收视率一直遥遥领先,至今仍保持着明显的优势。

20 世纪 70 年代中期,香港曾有第三个商营电视广播机构,即佳艺电视台(简称佳视)。该台于 1975 年 9 月 7 日开播。由于经营不善,佳艺电视台开播后收视率一直不高,后来在竞争中败下阵来。1978 年 8 月,佳艺电视台因财政陷入困境宣布停业。

1985 年,港英政府采纳广播事业检讨委员会的建议,宣布开办有线电视网络,约有 20 多家公司组成四个财团参与竞投,最后香港有线传播有限公司夺标,该公司由九仓、新鸿基地产、美西电讯、比利时高迪公司及邵氏兄弟公司组成,有较强的国际背景。1993 年 10 月 31 日,由九仓集团创办

的有线电视台正式启播。在香港已中断 20 年的有线电视服务又告恢复,并开创香港多频道收费电视服务的先河。现在有线电视拥有 24 小时播放的新闻台、娱乐新闻台、多个电影及足球、国际新闻频道等。另外还以有线宽频(i-CABLE)品牌提供宽频上网服务。2002 年,有线电视冲出香港,成立覆盖整个亚洲及北美洲的华语卫星频道"新知台"。

1990 年 12 月 22 日,李嘉诚的和记黄埔有限公司创办的卫星电视广播(香港)有限公司获得港英政府发给为期 12 年的非专利经营牌照,这个公司以香港为基地,利用"亚洲一号卫星"向泛亚洲地区发射电视讯号。起初该公司开办有五个频道的节目:体育台、音乐台、中文台(普通话)、新闻台(以转播 BBC 的新闻节目为主)、合家欢台,全部 24 小时播出,除中文台外,其余 4 个均使用英语播出。

1993 年 7 月,和记黄埔公司将"卫星电视"的 63.6% 的股份出售给澳大利亚默多克的新闻集团。1995 年底,新闻集团又购得余下的股份 36.4%,从而取得全部股权①。目前,"卫星电视"(即现时的"星空传媒")已拓展至 50 多个频道,用 7 种语言播出体育、音乐、电影、新闻、娱乐节目及电视纪录片。其覆盖面遍及亚洲、印度及中东 53 个国家,超过 3 亿人口。

1996 年 3 月,"卫星电视"与"今日

---

① 赵玉明:《中国广播电视通史》,第 514 页,北京广播学院出版社 2004 年版。

亚洲"（各占 45% 的股份）及"华颖国际有限公司"（占 10% 的股份）共同创立了凤凰卫视有限公司。3 月 31 日，凤凰卫视汉语台正式开播，是全部用普通话 24 小时播出的电视台。凤凰卫视有限公司后来又陆续开办了电影台、欧洲台、美洲台和资讯台等。

2000 年，香港特区政府发布了新的《广播条例》，进一步放宽了在香港开办非本地服务电视的限制。8 月 8 日，以内地著名的电视节目主持人杨澜为主席的"阳光卫视"在香港正式启播，该台以播出文化历史及人物传记等纪录性节目为主。10 月 1 日，台湾"年代公司"与几家合作伙伴合资开办了"东风卫视"。2001 年 3 月 28 日，以播出电影为主的"美亚卫视"启播。不过，这几家卫星电视公司均被列为"非本地电视节目服务机构"，其服务对象主要是香港以外的地区。

目前，香港的无线电视、有线电视（含收费频道）和卫星电视并存，竞争非常激烈。

（3）网络新闻传播事业　香港的互联网热潮兴起于 1998 年底，短短一年内，香港的互联网站由约 100 个迅速上升为 1000 多个。到 1999 年底，香港共有 159 家互联网服务供应商。拨号上网用户为 173 万多人，网络用户占全港人数的 25%。截至 2006 年 6 月，共有 185 家互联网服务供应商。目前，香港主要媒体均已上网，如《星岛日报》、《明报》、《大公报》、《文汇报》、《东方日报》、《太阳报》、《苹果日报》、《香港商报》、《成报》、《经济日报》、《南华早报》、香港电台、商业电台、新城电台、亚洲电视、无线电视、有线电视等。

17.2.2.2　通讯社

香港是国际新闻传播中心之一。1949 年以后，香港的通讯社事业发展迅速，世界上一些著名的通讯社纷纷在香港设立分社或办事机构，如英国的路透社、美国的美联社和合众国际社、日本的共同社和时事社、法国的法新社、印尼的安培拉通讯社等。

香港本地的通讯社是 1952 年以后发展起来的。1952 年 5—7 月间，便有 11 家香港本地的通讯社根据相关法律登记正式成立。到 1975 年，发展到 32 家。以后，数量的多少起伏很大。这些通讯社中，稍具规模的只有寥寥数家，如泛亚通讯社、新亚通讯社、中国新闻社（不是大陆的"中国新闻社"）、时代新闻社、国际新闻社、大众通讯社等。其他旋办旋停，寿命很短。特别是港英政府成立新闻处后，本地通讯社的重要性降低，因新闻处发布的新闻时效性强，比本地通讯社的新闻稿速度快，且方便得多。目前，香港本土的通讯社数量很少，影响有限，香港中国通讯社和中国评论通讯社等影响较大。

（1）香港中国通讯社（简称"中通社"）　于 1956 年 11 月 13 日成立。目前是香港唯一一家向全球华文媒体提供文字电讯、新闻图片资讯服务的本地通讯社。中通社每天播发文字电讯稿约 60 至 80 条，图片新闻稿约 20 幅。采用中通社电讯新闻的港澳台、东南亚及世界华文报纸、电台、电视台等固定用户有近 200 家。

（2）中国评论通讯社（简称"中评社"） 香港的一家数码化网络通讯社，于 2005 年 6 月 3 日正式发稿，实行新闻信息 24 小时滚动播发。中评社除向传统媒体提供信息外，重点是直接为全球华文网络媒体、用户及读者提供网络新闻资讯。中评社隶属中国评论控股集团，该集团拥有中国评论网络有限公司、《中国评论月刊》、中国评论学术出版社等媒体及出版机构。

新华通讯社和中国新闻社也在香港设有分社。

（3）新华通讯社香港特区分社（原新华通讯社香港分社） 香港地区规模最大的通讯社，成立于 1947 年 5 月。根据香港的特殊情况，新华社香港分社在中华人民共和国成立后还长期履行中央人民政府派出机构的职责。2000 年 1 月 18 日，根据国务院的决定，原来的新华通讯社香港分社更名为中央人民政府驻香港特别行政区联络办公室（简称"中联办"）。原承担新闻业务的工作部门，即新华社香港分社总编辑室则以新华社香港特别行政区分社的名称继续从事新闻业务。

（4）中国新闻社 于 1954 年 9 月在香港建立中国新闻代销处，1985 年底改名为中国新闻社香港分社。1986 年 4 月起使用独立的电传系统，向东南亚、澳大利亚、法国及香港、澳门等地汉文传播媒体发稿。

17.2.3　新闻教育的概况

香港新闻教育兴起于 20 世纪 30 年代末，进行短期新闻培训。1947 年香港迈德学院的新闻专修科和 1951 年成立的高级汉文夜校学院是香港最早的两家新闻教育机构。后者设有文科、商科与新闻科，学制 3 年。因生源枯竭，4 年后即停办。随着香港新闻事业的发展，对新闻人才的需求日趋急迫。1963 年香港中文大学新闻与大众传播系的创办，正式结束了香港没有正规新闻教育机构的历史。

香港中文大学位于新界，1963 年创办，其时就有新闻与大众传播系（现香港中文大学新闻与传播学院），分大学部和研究所。1977 年开设硕士课程，20 世纪 90 年代开设博士课程。

该校属香港特区政府所办，资金充足，设备优良，学院目前拥有自己的报刊编采室、广播录音室、电影录影厂、特别效果室以及影像编辑室等。学院现设有五个专业方向，包括新闻编采、广播电视、广告与公关、多媒体与电讯及传播研究。

浸会学院传理系（现浸会大学传理学院），1968 年由美国基督教浸信会香港分会创办。学院设有新闻系、传播系和电影电视系，所设专业有新闻、电影电视、公关及广告、传播、数码图像传播等 5 个专业，教学设备也比较先进齐全。

树仁学院新闻系（现树仁大学新闻与传播学系），1971 年由华人律师、议员共同创办。学制 4 年，前两年以基础训练为主，后两年着重理论及业务训练。近些年来，该系和大陆多所大学建立了长期的合作关系。

除上述正规新闻教育机构外，还有

珠海学院、能仁书院、远东书院、信义宗书院、精华书院、联大书院等设有新闻系。这些学院规模小，学生人数不多。

新闻院校的课程设置多数根据香港经济发展的需要。在高度发达的商品社会氛围下，新闻院系研究空气不浓。而且因为记者工资低、工作累，有50%的新闻毕业生学非所用。

17.2.4　香港新闻事业的特点

作为世界金融贸易中心之一的香港，有着非常发达的商品经济，而且大多数新闻单位的目的是赚钱。因此，香港的新闻事业在发展过程中无法脱离开商品经济基础，并形成了一些自己的特点。

一是私营媒体占绝对的主导地位。香港除了香港电台和若干有中国内地官方背景的报刊（《大公报》、《文汇报》、《香港商报》）以外，绝大多数的传媒企业，包括报纸、期刊、电台和电视台都是私营机构。香港电台及其电视部都是"公营"而非"官方"机构，历来严格奉行编辑自主，行政独立的原则，政府对于其节目的内容、观点，绝少过问干预。当然，政府有对香港电台行政人员的任命和调动权，但只限于高层行政而不涉及新闻和节目的直接编辑和制作人员。

二是激烈的竞争促使新闻事业努力进行改革。香港新闻传媒的密度堪称世界之最，新闻媒体之间竞争之激烈程度可想而知。所以从编制上来讲，无一不是精兵简政，许多编辑记者都超负荷劳动；从发行对象上看，则增设多种专栏，在印刷技术、编辑技巧、独家新闻上下功夫，注意读者的要求。几乎所有的报纸都重视社会新闻、"马经"和股票信息的报道，以此来吸引读者。

三是先进技术、电脑与卫星传播应用广泛，报贩行业十分发达。香港人的工作十分紧张，一般都是在早晨上班前后抽空看报，报纸出晚了就发行不出去。为提早出版时间，各报社争先采用各种先进设备及通讯、出版手段，以及时迅速地传递信息、占领市场。香港报纸都是由报贩发售的，很少有长期订户，报贩遍布大街小巷，随时随地都可以买到需要的报纸、期刊。

四是报团化现象日益突出，一些大报都逐渐发展成报团。如明报集团、壹传媒集团、星岛新闻集团、东方报业集团、《香港经济日报》集团、《大公报》有限公司、《文汇报》有限公司等。这些报团一般都拥有数家报纸和刊物。有的还利用自己的社会关系优势，开展多种经营。如明报集团除了出版《明报》、《明报周刊》、《明报月刊》等，同时还经营出版社、旅游等业务。壹传媒集团除了出版《苹果日报》、《壹周刊》等，也曾经营"佐丹奴"制衣业和"苹果速销"物流供应连锁店。

17.3 澳门的新闻传播事业

澳门自从 1822 年①有了报刊后，至今新闻事业已发展了 180 多年，但其规模与香港相比，要小得多。一是因为地小人少；二是因为地近香港，很多人直接订阅香港报纸。目前澳门有 8 家汉文报纸、6 家汉文周报和 4 家葡文报纸和 2 家英文报纸，均为民办。有两家广播电台：澳门电台和绿邨 738 商业电台。主要的电视公司是澳门广播电视公司。

17.3.1 早期的新闻传播业

中国大地上出版的第一家外文报纸《蜜蜂华报》就是葡萄牙人 1822 年在澳门创办的。1828 年，汉文期刊《依泾杂说》创刊。1834 年，葡文《澳门钞报》创刊。1897 年 2 月，《知新报》创刊，这是中国人在澳门自办的最早两家报纸之一，另一家则是《澳报》。1933 年，汉文《大众报》创刊，由陈天心负责发行，是一张倾向爱国的报纸，1944 年停刊。1937 年 11 月，《华侨日报》澳门版创刊。1944 年 5 月，《市民日报》由何曼云创办。1949 年 12 月，《精华报》由陈式锐创办。

17.3.2 新闻传播事业现状

17.3.2.1 报刊

澳门现有的 8 家汉文报纸为：《大众报》、《澳门日报》、《华侨报》、《市民日报》、《星报》、《正报》、《现代澳门日报》、《新华澳报》。

（1）《大众报》 于 1933 年由陈天

心创刊，曾因经费困难而停刊。现在的《大众报》是蔡凌霜于 1948 年购入接办的，是澳门现存的最早报纸。1949 年以后，该报真实客观地报道内地新闻，致力于爱国宣传。该报现日出对开 10 多版，内容有本地新闻、香港新闻、国内外新闻等。现由黄宇光任社长。

（2）《澳门日报》 1958 年 8 月 15 日创刊，是澳门最具影响力、规模最大的私营汉文日报（图 17-5），发行量远远超过其他报纸。该报"宣传爱国的正义、宣扬社会主义的真理"，"并且用人们最喜闻乐见的方式，报道一切澳门同胞所需要的知识"，内容以报道祖国建设、澳门社会发展、与民生有关的社会事件、关注政府施政、针砭时弊为主，深受读者欢迎。1978 年 10 月，该报改旧式平版为高斯轮转印刷机印刷。现日出对开 40 多版，不仅在澳门本地发行，还销往香港等地。该报注重读者需要，办了许多版面活泼、内容丰富的专刊和副刊，同时注重报纸的知识性、趣味性、通俗性、社会性、服务性。现任社长李鹏翥，总编辑陆波。

（3）《华侨报》 为澳门第二大报，1937 年 11 月 20 日创刊，由《华侨日报》澳门版演化而来，是一张具有丰富的内容和言论性的报纸。初办时采用新式收报机和轮转印刷机，新闻以快速取胜。抗日战争时期，该报积极宣传抗

---

① 有关澳门新闻事业起始及《蜜蜂华报》是否享有"三个第一"的质疑见"2.2 中国境内第一批近代报刊"中的注①。这一质疑是在澳门学者林玉凤的博士论文《鸦片战争前澳门出版事业（1557~1840）》中提出来的。

图 17-5　1997 年 7 月 1 日《澳门日报》头版

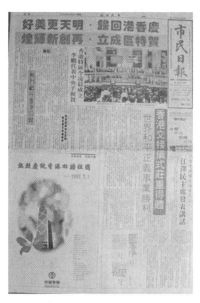

图 17-6　1997 年 7 月 1 日《市民日报》头版

战,销量达 1 万份,行销港、澳、穗等地,打破澳门报业的纪录。现在《华侨报》是一张很有影响力的爱国报纸,注重新闻,设专门报道内地的专栏。该报现日出 20 多版,版面美观,内容充实,专、副刊照顾读者的兴趣和需求。现任社长郑秀明、总编辑梁智生。

(4)《市民日报》　于 1944 年 8 月 15 日由何曼公创刊,1949 年后接受台湾当局的津贴,以"中华民国"纪年。从 20 世纪 60 年代起言论有了较大的转变,开始采取中间立场,采用新华社、中新社的消息。该报着重介绍地方各类新闻,近些年来则以议论政府施政的言论为主(图 17-6)。

《星报》、《正报》、《现代澳门日报》、《新华澳报》皆为综合性日报。《星报》(1963 年创刊)原为晚报,且以"狗经"为主要内容,后来改以日报出版。《正报》(1978 年创刊)前身是《体育报》。《现代澳门日报》(1991 年创刊)原为汉英文周报,1991 年 4 月起改为汉文日报。《新华澳报》前身为《华澳邮报》(1989 年创刊),后又易名《华澳日报》,2000 年 4 月改用现名出版。

澳门的期刊有 20 多种,其中以民办的为主,也有少数是政府办的。澳门期刊市场上主要销售香港、台湾期刊,也有内地期刊销售。

17.3.2.2　广播电台、电视台和通讯社

澳门电台是澳门最早的无线电广播电台,于 1933 年 8 月 26 日开播,是由一些无线电爱好者创办的,每晚 9 时至 11 时用葡萄牙语播放新闻和音乐。1937 年一度停办,1938 年 9 月恢复播音。1948 年,澳门电台由葡萄牙当局

接收经营,成为官方电台。1982 年 10 月,澳门电视广播公司成立,澳门电台自 1983 年 1 月起成为该公司的电台部。目前,澳门电台有两个频道,即汉语台和葡语台,24 小时播音。

澳门绿邨电台是私营商业电台,创办于 1950 年,用粤语广播。该台主要节目有音乐、粤曲、广播剧、话剧、儿童故事、点唱、赛狗消息等。主要负责人崔乐其,经理郭海。1995 年停播。2000 年 3 月 22 日以"绿邨 738 台"的名称恢复广播。

澳门长期以来没有自己的电视台,都是收看香港的电视节目。直到 1984 年 5 月 13 日,澳门电视台才正式开播。该台由澳门广播电视公司经营,属澳门政府所办,为汉、葡语双语台。该台从晚上 6 时 30 分至凌晨播放,重点节目有电影、电视剧、动画片及体育等。1989 年,该台加强发射功率,使香港南部及九龙一些地区的观众也可收看到其节目。并努力提高节目质量,加强新闻资讯节目,丰富综合性娱乐节目。

澳门卫星电视台 1999 年 6 月 21 日正式开播,所播电视节目频道覆盖世界上 70 多个国家和地区。2000 年 12 月,澳门回归后创办的第一家汉语(文)电视台"澳门五星卫视"开播,采用先进的数码卫星广播系统,面向亚太地区传输以汉语(文)为主的电视节目。澳亚卫视 2001 年 6 月 1 日开播,其整体节目基本上都是以澳门为中心,辐射全世界。

澳门有线电视股份有限公司于 2000 年 7 月开始营运。该公司是澳门唯一的收费电视服务公司,透过引入先进的数码传播及接收系统,汇聚了世界各地约 70 多个不同类型的频道节目,传输给用户。

澳门的通讯社重要的有新华社澳门分社、中国新闻社澳门分社以及澳门本地的一些小型通讯社,另外就是葡萄牙新闻社等外国通讯社的分支机构。由于澳门的特殊情况,新华社澳门分社在中华人民共和国成立后还长期履行中央人民政府派出机构的职责。2000 年,根据国务院的决定,原来的新华通讯社澳门分社更名为中央人民政府驻澳门特别行政区联络办公室。原承担新闻业务的工作部门,即新华社澳门分社总编辑室则以新华社澳门特别行政区分社的名称继续从事新闻业务。

17.3.2.3 新闻团体和新闻管理

目前澳门的新闻团体主要有澳门新闻工作者协会、澳门记者联合会、澳门传媒工作者协会、澳门传媒俱乐部、澳门体育记者联谊会等。

澳门新闻工作者协会成立于 1968 年元旦,简称"澳门记协"。该会成立以来,为澳门新闻事业的发展和维护澳门新闻从业人员的正当权益作了大量有益的工作。

澳门记者联合会是澳门新闻界最早建立的社团,成立于 1937 年 12 月 5 日,在其成立的几十年中历尽沧桑,但也作了许多有益于新闻事业发展的工作。

澳门特别行政区政府设新闻局,"专责社会传播方面之协调及研究工作,以及在该领域内向政府及行政当局提供协助"。该局属局级机关,直接隶属行政长官。该局还负责政府消息对外发布的工作,另外每年也编辑和出版《澳门年鉴》《澳门便览》等出版物,是政府与澳门及外国传播媒介沟通的桥梁,同时透过传媒把政府政策向市民进行宣传,提高市民对政府工作的认识。

17.3.2.4 网络媒体

澳门于1994年开始连接国际互联网,澳门大学于当年年初设立了澳门首条接驳互联网专线,向大学的教师及学生提供全面的互联网服务,为互联网在澳门的使用及发展迈出重要的第一步。随后,澳门的电讯专营公司澳门电讯有限公司(简称CTM),于1995年正式向公众提供互联网接驳服务。目前,互联网的使用已经进入政府、商业、教育、家庭等各个应用层面。根据澳门大学研究委员会资助的"澳门互联网研究计划"的调查结果显示,截至2006年12月,澳门的互联网普及率(上网率)为55%,网民人数超过26万。目前的网络媒休主要有《澳门日报》《华侨报》《市民日报》《新华澳报》《讯报》《体育周报》等。

【本章小结】

本章简要阐述了我国台湾、香港和澳门地区新闻事业发展的历史概况。通过这一章的学习,使学生认识到台湾、香港和澳门作为中国的省、区,由于社会制度有别于中国大陆,其

新闻事业的发展有其独特之处。但台湾、香港和澳门的新闻事业与祖国大陆的新闻事业密不可分,是中国新闻事业的重要组成部分。

★【思考题】

1.什么是"报禁"？评述台湾"报禁"的实质。

2.列举一些台湾、香港、澳门知名新闻媒体的名称,并简要介绍其历史情况。

3.简述台湾、香港新闻教育的情况。

【延伸阅读】

[1]白润生.中国新闻通史纲要.修订本.北京:中央民族大学出版社,2004

[2]陈扬明.台湾新闻事业史.北京:中国财政经济出版社,2002

[3]陈飞宝.当代台湾传媒.北京:九州出版社,2007

[4]何亮亮.八面来风:香港传媒面面观.北京:中国友谊出版公司,1998

[5]张振东.香港广播电视发展史.北京:中国广播电视出版社,1997

[6]陈昌凤.香港报业纵横.北京:法律出版社,1997

18 少数民族新闻传播事业的兴起、发展与繁荣

导言

本章学习目标 通过本章的学习,要求能够对中国少数民族新闻传播事业的兴起、发展与繁荣的过程和少数民族的主要新闻媒体及著名的少数民族新闻工作者有全面了解,并充分认识中国少数民族新闻传播事业在中国新闻传播史中的地位,认识大力发展中国少数民族新闻传播事业的重要意义。

本章难点 中国少数民族新闻事业发展脉络 中国少数民族新闻事业发展规律

> 20世纪初叶，是我国少数民族新闻传播事业兴起时期。从20世纪30年代到20世纪70年代末是其曲折发展的时期，这个时期又分为三阶段：三四十年代是初步发展阶段，五六十年代是进一步发展阶段，而文化大革命的十年又是少数民族新闻传播事业特殊的发展阶段。自20世纪后期至今，少数民族新闻传播事业迎来了繁花似锦的春天，是其空前繁荣的时期。

18.1 少数民族新闻传播的兴起

18.1.1 早期的少数民族文字报刊

我国少数民族新闻传播事业兴起于20世纪初叶。最初的10年，在一些少数民族地区，出现了用蒙古、藏、朝鲜、维吾尔、满等民族文字出版的近代化报刊。《婴报》、《西藏白话报》、《月报》、《伊犁白话报》是最早的一批少数民族文字报刊。

《婴报》（蒙、汉合璧）是内蒙古地区第一份蒙古文报刊，也是我国历史上最早的少数民族文字报纸。该报创办于1905年，4开，隔日刊，石印。社址设在内蒙古昭乌达盟喀喇沁右旗王府"崇正"学堂院内。该报以"启发民智、宣扬新政"为宗旨，主要刊载国内外重要新闻、科学知识、内蒙古各盟旗

政治形势的动态及针对时局的短评等，免费投递。辛亥革命前后终刊。当年在学堂任教的邢致祥说："贡王办教育办报纸，不但蒙藏尚在梦中，就连热河全省也未闻有一处。"其创办人为贡桑诺尔布，他出生于1871年（一说1873年），卒于1930年（一说1931年）。

《西藏白话报》是我国最早的藏文报纸，创办于1907年四五月间，其创办人是清廷最后一位驻藏大臣联豫和帮办大臣张荫棠。

联豫、张荫棠有一共同点，就是都出使过欧美，通晓洋务，并具有爱国主义思想。驻藏期间，他们的主要功绩是收回了中央在西藏的主权，先后"请拨饷银，编练新军，改官制，铸银元，举办汉文藏文传习所、印书局、初级小学、武备学堂、白话报馆等"，大胆改革，实行新政，但是，清末的西藏"锢蔽已深，欲事开通，难求速效"。他们认为"与其开导以唇舌，实难家喻户晓，不如启发以俗话，自可默化于无形"①。于是他们便以"爱国尚武开通民智"为宗旨，参照《四川旬报》及各省官报的办法，创办了我国最早的藏文报刊《西藏白话报》。这是西藏地区第一家近代报刊。

《西藏白话报》为十天一期（旬刊），每期发行三四百份。该报以汉藏两种文字印刷出版，深受藏族同胞欢迎，据说还有很多读者"自来购阅"。西藏自治区文管会藏有宣统二年

---

① 吴丰培主编：《联豫驻藏奏稿·联豫小传》，西藏人民出版社1979年版。

（1910年）印刷的《西藏白话报》，该报长方形，长34.5厘米，宽21.5厘米，共7页。首页为封面，正中划一长方形框，框内用红蓝双色套印。上部自左至右印有蓝色的汉藏两种文字的"西藏白话报"几个字，下部正中印有红色团龙一条，四角饰云纹。方框右边为墨书汉文"宣统二年八月下旬第二十期"字样（图18-1）。最后一页是汉藏两文的说明，蓝色，字迹已有些模糊，尚依稀可辨。说明是："本报系每十日出版一本，每本收藏圆一枚，每月三本，每年三十本，全年投资合藏□三十圆。此□日零买之价也。若定阅一年及半年者，每本减二分……"中间5页为正文，主要内容有西藏新闻、内地新闻、国外新闻以及科技报道等15篇。

馆藏西藏日报自治区文管会的宣统二年的《西藏白话报》

图18-1 馆藏西藏日报自治区文管会的宣统二年的《西藏白话报》

继《西藏白话报》之后，在我国东北地区出现了最早的朝鲜文杂志《月报》。该刊于1909年由延吉"垦民教育会"创办，其宗旨是向朝鲜族人民群众进行反日启蒙教育。此间尚有《大成团报》《韩族新闻》《新兴学友报》、《延边实报》等朝鲜文报刊陆续出版。

在西北，《伊犁白话报》是新疆地区辛亥革命时期唯一的少数民族文字的革命报纸（图18-2）。该报创刊于1910年（宣统元年）3月的伊犁惠远城。由冯特民主编，主要撰稿人有冯大树、李辅黄、郝可权、郑方鲁等。他们都是在1910年前后随同新军协统杨缵绪从湖北调到新疆的湖北籍的同盟会员。

清宣统二年三月初五日《伊犁白话报》

图18-2 清宣统二年三月初五日《伊犁白话报》

冯特民，湖北江夏人，名一，又名超，字远村，笔名鲜民。毕业于湖北自强学堂。早年加入科学补习所，组织日知会并任评议员。1905 年与人在武汉接办《楚报》,"纵论鄂省政治,不避嫌疑"①。因刊发张之洞与英人密订《粤汉铁路借款合同》全文,配发评论而遭查禁,冯氏逃往新疆,此后加入同盟会,因形势所迫,以办报形式传播革命思想。他与其他同志一道主动吸收当地倾向革命的各族知识分子,请他们到各地采写稿件,使该报成为辛亥革命时期新疆地区最有影响的报纸。1912 年被马腾霄刺杀于惠远城。

《伊犁白话报》用汉、维吾尔、蒙古、满四种文字出版,汉文为铅印,满、蒙古、维吾尔文为油印。由中国同盟会主办,日刊。设有《摘登来函》、《转载专件》、《演说》、《爱国话历史》、《本省新闻》、《译报》、《杂俎与闲评》等 7 个栏目,报道新疆各族人民反对帝国主义侵略、维护国家统一的各种消息,宣传同盟会的纲领,向少数民族同胞进行民族民主革命教育,号召他们与全国人民一道反对清朝封建独裁统治。内容丰富,文字新鲜活泼,深受读者欢迎。由于报纸的宣传,新疆地区的同盟会会员日益增多,许多少数民族同胞积极投身于革命。该报除在新疆发行外,还远销北京、天津、上海、汉口等地。影响之广,印数之多,在当时少数民族文字报纸中首屈一指,1911 年 11 月被勒令停刊。

当年,伊犁有维吾尔族、回族,还有游牧的哈萨克族、蒙古族。《伊犁白话报》面向各少数民族进行反压迫的宣传。1912 年 1 月的伊犁起义,能够得到少数民族的支持,《伊犁白话报》

的宣传鼓动功不可没。

在西北,除《伊犁白话报》外,同期出版的少数民族文字报纸还有《新报》、《伊犁日报》、《觉悟》、《解放报》等。

民国时期在北京出版的有《蒙文大同报》(1912 年)、《蒙文白话报》(图18-3,1915 年更名为《蒙文报》)、《藏文白话报》、《回文白话报》(1913 年)等等。此外,还有"大总统登记在案,由内务部发行"的《新闻》和由西北筹边使署主办的《朔方日报》等。这个时期,少数民族文字报纸约有二、三十种(不含少数民族创办的汉文报刊)。少数民族文字报纸的出现一方面打破汉文报刊一统天下的格局,同时也反映了少数民族同胞在辛亥革命前后参与社会政治论争的积极性。少数民族新闻传播事业此时尚处于单一性的发展阶段,除了报刊这个媒介外,再也没有其他媒体了。虽然我国少数民族新闻传播发展缓慢,品种单一,但是自其诞生之日起,就越过了原始形态,径直进入近代化报刊,显示了我国少数民族文字报刊发展的跳跃性。

18.1.2 现代少数民族文字报刊的出现

少数民族现代报刊萌芽于五四时期和第一次国内革命战争时期,并出现了宣传马克思主义的政治时事性期刊。

---

① 欧阳瑞骅:《冯特民传》。载张难先《湖北革命知之录》一书,商务印书馆 1945 年重庆版、1946 年上海版。

《蒙文白话报》,现馆藏于中央民族大学图书馆

图18-3 《蒙文白话报》,现馆藏于中央民族大学图书馆

以"三·一"运动时期的朝鲜文报刊、《蒙旗旬刊》等朝鲜族和蒙古族的现代报刊较为著名。1925年5月在北京创办的《蒙古农民报》是我国最早的马克思主义的少数民族政治时事性期刊。

"三·一"运动是朝鲜人民在俄国十月革命影响下,反对日本殖民统治、争取民族独立的爱国运动。随着反对侵略、争取民族独立的斗争不断深入,朝鲜文报刊也像雨后春笋一般相继出版。"三·一"运动时期的朝鲜文报刊,最早兴起于关外,逐步发展到关内等地。其中,关外有《朝鲜独立新闻》、《我们的信》、《大韩独立新闻》、《韩族新报》、《半岛青年报》、《大韩青年报》等,其明显特点就是具有强烈的反对日本侵略的独立意识。为了正义和人

道,为了驱逐日本侵略、为了实现民主主义和民族自觉,借助舆论的力量,号召人们拿起武器,投入到民族独立的潮流。

关内以《独立新闻》最为著名。《独立新闻》系朝鲜临时政府机关报。1918年8月21日创办于上海。最初报边只有"独立"二字,朝鲜文、汉文混用,自第22期开始印"独立新闻"。周三刊,由李光洙主编,该报宗旨在创刊词中阐述得非常明确,负有宣传群众,使国民团结一致,共同奋斗;加强国际间的交流,争取世界人民的同情和支持;造成舆论监督力,正确引导国民;培养新国民等五大使命。当时临时政府里,在如何独立的问题上分为自治派和独立派,并相互攻击。李承晚是自治派的代表人物。这张报纸由于经费不足曾多次拖期,也停刊过。该报被查封后,1920年9月,继续出版由李惟我编辑的油印小报《民声》。

除上海外,在北京、天津、广州也有朝鲜人办的报刊。这些朝鲜文报纸都是流亡中国内地的不同政党、不同团体创办的,不同程度地体现了民族独立意识。

20世纪20年代,少数民族文字期刊兴起,以内蒙古、东北地区最多。蒙文期刊有《蒙旗旬刊》、《蒙古》、《祖国》、《绥远蒙文半月刊》、《蒙古周刊》,其中以《蒙旗旬刊》较为著名。

《蒙旗旬刊》(蒙汉合璧),由张学良管辖的东北政务委员会蒙旗处于1924年4月编辑发行。张学良为其封面题字。该刊系蒙旗处的机关报刊。

这个刊物免费赠送各机关、学校、各旗县,出版经费由委员会负责支付。它以"牖启蒙民知识,促进蒙旗文化"和蒙古民族与政府"同事合作,共同奋进",警惕日本帝国主义侵略为宗旨,以实现"五族一家,天下为公,和衷共济,促进大同"。每6期为一卷,辟有近10个栏目,着重报道蒙古族各种改良事宜、蒙古族教育设施,办实业,兴交通,启发民智,兴修寺庙,保护宗教信仰自由等读者关心的重大事件。该刊无专职采编和译员。蒙古文由克兴额译校,东蒙印书局印刷,汉文由辽宁萃斌阁印刷,铅印。1931年终刊。

十月革命的胜利和五四新文化运动,促进了我国广大知识分子(包括少数民族知识分子)的觉醒。报刊的主要言论、总的思想倾向发生了重大变化,宣传新文化新思想以及十月革命的影响,马克思主义的传播逐步走向深入,报纸版式呈现杂志化。少数民族先进的知识分子也同样受其影响,出现了著名的马克思主义期刊。

《蒙古农民报》由1923年冬在北京蒙藏学校成立的中国共产党第一个蒙古党支部主办。它是农工兵大同盟的机关刊物,64开铅印本,半月刊(也有周刊的说法),每期售价2枚铜圆,农民优惠半价,装帧精巧。该刊以辛辣、通俗、流畅的文笔向广大蒙古族劳苦大众宣传党的民族政策,指出蒙古民族求解放的正确道路。内容丰富、通俗易懂,该刊除闪耀着马列主义思想外,还以歌曲、漫画等形式向读者宣传蒙汉团结起来,在共产党的领导下,走武装斗争的道路,反对军阀、帝国主义、王公贵族对蒙古民族和全国各族人民的统治和压迫。该刊体裁多样,具有蒙古民族文化特有的风格。1926年被迫停刊。

20世纪20年代以来,少数民族共产主义者还创办了一些维吾尔文、朝鲜文的马克思主义时事政治性期刊。这些期刊共同特点就是宣传反帝、亲苏、民族平等,并重视党的建设,注重提高党员政治思想素质和文化水平。

18.2　少数民族新闻传播的发展

18.2.1　20世纪三四十年代的初步发展阶段

20世纪三四十年代是我国少数民族新闻传播事业发展时期的第一个阶段。这个阶段少数民族文字报纸数量、种类增多,蒙古、维吾尔、哈萨克、朝鲜、锡伯、满等7个民族有自己本民族文字的报纸,尤以蒙古、朝鲜、维吾尔、哈萨克、锡伯等5种文字的报刊比较发达,并已具有现代报刊的性质和办报规模。

第一,这一时期少数民族文字报业出现了多元共存的局面。中国共产党与中国国民党创办的少数民族文字报刊共存;国共两党与敌伪创办的少数民族报刊共存;中国人与外国人创办的民族报刊共存以及境内外创办的中国少数民族文字报刊共存。这个多元共存的局面是这个时期国内政治形势和整个新闻事业发展的特点所决定的,也是中国少数民族新闻史上独有的现象。

第二，内蒙古地区的蒙古文报刊、东北地区的朝鲜文报刊和新疆地区民族文字报刊有新的发展并积累了十分宝贵的经验。中国共产党的党报和统一战线报刊在这个时期把爱国主义和抗击外族入侵作为其宣传的重大主题，这是主流。

从文种上说，又有新的少数民族文字报刊加盟民族新闻事业，哈萨克文报（1935 年 12 月 27 日创办的《新疆阿勒泰》）、锡伯文报《自由之声》，（现名《察布查尔报》）都是这个时期新的文种。而这两种文字的报刊在其历史悠久、持续时间长这点上，又是其他文种无法比拟的。1936 年 4 月，在迪化（今乌鲁木齐市）创办的《新疆日报》（先后以维吾尔、哈萨克、俄文出版）和 1947 年元旦创办于王爷庙（今乌兰浩特）的《内蒙自治报》（9 月 1 日起正式成为中共内蒙古党委机关报），是我国最早的省级少数民族文字报纸。它们的创办是我国少数民族新闻传播事业进入发展时期的标志之一。

从刊期的种类上看，又以蒙古文和朝鲜文报刊最多，日刊、隔日刊、三日刊、周刊、旬刊、半月刊、月刊等，办出了水平，办出了特色，受到读者的欢迎。

高扬爱国主义和反对外族入侵旗帜的中共党报党刊及中共领导下的统一战线报刊，不仅有不同文种，不同刊期的铅印、石印、油印的省地县各级的机关报，而且为了满足需要还办起了《蒙汉联合画报》和《内蒙画报》，以通俗的文字和生动的画面向农牧民宣传

党的方针政策，民族团结政策，满足了文化水平较低，识字不多的少数民族同胞交流信息、了解时事的要求。也就是说，在这个时期出版了第一张地方性少数民族文字画报，这是项开创性的工作，具有重要意义。

少数民族文字报刊在新闻业务方面有了较为明显的变化。内蒙古、新疆、东北以及西藏地区的少数民族文字报纸版面和栏目逐渐增多，内容日益丰富。重视当地的新闻报道，把少数民族关心的事件作为重要的内容放在显要的位置发表，对于重要新闻、重大事件配以社论、评论，造成声势，形成舆论。新闻体裁已从单一的消息跳跃出来，通讯、特写等作品开始出现。

而各个报社有自己的记者采编的新闻通讯稿件，试图改变民族文字报纸就是汉文报纸的翻版的现象。文艺副刊所刊载的诗词、散文等文艺作品的质量普遍提高，更自觉有效地配合要闻版的中心内容，要闻版与副刊、专刊逐渐统一和谐，更集中地宣传中心任务。同时注重版面的美化，出现了插图和照片，遇有重大新闻还要用红色套版印刷。报社领导已意识到舆论阵地的重要，开始向敌对的舆论争夺领导权，努力使自己的报纸成为组织、宣传和鼓舞群众为了自身解放，为了从外国侵略者和本国反动派的奴役下解放出来而勇敢战斗的舆论工具。我国少数民族文字报刊在编采业务上有了较大进步。

中国共产党各级党组织的重视是这一时期中共党报和统一战线报刊发展迅速的主要原因。这个时期，中共中

央、毛泽东同志制定了一系列有关做好民族工作的方针政策。1936年6月8日,《毛泽东、周恩来、杨尚昆关于回民工作给一、十五军团的指示》中明确指出:"中央决定回民工作基本原则是回民自决,我们应站在帮助地位上去推动和发动回民斗争。"并以铁的纪律约束部队干部、战士尊重少数民族风俗习惯,加强民族团结。①

与此同时,中共中央结合实际,也制定和颁布了一系列办好党报的方针、政策和重要指示。例如,1938年《中共中央关于党报问题给地方党的指示》;1941年《中宣部关于党的宣传鼓动工作提纲》,还有1944年毛泽东在陕甘宁边区文化教育工作座谈会上的讲话,是指导党的新闻事业发展的理论,也是办好少数民族文字党报和统一战线报刊的纲领性文件。各级党委认真贯彻执行中共中央和中央领导同志的精神,并落实在各自的办报实践中。内蒙古地区党委在此期间就办好《群众报》、《内蒙自治报》、《内蒙古日报》(图18-4)、《绥蒙日报》专门做出决定。这些决定对如何办好少数民族文字报纸做了具体指示。由于各级党委的重视,各个报刊非常重视自身建设,在新闻工作实践中摸索总结办好党报和统一战线报刊的经验,培养少数民族新闻工作者,逐步提高他们的政治素质和业务素质。《内蒙自治报》在《把报纸办好》的社论中提出了"大家办报"的观点,在第四版开辟了《新闻工作》的专栏,"共同研究新闻业务上的问题借以推进新闻工作的发

展"。报社领导创造一切有利条件,为采编人员提供学习、研究民族语文的机会,把办好少数民族文字报纸与提高民族语言文字表达能力结合起来、统一起来。

图18-4 《内蒙古日报》(汉、蒙之版)创刊号报样

中共党报和统一战线报刊能够迅速发展的另一原因是,各个报社的采编人员既按照各级党委的指示办事,又与新闻工作实践相结合,遵循新闻工作自身的发展规律。1945年底,中共中央在《和平建国纲领草案》中指出"在少数民族区域,应承认各民族的平等地位及其自治权"。1947年5月1日,内蒙古自治区成立,标志着我国少数民族人民自治权利的实施。从此,少数民族新闻传播事业就在落实党的民族区域自治政策、发挥各个少数民族当家做主、

① 详见《毛泽东、周恩来、杨尚昆关于回民工作给一、十五军团的指示》,载2006年10月20日《中国民族报》。

自己管理本民族内部事务的自治权利的形势下发展起来了。党的民族区域自治和民族团结政策，是少数民族党报和统一战线报纸兴起和发展的可靠保障。毋庸讳言，办好少数民族文字的党报和统一战线报刊必须坚持无产阶级党性原则，同时还应在坚持党性原则的基础上，运用民族地区的自主权，正确处理党性原则与自主原则的关系。这两者关系处理得好，报纸就办得好，就能发展具有民族形式和民族特点的少数民族新闻事业。

第三，外国人在海内外创办的中国少数民族文字报刊是这一时期的显著特征。

外国人在海内外创办的中国少数民族文字报刊始于 19 世纪末叶，进入 20 世纪三四十年代逐渐增多。其中有朝鲜人在上海和抗日战争时期在东北、华东、华中、华北创办的朝鲜文报刊以及 1949 年前夕在印度创办的藏文报刊等，形成了这个时期少数民族新闻史上一道奇特的景观。这些报刊绝大多数具有鲜明的政治倾向，肩负着一定的历史使命。由于稿源、经费、采编人员不足以及不了解读者、对读者研究不够等原因，这些报刊存世时间较短。因此，他们逐渐改变了策略，即在中国少数民族聚集区内寻找他们的代理人，创办他们的御用报纸。

外国人在海内外创办中国少数民族文字报刊，尽管目的不同，文化侵略也好，文化交流也罢，在客观上促进了我国少数民族文字报业的兴起与发展，这一点是毋庸置疑的。中国少数

民族新闻工作者从外国人办报活动中汲取和借鉴了不少经验，尤其是在编采业务方面。因此，三四十年代我国少数民族文字报刊在标题制作、版面编排、图片摄影及新闻通讯的写作上都有了明显改进，民族报业有了一定发展。

第四，少数民族新闻传播事业开始打破单一性的发展。这一时期，不仅在主要的民族地区出现了民族文字报纸，而且开始出现民族语言的广播事业。20 世纪 30 年代，新疆的广播事业已经兴起，进入 40 年代之后，广播成了新疆获得各种信息的有力工具。新疆各族人民通过广播了解省内外、国内外的政治时事，但节目比较单调，尚不能满足各民族听众的要求。1941 年底，广播内容才比较丰富起来。除广播新闻外，还播放时事政治报告和包括少数民族音乐在内的唱片以及各社会团体的歌咏等文艺节目。直到 1949 年 1 月，在新疆才真正出现少数民族语言的广播——维吾尔语广播。

新疆的广播事业虽然在我国民族地区比较发达，但是少数民族语言的广播事业最早并不始于新疆地区。少数民族语言的广播最早始于 1932 年。这个时候国民党中央广播电台先后增加了蒙古语和藏语广播。1934 年，由国民党中央事业管理处和交通部共同在北平筹建河北广播电台，并于同年 10 月下旬试播，12 月 1 日正式开播。这座电台一开始就办有蒙古语和藏语节目。1937 年 11 月，南京国民政府迁都重庆，国民党中央广播电台奉命随迁。在重庆期间，中央广播电台先后用多种

语言广播,其中有蒙古语和藏语。国民政府和边疆省份军政当局办广播的目的是为了宣传中国国民党的主张,加强对少数民族的统治。尽管如此,广播的出现,毕竟开辟了人类传播史的新纪元,尤其是在少数民族地区对人们的生活和社会发展产生了巨大影响。

具有现代进步意义的人民的少数民族语言的广播是吉林延吉新华广播电台和牡丹江广播电台朝鲜语节目的开播。它们是中国共产党最早创建的少数民族语言的广播电台。吉林延吉新华广播电台于 1946 年 7 月 1 日正式播音,呼号 XNYR,频率 735KHz。面对华中华东地区广播,是中国第一个使用朝鲜语广播的电台,也是中国人民广播史上第一个使用少数民族语言播音的电台。牡丹江广播电台建立于 1947 年 8 月 15 日,一开始就办有朝鲜语广播。翌年,更名为牡丹江新华广播电台。

少数民族语言广播事业的出现,打破了民族新闻事业的单一性。同时,这也是我国少数民族新闻事业进入发展时期的又一重要标志。

第五,各种民族文字的马克思主义时事政治期刊逐步增多、快速发展,也是我国少数民族新闻传播事业逐步进入发展时期的重要标志之一。少数民族文字时事政治期刊兴起于 20 世纪 20 年代,跟全国新闻事业发展形势一样,时事政治期刊的兴起,标志着我国少数民族新闻也已进入了现代发展阶段。而只是具有现代性质的期刊或者

说具有比较明显的现代意义的期刊,则是进入 30 年代以后,这主要从期刊所刊载的时事政治内容而言的。这其中有伪满洲国主办的,国民党地方党部主办的,更多的是中国共产党主办的进步期刊,有蒙古文、朝鲜文期刊,也有回族和外国人在我国创办的越南文刊物。蒙古文期刊主要创办于 1949 年前后,地点多在北平、内蒙古地区及宁夏、甘肃和东北地区。从《蒙文大同报》算起到 1949 年各种期刊约有 45 种之多。而在这众多民族文字的期刊中办得好、影响大、较为著名的是马克思主义的时事政治期刊。

新疆最早的传播马列主义毛泽东思想的理论刊物《反帝战线》(汉维文版),1935 年创刊于迪化(今乌鲁木齐)市,由新疆反帝联合会主办。初为半月刊,实为不定期,开本和页数不等。自 1940 年 1 月三卷第四期起改为月刊,每月 1 日出版,并开始每月 20 日出版维文版。其发刊词指出,它是"建设新疆过程中思想和理论的惟一正确领导者"。并解释说:"打倒帝国主义必须要有锐利的武器,而最要紧的武器之一是思想武器,也就是反帝理论。"并号召"建设新疆的先锋队——反帝会员,各族的知识分子、教授、作家、学生以及军人,对反帝战线的爱护,应该比爱护你们最宝贵的眼珠还要爱护她,使她能够担负起领导思想和领导斗争的伟大使命"。该刊主要由共产党员、进步人士及革命青年组成的编辑委员会主持工作。1942 年被迫停刊,共出汉文版 55 期、维吾尔文版 8 期。

这个时候,朝鲜文马列主义时事政治性期刊也日渐增多。比较著名的有《延边通讯》《民族工作通讯》《农民的喜悦》《新农村》等。其共同特点是重视党的建设,提高党员政治思想素质和文化水平。

18.2.2　20世纪五六十年代的进一步发展阶段

20世纪五六十年代是少数民族新闻传播事业进一步发展阶段。1950年,我国有少数民族文字报纸21种。1954年7月17日,中共中央政治局通过的《中共中央关于改进报纸工作的决议》中明确指出,"各少数民族地区凡有条件的就应创办民族文字报纸","少数民族地区的报纸,应注意宣传党的民族政策,宣传爱国主义和民族团结,并按照当地的特点适当地进行关于党在过渡时期的总路线的宣传"。①

1955年3月国务院发布《关于边远省份和少数民族地区建立收音站的通知》,《通知》指出,为加强边远省份和少数民族地区人民群众的爱国主义教育和政策时事宣传,预防恶劣天气对农业、畜牧业的损害,以及部分满足农民对文化娱乐的要求,特拨出1500部收音机,在云南、贵州、西藏、甘肃、青海、新疆、广西、海南和内蒙古自治区建立收音站。并对建站工作做出了具体指示。另外,中共中央专门发文"同意中央统战部、中央民族事务委员会党组关于在少数民族地区宣传总路线的意见"。②

在党的民族区域自治政策和民族团结政策的指引下,我国少数民族新闻传播事业在原有的基础上,有了较大的发展。主要的少数民族聚居区基本上都有了本民族文字的报纸,如《内蒙古日报》《新疆日报》《西藏日报》《延边日报》等,形成了多层次的党报系统。从1957年开始,我国新闻事业在探索中曲折前进。党中央、毛主席十分关心少数民族地区的情况。1957年4月7日,毛泽东在给时任中共中央统战部副部长、国家民委副主任汪锋的信中开头就说:"我想研究一下整个藏族现在的情况。"并接连提出了13个问题。1961年7月15日,新疆维吾尔自治区党委宣传部召开自治区地、州、县报纸工作座谈会,总结和研究报纸工作中的问题。与会者强调宣传党的方针、政策,必须坚持贯彻面向群众,面向基层的方针。

20世纪60年代前后,在已有文字的少数民族中,绝大多数创办了自己的报纸,除蒙古、藏、朝鲜、维吾尔、哈萨克、锡伯等民族文字报纸在过去已创办外,这个阶段又有柯尔克孜文、傣文、景颇文、傈僳文、壮文等报刊相继创办。从地域上讲,从中央到地方,从首都到边疆,尤其是民族地区都有了少数民族文字报刊,甚至在一个县内也能出版一种或两种民族文字报纸。

20世纪五六十年代,我国少数民

---

① 《中国新闻年鉴》,第99页,中国社会科学出版社1982年版。

② 中共中央宣传部办公厅、中央档案馆编研部编:《中国共产党宣传工作文献选编》(1949~1956),学习出版社1996年版。

族文字报纸的版式呈现新的特点:民文与汉文合刊。民文与汉文两个报头,第一版由民文汉文分别出版,二、三版则是汉文版,没有民族文字,如《喀左县报》和《阜新蒙古族自治报》,就是蒙汉文合刊的民文报纸。这种版式留下了少数民族文字报纸发展初期的印记,不失为一种独特的形式。

少数民族文字报纸版式的发展经历了几个阶段。最早创办的报纸,一般都是"民文与汉文合璧"式,比如《婴报》就是蒙汉合璧,即在这张报纸上既有蒙古文,也有汉文,其内容基本一致。这种版式大多在这种文字的报纸的初创时期,从民族新闻事业发展角度来说,则是民族文字报业的兴起时期。

接着,是民族文字报纸与汉文报纸分刊出版,民文报纸基本是汉文报纸的译报,或者两者的内容大同小异。这种版式大约出现在20世纪三四十年代。五六十年代创办的报纸大多数也是这种形式。"译报"满足不了广大少数民族读者的需要,也不符合少数民族读者的阅读习惯,因而现实向报社提出新的要求,即少数民族文字的报纸要办出自己的特色,办出地区特点和民族特点;并且要培养和造就精通本民族语文的新闻工作者,提高民族新闻工作者的业务水平。各级各类报纸上上下下增强责任感实行自编自采,独家新闻始见报端。从民族新闻传播事业发展角度来看,这种分刊形式的出现,是我国少数民族文字报纸的一大进步,由初创阶段逐渐步入了发展阶段。但是,以上各种版式的民

族文字的报纸,没有一家报纸有自己独立的报社,都是与汉文报同属一个报社,这就是民族新闻传播事业中一社多报的现象。

这个阶段,我国少数民族新闻传播事业彻底打破了单一性,尤其是20世纪60年代,随着我国民族文字报刊的蓬勃发展,中央和民族地区以民族语文为传播工具的广播事业已初具规模,而民族地区的电视事业也在这一阶段诞生和发展。1949年12月21日,迪化人民广播电台开始播音。1951年开始用新疆人民广播电台呼号,自此,该台成为独立的省级新闻单位。建台之始使用汉语和维吾尔语进行广播。20世纪50年代中后期,增办哈萨克和蒙古语广播。如今新疆人民广播电台维吾尔、汉、哈萨克、蒙古、柯尔克孜5种语言用20多个频率广播,每天播音80多个小时。社会主义民族广播事业诞生并日益壮大发展。

1950年11月1日,内蒙古乌兰浩特人民广播电台建立并正式播音,1954年3月6日改名内蒙古人民广播电台。内蒙古地区蒙古族同胞是以本民族的语言作为交际和思维工具的,因而这座广播电台一成立就以蒙汉两种语言广播,使蒙古族同胞享有现代政治生活的权利。它是我国最早的省级广播电台之一。在20世纪60年代前期,该台先后建成一座较大功率的中短波广播发射中心。第一期工程完成后大幅度提高了内蒙古台的发射功率,明显改善了自治区无线电广播的覆盖状况和收转效果。1958年第二期工程建成后,蒙

汉语言两套节目所需发射技术已具备,变蒙、汉两套节目交替播出为分机播出,延长了播音时间,收到更大的宣传效果。在这个阶段,内蒙古各盟市先后建立了广播电台。1959年初,自治区已有7盟2市创建了电台,形成了以内蒙古广播电台为中心的无线电覆盖体系。

西藏地区在1956年自治区筹委会成立之前,中共西藏工委宣传部就开始筹建拉萨有线广播站。1958年,广播站启用无线电广播。1959年元旦用"拉萨人民广播电台"进行播音,使用藏汉两种语言,每天播音时间为8小时。同年3月,西藏人民广播电台在平叛改革中从"拉萨人民广播电台"中脱胎而出。从建立之日起,该台就以办好藏语节目为主,从机构设置、干部配备、频率分配、节目时间等方面,总是优先考虑和满足藏语广播的需要。

"以藏为主,汉藏并举"方针的提出,为西藏广播事业确定了科学发展原则,之后成为西藏新闻传播事业的基本方针,具有重大历史意义。

作为为全国各族人民服务的中央人民广播电台,为了各民族的平等团结和共同繁荣,专门开办了少数民族广播节目。1950年5月22日,为配合西藏解放,首先开办藏语节目,以后陆续开办蒙古语、维吾尔语、壮语广播。

总而言之,在这个阶段我国少数民族语言的广播从中央到地方,尤其在少数民族同胞聚居的民族地区已经形成了网络和体系,它跟报纸一样,成为党和少数民族同胞联系的纽带,担负着宣传党的民族政策和民族地区社会主义建设的光荣使命。

18.2.3 "文化大革命"的特殊阶段

"文化大革命"的十年是我国少数民族新闻传播事业发展的特殊年代。在这场空前浩劫中,少数民族新闻事业跟全国的新闻事业一样,成为重灾区。绝大多数民族文字报刊被查封,或被迫停刊,保留下来的主要是自治区首府的党委机关报或者历史比较悠久的几张报纸。这些报纸,除了以少数民族文字印刷发行外,已无特色可言。绝大多数少数民族文字报社实行军事管制,许多民族新闻工作者以"莫须有"罪名遭到迫害,各种专业技术人员锐减,使"文化大革命"之后出现人才"断层"。

虽然如此,我国民族区域自治政策、民族团结政策还是具有强大生命力的。即是在党的新闻工作传统遭到严重破坏的十年浩劫中,我国少数民族文字报业也有新的发展,《内蒙古日报》(蒙古文版)就是从1966年起增加刊期,从而成为日出对开4版的日报。在广大民族新闻工作者逐渐认清"四人帮"的倒行逆施的20世纪70年代,又有一些民族文字报纸创刊、复刊。如内蒙古自治区的《乌兰察布日报》的蒙古文版就创刊于1971年7月1日,16开小本式出刊,后改为32开本"文选式"的周刊。1976年4月25日改为隔日刊。初为蒙古文4号字,发稿量较少。1985年先由1、4版,后扩大到2、3版,全部改用5号字。又如少数民族文字

《参考消息》在"文化大革命"的 10 年中又增加了蒙古文版（1973 年 4 月 1 日创刊）和哈文版（1975 年 8 月 1 日创刊），1975 年开始向全国发行。维吾尔、哈萨克、蒙古三种文字的《参考消息》都是从帮助广大少数民族干部、知识分子和各界群众开阔眼界，认识世界，正确分析和判断国内外形势，满足少数民族日益增长的新闻需求的角度出版发行的。

民族地区的电视事业也在这个阶段诞生并发展。内蒙古电视台和新疆电视台都筹建于 1960 年，1970 年两座电视台开始播放黑白节目，揭开了自治区电视台历史的第一页。云南电视台 1969 年 10 月正式播出。这个阶段，还有一批地州盟的电视台创立：1971 年 10 月包头台创办，等等。民族地区电视事业的诞生为我国少数民族新闻传播事业又增添了一支生力军。

18.3 少数民族新闻传播的繁荣

18.3.1 少数民族文字报刊发展概况及其特点

20 世纪八九十年代是我国少数民族新闻传播事业繁荣时期。据统计，20 世纪 80 年代初叶，我国已有 17 种少数民族文字的报纸 84 家，用 11 种民族文字出版的期刊 153 家。在此尚未将油印和内部出版的报纸统计在内，如苗文报和布依文报，连同这些报纸在内，已有 91 家，分布在 13 个省区，形成了以党报为核心的多层次、多地区、多种类、多种文字的民族报刊体系。到 2003 年底，全国共出版 12 种民族文字的报纸 88 种，分布在 11 个省区。据最新资料表明，到 2005 年底，"有 99 种民族文字报纸，用 13 种民族文字出版；有 223 种民族文字杂志，用 10 种民族文字出版"[①]。少数民族文字报刊体系更加完整，内容更为丰富。

改革开放以来，民族报刊时效性增强，信息量增大，注重服务性，适应改革开放、发展商品经济的需要，适应提高人民文化生活的需要。内蒙、新疆、西藏等自治区早已形成以首府为中心、辐射状的民族报刊网络，使党报为核心的多层次、多地区、多种类、多种文字的报刊体系更加完善，也更加明显。近年来，我国少数民族文字和民族地区报刊同全国其他新闻媒体一样，响应党中央的号召，把发展本地区经济、宣传国有企业改制情况，报道在建立和完善社会主义市场经济体制过程中涌现的新人新事、新风尚作为工作重点。

同时，各民族地区的报纸也注重报纸自身的建设，针对本地区具体情况，加以改进。如《内蒙古日报》（蒙古文版）除了加大蒙古文新闻自采率外，还努力办好《草原曙光》、《民族团结进步》、《致富之路》等一批在读者中已享有一定声誉的专栏、专页，并从 1999 年元旦起，将原来的周日版改为《社会周刊》，新增一个《经济周刊》，以适应读者需求（图 18-5）。随着改革的不断深

---

① 刘宝明：《语言平等观：中国的实践与经验》，载 2006 年 9 月 8 日《中国民族报》。

入,民族地区的报纸也注意到生产生活一线去挖掘新闻,使读者能及时了解身边发生的最新变化。如《伊犁日报》把基层报道作为重点,记者深入农村改革一线去撷取生动的事实,反映基层改革的进程和成果。

图18-5　2005年的《内蒙古日报》

此外,民族地区报纸还根据自身特点,策划了一些专题报道。如1999年是西藏民主改革40周年,《西藏日报》为配合这一纪念活动自3月29日起,组织4个采访小分队,从雅鲁藏布江源头起,行程5000多公里,对沿江30个县进行了深入采访,以典型的事例,细腻的描写,充分、生动地反映了西藏民主改革40年来各方面发生的巨大变化,再现了西藏高原的秀丽风光和多彩生活(图18-6)。

总之,少数民族报刊是目前我国民族地区最贴近基层群众的新闻媒体。随着改革开放的不断深化,取得了长足发展。报纸绝对数量虽然不多,但种类趋于齐全,呈现多样化态势;报纸质量不断提高,影响力不断扩大;少数民族新闻工作者队伍不断壮大,人员素质不断提高,业务能力不断增强;技术不断改进,日益现代化。

1988年12月25日西藏日报特刊(彩色版)

图18-6　1988年12月25日西藏日报特刊(彩色版)

18.3.2　日新月异的少数民族广播电视

新时期,国家对少数民族广播电视事业给予大力扶持和帮助,少数民族地区的广播电视覆盖率有了很大提高,各少数民族地区的电台、电视台都使用少数民族语言播送的节目。20世纪80年代实施的"四级办广播、四级办电视、四级混合覆盖"的措施,使我国少数民族广播电视迅速发展。1991年我国民族自治地方已有广播电台 133 座，电视中心台 96 座，电视发射台和转播台 5435 座，卫星电视地面接收站 7975 个，市县广播站 1335 个，广播喇叭 566.43 万只①。从中央到地方，包括省（自治区）、地（州、盟）、县（旗）共办有蒙古、藏、维吾尔、哈萨克、朝鲜、壮、彝、傣、傈僳、景颇、拉祜、哈尼、瑶、佤、纳西、白、羌、布依、水、侗、苗、柯尔克孜、土、锡伯等 24 种少数民族语言广播节目。1998 年底，各地办有少数民族语言的广播电台（站）已达 165 座，电视台 141 家。少数民族广播和电视人口覆盖率分别达到 74.5% 和 74%。

1981 年 6 月 1 日，中央人民广播电台创办汉语"民族专题"节目（即现在的《民族大家庭》）。该台的少数民族语言广播节目深化改革，增加针对性，在提高收听率方面已见成效。如藏语广播开办《空中信箱》栏目，一年内共播出内地西藏中学的藏语家信 1100 多封，收到来信来电近千封（个）。中央台少数民族语言节目全部实现"上星"，这是我国少数民族新闻史上一件大事。

民族地区少数民族语言广播也有新的发展。到 1987 年我国已有省地县三级少数民族语言广播站 386 座，7 个少数民族聚居区的省区有 55 座，其中内蒙古 21 座、宁夏 6 座、新疆 10 座、广西 7 座、云南 7 座、青海 3 座、西藏 1 座。在县级台中，创办较早的是云南陆良人民广播电台，1983 年 10 月开始播音。少数民族语言节目日益丰富，内蒙古人民广播电台蒙古语部年发各

类新闻近 5000 条，其中重点报道 120 余条，专栏、特别节目 64 组，全年新录制蒙古语说书 2000 小时、数来宝 20 首、诗歌 40 首、散文 35 篇，全年共播出文字专题 160 组（每组 30 分）。目前，该台已形成 5 个系列台，全天播出 88 小时，其中蒙古语频道每天播出 18 小时 15 分。以短波远距离发射覆盖诸多周边国家，2002 年 5 月 1 日，在乌兰巴托建立的 1KM 调频转播台正式播出，全天转播内蒙古电台蒙古语节目。黑龙江人民广播电台设有全国唯一的省级朝鲜语广播，每天播出 5 小时节目。从 1998 年起，有一个小时的节目通过亚洲 2 号卫星的转发扩大覆盖面，并向韩国放送公社（KBS）每年供稿 540 余件。

四川人民广播电台藏语部办有康巴语《藏语新闻》节目，每天 20 分；康巴语专题节目《雪山草地》，每周播 3 次，每次 10 分。云南人民广播电台办有西双版纳傣语、德宏傣语、傈僳语、景颇语、拉祜语 5 种少数民族语言广播。每种语言节目为 45 分。各种语言广播每天安排"上星"节目一次，每次 45 分。

新疆人民广播电台有维吾尔、哈萨克、蒙古、柯尔克孜 4 种少数民族语言广播，并录制维吾尔、哈萨克、蒙古、柯尔克孜 4 种语言的歌曲。新疆台已形成了卫星、短波、中波、调频四位一体的交叉覆盖网，和世界上 20 多个国家和

---

① 有关数据引自国家民族事务委员会经济司编：《中国民族统计·1992 年》，中国统计出版社 1993 年版。

地区保持着听众联系,成为我国开办语种最多、覆盖面最广的省级广播电台。

电视事业到了20世纪八九十年代有了飞跃性发展。新疆电视台1979年开播彩色电视节目。1984年4月,新疆电视台通过电视通信卫星,录像转播中央电视台的当天新闻,结束了从北京航寄中央新闻的历史。1986年7月1日,该台利用中央电视台一套节目播出的空当,租用邮电部米泉地球站,使维吾尔、汉语电视节目上星传输,成为全国第一家在自治区内"上星"的省级电视台。1997年8月28日,新疆电视台通过租用亚太一号卫星,采用数字压缩技术,实现了维吾尔、汉、哈萨克三种语言卫视节目的分频道播出,结束了3种语言共用一个频道轮流播出节目的历史。新疆电视台的节目不仅覆盖全疆,而且辐射到全国和亚太地区。

发展少数民族语言广播,是解决老少边穷地区广播电视覆盖的重要方面。自1989年9月 国家广播电视总局在贵州召开"村村通广播电视"现场会以来,民族地区加大了兴建广播电视基础设施的力度。云南省起步较早,已基本实现城乡广播电视覆盖网,全省84%的人口可看到电视。

广播电视对于地处边远、地域辽阔、交通不便、文化水平较低的少数民族地区较之报纸具有优势。它比报纸快,少数民族同胞可以直接听到党中央的声音。到1996年底,145个边境县(旗、市)共有中波调频广播转播台

170多座,电视转播台2200多座,电视发射机3000多部,卫星地面站4000多座。

新疆西藏等自治区的广播电视节目建设已步入快车道。1998年底,新疆广播电视人口覆盖率达到82.9%和84.53%。各类电台、电视台星罗棋布,遍布全疆。音乐电视片《最美的还是我们新疆》和8集电视连续剧《依然香如故》获1995年度全国精神文明建设"五个一工程奖"提名奖。一批颇有新疆民族特色的电视片如《丝绸之路的努尔肉孜》《维吾尔十二木卡姆》等在全国"骏马奖"评比中获奖。一批名著如《红楼梦》、《西游记》、《三国演义》、《水浒》等译制片获全国"骏马奖"优秀译制片奖。在1996年度中国广播电视政府评奖中,新疆人民广播电台有4篇稿件和一部广播剧获一等奖。

1997年,新疆经济电视台与湖北经济电视台、广东经济电视台、内蒙古经济电视台、西安电视二台、成都经济电视台等联合筹资举办全国经济电视台1997年春节文艺晚会,第一次向全国人民展示了经济电视台协作体的凝聚力。到1997年底,成立已有5年的新疆一台,已形成了全日播出覆盖半径145公里的传播网。

西藏广播电视事业也进入了历史上发展最快的时期。1996年初,西藏人民广播电台推出了以拉萨为中心、覆盖邻近郊县、具有城市电台特点的高频立体声板块直播节目,每天播出10小时,该节目融新闻、专题、服务、知识、教育、欣赏、娱乐、信息为一体,深受广大

藏族同胞的喜爱。30 多篇作品分获
"中国广播奖"、"中国新闻奖"、"首届
全国藏语节目奖"和"自治区新闻奖"。
西藏电视台全年播出 5979 小时,比上
一年增加了 365 小时,其中《第十一世
班禅转世灵童金瓶掣签仪式在拉萨举
行》等 3 个专题片获中国电视新闻奖、
专题类一等奖;《七色风》专栏和译制
片《封神榜》获第六届少数民族题材电
视艺术"骏马奖"一等奖。

最近几年,少数民族广播电视事
业发展很快,最新统计数据表明:"'西
新工程'、广播电视'村村通工程'和农
村电影放映'2131 工程'的实施使民族
地区,特别是西部边远地区的广播电
影电视工程事业,得到长足发展。到
2006 年 6 月,全国各级政府共投入资
金 36.4 亿元,解决了 117345 个行政村
的 7000 多万村民收听广播收看电视的
问题。截至 2005 年,我国民族自治地
方使用民族语言的广播机构已有 78
个,使用民族语言的电视机构 76 个,中
央人民广播电台和地方广播电台每天
用 21 种少数民族语言进行广播;民族
地区广播覆盖率达到 86.1%,电视覆
盖率达到 90.6%;民族地区已拥有 5
家电影制片厂。"①

18.3.3　少数民族网络新闻
传播的兴起

20 世纪末,少数民族网络新闻传
播以惊人的速度发展,成为弘扬民族
文化最为便捷的方式。据不完全统
计,2002 年有关民族类的各种网站已
有 200 多家。西藏自治区已经开通关

于西藏经济及文化等各个方面的网站
不下数十家。如西藏自治区政府开办
的"西藏网",有介绍西藏风土人情的
"中国西藏网"、有专门介绍藏族历史
与文化的"西藏文化网",还有侧重西
藏经济发展方面的"西藏经济信息
网"。《西藏日报》也开通了网络版,在
宣传西藏民族新闻及文化方面都发挥
了作用。

少数民族文字也在网络上出现了,
如《人民画报》现在除汉、英两种文字
是印刷出版外,其余 16 种文字全部在
网上发电子版,其中也有少数民族文
字。朝鲜族的"白衣同胞网"有汉、朝
两种语言文本。国内外均有藏文网页。
此外,"中国苗族新闻网"是专门收集
发布国内湘、黔、滇、桂一带苗族聚居地
区的新闻事件以及少数民族同胞新闻
的网站。"海南网"是介绍海南黎族、
苗族风土人情及文化生活的专门网站。

少数民族类的网站分工不断细化,
对象日益明确,而发展规模也日益扩
大,兼容并蓄,有的已做成集成式的系
统网站。如"民族网"就是专门介绍 56
个民族经济、文化状况的网站。"民族
经济文化网",除了介绍各民族的基本
情况外,还开通了网络直销业务。

18.3.4　少数民族新闻教育、新闻
研究和新闻队伍建设

我国少数民族新闻教育始于 20 世
纪 30 年代,由在新疆、西藏等地区兴办

①　闵伟轩:《少数民族文化事业发展呈现新
气象》,载 2007 年 9 月 25 日《中国民族报》。

的新闻训练班开始；1953 年内蒙古蒙文专科学校成立伊始培养从事蒙古文翻译、编辑、记者工作的实用人才。这是少数民族新闻专科教育的开端。比较正规的少数民族新闻教育是创办于 1961 年的中央民族大学新闻研究班和 1975 年内蒙古大学蒙古语言文学系的新闻班。

到 20 世纪八九十年代，首都有中央民族大学，民族地区有新疆大学、内蒙古大学、广西大学、宁夏大学等十余所学校设有新闻系（专业），招收少数民族学生，为民族地区培养新闻人才。中央民族大学和民族地区新闻院校始终坚持正确的办学方向，坚持发扬民族性和实践性独有特点与特长。为民族地区培养合格的新闻人才的宗旨和任务决定了其课程设置、教学计划、教学内容的安排与办学方向等等，都根据民族地区新闻事业发展的需要进行设计，尤其是研究生的培养方案，更突出了民族新闻学的特色，设置了中国少数民族新闻传播史、中国少数民族新闻学概论、民族新闻摄影学、中国少数民族新闻业务研究、影视人类学等课程。民族新闻院校培养的一批批少数民族新闻工作者已不断充实到新闻战线，他们是发展和繁荣少数民族新闻事业的一支新的力量。

民族新闻学研究 20 世纪 90 年代更上一层楼。这一时期出版和发表了一批有影响的著作和论文。改革开放以来，新闻传媒和新闻学术刊物对民族新闻报道和学术研究日益重视。它们积极宣传党的民族政策，推动有关

民族法规的执行与监督，反映少数民族的历史发展和改革开放以来的新风貌。

少数民族新闻工作者队伍也在逐渐壮大。据了解，目前中国新闻工作者达 75 万左右。中国新闻出版总署统计数据显示，截至 2005 年 3 月份，全国共有 15 余万记者换发新版记者证。其中，大专以上学历者占 98% 以上，20 至 40 岁者占 56%，女记者占 40% 以上。其中，少数民族新闻工作者约计 8.9 万余人。更为可喜的是，其中少数民族女新闻工作者的人数已由 20 世纪 50 年代初叶的"寥若晨星"发展到一万多人以上，42 个少数民族都有了自己的女新闻工作者。我国少数民族新闻工作者已经形成了一支精干的队伍，出现了一批知名的新闻工作者和社会知名人士。

总之，一百年来，我国少数民族新闻传播事业在经历了兴起、发展、繁荣几个历史时期后形成了一支空前壮大、日益成熟的民族新闻工作队伍。我国少数民族新闻传播事业，尤其是中华人民共和国成立后，其发展速度是过去无法比拟的，其成就也是前所未有的。

◢【本章小结】

本章简明地讲述了中国少数民族新闻事业（报刊、广播、电视、网络、新闻教育与研究、队伍建设）兴起、发展、繁荣的历史，较为全面系统地挖掘和阐发其中的新闻传播规律。观点客观平实，史料确凿，具有浓郁的民族风情。通过这一章的学习，使学生深刻认识到

中国新闻传播史是中华民族新闻传播史,即它不只是汉族新闻传播史或发达地区的新闻传播史,而是56个民族的新闻传播史,没有55个少数民族的新闻传播史,就不是一部完整的、科学的中国新闻传播史。少数民族新闻传播史的开掘与研究,丰富和完善了中国新闻传播史。大学生读过此章后应牢牢树立起这样一个观念。

★【思考题】

1. 简要叙述中华人民共和国成立后少数民族新闻传播事业的发展情况。

2. 列举一些知名的少数民族新闻传媒(报纸、刊物、广播、电台、电视台、网络)的名称,并简要介绍其历史情况。

▣【延伸阅读】

[1]白润生.中国少数民族文字报刊史纲.北京:中央民族大学出版社,1994

[2]白润生.民族报刊研究文集.北京:中国物价出版社,1996

[3]白润生.白润生新闻研究文集.北京:中国文史出版社,2004

[4]白润生.中国少数民族新闻工作者生平检索.贵阳:贵州民族出版社,2007

[5]白润生.中国少数民族新闻传播史.北京:民族出版社,2008